Sebastian Schupeta

Die Stellung des Zahlungsdienstleisters im Zahlungsdiensterecht

DE GRUYTER

ISBN 978-3-11-914950-1
e-ISBN (PDF) 978-3-11-165370-9
e-ISBN (EPUB) 978-3-11-165330-3

Library of Congress Control Number: 2024951114

Bibliografische Information der Deutschen Nationalbibliothek
Die Deutsche Nationalbibliothek verzeichnet diese Publikation in der Deutschen Nationalbibliografie; detaillierte bibliografische Daten sind im Internet über http://dnb.dnb.de abrufbar.

www.degruyter.com
Fragen zur allgemeinen Produktsicherheit:
productsafety@degruyterbrill.com

Gewidmet meinem Vater Wilhelm Schupeta
Im Andenken an meine Mutter Katrin Schupeta

Vorwort

Die vorliegende Arbeit wurde vom Dekanat der wirtschaftswissenschaftlichen Fakultät der Technischen Universität Chemnitz im Sommersemester 2024 als juristische Dissertation angenommen.

Mein ganz besonderer Dank gilt zunächst meiner Doktormutter Frau Prof. Dr. Dagmar Gesmann-Nuissl für ihre stete Unterstützung, wertvollen Anregungen und dafür, dass sie mir immer als Ansprechpartnerin zur Verfügung stand.

Herrn Prof. Dr. Ludwig Gramlich danke ich herzlich für die schnelle Erstellung des Zweitgutachtens sowie die konstruktive Kritik zu meiner Arbeit.

Mein tiefster Dank gilt auch meinem Vater, Herrn Wilhelm Schupeta. Er hat mich in jeder Phase meines Studiums ermutigt und mir die Freiräume gegeben, die ich für meine Arbeit benötigt habe.

Ein besonderer Dank gilt ebenso meiner Schwester Frau Marike Schupeta, die mir immer wieder gezeigt hat, wie wichtig es ist, den Blick auf das Wesentliche zu behalten.

Zuletzt möchte ich mich auch bei meiner Partnerin Frau Paula Koschützke bedanken, die mir stets den Rücken freihielt und mich mit ihrer positiven Energie durch die Zeit der Erstellung der Dissertation begleitete.

Wiesbaden, im August 2024 Sebastian Schupeta

https://doi.org/10.1515/9783111653709-001

Lebenslauf

Sebastian Schupeta wurde am 08. Januar 1997 in Neumünster geboren. Er besuchte die Pestalozzischule in Idstein, an der er 2015 die Allgemeine Hochschulreife erwarb. Ab dem Wintersemester 2015/2016 studierte er an der Universität in Trier Rechtswissenschaften und wechselte zum Wintersemester 2018/2019 an die Johannes Gutenberg-Universität in Mainz. Er legte im Januar 2020 die staatliche Pflichtfachprüfung in Rheinland-Pfalz und im November 2021 die Schwerpunktbereichsprüfung an der Johannes Gutenberg-Universität in Mainz ab. Von Januar 2022 bis August 2024 verfasste er die vorliegende Dissertationsschrift an der Technischen Universität Chemnitz. Seit Juli 2024 befindet er sich im juristischen Vorbereitungsdienst am Landgericht Wiesbaden in Hessen.

Inhaltsübersicht

Inhalt

Abkürzungsverzeichnis

a.A.	andere Ansicht
a.a.O	am angegebenen Ort
ABGB	Allgemeines bürgerliches Gesetzbuch
Abs.	Absatz
AcP	Archiv für die civilistische Praxis
AEUV	Vertrag über die Arbeitsweise der Europäischen Union
AG	Amtsgericht
AGB	Allgemeine Geschäftsbedingung(en)
Alt.	Alternative
Art.	Artikel
a.F.	alte(r) Fassung
BaFin	Bundesanstalt für Finanzdienstleistungsaufsicht
BB	Betriebs-Berater
BeckEuRS	beck-online.EU-RECHTSPRECHUNG
BeckRS	beck-online.RECHTSPRECHUNG
BGB	Bürgerliches Gesetzbuch
BGB-E	Gesetzentwurf
BGH	Bundesgerichtshof
BKR	Zeitschrift für Bank- und Kapitalmarktrecht
BT-DrS.	Bundestagsdrucksache
BRAO	Bundesrechtsanwaltsordnung
BR-DrS.	Bundesratsdrucksache
bzw.	beziehungsweise
CR	Computer und Recht
CRP	CompRechtsPraktiker
Datenverordnung	Verordnung (EU) 2023/2854 des Europäischen Parlaments und des Rates vom 13. Dezember 2023 über harmonisierte Vorschriften für einen fairen Datenzugang und eine faire Datennutzung sowie zur Änderung der Verordnung (EU) 2017/2394 und der Richtlinie (EU) 2020/1828
Datengesetz	Vorschlag für eine Verordnung des Europäischen Parlaments und des Rates über harmonisierte Vorschriften für einen fairen Datenzugang und eine faire Datennutzung
Delegierten Verordnung über technische Regulierungsstandards	Delegierte Verordnung (EU) 2018/389 der Kommission vom 27. November 2017 zur Ergänzung der Richtlinie (EU) 2015/2366 des Europäischen Parlaments und des Rates durch technische Regulierungsstandards für eine starke Kundenauthentifizierung und für sichere offene Standards für die Kommunikation
DSB	Datenschutz-Berater
DStR	Deutsches Steuerrecht
EBA	European Banking Authority
EBA-Opinion 2022	Opinion of the European Banking Authority on its technical advice on the review of Directive (EU) 2015/2366 on payment services in the internal market (PSD2), 23.6.2022, EBA/Op/2022/06

https://doi.org/10.1515/9783111653709-002

E-GeldG 2010	Bundesgesetz über die Ausgabe von E-Geld und die Aufnahme, Ausübung und Beaufsichtigung der Tätigkeit von E-Geld-Instituten (E-Geldgesetz 2010)
ESBG	European Savings and Retail Banking Group/Europäische Bankenaufsichtsbehörde
EGBGB	Einführungsgesetz zum Bürgerlichen Gesetzbuche
EuGH	Europäischer Gerichtshof
EuGVÜ	Übereinkommen über die gerichtliche Zuständigkeit und die Vollstreckung gerichtlicher Entscheidungen in Zivil- und Handelssachen
EUV	Vertrag über die Europäische Union
EuZW	Europäische Zeitschrift für Wirtschaftsrecht
EVÜ	Das Übereinkommen von Rom über das auf vertragliche Schuldverhältnisse anzuwendende Recht vom 19. Juni 1980
EWiR	Entscheidungen zum Wirtschaftsrecht
EWS	Europäisches Wirtschafts- und Steuerrecht
f.	folgend
ff.	fortfolgende
FamRZ	Zeitschrift für das gesamte Familienrecht
Geoblocking-Verordnung	Verordnung (EU) 2018/302 des Europäischen Parlaments und des Rates vom 28. Februar 2018 über Maßnahmen gegen ungerechtfertigtes Geoblocking und andere Formen der Diskriminierung aufgrund der Staatsangehörigkeit, des Wohnsitzes oder des Ortes der Niederlassung des Kunden innerhalb des Binnenmarkts und zur Änderung der Verordnungen (EG) Nr. 2006/2004 und (EU) 2017/2394 sowie der Richtlinie 2009/22/EG
GG	Grundgesetz
GPR	Zeitschrift für das Privatrecht der Europäischen Union
GVG	Gerichtsverfassungsgesetz
GWR	Gesellschafts- und Wirtschaftsrecht
HGB	Handelsgesetzbuch
Hs.	Halbsatz
h.M.	herrschende Meinung
IoT-Geräte	Internet of Things-Geräte
i.E.	im Ergebnis
i.V.m.	in Verbindung mit
i. S. d.	im Sinne des
JA	Juristische Arbeitsblätter
JM	juris – Die Monatszeitschrift
JuS	Juristische Schulung
JZ	JuristenZeitung
KBB	Kurzkommentar zum ABGB
KG	Kammergericht
KMU	Kleine und mittlere Unternehmen
KWG	Kreditwesengesetz
K&R	Kommunikation und Recht
LG	Landgericht
LMK	Fachdienst Zivilrecht – Leitsätze mit Kommentierung (LMK)
MaSI	Mindestanforderungen an die Sicherheit von Internetzahlungen

MDR	Monatsschrift für Deutsches Recht
MMR	Multimedia und Recht
m.w.N.	mit weiteren Nachweisen
NJ	Neue Justiz
n.F.	neue Fassung
NJOZ	Neue Juristische Online Zeitschrift
NJW	Neue Juristische Wochenschrift
NJW-RR	Neue Juristische Wochenschrift Rechtsprechungs-Report
Nr.	Nummer
NZBau	Neue Zeitschrift für Baurecht und Vergaberecht
OLG	Oberlandesgericht
ÖBA	BankArchiv – Zeitschrift für das gesamte Bank- und Börsenwesen
öOGH	Oberster Gerichtshof Österreich
PatAnwO	Patentanwaltsordnung
Proposal for a regulation on payment services	Proposal for a Regulation of the European Parliament and of the Council on payment services in the internal market and amending Regulation (EU) No 1093/2010
Proposal for directive 2023	Proposal for a Directive of the European Parliament and of the Council on payment services and electronic money services in the Internal Market amending Directive 98/26/EC and repealing Directives 2015/2366/EU and 2009/110/EC
PSD	Richtlinie 2007/64/EG des Europäischen Parlaments und des Rates vom 13. November 2007 über Zahlungsdienste im Binnenmarkt, zur Änderung der Richtlinien 97/7/EG, 2002/65/EG, 2005/60/EG und 2006/48/EG sowie zur Aufhebung der Richtlinie 97/5/EG Zahlungsdiensterichtlinie
PSD II	Richtlinie (EU) 2015/2366 des Europäischen Parlaments und des Rates vom 25. November 2015 über Zahlungsdienste im Binnenmarkt, zur Änderung der Richtlinien 2002/65/EG, 2009/110/EG und 2013/36/EU und der Verordnung (EU) Nr. 1093/2010 sowie zur Aufhebung der Richtlinie 2007/64/EG
RdZ	Recht der Zahlungsdienste
RGZ	Reichsgericht in Zivilsachen
Rn.	Randnummer
RTS	Delegierte Verordnung (EU) 2018/389 der Kommission vom 27. November 2017 zur Ergänzung der Richtlinie (EU) 2015/2366 des Europäischen Parlaments und des Rates durch technische Regulierungsstandards für eine starke Kundenauthentifizierung und für sichere offene Standards für die Kommunikation
S.	Satz
StBerG	Steuerberatungsgesetz
StudZR	Studentische Zeitschrift für Rechtswissenschaft Heidelberg
u.a.	unter anderem
Verbraucherkredit-Richtlinie	Richtlinie 2008/48/EG des Europäischen Parlaments und des Rates vom 23. April 2008 über Verbraucherkreditverträge und zur Aufhebung der Richtlinie 87/102/EWG des Rates
vgl.	vergleiche
VuR	Verbraucher und Recht

VW	Versicherungswirtschaft
WM	Zeitschrift für Wirtschafts- und Bankrecht
WPO	Wirtschaftsprüferordnung (Gesetz über die Berufsordnung der Wirtschaftsprüfer)
WuB	Entscheidungsanmerkungen zum Wirtschafts- und Bankrecht
ZaDiG	Bundesgesetz über die Erbringung von Zahlungsdiensten (Zahlungsdienstegesetz – ZaDiG) der Republik Österreich
ZAG	Zahlungsdiensteaufsichtsgesetz
ZBB	Zeitschrift für Bankrecht und Bankwirtschaft
z. B.	zum Beispiel
ZfIR	Zeitschrift für Immobilienrecht
ZHR	Zeitschrift für das gesamte Handelsrecht und Wirtschaftsrecht
ZIP	Zeitschrift für Wirtschaftsrecht
ZVertriebsR	Zeitschrift für Vertriebsrecht

A. Einleitung, Gang der Untersuchung und Ziel der Arbeit

I. Einleitung

Mit der nationalen Umsetzung der PSD hat der Gesetzgeber ein tiefgestaffeltes Regelungssystem für die Durchführung von zahlungsdiensterechtlichen Vorgängen und das Verhältnis zwischen Zahlungsdienstnutzer[1] und Zahlungsdienstleister eingeführt. Trotz der Regelungstiefe der §§ 675c ff. BGB treten im Rahmen der Rechtsbeziehungen zwischen Zahlungsdienstnutzer und Zahlungsdienstleister dennoch immer wieder Sachverhaltskonstellationen auf, die nicht oder nicht eindeutig in diesen Vorschriften geregelt sind (oder geregelt zu sein scheinen).

Die Auseinandersetzung des Zahlungsdienstleisters mit dem Zahlungsdienstnutzer über nicht autorisierte Zahlungsaufträge nimmt im Zahlungsdiensterecht eine besondere Bedeutung ein. Das zwischen Zahlungsdienstnutzer und Zahlungsdienstleister hierbei bestehende Spannungsverhältnis bilden im Wesentlichen die Regelungen des § 675u BGB und des § 675v BGB ab. § 675u BGB gewährt dem Zahlungsdienstnutzer Ansprüche gegenüber dem Zahlungsdienstleister auf Wiederherstellung des status quo ante vor Ausführung des nicht von ihm autorisierten Zahlungsvorgangs. Dem Zahlungsdienstleister dagegen können Ansprüche nach § 675v BGB gegen den Zahlungsdienstnutzer zustehen, mit denen er ganz oder teilweise die (wirtschaftliche) Durchsetzung der Ansprüche des Zahlungsdienstnutzers nach § 675u S. 2 BGB abwehren kann. Die Ansprüche des Zahlungsdienstleisters nach § 675v BGB beruhen hierbei in der Regel auf Pflichtverletzungen des Zahlungsdienstnutzers, die die Ausführung des nicht autorisierten Zahlungsvorgangs pflichtwidrig nicht verhindert oder begünstigt haben.

1 Der Begriff des Zahlungsdienstnutzers und Zahlers wird in den europäischen Zahlungsdiensterichtlinien unterschiedlich verwendet. Dieser unterschiedlichen Bezeichnung liegen jedoch keine inhaltlichen Differenzierungen zugrunde, wie sich aus den Ausführungen des EuGH im Verfahren C-337/20 (BKR 2022, 237 (239)) entnehmen lässt. Der EuGH verwies dort darauf, dass „die Pflicht zur Anzeige jedes nicht autorisierten Zahlungsvorgangs durch den Zahlungsdienstnutzer Voraussetzung dafür“ sei, „dass diese Regelung zugunsten des Nutzers, der ansonsten in manchen Bestimmungen der RL 2007/64 „Zahler“ genannt wird, Anwendung finden“ könne. Dies zeigt, dass der EuGH hier im Rahmen des Anwendungsbereichs der Zahlungsdiensterichtlinie nicht zwischen Zahlungsdienstnutzer und Zahler unterscheidet. Insoweit soll im Folgenden in dieser Arbeit auch durchgehend der Begriff des Zahlungsdienstnutzers verwendet werden. Zum Verhältnis der Autorisierung von Zahlungsauftrag und Zahlungsvorgang vgl. z. B. BeckOGK/*Köndgen*, 15.7.2024, BGB § 675j Rn. 36, 37.

https://doi.org/10.1515/9783111653709-003

Aufgrund des Vollharmonisierungsgebots des Art. 107 PSD II sind die dem Zahlungsdienstleister zur Abwehr von Ansprüchen des Zahlungsdienstnutzers nach § 675u BGB zur Verfügung stehenden Anspruchsgrundlagen grundsätzlich auf die zahlungsdiensterechtlichen Vorschriften des BGB (§§ 675c ff. BGB) beschränkt. Abgrenzungsprobleme zwischen diesen Vorschriften und dem allgemeinen Leistungsstörungsrecht des BGB können dann entstehen, wenn der Zahlungsdienstnutzer gegenüber dem Zahlungsdienstleister sonstige, nicht zahlungsdiensterechtliche, Pflichten schuldhaft verletzt hat. In derartigen Fällen stellt sich regelmäßig die Frage, ob dem Zahlungsdienstleister trotz Anwendbarkeit zahlungsdiensterechtlicher Vorschriften neben den oder anstatt der speziellen zahlungsdiensterechtlichen Haftungsregeln zivilrechtliche Ansprüche aus dem allgemeinen Leistungsstörungsrecht des BGB zustehen.

1. Grundlegende Analyse und Abgrenzung der haftungsrechtlichen Beziehungen zwischen Zahlungsdienstnutzer und Zahlungsdienstleister

Im Rahmen der vorliegenden Arbeit wird das grundlegende Verhältnis der zahlungsdiensterechtlichen Haftungsvorschriften zu den allgemeinen Schadensersatzregelungen des BGB unter Geltung der PSD II analysiert. Hierbei werden Grundsätze erarbeitet, ob und in welchem Umfang Regelungen des allgemeinen Schadensersatzrechts die Verteidigung des Zahlungsdienstleisters gegen Ansprüche des Zahlungsdienstnutzers nach § 675u BGB unterstützen können. Im Zusammenhang mit den wechselseitigen Ansprüchen von Zahlungsdienstleister und Zahlungsdienstnutzer wird auch die Frage untersucht und beantwortet, ob der Zahlungsdienstnutzer seinen Anspruch aus § 675u BGB gegenüber dem Zahlungsdienstleister uneingeschränkt durchsetzen oder aber der Zahlungsdienstleister die unmittelbare Durchsetzung dieses Anspruchs mit ihm zustehenden Gegenansprüchen abwehren kann. Nicht behandelt werden bereicherungsrechtliche Aspekte im Zusammenhang mit nicht autorisierten Zahlungsvorgängen.

2. Die Verwendung eines Zahlungsinstruments als Voraussetzung für die haftungsrechtliche Inanspruchnahme des Zahlungsdienstnutzers nach den zahlungsdiensterechtlichen Vorschriften

Grundlegende Voraussetzung für die Anwendung der nach dem Zahlungsdiensterecht dem Zahlungsdienstleister zur Verfügung stehenden haftungsrechtlichen Ansprüche nach § 675v BGB ist die Verwendung eines Zahlungsinstruments. Eine Definition des Zahlungsinstruments enthalten Art. 4 Nr. 14 PSD II sowie § 1 Abs. 20

ZAG. Die aktuelle Rechtsprechung des EuGH und des BGH zur Inhaltsbestimmung einzelner Tatbestandsmerkmale der Definition des Zahlungsinstruments gibt Anlass, die bisherige Definition des Zahlungsinstruments grundlegend zu überprüfen. Im Rahmen dieser Überprüfung soll festgestellt werden, ob die Definition des Zahlungsinstruments nach Art. 4 Nr. 14 PSD II sowie § 1 Abs. 20 ZAG einer grundlegenden Neubestimmung bedarf.

3. Die (Inhalts-)Kontrolle abweichender haftungsrechtlicher Vereinbarungen zwischen Zahlungsdienstleister und Zahlungsdienstnutzer in dessen Eigenschaft als Nicht-Verbraucher nach §§ 305ff. BGB

§ 675e Abs. 4 BGB lässt unter den dort geregelten Voraussetzungen Vereinbarungen zwischen Zahlungsdienstleister und Zahlungsdienstnutzer zu, nach denen ausgewählte Regelungen der zahlungsdiensterechtlichen Regelungen des BGB nicht anwendbar sein sollen. Eine dieser Regelungen ist § 675v BGB. Grundlegende Voraussetzung für eine solche Vereinbarung zwischen Zahlungsdienstleister und Zahlungsdienstnutzer ist hierbei, dass es sich bei dem Zahlungsdienstnutzer nicht um einen Verbraucher handelt. Schließen Zahlungsdienstnutzer und Zahlungsdienstleister eine derartige Vereinbarung, kann dies individualvertraglich im Wege des Aushandelns einer entsprechenden Regelung erfolgen. In der Praxis werden derartige Vereinbarungen aber regelmäßig in Form standardisierter allgemeiner Geschäftsbedingungen vereinbart. In diesem Zusammenhang stellt sich die Frage, ob die zwischen Zahlungsdienstleister und Zahlungsdienstnutzer getroffene abweichende Vereinbarung einer (Inhalts-)Kontrolle nach §§ 305ff. BGB unterliegt. Rechtsprechung und Literatur gehen bislang durchgehend davon aus, dass derart abweichende Vereinbarungen nach §§ 305ff. BGB kontrollfähig sind. Die Untersuchung im Rahmen dieser Arbeit zeigt aber, dass die Kontrollfähigkeit abweichender Regelungen nach § 675e Abs. 4 BGB grundlegend neu beurteilt werden muss.

4. Die Untersuchung ausgewählter Tatbestandsmerkmale der §§ 675u, 675v BGB

Obwohl die grundsätzlichen Voraussetzungen der §§ 675u, 675v BGB bereits weitgehend analysiert worden sind, lassen einzelne Merkmale noch keine abschließende inhaltliche Festlegung erkennen. Da aber auch diese Merkmale von grundlegender Bedeutung für die Anwendung der §§ 675u, 675v BGB sind, wird in zwei Abschnitten dieser Arbeit der Versuch einer Konkretisierung vorgenommen.

II. Gang der Untersuchung

1. Untersuchung ausgewählter Tatbestandsmerkmale der §§ 675u, 675v BGB

a) Ausgewählte Tatbestandsmerkmale des § 675u BGB

aa) Die Anzeige der Ausführung eines nicht autorisierten Zahlungsvorgangs durch den Zahlungsdienstnutzer

§ 675u BGB stellt die zentrale Norm im Zahlungsdiensterecht dar, nach der der Zahlungsdienstnutzer vom Zahlungsdienstleister unverzüglich die (wirtschaftliche) Rückgängigmachung eines nicht von ihm autorisierten Zahlungsvorgangs verlangen kann. § 675u S. 2 BGB trägt der im Zahlungsdiensterecht verankerten Risikoverteilung Rechnung, nach der der Zahlungsdienstleister grundsätzlich das Risiko nicht autorisierter Zahlungsvorgänge zu tragen hat. Nach § 675u S. 3 BGB hat der Zahlungsdienstleister den Anspruch des Zahlungsdienstnutzers nach § 675u S. 2 BGB unter anderem dann zu erfüllen, wenn der Zahlungsdienstnutzer dem Zahlungsdienstleister den nicht autorisierten Zahlungsvorgang angezeigt hat. Im ersten Teil des Abschnitts B. werden die Voraussetzungen dieser Anzeige untersucht und geklärt, welche Anforderungen an eine ordnungsgemäße Anzeige i.S.d. § 675u S. 3 BGB zu stellen sind.

bb) Die schriftliche Mitteilung berechtigter Gründe an die zuständige Behörde für den Verdacht des Zahlungsdienstleisters, dass ein betrügerisches Verhalten des Zahlungsdienstnutzers vorliegt

Eine Rückausnahme zum Anspruch nach § 675u S. 2 BGB sieht § 675u S. 4 BGB vor. Hat der Zahlungsdienstleister berechtigte Gründe für einen Verdacht, dass ein betrügerisches Verhalten des Zahlungsdienstnutzers vorliegt und hat er diese Gründe einer zuständigen Behörde schriftlich mitgeteilt, so ist der Zahlungsdienstleister berechtigt, seine Verpflichtung aus § 675u S. 2 BGB unverzüglich zu prüfen. Der Zahlungsdienstleister muss den Anspruch des Zahlungsdienstnutzers aus § 675u S. 2 BGB in diesem Fall erst dann erfüllen, wenn sich der Betrugsverdacht nicht bestätigt. Die ordnungsgemäße Mitteilung an die zuständige Behörde durchbricht für den Zahlungsdienstleister das Gebot der unverzüglichen Wiederherstellung des status quo ante für den Zahlungsdienstnutzer vor Ausführung des nicht autorisierten Zahlungsvorgangs.[2] Diese Rechtsfolge ist jedoch angesichts der grundsätzlichen Risikoverteilung für nicht autorisierte Zahlungsvorgänge im Zahlungsdiensterecht nur gerechtfertigt, wenn die durch den Zahlungsdienstleister geltend gemachten Gründe das betrügerische Verhalten des Zahlungsdienstnutzers

2 Oder nach Kenntniserlangung in sonstiger Weise.

begründen. Welche Anforderungen an die Darlegung der berechtigten Gründe gegenüber der zuständigen Behörde zu stellen sind, wird ebenfalls in Abschnitt B. dieser Arbeit dargestellt. In diesem Zusammenhang wird auch untersucht, welcher Behörde die berechtigten Gründe des Verdachts eines betrügerischen Verhaltens des Zahlungsdienstnutzers zur Kenntnis zu bringen sind und ob die in § 675u S. 4 BGB vorgesehene Schriftform dieser Mitteilung sich nach den Regelungen des nationalen Rechts richtet (§ 126 BGB).

b) Die Haftungsregelung des § 675v BGB

Mit den Haftungsregelungen des § 675v BGB erkennt der Gesetzgeber an, dass die Verlagerung des Risikos bezüglich der Ausführung nicht autorisierter Zahlungsvorgänge auf den Zahlungsdienstleister uneingeschränkt (dem Grunde nach) nur dann gelten soll, wenn der Zahlungsdienstnutzer seinerseits alles getan hat, um die Ausführung des nicht autorisierten Zahlungsvorgangs zu verhindern bzw. keinen Beitrag zur missbräuchlichen Ausführung des Zahlungsvorgangs geleistet hat. Zudem soll der Zahlungsdienstnutzer durch eine begrenzte Beteiligung an den Schäden, die durch nicht autorisierte Zahlungsvorgänge entstehen, dazu motiviert werden, alles zu tun, was derartige nicht autorisierte Zahlungsvorgänge verhindern könnte (Präventionsanreiz). § 675v BGB vereint strukturell eine betragsmäßig begrenzte verschuldensunabhängige (§ 675v Abs. 1 BGB) Haftung mit einer betragsmäßig unbegrenzten verschuldensabhängigen (§ 675v Abs. 3 BGB) Haftung. In diesem Teil des Abschnitts B. der Arbeit werden die Voraussetzungen und der Umfang der verschuldensunabhängigen Haftung des Zahlungsdienstnutzers nach § 675v Abs. 1 BGB sowie die mögliche Befreiung des Zahlungsdienstnutzers von dieser Haftung nach § 675v Abs. 2 BGB untersucht.

Im Weiteren werden in Abschnitt B., II., 3., d) dieser Arbeit die möglichen Auswirkungen aufsichtsrechtlicher Regelungen zur sogenannten starken Kundenauthentifizierung auf § 675v Abs. 4 BGB untersucht. Während § 675v Abs. 1 und Abs. 3 BGB die grundlegende Haftung des Zahlungsdienstnutzers im Zahlungsdiensterecht regeln, enthält § 675v Abs. 4 BGB eine Ausnahme zu diesen Haftungsregelungen. Der Zahlungsdienstnutzer kann von einer Haftung nach § 675v Abs. 1 und Abs. 3 BGB befreit werden, wenn der Zahlungsdienstleister für die Ausführung eines Zahlungsvorgangs vom Auftraggeber des Zahlungsauftrags keine starke Kundenauthentifizierung verlangt. Die starke Kundenauthentifizierung wurde mit Art. 97 PSD II in das Zahlungsdiensterecht eingeführt und mit § 55 ZAG in nationales Recht umgesetzt. Die starke Kundenauthentifizierung soll dem Zahlungsdienstnutzer gegenüber den bislang durch die PSD vorgesehenen Authentifizierungsverfahren eine weitergehende Sicherheit gewährleisten. Verlangt der Zahlungsdienstleister für die Durchführung eines Zahlungsvorgangs nicht die Anwendung der starken Kundenauthentifizierung und kommt es zu einem nicht autorisierten Zahlungsvorgang, so stellt § 675v Abs. 4 BGB den Zahlungsdienstnutzer selbst dann von einer Haftung gegenüber dem Zahlungsdienstleister frei, wenn der Zahlungsdienstnutzer seine Pflichten im Zusammenhang mit der Wahrung der erforderlichen Sorgfalt im Sinne der §§ 675v Abs. 3, 675l BGB schuldhaft verletzt hat. Gleiches gilt, wenn dem Zahlungsdienstnutzer unmittelbar oder mittelbar ein Beitrag zur Durchführung des nicht autorisierten Zahlungsvorgangs zuzurechnen ist. Nicht abschließend geklärt ist die Wechselwirkung zwischen aufsichtsrechtlichen Regelungen, nach denen der Zahlungsdienstleister in definierten Fällen nicht verpflichtet ist, die starke Kundenauthentifizierung zu verlangen, und § 675v Abs. 4 BGB (aufsichtsrechtliche Freistellungen). Wirken sich aufsichtsrechtliche Freistellungen von der Pflicht des Einsatzes einer starken Kundenauthentifizierung auch auf § 675v Abs. 4 BGB aus, bleibt der Zahlungsdienstleister auch dann Inhaber von Haftungsansprüchen nach § 675v BGB, wenn er keine starke Kundenauthentifizierung für die Ausführung eines Zahlungsvorgangs verlangt. In einem derartigen Fall kann es aber zu unerkannten Informationsdefiziten auf Seiten des Zahlungsdienstnutzers kommen. Der Zahlungsdienstnutzer könnte nämlich aufgrund der Regelung des § 675v Abs. 4 BGB unzutreffenderweise davon ausgehen, dass Ansprüche des Zahlungsdienstleisters nach § 675v Abs. 1 und 3 BGB ausgeschlossen sind. Damit würde der Zahlungsdienstnutzer seine Entscheidung zur Durchführung von Zahlungsvorgängen auf einer unzutreffenden Informationsgrundlage und Risikobewertung bevorstehender Zahlungsvorgänge treffen. Die mögliche Wechselwirkung aufsichtsrechtlicher Regelungen zur Anwendung der starken Kundenauthentifizierung auf § 675v Abs. 4 BGB hat damit nicht nur erhebliche Bedeutung für Haftungsansprüche des Zahlungsdienstleisters nach § 675v Abs. 1 und Abs. 3 BGB, sondern auch für den autonomen, auf vollständiger Informationsbasis basierenden Willensbildungsprozess des Zahlungsdienstnutzers. Eine risikoorientierte Bewertung des Zahlungsdienstnutzers könnte nämlich dazu führen, dass er angesichts des vermeintlichen Ausschlusses möglicher Haftungsansprüche des Zahlungsdienstleisters nach § 675v Abs. 3 und Abs. 1 BGB das Risiko einer Reduzierung des durch die starke Kundenauthentifizierung gewährleisteten Schutzniveaus akzeptiert. In diesem Fall trifft der Zahlungsdienstnutzer aber eine Entscheidung auf unvollständiger Informationsbasis, so dass es unerkannt zu einer Verschiebung der Risikosphären kommen kann. Damit kommt der Bewertung, welche Auswirkungen aufsichtsrechtliche Anpassungen für die Voraussetzungen und Anwendung der starken Kundenauthentifizierung auf § 675v Abs. 4 BGB haben, eine erhebliche Bedeutung zu.

2. Die Bestimmung der Eigenschaften eines Zahlungsinstruments nach Art. 4 Nr. 14 PSD II, § 1 Abs. 20 ZAG

In Abschnitt C. dieser Arbeit wird die Definition des Zahlungsinstruments im Sinne des Art. 4 Nr. 14 PSD II, § 1 Abs. 20 ZAG untersucht.

Die Anwendung des § 675v BGB setzt, wie auch eine Reihe weiterer Regelungen der §§ 675c ff. BGB, die Verwendung eines Zahlungsinstruments für die Ausführung eines Zahlungsvorgangs voraus. Die Definitionen des Zahlungsinstruments in Art. 4 Nr. 14 PSD II, § 1 Abs. 20 ZAG sehen für den Auftrag zur Ausführung eines Zahlungsvorgangs sowohl die Alternative eines (körperlichen) Instruments als auch eines zwischen Zahlungsdienstleister und Zahlungsdienstnutzer vereinbarten Verfahrens vor. Die überwiegende Rechtsauffassung in der Literatur und Rechtsprechung ging unter Geltung der PSD davon aus, dass jede der in der Definition des Zahlungsinstruments genannten Alternativen (Instrument und Verfahren) eine konstitutive Verbindung mit sogenannten personalisierten Sicherheitsmerkmalen erfordere, damit ein Zahlungsinstrument im Sinne der Definition vorliegt. Dies wurde daraus abgeleitet, dass ein Zahlungsinstrument als jedes personalisierte Instrument und/oder personalisierter Verfahrensablauf definiert war, das bzw. der zwischen dem Zahlungsdienstnutzer und dem Zahlungsdienstleister vereinbart und zur Erteilung eines Zahlungsauftrags verwendet wurde. Die Personalisierung des Zahlungsauftrags erfolgte hierbei durch personalisierte Sicherheitsmerkmale. Die Definition des Zahlungsinstruments nach der PSD II ist hinsichtlich des Merkmals der Personalisierung mit der Definition unter der PSD identisch.

Bei personalisierten Sicherheitsmerkmalen handelt es sich um Merkmale, die eine Authentifizierung des berechtigten Auftraggebers des Zahlungsauftrags ermöglichen. Die neuere Rechtsprechung sowohl auf europäischer als auch nationaler Ebene hält für ein zwischen Zahlungsdienstleister und Zahlungsdienstnutzer vereinbartes Verfahren zur Ausführung eines Zahlungsvorgangs nicht mehr am konstitutiven Erfordernis eines personalisierten Sicherheitsmerkmals fest, damit das vereinbarte Verfahren als Zahlungsinstrument qualifiziert werden kann.[3]

Bislang ist durch die Rechtsprechung noch nicht entschieden worden, ob auch ein Zahlungsauftrag in Form eines Instruments, das nicht mit personalisierten Sicherheitsmerkmalen verbunden ist, ein Zahlungsinstrument sein kann. In der Literatur wird diese Frage mit unterschiedlichen Ergebnissen diskutiert. Im Rahmen des Abschnitts C. dieser Arbeit soll daher eine einheitliche Bestimmung des Begriffs des Zahlungsinstruments für beide in Art. 4 Nr. 14 PSD II, § 1 Abs. 20 ZAG aufgeführten Alternativen (Instrument und Verfahren) vorgenommen werden. Nur

3 EuGH WM 2020, 2218 (2218 ff.); BGH BKR 2021, 240 (240 ff.).

durch eine einheitliche Definition beider Alternativen des Zahlungsinstruments kann nämlich Rechtssicherheit für die Anwendung der Regelungen des Zahlungsdiensterechts erzielt werden, die den Einsatz eines Zahlungsinstruments vorsehen.

3. Die Abgrenzung zahlungsdiensterechtlicher Haftungsansprüche des Zahlungsdienstleisters zu dessen möglichen (konkurrierenden) Schadensersatzansprüchen nach dem allgemeinen Zivilrecht

In Abschnitt D. dieser Arbeit wird das Verhältnis der möglichen Schadensersatzansprüche des Zahlungsdienstleisters nach § 675v BGB und § 280 BGB analysiert. Hierbei wird zwischen den Haftungsansprüchen des Zahlungsdienstleisters bei der Durchführung eines Zahlungsvorgangs mit und ohne den Einsatz eines Zahlungsinstruments differenziert.

Kommt es zur Durchführung nicht autorisierter Zahlungsvorgänge durch den Zahlungsdienstleister, steht in der Regel der Ausgleich der nicht berechtigten wirtschaftlichen Belastung des Zahlungsdienstnutzers im Vordergrund. Das Zahlungsdiensterecht geht davon aus, dass das Risiko nicht autorisierter Zahlungsvorgänge grundsätzlich dem Zahlungsdienstleister zugewiesen ist. Dem Zahlungsdienstleister stehen mit § 675v BGB Anspruchsgrundlagen zur Verfügung, mit denen er Ansprüche des Zahlungsdienstnutzers nach § 675u BGB (wirtschaftlich) abwehren kann. Macht der Zahlungsdienstnutzer berechtigterweise einen Anspruch nach § 675u S. 2 BGB gegenüber dem Zahlungsdienstleister geltend, können Ansprüche des Zahlungsdienstleisters nach § 675v Abs. 3 BGB wirtschaftlich an Stelle des dem Zahlungsdienstleister gegenüber dem Zahlungsdienstnutzer nicht zustehenden Aufwendungsersatzanspruchs treten. Ansprüche nach § 675v Abs. 3 BGB kommen im Wesentlichen dann in Betracht, wenn der Zahlungsdienstnutzer durch die Verletzung von Sorgfaltspflichten im Sinne der §§ 675v Abs. 3, 675l BGB die Ausführung des nicht autorisierten Zahlungsvorgangs pflichtwidrig nicht verhindert oder ermöglicht hat.

Verletzt der Zahlungsdienstnutzer gegenüber dem Zahlungsdienstleister sonstige Sorgfaltspflichten, die nicht von §§ 675v, 675l BGB erfasst sind, können Schadensersatzansprüche des Zahlungsdienstleisters aus § 280 BGB mit dessen Ansprüchen aus § 675v BGB konkurrieren. Weder Rechtsprechung noch die Literatur haben bislang die Konkurrenz zivilrechtlicher Schadensersatzansprüche des allgemeinen Leistungsstörungsrechts zu den haftungsrechtlichen Vorschriften des Zahlungsdiensterechts unter Einbeziehung des gesamten Rechts- und Geschäftsverhältnisses zwischen Zahlungsdienstleister und Zahlungsdienstnutzer abschließend analysiert und geklärt.

Das Ergebnis der Analyse der konkurrierenden Haftungsregeln im Rahmen dieser Arbeit führt zu einem praxisrelevanten Modell möglicher Schadensersatzansprüche des Zahlungsdienstleisters gegenüber dem Zahlungsdienstnutzer. In diesem Haftungsmodell finden sowohl die Interessen des Zahlungsdienstleisters als auch des Zahlungsdienstnutzers bei Ausführung nicht autorisierter Zahlungsvorgänge angemessene Berücksichtigung und tragen dem Gedanken der Sphärenverantwortlichkeiten zwischen Zahlungsdienstleister und Zahlungsdienstnutzer Rechnung.

4. Die (Inhalts-)Kontrolle abweichender Regelungen nach § 675e Abs. 4 BGB zwischen Zahlungsdienstleister und Zahlungsdienstnutzer in seiner Eigenschaft als Nicht-Verbraucher

In Abschnitt E. dieser Arbeit wird untersucht, ob Vereinbarungen zwischen Zahlungsdienstleister und Zahlungsdienstnutzer nach § 675e Abs. 4 BGB in Form standardisierter Vertragsbedingungen einer (Inhalts-)Kontrolle nach §§ 305ff. BGB unterliegen.

Die Regelungen des Zahlungsdiensterechts sollen unter anderem das durch den Gesetzgeber angenommene strukturelle Ungleichgewicht zwischen Zahlungsdienstleister und Zahlungsdienstnutzer bei der Ausführung von Zahlungsvorgängen ausgleichen. Aus diesem Grund sind Abweichungen von Regelungen des Zahlungsdiensterechts der §§ 675c ff. BGB zu Lasten der Zahlungsdienstnutzer kaum möglich. Dies gilt umfassend, wenn es sich bei dem Zahlungsdienstnutzer um einen Verbraucher handelt. Eine Änderung der in den zahlungsdiensterechtlichen Vorschriften enthaltenen Regelungen zu Lasten des Zahlungsdienstnutzers hat der Gesetzgeber in eingeschränktem Umfang nur zwischen Zahlungsdienstleister und Zahlungsdienstnutzer in seiner Eigenschaft als Nicht-Verbraucher[4] zugelassen. § 675e Abs. 4 BGB ermöglicht es dem Zahlungsdienstleister, mit dem Zahlungsdienstnutzer in seiner Eigenschaft als Nicht-Verbraucher zu vereinbaren, dass in § 675e Abs. 4 BGB definierte Regelungen des Zahlungsdiensterechts ganz oder teilweise nicht anzuwenden sein sollen. Hierzu zählt auch § 675v BGB. Bislang ist nicht grundlegend untersucht worden, ob abweichende Vereinbarungen auf Grundlage des § 675v Abs. 4 BGB einer ergänzenden (Inhalts-)Kontrolle nach §§ 305ff. BGB unterliegen. Rechtsprechung und Literatur gehen bislang einhellig von der Mög-

4 § 675e Abs. 4 BGB: „*...Handelt es sich bei dem Zahlungsdienstnutzer nicht um einen Verbraucher, so können die Parteien vereinbaren...*“; hierbei wird es sich in der Regel um jeden Zahlungsdienstnutzer handeln, der nicht als Verbraucher im Sinne des § 13 BGB zu qualifizieren ist; vgl. auch Langenbucher/Bliesener/Spindler/*Herresthal*, 3. Auflage, 2020, Kap. 2 § 675e Rn. 12.

lichkeit einer (Inhalts-)Kontrolle derartiger Regelungen nach §§ 305 ff. BGB aus. Die Ergebnisse der Untersuchung in Abschnitt E. dieser Arbeit führen zu einer grundlegenden Neubewertung der Kontrollmöglichkeit (§§ 305 ff. BGB) ergänzender Vereinbarungen nach § 675e Abs. 4 BGB.

5. Die Geltendmachung von Gegenrechten des Zahlungsdienstleisters gegenüber dem Zahlungsdienstnutzer unter verfahrensökonomischen Aspekten

Abschnitt F. dieser Arbeit befasst sich mit der rechtlichen Zulässigkeit des unmittelbaren verfahrensökonomischen Ausgleichs wechselseitiger Ansprüche von Zahlungsdienstleister und Zahlungsdienstnutzer.

Die Geltendmachung wechselseitiger Ansprüche zwischen Zahlungsdienstleister und Zahlungsdienstnutzer ist untrennbar mit deren verfahrensrechtlicher Durchsetzung verbunden. Rechtsprechung und Literatur gehen weit überwiegend davon aus, dass für den Ausgleich der wechselseitigen Ansprüche von Zahlungsdienstleister und Zahlungsdienstnutzer die allgemeinen Vorschriften und Grundsätze des Zivilrechts uneingeschränkt anwendbar sind. In der Regel findet der Ausgleich der Ansprüche von Zahlungsdienstleister und Zahlungsdienstnutzer durch Aufrechnung oder unter Berufung auf § 242 BGB (dolo agit qui petit quod statim redditurus est) statt. Hierdurch soll vermieden werden, dass der Zahlungsdienstleister auf den geltend gemachten Anspruch eine Vorleistung erbringen muss.

Die Ergebnisse der Analyse in Abschnitt F. dieser Arbeit zeigen jedoch, dass der Anwendung der allgemeinen Grundsätze zum verfahrensökonomischen Ausgleich der wechselseitigen Ansprüche von Zahlungsdienstleister und Zahlungsdienstnutzer grundlegende Bedenken entgegenstehen.

6. Das Financial data access and payments package der Europäischen Kommission vom 28.6.2023

In Abschnitt H. dieser Arbeit erfolgt ein Ausblick auf die Vorschläge der europäischen Kommission zur Neuordnung des Zahlungsdiensterechts vom 28.6.2023 und die aus heutiger Sicht möglichen bzw. zu erwartenden Auswirkungen auf die in dieser Arbeit behandelten Themenstellungen.[5] Im Rahmen der Behandlung der Themenfelder dieser Arbeit erfolgt teilweise eine auf dem derzeitigen Arbeitsstand

5 Im Wesentlichen Proposal for a regulation on payment services und Proposal for directive 2023.

des Vorschlags der Kommission beruhende Bewertung der entsprechenden Regelungsvorschläge.

III. Ziel der Arbeit

Mit dieser Arbeit findet sowohl eine grundsätzliche Aufarbeitung der Zusammenhänge zwischen zahlungsdiensterechtlichen Haftungsansprüchen und allgemeinen Schadensersatzansprüchen des Zahlungsdienstleisters als auch eine umfassende Untersuchung der in diesem Zusammenhang für die Stellung des Zahlungsdienstleisters relevanten Fragestellungen statt. Die Ergebnisse dieser Arbeit zeigen, dass bei der Bewertung der haftungsrechtlichen Beziehungen zwischen Zahlungsdienstleister und Zahlungsdienstnutzer durch Rechtsprechung und Literatur in Teilbereichen eine grundlegende Neuorientierung erfolgen muss. Nur so wird auf nationaler Ebene den Anforderungen des europäischen Gesetzgebers nach der PSD II entsprochen.

Diese Arbeit leistet dadurch einen Beitrag für die rechtssichere Anwendung der zahlungsdiensterechtlichen Vorschriften der §§ 675c ff. BGB sowohl unter Geltung der Regelungen der PSD II als auch zur Fortentwicklung des Zahlungsdiensterechts auf europäischer Ebene.

Die Europäische Kommission hat wie bereits erwähnt am 28.6.2023 das Financial data access and payments package veröffentlicht, mit dem eine grundlegende Neuordnung der Vorschriften der PSD II erfolgen soll. Die Europäische Kommission will diese Neuordnung durch eine Änderung der PSD II erreichen. Die für das zivilrechtliche Verhältnis zwischen Zahlungsdienstleister und Zahlungsdienstnutzer relevanten Regelungen aus der PSD II sollen hierbei in eine Verordnung überführt werden. Damit weicht der Vorschlag der Europäischen Kommission zur Geltung der zahlungsdiensterechtlichen Normen für die zivilrechtlichen Verhältnisse zwischen Zahlungsdienstleister und Zahlungsdienstnutzer grundlegend von der bisherigen Vorgehensweise des europäischen Gesetzgebers ab. Hatte dieser bislang die Implementierung der relevanten europäischen Regelungen in Form einer durch die Mitgliedstaaten umzusetzenden Richtlinie vorgesehen, soll die Neuordnung der zivilrechtlichen Regelungen des Zahlungsdiensterechts durch eine für die Mitgliedstaaten unmittelbar wirkende Verordnung erfolgen. Bei der Bewertung der PSD II seien Probleme im Zusammenhang mit der unterschiedlichen Umsetzung und Durchsetzung der PSD II in den Mitgliedsstaaten festgestellt worden. Diese Probleme hätten unmittelbare Auswirkung auf den Wettbewerb zwischen den Zahlungsdienstleistern, da die unterschiedlichen Umsetzungen und Auslegungen der zahlungsdiensterechtlichen Vorschriften in den einzelnen Mitgliedstaaten unterschiedliche regulatorische Bedingungen schaffen und damit eine

„Regulierungsarbitrage" begünstigten (sog. aufsichtsrechtliches Forum-Shopping).[6] Die Nutzung unterschiedlicher Regulierungsanforderungen in den einzelnen Mitgliedsstaaten könne dazu führen, dass Zahlungsdienstleister als Herkunftsland diejenigen Mitgliedstaaten wählen, in denen die Anwendung der Unionsvorschriften für Zahlungsdienste für sie gegenüber anderen Mitgliedstaaten vorteilhafter ist. Die europäischen Vorschriften für Zahlungsdienste sollen daher weiter harmonisiert werden, indem Regeln für die Ausübung der Zahlungsdienstleistungstätigkeit, einschließlich der Rechte und Pflichten der beteiligten Parteien, in eine unmittelbar wirkende Verordnung aufgenommen würden. Diese Vorschriften, mit Ausnahme der Vorschriften über die Zulassung und Beaufsichtigung von Zahlungsinstituten, die in einer Richtlinie verbleiben sollen, sollen zudem klarer und detaillierter gefasst werden, um Auslegungsspielräume zu minimieren.[7]

Die bisher im Proposal for a regulation on payment services vorgesehenen haftungsrechtlichen Regelungen zwischen Zahlungsdienstleister und Zahlungsdienstnutzer sind weitgehend mit den relevanten Regelungen der PSD II nahezu wortlaut- bzw. inhaltsidentisch.[8]

Der Proposal for a regulation on payment services enthält zu den wesentlichen, den Inhalt dieser Arbeit bildenden, Untersuchungsgegenständen (bislang) keine weitergehenden Erwägungen, die die im Rahmen dieser Arbeit aufgezeigten Problemfelder klären. Dies zeigt, dass die Europäische Kommission im Wesentlichen keine inhaltlichen Kritikpunkte an den bisherigen Regelungszusammenhängen und Inhalten der in der PSD II enthaltenen Haftungsregelungen erkannt und für abhilfebedürftig angesehen hat. Die nahezu identische Übernahme der Haftungsregelungen der PSD II in den Proposal for a regulation on payment services ist wohl auf die Stellungnahme der EBA in der Opinion of the European Banking Authority on its technical advice on the review of Directive (EU) 2015/2366 on payment services in the internal market (PSD2) vom 23. Juni 2022 zurückzuführen. Die EBA bestätigte nämlich, dass sich die Haftungsregelungen bewährt hätten und nicht wesentlich geändert werden müssten.[9]

Damit bleiben aber bei unveränderter Umsetzung des Entwurfs der Verordnung die im nationalen Recht bestehenden Auslegungsunsicherheiten für bestimmte Teilbereiche der haftungsrechtlichen Beziehungen zwischen Zahlungsdienstleister und Zahlungsdienstnutzer bestehen. Es stellen sich weiterhin die

6 Vgl. Erwägungsgrund 3, 4 des Proposal for a regulation on payment services.

7 Erwägungsgrund 4 des Proposal for a regulation on payment services.

8 Hierzu auch *Werner*, RdZ 2023, 192 (198).

9 Rn. 281: „*Articles 73 and 74 of PSD2 mainly regulate the distribution of liability between the PSU and the PSP, as well as between different PSPs. Overall, the EBA is of the view that the liability regime has worked well and does not need to be changed significantly.*"

bereits heute relevanten Abgrenzungs- und Auslegungsfragen zur Wechselwirkung der zahlungsdiensterechtlichen Schadensersatzansprüche mit den Schadensersatzansprüchen nach nationalem Recht, der unmittelbaren Durchsetzbarkeit der wechselseitigen Ansprüche, der Kontrollfähigkeit abweichender Regelungen zwischen Zahlungsdienstleister und Nicht-Verbrauchern sowie zur Bestimmung der Eigenschaften eines Zahlungsinstruments.

Die Ergebnisse dieser Arbeit sind damit für die Rechtsanwendung in mehrfacher Hinsicht relevant. Sie ermöglichen die rechtssichere Anwendung der haftungsrechtlichen Regelungen der §§ 675u, 675v BGB und Lösung der in diesem Zusammenhang stehenden Rechtsfragen. Da die Ergebnisse dieser Arbeit überwiegend auf Grundlage der Regelungen und Erwägungsgründe der PSD II erarbeitet wurden, haben sie zudem auch nach Inkrafttreten des Proposal for a Regulation on payment services Relevanz für die zukünftige Rechtsanwendung. Da die Erwägungsgründe des Proposal for a regulation on payment services keine weiterführenden Ausführungen zu den haftungsrechtlichen Beziehungen zwischen Zahlungsdienstleister und Zahlungsdienstnutzer enthalten, gleichzeitig aber eine weitgehend wortlaut- und inhaltsidentische Übernahme der Haftungsregelungen durch den Proposal for a regulation on payment services vorgesehen ist, können die in dieser Arbeit auf Grundlage der PSD II erzielten Ergebnisse auch für die Auslegung der entsprechenden finalen Regelungen des Proposal for a regulation on payment services herangezogen werden.

B. Untersuchung ausgewählter Tatbestandsmerkmale der §§ 675u, 675v BGB

I. Ausgewählte Tatbestandsmerkmale des § 675u BGB

1. Der Anspruch des Zahlungsdienstnutzers auf Wiederherstellung des status quo ante vor Ausführung des nicht autorisierten Zahlungsvorgangs

Auseinandersetzungen über die Berechtigung des Zahlungsdienstleisters, den Zahlungsdienstnutzer auf Aufwendungsersatz für einen ausgeführten Zahlungsvorgang in Anspruch zu nehmen, beginnen regelmäßig mit der Information des Zahlungsdienstleisters durch den Zahlungsdienstnutzer, dass der Zahlungsvorgang nicht durch den berechtigten Zahlungsdienstnutzer autorisiert wurde. Der Zahlungsdienstnutzer will mit dieser Information gleichzeitig einen Anspruch aus § 675u S. 2 BGB geltend machen und den durch den Zahlungsdienstleister ausgeführten Zahlungsvorgang rückgängig machen.

Nach der Anzeige eines nicht autorisierten Zahlungsvorgangs ist der Zahlungsdienstleister bereits dem Grunde nach verpflichtet, den status quo ante vor dessen Durchführung gegenüber dem Zahlungsdienstnutzer wiederherzustellen. § 675u S. 1 BGB bestätigt hierbei die sich bereits aus §§ 675j Abs. 1 S. 1, 675c, 670 BGB ergebende Rechtslage.[1] Der Zahlungsdienstleister hat bei Durchführung eines nicht autorisierten Zahlungsvorgangs nämlich keinen Anspruch auf Ersatz seiner Aufwendungen.[2] § 675u S. 1 BGB weist keinen Regelungsgehalt auf, der über §§ 675j, 675c, 670 BGB hinausgeht.[3]

Kommt der Zahlungsdienstleister nach einer derartigen Anzeige seiner Restitutionspflicht gegenüber dem Zahlungsdienstnutzer nicht nach, gewährt § 675u S. 2 BGB dem Zahlungsdienstnutzer Anspruchsgrundlagen zur Durchsetzung seiner Rechte; Barausgleich (§ 675u S. 2 1. Alt. BGB) und kontenmäßige (Rück-)Abwicklung (§ 675u S. 2 2. Alt. BGB). Der Barausgleich nach § 675u S. 2 1. Alt. BGB findet durch Rückerstattung des durch den Zahlungsdienstnutzer in bar ausgeglichenen vermeintlichen Aufwendungsersatzanspruchs des Zahlungsdienstleisters ebenfalls in bar statt. Für die Korrektur des dem Zahlungskonto des Zahlungsdienstnutzers unberechtigt belasteten Aufwendungsersatzanspruchs steht dem Zahlungsdienst-

---

1 BT-DrS. 16/11643, S. 113.

2 BGH NJW 2015, 3025 (3027).

3 BeckOK BGB/*Schmalenbach*, 66. Ed. 1.5.2023, BGB § 675u Rn. 3; Langenbucher/Bliesener/Spindler/*Werner*, 3. Auflage, 2020, Kap. 5 § 675u Rn. 1; MüKoBGB/*Zetzsche*, 9. Auflage, 2023, § 675u Rn. 4.

https://doi.org/10.1515/9783111653709-004

nutzer nach § 675u S. 2 2. Alt. BGB das Recht auf Berichtigung des Zahlungskontos auf den Stand zu, auf dem es sich ohne die Belastung mit dem ohne Rechtsgrund geltend gemachten Aufwendungsersatzanspruch befunden hat.

Der Anspruch des Zahlungsdienstnutzers aus § 675u S. 2 BGB ist unverzüglich[4] zu erfüllen. Das Merkmal der Unverzüglichkeit wird in § 675u S. 3 BGB noch einmal wiederholt. Den Anspruch des Zahlungsdienstnutzers hat der Zahlungsdienstleister jedoch spätestens innerhalb des Geschäftstags zu erfüllen, der dem Tag folgt, an dem der Zahlungsdienstleister eine Information von der Ausführung des nicht autorisierten Zahlungsauftrags erlangt hat. § 675u S. 4 BGB gibt dem Zahlungsdienstleister aber die Möglichkeit, seine Verpflichtung aus § 675u S. 2 BGB unverzüglich zu prüfen und den Anspruch des Zahlungsdienstnutzers erst dann zu erfüllen, wenn sich der Verdacht nicht bestätigt hat. Erforderlich ist hierbei aber, dass der Zahlungsdienstleister die berechtigten Gründe seines Verdachts einer zuständigen Behörde schriftlich angezeigt hat.

2. Tatbestandsmerkmale des § 675u BGB

a) Anzeige des Anspruchs aus § 675u S. 2 BGB durch den Zahlungsdienstnutzer

Der Begriff der Anzeige des nicht autorisierten Zahlungsvorgangs in § 675u S. 3 BGB ist nicht definiert. Dem Wortsinn nach genügt es, wenn der Zahlungsdienstnutzer den Zahlungsdienstleister informiert, dass er den durch den Zahlungsdienstleister durchgeführten Zahlungsvorgang nicht autorisiert hat.[5] Über den Wortlaut des § 675u S. 3 BGB hinaus ist der Zahlungsdienstleister jedoch nicht nur über den nicht autorisierten Zahlungsvorgang zu informieren. Vielmehr hat der Zahlungsdienstnutzer seinen Anspruch nach § 675u S. 2 BGB gegenüber dem Zahlungsdienstleister geltend zu machen.[6] Dies ergibt sich daraus, dass der Anspruch aus § 675u S. 2 BGB auf ein Rückerstattungsverlangen gerichtet ist.[7] Die bloße Unterrichtung des Zahlungsdienstleisters über einen nicht autorisierten Zahlungsvorgang enthält noch nicht die erforderlichen Angaben, anhand derer der Zahlungsdienstleister Grund und Höhe des behaupteten nicht autorisierten Zahlungsvorgangs überprüfen könnte. Insoweit unterscheidet sich der Inhalt der Anzeige in § 675u S. 3 BGB von den auf Information über Sachverhaltsumstände gerichteten Anzeige- und Unter-

---

4 Vgl. § 121 Abs. 1 S. 1 BGB.

5 Langenbucher/Bliesener/Spindler/*Langenbucher*, 3. Auflage, 2020, 4. Kap. BGB § 675u Rn. 6a: *„Der Rückerstattungsanspruch des Überweisenden ist hiernach spätestens an dem auf die Anzeige des Kunden folgenden Geschäftstages zu erfüllen."*

6 MüKoBGB/*Zetzsche*, 9. Auflage, 2023, § 675u Rn. 7.

7 BeckOGK/*M. Zimmermann*, 1.11.2023, BGB § 675u Rn. 23.

richtungserfordernissen des Zahlungsdienstnutzers in § 675l Abs. 1 S. 2 BGB und § 676b Abs. 1 BGB. Kommt es bei § 676b BGB ausweislich der in § 676b Abs. 2 BGB enthaltenen zeitlichen Ausschlusswirkung und der im Übrigen aus § 676b Abs. 1 BGB für den Zahlungsdienstleister ableitbaren Schutzwirkung allein auf die Kenntniserlangung[8] eines nicht autorisierten Zahlungsvorgangs[9] an, so hat die Anzeige eines nicht autorisierten Zahlungsvorgangs an den Zahlungsdienstleister i. S. d. § 675u S. 3 BGB eine andere Zielrichtung. Diese Anzeige dient im Zusammenhang mit dem Verlangen einer Erstattung durch den Zahlungsdienstnutzer oder der Korrektur des Kontostands des Zahlungsdienstnutzers nach § 675u S. 2 BGB der Vornahme einer Handlung des Zahlungsdienstleisters. Hat der Zahlungsdienstleister nicht anderweitig Kenntnis von dem nicht autorisierten Zahlungsvorgang, so ist die Erfüllung des Anspruchs nach § 675u S. 2 BGB von der konkretisierten Geltendmachung durch den Berechtigten abhängig.[10] Damit setzt der Anspruch nach § 675u S. 2 BGB – obwohl dem Zahlungsdienstleister mangels eines autorisierten Zahlungsvorgangs bereits nach §§ 675j Abs. 1 S. 1, 675c, 670 BGB kein Aufwendungsersatzanspruch zusteht[11] – die konkrete Geltendmachung durch den Zahlungsdienstnutzer voraus.[12]

Die Anzeige nach § 675u S. 3 BGB ist nämlich mit der Geltendmachung des Erstattungsverlangens i. S. d. § 675x Abs. 4 BGB vergleichbar. Ansprüche des Zahlungsdienstnutzers auf Erstattung eines belasteten (autorisierten) Zahlungsbetrags nach § 675x BGB sind ausgeschlossen, wenn er diese nicht innerhalb von acht Wochen ab dem Zeitpunkt der Belastung des betreffenden Zahlungsbetrags gegenüber seinem Zahlungsdienstleister geltend gemacht hat. Sowohl im Fall des § 675u S. 2 BGB als auch bei § 675x BGB handelt es sich um Erstattungsansprüche des Zahlungsdienstnutzers. Um diese Erstattungsverlangen erfüllen zu können, muss

---

8 MüKoBGB/*Zetzsche*, 9. Auflage, 2023, BGB § 676b Rn. 1: „Informationspflicht" des Zahlungsdienstnutzers.

9 BeckOK BGB/*Schmalenbach*, 69. Ed. 1.2.2024, BGB § 675l Rn. 7, der auch für die Anzeigepflicht des Zahlungsdienstnutzers bei abhanden gekommenen Zahlungsinstrumenten eine Mitteilung fordert, die den Zahlungsdienstleister in die Lage versetzt, Vorkehrungen zu treffen, den künftigen Missbrauch zu verhindern oder einen bereits angelaufenen zu unterbinden. Damit sieht *Schmalenbach* auch in der Anzeigepflicht nach § 675l BGB eine zweckorientierte Informationspflicht, die dazu dient, eine tatsächliche Handlung vorzunehmen.

10 Vgl. aber zu § 676b BGB auch BeckOK BGB/*Schmalenbach*, 69. Ed. 1.11.2023, BGB § 676b Rn. 1, der darauf verweist, dass diese Vorschrift darauf gerichtet sei, bei nicht autorisierten Zahlungsvorgängen durch das Zusammenwirken von Anzeigeobliegenheit und Ausschlussfrist für den Zahlungsdienstnutzer für Rechtsklarheit im Zeitablauf zu sorgen.

11 MüKoBGB/*Zetzsche*, 9. Auflage, 2023, § 675u Rn. 4.

12 Vgl. a.A. nicht ganz eindeutig BeckOGK BGB/*Zahrte*, 1.6.2023, BGB § 676b Rn. 18, der darauf verweist, dass § 675u BGB keine Reklamation voraussetzt.

der Zahlungsdienstnutzer dem Zahlungsdienstleister den von ihm geltend gemachten Anspruch sowohl dem Grunde nach als auch der Höhe nach darlegen. Das Erfordernis, auch die Höhe des beanstandeten Zahlungsauftrags darzulegen, ergibt sich aus § 675x Abs. 4 BGB. Dessen Tatbestand setzt nämlich voraus, dass der Anspruch des Zahlungsdienstnutzers innerhalb von acht Wochen ab dem Zeitpunkt der Belastung des betreffenden Zahlungsbetrags gegenüber seinem Zahlungsdienstleister geltend gemacht werden muss. Damit ist der konkrete Zahlbetrag im Rahmen des Erstattungsverlangens zu benennen.[13] Das gleiche Erfordernis muss vor dem Hintergrund des identischen Ziels der Ansprüche nach § 675x Abs. 1 BGB und § 675u S. 2 BGB, nämlich der Geltendmachung eines Erstattungsanspruchs gegenüber dem Zahlungsdienstleister, nach Auffassung des Verfassers auch für die Ansprüche nach § 675u S. 2 BGB gelten.

Die Anzeige nach § 675u S. 3 BGB setzt damit ein Vorbringen des Zahlungsdienstnutzers voraus, aus dem sich für den Zahlungsdienstleister zum einen unmissverständlich ergibt, dass ein nicht autorisierter Zahlungsvorgang in betraglich bestimmter Höhe vorliegt und zum anderen, dass der Zahlungsdienstnutzer seine Rechte nach § 675u S. 2 BGB einfordert. Der Zahlungsdienstleister muss damit ernsthaft zur Erfüllung des Anspruchs nach § 675u S. 2 BGB aufgefordert werden.

Kommt der Zahlungsdienstnutzer den Anforderungen an die Konkretisierung des nicht autorisierten Zahlungsvorgangs oder des Rückerstattungsverlangens nicht nach, so hat dies Einfluss auf den Beginn der Frist nach § 675u S. 3 BGB. Liegt keine ordnungsgemäße Anzeige im Sinne einer konkreten Geltendmachung vor, so wird die Frist zur Rückgängigmachung des Zahlungsvorgangs durch den Zahlungsdienstleister nicht in Gang gesetzt.

b) Der Einwand der fehlenden Redlichkeit des Zahlungsdienstnutzers durch den Zahlungsdienstleister i. S. d. § 675u S. 4 BGB

aa) Berechtigte Gründe des Verdachts eines betrügerischen Verhaltens des Zahlungsdienstnutzers

Nach § 675u S. 4 BGB ist der Zahlungsdienstleister für den Fall, dass er in der Geltendmachung des § 675u S. 2 BGB ein betrügerisches Verhalten des Zahlungsdienstnutzers vermutet und schriftlich der zuständigen Behörde berechtigte Gründe für diesen Betrugsverdacht mitgeteilt hat, berechtigt, seine Verpflichtung aus § 675u S. 2 BGB unverzüglich zu prüfen und erst dann zu erfüllen, wenn sich der Betrugsverdacht nicht bestätigt.

13 Ebenso *Grundmann*, S. 587, Rn. 409, ohne aber auf die Anforderungen der Geltendmachung einzugehen.

§ 675u S. 4 BGB modifiziert damit die in § 675u S. 3 BGB eingeführte Höchstfrist zur Erfüllung des Anspruchs des Zahlungsdienstnutzers nach § 675u S. 2 BGB. Nach § 675u S. 3 BGB ist der Anspruch des Zahlungsdienstnutzers nämlich unverzüglich zu erfüllen, spätestens jedoch bis zum Ende des Geschäftstags, der auf den Tag folgt, an welchem dem Zahlungsdienstleister angezeigt wurde, dass der Zahlungsvorgang nicht autorisiert ist, oder er auf andere Weise davon Kenntnis erhalten hat. Die mit dieser Regelung eingeführte Höchstfrist zur Erfüllung des Anspruchs aus § 675u S. 2 BGB wird damit durch § 675u S. 4 BGB suspendiert.

Was unter den berechtigten Gründen i. S. d. § 675u S. 4 BGB zu verstehen ist, ist nicht definiert. Ebenso bleibt offen, welchen Substantiierungsgrad die Mitteilung der berechtigten Gründe des Verdachts des Zahlungsdienstleisters an die zuständige Behörde[14] haben muss. Die fehlende Definition der berechtigten Gründe im Zusammenhang mit einem Verdacht eines betrügerischen Verhaltens des Zahlungsdienstnutzers hatte auch bereits die EBA beanstandet.[15] Um mehr Klarheit bei der Anwendung der Haftungsregelungen und Rechtssicherheit für die Marktteilnehmer zu schaffen sowie den Verbraucherschutz zu verbessern, hatte die EBA unter anderem vorgeschlagen, den Begriff des begründeten Betrugsverdachts in Art. 73 PSD II zu präzisieren.[16]

---

14 Vgl. hierzu B., I., 2., b), bb) dieser Arbeit.

15 Opinion of the European Banking Authority on its technical advice on the review of Directive (EU) 2015/2366 on payment services in the internal market (PSD2) vom 23. Juni 2022: Rn. 295.

16 Opinion of the European Banking Authority on its technical advice on the review of Directive (EU) 2015/2366 on payment services in the internal market (PSD2) vom 23. Juni 2022: Rn. 295: *„In relation to the above, to provide greater clarity in the application of the liability regime and legal certainty for market participants, as well as to enhance consumer protection, the EBA proposes that the Directive clarifies the terms 'reasonable grounds to suspecting fraud', 'fraudulent act' and 'gross negligence', and the provision of Article 74(1)(a) of PSD2. In particular, the EBA is of the view that the suspicion of fraud should be based on sound and robust evidence, taking into account well-known fraud scenarios, and that further clarity should be provided on what is to be considered an authorised transaction.“*; Die Europäische Kommission hat indessen diesen Vorschlag zur weiteren Klarstellung des Begriffs des Betrugs im Proposal for a regulation on payment services nicht aufgegriffen. Erwägungsgrund 77 S. 1 und S. 2 des Proposal for a regulation on payment services: *„…In the case of an unauthorised payment transaction, the payment service provider should immediately refund the amount of that transaction to the payer. However, where there is a high suspicion of an unauthorised transaction resulting from fraudulent behaviour by the payer and where that suspicion is based on objective grounds which are communicated to the relevant national authority by the payment service provider, the payment service provider should be able to conduct an investigation before refunding the payer.“*; Erwägungsgrund 71 S. 1 PSD II: *„…In the case of an unauthorised payment transaction, the payment service provider should immediately refund the amount of that transaction to the payer. However, where there is a high suspicion of an unauthorised transaction resulting from fraudulent behaviour by the payment service user and where that suspicion is based on objective grounds which*

Angesichts des Ziels des § 675u S. 2 BGB, die Belastung des Zahlungsdienstnutzers unverzüglich rückgängig zu machen, sind an den Maßstab, wann berechtigte Gründe für einen Betrugsverdacht die Fälligkeit des Anspruchs aus § 675u S. 2 BGB aufschieben können, keine geringen Anforderungen zu stellen.[17] Dies bestätigt Erwägungsgrund 71 S. 2 PSD II, der einen dringenden Verdacht des Zahlungsdienstleisters fordert, der auf objektiven Gründen beruhen muss.[18] Damit verdeutlicht der europäische Gesetzgeber, dass der Verdacht betrügerischen Verhaltens nicht auf bloße Vermutungen des Zahlungsdienstleisters gestützt sein kann. Hieraus lässt sich ableiten, dass auch der ungewöhnliche Ablauf eines nicht autorisierten Zahlungsvorgangs für sich genommen noch keine berechtigte Begründung für den Verdacht eines betrügerischen Verhaltens darstellen muss.[19]

---

are communicated to the relevant national authority, the payment service provider should be able to conduct, within a reasonable time, an investigation before refunding the payer...".

17 Erwägungsgrund 71 S. 2 PSD II.

18 Erwägungsgrund 71 S. 2 PSD II: „...*Besteht jedoch ein dringender Verdacht, dass ein nicht autorisierter Zahlungsvorgang Folge eines betrügerischen Verhaltens des Zahlungsdienstnutzers ist, und beruht dieser Verdacht auf objektiven Gründen, die der zuständigen nationalen Behörde mitgeteilt wurden, so sollte der Zahlungsdienstleister innerhalb einer angemessenen Frist eine Untersuchung durchführen können, bevor er dem Zahler den entsprechenden Betrag erstattet...*"; englische Sprachfassung: „...*However, where there is a high suspicion of an unauthorised transaction resulting from fraudulent behaviour by the payment service user and where that suspicion is based on objective grounds which are communicated to the relevant national authority, the payment service provider should be able to conduct, within a reasonable time, an investigation before refunding the payer...*"; Erwägungsgrund 77 S. 2 des Proposal for a regulation on payment services: „...*However, where there is a high suspicion of an unauthorised transaction resulting from fraudulent behaviour by the payer and where that suspicion is based on objective grounds which are communicated to the relevant national authority by the payment service provider, the payment service provider should be able to conduct an investigation before refunding the payer...*". Der Erwägungsgrund 77 S. 3 des Proposal for a regulation on payment services enthält darüber hinaus die Regelung, dass der Zahlungsdienstleister entweder den Anspruch des Zahlungsdienstnutzers zu erfüllen hat oder ihn über die Gründe des Verdachts eines betrügerischen Verhaltens informieren muss: „...*The payment service provider should, within 14 business days after noting or being notified of the transaction, either refund the payer the amount of the unauthorised payment transaction or provide the payer the reasons and supporting evidence for refusing the refund and indicate the bodies to which the payer may refer the matter if the payer does not accept the reasons provided...*" (in der Fassung der European Parliament legislative resolution of 23. April 2024 on the proposal for a regulation of the European Parliament and of the Council on payment services in the internal market and amending Regulation (EU) No 1093/2010(Com(2023)0367-C9 – 0217/2023 – 2023/0210(COD)).

19 In diesem Sinne Staudinger/*Omlor*, 2020, § 675u Rn. 28, der darauf verweist, dass eine „überwiegende Wahrscheinlichkeit", dass ein betrügerisches Verhalten des Zahlers vorliegt, nicht ausreichend sei. Vielmehr sei eine „weit überwiegende Wahrscheinlichkeit" zu fordern, wobei auch *Omlor* keine Hinweise gibt, wo die Grenze zwischen einer Wahrscheinlichkeit von „über 50 %" oder einer „weit überwiegenden Wahrscheinlichkeit" zu ziehen ist.

Insoweit ist das Merkmal des Verdachts berechtigter Gründe in § 675u S. 4 BGB dahingehend zu konkretisieren, dass die Umstände, die den Zahlungsdienstleister auf ein betrügerisches Verhalten des Zahlungsdienstnutzers schließen lassen, so offenkundig sein müssen, dass sie für den objektiven Beobachter den Schluss zulassen, dass ein betrügerisches Verhalten des Zahlungsdienstnutzers vorliegen muss.[20] Es ist daher auch nicht ausreichend, dass objektive Gründe ein betrügerisches Verhalten nicht ausschließen. Vielmehr müssen die Sachverhaltsumstände in der Weise für ein derart betrügerisches Verhalten sprechen, dass keine vernünftigen Gründe ersichtlich sind, die die Darstellung des Zahlungsdienstnutzers nicht glaubhaft erscheinen lassen.[21] Da nach Erwägungsgrund 71 S. 2 Hs. 2 PSD II die Mitteilung des dringenden Verdachts eines betrügerischen Verhaltens auf objektiven Gründen beruhen muss, hat der Zahlungsdienstleister letztlich nachweisbare und beweisbare Gründe der Behörde vorzutragen, die für ein betrügerisches Verhalten des Zahlungsdienstnutzers sprechen.

Hat der Zahlungsdienstleister der zuständigen Behörde derart berechtigte Gründe mitgeteilt, so lässt der Wortlaut des § 675u S. 4 BGB den Schluss zu, dass der Zahlungsdienstleister auch nach Mitteilung der berechtigten Gründe weiterhin zur Aufklärung des Sachverhalts verpflichtet ist. Nach § 675u S. 4 BGB ist der Zahlungsdienstleister nämlich auch nach Mitteilung der berechtigten Gründe an die Behörde weiterhin gehalten, seine Verpflichtung aus § 675u S. 2 BGB unverzüglich zu prüfen und dann zu erfüllen, wenn sich der Betrugsverdacht nicht bestätigt.

Diese Anforderung des § 675u S. 4 BGB widerspricht jedoch Art. 73 Abs. 1 S. 1 PSD II. Art. 73 Abs. 1 S. 1 PSD II sieht nur vor, dass der Zahlungsdienstleister dem Zahlungsdienstnutzer im Falle eines nicht autorisierten Zahlungsvorgangs den Betrag des nicht autorisierten Zahlungsvorgangs unverzüglich, „auf jeden Fall spätestens bis zum Ende des folgenden Geschäftstags erstattet, nachdem er von dem Zahlungsvorgang Kenntnis erhalten hat oder dieser ihm angezeigt wurde, es sei denn, er hat berechtigte Gründe für den Verdacht, dass Betrug vorliegt" und er diese Gründe der zuständigen nationalen Behörde schriftlich mitteilt. Art. 73 Abs. 1 S. 1 PSD II sieht nach Mitteilung der berechtigten Gründe an die zuständige Behörde damit keine weiteren Prüfpflichten des Zahlungsdienstleisters vor. § 675u S. 4 BGB ist daher entsprechend dem Regelungsgehalt des Art. 73 Abs. 1 S. 1 PSD II einschränkend auszulegen. Danach ist der geltend gemachte Erstattungsanspruch des Zahlungsdienstnutzers nicht fällig, solange die zuständige Behörde nach ordnungsgemäßer Mitteilung der berechtigten Gründe des Verdachts eines betrügeri-

20 Vgl. Erwägungsgrund 71 S. 2 PSD II.

21 In diesem Sinne Staudinger/*Omlor*, 2020, § 675u Rn. 28.

schen Verhaltens des Zahlungsdienstleisters die eigenen Prüfungshandlungen nicht beendet hat.[22]

Die Mitteilung der berechtigten Gründe hat aufgrund der Fristenbestimmung des § 675u S. 3 BGB auch innerhalb der dort geregelten Erfüllungsfrist zu erfolgen.[23] Diese beträgt damit maximal zwei Geschäftstage. Eine nach Ablauf der Frist erfolgende Mitteilung schiebt die Fälligkeit des Anspruchs aus § 675u S. 2 BGB nicht mehr auf.[24]

bb) Zuständige Behörde i. S. d. § 675u S. 4 BGB

(1) Die nationale Behörde i. S. d. Art. 73 Abs. 1 S. 1 PSD II

Die Mitteilung der berechtigten Gründe des Verdachts eines betrügerischen Verhaltens des Zahlungsdienstnutzers hat nach § 675u S. 4 BGB an die zuständige Behörde zu erfolgen. Art. 73 Abs. 1 S. 1 PSD II spricht insoweit einschränkend von der Mitteilung an die zuständige nationale Behörde. Die Beschränkung des Art. 73 Abs. 1 S. 1 PSD II auf die zuständige nationale Behörde deutet zunächst darauf hin, dass hiermit eine nationale Behörde am inländischen Sitz des Zahlungsdienstleisters gemeint sein könnte. Für die Anwendung des § 675u S. 4 BGB wäre dies damit eine Behörde in Deutschland. Sinn und Zweck der Mitteilung an die Behörde nach Art. 73 Abs. 1 S. 1 PSD II ist aber, dass die zuständige Behörde Ermittlungen aufnimmt, um auf Grundlage der Mitteilung des Verdachts des Zahlungsdienstleisters Nachfor-

22 A.A. *Spitzer*, MDR 2018, 561 (565); MüKoBGB/*Zetzsche*, 8. Auflage, 2020, § 675u Rn. 44; a.A. wohl auch BeckOK BGB/*Schmalenbach*, 62. Ed. 1.5.2022, BGB § 675u Rn. 6, jedoch insoweit nicht deutlich, da *Schmalenbach* annimmt, dass die Aussetzung auch für den Zeitraum einer vorhergehenden internen Prüfung gelten müsse, innerhalb derer der Zahlungsdienstleister unverzüglich den Sachverhalt beurteilt. Andererseits verweist *Schmalenbach* darauf, dass die gesamte Prüfung gemäß § 675u S. 2 die Dauer von zwei Geschäftstagen nicht überschreiten dürfe; vgl. auch *Werner*, ZBB 2017, 345 (351); BeckOGK BGB/*M. Zimmermann*, 15.6.2022, BGB § 675u Rn. 28; vgl. auch Art. 73 Abs. 1 S. 1 PSD II: „... *Member States shall ensure that, without prejudice to Article 71, in the case of an unauthorised payment transaction, the payer's payment service provider refunds the payer the amount of the unauthorised payment transaction immediately, and in any event no later than by the end of the following business day, after noting or being notified of the transaction, except where the payer's payment service provider has reasonable grounds for suspecting fraud and communicates those grounds to the relevant national authority in writing...*", im Vergleich zu Art. 56 Abs. 1 des Proposal for a regulation on payment services: „...*Without prejudice to Article 54, in the case of an unauthorised payment transaction, the payer's payment service provider shall refund the payer the amount of the unauthorised payment transaction immediately, and in any event no later than by the end of the following business day, after noting or being notified of the unauthorised transaction, except where the payer's payment service provider has reasonable grounds for suspecting fraud committed by the payer and communicates those grounds to the relevant national authority in writing...*".

23 BeckOK BGB/*Schmalenbach*, 69. Ed. 1.2.2024, BGB § 675u Rn. 6.

24 BeckOK BGB/Schmalenbach, 69. Ed. 1.2.2024, BGB § 675u Rn. 6.

schungen am Ort der Tathandlung aufzunehmen. Daher löst auch eine Mitteilung an eine zuständige Behörde im Ausland die Rechtsfolgen des § 675u S. 4 BGB aus.

(2) Der Aufgabenbereich der zuständigen Behörde i.S.d. § 675u S. 4 BGB

Eine zuständige Behörde i.S.d. § 675u S. 4 BGB ist jede Behörde, die mit strafrechtlichen Ermittlungstätigkeiten befasst ist.[25]

Eine Anzeige an Aufsichtsbehörden nach dem ZAG oder dem KWG oder sonstigen aufsichtsrechtlichen Vorschriften ist nicht ausreichend, um den Aufschub der Fälligkeit i. S. d. § 675u S. 4 BGB zu bewirken.[26] Insoweit ist es für die Rechtswirkung des § 675u S. 4 BGB nicht erheblich, ob einer Aufsichtsbehörde berechtigte Gründe eines betrügerischen Verhaltens des Zahlungsdienstnutzers mitgeteilt werden. Das Verständnis, dass auch die Meldung an die zuständige Aufsichtsbehörde den Anforderungen aus Art. 73 Abs. 1 S. 1 PSD II, § 675u S. 4 BGB entspricht, überschreitet die Grenzen zulässiger Auslegung.[27] Auch erscheint es rechtspolitisch nicht geboten, Aufsichtsbehörden in den Kreis der zuständigen Behörden aufzunehmen.[28]

Ratio des Aufschubs der Fälligkeit nach § 675u S. 4 BGB ist, dass die zuständige Behörde bei vollständiger und belastbarer Mitteilung über die objektiven Gründe, die den Verdacht eines betrügerischen Verhaltens des Zahlungsdienstnutzers begründen, unmittelbar mit Ermittlungstätigkeiten zur Aufklärung des Sachverhalts beginnen kann. Dies dient der zeitnahen Herbeiführung von Rechtssicherheit, da die Ergebnisse der Ermittlungstätigkeit der Behörde mittelbar Auswirkungen auf die zivilrechtlichen Ansprüche zwischen Zahlungsdienstleister und Zahlungsdienstnutzer haben können. Folgt man der Auffassung, dass auch die Mitteilung an eine Aufsichtsbehörde für den Aufschub der Fälligkeit ausreichend sein kann, so hätte dies zur Folge, dass eine zeitnahe Aufklärung des Sachverhalts nicht immer gewährleistet wäre. Da es nicht zum Aufgabenbereich einer Aufsichtsbehörde gehört, strafrechtlich relevante Sachverhalte aufzuklären, würde die Aufsichtsbehörde den Vorgang an die zuständigen Ermittlungsbehörden übergeben. Diese

25 Grüneberg/*Sprau*, 81. Auflage, 2022, § 675u Rn. 6; MüKoBGB/*Zetzsche*, 8. Auflage, 2020, § 675u Rn. 43.

26 In diesem Sinne Erman/v. *Westphalen*, 15. Auflage, 2017, § 675u Rn. 12, der nur von Strafverfolgungsbehörden spricht; auch Erman/v. *Westphalen*, 17. Auflage, 2023, § 675u Rn. 12.

27 Offengelassen Baumbach/Hefermehl/Casper/*Casper*, 24. Auflage, 2020, E. Recht des Zahlungsverkehrs Rn. 333, aber danach „rechtspolitisch sinnvoll"; ausdrücklich MüKoBGB/Zetzsche, 9. Auflage, 2023, § 675u Rn. 40; Grüneberg/*Sprau*, 81. Auflage, 2022, § 675u Rn. 6; Langenbucher/Bliesener/Spindler/*Herresthal*, 3. Auflage, 2020, Kap. 3 § 675u Rn. 28.; a.A. Erman/v. *Westphalen*, 15. Auflage, 2017, § 675u Rn. 12.

28 So aber Baumbach/Hefermehl/Casper/*Casper*, 24. Auflage, 2020, E. Recht des Zahlungsverkehrs Rn. 333; a.A. Erman/v. *Westphalen*, 17. Auflage, 2023, § 675u Rn. 12.

Vorgehensweise würde zu einer zeitlichen Verzögerung führen. Insoweit würde weder dem Ziel der beschleunigten Aufklärung des Sachverhalts noch dem Gebot der unverzüglichen Erstattung i. S. d. § 675u S. 2 BGB Rechnung getragen. Im Ergebnis kann damit nur die Übermittlung der berechtigten Gründe des Verdachts einer betrügerischen Handlung an die Strafverfolgungsbehörden die Rechtswirkungen des § 675u S. 4 BGB auslösen.

cc) Schriftliche Mitteilung i. S. d. § 675u S. 4 BGB

§ 675u S. 4 BGB verlangt, dass der Verdacht des Zahlungsdienstleisters, dass der Zahlungsdienstnutzer sich bei der Geltendmachung des Anspruchs aus § 675u S. 2 BGB betrügerisch verhalten hat, der zuständigen Behörde schriftlich mitzuteilen ist. Der Begriff der Schriftlichkeit ist nicht mit dem nationalen Erfordernis der Schriftform nach § 126 BGB gleichzusetzen.[29] Vielmehr genügt jede Form der Verkörperlichung der Mitteilung. Das Erfordernis der Schriftlichkeit dient allein der Abgrenzung von mündlichen Mitteilungen. Letztere können zwar ebenfalls gegenüber der Behörde erfolgen, müssen dann aber körperlich niedergelegt werden. Nicht ausreichend ist es dagegen, wenn der Zahlungsdienstleister seine Gründe lediglich telefonisch der Behörde mitteilt und diese eine Zusammenfassung der mitgeteilten Gründe erstellt. Vielmehr muss der Zahlungsdienstleister persönlich seine berechtigten Gründe zur Niederschrift bei der zuständigen Behörde erklären, so dass anhand seiner Ausführungen die einzelnen Voraussetzungen für den Verdacht des Zahlungsdienstleisters nachvollziehbar sind.

Zum Teil wird im Rahmen der Analyse des § 675y BGB die Auffassung vertreten, dass zwar der Schriftformbegriff der Richtlinie autonom zu bestimmen sei. Die Textform des § 126b BGB könne hierunter nicht verstanden werden.[30] Die Richtlinie spreche bewusst nicht von einem dauerhaften Datenträger im Sinne von Art. 4 Nr. 35 PSD II.[31] Dieser Schluss erscheint indessen nicht zwingend, da der Begriff des dauerhaften Datenträgers in der Richtlinie zwar in Ergänzung anderer Datenträger (z. B. Papierform), nicht aber in Abgrenzung zu nationalen Differenzierungen der rechtlichen Einordnung zwischen Text- und Schriftform verwendet wird.[32] Auch

29 Vgl. auch Staudinger/*Omlor*, 2020, § 675y Rn. 44.

30 Staudinger/*Omlor*, 2020, § 675y Rn. 44.

31 Staudinger/*Omlor*, 2020, § 675y Rn. 44.

32 Vgl. Erwägungsgrund 58 PSD II „*...die Mitgliedstaaten schreiben vor, dass Zahlungsdienstleister jede Anstrengung unternehmen, um Beschwerden der Zahlungsdienstnutzer in Papierform oder – bei entsprechender Vereinbarung zwischen Zahlungsdienstleister und Zahlungsdienstnutzer – auf einem anderen dauerhaften Datenträger zu beantworten; ... Allerdings sollte der Verbraucher auf Verlangen die wichtigsten Informationen auch auf Papier oder einem anderen dauerhaften Datenträger erhalten können.*“; Art. 44 Abs. 1 S. 2 PSD II: „*...Auf Verlangen des Zahlungsdienstnutzers teilt ihm der Zah-*

grenzt die Definition des dauerhaften Datenträgers nicht zur schriftlichen Darstellung ab. Ersichtlich sollen Regelungen der PSD II, in denen die Papierform und der dauerhafte Datenträger gleichberechtigt nebeneinander genannt werden, sicherstellen, dass die Nachvollziehbarkeit der Informationen und Erklärungen technikneutral möglich ist. Hieraus lässt sich ableiten, dass der europäische Gesetzgeber gerade keine formellen Anforderungen an die schriftliche Mitteilung i. S. d. Art. 73 Abs. 1 PSD II stellen wollte. Vielmehr sollte mit der Verwendung des Begriffs der schriftlichen Mitteilung wohl allein klargestellt werden, dass eine mündliche Mitteilung berechtigter Gründe eines Betrugsverdachts an eine Behörde die Fälligkeit des Rückerstattungsanspruchs des Zahlungsdienstnutzers nicht aufschieben kann.

Schließlich setzt die deutsche Sprachfassung des Art. 73 Abs. 1 S. 1 PSD II nicht auf der Schriftform des § 126 BGB auf, sondern fordert, dass die Erklärung des Zahlungsdienstleisters schriftlich zu erfolgen hat. Damit umschreibt die deutsche Fassung des Art. 73 Abs. 1 S. 1 PSD II den Vorgang der Verschriftlichung, nicht aber ein Formerfordernis. Dieses Begriffsverständnis bestätigt auch ein Blick auf die englische und französische Sprachfassung des Art. 73 Abs. 1 S. 1 PSD II. In der englischen Fassung ist nämlich formuliert:

> *...except where the payer's payment service provider has reasonable grounds for suspecting fraud and communicates those grounds to the relevant national authority in writing.*

In der französischen Sprachfassung findet sich folgende Formulierung:

---

lungsdienstleister die Informationen und Vertragsbedingungen in Papierform oder auf einem anderen dauerhaften Datenträger mit."; Art. 51 Abs. 1 S. 1 PSD II: „*...Die Mitgliedstaaten schreiben vor, dass der Zahlungsdienstleister dem Zahlungsdienstnutzer die Informationen und Vertragsbedingungen gemäß Artikel 52 in Papierform oder auf einem anderen dauerhaften Datenträger rechtzeitig mitteilt, bevor der Zahlungsdienstnutzer durch einen Rahmenvertrag oder ein Vertragsangebot gebunden ist.*"; Art. 53 PSD II: „*Der Zahlungsdienstnutzer hat jederzeit während der Vertragslaufzeit Anspruch darauf, auf seine Aufforderung hin die Vertragsbedingungen des Rahmenvertrags sowie die in Artikel 52 genannten Informationen und Vertragsbedingungen in Papierform oder auf einem anderen dauerhaften Datenträger zu erhalten*".; Art. 57 PSD II: „*...Die Mitgliedstaaten können Zahlungsdienstleistern jedoch vorschreiben, dass die Informationen in Papierform oder auf einem anderen dauerhaften Datenträger mindestens einmal monatlich kostenlos mitgeteilt werden.*"; Art. 58 Abs. 3 PSD II: „*Die Mitgliedstaaten können Zahlungsdienstleistern jedoch vorschreiben, dass die Informationen in Papierform oder auf einem anderen dauerhaften Datenträger mindestens einmal monatlich kostenlos mitgeteilt werden.*"; Art. 101 Abs. 2 S. 1 PSD II:"*...Die Mitgliedstaaten schreiben vor, dass Zahlungsdienstleister jede Anstrengung unternehmen, um Beschwerden der Zahlungsdienstnutzer in Papierform oder – bei entsprechender Vereinbarung zwischen Zahlungsdienstleister und Zahlungsdienstnutzer – auf einem anderen dauerhaften Datenträger zu beantworten.*".

...sauf si le prestataire de services de paiement du payeur a de bonnes raisons de soupçonner une fraude et s'il communique ces raisons par écrit à l'autorité nationale concernée.

Alle genannten Sprachfassungen stellen damit nicht auf ein Formerfordernis, sondern allein auf die Verkörperlichung der Mitteilung ab. Damit erfasst der Begriff der Schriftlichkeit in § 675u S. 4 BGB (auch) die Textform des § 126b BGB. Dies gilt auch für die Neufassung des Art. 73 Abs. 1 S. 1 PSD II durch Art. 56 Abs. 1 des Proposal for a regulation on payment services.[33]

3. Systematische Exklusivität des § 675u BGB

Ansprüche nach § 675u BGB schließen sonstige konkurrierende Ersatzansprüche des Zahlungsdienstnutzers gegen den Zahlungsdienstleister aus, soweit diese auf eine identische Rechtsfolge wie die aus § 675u BGB gerichtet sind. Dieser Grundsatz folgt aus dem Vollharmonisierungsgebot der Art. 86 PSD bzw. Art. 107 PSD II.[34] § 675z S. 1 BGB lässt jedoch für Schäden oder Verluste des Zahlungsdienstnutzers, die über den Anspruch auf Erstattung nach § 675u BGB hinausgehen, weitergehende finanzielle Entschädigung zu.[35] Weitergehende Ansprüche des Zahlungsdienstnutzers können im Wesentlichen Folgeschäden betreffen, die anlässlich eines nicht autorisierten oder mangelhaften Zahlungsvorgangs entstanden und regelmäßig nicht im Verhältnis zwischen Zahlungsdienstnutzer und Zahlungsdienstleister begründet worden sind.[36] Die Geltendmachung derartiger Ansprüche des Zahlungsdienstnutzers gegenüber dem Zahlungsdienstleister erfolgt nach allgemeinen Vorschriften.[37] Die Gesetzesbegründung zur Umsetzung der PSD nennt als ersatzfähige

---

33 Art. 56 Abs. 1 des Proposal for a regulation on payment services: „*... Without prejudice to Article 54, in the case of an unauthorised payment transaction, the payer's payment service provider shall refund the payer the amount of the unauthorised payment transaction immediately, and in any event no later than by the end of the following business day, after noting or being notified of the unauthorised transaction, except where the payer's payment service provider has reasonable grounds for suspecting fraud committed by the payer and communicates those grounds to the relevant national authority in writing...*".

34 BT-DrS. 18/11495, S. 176.

35 Art. 60 Abs. 2 und 76 PSD sowie Art. 73 Abs. 3 und 91 PSD II; vgl. hierzu BeckOGK BGB/*Köndgen*, 1.12.2021, BGB § 675z Rn. 17; hierzu auch MüKoBGB/*Zetzsche*, 9. Auflage, 2023, § 675z Rn. 5, 6; Langenbucher/Bliesener/Spindler/*Langenbucher*, 3. Auflage, 2020, Kap. 4 § 675z Rn. 3, 4; *Grundmann*, WM 2009, 1109 (1116); Ellenberger/Bunte/*Maihold*, 6. Auflage, 2022, § 33 Rn. 119.

36 BT-DrS. 16/11643, S. 118.

37 Langenbucher/Bliesener/Spindler/*Jungmann*, 3. Auflage, 2020, Kap. 6 § 675z Rn. 2; BeckOGK BGB/*Köndgen*, 1.12.2021, BGB § 675z Rn. 17; BeckOK BGB/Schmalenbach, 66. Ed. 1.5.2023, BGB § 675z Rn. 3;

Folgeschäden Verzugsschäden und einen entgangenen Gewinn des Zahlungsdienstnutzers.[38] Darüber hinaus sind auch der Verlust von Skonti für Zahlungen an Dritte oder der Verlust sonstiger, nicht realisierter Vorteile, die der Zahlungsdienstleister durch zeitnahe Ausführung von autorisierten Zahlungsvorgängen hätte erzielen können, als ersatzfähige Folgeschäden außerhalb des § 675u BGB anzuerkennen.[39] Gleiches gilt für Schäden oder Zusatzaufwand des Zahlungsdienstnutzers, soweit er aufgrund der Belastung seines Zahlungskontos Drittverbindlichkeiten nicht mehr über sein Zahlungskonto begleichen kann und zur fristgemäßen Erfüllung von Drittverbindlichkeiten entweder eine weitere Kontoverbindung bei einer anderen Bank begründen oder etwa ein Darlehen aufnehmen muss.[40] Ersatzfähig sind zudem finanzielle Aufwendungen, die dem Zahlungsdienstnutzer dadurch entstehen, dass er zur fristgemäßen Begleichung von Drittverbindlichkeiten vorzeitig Anlagen wie z. B. (fristgebundene) Festgeldguthaben oder auch Wertpapiere auflösen bzw. veräußern muss und hierdurch einen (Zins-)Schaden erleidet.

Anspruchsgrundlagen für den Ausgleich derartiger Folgeschäden können sich aus § 280 Abs. 1 BGB[41] ergeben. Ebenso kommen deliktische Ansprüche des Zahlungsdienstnutzers gegen den Zahlungsdienstleister in Betracht.[42]

II. Die Haftungsregelung des § 675v BGB

Im Mittelpunkt der Auseinandersetzung zwischen Zahlungsdienstnutzer und Zahlungsdienstleister über die Begründetheit und Durchsetzung des Anspruchs nach § 675u S. 2 BGB stehen regelmäßig auch die Gegenansprüche des Zahlungsdienstleisters nach § 675v BGB. § 675v BGB ist die im Zahlungsdiensterecht maßgebliche Rechtsvorschrift, die es dem Zahlungsdienstleister ermöglicht, den Anspruch des Zahlungsdienstnutzers abzuwehren und damit den durch ihn unberechtigt geltend gemachten Aufwendungsersatzanspruch ganz oder teilweise wirtschaftlich zu ersetzen.

BeckOK BGB/*Schmalenbach*, 69. Ed. 1.11.2023, BGB § 675z Rn. 3; Ebenroth/Boujong/Joost/Strohn/*Keßler*, 4. Auflage, 2020, § 675z Rn. 1; Jauernig/*Berger*, 18. Auflage, 2021, §§ 675z–676c Rn. 2.

38 BT-DrS. 16/11643, S. 118; BT-DrS. 18/11495, S. 176; MüKoBGB/*Zetzsche*, 9. Auflage, 2023, § 675z Rn. 7.

39 Vgl. *Grundmann*, S. 586, Rn. 408.

40 BeckOGK BGB/*M. Zimmermann*, 15.6.2022, BGB § 675u Rn. 37.

41 MüKoBGB/*Zetzsche*, 9. Auflage, 2023, § 675z Rn. 7; BT-DrS. 18/11495, S. 176.

42 MüKoBGB/*Zetzsche*, 9. Auflage, 2023, § 675z Rn. 7–9.

1. Überblick

§ 675v BGB a.F. setzte Art. 61 PSD um. Die Norm trug, ebenso wie die später aus Art. 74 PSD II folgenden Anpassungen des § 675v BGB, der Zuordnung der Sphärenverantwortlichkeiten zwischen Zahlungsdienstleister und Zahlungsdienstnutzer Rechnung.

§ 675v BGB trägt dem Rechtsgedanken Rechnung, dass nur der redliche und seinen Pflichten entsprechend handelnde Zahlungsdienstnutzer seinen Anspruch aus § 675u S. 2 BGB gegenüber dem Zahlungsdienstleister durchsetzen können soll. Ermöglicht der Zahlungsdienstnutzer pflichtwidrig die Durchführung eines nicht autorisierten Zahlungsvorgangs durch ein Zahlungsinstrument, gewährt § 675v BGB dem Zahlungsdienstleister Ausgleichsansprüche gegenüber dem Zahlungsdienstnutzer. Die Ansprüche nach § 675v BGB orientieren sich hierbei im Wesentlichen am vorwerfbaren Verhalten des Zahlungsdienstnutzers. § 675v Abs. 1 BGB gewährt dem Zahlungsdienstleister jedoch einen verschuldensunabhängigen, der Höhe nach auf 50,00 Euro begrenzten, Anspruch. Mit § 675v Abs. 3 BGB stehen dem Zahlungsdienstleister verschuldensabhängige und unbegrenzte (Schadensersatz-)Ansprüche zur Verfügung. Die Haftung des Zahlungsdienstnutzers nach § 675v Abs. 3 BGB besteht jedoch nur, soweit er die von ihm zu erfüllenden Pflichten vorsätzlich oder grob fahrlässig verletzt hat.

2. Die Unabhängigkeit des Anspruchs aus § 675v BGB vom Anspruch des Zahlungsdienstnutzers aus § 675u S. 2 BGB

Mit § 675v BGB eröffnet der Gesetzgeber dem Zahlungsdienstleister die Möglichkeit, vom Zahlungsdienstnutzer Ersatz für Vermögenseinbußen zu verlangen, die dem Zahlungsdienstleister im Zusammenhang mit der Durchführung eines nicht durch den Zahlungsdienstnutzer autorisierten Zahlungsvorgangs entstanden sind. Auch wenn es in § 675v BGB primär um den Ausgleich des rechtlichen und wirtschaftlichen Verlusts des (Aufwendungs-)Ersatzanspruchs des Zahlungsdienstleisters geht, schließt § 675v BGB die Geltendmachung weiterer Schäden gegenüber dem Zahlungsdienstnutzer nicht aus. Dies ergibt sich aus den Formulierungen des § 675v Abs. 1 BGB und § 675v Abs. 3 BGB, die den durch den Zahlungsdienstleister erlittenen Schaden gerade nicht auf die Höhe des nicht legitimierten Zahlungsvorgangs begrenzen.[43]

43 Wobei natürlich die Höhe des nach § 675v Abs. 1 BGB ersatzfähigen Schadens auf 50,00 Euro begrenzt ist.

Hieraus lässt sich gleichzeitig schließen, dass Ansprüche nach § 675v BGB nicht von der Geltendmachung und Durchsetzung eines Anspruchs aus § 675u S. 2 BGB abhängig sind.[44] Selbst wenn dem Zahlungsdienstnutzer kein Anspruch aus § 675u S. 2 BGB zusteht, er auf die Durchsetzung dieses Anspruchs gegenüber dem Zahlungsdienstleister verzichtet oder der Anspruch aus § 675u S. 2 BGB nicht (mehr) gegenüber dem Zahlungsdienstleister durchsetzbar ist, hindert dies nicht die Durchsetzbarkeit von Ansprüchen aus § 675v BGB durch den Zahlungsdienstleister. Dies ergibt sich daraus, dass es sich bei § 675v BGB zwar um einen Ersatzanspruch im Rahmen des Zahlungsdiensterechts handelt, allerdings sowohl der europäische als auch der nationale Gesetzgeber keine direkte Verknüpfung der wechselseitigen Ansprüche aus § 675u S. 2 BGB und § 675v BGB vorgenommen haben. Insoweit stellt § 675v BGB auch keine immanente Beschränkung des Anspruchs des Zahlungsdienstnutzers nach § 675u S. 2 BGB dar. Zwar könnte die Zielrichtung des § 675v BGB dafür sprechen, dass ein Anspruch nach § 675v BGB Ansprüche des Zahlungsdienstnutzers aus § 675u S. 2 BGB immanent begrenzen soll. Zielrichtung des § 675v BGB könnte nämlich durchaus sein, dass diesbezügliche Ansprüche bei fehlender Autorisierung eines Zahlungsvorgangs unmittelbar an die Stelle des nach § 675u S. 1 BGB entfallenden Aufwendungsersatzanspruchs treten sollen und damit den Anspruch aus § 675u S. 2 BGB immanent begrenzen.[45]

Gegen eine immanente Begrenzung des Anspruchs aus § 675u S. 2 BGB spricht aber – unabhängig von der systematischen Gestaltung der Regelungen in unterschiedlichen Artikeln der PSD II – das aus dem Wortlaut des Art. 74 Abs. 1 S. 1 PSD II folgende Regelungskonzept.

Art. 74 Abs. 1 PSD II regelt die verschuldensunabhängige und verschuldensabhängige Haftung des Zahlungsdienstnutzers. Hinsichtlich der verschuldensunabhängigen Haftung des Zahlungsdienstnutzers in Höhe von bis zu 50,00 Euro regelt Art. 74 Abs. 1 S. 1 PSD II, dass der Zahlungsdienstnutzer verpflichtet werden könne, Schäden, die infolge eines nicht autorisierten Zahlungsvorgangs entstehen, bis zu einem Betrag in Höhe von 50,00 Euro zu tragen.[46] Damit überlässt es Art. 74 Abs. 1

44 Ähnlich BeckOK BGB/*Schmalenbach*, 69. Ed. 1.2.2024, BGB § 675v Rn. 2, der darauf verweist, dass „*typischerweise*" ein Schadensersatzanspruch dann nach § 675v BGB relevant werde, wenn der Zahlungsdienstnutzer die Autorisierung einer Zahlung bestreite und einen Anspruch gemäß § 675u S. 2 BGB geltend mache.

45 BGH BKR 2021, 240 (243).

46 Art. 74 Abs. 1 S. 1 PSD II: „*Abweichend von Art. 73 kann der Zahler dazu verpflichtet werden, Schäden, die infolge eines nicht autorisierten Zahlungsvorgangs unter Nutzung eines verlorenen oder gestohlenen Zahlungsinstruments oder infolge der missbräuchlichen Verwendung eines Zahlungsinstruments entstehen, bis höchstens 50 EUR zu tragen.*"; Art. 74 Abs. 1 S. 1 PSD II: „*...By way of derogation from Article 73, the payer may be obliged to bear the losses relating to any unauthorised payment transactions, up to a maximum of EUR 50, resulting from the use of a lost or stolen payment*

S. 1 PSD II dem Zahlungsdienstleister, ob er die ihm aus dieser Vorschrift in nationaler Umsetzung zustehenden Rechte auch gegenüber dem Zahlungsdienstnutzer geltend macht und durchsetzt. Dies steht einer immanenten Berücksichtigung des Anspruchs des Zahlungsdienstleisters aus § 675v Abs. 1 BGB bei Geltendmachung des Anspruchs aus § 675u S. 2 BGB entgegen.[47]

Gleiches gilt auch für die unbeschränkte Haftung des Zahlungsdienstnutzers nach § 675v Abs. 3 BGB. Zwar enthält die Formulierung des Art. 74 Abs. 1 S. 3 PSD II nicht wie Art. 74 Abs. 1 S. 1 PSD II den Vorbehalt, dass Schäden durch den Zahlungsdienstleister geltend gemacht werden können. Dies ergibt sich aber bereits aus der Verschuldensabhängigkeit der Ansprüche des Zahlungsdienstleisters. Steht nämlich bereits dem Zahlungsdienstleister die Wahlmöglichkeit der Inanspruchnahme des Zahlungsdienstnutzers für verschuldensunabhängige Ansprüche zur Verfügung, so gilt dies erst recht für Ansprüche, die dem Zahlungsdienstleister aufgrund der Verletzung von Pflichten zustehen und die er entweder maßgeblich (mit-)gestalten[48] kann oder aber die zu seinem Schutz dienen[49]. Es handelt sich

---

instrument or from the misappropriation of a payment instrument“ ebenso im Vergleich zu Art. 60 Abs. 1 S. 1 des „Proposal for a regulation on payment instruments“: „*By way of derogation from Article 56, the payer may be obliged to bear the losses relating to any unauthorised payment transactions, up to a maximum of EUR 50, resulting from the use of a lost or stolen payment instrument or from the misappropriation of a payment instrument...*“; vgl. hierzu zur Anpassung der Beteiligung des Zahlungsdienstnutzers auch Erwägungsgrund 68 S. 1 des Proposal for a regulation on payment services: „*The power to adopt acts in accordance with Article 290 of the Treaty on the Functioning of the European Union should be delegated to the Commission to update, to take account of inflation, the amounts up to which a payer may be obliged to bear the losses relating to any unauthorised payment transactions resulting from the use of a lost or stolen payment instrument or from the misappropriation of a payment instrument.*“

47 Vgl. auch Art. 74 Abs. 1 S. 1 PSD II: „*...By way of derogation from Article 73, the payer may be obliged to bear the losses relating to any unauthorised payment transactions, up to a maximum of EUR 50, resulting from the use of a lost or stolen payment instrument or from the misappropriation of a payment instrument.*“, im Vergleich zu Art. 60 Abs. 1 S. 1 des Proposal for a regulation on payment services: „*By way of derogation from Article 56, the payer may be obliged to bear the losses relating to any unauthorised payment transactions, up to a maximum of EUR 50, resulting from the use of a lost or stolen payment instrument or from the misappropriation of a payment instrument...*“.

48 Art. 69 Abs. 1 a) PSD II: „*Der zur Nutzung eines Zahlungsinstruments berechtigte Zahlungsdienstnutzer a) hält bei der Nutzung des Zahlungsinstruments die Bedingungen für dessen Ausgabe und Nutzung ein, die objektiv, nichtdiskriminierend und verhältnismäßig sein müssen.*“

49 Art. 69 Abs. 1 b) PSD II: „*Der zur Nutzung eines Zahlungsinstruments berechtigte Zahlungsdienstnutzer b) zeigt dem Zahlungsdienstleister oder der von diesem benannten Stelle den Verlust, den Diebstahl, die missbräuchliche Verwendung oder die nicht autorisierte Nutzung des Zahlungsinstruments unverzüglich an, sobald er davon Kenntnis erhält.*“

damit bei den aus der Verletzung der nach Art. 69[50] PSD II dem Zahlungsdienstleister zustehenden Ansprüche um subjektive Rechte, auf die der Zahlungsdienstleister auch verzichten kann. Dies steht wiederum einer unmittelbaren, immanenten Berücksichtigung derartiger Ansprüche im Rahmen der Geltendmachung von Ansprüchen nach Art. 73 PSD II, 675u S. 2 BGB entgegen.

Ebenso wie für Ansprüche nach § 675v Abs. 1 BGB muss der Zahlungsdienstleister daher auch Ansprüche nach § 675v Abs. 3 BGB ausdrücklich gegenüber dem Zahlungsdienstnutzer geltend machen. Dies gilt sowohl für Ansprüche nach § 675v Abs. 3 BGB aufgrund vorsätzlicher oder grob fahrlässiger Verletzung einer oder mehrerer Pflichten nach § 675l Abs. 1 BGB, einer oder mehrerer vereinbarter Bedingungen für die Ausgabe und Nutzung des Zahlungsinstruments als auch in Fällen, in denen der Zahlungsdienstnutzer in betrügerischer Absicht gehandelt hat.[51]

3. Die Schadensersatzpflicht nach § 675v Abs. 1 BGB als Ausprägung der Sorgfaltspflicht des Zahlungsdienstnutzers

§ 675v Abs. 1 BGB wird überwiegend als Regelung zur angemessenen und moderaten Beteiligung des Zahlungsdienstnutzers an den dem Zahlungsdienstleister entstehenden Folgen einer missbräuchlichen Verwendung eines Zahlungsinstruments bewertet.[52]

Die betraglich begrenzte Haftung des § 675v Abs. 1 BGB verdeutlicht, dass es sowohl dem europäischen als auch dem nationalen Gesetzgeber nicht um eine Verbesserung der materiellen Position des Zahlungsdienstleisters im Zusammenhang mit nicht autorisierten Zahlungsvorgängen ging. Das Risiko nicht autorisierter Zahlungsvorgänge ist nämlich dem Grunde nach dem Zahlungsdienstleister zuge-

---

50 Pflichten des Zahlungsdienstnutzers in Bezug auf Zahlungsinstrumente und personalisierte Sicherheitsmerkmale.

51 Art. 74 Abs. 1 S. 3 PSD II bestimmt zudem, dass der Zahlungsdienstnutzer alle Verluste zu tragen hat, die in Verbindung mit nicht autorisierten Zahlungsvorgängen entstanden sind. Ein Verlust beim Zahlungsdienstleister kann aber nur dann entstehen, wenn er den durch den seitens des Zahlers geltend gemachten Anspruch aus § 675u S. 2 BGB erfüllt hat, ohne dass dessen Voraussetzungen vorliegen. Würden damit Ansprüche des Zahlungsdienstleisters im Zusammenhang mit Ansprüchen des Zahlungsdienstnutzers immanent zu berücksichtigen sein, käme es erst gar nicht zu einem Verlust des Zahlungsdienstleisters.

52 Baumbach/Hefermehl/Casper/*Casper*, 24. Auflage, 2020, E. Recht des Zahlungsverkehrs Rn. 352; Ebenroth/Boujong/Joost/Strohn/*Keßler*, 4. Auflage, 2020, § 675v Rn. 1; MüKoBGB/*Zetzsche*, 9. Auflage, 2023, § 675v Rn. 2.

wiesen.[53] Die Beteiligung des Zahlungsdienstnutzers an dem beim Zahlungsdienstleister eingetretenen Schaden soll dem Zahlungsdienstnutzer vielmehr einen Anreiz geben, den Zahlungsdienstleister möglichst frühzeitig darüber zu informieren, dass eine nicht legitimierte bzw. nicht vom Berechtigten autorisierte Nutzung eines Zahlungsinstruments droht.[54] Die Begrenzung der Höhe des Anspruchs nach § 675v Abs. 1 BGB auf 50,00 Euro scheint jedenfalls für das Massengeschäft dieser Zielrichtung des § 675v Abs. 1 BGB nicht entgegenzustehen. Im Rahmen der Ermittlung des Erfüllungsaufwands bezüglich der Umsetzung der aus Art. 74 Abs. 1 PSD II folgenden Anforderungen nahm die Bundesregierung im Entwurf eines Gesetzes zur Umsetzung der Zweiten Zahlungsdiensterichtlinie an, dass das Volumen von nicht autorisierten Zahlungsvorgängen durchschnittlich 75,00 Euro betrage. Damit aber würde der gegenüber § 675v Abs. 1 BGB a.F. von 150,00 Euro herabgesenkte Haftungshöchstbetrag auf 50,00 Euro pro Fall durchschnittlich um 25 Euro überschritten.[55] Insoweit sei, so die damalige Einschätzung, jedenfalls zu erwarten, dass trotz der begrenzten Schadensbeteiligung von 50,00 Euro der Zahlungsdienstnutzer in der Mehrzahl der Anwendungsfälle des § 675v Abs. 1 BGB den Zahlungsdienstleister informieren werde, um die Beteiligung in Höhe von bis zu 50,00 Euro abzuwenden. Vor dem Hintergrund der Zahl der durch die Rechtsprechung entschiedenen Fälle mit einem den Betrag von 75,00 Euro übersteigenden Streitwert, erscheint die im Rahmen der Umsetzung der PSD II auch durch den europäischen Gesetzgeber für angemessen gehaltene betragliche Grenze von 50,00 Euro jedoch durchaus überprüfungsbedürftig.[56]

53 Erwägungsgrund 71 PSD II; Art. 73 PSD II.

54 Erwägungsgrund 71 S. 4 PSD II: *„Um dem Zahlungsdienstnutzer einen Anreiz zu geben, seinem Zahlungsdienstleister jeden Diebstahl oder Verlust eines Zahlungsinstruments unverzüglich anzuzeigen und so das Risiko nicht autorisierter Zahlungsvorgänge zu verringern, sollte der Nutzer für einen begrenzten Betrag selbst haften, es sei denn, er hat in betrügerischer Absicht oder grob fahrlässig gehandelt.“*

55 BT-DrS. 18/11495, S. 100.

56 Vgl. Erwägungsgrund 71 S. 3, 4 PSD II: *„Um dem Zahlungsdienstnutzer einen Anreiz zu geben, seinem Zahlungsdienstleister jeden Diebstahl oder Verlust eines Zahlungsinstruments unverzüglich anzuzeigen und so das Risiko nicht autorisierter Zahlungsvorgänge zu verringern, sollte der Nutzer für einen begrenzten Betrag selbst haften, es sei denn, er hat in betrügerischer Absicht oder grob fahrlässig gehandelt. In diesem Zusammenhang erscheint ein Betrag von 50 EUR zur Gewährleistung eines harmonisierten und hochgradigen Schutzes der Nutzer innerhalb der Union angemessen.“*

a) Beteiligungshöhe des Zahlungsdienstnutzers nach § 675v Abs. 1 BGB

aa) Der Grundsatz der beschränkten Schadensbeteiligung des Zahlungsdienstnutzers

§ 675v Abs. 1 BGB ordnet die begrenzte Ersatzpflicht des Zahlungsdienstnutzers in Höhe von 50,00 Euro gegenüber dem Zahlungsdienstleister an, soweit dem Zahlungsdienstleister ein Schaden entsteht, der auf der Nutzung eines verloren gegangenen, gestohlenen, abhandengekommenen oder sonst missbräuchlich verwendeten Zahlungsinstruments beruht. Dieser Schaden des Zahlungsdienstleisters muss vor der Übermittlung einer Anzeige nach § 675l Abs. 1 S. 2 BGB entstanden sein.[57] Dies ergibt sich aus der Regelung des § 675v Abs. 5 S. 1 BGB, der abweichend von den Absätzen 1 und 3 die Schadensersatzpflicht des Zahlungsdienstnutzers ausschließt, soweit dem Zahlungsdienstleister Schäden entstehen, die aus der Nutzung eines nach der Anzeige gemäß § 675l Abs. 1 S. 2 BGB verwendeten Zahlungsinstruments entstanden sind.

Aus der Gesetzesformulierung, nach welcher der Zahlungsdienstleister vom Zahlungsdienstnutzer den ihm für nicht durch den Zahlungsdienstnutzer autorisierte Zahlungsvorgänge entstehenden Schaden bis zur Höhe von 50,00 Euro verlangen kann, wird überwiegend geschlossen, dass sich die Haftungsbegrenzung des § 675v Abs. 1 BGB auf einen Gesamtschadensausgleich in Höhe von insgesamt 50,00 Euro bezieht.[58] Danach kommt eine mehrfache Schadensbeteiligung auch in den Fällen nicht in Betracht, in denen mit einem abhandengekommenen Zahlungsinstrument mehrere nicht autorisierte Zahlungsvorgänge ausgelöst werden.[59] Ebenso wenig kommt nach dieser Auffassung eine mehrfache Schadensbeteiligung in Betracht, wenn dem ersten nicht autorisierten Zahlungsvorgang, der den Zah-

57 BT-DrS. 18/11495, S. 165.

58 Vgl., zum Teil noch zu § 675v Abs. 1 BGB a.F.; Ellenberger/Bunte/*Maihold*, 6. Auflage, 2022, § 33 Rn. 227; Staudinger/*Omlor*, 2020, § 675v Rn. 18; *Oechsler*, WM 2010, 1381 (1383); *Casper/Pfeifle*, WM 2009, 2343 (2347); *Nobbe*, WM 2012, Sonderbeilage 2 (zu Nr. 41), S. 6; Ellenberger/Findeisen/Nobbe/Böger/*Nobbe*, 3. Auflage, 2020, § 675v Rn. 50, 53; ausdrücklich mit Bezug auf den mehrfachen Einsatz einer Debitkarte Langenbucher/Bliesener/Spindler/*Herresthal*, 3. Auflage, 2020, Kap. 7 § 675v Rn. 17; Langenbucher/Bliesener/Spindler/*Herresthal*, 3. Auflage, 2020, Kap. 3 § 675v Rn. 28; Langenbucher/Bliesener/Spindler/*Jungmann*, 3. Auflage, 2020, Kap. 6 § 675v Rn. 7; i.E. auch *Scheibengruber*, NJOZ 2010, 1366 (1366); *Linardatos*, BKR 2021, 665 (669); *Linardatos*, Das Haftungssystem im bargeldlosen Zahlungsverkehr nach Umsetzung der Zahlungsdiensterichtlinie, 2013, S. 250; a.A. aber Erman/*v. Westphalen*, 17. Auflage, 2023, § 675v Rn. 11; zu einer Regelung in Kreditkartenbedingungen BGH NJW 2012, 1277 (1279); vgl. auch MüKoHGB/*Linardatos*, 5. Auflage, 2024, K. Online-Banking Rn. 230; MüKoHGB/*Haertlein*, 4. Auflage, 2019, E. Bankkartenverfahren Rn. 109.

59 A. A. aber Erman/*v. Westphalen*, 15. Auflage, 2017, § 675v Rn. 11, wobei der Hinweis auf eine Haftung für jeden Zahlungsvorgang in Höhe bis zu 150,00 Euro ersichtlich ein Redaktionsversehen ist; korrigiert aber mit identischem Ergebnis Erman/*v. Westphalen*, 17. Auflage, 2023, § 675v Rn. 11.

lungsdienstleister zu einem Ausgleich nach § 675v Abs. 1 BGB berechtigt, aber die Grenze von 50,00 Euro nicht erreicht, ein weiterer nicht autorisierter Zahlungsvorgang mit dem abhanden gekommenen Zahlungsinstrument folgt, der die Grenze von dann insgesamt 50,00 Euro erreicht oder übersteigt.[60] Für die PSD wurde zur Begründung einer einmaligen Beteiligung des Zahlungsdienstnutzers am Schaden des Zahlungsdienstleisters auf Erwägungsgrund 32 PSD verwiesen.[61] Danach sollte der Zahlungsdienstnutzer nämlich allein für einen begrenzten Betrag haften. Zudem werde dem Zweck der Haftung aus § 675v Abs. 1 BGB a.F. entsprochen, indem dem Nutzer ein Anreiz gegeben wird, das Risiko nicht autorisierter Zahlungen durch eine einmalige Beteiligung zu verringern.[62] Damit hafte der Zahlungsdienstnutzer einmalig auf den entstandenen Gesamtschaden.[63] Dieser Auffassung wird auch für die Beteiligung des Zahlungsdienstnutzers nach § 675v Abs. 1 BGB unter Geltung der PSD II gefolgt.[64]

(1) Die Wertung der PSD zur Beteiligung des Zahlungsdienstnutzers am Schaden des Zahlungsdienstleisters i. S. d. § 675v Abs. 1 BGB

Das Verständnis einer einmaligen Beteiligung an einem Gesamtschaden entsprach jedoch weder Art. 61 Abs. 1 PSD, noch entspricht es Art. 74 Abs. 1 S. 1 PSD II. Zwar legte Art. 61 Abs. 1 PSD fest, dass abweichend von Art. 60 PSD der Zahlungsdienstnutzer bis höchstens 150,00 EUR den Schaden zu tragen habe, der infolge eines nicht autorisierten Zahlungsvorgangs entstehe. Art. 4 Nr. 5 PSD definierte aber bereits, dass unter einem Zahlungsvorgang (jede) ausgelöste Bereitstellung, Transfer oder Abhebung eines Geldbetrags zu verstehen sei. Die identische Definition findet sich in Art. 4 Nr. 5 PSD II.

Auch Art. 74 Abs. 1 S. 1 PSD II ist dahingehend zu verstehen, dass jeder (nicht autorisierte) Zahlungsvorgang die mögliche Beteiligung des Zahlungsdienstnutzers in Höhe von 50,00 Euro auslöst. Die Vorschrift regelt nämlich, dass Schäden, die infolge

---

60 *Linardatos*, Das Haftungssystem im bargeldlosen Zahlungsverkehr nach Umsetzung der Zahlungsdiensterichtlinie, 2013, S. 250.

61 *Linardatos*, Das Haftungssystem im bargeldlosen Zahlungsverkehr nach Umsetzung der Zahlungsdiensterichtlinie, 2013, S. 251.

62 *Linardatos*, Das Haftungssystem im bargeldlosen Zahlungsverkehr nach Umsetzung der Zahlungsdiensterichtlinie, 2013, S. 251; *Casper/Pfeifle*, WM 2009, 2343 (2347).

63 *Linardatos*, Das Haftungssystem im bargeldlosen Zahlungsverkehr nach Umsetzung der Zahlungsdiensterichtlinie, 2013, S. 251; *Linardatos*, EWiR 20/2013 § 675w BGB 1/2012, 657 (658); Langenbucher/Bliesener/Spindler/*Herresthal*, 3. Auflage, 2020, Kap. 7 § 675v Rn. 17.

64 Vgl. nur MüKoBGB/*Zetzsche*, 9. Auflage, 2023, § 675v Rn. 31 m.w.N., jedoch überwiegend unter Geltung der Rechtslage unter der PSD; auch BGH ZIP 2012, 218 (221); MüKoHGB/*Linardatos*, 5. Auflage, 2024, K. Online-Banking Rn. 230.

eines nicht autorisierten Zahlungsvorgangs unter Nutzung eines verlorenen oder gestohlenen Zahlungsinstruments oder infolge der missbräuchlichen Verwendung eines Zahlungsinstruments entstehen, bis höchstens 50,00 Euro zu tragen sind.[65] Zunächst spricht Art. 74 Abs. 1 S. 1 PSD II damit von (ersatzfähigen) Schäden des Zahlungsdienstleisters. Handelt es sich um mehrere nicht legitimierte Zahlungsvorgänge, die der Zahlungsdienstleister ausführt, so kann mit jedem relevanten Zahlungsvorgang ein individueller zu regulierender Schaden des Zahlungsdienstleisters entstehen. Zum anderen verweist Art. 74 Abs. 1 S. 1 PSD II darauf, dass die Beteiligung des Zahlungsdienstnutzers dann in Betracht kommt, wenn die Schäden des Zahlungsdienstleisters infolge eines nicht autorisierten Zahlungsvorgangs ausgelöst wurden. Da der mehrfach nicht berechtigte Einsatz eines Zahlungsinstruments jeweils einen einzelnen Zahlungsvorgang auslöst, folgt aus der fehlenden Erwähnung einer zwingenden Gesamtbetrachtung mehrfacher nicht autorisierter Zahlungsvorgänge, dass sich die Beteiligung des Zahlungsdienstnutzers in Höhe von 50,00 Euro auch auf jeden einzelnen Zahlungsvorgang beziehen muss.[66]

Ebenso wie der Zahlungsdienstnutzer nämlich die Herstellung des status quo ante vor Ausführung des nicht autorisierten Zahlungsvorgangs entsprechend Art. 73 PSD II für jeden einzelnen nicht legitimierten Zahlungsvorgang geltend machen kann, hat der europäische Gesetzgeber auch für den Anspruch des Zahlungsdienstleisters nach Art. 74 Abs. 1 PSD II eine jeweilige Beteiligung des Zahlungsdienstnutzers in Höhe von bis zu 50,00 Euro nach Art. 74 Abs. 1 S. 1 PSD II vorgesehen. Dies zeigt der Vergleich des Wortlauts von Art. 73 Abs. 1 und Art. 74 Abs. 1 S. 1 PSD II. Dort ist für die jeweiligen Ansprüche identisch formuliert, dass der Anspruchsinhaber im Falle eines nicht autorisierten Zahlungsvorgangs die entsprechenden Ansprüche geltend machen kann.

Sowohl in Art. 73 Abs. 1 PSD II als auch in Art. 74 Abs. 1 S. 1 PSD II greift der europäische Gesetzgeber im Rahmen der Regelung der einzelnen Anspruchsgrundlagen damit auf den einzelnen Zahlungsvorgang zurück. Wenn aber der Zahlungsdienstnutzer nach Art. 73 Abs. 1 PSD II berechtigt ist, die Restitution jedes einzelnen Zahlungsvorgangs gegenüber dem Zahlungsdienstleister zu verlangen, so muss dies aufgrund der identischen Formulierung („eines Zahlungsvorgangs") auch

---

65 Art. 74 Abs. 1 S. 1 PSD II: „*...By way of derogation from Article 73, the payer may be obliged to bear the losses relating to any unauthorised payment transactions,...*"; im Vergleich ebenso Art. 60 Abs. 1 S. 1 des Proposal for a regulation on payment services: „*...By way of derogation from Article 56, the payer may be obliged to bear the losses...*".

66 Ebenso, aber nur unter Hinweis auf eine reine Wortlautauslegung des Art. 74 Abs. 1 S. 1 PSD II („eines Zahlungsvorgangs") Erman/*v. Westphalen*, 17. Auflage, 2023, § 675v Rn. 11.

für die Geltendmachung des angemessenen Beitrags des Zahlungsdienstnutzers im Rahmen des Art. 74 Abs. 1 S. 1 PSD II und damit des § 675v Abs. 1 BGB gelten.[67]

(2) Erwägungsgrund 71 S. 3 Hs. 3 PSD II; Beteiligung an jedem nicht autorisierten Zahlungsvorgang bei Einsatz eines identischen Zahlungsinstruments

Die unter vorstehender Ziffer II., 3., a), aa), (1) vorgenommene Auslegung bestätigt auch Erwägungsgrund 71 S. 3 PSD II.[68] Danach soll die Anreizfunktion des Zahlungsdienstnutzers, dem Zahlungsdienstleister jeden Diebstahl oder Verlust eines Zahlungsinstruments unverzüglich anzuzeigen und so das Risiko nicht autorisierter Zahlungsvorgänge zu verringern, mit der Beteiligung in Höhe von 50,00 Euro angemessen ausgelöst werden. Der Hinweis darauf, dass die angemessene Beteiligung in Höhe von 50,00 Euro einen Anreiz zur Anzeige von „jedem" Diebstahl und Verlust bewirken soll, ist so zu verstehen, dass es im Rahmen der Bemessung des angemessenen Beteiligungsbetrags des Zahlungsdienstleisters um jeden einzelnen Zahlungsvorgang gehen muss, an dem der Zahlungsdienstnutzer zu beteiligen ist. Da jeder Diebstahl und Verlust unterschiedlicher Zahlungsinstrumente Risiken für Zahlungsdienstleister und Zahlungsdienstnutzer hervorruft und damit jeweils eine Beteiligung des Zahlungsdienstnutzers in Höhe von 50,00 Euro auslöst, muss dies ebenso aufgrund der identischen Gefährdungslage bei der mehrfachen Verwendung eines Zahlungsinstruments gelten. Auch hier entsteht das Risiko durch die

---

67 Ebenso unter Hinweis auf die Formulierung „eines nicht autorisierten Zahlungsvorgangs" Erman/*v. Westphalen*, 15. Auflage, 2017, § 675v Rn. 11; zudem verweist *v. Westphalen* in diesem Zusammenhang darauf, dass nach der englischsprachigen Fassung des Art. 74 Abs. 1 PSD II eine Haftung für eine jede, nämlich „any unauthorized payment transcation" bestehe; die Kritik *Zetzsches* (MüKoBGB/*Zetzsche*, 9. Auflage, 2023, § 675v Rn. 31) am Hinweis *v. Westphalens* auf die englischsprachige Fassung berücksichtigt indes nicht die zutreffende Einordnung des Wortlauts des Art. 74 Abs. 1 S. 1 PSD II durch *v. Westphalen*, der auch in der deutschen Fassung auf den einzelnen Zahlungsvorgang abstellt (vgl. auch nunmehr Erman/*v. Westphalen*, 17. Auflage, 2023, § 675v Rn. 11); hierzu auch Erwägungsgrund 77 des Proposal for a regulation on payment services.

68 Erwägungsgrund 71 S. 3 PSD II: „*...In order to provide an incentive for the payment service user to notify without undue delay the payment service provider of any theft or loss of a payment instrument and thus to reduce the risk of unauthorised payment transactions, the user should be liable only for a very limited amount, unless the payment service user has acted fraudulently or with gross negligence..*", im Vergleich zu Erwägungsgrund 77 S. 5 des Proposal for a regulation on payment services: „*...To provide an incentive for the payment service user to notify without undue delay the payment service provider of any theft or loss of a payment instrument and thus to reduce the risk of unauthorised payment transactions, the user should be liable only for a very limited amount unless the payment service user has acted fraudulently or with gross negligence.*"

Ausführung des jeweiligen Zahlungsvorgangs, unabhängig davon, ob dieser durch ein Zahlungsinstrument oder mehrere Zahlungsinstrumente ausgelöst wird.

(3) Zwischenergebnis

Damit kann der Zahlungsdienstnutzer nach den Wertungen der PSD II an jedem nicht autorisierten Zahlungsvorgang durch den Zahlungsdienstleister nach § 675v Abs. 1 BGB beteiligt werden. Dies ist unabhängig davon, ob die nicht autorisierten Zahlungsvorgänge mit unterschiedlichen oder einem identischen Zahlungsinstrument ausgelöst werden. Die Haftungshöchstgrenze ist damit nicht durch eine Gesamtschadensbetrachtung begrenzt.

bb) Die unzutreffende Umsetzung des Art. 61 Abs. 1 PSD und Art. 74 Abs. 1 S. 1 PSD II in § 675v BGB

Die Vertreter der Auffassung, dass sich die Beteiligung des Zahlungsdienstnutzers nach § 675v Abs. 1 BGB am Schaden des Zahlungsdienstleisters auf einen Gesamtschaden beziehen muss, begründen ihre Auffassung mit dem Wortlaut des § 675v Abs. 1 letzter Hs. BGB.[69] Dort formuliert der Gesetzgeber, dass der Zahlungsdienstleister im Fall des in § 675v Abs. 1 BGB beschriebenen Sachverhalts vom Zahlungsdienstnutzer den Ersatz des hierdurch entstandenen Schadens bis zu einem Betrag von 50,00 Euro verlangen kann. Nach dem Wortlaut des § 675v Abs. 1 S. 1 BGB ist nicht auszuschließen, dass mehrere nicht legitimierte Zahlungsvorgänge auf der Nutzung eines einzelnen Zahlungsinstruments beruhen und damit einen (Gesamt-)Schaden bilden können. Insoweit lässt sich die Begrenzung der Beteiligung am Schaden des Zahlungsdienstleisters auf insgesamt 50,00 Euro durchaus begründen.[70] Wenn auch nicht ausdrücklich, so lässt sich diese Begrenzung auf einen Gesamtbeteiligungsbetrag des Zahlungsdienstnutzers in Höhe von 50,00 Euro wohl auch der nationalen gesetzgeberischen Intention bei Umsetzung des Art. 61 Abs. 1 PSD entnehmen. Die Gesetzesbegründung führte nämlich aus, dass vom Grundsatz des § 675u BGB-E bzw. des Art. 60 PSD abweichend Schäden, die auf nicht autorisierten, vor einer Verlust- bzw. Missbrauchsanzeige ausgelösten, Zahlungsvorgängen beruhen, in Höhe von maximal 150,00 Euro vom Zahlungsdienstleister auf den

69 *Linardatos*, Das Haftungssystem im bargeldlosen Zahlungsverkehr nach Umsetzung der Zahlungsdiensterichtlinie, 2013, S. 251; *Linardatos*, EWiR 20/2013 § 675w BGB 1/2012, 657 (658); Langenbucher/Bliesener/Spindler/*Herresthal*, 3. Auflage, 2020, Kap. 7 § 675v Rn. 17; vgl. nur MüKoBGB/*Zetzsche*, 9. Auflage, 2023, § 675v Rn. 31.

70 So wohl auch BGH NJW 2012, 1277 (1279) im Rahmen der Beurteilung einer zu § 675v Abs. 1 BGB vergleichbaren Formulierung in den Allgemeinen Geschäftsbedingungen für eine Kreditkarte.

Zahlungsdienstnutzer abgewälzt werden können (Art. 61 Abs. 1 PSD).[71] Die Begründung lässt erkennen, dass der Gesetzgeber wohl gerade nicht den einzelnen Zahlungsvorgang bei der Umsetzung des Art. 61 Abs. 1 PSD im Blick hatte, sondern vielmehr den einheitlichen Lebenssachverhalt des Missbrauchs eines Zahlungsinstruments.[72] Eine Änderung dieser Wertung hat der nationale Gesetzgeber auch mit Umsetzung der PSD II im Rahmen der Anpassung des § 675v BGB nicht vorgenommen.[73]

Insoweit hatte der nationale Gesetzgeber aber weder mit § 675v Abs. 1 BGB a.F. noch mit § 675v Abs. 1 BGB die Vorgaben von Art. 61 PSD und Art. 74 Abs. 1 S. 1 PSD II zutreffend umgesetzt. Auch wenn grundsätzlich davon auszugehen ist, dass der Gesetzgeber Art. 61 Abs. 1 PSD und Art. 74 Abs. 1 S. 1 PSD II richtlinienkonform umsetzen wollte, spricht gegen eine richtlinienkonforme Auslegung – also der Erweiterung der Beteiligungshöhe in Höhe von 50,00 Euro für jeden nicht legitimierten Zahlungsvorgang – der ausdrückliche gesetzgeberische Wille an der Beschränkung der Beteiligung des Zahlungsdienstnutzers auf einen Gesamtbetrag in Höhe von 50,00 Euro. Sowohl aus der Gesetzesbegründung zur Umsetzung des Art. 61 PSD[74] („...*in Höhe von maximal 150 Euro vom Zahlungsdienstleister auf den Zahler abgewälzt werden...*“) als auch zur Umsetzung des Art. 74 PSD II[75] („...*wird der Höchstbetrag für die Haftung des Zahlers von gegenwärtig 150 Euro auf nur noch 50 Euro reduziert...*“) wird nämlich wie vorstehend ausgeführt erkennbar, dass der Gesetzgeber ausdrücklich eine Gesamtschadensbeteiligung in Höhe von insgesamt 50,00 Euro festschreiben wollte. Eine richtlinienkonforme Auslegung contra legem scheidet aber aus.[76]

Damit bleibt es durch die Regelung des § 675v Abs. 1 BGB bei einer Haftung des Zahlungsdienstnutzers in Höhe von 50,00 Euro, auch wenn es sich um mehrfache, über einen längeren Zeitraum gestreckte, nicht legitimierte Zahlungsvorgänge mit einem identischen Zahlungsinstrument handelt.[77]

---

71 BT-DrS. 16/11643, S. 113.

72 Vgl. in diesem Sinne Ellenberger/Bunte/*Maihold*, 6. Auflage, 2022, § 33 Rn. 227; BGH NJW 2012, 1277 (1279).

73 Vgl. BT-DrS. 18/11495, S. 165.

74 BT-DrS. 16/11643, S. 113.

75 BT-DrS. 18/ 11495, S. 82.

76 BGH NJW 2004, 154, (155, 156); vgl. auch *Pfeiffer*, StudZR 2004, 171 (186); a.A. Erman/*von Westphalen*, 17. Auflage, 2023, § 675v Rn. 11, der eine richtlinienkonforme Auslegung für geboten und zulässig hält; hierzu auch Ellenberger/Bunte/*Maihold*, 6. Auflage, 2022, § 33 Rn. 227.

77 *Grundmann*, S. 601, Rn. 433; *Oechsler*, WM 2010, 1381 (1383).

cc) Eigene Stellungnahme

(1) Anreizwirkung des § 675v Abs. 1 BGB in Großschadensfällen

Die Beschränkung der Beteiligung des Zahlungsdienstnutzers auf einen Höchstbetrag von insgesamt 50,00 Euro ist unter Berücksichtigung der angestrebten Anreizwirkung zur Anzeige drohender nicht legitimierter Zahlungsvorgänge und damit der Wahrnehmung von Sorgfaltspflichten zur Schadensvermeidung beim Zahlungsdienstleister in sogenannten Großschadensfällen weder sachgerecht, noch mit der Zielrichtung des Art. 74 Abs. 1 S. 1 PSD II vereinbar.[78] Es ist davon auszugehen, dass die Anreizwirkung beim Zahlungsdienstnutzer, drohende nicht legitimierte Zahlungsvorgänge beim Zahlungsdienstleister anzuzeigen, steigt, wenn das Risiko der Beteiligung an Schäden des Zahlungsdienstleisters durch mehrfache nicht legitimierte Zahlungsvorgänge ebenfalls steigt.[79] Diese Einschätzung teilt auch die ESBG im Rahmen der Stellungnahme zu Art. 60 Abs. 1 des Proposal for a regulation on payment services. Die ESBG verweist darauf, dass in dem Maße, in dem mehrfache Betrugsfälle auf grobe Fahrlässigkeit des Zahlungsdienstnutzers zurückzuführen sind, es nicht nur angemessen sei, sondern auch einen wirksameren Anreiz für den Zahlungsdienstnutzer darstellen würde, den Missbrauch eines Zahlungsinstruments zu vermeiden, wenn der Zahlungsdienstnutzer mit einem höheren Betrag am Schaden des Zahlungsdienstleisters beteiligt würde.[80] Die ESBG schlägt daher vor, dass der Zahlungsdienstnutzer für den ersten nicht autorisierten Zahlungsvorgang in Höhe von 50,00 Euro an dem Schaden beteiligt werden solle. An jedem weiteren Schaden, der im unmittelbaren Zusammenhang mit dem ersten nicht autorisierten Zahlungsvorgang steht, soll der Zahlungsdienstnutzer mit einem Betrag in Höhe von bis zu 100,00 Euro beteiligt werden. Eine entsprechende Wer-

---

78 Anders Staudinger/*Omlor*, 2020, § 675v Rn. 18; *Casper/Pfeifle*, WM 2009, 2343 (2347).

79 A.A. Staudinger/*Omlor*, 2020, § 675v Rn. 18.

80 ESBG position paper on the proposed Regulation on payment services in the internal market and amending Regulation (EU) No 1093/2010 ESBG (European Savings and Retail Banking Group), October 2023: Proposal ESBG, S. 20: „*To the extent that multiple occurrences of being defrauded can amount to gross negligence on the part of the PSU, we find that a greater maximum of losses borne by the PSU would be not only appropriate but a more effective incentive to take reasonable steps to avoid being defrauded. Taking into account the industry's efforts to educate and raise consumer awareness, when the payer is defrauded more than once, the payer could be obliged to bear the losses relating to any unauthorised payment transactions, up to a maximum of EUR 100. To this end, we propose the following text: „By way of derogation from Article 56, the payer may be obliged to bear the losses relating to any unauthorised payment transactions, up to a maximum of EUR 50 the first time the payer is in this situation and up to EUR 100 from the second, resulting from the use of a lost or stolen payment instrument or from the misappropriation of a payment instrument.*" (https://www.wsbi-esbg.org/wp-content/uploads/2023/11/0617-ESBG-position-paper-on-the-proposed-Regulation-on-payment-services-in-the-internal-market-and-amending-Regulation-EU-No-10932010-v5.pdf).

tung, dass bei mehrfachen Betrugsfällen, die in unmittelbarem Zusammenhang stehen, der Zahlungsdienstnutzer auch mehrfach am Schadensausgleich zu beteiligen ist, lässt sich auch aus der Wertung der Europäischen Kommission zu dem im Proposal for a regulation on payment services enthaltenen neuen Haftungstatbestand des Art. 55 erkennen.[81] Die Europäische Kommission schlägt vor, dass der Zahlungsdienstnutzer, der Opfer einer sogenannten Spoofing-Attacke geworden ist, gegenüber dem Zahlungsdienstleister einen verschuldensunabhängigen Schadensersatzanspruch erhalten und den vollen Ausgleich seines Schadens beanspruchen können soll.[82] Dieser Anspruch soll jedoch ausgeschlossen sein, wenn der Zahlungsdienstnutzer grob fahrlässig gehandelt hat. Grobe Fahrlässigkeit soll auch dann vorliegen, wenn der Zahlungsdienstnutzer mehr als einmal Opfer derselben Art des Betrugs geworden ist.[83] Dies zeigt, dass auch die Europäische Kommission davon ausgeht, dass der Zahlungsdienstnutzer bei der Ausführung von nicht autorisierten Zahlungsvorgängen, die in einem engen inhaltlichen Zusammenhang stehen, einer erhöhten Sanktionierung unterworfen sein soll.

(2) Anreizwirkung des § 675v Abs. 1 BGB im Massengeschäft

Ob die Anreizwirkung des § 675v Abs. 1 BGB im sogenannten Massengeschäft durch eine einmalige Beteiligung des Zahlungsdienstnutzers erzielt werden kann, erscheint zweifelhaft. Auch wenn die durch die Bundesregierung festgestellte durchschnittliche Schadenshöhe 75,00 Euro betragen sollte[84], ist damit nicht festgestellt, ob diese Schadenshöhe auf der Nutzung eines oder mehrerer Zahlungsinstrumente beruht. Zudem ist davon auszugehen, dass auch im Massengeschäft die mit § 675v Abs. 1 BGB angestrebte Anreizwirkung verstärkt wird, wenn eine Beteiligung des Zahlungsdienstnutzers an jedem nicht legitimierten Zahlungsvorgang droht.[85]

---

81 Hierzu auch Erwägungsgrund 82 des Proposal for a regulation on payment services.

82 *Glos/Hildner*, RdZ 2023, 184 (188); Artikel 55 des Proposal for a regulation on payment services.

83 *Glos/Hildner*, RdZ 2023, 184 (188); Erwägungsgrund 82 des Proposal for a regulation on payment services.

84 BT-DrS. 18/11495, S. 100.

85 Vgl. auch *Hoffmann*, VuR 2016, 243 (253); *Linardatos*, WM 2014, 300 (303); *Spindler/Zahrte*, BKR 2014, 265 (271); wie hier MüKoBGB/Zetzsche, 9. Auflage, 2023, § 675v Rn. 5, 6, der angesichts der geringen Beteiligungshöhe am Schaden bezweifelt, dass der Zahler hierdurch zur besonderen Sorgfalt angehalten werde.

dd) Ergebnis

§ 675v Abs. 1 BGB ist als Normierung der aus dem Vertragsverhältnis zwischen Zahlungsdienstleister und Zahlungsdienstnutzer resultierenden Rücksichtnahmepflicht sowie gegenseitigen Interesse- und Sorgfaltswahrungspflicht anzusehen. Auch ohne eine Vereinbarung zwischen den Parteien obliegen diesen nämlich wechselseitige Verpflichtungen dafür zu sorgen, dass vermeidbare Schäden der anderen Partei verhindert oder jedenfalls reduziert werden. Die Verwirklichung dieses Ziels soll § 675v Abs. 1 BGB im Verhältnis des Zahlungsdienstnutzers zum Zahlungsdienstleister unterstützen. Auch wenn der Zahlungsdienstnutzer dem Zahlungsdienstleister in der Regel zwar primär im eigenen Interesse einen drohenden nicht legitimierten Zahlungsvorgang anzeigen wird, so nimmt er damit gleichzeitig die Interessen des Zahlungsdienstleisters wahr. Zwar findet damit die Wahrnehmung der aus der Rechtsfolge des § 675v Abs. 1 BGB resultierenden Wahrung der Interessen des Zahlungsdienstleisters nur als Reflex statt; dies ist jedoch mit Blick auf die mit § 675v Abs. 1 BGB verfolgte Zielrichtung und deren Erfüllung durch den Zahlungsdienstnutzer unschädlich.

§ 675v Abs. 1 BGB verkörpert damit einen Grundgedanken des zwischen Zahlungsdienstleister und Zahlungsdienstnutzer im Falle nicht autorisierter Zahlungsvorgänge entstehenden wechselseitigen Ausgleichsverhältnisses. Trotz der grundsätzlichen Risikoverteilung zwischen Zahlungsdienstleister und Zahlungsdienstnutzer bei nicht autorisierten Zahlungsvorgängen hat der Zahlungsdienstnutzer alles zu tun und zu veranlassen, was ihm möglich ist, um den Zahlungsdienstleister vor dem Eintritt und/oder der Ausweitung von wirtschaftlichen Schäden zu schützen.

b) Die Befreiung des Zahlungsdienstnutzers von der Haftung des § 675v Abs. 1 BGB nach § 675v Abs. 2 Nr. 1 BGB

aa) Die fehlende Bemerkbarkeit i. S. d. § 675v Abs. 2 Nr. 1 BGB

Von der Haftung nach § 675v Abs. 1 BGB kann sich der Zahlungsdienstnutzer nach § 675v Abs. 2 Nr. 1 BGB befreien, wenn es ihm nicht möglich gewesen ist, den Verlust, den Diebstahl, das Abhandenkommen oder die sonstige missbräuchliche Verwendung des Zahlungsinstruments vor einem nicht autorisierten Zahlungsvorgang zu bemerken.

bb) Die materiellen Anforderungen an die Bemerkbarkeit i.S.d. § 675v Abs. 2 Nr. 1 BGB

Der Begriff der Bemerkbarkeit wurde mit Art. 74 Abs. 1 S. 2 a) PSD II eingeführt.[86] Eine Definition der Bemerkbarkeit enthalten weder Art. 74 PSD II, die Begriffsbestimmungen des Art. 4 PSD II, noch die Gesetzesbegründung zur Umsetzung von Art. 74 PSD II oder § 675v Abs. 2 Nr. 1 BGB. Mit der Möglichkeit der Befreiung des Zahlungsdienstnutzers von seiner Haftung bis zur Höhe von 50,00 Euro nach Art. 74 Abs. 1 PSD II hat der europäische Gesetzgeber die verschuldensunabhängige Haftung des Zahlungsdienstnutzers deutlich eingeschränkt. Eine Haftung soll nur in Betracht kommen, wenn es dem Zahlungsdienstnutzer tatsächlich möglich gewesen ist, die drohende missbräuchliche Nutzung des Zahlungsinstruments zu erkennen. Dies wiederholt auch die Gesetzesbegründung zur Umsetzung des Art. 74 Abs. 1 PSD II. Der Zahlungsdienstnutzer habe auch den Haftungshöchstbetrag von 50,00 Euro nicht zu tragen, wenn er <u>nicht in der Lage</u>[87] war, den Verlust, den Diebstahl oder die missbräuchliche Verwendung des Zahlungsinstruments vor einer Zahlung zu bemerken.[88] Diese Erläuterung, ebenso wie die Formulierung in Erwägungsgrund 71 („nicht in der Lage...") und in Art. 74 PSD II („...bemerkbar..."), lässt gleichzeitig erkennen, dass die Entlastung des Zahlungsdienstnutzers von der Schadensersatzpflicht nach § 675v Abs. 1 BGB nicht davon abhängig sein kann, dass der Zahlungsdienstnutzer aktiv und regelmäßig kontrollieren muss, ob sich das Zahlungsinstrument noch in seiner Verfügungsgewalt befindet.[89]

Das Merkmal „bemerken" des § 675v Abs. 2 Nr. 1 BGB ist damit dahingehend zu verstehen, dass der Zahlungsdienstnutzer konkrete Anhaltspunkte für einen Verlust, Diebstahl, das Abhandenkommen des Zahlungsinstruments oder die sonstige missbräuchliche Verwendung des Zahlungsinstruments haben muss. Die Zielrichtung des § 675v Abs. 2 Nr. 1 BGB liegt damit darin, den Zahlungsdienstnutzer selbst dann von der verschuldensunabhängigen Haftung des § 675v Abs. 1 BGB zu entlasten, wenn er die Gefahr der nicht legitimierten Nutzung des Zahlungsinstruments bei Einhaltung der erforderlichen Sorgfalt nicht erkennen konnte.[90] Unter-

---

86 Art. 74 Abs. 1 S. 2 b) PSD II: „*...The first subparagraph shall not apply if: (a) the loss, theft or misappropriation of a payment instrument was not detectable to the payer prior to a payment, except where the payer has acted fraudulently; or...*", im Vergleich zu Art. 60 Abs. 1 S. 2 a) des Proposal for a regulation on payment services : „*...a) The first subparagraph shall not apply where any of the following occurred: (a) the loss, theft or misappropriation of a payment instrument was not detectable to the payer prior to a payment, except where the payer has acted fraudulently; or...*".

87 Hervorhebung Verfasser.

88 BT-DrS. 18/11495, S. 165.

89 BeckOK BGB/*Schmalenbach*, 69. Ed. 1.2.2024, BGB § 675v Rn. 7; a.A. *Hofmann*, BKR 2018, 62 (64); wohl auch MüKoHGB/*Linardatos*, 5. Auflage, 2024, G. Zahlung mittels Kreditkarte Rn. 146, 147.

90 BeckOK BGB/*Schmalenbach*, 69. Ed. 1.2.2024, BGB § 675v Rn. 7.

lässt der Zahlungsdienstnutzer aber in Fällen, in denen derartige konkrete Anhaltspunkte für eine drohende und nicht durch ihn legitimierte Nutzung des Zahlungsinstruments vorliegen, die Anzeige bei dem Zahlungsdienstleister, so scheidet die Entlastung des Zahlungsdienstnutzers nach § 675v Abs. 2 Nr. 1 BGB aus. Die Formulierung in Erwägungsgrund 71[91] und Art. 74[92] PSD II spricht dafür, dass die Entlastung des § 675v Abs. 2 Nr. 1 BGB nur dann nicht in Betracht kommt, wenn der Zahlungsdienstnutzer pflichtwidrig die in § 675v Abs. 2 Nr. 1 BGB aufgeführten Sachverhaltsumstände nicht bemerkt. Damit setzt der Ausschluss von § 675v Abs. 2 Nr. 1 BGB ein Verschuldenselement des Zahlungsdienstnutzers voraus, dass er die relevanten Umstände des § 675v Abs. 2 Nr. 1 BGB nicht bemerkt hat. [93]

cc) Die Bemerkbarkeit i. S. d. § 675v Abs. 2 Nr. 1 BGB als Beschränkung der Schadenspräventionspflichten des Zahlungsdienstnutzers

(1) Keine retrospektive Wirkung des Merkmals der Bemerkbarkeit

Das Merkmal des Bemerkens i. S. d. § 675v Abs. 2 Nr. 1 BGB bezieht sich auf alle (Sachverhalts-)Umstände, anhand derer der Zahlungsdienstnutzer eine bevorstehende, nicht von ihm autorisierte, Verwendung eines Zahlungsinstruments erkennen kann. Relevante Anhaltspunkte, die es dem Zahlungsdienstnutzer ermöglichen, die in § 675v Abs. 2 Nr. 1 BGB definierten Sachverhaltsumstände (z. B. Diebstahl, Verlust) zu bemerken, sind damit allein solche, die es ermöglichen, einen bevorstehenden, nicht von ihm autorisierten, Zahlungsvorgang zu verhindern. Damit scheiden als Anhaltspunkte für die Möglichkeit eines Bemerkens i. S. d. § 675v Abs. 2 Nr. 1 BGB solche Sachverhaltsumstände aus, die auf eine bereits erfolgte, nicht autorisierte Nutzung eines Zahlungsinstruments hinweisen könnten. Ein Ausschluss der Privilegierung des § 675v Abs. 2 Nr. 1 BGB ist nämlich nicht für den Fall vorgesehen, dass der Zahlungsdienstnutzer die (Rechts-)Folgen oder wirtschaftlichen Auswirkungen einer nicht autorisierten Nutzung eines Zahlungsinstruments hätte bemerken können.[94] Der Ausschluss der Anwendung des § 675v Abs. 2 Nr. 1 BGB aufgrund einer retrospektiven Betrachtung eines nicht autorisierten Zahlungsvorgangs scheidet damit aus.

---

91 Erwägungsgrund 71 („nicht in der Lage…“).

92 Art. 74 PSD II („…bemerkbar…“).

93 Langenbucher/Bliesener/Spindler/*Herresthal*, 3. Auflage, 2020, Kap. 3 § 675v Rn. 32; MüKoBGB/*Zetzsche*, 9. Auflage, 2023, § 675v Rn. 35.

94 Ähnlich MüKoBGB/*Zetzsche*, 9. Auflage, 2023, § 675v Rn. 34, der auch auf das Bemerken des Verlusts der Verfügungsgewalt über das Zahlungsinstrument verweist; a.A. BeckOGK BGB/*Hofmann*, 1.9.2022, BGB § 675v Rn. 43; *Hofmann*, BKR 2018, 62 (65); Staudinger/*Omlor*, 2020, § 675v Rn. 15; wohl auch *Omlor*, BKR 2019, 105 (112).

Damit findet § 675v Abs. 2 Nr. 1 BGB grundsätzlich selbst dann Anwendung, wenn auf Kontomitteilungen des Zahlungsdienstnutzers ein nicht autorisierter Zahlungsvorgang abgebildet ist, der auf der Nutzung eines Zahlungsinstruments beruht.

Auch wenn in einem derartigen Fall die Haftung nach § 675v Abs. 2 Nr. 1 BGB ausscheidet, so kann eine weitergehende Haftung des Zahlungsdienstnutzers durchaus aufgrund der Verletzung sonstiger Sorgfaltspflichten gegenüber dem Zahlungsdienstleister wegen der fehlenden Kontrolle seiner Kontounterlagen in Betracht kommen.[95] Wie bereits ausgeführt, ist für die Beurteilung, ob die drohende nicht legitimierte Verwendung eines Zahlungsinstruments aufgrund Verlusts, Diebstahls, Abhandenkommens, aber auch missbräuchlicher Verwendung eines Zahlungsinstruments für den Zahlungsdienstnutzer bemerkbar ist, keine aktive und regelmäßige Kontrolle erforderlich.[96] Insoweit kann auch nicht verlangt werden, dass mögliche Sorgfaltspflicht- oder Obliegenheitsverletzungen, die in keinem unmittelbaren inhaltlichen Zusammenhang mit der Autorisierung von Zahlungsvorgängen stehen, dazu führen, dass bei Verletzung derartiger Pflichten der Zahlungsdienstnutzer sich dem berechtigten Vorwurf ausgesetzt sehen muss, er hätte bei Erfüllung dieser sonstigen Pflichten die missbräuchliche Verwendung des Zahlungsinstruments bemerken und dem Zahlungsdienstleister anzeigen müssen. Dies würde nämlich bedeuten, dass sonstige aus dem Geschäftsverhältnis dem Zahlungsdienstnutzer obliegende Verpflichtungen zu Nachforschungspflichten im Zusammenhang mit Aufbewahrung und Nutzung von Zahlungsinstrumenten führen. Derartige Pflichten sind aber gerade nicht von dem Merkmal des Bemerkens in § 675v Abs. 2 Nr. 1 BGB umfasst.[97]

(2) Die positive Kenntnis des Zahlungsdienstnutzers als Maßstab für die Bemerkbarkeit i. S. d. § 675v Abs. 2 Nr. 1 BGB

Eine andere Bewertung kann sich nur dann ergeben, wenn es sich für den Zahlungsdienstnutzer aufgrund der Sachverhaltsumstände aufdrängen musste, dass eine drohende nicht autorisierte Verwendung eines Zahlungsinstruments bevor-

95 So aber *Hofmann*, BKR 2018, 62 (64); *Omlor*, BKR 2019, 105 (112); Staudinger/*Omlor*, 2020, § 675v Rn. 15.

96 BeckOK BGB/*Schmalenbach*, 69. Ed. 1.2.2024, BGB § 675v Rn. 7; a.A. *Hofmann*, BKR 2018, 62 (64); wohl auch MüKoHGB/*Linardatos*, 4. Auflage, 2019, G. Zahlung mittels Kreditkarte Rn. 133; MüKoHGB/*Linardatos*, 5. Auflage, 2024, G. Zahlung mittels Kreditkarte Rn. 146, 147.

97 Etwas anderes ergibt sich jedoch im Hinblick auf die Einhaltung allgemeiner Sorgfaltspflichten im Zusammenhang mit der Geltendmachung von Schadensersatzansprüchen des Zahlungsdienstleisters nach §§ 675v, 280 BGB.

stehen könnte.[98] Ein anderes Verständnis würde dazu führen, dass auch bereits Verdachtsmomente beim Zahlungsdienstnutzer eine entsprechende Anzeige beim Zahlungsdienstleister nach sich ziehen müssten.[99] Wenn aber bereits Verdachtsmomente ausreichen würden, eine Bemerkbarkeit anzunehmen, so würde dies im Ergebnis zur Verpflichtung des Zahlungsdienstnutzers zur aktiven und regelmäßigen Kontrollpflicht führen, ob ein nicht autorisierter Zahlungsvorgang bevorstehen könnte. Hierfür enthält aber weder Erwägungsgrund 71 noch Art. 74 der PSD II einen Hinweis.

Das Merkmal des Bemerkens eines drohenden, nicht legitimierten Zahlungsvorgangs entspricht vielmehr der Kenntnis in der Anzeigepflicht des § 675l Abs. 1 S. 2 BGB.[100] Nach § 675l S. 2 BGB hat der Zahlungsdienstnutzer dem Zahlungsdienstleister oder einer von diesem benannten Stelle den Verlust, den Diebstahl, die missbräuchliche Verwendung oder die sonstige nicht autorisierte Nutzung eines Zahlungsinstruments unverzüglich anzuzeigen, nachdem er hiervon Kenntnis erlangt hat. § 675l Abs. 1 S. 2 BGB lässt damit das bloße Kennenmüssen für das Erfordernis einer Anzeige beim Zahlungsdienstleister nicht ausreichen.[101] Gleiches gilt für Sachverhalte, in denen der Zahlungsdienstnutzer einen Verdacht für einen drohenden nicht legitimierten Zahlungsvorgang hat.[102] Für die PSD ergab sich diese Wertung aufgrund der Regelungen in Art. 61 Abs. 2, 56 Abs. 1 b). Dort hat der europäische Gesetzgeber entschieden, dass der Zahlungsdienstnutzer erst ab positiver Kenntnis zur Anzeige gegenüber dem Zahlungsdienstleister verpflichtet sein soll.[103] Positive Kenntnis ist aber erst dann gegeben, wenn objektive Umstände den drohenden nicht legitimierten Zahlungsvorgang ohne berechtigte Zweifel bestätigen.

Dass das Merkmal des Bemerkens i. S. d. § 675v Abs. 2 Nr. 1 BGB sich im Ergebnis mit den Anforderungen einer positiven Kenntnis deckt, lässt sich aus der Historie der Einführung des Merkmals des Bemerkens nach Art. 74 Abs. 1 S.2 a) PSD II ableiten.

Das Merkmal der positiven Kenntnis als Auslöser der Anzeigepflicht nach § 675l Abs. 1 S. 2 BGB wurde unverändert von Art. 56 Abs. 1 b) PSD in Art. 69 Abs. 1 b) PSD II

98 Ähnlich BeckOK BGB/*Schmalenbach*, 69. Ed. 1.2.2024, BGB § 675v Rn. 7.

99 So aber ausdrücklich Ellenberger/Bunte/*Maihold*, 6. Auflage, 2022, § 32 Rn. 154, § 33 Rn. 235; ebenso BeckOGK BGB/*Hofmann*, 1.9.2022, BGB § 675v Rn. 40; *Hofmann*, BKR 2018, 62 (64); *Omlor*, BKR 2019, 105 (112); Staudinger/*Omlor*, 2020, § 675v Rn. 15.

100 A.A. die überwiegende Auffassung, z. B. Staudinger/*Omlor*, 2020, § 675v Rn. 15; *Omlor*, BKR 2019, 105 (112); *Hofmann*, BKR 2018, 62 (64).

101 *Sorg*, Die zivilrechtliche Haftung im bargeldlosen Zahlungsverkehr, 2015, S. 255; Ellenberger/Findeisen/Nobbe/Böger/*Nobbe*, 3. Auflage, 2020, § 675v Rn 71, 73.

102 *Sorg*, Die zivilrechtliche Haftung im bargeldlosen Zahlungsverkehr, 2015, S. 255; a.A. AG Hamburg WM 2013, 1355 (1355); Staudinger/*Omlor*, 2020, § 675v Rn. 15.

103 *Sorg*, Die zivilrechtliche Haftung im bargeldlosen Zahlungsverkehr, 2015, S. 256.

fortgeführt. Gemäß § 675v Abs. 5 S. 1 BGB haftet der Zahlungsdienstnutzer dem Zahlungsdienstleister nicht mehr für Schäden nach § 675v Abs. 1 und Abs. 3 BGB, die aus der Nutzung eines nach der Anzeige gemäß § 675l Abs. 1 S. 2 verwendeten Zahlungsinstruments entstanden sind. Die Anzeigepflicht nach § 675l Abs. 1 S. 2 BGB entsteht, wenn dem Zahlungsdienstnutzer der Verlust, der Diebstahl, die missbräuchliche Verwendung oder die sonstige nicht autorisierte Nutzung eines Zahlungsinstruments zur Kenntnis gelangt.

In beiden Fällen, also in § 675v Abs. 2 Nr. 1 BGB und §§ 675v Abs. 5 S. 1, 675l Abs. 1 S. 2 BGB geht es um die Enthaftung des Zahlungsdienstnutzers für den hier relevanten Fall des § 675v Abs. 1 BGB. Damit ist bereits nicht nachvollziehbar, warum trotz Fortsetzung der in Art. 69 Abs. 1 b) PSD II bestehenden Anzeigepflicht bei Kenntniserlangung der bezeichneten Sachverhaltsumstände für eine identische Rechtsfolge auf Grundlage nahezu identischer Sachverhaltsumstände ein anderer Zeitpunkt für die Anzeigepflicht des Zahlungsdienstnutzers maßgeblich sein soll. Es ist materiell keine Rechtfertigung erkennbar, warum der Pflichtenmaßstab des Zahlungsdienstnutzers sich in Abhängigkeit davon verändern sollte, dass die nicht autorisierte Nutzung eines Zahlungsinstruments droht (§ 675v Abs. 2 Nr. 1 BGB[104]) oder aber die nicht autorisierte Nutzung bereits erfolgt ist (§ 675l Abs. 1 S. 2 BGB[105]). Auch nach der Nutzung eines nicht autorisierten Zahlungsinstruments droht nämlich eine weitere nicht autorisierte Nutzung. Aufgrund des jeweils inhaltlich identischen Ziels, dass mit der Anzeigepflicht der Regelungen erreicht werden soll – nämlich der Schadensprävention, Schadensabwehr und Wiederherstellung des status quo ante vor dem nicht autorisierten Zahlungsvorgang – ist eine Differenzierung der Zeitpunkte, wann eine Pflicht zur Anzeige relevanter Sachverhaltsumstände besteht, nicht gerechtfertigt. Zudem würde mit einer Vorverlagerung des Zeitpunkts der Anzeige nach § 675v Abs. 2 Nr. 1 BGB die Schutzwirkung des § 675v Abs. 2 Nr. 1 BGB gegenüber dem Zahlungsdienstnutzer ohne erkenntlichen Grund erheblich geschwächt. Mit der Vorverlagerung des Anzeigezeitpunkts entzieht nämlich die herrschende Auffassung dem Zahlungsdienstnutzer die Entlastungsmöglichkeit zwischen dem Zeitpunkt positiver Kenntnis und einem nicht definierten Zeitpunkt des Bemerkens. Die herrschende Auffassung entwertet mit ihrer Auslegung des Merkmals des Bemerkens die vom europäischen und nationalen Gesetzgeber beabsichtigte Entlastungsmöglichkeit des Zahlungsdienstnutzers, ohne dass hierfür eine materielle Rechtfertigung erkennbar ist. Die mit § 675v Abs. 2 Nr. 1 BGB verfolgte Anreizfunktion einer frühzeitigen Anzeige rechtfertigt ebenso die

---

104 § 675v Abs. 2 Nr. 1 BGB: „*...oder eine sonstige missbräuchliche Verwendung des Zahlungsinstruments vor dem nicht autorisierten Zahlungsvorgang zu bemerken...*“.

105 § 675l Abs. 1 S. 2 BGB: „...die sonstige **nicht autorisierte Nutzung** eines Zahlungsinstruments unverzüglich anzuzeigen...“.

Anzeigepflicht bei Kenntniserlangung nach § 675l Abs. 1 S. 2 BGB. Wenn der europäische und nationale Gesetzgeber die Anreizfunktion durch eine Vorverlagerung des Zeitpunkts der Anzeigepflicht risikoerhöhender Umstände hätten verstärken wollen, so hätte auch der Zeitpunkt der Anzeigepflicht nach § 675l Abs. 1 S. 2 BGB auf einen früheren Zeitpunkt verlagert werden müssen.

Nicht zuletzt spricht für diese Auslegung auch die englische Sprachfassung des Art. 74 Abs. 1 S. 2 a) PSD II. Dort ist nämlich formuliert:

> *The first subparagraph shall not apply if:*
>
> a) *the loss, theft or misappropriation of a payment instrument was not detectable to the payer prior to a payment....*[106]

Der Begriff detectable lässt sich hierbei mit nachprüfbar oder nachweisbar übersetzen, während der Begriff bemerkbar dem englischen Begriff noticeable entspricht. Der Begriff nachweisbar entspricht insoweit dem materiellen Inhalt der positiven Kenntnis von Sachverhaltsumständen, da auch die positive Kenntnis auf der Nachweis- und Belegbarkeit von Sachverhaltsumständen aufsetzt.

dd) Ergebnis

Damit kommt eine Verweigerung einer Enthaftung des Zahlungsdienstnutzers nach § 675v Abs. 2 Nr. 1 BGB erst dann in Betracht, wenn dieser positive Kenntnis von einem bevorstehenden, nicht autorisierten Zahlungsvorgang hat und dies dann dem Zahlungsdienstleister pflichtwidrig nicht anzeigt.

c) Verlust i.S.d. § 675v Abs. 2 Nr. 2 BGB

Nach § 675v Abs. 2 Nr. 2 BGB wird der Zahlungsdienstnutzer von seiner Schadensersatzpflicht gegenüber dem Zahlungsdienstleister auch dann befreit, wenn der Verlust des Zahlungsinstruments durch einen Angestellten, einen Agenten, eine Zweigniederlassung eines Zahlungsdienstleisters oder eine sonstige Stelle, an die Tätigkeiten des Zahlungsdienstleisters ausgelagert wurden, verursacht worden ist. Der deutsche Gesetzgeber hat den in Art. 74 Abs. 1 PSD II verwendeten Begriff des „Verlusts“ in § 675v Abs. 2 Nr. 2 BGB mit der Formulierung des „Verlusts des Zahlungsinstruments“ umgesetzt. Diese Umsetzung widerspricht der Regelung des Art. 74 Abs. 1 b) PSD II. Unter dem Merkmal des Verlusts in Art. 74 Abs. 1 b) PSD II,

---

106 Ebenso Art. 60 Abs. 1 S. 2 a) des Proposal for a regulation on payment services: „*The first subparagraph shall not apply where any of the following occurred: (a) the loss, theft or misappropriation of a payment instrument was not detectable to the payer prior to a payment, except where the payer has acted fraudulently; or...*“.

§ 675v Abs. 2 Nr. 2 BGB ist entgegen der Umsetzung in § 675v Abs. 2 Nr. 2 BGB nicht der Verlust des Zahlungsinstruments zu verstehen, sondern vielmehr die finanzielle Einbuße des Zahlungsdienstleisters, die sich bei ihm als Schaden realisiert.[107] Dies lässt sich daran erkennen, dass in Art. 74 Abs. 1 S. 2 b) PSD II ausschließlich von einem Verlust gesprochen wird. Sowohl in Art. 74 Abs. 1 a) PSD II als auch im Übrigen in der PSD II sind die Fälle des Verlusts eines Zahlungsinstruments ausdrücklich erwähnt. So wird im unmittelbaren Zusammenhang mit Art. 74 Abs. 1 S. 2 b) PSD II in Art. 74 Abs. 1 S. 2 a) PSD II auf die Fälle des Verlusts, des Diebstahls oder die missbräuchliche Verwendung des Zahlungsinstruments verwiesen.

Zudem legt Art. 74 Abs. 1 S. 3 PSD II im Weiteren fest, dass der Zahlungsdienstnutzer alle Verluste zu tragen hat, die in Verbindung mit nicht autorisierten Zahlungsvorgängen entstanden sind, wenn er sie in betrügerischer Absicht oder durch vorsätzliche oder grob fahrlässige Verletzung einer oder mehrerer Pflichten nach Art. 69 PSD II herbeigeführt hat. Art. 74 Abs. 2 PSD II führt weiter aus, dass in dem Fall, in dem der Zahlungsdienstleister des Zahlungsdienstnutzers von diesem keine starke Kundenauthentifizierung verlangt, der Zahlungsdienstnutzer einen finanziellen Verlust nur dann zu tragen hat, wenn der Zahlungsdienstnutzer in betrügerischer Absicht gehandelt hat. Der Begriff des Verlusts ist nach diesen Regelungen als wirtschaftliche Vermögenseinbuße zu verstehen und nicht aber als Oberbegriff für tatsächliche Vorgänge, die zu nicht legitimierten Zahlungsvorgängen im Zusammenhang mit einem Zahlungsinstrument führen.

Anhaltspunkte dafür, dass der europäische Gesetzgeber hier entgegen seiner Definitionspraxis in der PSD II den Begriff des Verlusts auch als Oberbegriff für die Alternative des Verlusts, Diebstahls oder etwa die Alternative der missbräuchlichen Verwendung eines Zahlungsinstruments verwenden wollte, sind nicht erkennbar.[108]

Die Betrachtung der deutschen mit den englischen und französischen Sprachfassungen des Art. 74 PSD II bestätigt dieses Ergebnis. Sämtliche Sprachfassungen des Art. 74 Abs. 1 S. 2 b) PSD II stellen die inhaltliche Verbindung des in Art. 74 Abs. 1 S. 2 b) PSD genannten Verlusts zu dem in Art. 74 Abs. 1 S. 1 PSD genannten wirtschaftlichen Verlust her, der durch eine nicht autorisierte Ausführung

107 Da es in Art. 74 Abs. 1 S. 2 b) PSD II um den Ausschluss der Ansprüche des Zahlungsdienstleisters gegenüber dem Zahlungsdienstnutzers geht, kann mit dem Begriff des Verlusts nur der in Art. 74 PSD II geregelte Ausgleich eines eventuellen Schadens des Zahlungsdienstleisters gemeint sein, nicht aber etwaige Vermögenspositionen des Zahlungsdienstnutzers. Dessen Rechte richten sich nach Art. 73 PSD II.

108 So aber Langenbucher/Bliesener/Spindler/*Herresthal*, 3. Auflage, 2020, Kap. 3 § 675v Rn. 47, der den Begriff des Verlusts als Oberbegriff für die Alternativen Diebstahl und Abhandenkommen i. S. d. § 675v Abs. 1, 675v Abs. 2 1. Alt. BGB versteht; ebenso MüKoBGB/*Zetzsche*, 9. Auflage, 2023, § 675v Rn. 36.

eines Zahlungsvorgangs entsteht. Damit ist § 675v Abs. 2 Nr. 2 BGB dahingehend zu interpretieren, dass der Zahlungsdienstnutzer in sämtlichen Alternativen des § 675v Abs. 1 BGB dann nicht an einem Schaden des Zahlungsdienstleisters zu beteiligen ist, wenn der Verlust (also Schaden) des Zahlungsdienstleisters durch einen Angestellten, einen Agenten, eine Zweigniederlassung eines Zahlungsdienstleisters oder eine sonstige Stelle, an die Tätigkeiten des Zahlungsdienstleisters ausgelagert wurden, verursacht worden ist.[109]

Insoweit ist auch nicht überraschend, dass der europäische Gesetzgeber in Art. 74 Abs. 1 S. 2 b) PSD auf das Merkmal der Bemerkbarkeit des Art. 74 Abs. 1 S. 2 a) PSD II verzichtet hat. Art. 74 Abs. 1 S. 2 b) PSD II trägt dem Risikosphärengedanken Rechnung. Danach soll nämlich ein Verlust, soweit dieser ausschließlich in der Sphäre des Zahlungsdienstleisters entstanden ist und verursacht wurde, auch ausschließlich dem Zahlungsdienstleister zugerechnet werden. Mangels tatsächlicher Einsichtsmöglichkeiten in die Geschäftsabläufe des dem Zahlungsdienstleister zuzurechnenden Pflichtenkreises wäre es nämlich dem Zahlungsdienstnutzer in der Regel auch nicht möglich, die Verwirklichung der in Art. 74 Abs. 1 S. 2 b) PSD II genannten Alternativen zu bemerken oder hiervon Kenntnis zu nehmen.

Somit bleibt festzuhalten, dass § 675v Abs. 2 Nr. 2 BGB dahingehend auszulegen ist, dass sich dessen Anwendungsbereich auf Sachverhalte bezieht, in denen ein wirtschaftlicher Verlust beim Zahlungsdienstleister entsteht, an dem der Zahlungsdienstnutzer jedenfalls nicht zu beteiligen ist, soweit dieser (noch) nicht im Besitz des Zahlungsinstruments gewesen ist und sich der wirtschaftliche Verlust ausschließlich in der Sphäre des Zahlungsdienstleisters entsprechend den in § 675v Abs. 2 Nr. 2 BGB aufgeführten Beispielen realisiert.[110]

d) Die starke Kundenauthentifizierung i. S. d. § 675v Abs. 4 BGB

aa) Grundsatz

Mit Art. 97 Abs. 1 PSD II i.V.m. Art. 4 Abs. 30 PSD II hat der europäische Gesetzgeber vorgesehen, dass ein Zahlungsdienstleister eine starke Kundenauthentifizierung vom Zahlungsdienstnutzer zu verlangen hat, wenn dieser entweder online auf sein Zahlungskonto zugreifen, einen elektronischen Zahlungsvorgang auslösen oder über einen Fernzugang eine Handlung vornehmen will, die das Risiko eines Betrugs im Zahlungsverkehr oder anderen Missbrauchs beinhalten. Unter einer starken Kundenauthentifizierung ist eine besondere Form der Authentifizierung des Zah-

109 Im Ergebnis ebenso BeckOGK BGB/*Hofmann*, 1.9.2022, BGB § 675v Rn. 47, 48; a.A. Langenbucher/Bliesener/Spindler/*Herresthal*, 3. Auflage, 2020, Kap. 3 § 675v Rn. 47.

110 Ebenso BeckOGK BGB/*Hofmann*, 1.9.2022, BGB § 675v Rn. 47, 48; a.A. aber Staudinger/*Omlor*, 2020, § 675v Rn. 16; MüKoBGB/*Zetzsche*, 9. Auflage, 2023, § 675v Rn. 36.

lungsdienstnutzers zu verstehen, mit der die Sicherheit im elektronischen Zahlungsverkehr verbessert werden soll.[111] Die starke Kundenauthentifizierung verwirklicht die in Erwägungsgrund 95 PSD II erwähnte technische Sicherheit elektronischer Zahlungsvorgänge als eine Grundvoraussetzung für die Entwicklung eines soliden Umfelds für den elektronischen Geschäftsverkehr. Das System einer starken Kundenauthentifizierung begrenzt damit bei der Abwicklung des elektronischen Zahlungsverkehrs das Betrugsrisiko.[112]

bb) Die Umsetzung des Art. 97 Abs. 1 PSD II im nationalen Aufsichts- und Zivilrecht

(1) Aufsichtsrechtliche Umsetzung des Erfordernisses der starken Kundenauthentifizierung nach Art. 97 Abs. 1 PSD II

Die inhaltliche Umsetzung von Art. 97 Abs. 1 PSD II erfolgte durch § 55 ZAG.[113] Die starke Kundenauthentifizierung ist nach der Definition in Art. 4 Abs. 30 PSD II, § 1 Abs. 24 ZAG „eine Authentifizierung, die so ausgestaltet ist, dass die Vertraulichkeit der Authentifizierungsdaten geschützt ist und die unter Heranziehung von mindestens zwei der folgenden, in dem Sinne voneinander unabhängigen Elementen geschieht, dass die Nichterfüllung eines Kriteriums die Zuverlässigkeit der anderen nicht in Frage stellt“. Hierbei sollen die Elemente der starken Kundenauthentifizierung aus der Kategorie Wissen, („also etwas, das nur der Nutzer weiß“), der Kategorie Besitz, („also etwas, das nur der Nutzer besitzt“) oder der Kategorie Inhärenz, („also etwas, das der Nutzer ist“) stammen.[114]

Normadressat des Art. 97 Abs. 1 PSD II, § 55 ZAG ist hierbei der Zahlungsdienstleister.[115] Damit handelt es sich um eine aufsichtsrechtliche Regelung, die nach der Gesetzesbegründung dem Zahlungsdienstnutzer selbst dann kein subjektives Recht gewährt, wenn der Zahlungsdienstleister von dem Zahlungsdienstnutzer entgegen § 55 ZAG nicht die Anwendung einer starken Kundenauthentifizierung verlangt, der Zahlungsdienstnutzer aber die Anwendung der starken Kundenauthentifizierung vom Zahlungsdienstleister einfordert.[116]

111 *Zahrte*, NJW 2018, 337 (340).
112 *Zahrte*, NJW 2018, 337 (340).
113 BT-DrS. 18/11495, S. 139.
114 § 1 Abs. 24 ZAG.
115 Anwendungsbereich Casper/Terlau/*Casper*, 3. Auflage, 2023, § 1 Rn. 6 ff., 276.
116 BT-DrS. 18/11495, S. 139, 140.

(2) Zivilrechtliche Umsetzung des Erfordernisses der starken Kundenauthentifizierung nach Art. 97 Abs. 1 PSD II

Die zivilrechtliche Umsetzung des Art. 97 Abs. 1 PSD II erfolgte durch die Einführung des § 675v Abs. 4 BGB.[117] Regelungstechnisch gewährt auch die Umsetzung in § 675v Abs. 4 BGB dem Zahlungsdienstnutzer kein subjektives Recht gegenüber dem Zahlungsdienstleister, etwa auf Schaffung eines technischen Systems zum Einsatz der starken Kundenauthentifizierung. Eine derartige Umsetzung hätte zum einen den Wortlaut des Art. 97 Abs. 1 PSD II überdehnt („...*dass ein Zahlungsdienstleister eine starke Kundenauthentifizierung verlangt...*"), zum anderen dem Zahlungsdienstnutzer mittelbar Befugnisse eingeräumt, die nach Art. 97 PSD II den Mitgliedsstaaten bzw. der zuständigen Aufsichtsbehörde zugewiesen sind. Der Gesetzgeber hat die Umsetzung der aufsichtsrechtlichen Anforderung des Art. 97 PSD II, § 55 ZAG gegenüber dem Zahlungsdienstnutzer zivilrechtlich durch die Einführung eines Sanktionsmodells sichergestellt.[118] Verlangt der Zahlungsdienstleister nämlich im Rahmen eines relevanten Zahlungsvorgangs vom Zahlungsdienstnutzer nicht die Anwendung einer starken Kundenauthentifizierung, so kann der Zahlungsdienstleister nach § 675v Abs. 4 S. 1 BGB die ihm nach § 675v Abs. 1 und Abs. 3 BGB gegebenenfalls zustehenden Ansprüche verlieren. Diese Rechtsfolge kann nach dem Wortlaut des § 675v Abs. 4 S. 1 BGB selbst dann eintreten, wenn der Zahlungsdienstnutzer die nach § 675v Abs. 3 Nr. 2 BGB bestehenden Pflichten oder Bedingungen vorsätzlich verletzt. Die gleiche Rechtsfolge kann nach § 675v Abs. 4 S. 1 Nr. 2 BGB eintreten, wenn der Zahlungsempfänger oder sein Zahlungsdienstleister eine starke Kundenauthentifizierung nicht akzeptiert. In diesem Fall ist aber nach § 675v Abs. 4 S. 3 BGB der Zahlungsempfänger oder dessen Zahlungsdienstleister, der die starke Kundenauthentifizierung nicht akzeptiert, wiederum dem Zahlungsdienstleister für dessen Schäden ersatzpflichtig. Eine Ausnahme von der Anwendung des § 675v Abs. 4 S. 1 BGB sieht § 675v Abs. 2 BGB für den Fall vor, dass der Zahlungsdienstnutzer im Rahmen der Geltendmachung angeblicher Ansprüche gegen den Zahlungsdienstleister in betrügerischer Absicht handelt.

---

117 BT-DrS. 18/11495, S. 166, 167; Art. 74 Abs. 2 S. 1 PSD II: „...*(2) Verlangt der Zahlungsdienstleister des Zahlers keine starke Kundenauthentifizierung, so trägt der Zahler einen finanziellen Verlust nur, wenn der Zahler in betrügerischer Absicht gehandelt hat...*"; vgl. auch die englische Sprachfassung des Art. 74 Abs. 2 S. 1 PSD II: „*Where the payer's payment service provider does not require strong customer authentication, the payer shall not bear any financial losses unless the payer has acted fraudulently.*", *im Vergleich zu Art. 60 Abs. 2 des Proposal or a regulation on payment services:* „...*Where the payer's payment service provider fails to fulfil the obligation to require strong customer authentication set out in Article 85, the payer shall not bear any financial losses unless the payer has acted fraudulently...*".

118 BT-DrS. 18/11495, S. 81: „...*haftungsrechtlich flankiert*".

Für die Anwendung des § 675v Abs. 4 BGB enthalten weder § 675v BGB noch die sonstigen Vorschriften des Zahlungsdiensterechts der §§ 675c ff. BGB eine Definition, was unter einer starken Kundenauthentifizierung zu verstehen ist. Vielmehr hat der Gesetzgeber den Weg der Verweisung auf die Definition im ZAG gewählt. Nach § 675c Abs. 3 BGB finden die Begriffsbestimmungen des KWG und des ZAG Anwendung. [119]

(3) Akzessorietät der aufsichtsrechtlichen und zivilrechtlichen Regelungen aus §§ 1 Abs. 24, 55 ZAG, 675v Abs. 4 BGB

Mit dem Hinweis auf die starke Kundenauthentifizierung in § 675v Abs. 4 BGB und der Einführung der diesbezüglichen Sanktionsbestimmung ist ebenso wenig wie mit dem Verweis auf die Anwendbarkeit der Begriffsbestimmungen des ZAG nach § 675c Abs. 3 BGB eine Feststellung getroffen, ob zu §§ 55, 1 Abs. 24 ZAG durch Aufsichtsbehörden getroffene Wertungen und Auslegungsgrundsätze Einfluss auf die zivilrechtliche Anwendung des § 675v Abs. 4 BGB haben (können).

Auch der Gesetzgeber hat diese Frage im Rahmen der Umsetzung der PSD II weder ausdrücklich behandelt noch eine zweifelsfreie Indikation gegeben, ob und in welchem Umfang die aufsichtsrechtliche Ausfüllung der in §§ 55 und 1 Abs. 24 ZAG enthaltenen Regelungen Einfluss auf die zivilrechtliche Anwendung des § 675v Abs. 4 BGB haben kann oder soll. Die ungeklärte Beziehung zwischen den aufsichtsrechtlichen und zivilrechtlichen Regelungen zur starken Kundenauthentifizierung gewinnt erhebliche Bedeutung in den Fällen, in denen ergänzende, aufsichtsrechtliche Regelungen es dem Zahlungsdienstleister zulässigerweise ermöglichen, von der Anwendung der starken Kundenauthentifizierung abzusehen. Derartige aufsichtsrechtliche Anpassungen bzw. Anwendungsvorschriften hatte der europäische Gesetzgeber bereits in Art. 98 PSD II vorgesehen. Danach sollte die EBA[120] *„im Einklang mit Art. 10 der Verordnung (EU) Nr. 1093/2010 in enger Zu-*

---

119 BT-DrS. 18/11495, S. 140.

120 Auszug aus dem Internetauftritt der EBA (https://www.eba.europa.eu/languages/home_de): *„Die Europäische Bankenaufsichtsbehörde (EBA) ist eine unabhängige EU-Behörde, deren Aufgabe es ist, ein wirksames und kohärentes Maß an Regulierung und Beaufsichtigung im europäischen Bankensektor zu gewährleisten. Ihre übergeordneten Ziele bestehen in der Wahrung der Finanzstabilität in der EU und dem Schutz der Integrität, der Effizienz und des ordnungsgemäßen Funktionierens des Bankensektors. ... In erster Linie soll die EBA durch die Annahme von verbindlichen technischen Standards und Leitlinien zur Erarbeitung des Einheitlichen Europäischen Regelwerks für den Finanzsektor beitragen. Dieses Einheitliche Regelwerk soll einheitliche und harmonisierte Aufsichtsregeln für Finanzinstitute in der EU bereitstellen und damit zur Schaffung gleicher Wettbewerbsbedingungen beitragen sowie den Schutz von Einlegern, Anlegern und Verbrauchern gewährleisten."*; vgl. zum Mandat der EBA: Verordnung (EU) Nr. 1093/2010, die die Einrichtung und die Aufgaben der

sammenarbeit mit der“ Europäischen Zentralbank „*und nach Anhörung aller maßgeblichen Akteure, einschließlich des Zahlungsverkehrsmarktes, unter Berücksichtigung der Interessen aller Beteiligten für Zahlungsdienstleister i. S. d. Art. 1 Abs. 1 dieser Richtlinie technische Regulierungsstandards*“ ausarbeiten.[121] Hierbei sollten unter anderem die Erfordernisse des Verfahrens zur starken Kundenauthentifizierung gemäß Art. 97 Abs. 1 PSD II sowie die Ausnahmen von der Anwendung des Art. 97 Abs. 1, 2 und 3 PSD II festgelegt werden.

(a) Die Anerkennung aufsichtsrechtlicher Konkretisierungen von Voraussetzungen und Anwendbarkeit des Merkmals der starken Kundenauthentifizierung in § 675v Abs. 4 BGB

Eine starke Auffassung der Literatur sieht einen unmittelbaren Zusammenhang zwischen den aufsichtsrechtlichen Anforderungen und Voraussetzungen der starken Kundenauthentifizierung und den zivilrechtlichen Voraussetzungen und Wirkungen des § 675v Abs. 4 BGB.[122] Es bestehe eine kongruente[123] bzw. akzessorische[124] Verbindung der möglichen zivilrechtlichen Haftungsbefreiung des Zahlungsdienstnutzers in § 675v Abs. 4 BGB zur aufsichtsrechtlichen Verpflichtung des Zahlungsdienstleisters nach § 55 ZAG. Erwägungsgrund 107 PSD II verweise in diesem Zusammenhang zur Sicherstellung einer einheitlichen Anwendung der

---

EBA beschreibt. Diese Verordnung bildet die Rechtsgrundlage für die Funktionsweise der Aufsichtsbehörde und hat unmittelbare Wirkung in allen EU-Mitgliedsstaaten; vgl. hierzu auch Hinweise der BaFin zu den Leitlinien und Q&As der Europäischen Aufsichtsbehörden vom 14.08.2024 (https://www.bafin.de/DE/RechtRegelungen/Leitlinien_und_Q_and_A_der_ESAs/Leitlinien_und_Q_and_A_der_ESAs_node.html).

121 Delegierte Verordnung (EU) 2018/389 der Kommission vom 27. November 2017 zur Ergänzung der Richtlinie (EU) 2015/2366 des Europäischen Parlaments und des Rates durch technische Regulierungsstandards für eine starke Kundenauthentifizierung und für sichere offene Standards für die Kommunikation.

122 *Casper/Reich*, ZBB 2023, 133 (152); *Buck-Heeb*, WM 2020, 157 (160); *Casper*, Festschrift Hopt, 2020, 117 (122 f.); Staudinger/*Omlor*, 2020, § 675v Rn. 36; *Terlau*, ZBB 2016, 122 (132 f.); *Schmalenbach*, Die Digitalisierung des Zahlungswesens: Innovative Bezahlverfahren im Lichte des novellierten Zahlungsdiensterechts, 2019, S. 110; *Werner*, ZBB 2017, 345 (350); MüKoHGB/*Linardatos*, 4. Auflage 2019, G. Zahlung mittels Kreditkarte Rn. 147, 148; MüKoHGB/*Linardatos*, 5. Auflage, 2024, G. Zahlung mittels Kreditkarte Rn. 147; *Werner*, WM 2018, 449 (453); *Grundmann*, S. 610, Rn. 447; *Omlor*, RdZ 2020, 20 (26); *Omlor*, RdZ 2021, 180 (185); *Linardatos*, Das Haftungssystem im bargeldlosen Zahlungsverkehr nach Umsetzung der Zahlungsdiensterichtlinie, 2013, S. 138; Baumbach/Hefermehl/Casper/*Casper*, 24. Auflage, 2020, E. Recht des Zahlungsverkehrs Rn. 388; *Linardatos*, BKR 2021, 665 (670); Casper/Terlau/*Terlau*, 2. Auflage, 2020, § 1 Rn. 399.

123 *Schmalenbach*, Die Digitalisierung des Zahlungswesens: Innovative Bezahlverfahren im Lichte des novellierten Zahlungsdiensterechts, 2019, S. 104 ff.

124 Staudinger/*Omlor*, 2020, § 675v Rn. 36.

Regelungen der PSD II zunächst darauf, dass die Kommission auf das Fachwissen und die Unterstützung der EBA zurückgreifen könne, die damit betraut werden sollte, Leitlinien aufzustellen und Entwürfe technischer Regulierungsstandards für Sicherheitsaspekte im Zusammenhang mit Zahlungsdiensten – insbesondere im Hinblick auf eine starke Kundenauthentifizierung – auszuarbeiten.[125] Diese Regulierungsstandards würden durch die RTS bestimmt. Damit seien diese Regulierungsstandards für die Auslegung des § 55 ZAG maßgeblich.[126]

Die akzessorische Verknüpfung zwischen den aus den aufsichtsrechtlichen Regulierungsstandards resultierenden Freistellungen von der starken Kundenauthentifizierung nach Art. 10 – 20 RTS und dem aus § 675v Abs. 4 BGB folgenden zivilrechtlichen Haftungsmaßstab folge bereits daraus, dass weder § 675v Abs. 4 BGB noch andere zivilrechtliche Bestimmungen im BGB den Begriff der starken Kundenauthentifizierung definierten.[127] Vielmehr verweise § 675c Abs. 3 BGB auf die Definition in § 1 Abs. 24 ZAG.[128] Wegen dieses begrifflichen Zusammenhangs seien die aufsichtsrechtlichen Begriffe der starken Kundenauthentifizierung in § 675v Abs. 4 BGB und § 1 Abs. 24 ZAG i.V.m. § 55 ZAG einheitlich auszulegen.[129] Für eine gespaltene Auslegung sei kein Raum.[130] Dies ergebe sich bei zutreffender Berücksichtigung der Vorgaben und Zielsetzungen der PSD II. Das Zahlungsdiensterecht der Europäischen Union sehe nicht die Aufspaltung zwischen aufsichtsrechtlichen Regelungen und zivilrechtlichen Regelungen vor.[131] Eine unabhängige Bewertung der zivilrechtlichen und aufsichtsrechtlichen Regelungen schreibe das überkommene Säulendenken zwischen Zivil- und Aufsichtsrecht fort.[132] Die technischen Regulierungsstandards dienten nach Erwägungsgrund 107 PSD II dem Ziel, eine einheitliche Anwendung der PSD II zu ermöglichen, was insbesondere im Hinblick auf eine starke Kundenauthentifizierung bedeutsam sei. Die allgemeinen Regelungen zur starken Kundenauthentifizierung würden Art. 4 Nr. 30 sowie Art. 97

---

125 Vgl. auch Staudinger/*Omlor*, 2020, § 675v Rn. 36.

126 *Casper*, Festschrift Hopt, 2020, 117 (121).

127 *Casper*, Festschrift Hopt, 2020, 117 (123).

128 *Casper*, Festschrift Hopt, 2020, 117 (123).

129 *Casper*, Festschrift Hopt, 2020, 117 (123).

130 *Omlor*, BKR 2019, 105 (113); BeckOGK BGB/*Hofmann*, 1.10.2021, BGB § 675v Rn. 94; Staudinger/*Omlor*, 2020, § 675v Rn. 37; *Casper*, Festschrift Hopt, 2020, 117 (123); MüKoHGB/*Linardatos*, 4. Auflage 2019, G. Zahlung mittels Kreditkarte, Rn. 147; MüKoHGB/*Linardatos*, 4. Auflage 2019 K. Online-Banking, Rn. 157; *Buck-Heeb*, WM 2020, 157 (158).

131 MüKoHGB/*Linardatos*, 4. Auflage, 2019, G. Zahlung mittels Kreditkarte, Rn. 148; Staudinger/*Omlor*, 2020, § 675v Rn. 36.

132 MüKoHGB/*Linardatos*, 4. Auflage 2019, G. Zahlung mittels Kreditkarte, Rn. 147; MüKoHGB/*Linardatos*, 5. Auflage 2024, K. Online-Banking, Rn. 162 ff.; *Casper*, Festschrift Hopt, 2020, 117 (123).

PSD II aufstellen, die auch auf Art. 74 Abs. 2 PSD II anzuwenden seien.[133] Dieses Ergebnis werde auch durch die systematische Stellung von Art. 74 Abs. 2 sowie Art. 97 PSD II bestätigt. Beide Vorschriften gehörten zum Titel IV der PSD II, der Rechte und Pflichten bei der Erbringung und Nutzung von Zahlungsdiensten betreffe.[134] Daraus folge, dass die PSD II von einem einheitlichen Konzept der starken Kundenauthentifizierung und einem einheitlichen Anwendungsbereich ausgehe.

Für die Berücksichtigung aufsichtsrechtlicher Anpassungen im Rahmen der Festlegung von Reichweite und Anwendung zivilrechtlicher Normen, die auf aufsichtsrechtliche Normen verweisen, spricht auf den ersten Blick auch die Entscheidung des EuGH C-295/18.[135] Der EuGH nahm in dieser Entscheidung zur Auslegung der Begriffe Zahlungsdienste und Zahlungsdienstnutzer Stellung. Zur Bestimmung des Inhalts dieser Begriffe verwies der EuGH auf die der betreffenden nationalen Norm zugrunde liegende Richtlinie 2007/64/EG.[136] Im Rahmen der richtlinienkonformen Auslegung der in Rede stehenden nationalen Norm unterschied der EuGH nicht zwischen aufsichtsrechtlicher und zivilrechtlicher Ebene.[137] Auf Grundlage der Richtlinienvorgaben erscheint diese Auslegungsmethode des EuGH zutreffend, da die (einheitlichen) Richtlinienvorgaben keine Differenzierung zwischen öffentlich-rechtlichen und zivilrechtlichen Vorschriften vornehmen.[138]

(b) Die Ablehnung aufsichtsrechtlicher Konkretisierungen von Voraussetzungen und Anwendbarkeit des Merkmals der starken Kundenauthentifizierung in § 675v Abs. 4 BGB

Nach anderer Auffassung sind aufsichtsrechtliche Konkretisierungen des § 55 ZAG im Rahmen der Beurteilung der Anwendbarkeit und des Umfangs des § 675v Abs. 4 BGB nicht zu berücksichtigen.[139] Hierbei geht es insbesondere um die aufsichtsrechtlichen Freistellungen des Zahlungsdienstleisters von der Anwendung der starken Kundenauthentifizierung nach Art. 10 – 20 RTS (Ausnahmen von der starken

133 Staudinger/*Omlor*, 2020, § 675v Rn. 36.

134 Staudinger/*Omlor*, 2020, § 675v Rn. 36; *Schmalenbach*, Die Digitalisierung des Zahlungswesens: Innovative Bezahlverfahren im Lichte des novellierten Zahlungsdiensterechts, 2019, S. 102.

135 EuGH C-295/18 BeckRS 2019, 5509; hierzu auch *Buck-Heeb*, WM 2020, 157 (158).

136 EuGH C-295/18 BeckRS 2019, 5509.

137 *Buck-Heeb*, WM 2020, 157 (158).

138 *Buck-Heeb*, WM 2020, 157 (158); so auch *Danwerth*, Das Finanztransfergeschäft als Zahlungsdienst, 2017, S. 22; *Omlor*, BKR 2019, 105 (113).

139 Ellenberger/Bunte/*Maihold*, 6. Auflage, 2022, § 33 Rn. 85, 86, 393, 394; *Hoffmann*, VuR 2016, 243 (250); *Jungmann*, ZBB 2020, 1 (7); *Jungmann*, WM 2021, 557 (570 f.); Grüneberg/*Sprau*, 81. Auflage, 2022, § 675v Rn. 11; BeckOK BGB/*Schmalenbach*, 66. Ed. 1.5.2023, BGB § 675v Rn. 17d; *Hoffmann/Rastegar*, WM 2021, 957 (962); *Göbel*, RdZ 2021, 27 (31).

Kundenauthentifizierung).[140] Es sei für die Anwendbarkeit des § 675v Abs. 4 BGB unerheblich, ob einer der in Art. 10–20 RTS aufgeführten Ausnahmetatbestände vorliege. Die Regelungen der RTS und die gesetzlichen Regelungen, die zu der in § 675v Abs. 4 BGB umgesetzten Haftungsbefreiung des Zahlungsdienstnutzers führen, verfolgten unterschiedliche Schutzrichtungen.[141] Die RTS definiere nach Erwägungsgründen 91 und 96 PSD II im Spannungsfeld von Sicherheit und Bequemlichkeit akzeptable Risiken. Die zur Haftungsbefreiung des Zahlungsdienstnutzers führenden Regelungen der PSD II sollen aber nach den Erwägungsgründen 71 ff. PSD II einen Risikoausgleich zwischen dem einzelnen Zahlungsdienstnutzer und Zahlungsdienstleister bewirken.[142] Gegen eine differenzierende Betrachtung spreche nicht zwingend, dass das europäische Recht weniger als das deutsche Recht zwischen Aufsichts- und Zivilrecht unterscheide.[143] Diese sei im europäischen Recht angelegt.[144] Art. 74 PSD II regele die Haftung als Teil der Bestimmungen des Kapitel 2 des Titels IV der PSD II über die Autorisierung von Zahlungsvorgängen. Art. 97 PSD II, der das Erfordernis der starken Kundenauthentifizierung aufstelle, stehe unter der Kapitelüberschrift „Operationelle und sicherheitsrelevante Risiken und Authentifizierung". Damit seien aufsichtsrechtliche Freistellungen des Zahlungsdienstleisters von dem Erfordernis der Anwendung der starken Kundenauthentifizierung, insbesondere hier nach den Art. 10–20 RTS für die Anwendung von § 675v Abs. 4 BGB, nicht erheblich.[145]

(c) Eigene Stellungnahme

(aa) Keine Wirkungserstreckung aufsichtsrechtlicher Freistellungen zu § 55 ZAG auf den Anwendungsbereich des § 675v Abs. 4 BGB

Bei der Feststellung des Regelungsumfangs des § 675v Abs. 4 BGB kann nicht auf die einschränkenden oder konkretisierenden Regelungen der RTS oder sonstige aufsichtsrechtliche Bestimmungen zurückgegriffen werden, mit denen der Anwen-

140 Ellenberger/Bunte/*Maihold*, 6. Auflage, 2022, § 33 Rn. 85, 86, 393, 394; *Hoffmann*, VuR 2016, 243 (250); *Jungmann*, ZBB 2020, 1 (7); *Jungmann*, WM 2021, 557 (570 f.); Grüneberg/*Sprau*, 81. Auflage, 2022, § 675v Rn. 11; BeckOK BGB/*Schmalenbach*, 66. Ed. 1.5.2023, BGB § 675v Rn. 17a; *Hoffmann/Rastegar*, WM 2021, 957 (962); *Göbel*, RdZ 2021, 27 (31).

141 BeckOK BGB/*Schmalenbach*, 69. Ed. 1.2.2024, BGB § 675v Rn. 17a.

142 BeckOK BGB/*Schmalenbach*, 69. Ed. 1.2.2024, BGB § 675v Rn. 17a.

143 *Omlor*, RdZ 2020, 20 (26); BeckOK BGB/*Schmalenbach*, 66. Ed. 1.5.2023, BGB § 675v Rn. 17b.

144 BeckOK BGB/*Schmalenbach*, 66. Ed. 1.5.2023, BGB § 675v Rn. 17b.

145 So auch *Hoffmann*, VuR 2016, 243 (250); *Jungmann*, ZBB 2020, 1 (7); *Jungmann*, WM 2021, 557 (570 f.); Grüneberg/*Sprau*, 81. Auflage, 2022, § 675v Rn. 11; BeckOK BGB/*Schmalenbach*, 66. Ed. 1.5.2023, BGB § 675v Rn. 17d; *Hoffmann/Rastegar*, WM 2021, 957 (962); BeckOK BGB/*Schmalenbach*, 62. Ed. 1.5.2022, BGB § 675v Rn. 17d.

dungsbereich des § 55 ZAG aufsichtsrechtlich ergänzend bestimmt wird. Dies ergibt sich für das nationale Recht bereits aus dem gesetzgeberischen Willen bei Umsetzung des Art. 97 PSD II. Die Gesetzesbegründung führt hierzu zum einen aus, dass aufgrund der aufsichtsrechtlichen Natur der Norm diese zum einen keine subjektiven Rechte gegenüber der Aufsichtsbehörde vermittle[146], zum anderen die Regelung zivilrechtlicher Ansprüche der Beteiligten untereinander (kontoführender Zahlungsdienstleister, Zahlungsauslösedienstleister, Kontoinformationsdienstleister, Zahlungsdienstnutzer) vor den Zivilgerichten unberührt bleibe.[147] Zivilrechtliche Wirkungen seien durch Verweise auf diese Vorschrift möglich.[148] Diese Ausführungen verdeutlichen, dass der Gesetzgeber ohne einen entsprechenden Verweis keine Wechselwirkung zwischen den aufsichtsrechtlichen Bestimmungen des § 55 ZAG und § 675v Abs. 4 BGB erzielen wollte. Von der Möglichkeit eines Verweises hat der Gesetzgeber in § 675c BGB Gebrauch gemacht. § 675c Abs. 3 BGB verweist aber allein auf die Begriffsbestimmungen des hier maßgeblichen ZAG.[149] Insoweit beschränkt sich der Verweis in § 675c Abs. 3 BGB für das Merkmal der starken Kundenauthentifizierung in § 675v Abs. 4 BGB materiell bereits allein auf § 1 Abs. 24 ZAG.[150] Gleichzeitig hat der Gesetzgeber damit ausdrücklich festgelegt, dass materielle Auswirkungen, Umfang und Grenzen der starken Kundenauthentifizierung, wie sie aus § 55 ZAG resultieren, für die Frage der Anwendbarkeit des § 675v Abs. 4 BGB keine Rolle spielen sollen. Schließt bereits diese beschränkte Verweisung des § 675c Abs. 3 BGB die inhaltliche Anwendbarkeit von Regelungen des § 55 ZAG für § 675v Abs. 4 BGB aus, so gilt dies umso mehr für die den § 55 ZAG für aufsichtsrechtliche Zwecke konkretisierenden Normen, wie z. B. die RTS, deren Regelungsgehalt zunächst selbst nicht in § 55 ZAG enthalten und Gegenstand separater Normen ist. Gleiches muss insoweit für Verwaltungsanweisungen und Auslegungshinweise der Aufsichtsbehörden gelten. Damit ist für die Freistellungsregelungen der Art. 10–20 RTS im Rahmen der Anwendung des § 675v Abs. 4 BGB kein Raum.

---

146 BT-DrS. 18/11495, S. 139.

147 BT-DrS. 18/11495, S. 140.

148 BT-DrS. 18/11495, S. 139, 140.

149 Vgl. hierzu z. B. *Buck-Heeb*, WM 2020, 157 (158); *Omlor*, BKR 2019, 105 (113); *Linardatos*, Das Haftungssystem im bargeldlosen Zahlungsverkehr nach Umsetzung der Zahlungsdiensterichtlinie, 2013, S. 137; *Omlor*, RdZ 2020, 20 (26); *Omlor*, RdZ 2021, 180 (185); *Schmalenbach*, Die Digitalisierung des Zahlungswesens: Innovative Bezahlverfahren im Lichte des novellierten Zahlungsdiensterechts, 2019, S. 102 ff.; *Linardatos*, BKR 2021, 665 (670); vgl. auch EugH C-296/18, BeckRS 2019, 5509.

150 In diesem Sinne auch Ellenberger/Bunte/*Maihold*, 6. Auflage, 2022, § 33 Rn. 87.

Auch wenn das europäische Recht keine strenge Trennung zwischen Aufsichts- und Zivilrecht vornimmt,[151] hat es der europäische Gesetzgeber für die PSD II dem nationalen Gesetzgeber überlassen, wie er den Regelungszusammenhang im Aufsichts- und Zivilrecht umsetzt.[152] Der deutsche Gesetzgeber hat mit der Verweisung auf das KWG und ZAG in § 675c Abs. 3 BGB zu erkennen gegeben, dass er keine Akzessorietät zwischen inhaltlichen aufsichtsrechtlichen Anforderungen und etwaigen Freistellungen sowie den zivilrechtlichen Anforderungen im Rahmen der Anwendung des § 675v Abs. 4 BGB herstellen wollte. Im Übrigen hat der europäische Gesetzgeber gerade für die starke Kundenauthentifizierung anerkannt, dass auf nationaler Ebene unterschiedliche aufsichtsrechtliche und zivilrechtliche Voraussetzungen und Wirkungen be- und entstehen können. Dies zeigt sich an den vom europäischen Gesetzgeber für das Inkrafttreten der Regelungen des § 675v Abs. 4 BGB und § 55 ZAG unterschiedlich festgelegten Zeitpunkten. Art. 74 Abs. 2 PSD II war nach Art. 115 Abs. 1 und Abs. 2 i.V.m. Art. 229, § 45 EGBGB mit Wirkung zum 13.1.2018 in nationales Recht umzusetzen. § 675v Abs. 4 BGB war damit bereits zu diesem Zeitpunkt für Rechtsverhältnisse zwischen Zahlungsdienstleister und Zahlungsdienstnutzer im Zusammenhang mit der Geltendmachung von Schadensersatzansprüchen nach § 675v BGB maßgebend.[153] § 55 ZAG trat dagegen erst am 14.9.2019 in Kraft[154] (Art. 98, 115 Abs. 4 PSD II i.V.m. Art. 38 Abs. 2 RTS). Die unterschiedlichen Fristbestimmungen zum Inkrafttreten der zivil- und aufsichtsrechtlichen Regelungen der § 55 ZAG, § 675v Abs. 4 BGB zeigen, dass der europäische Gesetzgeber keinen Gleichlauf der jeweiligen Regelungstatbestände vorgeben wollte.[155] Dies kann aber systematisch nur den Hintergrund haben, dass eine Konnexität zwischen aufsichtsrechtlichen Inhalten der Regelungen zur starken Kundenauthentifizierung

---

151 *Buck-Heeb*, WM 2020, 157 (158); *Omlor*, RdZ 2020, 20 (26); BeckOK BGB/*Schmalenbach*, 66. Ed. 1.5. 2023, BGB § 675v Rn. 17b.

152 Ellenberger/Bunte/*Maihold*, 6. Auflage, 2022, § 33 Rn. 86; a.A.: Staudinger/*Omlor*, 2020, § 675v Rn. 36.

153 Staudinger/*Omlor*, 2020, § 675v Rn. 34.

154 Casper/Terlau/*Zahrte*, 3. Auflage, 2023, § 55 Rn. 67.

155 A.A. aber Staudinger/*Omlor*, 2020, § 675v Rn. 35; dagegen spricht auch nicht, dass die bis dahin geltenden Anforderungen der Bundesanstalt für Finanzdienstleistungsaufsicht vom 5.5.2015 (Rundschreiben 4/2015 (BA)) – Mindestanforderungen an die Sicherheit von Internetzahlungen (MaSI)) nach § 68 Abs. 4 ZAG zur Umsetzung des § 55 ZAG weiterhin anwendbar waren (vgl. hierzu *Werner*, WM 2018, 449 (453)). Zum einen handelt es sich hierbei um eine rein aufsichtsrechtliche Verwaltungs-Verlautbarung der nationalen Aufsichtsbehörde (ausgehend von den Guidelines on the security of internet payments der European Banking Authority), zum anderen steht diese Verwaltungsanweisung in keinem Rechtsverhältnis zu den formellen Anforderungen nach Art. 97 PSD II. Die reine Erwähnung der starken Kundenauthentifizierung in den MaSI vermag noch nicht eine Akzessorietät zu § 675v Abs. 4 BGB herstellen.

mit den flankierenden zivilrechtlichen Regelungen auf nationaler, zivilrechtlicher Ebene jedenfalls durch den europäischen Gesetzgeber nicht als erforderlich angesehen wurde. Zwar ist ein derartiger Gleichlauf aufsichtsrechtlicher und zivilrechtlicher Regelungen nicht ausgeschlossen; dieser Gleichlauf ist aber nur dann anzunehmen, wenn der nationale Gesetzgeber eine derartige inhaltliche Verknüpfung aufsichtsrechtlicher und zivilrechtlicher Regelungen anordnet. Dies ist aber, wie bereits ausgeführt, im vorliegenden Fall weder mit der Regelung des § 675c Abs. 3 BGB noch mit anderen Regelungen erfolgt. Das Auseinanderfallen von aufsichtsrechtlichen und zivilrechtlichen Regelungen im Rahmen der Anwendung der starken Kundenauthentifizierung findet seine Berechtigung zudem darin, dass § 675v Abs. 4 BGB primär einen individuellen Schutz des Zahlungsdienstnutzers verfolgt.[156] Aufsichtsrechtliche Anforderungen an Zahlungsdienstleister, die einem Systemschutz dienen, können durchaus Erleichterungen an Sicherheitsanforderungen im Zahlungsdiensterecht gewähren, sofern die Systemsicherheit der Ausführung von Zahlungsdiensten im Binnenmarkt unter Berücksichtigung von Chancen und Risiken insgesamt nicht gefährdet erscheint. Damit ist es zur Unterstützung der vereinfachten technischen Abwicklung gerade des Massengeschäfts und der (technischen) Fortentwicklung der Zahlungsdienste nach Auffassung des Verfassers durchaus gerechtfertigt, dass der Zahlungsdienstleister von aufsichtsrechtlichen Vorgaben (§ 55 ZAG) freigestellt werden kann. Nutzt der Zahlungsdienstleister diese – auch dem eigenen wirtschaftlichen Nutzen dienenden – Freistellungen, so muss er aber auch die hieraus resultierenden zivilrechtlichen Risiken tragen. Eine abweichende Sichtweise würde in diesem Fall nämlich dazu führen, dass der Zahlungsdienstnutzer ohne eigene Einflussmöglichkeit die ihm zivilrechtlich zugewiesenen Schutzmechanismen verlieren würde.

Dem steht auch nicht Erwägungsgrund 7 PSD II entgegen. Erwägungsgrund 7 S. 2 PSD II verweist darauf, dass zuverlässige und sichere Zahlungsdienste eine entscheidende Bedingung für einen gut funktionierenden Zahlungsverkehrsmarkt darstellen.[157] Hieraus wird zum Teil der Schluss gezogen, dass § 675v Abs. 4 BGB primär einen zivilrechtlichen Anreiz setzen soll, die Systemsicherheit durch Verwendung der starken Kundenauthentifizierung zu steigern.[158] Hieraus könnte man folgern, dass zur Wahrung der Systemsicherheit auch die aufsichtsrechtlichen Anpassungen des § 55 ZAG unmittelbar im Rahmen des § 675v Abs. 4 BGB zu berücksichtigen sind. Diese Auffassung verkennt aber Erwägungsgrund 7 S. 3 PSD II, wonach der Nutzer von Zahlungsdiensten vor Risiken angemessen geschützt wer-

156 A.A. Staudinger/*Omlor*, 2020, § 675v Rn. 33; *Omlor*, BKR 2019, 105 (112, 113).

157 Staudinger/*Omlor*, 2020, § 675v Rn. 33; *Omlor*, BKR 2019, 105 (112, 113).

158 *Omlor*, BKR 2019, 105 (112, 113 f.).

den muss. Damit drückt der europäische Gesetzgeber aus, dass Zweck und Zielrichtung der durch die PSD II angestrebten systemischen Sicherheit letztlich auch der Risikoabschirmung des Zahlungsdienstnutzers dienen. Ein struktureller Nachrang der individuellen Schutzrichtung des § 675v Abs. 4 BGB und damit ein Vorrang aufsichtsrechtlicher Anforderungen bzw. Vorschriften vor der zivilrechtlichen, unabhängigen Umsetzung der Anforderungen einer starken Kundenauthentifizierung lässt sich daher nicht begründen.[159] Dies bestätigt ferner Erwägungsgrund 33 S. 2 PSD II. Danach besteht im Wesentlichen die Notwendigkeit, die Sicherheit von Zahlungsvorgängen und den Schutz der Verbraucher vor nachweislichen Betrugsrisiken zu gewährleisten.[160] Auch Erwägungsgrund 33 S. 2 PSD II geht damit nicht von einem Vorrang der Systemsicherheit der Zahlungsdienste aus, so dass sich auch hieraus nicht der Wille des europäischen Gesetzgebers ableiten lässt, die aufsichtsrechtlichen Regelungen zur starken Kundenauthentifizierung auf das Zivilrecht zu erstrecken.

Hinzu kommt, dass durch die Entkopplung der maßgeblichen Freistellungen nach Art. 10 – 20 RTS von den Rechtswirkungen des § 675v Abs. 4 BGB der Schutz des Zahlungsdienstnutzers gerade nicht reduziert, sondern im vollen Umfang aufrechterhalten bleibt. Die Entkopplung der aufsichtsrechtlichen Erleichterungen von den zivilrechtlichen Anforderungen nach § 675v Abs. 4 BGB trägt damit zu einem auch durch die PSD II angestrebten Individualschutz des Zahlungsdienstnutzers bei.

(bb) Die aus § 18a KWG sowie § 505a BGB ableitbare Wertung

Die Auslegung, dass § 675v Absatz 4 BGB unabhängig von aufsichtsrechtlichen Regelungen zur Anwendung kommt, bestätigt auch die systematische Betrachtung der Regelungen zur Überprüfung der Kreditwürdigkeit eines Bankkunden nach §§ 18a KWG, 505a BGB. Art. 8 Abs. 1 der Verbraucherkredit-Richtlinie forderte, dass vor Abschluss des Kreditvertrages der Kreditgeber die Kreditwürdigkeit des Verbrauchers anhand ausreichender Informationen bewertet. Diese Verpflichtung hatte der nationale Gesetzgeber in § 18 Abs. 2 KWG umgesetzt.[161] Entsprechend der Recht-

159 Vgl. auch Staudinger/*Omlor*, 2020, § 675v Rn. 33.

160 Erwägungsgrund 33 S. 2 PSD II: „...*Unbeschadet der Notwendigkeit, die Sicherheit von Zahlungsvorgängen und den Schutz der Verbraucher vor nachweislichen Betrugsrisiken zu gewährleisten, sollten die Mitgliedstaaten, die Kommission, die Europäische Zentralbank (EZB) und die Europäischen Aufsichtsbehörde (Europäische Bankenaufsichtsbehörde, EBA), errichtet mit der Verordnung (EU) Nr. 1093/2010 des Europäischen Parlaments und des Rates Vorschriften) (11) bis zur Anwendung dieser Vorschriften den fairen Wettbewerb in diesem Markt sicherstellen und dabei eine ungerechtfertigte Diskriminierung der vorhandenen Marktteilnehmer vermeiden*...“.

161 Fassung ab dem 11.06.2011 (-31.12.2013): „...*(2) 1 Die Institute prüfen vor Abschluss eines Verbraucherdarlehensvertrags oder eines Vertrags über eine entgeltliche Finanzierungshilfe die Kredit-*

sprechung des BGH entfaltete die rein aufsichtsrechtlich einzuordnende Vorschrift des § 18 KWG für den Kunden der Bank keine drittschützende Wirkung. Vielmehr erfolge die Bonitätsprüfung des Kunden i. S. d. § 18 KWG allein im Interesse der Bank und im öffentlichen Interesse der Kreditwirtschaft, Forderungsausfälle zum Schutz der Einleger zu vermeiden.[162] Damit stünden dem Kunden der Bank bei Verletzung der Pflichten aus § 18 KWG durch die Bank auch keine (Schadens-)Ersatzansprüche z. B. in den Fällen zu, in denen sich später herausstellte, dass der Kunde nicht in der Lage gewesen war, die Verpflichtungen aus dem aufgenommenen Kredit ordnungsgemäß zu erfüllen. In der Entscheidung zu der Rechtssache C- 565/12 stellte der EuGH aber fest, dass die Kreditwürdigkeitsprüfung durch das Kreditinstitut (doch) eine verbraucherschutzrechtliche Wirkung entfaltet.[163] Im Rahmen der Umsetzung der Art. 18 und 20 der Wohnimmobilienkreditrichtlinie[164] führte der nationale Gesetzgeber mit § 505a BGB die Anforderung der verantwortlichen Kreditvergabe und damit eine Drittwirkung dieser Vorschrift für den Verbraucher auf zivilrechtlicher Ebene ein.[165]

Dies zeigt, dass die zivilrechtliche Geltung aufsichtsrechtlicher Regelungen auch nach dem Willen des Gesetzgebers nur dann angenommen werden kann, wenn diese aufsichtsrechtlichen Regelungen entweder durch ausdrückliche Inbezugnahme durch zivilrechtliche Normen oder aber durch direkte Umsetzung – wie in § 505a BGB – Anwendung finden. Beides ist hinsichtlich des materiellen Inhalts des § 55 ZAG weder in § 675c Abs. 3 BGB noch in sonstigen zivilrechtlichen Vorschriften erfolgt. Die unterschiedliche Behandlung der Anforderungen an die Anwendung der starken Kundenauthentifizierung unter aufsichtsrechtlichen und zi-

würdigkeit des Verbrauchers. 2 Grundlage können Auskünfte des Verbrauchers und erforderlichenfalls Auskünfte von Stellen sein, die geschäftsmäßig personenbezogene Daten, die zur Bewertung der Kreditwürdigkeit von Verbrauchern genutzt werden dürfen, zum Zweck der Übermittlung erheben, speichern oder verändern. 3 Bei Änderung des Nettodarlehensbetrags sind die Auskünfte auf den neuesten Stand zu bringen. 4 Bei einer erheblichen Erhöhung des Nettodarlehensbetrags ist die Kreditwürdigkeit neu zu bewerten. 5 Die Bestimmungen zum Schutz personenbezogener Daten bleiben unberührt.“

162 BGH NJW 2014, 2420 (2425, 2426); OLG Bamberg WM 2010, 2072 (2074); OLG Karlsruhe WM 2011, 1366 (1370).

163 EuGH NJW 2014, 1941 (1943), Rechtssache C-565/12 Le Crédit Lyonnais SA gegen Fesih Kalhan; hierzu auch *Rott*, EWS 2014, 201 (202 f.); *Schürnbrand*, ZBB 2014, 168 (177); *Servatius*, ZfIR 2015, 178 (185); *Hofmann*, NJW 2010, 1782 (1784 ff.); *Knops*, Die zivilrechtliche Umsetzung der Zahlungsdiensterichtlinie – Finanzmarktkrise und Umsetzung der Verbraucherkreditrichtlinie – Bankrechtstag 2009, 2010, 195 (223); a.A. *Herresthal*, EuZW 2014, 497 (500).

164 Richtlinie 2014/17/EU des Europäischen Parlaments und des Rates vom 4. Februar 2014 über Wohnimmobilienkreditverträge für Verbraucher und zur Änderung der Richtlinien 2008/48/EG und 2013/36/EU und der Verordnung (EU) Nr. 1093/2010.

165 BT-DrS. 18/5922, S. 62.

vilrechtlichen Gesichtspunkten steht damit, wie der Vergleich mit § 18a KWG und § 505a BGB zeigt, im Einklang mit der Gesetzessystematik des Gesetzgebers.[166]

(cc) Unzulässigkeit einer teleologischen Reduktion des § 675v Abs. 4 BGB

Eine teleologische Reduktion des § 675v Abs. 4 BGB in Anlehnung an § 55 ZAG scheidet aus, da die PSD II eine zivilrechtliche Wirkung möglicher Anpassungen der aufsichtsrechtlich orientierten Norm des Art. 97 Abs. 1 PSD II nicht anordnet und auch die Regelungen der Art. 10 – 20 RTS keine unmittelbare zivilrechtliche Wirkung entfalten.[167] Da die Regelung des Art. 97 Abs. 1 PSD II richtlinienkonform in §§ 55 ZAG, 675v Abs. 4 BGB umgesetzt wurde, liegt auch kein diesbezüglicher Verstoß vor, der eine richtlinienkonforme Beschränkung des § 675v Abs. 4 BGB ermöglichen würde.

(dd) Folgen des Fehlens einer Wirkungserstreckung aufsichtsrechtlicher Regelungen zu § 55 ZAG auf § 675v Abs. 4 BGB

Verlangt der Zahlungsdienstleister bei entsprechender aufsichtsrechtlicher Freistellung vom Zahlungsdienstnutzer keine starke Kundenauthentifizierung, kann es im Fall der Ausführung nicht autorisierter Zahlungsvorgänge zum Auseinanderfallen der öffentlich-rechtlichen und zivilrechtlichen Einordnung dieses Sachverhalts kommen. Während ein Verwaltungsgericht im Rahmen eines Rechtsstreits über die ordnungsgemäße Anwendung des § 55 ZAG die Regelungen der Art. 10 – 20 RTS berücksichtigen kann, scheidet eine derartige Anwendung der Art. 10 – 20 RTS im Rahmen einer zivilrechtlichen Auseinandersetzung für das Zivilgericht aus.[168] Auch wenn damit die Gefahr besteht, dass im Ergebnis die durch Art. 97 Abs. 1 b), Abs. 3 PSD II zulässigen Ausnahmen für den operativen Geschäftsverkehr faktisch leerlaufen[169], ist dieses Ergebnis vor dem Hintergrund der nationalen gesetzgeberischen Entscheidung im Rahmen der Umsetzung des Art. 97 Abs. 1 PSD II hinzunehmen. Eine Änderung dieses Ergebnisses ist nur durch eine entsprechende Anpassung des § 675v Abs. 4 BGB bzw. des § 675c Abs. 3 BGB möglich.[170] Wie die Regelungen des § 18a KWG und § 505a BGB zeigen, ist bei entsprechender Anpassung der zivilrechtlichen Vorschriften ein struktureller Gleichlauf der Regelungen

---

166 Ellenberger/Bunte/*Maihold*, 6. Auflage, 2022, § 33 Rn. 86.

167 A.A. Staudinger/*Omlor*, 2020, § 675v Rn. 36; *Omlor*, BKR 2019, 105 (113); vgl. hierzu auch *Poelzig*, ZBB 2019, 1 (7).

168 Casper/Terlau/*Terlau*, 3. Auflage, 2023, § 1 Rn. 481.

169 So Staudinger/*Omlor*, 2020, § 675v Rn. 36; *Omlor*, BKR 2019, 105 (113); *Linardatos*, BKR 2021, 665 (670); *Casper/Reich*, ZBB 2023, 133 (152).

170 Ellenberger/Bunte/*Maihold*, 6. Auflage, 2022, § 33 Rn. 85, 86, 393, 394.

möglich, die eine einheitliche Auslegung der Vorschriften (und damit den Einfluss aufsichtsrechtlicher Regelungen auf den zivilrechtlichen Anwendungsbereich) gewährleisten.[171]
Nach dem gegenwärtigen Rechtsstand obliegt es dem Zahlungsdienstleister im Rahmen einer Risikoabwägung zu entscheiden, ob er den Anforderungen des § 675v Abs. 4 BGB uneingeschränkt nachkommt oder aber zivilrechtlich die Risiken von aufsichtsrechtlichen Erleichterungen im Zusammenhang mit der starken Kundenauthentifizierung trägt.[172]

Im Ergebnis spricht für die Trennung der aufsichtsrechtlichen und zivilrechtlichen Anforderungen nach § 675v Abs. 4 BGB vor allem die hieraus resultierende Rechtssicherheit für den Zahlungsdienstleister und insbesondere den Zahlungsdienstnutzer. Da sich der Zahlungsdienstnutzer kaum einen Überblick über aufsichtsrechtliche Vorschriften verschaffen kann, würde die Anerkennung aufsichtsrechtlicher Erleichterungen für die Anwendung des § 675v Abs. 4 BGB zu einer für den Zahlungsdienstnutzer nicht erkennbaren Verschiebung der Risikosphären führen. Der Zahlungsdienstnutzer könnte mangels hinreichender Kenntnis von den aufsichtsrechtlichen Freistellungen nicht risikoorientiert entscheiden, ob er ein vom Zahlungsdienstleister angebotenes Zahlverfahren anwenden will oder angesichts des Verlusts von Haftungsansprüchen gerade nicht. Unter Berücksichtigung der durch die PSD II angestrebten Risikoverteilung, nämlich der grundsätzlichen Entlastung des Zahlungsdienstnutzers vom Risiko nicht autorisierter Zahlungsvorgänge, widerspräche ein derartiges Ergebnis der durch die PSD II angestrebten Zielrichtung des Schutzes des Zahlungsdienstnutzers.[173]

(d) Die Auswirkung des Proposal for a regulation on payment services auf das Verhältnis zwischen aufsichtsrechtlichen Anpassungen und zivilrechtlichen Wirkungen zum Einsatz der starken Kundenauthentifizierung

(aa) Die Bedeutung des Art. 60 Abs. 2 S. 2 des Proposal for a regulation on payment services

Die vorgesehene Einführung des Art. 60 Abs. 2 S. 2 des Proposal for a regulation on payment services scheint die Frage möglicher Auswirkungen aufsichtsrechtlicher Freistellungen auf das Erfordernis der Anwendung der starken Kundenauthentifizierung zu klären.[174] Auf den ersten Blick lässt sich Art. 60 Abs. 2 S. 2 als Klarstellung

---

171 BeckOK BGB/*Möller*, 62. Ed. 1.5.2022, BGB § 505a Rn. 1, 2.

172 Hierzu auch *Hoffmann/Rastegar*, WM 2021, 957 (962).

173 A.A. aber *Casper/Reich*, ZBB 2023, 133 (152).

174 Art. 60 Abs. 2 S. 2 des Proposal for a regulation on payment services: „*Where the payer's payment service provider fails to fulfil the obligation to require strong customer authentication set out in*

des europäischen Gesetzgebers deuten, dass aufsichtsrechtliche Erleichterungen, die starke Kundenauthentifizierung ohne Verstoß gegen Art. 85 des Proposal for a regulation on payment services nicht zu verlangen, das zivilrechtliche Verhältnis zwischen Zahlungsdienstnutzer und Zahlungsdienstleister unberührt lassen. Diese Auslegung würde das aus der Struktur der Regelungen der Art. 74 Abs. 2, 97, 98 PSD II abgeleitete Ergebnis ausdrücklich bestätigen. Bei näherer Betrachtung des Art. 60 Absatz 2 S. 2 des Proposal for a regulation on payment services lässt sich indessen das Ergebnis der Trennung der aufsichtsrechtlichen Erleichterungen des Zahlungsdienstleisters und der etwaigen zivilrechtlichen Wirkung dieser Erleichterungen nicht eindeutig belegen.

(bb) Erhaltung der Haftungsansprüche nach Art. 74 Abs. 2 S. 1 PSD II, § 675v Abs. 4 S. 1 BGB

Bereits unter der PSD II war und ist umstritten, ob der Begriff des Verlangens der starken Kundenauthentifizierung in § 675v Abs. 4 Nr. 1 BGB eine Erfolgskomponente aufweist.[175] § 675v Abs. 4 Nr. 1 BGB fordert ebenso wie Art. 74 Abs. 2 S. 1 PSD II, dass der Zahlungsdienstleister eine starke Kundenauthentifizierung verlangen muss, um seine Haftungsansprüche nach § 675v BGB nicht zu verlieren. Das Merkmal des Verlangens einer starken Kundenauthentifizierung ist nicht definiert. Es bleibt daher unklar, ob der Zahlungsdienstleister seine Ansprüche nach § 675v BGB auch dann verliert, wenn er die Nutzung der starken Kundenauthentifizierung vom Zahlungsdienstnutzer eingefordert hat, gleichwohl deren Anwendung unterbleibt.[176]

Article 85, the payer shall not bear any financial losses unless the payer has acted fraudulently. The same shall apply where either the payment service provider of the payer or of the payee applies an exemption from the application of strong customer authentication."

175 Vgl. BeckOGK BGB/*Hofmann*, 1.10.2021, BGB § 675v Rn. 93; *Hoffmann*, VuR 2016, 243 (249); in diesem Sinne wohl auch MüKoBGB/*Zetzsche*, 9. Auflage, 2023, § 675v Rn. 64; *Casper*, Festschrift Hopt, 2020, 117 (122); *Jungmann*, ZBB 2020, 1 (7), der darauf verweist, dass selbst in dem Fall, in dem der Karteninhaber zwischen einer Authentifizierung mit und ohne starke Kundenauthentifizierung wählen kann und sich dieser aus freien Stücken für die bequemere und schnellere Alternative entscheidet, dem Zahlungsdienstleister die Haftungsansprüche aus § 675v Abs. 3 BGB nicht zustehen würden; ebenso MüKoBGB/*Zetzsche*, 9. Auflage, 2023, § 675v Rn. 64, der darauf verweist, dass durch die Öffnung eines zweiten weniger sicheren Weges das Risiko einer missbräuchlichen Verwendung erhöht werde; dies trage dem Gedanken der Gefährdungshaftung und der Abgrenzung von Risikosphären Rechnung. Unklar OLG Frankfurt, BeckRS 2023, 42385, das nach den Entscheidungsgründen offenbar das bloße Fordern der Anwendung der starken Kundenauthentifizierung ausreichen lassen will (Rn. 17); ebenso LG Lübeck BeckRS 2024, 2024, Rn. 17.

176 Vgl. Langenbucher/Bliesener/Spindler/*Herresthal*, 3. Auflage, 2020, Kap. 7 BGB § 675v Rn. 47, der davon ausgeht, dass bereits der Wortlaut, (jedenfalls aber der Zweck) es gebiete, dass das bloße

Der Wortlaut des Art. 74 Abs. 2 S. 2 PSD II spricht dafür, dass der Zahlungsdienstleister dem Zahlungsdienstnutzer die Möglichkeit des Einsatzes der starken Kundenauthentifizierung lediglich anbieten[177] oder einfordern[178] muss, um sich die Haftungsansprüche des § 675v BGB zu erhalten. Art. 74 Abs. 2 S. 2 PSD II enthält dagegen keinen Hinweis darauf, dass dem Verlangen des Zahlungsdienstleisters tatsächlich auch der konkrete Einsatz der starken Kundenauthentifizierung folgen muss.

Für dieses Ergebnis spricht, dass der Zahlungsdienstleister nicht als Wahrer der Interessen des Zahlungsdienstnutzers anzusehen ist.[179] Entschließt sich der Zahlungsdienstnutzer trotz des Verlangens des Zahlungsdienstleisters gegen die Nutzung der starken Kundenauthentifizierung, so spricht dies dafür, dem Zahlungsdienstnutzer auch die Risiken aus dieser autonomen Entscheidung zuzuweisen.[180] Risiken aus dem Verzicht der Anwendung der starken Kundenauthentifizierung lägen in diesem Fall nicht in der Sphäre des Zahlungsdienstleisters, sondern in der des Zahlungsdienstnutzers.[181]

Gegen diese Auslegung spricht aber die Zielrichtung, die der europäische und der nationale Gesetzgeber mit den Regelungen des Art. 74 Abs. 2 S. 1 PSD II, § 675v Abs. 4 BGB verfolgt hat. Diese Zielrichtung ist in der Steigerung des Schutzniveaus zur Vermeidung nicht autorisierter Zahlungsvorgänge zu sehen. Dieser Schutzzweck kann aber nur durch die tatsächliche Anwendung der starken Kundenauthentifizierung erreicht werden. Zudem wird weder in Art. 74 Abs. 2 S. 1 PSD II noch in § 675v Abs. 4 Nr. 1 BGB definiert, welcher Grad an Intensität an das Verlangen des Zahlungsdienstleisters zu stellen ist, dass die Haftung des Zahlungsdienstnutzers aufrechterhält.[182] Damit entstehen Auslegungsschwierigkeiten, die sowohl auf Sei-

---

Vorhandensein der starken Kundenauthentifizierung bei den Beteiligten nicht ausreichend sei, sondern diese Verfahren auch tatsächlich zur Anwendung gebracht werden müssten, um den Ausschlussgrund der Haftung zu vermeiden.

177 Baumbach/Hefermehl/Casper/*Casper*, 24. Auflage, 2020, E. Recht des Zahlungsverkehrs Rn. 354 („*...wenn der Zahlungsdienstleister des Zahlers keine starke Kundenauthentifizierung i. S. d. § 1 Abs. 24 ZAG, 55 ZAG* ***anbietet****,...*").

178 BeckOK BGB/*Schmalenbach*, 67. Ed. 1.8.2023, BGB § 675v Rn. 15 („*...wenn a) der Zahlungsdienstleister selbst eine starke Kundenauthentifizierung nicht* ***begehrt*** *hat oder b) der Zahlungsempfänger bei einer geforderten starken Kundenauthentifizierung nicht mitgewirkt hat.*").

179 Vgl. *Omlor*, WM 2018, 57 (63).

180 Vgl. Baumbach/Hefermehl/Casper/*Casper*, 24. Auflage, 2020, E. Recht des Zahlungsverkehrs Rn. 389.

181 Vgl. Baumbach/Hefermehl/Casper/*Casper*, 24. Auflage, 2020, E. Recht des Zahlungsverkehrs Rn. 389.

182 Dies zeigt beispielhaft bereits die unterschiedliche Auslegung des Begriffs des Verlangens in den Kommentierungen Baumbach/Hefermehl/Casper/*Casper*, 24. Auflage, 2020, E. Recht des Zah-

ten des Zahlungsdienstleisters als auch des Zahlungsdienstnutzers zu Unsicherheiten in der Rechtsanwendung führen.

In Erwägungsgrund 95 PSD II wird zudem hervorgehoben, dass die Sicherheit elektronischer Zahlungen von grundlegender Bedeutung für die Gewährleistung des Schutzes der Nutzer und der Entwicklung eines soliden Umfelds für den elektronischen Geschäftsverkehr ist. Alle elektronisch angebotenen Zahlungsdienste sollen sicher abgewickelt werden, wobei Technologien eingesetzt werden sollen, die eine sichere Authentifizierung des Nutzers gewährleisten und das Betrugsrisiko möglichst weitgehend einschränken. Diesem Ziel kann auf Grundlage des Art. 74 Abs. 2 S. 1 PSD II, § 675v Abs. 4 S. 1 Nr. 1 BGB effektiv nur Rechnung getragen werden, wenn der Zahlungsdienstleister dem Zahlungsdienstnutzer nicht nur das Angebot zur Nutzung der starken Kundenauthentifizierung unterbreitet, sondern eine solche auch tatsächlich durchgeführt wird.

Diese Auslegung wird durch die Gesetzesbegründung zur Einführung des § 55 Abs. 4 ZAG gestützt. Nach § 55 Abs. 4 ZAG hat der kontoführende Zahlungsdienstleister es dem Zahlungsauslösedienstleister und dem Kontoinformationsdienstleister zu gestatten, sich auf die Authentifizierungsverfahren zu stützen, die er dem Zahlungsdienstnutzer gemäß § 55 Abs. 1 ZAG bereitstellt. Die Gesetzesbegründung zu § 55 Abs. 4 ZAG führt hierzu weiter aus, dass in Fällen, in denen ein Zahlungsauslösedienstleister beteiligt ist, der kontoführende Zahlungsdienstleister bei einem elektronischen Fernzahlungsvorgang darüber hinaus nach Maßgabe von § 55 Abs. 2 ZAG die Nutzung der starken Kundenauthentifizierung zu ermöglichen hat.[183] Weiter führt der Gesetzgeber konkretisierend aus, dass Zahlungsauslöse- und Kontoinformationsdienstleister ihren Pflichten genügen, indem sie die Authentifizierungsverfahren des kontoführenden Zahlungsdienstleisters nutzen.[184] Auch wenn es sich bei der Gesetzesbegründung um die Erläuterung zu § 55 Abs. 4 ZAG und damit einer aufsichtsrechtlichen Norm handelt, so bringt die Gesetzesbegründung zum Ausdruck, dass nicht allein die Bereitstellung der Möglichkeit der Nutzung der starken Kundenauthentifizierung die Erfüllung der Pflicht darstellt, sondern erst die konkrete Nutzung. Nichts anderes kann auch für das Merkmal des Verlangens i. S. d. § 675v Abs. 4 S. 1 BGB gelten. Damit sprechen die besseren Gründe dafür, dass der Begriff des Verlangens eine Erfolgskomponente beinhaltet. Der

---

lungsverkehrs Rn. 354 (*„...wenn der Zahlungsdienstleister des Zahlers keine starke Kundenauthentifizierung i. S. de. § 1 Abs. 24 ZAG, 55 ZAG* ***anbietet****,...“*); BeckOK BGB/*Schmalenbach*, 67. Ed. 1. 8. 2023, BGB § 675v Rn. 15 (*„...wenn a) der Zahlungsdienstleister selbst eine starke Kundenauthentifizierung nicht* ***begehrt*** *hat oder b) der Zahlungsempfänger bei einer geforderten starken Kundenauthentifizierung nicht mitgewirkt hat.“*).

183 BT-DrS. 18/11495, S. 141.

184 BT-DrS. 18/11495, S. 141.

Zahlungsdienstleister bleibt damit nur dann Inhaber potenzieller Schadensersatzansprüche gegenüber dem Zahlungsdienstnutzer, wenn die starke Kundenauthentifizierung entgegen dem Wortlaut in Art. 74 Abs. 2 S. 1 PSD II sowie des § 675v Abs. 4 Nr. 1 BGB auch zur Anwendung kommt.[185]

(cc) Die Regelung des Art. 60 Abs. 2 S. 2 des Proposal for a regulation on payment services

Durch Einführung des vorgeschlagenen Art. 60 Abs. 2 S. 2 des Proposal for a regulation on payment services wird klargestellt, dass es für die Erhaltung von Haftungsansprüchen des Zahlungsdienstleisters nicht allein auf das Verlangen der starken Kundenauthentifizierung ankommen kann, sondern auf deren tatsächliche Anwendung. Dies ergibt sich aus dem strukturellen Aufbau und den Formulierungen des Art. 60 Abs. 2 S. 1 und S. 2 des Proposal for a regulation on payment services.

Art. 74 Abs. 2 S. 1 PSD II sowie Art. 60 Abs. 2 S. 1 des Proposal for a regulation on payment services formulieren nahezu identisch zunächst den Ausschluss der Haftung des Zahlungsdienstnutzers, wenn der Zahlungsdienstleister die starke Kundenauthentifizierung nicht verlangt.[186] Art. 60 Abs. 2 S. 2 des Proposal for a regulation on payment services stellt dann klar, dass die Haftung des Zahlungsdienstnutzers entsprechend Art. 60 Abs. 2 S. 1 des Proposal for a regulation on payment services auch dann ausscheidet, wenn die starke Kundenauthentifizierung durch den Zahlungsdienstnutzer nicht angewandt wird.[187] Damit stellt Art. 60 Abs. 2 S. 2 des Proposal for a regulation on payment services auf zivilrechtlicher Ebene klar, dass nicht allein das Verlangen der Anwendung einer starken Kundenauthentifizierung für den Erhalt der Haftung des Zahlungsdienstnutzers ausreichend

185 Etwas anderes kann sich indessen ergeben, wenn der Zahlungsdienstnutzer die Anwendung der starken Kundenauthentifizierung ausdrücklich ablehnt und auf Durchführung der Zahlungsaufträge ohne die Nutzung der starken Kundenauthentifizierung besteht; dies insbesondere in den Fällen, in denen der Zahlungsdienstleister die Nutzung der starken Kundenauthentifizierung nicht zum Inhalt des Zahlungsdiensterahmenvertrags gemacht hat. In einem derartigen Fall kann die Weigerung des Zahlungsdienstnutzers, die starke Kundenauthentifizierung zu verwenden, zu einer abweichenden Beurteilung führen; vgl. B., IV., 1., a), bb), (2) dieser Arbeit.

186 Art. 74 Abs. 2 S. 1 der PSD II: „...*Where the payer's payment service provider* ***does not require*** *strong customer authentication, the payer shall not bear any financial losses unless the payer has acted fraudulently*...“; Art. 60 Abs. 2 S. 1 des Proposal for a regulation on payment services: „...*Where the payer's payment service provider* ***fails to fulfil the obligation to require*** *strong customer authentication set out in Article 85, the payer shall not bear any financial losses unless the payer has acted fraudulently.*“

187 „...*The same shall apply where either the payment service provider of the payer or of the payee applies an exemption from the application of strong customer authentication*...“.

ist, sondern erst deren tatsächliche Anwendung. Unklar bleibt in diesem Zusammenhang aber, ob über diese Klarstellung der Erfolgskomponente des Verlangens der Anwendung der starken Kundenauthentifizierung auch eine Regelung dahingehend getroffen werden soll, dass der Zahlungsdienstleister seine Haftungsansprüche verlieren soll, wenn die Anwendung der starken Kundenauthentifizierung aufgrund einer aufsichtsrechtlich eingeräumten – und damit gesetzlich legitimierten – Freistellung unterbleibt.

(α) Die Stellungnahmen der European Banking Authority zu Ausnahmen von der Anwendung der starken Kundenauthentifizierung

Für die Annahme, dass die Haftungsansprüche des Zahlungsdienstleisters gegenüber dem Zahlungsdienstnutzer auch dann entfallen, wenn der Zahlungsdienstleister trotz einer aufsichtsrechtlichen Freistellung nach Art. 97, 98 PSD II, Art. 10–20 RTS gegenüber dem Zahlungsdienstnutzer auf die starke Kundenauthentifizierung verzichtet, könnten zwei Stellungnahmen der EBA im Zusammenhang mit der Frage der Anwendung der starken Kundenauthentifizierung sprechen.[188]

(αα) Die Stellungnahme der European Banking Authority zur Frage Q&A ID.: 2018_4042

Die EBA nahm zunächst im Jahr 2018 im Rahmen der Q&A der EBA[189] unter anderem zur Frage Stellung, wer bei Transaktionen für Betrug haften soll, sofern diese von der starken Kundenauthentifizierung ausgenommen waren.

Dazu führte die EBA aus, dass nach ihrer Auffassung die derzeitigen Formulierungen der PSD II sowie der RTS der Kommission keine Klarheit böten, welche Auswirkungen (wenn überhaupt) sich für die Haftung im Zusammenhang mit betrügerischen Transaktionen ergeben würden, wenn eine Ausnahme von der Anwendung der starken Kundenauthentifizierung angewandt würde. Die fehlende Klarheit über die Haftung im Fall von betrügerischen Zahlungsverkehrstransaktionen könnte zu Schwierigkeiten bei der Lösung von Verbraucherbeschwerden in diesem Zusammenhang führen und die Bemühungen zur Betrugsbekämpfung gefährden. Ferner besage Art. 73 Abs. 1 PSD II, dass der Zahlungsdienstleister dem

---

188 Opinion of the European Banking Authority on its technical advice on the review of Directive (EU) 2015/2366 on payment services in the internal market (PSD2) vom 22.6.2022 sowie European Banking Authority, Q&A, ID – 2018_4042.

189 Vgl. hierzu auch Hinweise der BaFin zu den Leitlinien und Q&As der Europäischen Aufsichtsbehörden vom 14.08.2024 (https://www.bafin.de/DE/RechtRegelungen/Leitlinien_und_Q_and_A_der_ESAs/Leitlinien_und_Q_and_A_der_ESAs_node.html).

Zahlungsdienstnutzer im Falle eines nicht autorisierten Zahlungsvorgangs den Betrag des nicht autorisierten Zahlungsvorgangs erstatte. Gemäß Art. 74 Abs. 2 PSD II gelte (darüber hinaus), dass in Fällen, in denen der Zahlungsdienstleister des Zahlungsdienstnutzers keine starke Kundenauthentifizierung verlange, der Zahlungsdienstnutzer keine finanziellen Verluste zu tragen habe. Etwas anderes gelte nur, wenn der Zahlungsdienstnutzer in betrügerischer Absicht gehandelt habe.

Die EBA schloss damit aufgrund einer strengen wortlautorientierten Auslegung der Regelungen des Art. 74 Abs. 2 PSD II darauf, dass der Zahlungsdienstleister des Zahlungsdienstnutzers gegenüber diesem für sämtliche Transaktionen ohne starke Kundenauthentifizierung hafte. Eine Ausnahme erkannte sie nur, wenn der Zahlungsdienstnutzer in betrügerischer Absicht handele. Die EBA geht jedoch in diesem Zusammenhang weder auf die mögliche Wechselwirkung aufsichtsrechtlicher Regelungen zur starken Kundenauthentifizierung in Art. 97 PSD II noch auf den Auftrag an die EBA nach Art. 98 PSD II ein, einen Entwurf zu technischen Standards zur starken Kundenauthentifizierung zu erstellen. Dieser Aspekt ist insbesondere deshalb bedeutsam, da der Zahlungsdienstleister in den dort geregelten Fällen gerechtfertigt die Anwendung der starken Kundenauthentifizierung unterlässt. Damit bleibt unklar, ob die EBA aus den geteilten (aufsichtsrechtlich und zivilrechtlich bezogenen) Regelungen zur starken Kundenauthentifizierung der PSD II den Willen des europäischen Gesetzgebers erkennen will, dass trotz der zugelassenen aufsichtsrechtlichen Ausnahmen in der Anwendung einer starken Kundenauthentifizierung gleichwohl die Haftung des Zahlungsdienstnutzers entfallen soll. Damit hat die EBA die aufgeworfene Fragestellung nicht vollständig beantwortet, sondern ihre Antwort allein auf den Sachverhalt beschränkt, dass die starke Kundenauthentifizierung nur durch eine entsprechende Vereinbarung der Nichtanwendung zwischen Zahlungsdienstleister und Zahlungsdienstnutzer unterbleibt. Da die Stellungnahme der EBA nicht auf die Fragestellung der Wechselwirkung zwischen aufsichtsrechtlichen Freistellungen und etwaiger zivilrechtlicher Regelungen zu Art. 72 Abs. 2 PSD II eingeht, lässt sich aus der Stellungnahme kein Hinweis zu möglichen Auswirkungen aufsichtsrechtlicher Freistellungen auf die zivilrechtliche (Ent-)Haftungsregelung des Art. 74 Abs. 2 PSD II entnehmen.

(ββ) Die Stellungnahme der EBA in der Opinion of the EBA on its technical advice on the review of Directive (EU) 2015/2366 on payment services in the internal market (PSD2)

Auch die Stellungnahme der EBA in der Opinion of the EBA on its technical advice on the review of Directive (EU) 2015/2366 on payment services in the internal market (PSD2) vom 23.6.2022 verschafft keine endgültige Klarheit darüber, welche Auffassung sie zur Wirkung aufsichtsrechtlicher Freistellungen nach Art. 97, 98 PSD II auf die Sanktionsregel des Art. 74 Abs. 2 PSD II vertritt.[190] In Randnummer 340 der Stellungnahme führt die EBA unter Bezugnahme auf die EBA Q&A, ID – 2018_4042 aus, dass in der Richtlinie zu klären sei, ob die Art. 73 und 74 PSD II die Fälle nicht autorisierter Zahlungsvorgänge abdecken, für die eine Ausnahmeregel der starken Kundenauthentifizierung angewandt werde. Eine derartige Klarstellung erhöhe die Rechtssicherheit und Klarheit.[191] Auch in dieser Stellungnahme fehlt die ausdrückliche Bezugnahme auf eventuelle Freistellungen von der starken Kundenauthentifizierung nach Art. 97, 98 PSD II.

Ebenso wie im Rahmen der Q&A, ID – 2018_4042 beziehen sich die Ausführungen der EBA allein auf das zivilrechtliche Verhältnis zwischen Zahlungsdienstleister und Zahlungsdienstnutzer im Zusammenhang mit der Anwendung der starken Kundenauthentifizierung. Da die Anwendung der starken Kundenauthentifizierung aber im Rechtsverhältnis zwischen Zahlungsdienstleister und Zahlungsdienstnutzer nicht zwingend ist, kann mit den Ausführungen der EBA daher auch allein der Sachverhalt angesprochen sein, dass Zahlungsdienstleister und Zahlungsdienstnutzer von der Anwendung der starken Kundenauthentifizierung absehen, selbst wenn der Zahlungsdienstleister diese vom Zahlungsdienstnutzer verlangt hat. Eine Aussage zur Wirkung aufsichtsrechtlicher Freistellungen auf die zivilrechtlichen Regelungen der starken Kundenauthentifizierung lässt sich aus der Stellungnahme der EBA nicht entnehmen.

(β) Bewertung des Art. 60 Abs. 2 S. 2 des Proposal for a regulation on payment services auf Grundlage der Stellungnahmen der EBA

Die Stellungnahmen der EBA geben keine belastbaren Hinweise, wie die Einführung des Art. 60 Abs. 2 S. 2 des Proposal for a regulation on payment services abschließend zu bewerten ist. Zwar sprechen aufgrund der Formulierung des Art. 60 Abs. 2 S. 2 des Proposal for a regulation on payment services durchaus Anhaltspunkte dafür, dass die Europäische Kommission die Haftung des Zahlungsdienstnutzers auch dann entfallen lassen will, wenn der Zahlungsdienstleister aufgrund der aufsichtsrechtlichen Freistellungen z. B. der Art. 85 Nr. 11, 89 des Proposal for a regulation on payment services aufsichtsrechtlich nicht zur Anwendung der starken Kundenauthentifizierung verpflichtet ist. Andererseits fehlen aber in sämtlichen

---

190 *Opinion of the European Banking Authority on its technical advice on the review of Directive (EU) 2015/2366 on payment services in the internal market (PSD2)* vom 23.06.2022 (EBA/Op/2022/06), (Opinion on EBA's response to the call for evidence on the review of PSD2).

191 EBA-Opinion 2022 Rn. 340: „*...Relatedly, to increase legal certainty and clarity, the EBA proposes for the Directive to clarify whether Articles 73 and 74 of PSD2 cover the cases of 'unauthorised payment transactions' for which an SCA exemption has been applied.*“

Stellungnahmen der EBA, die sicher auch Grundlage der Entwicklung des Art. 60 Abs. 2 S. 2 des Proposal for a regulation on payment services gewesen sind, klare Bezugnahmen auf die Regelungen der aufsichtsrechtlichen Freistellungen. Nähere Anhaltspunkte zur zivilrechtlichen Wirkung aufsichtsrechtlicher Freistellungen von der starken Kundenauthentifizierung enthält auch nicht das Explanatory Memorandum des Proposal for a regulation on payment services. Unter dem Erläuterungspunkt „Authorisation of payment transactions" wird lediglich ausgeführt, dass eine Klarstellung dahingehend eingefügt wurde, dass der Zahlungsdienstnutzer keine finanziellen Verluste tragen solle, wenn der Zahlungsdienstleister des Zahlungsdienstnutzers oder des Zahlungsempfängers eine Ausnahme von der Anwendung der starken Kundenauthentifizierung anwendet. Auch hier fehlt es an einer Klarstellung, auf welche Ausnahmen (also entweder auf die unterbliebene Anwendung der starken Kundenauthentifizierung nach einem Verlangen des Zahlungsdienstleisters auf rein zivilrechtlicher Ebene oder dem Verzicht aufgrund aufsichtsrechtlicher Freistellungen) sich diese Erläuterung bezieht. Erwägungsgrund 108 des Proposal for a regulation on payment services verschafft ebenfalls zu dieser Frage keine Klarheit. Erwägungsgrund 108 S. 1 führt nämlich nur aus, dass die starke Kundenauthentifizierung insbesondere nicht durch eine ungerechtfertigte Berufung auf Ausnahmen von der starken Kundenauthentifizierung umgangen werden soll. Die Inanspruchnahme von aufsichtsrechtlichen Freistellungen zur Anwendung der starken Kundenauthentifizierung ist aber gerade nicht ungerechtfertigt.

(dd) Die materielle Wirkung des Art. 60 Abs. 2 S. 2 des Proposal for a regulation on payment services

Abweichend vom vermeintlich klaren Wortlaut des Art. 60 Abs. 2 S. 2 des Proposal for a regulation on payment services, dass jede unterbliebene Anwendung der starken Kundenauthentifizierung zum Verlust der Haftungsansprüche des Zahlungsdienstleisters gegenüber dem Zahlungsdienstnutzer führt, ist nach der hier vertretenen Auffassung der Anwendungsbereich des Art. 60 Abs. 2 S. 2 des Proposal for a regulation on payment services materiell stark eingeschränkt. Art. 60 Abs. 2 S. 2 des Proposal for a regulation on payment services lässt nur den Schluss zu, dass mit der Einführung dieser Regelung klargestellt werden soll, dass allein das Verlangen der starken Kundenauthentifizierung nicht dazu führt, dass dem Zahlungsdienstleister bei dann unterbliebener Anwendung der starken Kundenauthentifizierung seine Haftungsansprüche gegenüber dem Zahlungsdienstnutzer erhalten bleiben. Vielmehr muss dem Verlangen auch die tatsächliche Anwendung der starken Kundenauthentifizierung folgen. Die Rechtsfolge aus Art. 60 Abs. 1 S. 1 und S. 2 des Proposal for a regulation on payment services bezieht sich danach nur auf die Fälle, in denen der starken Kundenauthentifizierung ein entsprechendes Verlangen gegenüber dem Zahlungsdienstnutzer vorausgegangen ist. Wendet der Zahlungsdienstleister nach diesem Verlangen dennoch nicht die starke Kundenauthentifizierung an, verliert er seine Haftungsansprüche gegenüber dem Zahlungsdienstnutzer. Damit beschränkt sich der Regelungsgehalt des Art. 60 Abs. 2 S. 2 des Proposal for a regulation on payment services auf einen sehr begrenzten Anwendungsbereich. Sachverhalte, in denen die starke Kundenauthentifizierung bereits nicht vom Zahlungsdienstnutzer eingefordert wurde, werden vom materiellen Regelungsgehalt des Art. 60 Abs. 2 S. 2 des Proposal for a regulation on payment services nicht erfasst.

Damit sind aber von Art. 60 Abs. 2 S. 2 des Proposal for a regulation on payment services gerade Sachverhalte nicht erfasst, in denen der Zahlungsdienstleister vom Zahlungsdienstnutzer aufgrund aufsichtsrechtlicher Freistellungen die Anwendung der starken Kundenauthentifizierung nicht nur nicht verlangt, sondern schlicht nicht anbietet und auch nicht anbieten muss.

Aus der Einführung des Art. 60 Abs. 2 S. 2 des Proposal for a regulation on payment services ist trotz seines Wortlauts nicht sicher abzulesen, dass die Europäische Kommission eine Trennung der Wirkungen aufsichtsrechtlicher Freistellungen von den zivilrechtlichen Wirkungen einer unterbliebenen Anwendung der starken Kundenauthentifizierung festschreiben wollte. Art. 60 Abs. 2 S. 2 des Proposal for a regulation on payment services ist damit materiell-rechtlich nicht zweifelsfrei dahingehend auszulegen, dass jede unterbliebene Anwendung, auch im Fall der Freistellung nach aufsichtsrechtlichen Vorschriften, zu einem Verlust der Haftungsansprüche des Zahlungsdienstleisters führen soll. Vielmehr beschränkt sich der Inhalt des Art. 60 Abs. 2 S. 2 des Proposal for a regulation on payment services auf die Feststellung, dass ein bloßes Verlangen der starken Kundenauthentifizierung für den Fortbestand der Haftung des Zahlungsdienstnutzers nicht ausreichend ist.

(α) Erfordernis der systematischen Ableitung der Wirkungserstreckung aufsichtsrechtlicher Regelungen auf die zivilrechtlichen Folgen einer unterbliebenen starken Kundenauthentifizierung

Ungeklärt bleibt aber damit trotz der Einführung des Art. 60 Abs. 2 des Proposal for a regulation on payment services – ebenso wie unter der PSD II in Art. 74 Abs. 2 – die Rechtsfolge, wenn der Zahlungsdienstleister vom Zahlungsdienstnutzer bei Durchführung des Zahlungsvorgangs die Anwendung der starken Kundenauthentifizierung deshalb nicht verlangt, da er aufsichtsrechtlich davon freigestellt ist.

Da Art. 60 Abs. 2 S. 2 des Proposal for a regulation on payment services, wie vorstehend ausgeführt, keine Regelung zur Frage der Wirkungserstreckung aufsichtsrechtlicher Regelungen auf die zivilrechtlichen Folgen einer vor diesem Hintergrund unterbliebenen starken Kundenauthentifizierung trifft, ist der Einfluss aufsichtsrechtlicher Freistellungen auf die zivilrechtlichen Folgen einer unterbliebenen Anwendung der starken Kundenauthentifizierung – wie unter der PSD II – aus dem systematischen Zusammenhang der Regelungen zur starken Kundenauthentifizierung im Proposal for a regulation on payment services zu ermitteln.

(β) Systematische Ableitung der fehlenden Wirkungserstreckung aufsichtsrechtlicher Freistellungen zur starken Kundenauthentifizierung auf die zivilrechtlichen Folgen einer unterbliebenen Anwendung der starken Kundenauthentifizierung

Mit Art. 85 des Proposal for a regulation on payment services wird die bislang in Art. 97 PSD II enthaltene Verpflichtung des Zahlungsdienstleisters fortgeführt, für die dort genannten Anwendungssachverhalte eine starke Kundenauthentifizierung zu verlangen. Trotz der inhaltlichen Erweiterung der Regelungen zur starken Kundenauthentifizierung, richtet sich die Verpflichtung aus Art. 85 des Proposal for a regulation on payment services weiterhin an den Zahlungsdienstleister. Dies ergibt sich bereits aus der inhaltsgleichen Formulierung des Art. 97 Abs. 1 S. 1 PSD II und Art. 85 Abs. 1 S. 1 des Proposal for a regulation on payment services.[192] Damit handelt es sich bei der aus Art. 85 Abs. 1 S. 1 des Proposal for a regulation on payment services resultierenden Verpflichtung ebenso wie in Art. 97 Abs. 1 S. 1 PSD II um eine

192 Art. 85 Abs. 1 Hs. 1 des Proposal for a regulation on payment services: „*…1. Member States shall ensure that a payment service provider applies strong customer authentication where the payer:…*“ im Vergleich zu Art. 97 Abs. 1 Hs. 1 PSD II: „*…1. Member States shall ensure that a payment service provider applies strong customer authentication where the payer:…*“; Auch hier zeigen sich wieder die Unzulänglichkeiten der deutschen Sprachfassung des Proposal for a regulation on payment services. Während die englische Sprachfassung des Art. 85 Abs. 1 Hs. 1 des Proposal for a regulation on payment services inhaltlich und sprachlich dem Wortlaut des Art. 97 Abs. 1 S. 1 PSD II entspricht, weicht die deutsche Sprachfassung des Art. 85 Abs. 1 S. 1 des Proposal for a regulation on payment services grundlegend von der deutschen Fassung des Art. 97 Abs. 1 Hs. 1 PSD II ab: Art. 85 Abs. 1 S. 1 des Proposal for a regulation on payment services: „*Ein Zahlungsdienstleister führt eine starke Kundenauthentifizierung durch,…*“; Art. 97 Abs. 1 S. 1 PSD II: „*Die Mitgliedstaaten stellen sicher, dass ein Zahlungsdienstleister eine starke Kundenauthentifizierung verlangt,…*“. Die deutsche Sprachfassung des Art. 85 Abs. 1 S. 1 des Proposal for a regulation on payment services deutet durchaus darauf hin, dass der Zahlungsdienstleister verpflichtet ist, die starke Kundenauthentifizierung anzuwenden. Dies aber ist aufgrund des systematischen Aufbaus der Regelungen zur starken Kundenauthentifizierung aber weiterhin nicht der Fall; vielmehr sind die zivilrechtlichen Regelungen zur starken Kundenauthentifizierung nicht als Verpflichtungen zur Anwendung seitens des Zahlungsdienstleisters ausgestaltet, sondern weiterhin als sanktionsrechtliche Vorschriften (vgl. hierzu *Omlor*, WM 2018, 57 (63) zur PSD II).

rein aufsichtsrechtliche Pflicht des Zahlungsdienstleisters.[193] Die Europäische Kommission führt damit die Trennung aufsichtsrechtlicher und zivilrechtlicher Wirkungen der Vorschriften zur starken Kundenauthentifizierung fort. Dies bestätigt auch Art. 89 des Proposal for a regulation on payment services. Dort bezieht die Europäische Kommission nämlich z. B. in Absatz 1 den Auftrag an die EBA, Anforderungen an die starke Kundenauthentifizierung zu entwickeln, ausschließlich auf die aufsichtsrechtliche Norm des Art. 85 des Proposal for a regulation on payment services. Ein Bezug zu Art. 60 des Proposal for a regulation on payment services wird nicht hergestellt. Damit steht aber gleichzeitig fest, dass aufsichtsrechtliche Anpassungen oder Verwaltungsanweisungen zur starken Kundenauthentifizierung nach Art. 85 Abs. 1 S. 1 des Proposal for a regulation on payment services keinen Einfluss auf den vorgesehenen Art. 60 Abs. 2 des Proposal for a regulation on payment services haben.[194]

(ee) Die Ablehnung der starken Kundenauthentifizierung durch den Zahlungsdienstnutzer

Ungeregelt bleiben nach Art. 60 Abs. 2 des Proposal for a regulation on payment services auch Sachverhalte, in denen der Zahlungsdienstleister zwar die starke Kundenauthentifizierung verlangt, der Zahlungsdienstnutzer aber die Anwendung der starken Kundenauthentifizierung ablehnt.

In diesem Fall spricht der Wortlaut des Art. 60 Abs. 2 S. 2 des Proposal for a regulation on payment services im Fall der Ausführung eines nicht autorisierten Zahlungsvorgangs dafür, dass der Zahlungsdienstnutzer von der Haftung nach Art. 60 Abs. 1 des Proposal for a regulation on payment services befreit wird.[195] In einem derartigen Fall kann die Regelung des Art. 60 Abs. 2 S. 2 des Proposal for a regulation on payment services, die starke Kundenauthentifizierung zu verlangen und anzuwenden, mit einem entsprechenden zivilrechtlichen Anspruch des Zahlungsdienstnutzers aus dem Zahlungsdiensterahmenvertrag, Zahlungsaufträge auch ohne starke Kundenauthentifizierung durchzuführen, kollidieren.[196] Die wortlautgetreue Anwendung des Art. 60 Abs. 2 S. 2 des Proposal for a regulation on payment services kann in einem solchen Fall unangemessen sein. In Betracht

---

193 In diesem Sinne zur PSD II *Omlor*, WM 2018, 57 (63).

194 Vgl. hierzu im Explanatory Memorandum des Proposal for a regulation on payment services unter Other provisions: *„Empowerments are provided for regulatory technical standards (RTSs) prepared by the EBA, including existing RTSs, and in certain cases, new RTSs. The EBA may amend existing RTSs but if it does not do so, they will remain in force.“*

195 Abweichend noch unter der PSD II Baumbach/Hefermehl/Casper/*Casper*, 24. Auflage 2020, E. Recht des Zahlungsverkehrs Rn. 389.

196 Vgl. hierzu *Werner*, RdZ 2023, 63 (64).

kommt in derartigen Sachverhaltskonstellationen der Fortbestand der Haftung des Zahlungsdienstnutzers unter dem Gesichtspunkt eines betrügerischen Verhaltens des Zahlungsdienstnutzers.[197]

197 Hierzu näher unter D., IV., 1., a), bb), (2) dieser Arbeit.

C. Zahlungsinstrument

I. Die Bedeutung des Zahlungsinstruments für das Zahlungsdiensterecht

Die zahlungsdiensterechtlichen Regelungen der §§ 675c ff. BGB sind typisiert aufgebaut. Neben allgemeinen Vorschriften enthalten die §§ 675c ff. BGB spezielle Regelungstatbestände, deren Anwendung die Verwendung eines Zahlungsinstruments voraussetzt.[1] Hierbei kommt den haftungsrechtlichen Regelungen des § 675v BGB eine besondere Bedeutung zu. § 675v BGB etabliert nämlich im Zusammenhang mit nicht autorisierten Zahlungsvorgängen, die auf der Nutzung eines Zahlungsinstruments beruhen, für den Zahlungsdienstleister ein spezielles Leistungsstörungsrecht gegenüber dem Zahlungsdienstnutzer. Ansprüche des Zahlungsdienstnutzers aufgrund nicht autorisierter Zahlungsvorgänge gegenüber dem Zahlungsdienstleister erfasst § 675v BGB hingegen nicht.

Mit der haftungsrechtlichen Sonderregelung des § 675v BGB begrenzt der Gesetzgeber die grundsätzliche Zuordnung des aus der Ausführung nicht autorisierter Zahlungsaufträge resultierenden Risikos. Grundsätzlich soll nämlich der Zahlungsdienstleister das Risiko der Durchführung nicht autorisierter Zahlungsvorgänge tragen. In den in § 675v BGB genannten Fällen durchbricht der Gesetzgeber diese grundsätzliche Risikoverteilung. Auch wenn die Zielrichtung des § 675v BGB primär darauf gerichtet ist, Pflichtverletzungen des Zahlungsdienstnutzers zu sanktionieren, so ist in der Grundvoraussetzung für die Anwendbarkeit dieser Vorschrift – dem Einsatz eines Zahlungsinstruments – ein Steuerungsinstrument des europäischen Gesetzgebers zu erkennen. Der europäische Gesetzgeber hatte bereits in Art. 61 PSD für die Verletzung der dort genannten Pflichten des Zahlungsdienstnutzers einen geringeren Haftungsmaßstab bestimmt, als es das deutsche Leistungsstörungsrecht üblicherweise vorsieht (§ 276 BGB).[2] Pflichtverletzungen des Zahlungsdienstnutzers sind danach nur haftungsrelevant, soweit der Zahlungsdienstnutzer die von ihm zu erfüllenden Pflichten grob fahrlässig oder vorsätzlich verletzt.

Die in § 675v Abs. 3 BGB umgesetzte Haftungsprivilegierung soll nach der Intention des europäischen Gesetzgebers wohl auch zur Motivation des Zahlungsdienstnutzers beitragen, Zahlungsaufträge möglichst in Form von Zahlungsinstrumenten zu erteilen. Mit dem Einsatz von Zahlungsinstrumenten begibt sich der

1 §§ 675f Abs. 6, 675j Abs. 1 S. 4, 675k, 675l, 675m, 675v, 675w BGB.
2 Vgl. aber z. B. §§ 31a, 521, 300 Abs. 1 BGB.

https://doi.org/10.1515/9783111653709-005

Zahlungsdienstnutzer in das europaweit einheitliche Regelungssystem des Zahlungsdiensterechts, das dem Schutz des Zahlungsdienstnutzers, der Vereinheitlichung der Wettbewerbsbedingungen und damit Förderung des Binnenmarkts dient. Der Anreiz, durch Nutzung eines Zahlungsinstruments Haftungsprivilegierungen in Anspruch nehmen zu können, unterstützt daher das Ziel des europäischen Gesetzgebers, die Regelungen der PSD II europaweit umfänglich zur Anwendung zu bringen.

Vor dem Hintergrund der Schlüsselfunktion des Zahlungsinstruments für spezifische Regelungen des Zahlungsdiensterechts ist neben einer rein wortlautorientierten Definition des Begriffs des Zahlungsinstruments vor allem aber dessen Inhaltsbestimmung entscheidend. Obschon sowohl die Zahlungsdiensterichtlinien[3] als auch das ZAG[4] Definitionen zum Begriff des Zahlungsinstruments enthalten, lässt der Wortlaut der Definitionen allein noch keine zuverlässige Aussage darüber zu, welche Anforderungen an die Eigenschaften eines Zahlungsinstruments i. S. d. § 675c ff. BGB zu stellen sind.[5]

Bei der Bestimmung der Eigenschaften eines Zahlungsinstruments ist immer zu berücksichtigen, dass Erwägungsgrund 21 PSD II darauf verweist, dass die Definition des Begriffs der Zahlungsdienste technologieneutral zu verstehen ist. Damit soll die Entwicklung neuer Arten von Zahlungsdiensten ermöglicht werden. Die Anwendbarkeit der zahlungsdiensterechtlichen Regelungen soll nach dem Willen des europäischen Gesetzgebers gerade nicht starr auf einen Rechtszustand festgeschrieben werden, sondern der dynamischen Entwicklung des Zahlungsdienstemarkts im Binnenmarkt Rechnung tragen.[6] Dies muss in gleichem Maße für die Definition und Weiterentwicklung von Zahlungsinstrumenten gelten.[7] Damit sind die Tatbestandsmerkmale der Definition des Zahlungsinstruments unter diesem Gesichtspunkt durchaus einer wertenden Auslegung zugänglich und nicht durch eine strenge Wortlautauslegung inhaltlich begrenzt.

Eine abschließende und einheitliche Inhaltsbestimmung der Eigenschaften des Zahlungsinstruments im Sinne der §§ 675c ff. BGB, Art. 4 Nr. 14 PSD II, § 1 Abs. 20 ZAG konnte bislang weder in Literatur[8] noch Rechtsprechung[9] erarbeitet werden.

---

3 Art. 4 Nr. 23 PSD; Art. 4 Nr. 14 PSD II.

4 § 1 Abs. 20 ZAG.

5 Schäfer/Omlor/Mimberg/*Mimberg*, 1. Auflage, 2021, ZAG § 1 Rn. 386.

6 Vgl. auch Erwägungsgründe 6, 7 PSD II.

7 Vgl. Ellenberger/Bunte/*Maihold*, 6. Auflage, 2022, § 33 Rn. 69; ebenso zu § 1 Abs. 20 ZAG BT-DrS. 18/11495, S. 110; BaFin Merkblatt v. 29.11.2017, 2d aa; Casper/Terlau/*Casper*, 2. Auflage, 2020, § 1 Rn. 96; Ellenberger/Bunte/*Maihold*, 6. Auflage, 2022, § 32 Rn. 24.

8 Vgl. hierzu Abschnitt C., II., 1., c), bb) dieser Arbeit.

9 Vgl. hierzu Abschnitt C., II., 1., c), aa) dieser Arbeit.

Dies zeigen die Stellungnahmen sowohl in der Rechtsprechung als auch in der Literatur zu dieser Thematik. Im Folgenden sollen daher – zunächst auf Grundlage der Regelungen der PSD – die durch Rechtsprechung und Literatur erarbeiteten Eigenschaften eines Instruments und Verfahrens als Alternativen des Zahlungsinstruments analysiert werden. Im Anschluss hieran sollen die Eigenschaften eines Zahlungsinstruments für beide Alternativen verbindlich definiert werden.[10]

II. Das Zahlungs(authentifizierungs)instrument unter Geltung der Zahlungsdiensterichtlinien

1. Das Zahlungsauthentifizierungsinstrument unter Geltung der PSD

Die Regelungen über das Zahlungsdiensterecht im BGB enthalten keine Legaldefinition des Begriffs des Zahlungsinstruments. Bereits unter Geltung der PSD war im Zivilrecht auf die Definition im ZAG zurückzugreifen. Rechtstechnisch fand die Definition des Zahlungsinstruments über die Verweisung des § 675c Abs. 3 BGB a.F. zivilrechtlich Eingang in das BGB. In § 1 Abs. 5 ZAG a.F. wurde das in Art. 4 Nr. 23 PSD definierte Zahlungsinstrument als Zahlungsauthentifizierungsinstrument bezeichnet.[11] Ein Zahlungsauthentifizierungsinstrument war nach der seinerzeitigen Definition in § 1 Abs. 5 ZAG a.F. jedes personalisierte Instrument oder Verfahren, das zwischen dem Zahlungsdienstnutzer und dem Zahlungsdienstleister für die Erteilung von Zahlungsaufträgen vereinbart und vom Zahlungsdienstnutzer eingesetzt wird, um einen Zahlungsauftrag zu erteilen.[12]

Die Änderung des Begriffs Zahlungsinstrument in Zahlungsauthentifizierungsinstrument in § 1 Abs. 5 ZAG a.F. begründete der nationale Gesetzgeber damit, dass bei wortlautidentischer Umsetzung der deutschen Fassung des Art. 4 Nr. 23 PSD keine trennscharfe Abgrenzung der Begriffe Zahlungsinstrument und Zahlungs-

10 Die Analyse der Merkmale eines Zahlungsinstruments unter Geltung der PSD hat deshalb Bedeutung, da die dortige Definition des Zahlungsinstruments weitgehend inhaltsgleich in die PSD II übernommen wurde. Daher haben grundlegende Feststellungen zu den Eigenschaften eines Zahlungsinstruments unter Geltung der PSD zumindest indizielle Wirkung für die Bestimmung der Eigenschaften auch unter der PSD II; vgl. *Omlor*, RdZ 2021, 59 (60); *Zahrte*, BKR 2022, 69 (76); *v. Westphalen*, BB 2021, 272 (276).

11 Vgl. z. B. BT-DrS. 16/11613, S. 36.

12 § 1 Abs. 5 ZAG a.F. wich neben der Einführung der Bezeichnung des Zahlungsauthentifizierungsinstruments zudem aber noch in einem weiteren Detail vom Wortlaut des Art. 4 Nr. 23 PSD ab. Während in Art. 4 Nr. 23 PSD das Zahlungsinstrument als jedes personalisierte Instrument oder personalisierte Verfahren definiert wurde, ließ der nationale Gesetzgeber in der Definition des § 1 Abs. 5 ZAG a.F. zudem die in Art. 4 Nr. 23 PSD genannte Personalisierung des Verfahrens entfallen.

transaktion möglich sei.[13] Der in der Richtlinie verwendete Begriff des Zahlungsinstruments sei zumindest missverständlich. Die Verwendung dieses Begriffs lege nahe, dass die Zahlungskartentransaktion als solche von diesem Dienst erfasst sei.[14] Gemeint sei jedoch nicht die Zahlungstransaktion, sondern das Instrument, mit dem sich der Nutzer zur Auslösung eines Zahlungsvorgangs gegenüber dem Dienstleister als Kunde identifiziere.[15] Zudem sah der Gesetzgeber bei Übernahme des Begriffs des Zahlungsinstruments in die Umsetzung des Art. 4 Nr. 23 PSD das weitergehende Risiko, dass das Zahlungsinstrument i. S. d. Art. 4 Nr. 23 PSD mit Zahlungsmitteln wie z. B. Bargeld oder Schecks verwechselt werden könnte.[16] Der Gesetzgeber führte hierzu aus, dass der in der PSD verwendete Begriff des Zahlungsinstruments mit derartigen Zahlungsmitteln ebenso wenig verwechselt werden dürfe wie mit reinen Zahlungsverfahren wie Überweisungen oder Lastschriften. Bei derart reinen Zahlungsverfahren handele es sich nicht um Zahlungsinstrumente.[17] Zahlungsinstrumente i. S. d. Art. 4 Nr. 23 PSD würden vom Zahlungsdienstnutzer bei der Erteilung eines Zahlungsauftrags an seinen Zahlungsdienstleister als Authentifizierungsinstrument eingesetzt.[18] Charakteristisch für ein Zahlungsinstrument sei die Authentifizierung des Zahlungsvorgangs, d. h. die Erteilung eines Zahlungsauftrages unter Verwendung eines personalisierten Sicherheitsmerkmals.[19]

Eine Erläuterung, warum der Gesetzgeber in der Definition des § 1 Abs. 5 ZAG a.F. von dem im Wortlaut des Art. 4 Nr. 23 PSD benannten personalisierten Verfahrensablauf zur Formulierung des entpersonalisierten Verfahrens wechselte, lässt sich anhand der Gesetzesmaterialien nicht erkennen. Ob mit dieser Änderung gleichzeitig eine materielle Änderung einhergehen sollte, ist den Materialien ebenso wenig zu entnehmen.

a) Instrument und Verfahren

aa) Instrument

Unter den Begriff des Zahlungsauthentifizierungsinstruments wurden unter § 1 Abs. 5 ZAG a.F., § 675c Abs. 3 BGB a.F. zunächst sämtliche Gegenstände (Instru-

---

13 Vgl. z. B. BT-DrS. 16/11613, S. 34, 36.

14 BT-DrS. 16/11613; S. 34.

15 BT-DrS. 16/11613, S. 34, 36.

16 BT-DrS. 16/11613, S. 36.

17 BT-DrS. 16/11613, S. 36.

18 BT-DrS. 16/11613, S. 36; vgl. auch Merkblatt – Hinweise zu dem Gesetz über die Beaufsichtigung von Zahlungsdiensten (ZAG) (Stand: 22. Dezember 2011).

19 BT-DrS. 16/11613, S. 36.

ment(e)) verstanden, die selbst direkt und unmittelbar zusammen mit personalisierten Sicherheitsmerkmalen eingesetzt wurden, um eine Authentifizierung des Nutzers im Rahmen der Erteilung eines Zahlungsauftrags an den Zahlungsdienstleister zu ermöglichen.[20] Als entscheidende Voraussetzung für die Qualifikation eines Mediums als Zahlungsauthentifizierungsinstrument wurde angesehen, dass das verwendete Medium, mit dem der Zahlungsvorgang ausgelöst wurde, die Autorisierung des Zahlungsvorgangs allein durch den berechtigten Zahlungsdienstnutzer sicherstellt.[21] Als Instrument i. S. d. Art. 4 Nr. 23 PSD bzw. § 1 Abs. 5 ZAG a.F. kam damit zunächst jede verkörperte Willenserklärung des Zahlungsdienstnutzers in Betracht, die dem Zahlungsdienstleister eine Weisung zur Ausführung eines Zahlungsauftrags erteilt.[22] Hierzu zählten z. B. Kredit- oder Debitkarten.[23]

bb) Verfahren

Für die Qualifikation als Zahlungsauthentifizierungsinstrument kam es jedoch nicht unbedingt auf die Form des Mediums an, mit dem der Zahlungsauftrag erteilt wurde. Insoweit kamen neben den sachlich körperlichen Medien auch reine Informationen als Zahlungsauthentifizierungsinstrumente in Betracht.[24] Hierzu zähl(t)en neben Zahlungsaufträgen in Form des Onlinebanking unter Nutzung von PIN und TAN auch das Telefonbanking unter Verwendung von Schlüsseltechniken, wie z. B. von Passwörtern.[25]

Dies lässt sich zum einen bereits der Formulierung des Art. 4 Nr. 23 PSD entnehmen. Dort wird von einem personalisierten Verfahrensablauf neben der Erwähnung des personalisierten Instruments gesprochen. Zum anderen aus der Begründung des Bundesrats zu § 675v Abs. 1 BGB a.F., die diese Festlegung wiederholte. Dort führt der Bundesrat im Rahmen der Begründung zur Einführung der Tatbestandsalternative des missbräuchlichen Verhaltens i. S. d. § 675v Abs. 1 BGB a.F. aus, dass ein Zahlungsauthentifizierungsinstrument nicht nur ein körperlicher Gegen-

20 *Scheibengruber*, BKR 2010, 15 (17).

21 In diesem Sinne z. B. BeckOK BGB/*Schmalenbach*, 33. Ed. 1.11.2014, BGB § 675j Rn. 6.

22 Hierzu nur *Sun*, Risikoverteilung beim Missbrauch von Zahlungsinstrumenten in Deutschland und der VR China, 2021, S. 38; *Koch*, Missbrauch von Zahlungsauthentifizierungsinstrumenten, 2012, S. 27.

23 *Koch*, Missbrauch von Zahlungsauthentifizierungsinstrumenten, 2012, S. 27; *Linardatos*, Das Haftungssystem im bargeldlosen Zahlungsverkehr nach Umsetzung der Zahlungsdiensterichtlinie, 2013, S. 179.

24 *Linardatos*, Das Haftungssystem im bargeldlosen Zahlungsverkehr nach Umsetzung der Zahlungsdiensterichtlinie, 2013, S. 179.

25 BT-DrS. 16/11613, S. 36; *Koch*, Missbrauch von Zahlungsauthentifizierungsinstrumenten, 2012, S. 27.

stand sein kann, wie dies z. B. bei einer Karte der Fall sei.[26] Vielmehr komme auch ein Verfahren in Betracht, in dem ein personalisiertes Sicherheitsmerkmal[27] wie die PIN oder TAN oder eine besondere Signatur eingesetzt werde. Zu letzteren zählte der Bundesrat z. B. auch sogenannte Legitimationsdaten in Form der sogenannten TAN.[28]

b) Personalisierte Sicherheitsmerkmale

Art. 4 Nr. 23 PSD sah in der deutschen Sprachfassung vor, dass unter einem Zahlungsinstrument jedes personalisierte Instrument und/oder jeder personalisierte Verfahrensablauf zu verstehen sei, dass bzw. der zwischen dem Zahlungsdienstnutzer und dem Zahlungsdienstleister vereinbart wurde und das bzw. der vom Zahlungsdienstnutzer eingesetzt werden konnte, um einen Zahlungsauftrag zu erteilen.

Bei Umsetzung der Definition des Zahlungsinstruments des Art. 4 Nr. 23 PSD wich der deutsche Gesetzgeber in § 1 Abs. 5 ZAG a.F. wie bereits erwähnt zunächst von der Bezeichnung des zu definierenden Begriffs des Zahlungsinstruments ab.[29]

Darüber hinaus veränderte der deutsche Gesetzgeber die Definition des Zahlungsauthentifizierungsinstruments. Während die deutsche Sprachfassung des Art. 4 Nr. 23 PSD das Zahlungsinstrument als „jedes personalisierte Instrument und/ oder jeden personalisierten Verfahrensablauf" definierte, enthielt § 1 Abs. 5 ZAG a.F. die Formulierung, dass ein Zahlungsauthentifizierungsinstrument „jedes personalisierte Instrument oder Verfahren" sei, „das zwischen dem Zahlungsdienstnutzer und dem Zahlungsdienstleister für die Erteilung von Zahlungsaufträgen vereinbart wird und das vom Zahlungsdienstnutzer eingesetzt wird, um einen Zahlungsauftrag zu erteilen". Der nationale Gesetzgeber verzichtete damit bei der Umsetzung der Definition des Zahlungsinstruments i. S. d. Art. 4 Nr. 23 PSD auf das Attribut „personalisiert" für die Alternative des Verfahrens. Damit widersprach § 1 Abs. 5 ZAG a.F. dem Wortlaut der deutschen Sprachfassung des Art. 4 Nr. 23 PSD. Da die Auslegung der nationalen Regelungen zur Umsetzung europarechtlicher Richtlinien sich primär an den europäischen Richtlinienvorgaben zu orientieren hat, sprach aber zunächst der deutsche Wortlaut des Art. 4 Nr. 23 PSD dafür, dass sich das At-

---

26 BR-DrS. 848/08, S. 185; *Rühl*, DStR 2009, 2256 (2259); *Sorg*, Die zivilrechtliche Haftung im bargeldlosen Zahlungsverkehr, 2015, S. 40.

27 Hierzu im Folgenden unter b) Personalisierte Sicherheitsmerkmale.

28 BeckOK BGB/*Schmalenbach*, 33. Ed. 1.11.2014, BGB § 675j Rn. 6; *Sorg*, Die zivilrechtliche Haftung im bargeldlosen Zahlungsverkehr, 2015, S. 40; BR-DrS. 848/08, S. 185; BT-DrS. 16/11613, S. 36; hierzu auch Casper/Terlau/*Casper*, 3. Auflage, 2023, § 1 Rn. 443; *Sun*, Risikoverteilung beim Missbrauch von Zahlungsinstrumenten in Deutschland und der VR China, 2021, S. 38; *Omlor*, BKR 2019, 105 (107).

29 Vgl. oben C., II., 1., a), aa) dieser Arbeit.

tribut „personalisiert“ nicht nur auf die Alternative des Instruments, sondern auch auf die Alternative des Verfahrens i. S. d. § 1 Abs. 5 ZAG a.F. beziehen sollte. Andererseits verzichteten z. B. die englische und französische Sprachfassung des Art. 4 Nr. 23 PSD ebenfalls auf das Merkmal der Personalisierung des Verfahrens in der Definition des Zahlungsinstruments.
In der englischen Sprachfassung wurde wie folgt formuliert:

> *'payment instrument' means any personalised device(s) and/or set of procedures agreed between the payment service user and the payment service provider and used by the payment service user in order to initiate a payment order.*

Die französische Sprachfassung formulierte:

> *«instrument de paiement»: tout dispositif personnalisé et/ou ensemble de procédures convenu entre l'utilisateur de services de paiement et le prestataire de services de paiement et auquel l'utilisateur de services de paiement a recours pour initier un ordre de paiement.*

Dies könnte einerseits dafür sprechen, dass der ausdrückliche Verzicht auf die Wiederholung der Personalisierung auch des Verfahrens eine bewusste Entscheidung des europäischen Gesetzgebers darstellte, auf die Personalisierung von Verfahrensabläufen zur Qualifikation eines Zahlungsinstruments zu verzichten und die deutsche Sprachfassung des Art. 4 Nr. 23 PSD lediglich auf einem Redaktionsversehen beruhte. Andererseits könnten die englischen und französischen Sprachfassungen aber auch für eine sprachliche Vereinfachung der Definition des Zahlungsinstruments sprechen und sich die Spezifizierung der Personalisierung sowohl auf das Instrument als auch auf das Verfahren bzw. den Verfahrensablauf bezogen haben. Damit ließ sich auch aus der unmittelbaren Betrachtung des Wortlauts der Sprachfassungen des Art. 4 Nr. 23 PSD kein zwingender Schluss ableiten, dass neben der ausdrücklichen Erwähnung der Personalisierung für das Instrument i. S. d. Art. 4 Nr. 23 PSD auch das Verfahren nach dem Willen des europäischen Gesetzgebers einer Personalisierung bedurfte.

c) Stand von Rechtsprechung und Literatur

aa) Rechtsprechung

(1) Die europäische Rechtsprechung

(a) Die Entscheidung des EuGH vom 9.4.2014 (T-Mobile Austria GmbH/Verein für Konsumenteninformation)[30]

In einem Vorabentscheidungsverfahren nach Art. 267 AEUV hatte der EuGH u.a. über die Frage zu entscheiden, ob ein von einem Zahlungsdienstnutzer eigenhändig unterschriebener Zahlschein bzw. das auf einem unterschriebenen Zahlschein beruhende Verfahren zur Erteilung von Überweisungsaufträgen sowie das zur Erteilung von Überweisungsaufträgen im Onlinebanking (Telebanking) vereinbarte Verfahren als Zahlungsinstrument i.S.d. Art. 4 Nr. 23 und des Art. 52 Abs. 3 der Richtlinie 2007/64 anzusehen sei.[31]

Der EuGH stellte zunächst fest, dass zwischen den unterschiedlichen nationalen Sprachfassungen des Art. 4 Nr. 23 PSD Unterschiede bestünden. Das Attribut „personalisiert" kennzeichne zwar in allen Sprachfassungen das Syntagma jedes Instruments. Doch kennzeichne das Attribut personalisiert in der französischen Fassung („tout dispositif personnalisé et/ou ensemble de procédures")[32] „nicht das Syntagma Verfahrensablauf". In der deutschen Sprachfassung kennzeichne das Attribut personalisiert neben dem körperlichen Instrument auch „das Syntagma Verfahrensablauf".[33] Die englische Fassung („any personalised device[s] and/or set of procedures"), ließ nach Auffassung des EuGH beide Auslegungen zu.[34] Der EuGH verwies in diesem Zusammenhang darauf, dass die Klägerin, ein Verein für Konsumenteninformation, die österreichische, die deutsche und die französische Regierung sowie die Kommission zu Recht festgestellt hätten, dass ein Zahlungsinstrument nur dann als personalisiert angesehen werden könne, wenn es dem Zahlungsdienstleister ermögliche zu überprüfen, dass der Zahlungsauftrag von einem hierzu berechtigten Nutzer erteilt worden sei.[35] Aus einzelnen Regelungen der PSD, die ausdrücklich eine Personalisierung für Zahlungsinstrumente nicht für erforderlich hielten, schloss der EuGH jedoch, dass ein Verfahrensablauf nicht zwingend eine Personalisierung erfordere, um eine in dieser Form des Art. 4 Nr. 23 PSD ergangene Weisung als Zahlungsinstrument zu qualifizieren. Der EuGH bezog

---

30 EuGH EuZW 2014, 464 (464ff.).

31 EuGH EuZW 2014, 464 (464ff.).

32 So wie auch in der spanischen, italienischen, ungarischen, portugiesischen und rumänischen Fassung; EuZW 2014, 464 (466).

33 EuGH EuZW, 2014, 464 (466).

34 EuGH EuZW 2014, 464 (466) unter Verweis auf einen identischen Inhalt in der dänischen, griechischen, niederländischen, finnischen und schwedischen Fassung.

35 EuGH EuZW 2014, 464 (466).

sich beispielhaft auf den Regelungsgehalt des Art. 53 Abs. 1 b) PSD. Dort seien ausdrücklich genannte Zahlungsinstrumente nicht personalisiert und könnten anonym genutzt werden.[36]

Der EuGH stellte fest, dass die Erteilung eines Überweisungsauftrags durch einen vom Zahlungsdienstnutzer eigenhändig unterschriebenen Zahlschein einen Verfahrensablauf darstelle, der zwischen dem Nutzer und dem Zahlungsdienstleister vereinbart worden sei. Dieser Verfahrensablauf könne vom Nutzer eingesetzt werden, um einen Zahlungsauftrag zu erteilen, und stelle deshalb ein Zahlungsinstrument i.S.v. Art. 4 Nr. 23 Fall 2 PSD dar.[37] Dadurch, dass der Zahlungsdienstnutzer bei der Eröffnung des Zahlungskontos bei dem Kreditinstitut eine Probe seiner eigenhändigen Unterschrift hinterlege, er bestimmte Zahlscheine verwende und diese eigenhändig unterschreibe, könne das Kreditinstitut den Zahlungsauftrag gemäß Art. 4 Nr. 19 PSD authentifizieren. Es könne nämlich die eigenhändige Unterschrift auf dem Zahlschein mit der vorab vom Zahlungsdienstnutzer hinterlegten Probe der eigenhändigen Unterschrift vergleichen.[38] Damit müsse nicht geprüft werden, ob der vom Zahlungsdienstnutzer unterschriebene Zahlschein auch die Alternative eines nicht personalisierten Instruments erfülle, da bereits der zwischen Zahlungsdienstnutzer und Zahlungsdienstleister vereinbarte Verfahrensablauf ein Verfahren i.S.d. Art. 4 Nr. 23 PSD darstelle, welches ausweislich der beispielhaft erwähnten Regelung des Art. 53 Abs. 1 b) PSD als anonymisiertes Zahlungsinstrument qualifiziert werden könne. Gleiches gelte für Überweisungsaufträge im Onlinebanking. Auch hier handele es sich um ein Verfahren i.S.d. Art. 4 Nr. 23 PSD.

Schließlich beantwortete der EuGH die Vorlagefrage dahingehend, dass es sich – trotz des Fehlens personalisierter (Sicherheits-) Merkmale – sowohl bei dem vom Zahlungsdienstnutzer eigenhändig unterschriebenen Zahlschein als auch bei dem Verfahren zur Erteilung eines Überweisungsauftrags im Onlinebanking um Zahlungsinstrumente i.S.d. Art. 4 Nr. 23 PSD handele.

(b) Bewertung

Der EuGH setzte zunächst das Attribut „personalisiert" in der Definition des Zahlungsinstruments mit persönlichen Sicherheitsmerkmalen gleich. Dies lässt sich daran erkennen, dass, obschon sich die Beklagte im Ausgangsverfahren darauf berief, ein Zahlschein sei in Ermangelung personalisierter Sicherheitsmerkmale kein Zahlungsinstrument im Sinne von Art. 4 Nr. 23 dieser Richtlinie, der EuGH

36 EuGH EuZW 2014, 464 (466).
37 EuGH EuZW 2014, 464 (466).
38 EuGH EuZW 2014, 464 (466).

darauf nicht referenzierte.[39] Vielmehr verwies er in seiner Entscheidung ausschließlich auf die personalisierten Instrumente oder Verfahren.[40] Dieses Verständnis ist auch gerechtfertigt, da die PSD trotz Erwähnung der personalisierten Sicherheitsmerkmale keine spezielle Definition dieses Merkmals enthielt. Inhaltlich ging der EuGH damit von einem weiten Verständnis des Begriffs des Zahlungsinstruments für das zwischen dem Zahlungsdienstleister und Zahlungsdienstnutzer vereinbarte Verfahren zur Erteilung eines Zahlungsauftrags aus. Der Verzicht des EuGH auf die Personalisierung eines Verfahrens schließt damit sämtliche gegenwärtigen und auch zukünftigen Vereinbarungen zur Ausführung von Zahlungsvorgängen in die Definition als Zahlungsinstrument ein, unabhängig davon, ob das Verfahren personalisiert ist oder nicht.

Durch den Verzicht auf eine ausdrückliche Personalisierung des Zahlungsauftragsmediums erscheint es zunächst so, als ob das zu Gunsten des Zahlungsdienstnutzers durch die personalisierten Elemente anerkannte und für erforderlich gehaltene Schutzniveau bei der Verwendung eines Zahlungsinstruments gesenkt würde. Bei näherer Betrachtung ist dies nicht der Fall. Der EuGH verknüpfte die Einordnung eines Verfahrens als Zahlungsinstrument nämlich weiterhin mit der Möglichkeit der Authentifizierung des Auftraggebers durch den Zahlungsdienstleister. Der EuGH setzte damit das Merkmal der Möglichkeit der Authentifizierung bzw. Identifizierung mit dem Merkmal der Personalisierung gleich. Damit bleibt das Erfordernis erhalten, dass neben dem Verfahren zur Erteilung eines Zahlungsauftrags ein weiteres Identifizierungselement vorhanden sein muss.

Mit seiner Auslegung des Merkmals des Verfahrens erweiterte der EuGH die für den Zahlungsdienstnutzer mit der PSD geschaffenen Möglichkeiten zur Erteilung von Zahlungsaufträgen, die in den Katalog der Regelungen der PSD für Zahlungsinstrumente fallen.

Der EuGH hat jedoch nicht entschieden, ob auch Instrumente im Sinne des Art. 4 Nr. 23 PSD ebenso wie ein Verfahren nicht immer der konstitutiven Verknüpfung mit personalisierten Sicherheitsmerkmalen bedürfen, um als Zahlungsinstrument qualifiziert zu werden.[41] Auch wenn der EuGH diese Frage offenließ, lassen sich aus den Urteilsgründen Anhaltspunkte für eine derartige Auslegung entnehmen. Ausgangspunkt der Überlegungen des EuGH war nämlich, dass bestimmte Zahlungsinstrumente anonym genutzt werden können und die Zahlungsdienstleister dann den Nachweis der Authentifizierung in dem in Art. 59 der

---

39 EuGH EuZW 2014, 464 (464).

40 Vgl. hierzu ebenso bereits *Omlor*, GPR 2014, 282 (283); *Sun*, Risikoverteilung beim Missbrauch von Zahlungsinstrumenten in Deutschland und der VR China, 2021, S. 42.

41 Vgl. EuGH EuZW 2014, 464 (466).

Richtlinie geregelten Fall nicht zu erbringen brauchen.[42] Der EuGH verwies zur Begründung hierbei auf Art. 53 Abs. 1 b) PSD, der eine Anwendungsausnahme von den Art. 59 und 60 PSD regelte.[43] Der EuGH hat hierbei weder zwischen den Alternativen der Definition des Zahlungsinstruments unterschieden, noch beschränkte er seine grundsätzliche Aussage zur Zulässigkeit der nicht personalisierten Verfahren von Zahlungsinstrumenten auf die Verwendung von Kleinbetragsinstrumenten. Aus den Ausführungen des EuGH lässt sich daher schließen, dass die für ein Verfahren zur Ausführung eines Zahlungsauftrags getroffene Aussage unter der PSD auch auf die Alternative des Instruments i. S. d. Art. 4 Nr. 23 PSD übertragbar gewesen wäre.[44]

(2) Die Entwicklung der nationalen Rechtsprechung

(a) Die instanzgerichtliche Rechtsprechung

Die instanzgerichtliche Rechtsprechung befasste sich mit dem Begriff des Zahlungsauthentifizierungsinstruments im Wesentlichen im Zusammenhang mit der Geltendmachung von Ansprüchen des Zahlungsdienstleisters nach § 675v BGB a.F. sowie im Zusammenhang mit streitigen Fragen des Beweisrechts. Die Entscheidungen der Instanzgerichte lassen bei der Beurteilung, ob ein Zahlungsauthentifizierungsinstrument ein personalisiertes Sicherheitsmerkmal als konstitutives Element aufweisen musste, keine einheitliche Linie erkennen. Zum Teil setzten die Instanzgerichte sich mit der Definition des Zahlungsauthentifizierungsinstruments nicht näher auseinander, sondern ließen diese Frage entweder offen oder setzten personalisierte Sicherheitsmerkmale ohne nähere Begründung als konstitutives Element eines Zahlungsauthentifizierungsinstruments voraus.

Das LG München I führte in seinem Beschluss vom 16.06.2017[45] aus, dass die Klagepartei geltend gemacht habe, dass die Beklagte nicht sichergestellt habe, dass die personalisierten Sicherheitsmerkmale des Zahlungsauthentifizierungsinstruments nur der Klagepartei als Nutzungsberechtigte zugänglich gewesen seien. Die personalisierten Sicherheitsmerkmale des Zahlungsinstruments seien nicht hinreichend gesichert gewesen. Diese Ausführungen lassen sowohl die Interpretation der konstitutiven Verbindung beider Elemente zur Qualifikation eines Zahlungs-

---

42 EuGH EuZW 2014, 464 (466).

43 Vgl. auch Art. 42 Abs. 1 c) ii PSD II.

44 EuGH EuZW 2014, 464 (466); angedeutet MüKoHGB/*Linardatos*, 4. Auflage, 2019, G. Zahlung mittels Kreditkarte Rn. 35; MüKoHGB/*Linardatos*, 5. Auflage, 2024, G. Zahlung mittels Kreditkarte Rn. 40; *Omlor*, GPR 2014, 282 (283).

45 LG München, Aktenzeichen 32 S 1552/17: Fundstelle: https://www.gesetze-bayern.de/Content/Pdf/Y-300-Z-BECKRS-B-2017-N-123679?all=False, Rn. 10.

authentifizierungsinstruments als auch die Unabhängigkeit beider Elemente bzw. Merkmale zu.[46]

Das LG Bonn[47] betonte, dass eine Authentifizierung erfolgt sei, wenn der Zahlungsdienstleister die Nutzung eines bestimmten Zahlungsauthentifizierungsinstruments, einschließlich seiner personalisierten Sicherheitsmerkmale, mit Hilfe eines Verfahrens überprüft habe.[48] Der Kläger habe seine PIN als Bestandteil des vereinbarten Zahlungsauthentifizierungsinstruments eingegeben.[49] Die Ausführungen des Gerichts, dass eine Authentifizierung erfolgt sei, wenn der Zahlungsdienstleister die Nutzung des Zahlungsauthentifizierungsinstruments, einschließlich seiner personalisierten Sicherheitsmerkmale, überprüft habe, könnten dafür sprechen, dass das LG Bonn der Auffassung des EuGH zur Unabhängigkeit eines Zahlungsauthentifizierungsinstruments von personalisierten Sicherheitsmerkmalen folgen wollte. Hierfür spricht insbesondere, dass der in der Entscheidungsbegründung erwähnte Begriff des Zahlungsauthentifizierungsinstruments von den im Folgenden erwähnten personalisierten Sicherheitsmerkmalen durch einen eingeschobenen Halbsatz getrennt ist. Andererseits verweist das LG Bonn darauf, dass die PIN als Bestandteil des Zahlungsauthentifizierungsinstruments anzusehen sei. Dieser Hinweis wiederum spricht für eine konstitutive Verbindung der in Rede stehenden Alternative des Zahlungsauthentifizierungsinstruments mit dem personalisierten Sicherheitsmerkmal.[50]

(aa) LG Heilbronn vom 20.10.2015 – Bm 6 O 128/15[51]

Das LG Heilbronn schloss sich in einer neueren Entscheidung der Auffassung des EuGH an. In dem Verfahren ging es unter anderem um die Beurteilung der Qualifikation eines per Telefax erteilten Zahlungsauftrags als Zahlungauthentifizierungsinstrument. Für die Einordnung eines Zahlungsauftragsmediums als Zah-

46 So auch in der Begründung des AG Hamburg, WM 2011, 498 (501), das ausführte, § 675l Abs. 1 S. 1 BGB verpflichte den Zahler, unmittelbar nach Erhalt eines Zahlungsauthentifizierungsinstruments alle zumutbaren Vorkehrungen zu treffen, um die personalisierten Sicherheitsmerkmale vor unbefugtem Zugriff zu schützen.

47 BeckRS 2016, 131281.

48 BeckRS 2016, 131281 Rn. 22.

49 BeckRS 2016, 131281 Rn. 28.

50 Ebenso unklar OLG Dresden BeckRS 2014, 5445, in der das OLG Dresden darauf verweist, dass nach § 675w S. 2 BGB eine Authentifizierung erfolgt, wenn der Zahlungsdienstleister die Nutzung eines bestimmten Zahlungsauthentifizierungsinstruments, einschließlich seiner personalisierten Sicherheitsmerkmale, mit Hilfe eines Verfahrens überprüft habe; ebenso OLG Schleswig NJW-RR 2019, 680 (683); unklar auch AG Köln BKR 2020, 48 (49); AG Freudenstadt NJOZ 2017, 946 (947).

51 LG Heilbronn BeckRs 2015, 17463.

lungsauthentifizierungsinstrument erschien es dem LG Heilbronn entscheidungserheblich, das mit dem Zahlungsauthentifizierungsinstrument verfolgte Ziel zur Auslegung heranzuziehen. Das Ziel eines Zahlungsauthentifizierungsinstruments sei es, durch den Einsatz eines formalisierten Verfahrens, unter Umständen auch unter Beschränkung auf eine bestimmte Art der Kommunikation, und den Einsatz von Merkmalen, die nur diesem Nutzer bekannt sind, die Abwicklung eines Zahlungsvorgangs zu erleichtern und den zu seiner Ausführung führenden Zahlungsauftrag eindeutig diesem Nutzer als Veranlasser zuordenbar zu machen.[52] Diesem Ziel diene zum einen die Unterschrift des Zahlungsdienstnutzers, in der Regel in Verbindung mit einem durch den Zahlungsdienstleister vorgeschriebenen Formular oder durch personalisierte Sicherheitsmerkmale, die vom Zahlungsdienstleister dem Nutzer zugeteilt werden und nur diesem bekannte oder zugängliche Codes enthalten. Bei der reinen Unterschrift sei die Zuordnung jedoch zweifelhaft.[53]

Der EuGH habe aber in seiner Entscheidung vom 9.4.2014 (C-616/11) festgestellt, dass der in der PSD definierte Begriff des Zahlungsinstruments auch einen nicht personalisierten Verfahrensablauf erfassen könne, der zwischen dem Nutzer und dem Zahlungsdienstleister vereinbart und vom Nutzer eingesetzt werden könne, um einen Zahlungsauftrag zu erteilen. Nach der Wertung des EuGH sei die Vereinbarung der Erteilung eines Zahlungsauftrags mittels eines Telefax mit einem per Zahlschein oder Überweisung erteilten Zahlungsauftrag gleichzusetzen. Danach sei auch ein per Telefax erteilter Zahlungsauftrag als Zahlungsauthentifizierungsinstrument einzuordnen.

(bb) LG Karlsruhe vom 5.7.2018 – 15 O 50/17 KfH[54]

Das LG Karlsruhe entschied, dass es für die Übertragbarkeit der Grundsätze des EuGH zu nicht personalisierten Verfahren i. S. d. Art. 4 Nr. 23 PSD entscheidend auf die Qualität der Authentifizierungsmerkmale ankomme. Das LG Karlsruhe verwies in seiner Entscheidung auf die unterschiedlich zu bewertende Sicherungsqualität handschriftlicher, manueller, nasser Unterzeichnung eines Zahlungsauftrags, die mit den hinterlegten Originalunterschriften des Berechtigten verglichen werden könne und der automatisiert-technisch hergestellten bzw. reproduzierbaren Unterschriftsleistung in Form eines vorgelegten PDF-Scans, der z. B. einer E-Mail beigefügt ist.

Für den Begriff des Zahlungsauthentifizierungsinstruments finde sich nämlich in § 1 Abs. 5 ZAG a.F. eine Legaldefinition. Ein Zahlungsauthentifizierungsinstru-

52 LG Heilbronn BeckRs 2015, 17463.

53 LG Heilbronn BeckRs 2015, 17463.

54 LG Karlsruhe BKR 2019, 151 (151 ff.).

ment sei danach „jedes personalisierte Instrument oder Verfahren, das zwischen dem Zahlungsdienstnutzer und dem Zahlungsdienstleister für die Erteilung von Zahlungsaufträgen vereinbart wird und das vom Zahlungsdienstnutzer eingesetzt wird, um einen Zahlungsauftrag zu erteilen“. Bei personalisierten Sicherheitsmerkmalen handele es sich um personalisierte Merkmale, die der Zahlungsdienstleister dem Zahlungsdienstnutzer zum Zwecke der Authentifizierung bereitstelle. Damit würden aber nicht jegliche personenbezogene Daten erfasst (z. B. Kontonummer oder Kartennummer), sondern lediglich solche Merkmale, die eine Authentifizierung erlaubten (z. B. PIN, TAN oder Passwort), da nur diese eine Überprüfung durch den Zahlungsdienstleister ermöglichen.[55]

Damit seien im konkreten Fall weder der in den Bedingungen des Zahlungsdienstleisters für den Überweisungsverkehr genannte Vordruck, noch die Unterschrift des Auftraggebers zu verstehen. Ersterer erlaube keine Authentifizierung und letztere – in Abgrenzung zu der auf einer Karte vermerkten Unterschrift – würde nicht vom Zahlungsdienstleister bereitgestellt.[56] Schlichte Zahlungsvorgänge wie die Überweisung seien keine Zahlungsauthentifizierungsinstrumente.[57]

Im Folgenden befasste sich das LG Karlsruhe mit der Entscheidung des EuGH vom 9.4.2014, die den Wertungen des LG Karlsruhe entgegenstand. Das LG Karlsruhe war der Auffassung, dass die Entscheidung des EuGH vom 9.4.2014 vor dem Hintergrund der Umsetzung des Art. 4 Nr. 23 PSD in deutsches nationales Recht nicht der Bewertung der Qualifikation des Zahlungsauthentifizierungsinstruments als personalisiertem Verfahren widerspräche. Das LG Karlsruhe bezog sich hierbei auf die Feststellung des EuGH, dass die Authentifizierung des Zahlungsauftrags einen Vergleich der eigenhändigen Unterschrift auf dem Zahlungsbeleg mit der beim Zahlungsdienstleister hinterlegten Unterschriftenprobe erfordere. Nur dann könne der Zahlungsdienstleister den Zahlungsauftrag gemäß Art. 4 Nr. 19 PSD authentifizieren, indem er die eigenhändige Unterschrift auf dem Zahlschein mit der vorab vom Zahler hinterlegten Probe der eigenhändigen Unterschrift vergleiche.[58] Die Prüfung der Echtheit von Unterschriften sei dagegen erheblich eingeschränkt, sofern kein Original vorliege, sondern nur eine Ablichtung. Anders stelle sich die Sachlage bei einer mit Tinte oder entsprechendem Schreibmittel zu leistenden Unterschrift dar. Hier seien nicht nur der Fälschungsaufwand und die handwerklichen Anforderungen an eine gelungene Fälschung erheblich höher, sondern in der

55 LG Karlsruhe BKR 2019, 151 (152) unter Hinweis auf BeckOK BGB/*Schmalenbach*, 45. Ed. 1.11.2017, BGB § 675l Rn. 3.

56 LG Karlsruhe BKR 2019, 151 (153) unter Hinweis auf MüKoBGB/*Jungmann*, 7. Auflage, 2017, § 675j Rn. 43 f.

57 LG Karlsruhe BKR 2019, 151 (153) unter Hinweis auf Staudinger/*Omlor*, 2012, § 675v Rn. 4.

58 LG Karlsruhe BKR 2019, 151 (153).

Folge auch die damit verbundene Fehlerquote und somit die Möglichkeit der Aufdeckung einer Fälschung.[59]

(cc) OLG Köln vom 16.05.2019 – 12 U 258/17[60]

Das OLG Köln war im Jahr 2019 der Auffassung, dass es trotz der Entscheidung des EuGH vom 9.4.2014 für den nationalen Begriff des Zahlungsauthentifizierungsinstruments nicht auf die unionsrechtliche Definition und Bewertung des Begriffs des nicht personalisierten Verfahrens i. S. d. Art. 4 Nr. 23 PSD ankomme.[61] Soweit der EuGH in seinem Urteil vom 09.04.2014 nämlich ausgeführt habe, dass Art. 4 Nr. 23 PSD dahingehend auszulegen sei, dass es sich auch bei der Erteilung eines Überweisungsauftrags durch einen eigenhändig unterschriebenen Zahlschein um ein Zahlungsinstrument handele, rechtfertige dies keine abweichende Bewertung vom konstitutiven Erfordernis eines personalisierten Sicherheitsmerkmals zur Qualifikation eines Verfahrens i. S. d. Art. 4 Nr. 23 PSD als Zahlungsinstrument.[62] Bei Auslegung der deutschen Ausführungsnormen zur PSD sei grundsätzlich das vom deutschen Gesetzgeber zugrunde gelegte Begriffsverständnis maßgeblich und dieses lediglich auf Unionsrechtswidrigkeit zu überprüfen. Eine Unionsrechtswidrigkeit sei aber nicht ersichtlich.[63]

(dd) OLG Celle vom 17.11.2020 – 3 U 122/20[64]

Das OLG Celle sah auch nach der Entscheidung des EuGH vom 09.4.2014 die Frage, ob ein nicht-personalisiertes Verfahren im Sinne der Definition des Art. 4 Nr. 23 PSD, § 1 Abs. 5 ZAG a.F. auch unter dem nationalen deutschen Recht als Zahlungsauthentifizierungsinstrument verstanden werden kann, weiterhin als offen an. Das OLG Celle verwies darauf, dass „nach einer auf die Rechtsprechung des EuGH[65] zur Zahlungsdiensterichtlinie gestützten Auffassung eine Vereinbarung, nach der

---

59 LG Karlsruhe BKR 2019, 151 (153): „*...Ein Unterschriftenvergleich könne, um die Authentifizierung zu ermöglichen und eine höchstmögliche Sicherheit zu gewährleisten und damit den Teil eines Zahlungsinstruments darzustellen, nur anhand einer vorliegenden Originalunterschrift vorgenommen werden...*“; in diesem Sinne auch LG Düsseldorf BKR 2019, 154 (155).

60 BeckRS 2019, 52399.

61 Diese Auffassung entspricht der Auffassung von *Jungmann* in der 7. Auflage des Münchener Kommentars zu § 675j (MüKoBGB/*Jungmann*, 7. Auflage, 2017, § 675j Rn. 39). Der Begriff des Zahlungsauthentifizierungsinstruments enthalte den Begriff der Authentifizierung. Damit werde das Erfordernis eines persönlichen Sicherheitsmerkmals zwingend eingeführt.

62 BeckRS 2019, 52399, Rn. 40.

63 BeckRS 2019, 52399, Rn. 40 unter Hinweis auf *Piekenbrock*, WM 2015, 797 (801).

64 OLG Celle BKR 2021, 114 (114 ff.).

65 EuGH EuZW 2014, 464 (464 ff.).

Überweisungsaufträge durch die Verwendung von Überweisungsbelegen mit Unterschrift erteilt werden können, die ihrerseits mit den beim Kreditinstitut hinterlegten Unterschriftsproben abgeglichen werden können, als personalisiertes Sicherheitsmerkmal und damit als Zahlungsinstrument einzustufen" sei.[66] Die Gegenauffassung verweise auf die Gesetzesbegründung sowie auf „den Umstand, dass die Entscheidung des EuGH nicht im Kontext der Regelungen zum Nachweis der Authentifizierung von Zahlungsvorgängen ergangen" sei.[67]

Die Ausführungen des OLG Celle lassen erkennen, dass es rechtliche Zweifel an der Übertragbarkeit der Grundsätze der Entscheidung des EuGH auf die nationalen Regelungen des § 1 Abs. 5 ZAG a.F. hatte. Auch wenn es nach Auffassung des OLG Celle im streitigen Fall nicht auf die Qualifikation des eingesetzten Zahlungsmediums ankam, so spricht die bloße Gegenüberstellung der unterschiedlichen Rechtsauffassungen ohne eigene Stellungnahme dafür, dass das Gericht eine uneingeschränkte Übertragung der Grundsätze des EuGH zu nicht personalisierten Verfahren auf die Alternative des Verfahrens in § 1 Abs. 5 ZAG a.F. nicht für möglich hielt.

(b) Die Grundsatzentscheidung des BGH vom 17.11.2020

(aa) Die Entscheidung des BGH zum sog. CEO-Fraud vom 17.11.2020[68]

Der BGH hatte Gelegenheit, sich in seiner Entscheidung vom 17.11.2020 u.a. umfassend mit der Einordnung eines Zahlungsauftrags, der keine personalisierten Sicherheitsmerkmale aufwies (hier eines Zahlungsauftrags in Form eines Telefaxes), als Zahlungsauthentifizierungsinstrument auseinanderzusetzen.

Der BGH hatte zu entscheiden, ob der Zahlungsdienstleister dem Anspruch des klagenden Zahlungsdienstnutzers auf Rückgängigmachung von Kontobelastungen nach § 675u S. 2 BGB einen Anspruch auf Schadensersatz gemäß § 280 BGB entgegenhalten konnte. Hintergrund der Auseinandersetzung war die nicht autorisierte Ausführung von mehreren per Telefax übermittelten Zahlungsaufträgen. Die Mitarbeiterin der Zahlungsdienstnutzerin verletzte bei Ausfertigung der Zahlungsanweisungen hierbei Bedingungen, die die Zahlungsdienstnutzerin und der Zahlungsdienstleister vereinbart hatten und die der Sicherstellung der Autorisierung und Authentifizierung der Zahlungsaufträge gegenüber dem Zahlungsdienstleister

66 OLG Celle BKR 2021, 114 (116) unter Hinweis auf EuGH EuZW 2014, 464 ff.; Baumbach/Hefermehl/Casper/*Casper*, 24. Auflage, 2020, E. Recht des Zahlungsverkehrs Rn. 180; MüKoBGB/*Zetzsche*, 9. Auflage, 2023, § 675v Rn. 17; *Zahrte*, BKR 2019, 126 (130).

67 OLG Celle BKR 2021, 114 (116); *Piekenbrock*, WM 2015, 797 (800); hierzu auch *Hofmann*, BKR 2018, 62 (65); kritisch hierzu *Linardatos*, EWiR 2021, 131 (132).

68 BGH ZBB 2021, S. 139 ff.

dienen sollten. Der BGH war der Auffassung, dass die Anwendung der §§ 280 Abs. 1, 241 BGB durch die Sperrwirkung des § 675v Abs. 2 BGB a.F. ausgeschlossen sei. Auch bei einer Faxanweisung handele es sich nämlich um ein Zahlungsinstrument i. S. d. Art. 4 Nr. 23 PSD.[69] Der BGH schloss sich hier der Auffassung des EuGH vom 9.04. 2014[70] an, dass nach dem Willen des Unionsgesetzgebers unter dem in Art. 4 Nr. 23 PSD definierten Begriff des Zahlungsinstruments auch ein nicht personalisierter Verfahrensablauf verstanden werden könne.[71] Art. 4 Nr. 23 PSD sei daher im Lichte insbesondere des Art. 53 Abs. 1 b) PSD dahin auszulegen, dass es sich sowohl bei dem Verfahren zur Erteilung eines Überweisungsauftrags durch einen vom Zahler eigenhändig unterschriebenen Zahlschein als reinem Zahlungsverfahren, als auch bei dem Verfahren zur Erteilung eines Überweisungsauftrags im Onlinebanking um Zahlungsinstrumente im Sinne dieser Bestimmung handele.[72]

Diese Anforderungen erfülle auch das im streitigen Fall zwischen Zahlungsdienstleister und Zahlungsdienstnutzer vereinbarte Verfahren der Zahlungsanweisungen per Fax. Dass dieser Vergleich bei einer per Telefax übermittelten Unterschrift schwieriger oder weniger sicher sein könne, als bei der Vorlage einer Originalunterschrift, ändere daran nichts.[73] Damit widersprach der BGH gleichzeitig der Bewertung des LG Karlsruhe vom 5.7.2018, das noch eine fälschungssichere Unterzeichnung des Zahlungsauftrags verlangt hatte.[74]

Der BGH hatte sich in seiner Entscheidung allerdings noch mit der abweichenden Umsetzung des Art. 4 Nr. 23 PSD in § 1 Abs. 5 ZAG a.F., § 675v Abs. 2 BGB a.F. des Zahlungsinstruments in Form des Zahlungsauthentifizierungsinstruments und der diesbezüglichen Begründung des nationalen Gesetzgebers auseinander zu setzen. Bis zur Entscheidung des BGH im streitigen Fall ging die weit überwiegende Auffassung in Literatur und Rechtsprechung davon aus, dass es sich bei beleghaften Überweisungen nicht um Zahlungsauthentifizierungsinstrumente handele.[75]

---

69 BGH BKR 2021, 240 (244).

70 EuGH EuZW 2014, 464 (466).

71 BGH BKR 2021, 240 (244).

72 BGH BKR 2021, 240 (244).

73 BGH BKR 2021, 240 (244); a.A. noch LG Karlsruhe BKR 2019, 151 (151).

74 LG Karlsruhe BKR 2019, 151 (153).

75 BGH BKR 2021, 240 (244) unter Hinweis auf LG Karlsruhe BKR 2019, 151 Rn. 10; Erman/v. *Westphalen*, 15. Auflage, 2017, § 675v Rn. 3; aber auch zur abweichenden Rechtsauffassung Erman/v. *Westphalen*, 16. Auflage, 2020, § 675v Rn. 3; nunmehr anerkannt durch Erman/v. *Westphalen*, 17. Auflage, 2023, § 675v Rn. 3; Schimansky/Bunte/Lwowski/*Mayen*, 4. Auflage, 2011, § 49 Rn. 125; Schimansky/Bunte/Lwowski/*Schmieder*, 5. Auflage, 2017, § 49 Rn. 125; Staudinger/*Omlor*, 2012, § 675c Rn. 16 f.; MüKoBGB/*Casper*, 6. Auflage, 2012, § 675j Rn. 28 f.; MüKoBGB/*Jungmann*, 7. Auflage, 2017, § 675j Rn. 42, 48; Ellenberger/Findeisen/Nobbe/*Findeisen*, 2. Auflage, 2013, § 1 Rn. 421; Palandt/*Sprau*, 74. Auflage, 2015, § 675j Rn. 7.

Diese Auffassung ging zurück auf die in der Gesetzesbegründung zur Umsetzung der PSD enthaltene Feststellung, dass reine Zahlungsverfahren wie Überweisungen keine Zahlungsauthentifizierungsinstrumente seien, sondern bei der Erteilung eines Zahlungsauftrags das verwendete Medium als Authentifizierungsinstrument eingesetzt werden müsse.[76] Hieraus folge aber nach Auffassung des BGH nicht, dass Überweisungen prinzipiell nicht als Zahlungsauthentifizierungsinstrumente qualifiziert werden könnten. Dies ergab sich für den BGH daraus, dass ebenfalls in der Begründung zur Umsetzung der PSD (hier zu § 1 Abs. 5 ZAG a.F.) ausgeführt wurde, dass für ein Zahlungsinstrument die Authentifizierung des Zahlungsvorgangs unter Verwendung eines personalisierten Sicherheitsmerkmals charakteristisch sei.[77] Dies schließe nicht aus, dass der Gesetzgeber weitere Möglichkeiten der Autorisierung des Zahlungsvorgangs und seines Nachweises – sofern insbesondere aufgrund einer unionsrechtskonformen Auslegung geboten – zulassen wollte.[78] Die Gesetzesmaterialien zu § 1 Abs. 5 ZAG a.F. ließen danach allein den Schluss zu, dass nach dem Willen des nationalen Gesetzgebers für das Vorliegen eines Zahlungsinstruments entsprechend Art. 4 Nr. 19 PSD eine zusätzliche Authentifizierungsfunktion tatbestandlich vorausgesetzt wurde.[79] Damit erforderte nach Auffassung des BGH das gewählte Zahlverfahren – u.a. mittels Überweisungsauftrag – allein dieses weitere Authentifizierungsmerkmal.[80] Im Falle einer beleghaften Überweisung reiche die Unterschrift des Zahlungsdienstnutzers als Authentifizierungsmerkmal aus.[81]

Diesem Ergebnis stehe auch nicht entgegen, dass in §§ 675l S. 1, 675m Abs. 2 Nr. 1 BGB in der bis zum 12.1.2018 geltenden Fassung, § 675v Abs. 1 S. 2, § 675w S. 2 BGB a.F. die Authentifizierung von dem Einsatz eines vom Zahlungsdienstleister zur Verfügung gestellten personalisierten Sicherheitsmerkmals abhing. Hieraus folge nämlich nicht, dass der Gesetzgeber die Verwendung eines solchen Sicherheitsmerkmals zum konstitutiven Bestandteil eines Zahlungsauthentifizierungsinstruments i.S.d. § 1 Abs. 5 ZAG a.F. erheben wollte und damit entgegen dem Vollharmonisierungsgebot des Art. 86 PSD in Art. 4 Nr. 23 PSD andere Verfahrensabläufe,

---

76 BGH BKR 2021, 240 (244); BT-DrS. 16/11613, S. 36 (unzutreffend der Verweis des BGH auf BT-DrS. 16/11643, S. 114).

77 BGH BKR 2021, 240 (244); BT-DrS. 16/11613, S. 36.

78 BGH BKR 2021, 240 (244).

79 BGH WM 2021, 174 (179) unter Hinweis auf MüKoBGB/*Jungmann*, 7. Auflage, 2017, § 675j Rn. 52: „abstraktes Zahlungsauthentifizierungsinstrument".

80 BGH WM 2021, 174 (179).

81 BGH BKR 2021, 240 (244) unter Hinweis auf BeckOGK BGB/*Köndgen*, 1.8.2020, BGB § 675j Rn. 49; Staudinger/*Omlor*, 2020, § 675v Rn. 5; *Zahrte*, BKR 2019, 126 (130); auch: MüKoBGB/*Jungmann*, 8. Auflage, 2020, § 675j Rn. 39; Palandt/*Sprau*, 79. Auflage, 2020, § 675j Rn. 6.

die zwischen Nutzer und Zahlungsdienstleister für die Autorisierung gemäß § 675j Abs. 1 S. 3 BGB bei Erteilung eines Zahlungsauftrags vereinbart werden können, als Zahlungsinstrument ausschließen wollte.[82]

(bb) Zwischenergebnis

Damit kam der BGH auf Grundlage der Entscheidung des EuGH vom 9.4.2014[83] zum Ergebnis, dass ein zwischen Zahlungsdienstleister und Zahlungsdienstnutzer vereinbartes Verfahren als Alternative eines Zahlungsauthentifizierungsinstruments keines konstitutiv wirkendenden personalisierten Sicherheitsmerkmals bedurfte, solange die Authentifizierung des Auftraggebers möglich ist.

(cc) Bewertung

Der BGH setzte mit seiner Entscheidung vom 17.11.2020 die unionsrechtliche Auslegung des Begriffs des Verfahrens i. S. d. Art. 4 Nr. 23 PSD, § 1 Abs. 5 ZAG a.F. auch auf nationaler Ebene um. Insoweit enthält die Entscheidung des BGH nach der Entscheidung des EuGH vom 9.4.2014 keine grundlegende Weiterentwicklung maßgeblicher Rechtsgrundsätze zum Begriff des Zahlungsinstruments, sondern wendet die Entscheidung des EuGH auf nationale Regelungen an. Eine eingeschränkte Weiterentwicklung lässt sich allein darin erkennen, dass der BGH die Möglichkeit des Vergleichs zur Authentifizierung beim Zahlungsdienstleister auch dann anerkennt, wenn es sich bei dem vorgelegten Zahlungsauftrag nebst der zur Authentifizierung dienenden Unterschrift des berechtigten Auftraggebers lediglich um eine elektronisch erzeugte Kopie des den Auftrag verkörpernden Dokuments handelt. Der BGH verwies darauf, dass es für die Authentifizierungsmöglichkeit nicht darauf ankomme, dass die Verifizierung der nassen Unterschrift auf einem Zahlungsauftrag mit der beim Zahlungsdienstleister hinterlegten Unterschrift des Zahlungsdienstnutzers einfacher (und damit gegebenenfalls auch sicherer) zu führen sei, als bei einem Telefax.[84] Ob sich dieser Schluss des BGH tatsächlich aus der Entscheidung des EuGH vom 9.4.2014 ziehen lässt, ist jedoch fraglich.

---

82 BGH BKR 2021, 240 (244) unter Hinweis auf BeckOGK BGB/*Köndgen*, 1.8.2017, BGB § 675j Rn. 32f.; BeckOGK BGB/*Köndgen*, 1.8.2020, BGB § 675j Rn. 52f.; *Oechsler*, WM 2010, 1381 (1382); zur abweichenden Auffassung Verweis auf LG Karlsruhe BKR 2019, 151 (151); Schimansky/Bunte/Lwowski/*Maihold*, 5. Auflage, 2017, § 55 Rn. 40; *Piekenbrock*, WuB 2015, 302 (304f.); Ellenberger/Findeisen/Nobbe/*Findeisen*, 2. Auflage, 2013, § 1 Rn. 416; hierzu auch: MüKoBGB/*Casper*, 6. Auflage, 2012, § 675j Rn. 28f.; Langenbucher/Bliesener/Spindler/*Herresthal*, 2. Auflage, 2016, Kap. 5 § 675v Rn. 18; BeckOGK BGB/*Hofmann*, 1.10.2017, BGB § 675v Rn. 21ff., BeckOGK BGB/*Hofmann*, 1.10.2017, BGB § 675l Rn. 30.

83 EuGH EuZw 2014, 464 (464ff.).

84 BGH BKR 2021, 240 (244).

Der EuGH verwies in seinen Entscheidungsgründen nämlich mehrfach darauf, dass das Kreditinstitut den Zahlungsauftrag gemäß Art. 4 Nr. 19 PSD authentifizieren können müsse, indem es die eigenhändige Unterschrift auf dem Zahlschein mit der vorab vom Zahler hinterlegten Probe der eigenhändigen Unterschrift vergleiche. Natürlich lässt sich auch die auf einem Telefax aufgebrachte eigenhändige Unterschrift mit einer beim Zahlungsdienstleister hinterlegten Unterschrift vergleichen. Andererseits lässt sich auf derart elektronisch übermittelten Dokumenten seitens des Empfängers nur schwer nachvollziehen, ob die aufgebrachte Unterschrift tatsächlich eigenhändig auf dem diesbezüglich übermittelten Zahlungsauftrag aufgebracht wurde. Den Hinweis des BGH, dass bei einer per Telefax übermittelten Unterschrift der Unterschriftenvergleich schwieriger oder weniger sicher sein könne, als bei der Vorlage einer Originalunterschrift, und nichts an der Qualifikation eines Telefax als Zahlungsinstrument ändere, begründete der BGH nicht. Damit lässt sich nur vermuten, dass diese Bewertung des BGH sich auf die Feststellung des EuGH bezog, dass das Kreditinstitut den Zahlungsauftrag gemäß Art. 4 Nr. 19 der Richtlinie authentifizieren könne, indem es die eigenhändige Unterschrift auf dem Zahlschein mit der vorab vom Zahlungsdienstnutzer hinterlegten Probe der eigenhändigen Unterschrift vergleiche. Der BGH interpretierte diese Formulierung dahingehend, dass es nicht auf die Sicherheit der Feststellung der Authentifizierung ankommen muss, sondern vielmehr allein auf die objektiv eröffnete Möglichkeit der Authentifizierung.

Gegen diese Auslegung spricht aber die weitergehende Begründung des EuGH, die auf der Stellungnahme des Generalanwalts zum streitigen Verfahren aufsetzte. Der Generalanwalt verwies nämlich darauf, dass es im Rahmen der Bewertung der Gleichwertigkeit der eigenhändigen Unterschrift auf einem Zahlschein (oder Überweisungsträger) und der Erteilung eines Zahlungsauftrags im Online-Banking es jeder Logik entbehren würde, die beiden Methoden der Verwendung des gleichen Zahlungsinstruments, nämlich der Überweisung, unterschiedlich zu behandeln.[85] Die Ausführung eines Zahlungsauftrags im Online-Banking werde durch den Zahlungsdienstnutzer authentifiziert, indem er verschiedene personalisierte Nummern wie eine Identifikationsnummer, eine Geheimnummer und eine Transaktionsnummer eingebe.[86] Diese personalisierten Nummern seien Identifikationsmerkmale, die nicht durch einen nicht berechtigten Dritten auf elektronischem Weg für eine Mehrzahl von Zahlungsaufträgen vervielfältigt und zur Grundlage mehrfacher verfälschter Zahlungsaufträge verwendet werden könnten. Insoweit liegt es nahe,

85 Generalanwalt beim EuGH (Wathelet), Schlussantrag vom 24.10.2013 – EuGH C-616/11 BeckRS 2013, 82051 Rn. 59.

86 EuGH EuZW 2014, 464 (466).

die durch den EuGH angenommene Vergleichbarkeit eines eigenhändig unterschriebenen Zahlscheins/Überweisungsauftrags mit personalisierten Nummern dahingehend zu interpretieren, dass es dem EuGH tatsächlich darauf ankam, dass dem Zahlungsdienstleister der eigenhändig unterschriebene Zahlschein im Original vorliegen muss. Nur so entspricht nämlich der durch Prüfung der eigenhändigen Unterschrift gewährleistete Sicherheitsstandard auch dem Sicherheitsstandard, der durch die Verwendung personalisierter (Sicherungs-) Nummern hergestellt ist. Insoweit bestehen erhebliche Zweifel an der Bewertung des BGH, wonach es nicht auf die Frage der sicheren Prüfung der Authentifizierung ankomme. Für die Frage der Beurteilung des konstitutiven Charakters eines personalisierten Zahlungsinstruments spielt diese Frage jedoch keine entscheidende Rolle. Vielmehr hat sich die diesbezügliche Bewertung allein daran zu orientieren, ob es entscheidend auf ein konstitutives Element eines personalisierten Sicherheitsmerkmals ankommt. Dies aber ist nach dem BGH zu verneinen, da es nur darauf ankomme, dass die PSD es nicht ausschließe, dass nicht personalisierte Zahlungsauthentifizierungsinstrumente grundsätzlich möglich seien.

Die ausführliche Argumentation des BGH, dass auch eine Faxanweisung ein Zahlungsauthentifizierungsinstrument in Form eines Verfahrens nach Art. 4 Nr. 23 PSD darstellen könne, war aufgrund der Begründung des Gesetzgebers zur Qualifikation eines Zahlungsauthentifizierungsinstruments erforderlich. Dieser hatte nämlich zur Umsetzung der PSD ausgeführt, dass reine Zahlungsverfahren wie Überweisungen keine Zahlungsauthentifizierungsinstrumente seien. Der BGH musste daher ausführlich begründen, dass die nationale Regelung, nach welcher ein Instrument oder Verfahren i. S. d. § 1 Abs. 5 ZAG a.F. immer mit personalisierten Sicherheitsmerkmalen konstitutiv verbunden sein müsse, um ein Zahlungsauthentifizierungsinstrument darzustellen, nicht einer entgegenstehenden unionsrechtskonformen Auslegung widerspreche. Ob der BGH hierbei die Bedenken *Jungmanns*[87] teilte, erschließt sich aus den Entscheidungsgründen nicht.

Jungmann hob in der 7. Auflage des Münchener Kommentars zu § 675j BGB nämlich noch hervor, dass die Entscheidung des EuGH, dass der in Art. 4 Nr. 23 PSD definierte Begriff Zahlungsinstrument nach dessen Rechtsprechung kein personalisiertes Sicherheitsmerkmal voraussetze und deshalb auch eine schlichte Personalisierung ohne den Einsatz eines Sicherheitsmerkmals zulasse, keine Bedeutung für die Auslegung des im BGB verwendeten Begriffs Zahlungsauthentifizierungsinstrument habe.

Durch den im Begriff des Zahlungsauthentifizierungsinstruments enthaltenen Begriff Authentifizierung werde das Erfordernis eines persönlichen Sicherheits-

87 MüKoBGB/*Jungmann*, 7. Auflage, 2017, § 675j Rn. 39.

merkmals zwingend eingeführt und somit gleichsam zum Markenzeichen eines jeden Zahlungsauthentifizierungsinstruments gemacht. Nach *Jungmanns* Auffassung mussten daher Zahlungsauthentifizierungsinstrumente (stets) personalisierte Sicherheitsmerkmale aufweisen.[88]

(dd) Ergebnis

Der BGH wandte in seiner Entscheidung die Grundsätze eines einheitlichen Begriffes des Zahlungsauthentifizierungsinstruments für (ent-)personalisierte Verfahrensabläufe unter Zugrundelegung unionsrechtlicher Auslegungsgrundsätze an. Vor dem Hintergrund der Entscheidung des EuGH vom 9.4.2014 wäre eine abweichende Entscheidung zu einem Verfahren, das zwischen Zahlungsdienstleister und Zahlungsdienstnutzer zur Grundlage der Weisung im Zusammenhang mit der Ausführung von Zahlungsaufträgen vereinbart worden ist, kaum begründbar gewesen. Die Auffassung von *Jungmann* in der 7. Auflage des Münchner Kommentar zu § 675j BGB erscheint vor dem Hintergrund, dass die Vorschriften des Unionsrechts trotz unterschiedlicher Sprachfassungen in allen nationalen Rechtsordnungen einheitlich ausgelegt und angewandt werden müssen, zweifelhaft und nicht folgerichtig. Da gerade der EuGH zur Gewährleistung einer einheitlichen Auslegung der Rechtsnormen berufen ist, ist in dieser Frage kein Raum erkennbar, auf nationaler Ebene zum Verfahren der Erteilung eines Zahlungsauftrags mit Blick auf die Frage des Erfordernisses einer Personalisierung eine abweichende Rechtsauffassung zu vertreten.
Gleichwohl bleibt – ebenso wie nach der Entscheidung des EuGH vom 9.4.2014 – auch bei der Entscheidung des BGH offen, inwieweit die Grundsätze beider Entscheidungen Einfluss auf das Merkmal des personalisierten Instruments als Alternative des Zahlungsinstruments haben.[89]

(c) Die Weiterentwicklung der Rechtsprechung des BGH durch das OLG Karlsruhe

(aa) OLG Karlsruhe vom 12. 4.2022, 17 U 823/20[90]

Im Zusammenhang mit der Beurteilung der Sperrwirkung des § 675v BGB gegenüber allgemeinen Schadensersatzansprüchen des Zahlungsdienstleisters verwies das Gericht im Zusammenhang mit der Prüfung der Voraussetzungen des § 675v BGB zunächst auf die Entscheidungen des EuGH vom 9.4.2024 und des BGH vom

88 MüKoBGB/*Jungmann*, 7. Auflage, 2017, § 675j Rn. 39.
89 Vgl. hierzu auch *Zahrte*, ZBB 2021, 131 (136 f.).
90 OLG Karlsruhe WM 2022, 1582 (1582 ff.).

17.11.2020.[91] Auch eine Zahlungsanweisung per Fax erfülle danach die Anforderungen des Art. 4 Nr. 23 PSD.[92] Gleiches müsse auch für eine Zahlungsanweisung gelten, die per E-Mail erteilt werde.[93] Ebenso wie bei der Faxanweisung könne der Zahlungsdienstleister nämlich auch die vom Kunden hinterlegte E-Mail-Adresse mit der Adresse des Absenders der E-Mail vergleichen. Ein Unterschied in der Abwicklung der durch E-Mail autorisierten Zahlungsvorgänge im Vergleich zum Fax, insbesondere zum Computer-Fax, sei nicht ersichtlich. Ob das Merkmal, das verglichen werde, eine sichere Authentifizierung zulasse, sei dabei unerheblich.[94]

(bb) Bewertung

Die Schlussfolgerung des OLG Karlsruhe, dass unter Art. 4 Nr. 23 PSD, § 1 Abs. 5 ZAG a.F. die Authentifizierung eines Zahlungsauftrags in Form einer E-Mail, wie bei einer Faxanweisung, möglich sei, ist unzutreffend. Ist schon der Vergleich einer Faxanweisung mit einem eigenhändig unterzeichneten Überweisungsauftrag angreifbar[95], so scheidet eine Authentifizierung des Auftraggebers allein aufgrund einer per E-Mail versandten Zahlungsanweisung aus. Sowohl der EuGH als auch der BGH haben unter der PSD festgestellt, dass es für die Qualifikation eines Zahlungsinstruments in der Alternative des Verfahrens i. S. d. Art. 4 Nr. 23 PSD, § 1 Abs. 5 ZAG a.F. nicht zwingend auf die konstitutive Verbindung mit personalisierten Sicherheitsmerkmalen ankomme. Entscheidend war aber sowohl für den BGH als auch den EuGH, dass der Zahlungsdienstleister eine Authentifizierung anhand begleitender Umstände vornehmen konnte. In beiden Entscheidungen stellten die Gerichte eine Konnexität zu Authentifizierungsmerkmalen her, die bei dem Zahlungsdienstleister hinterlegt waren und einen Abgleich mit den auf dem Zahlungsauftrag vorhandenen Authentifizierungsmerkmalen zuließen. Dies waren in den durch den EuGH und den BGH entschiedenen Fällen jeweils die Unterschriften des Zahlungsauftraggebers. Zwar lassen sich auch Ablichtungen von Unterschriften des eigentlich Berechtigten herstellen und diese dem Zahlungsdienstleister als echte Unterzeichnung des Zahlungsauftrags übermitteln. Hierbei muss sich der nicht autorisierte Auftraggeber aber sowohl bei der Nachahmung der eigenhändigen Unterschrift des Berechtigten, als auch bei einer per Fax erteilten Zahlungsanweisung, zunächst eine Vorlage von dessen Unterschrift beschaffen, die mit der bei dem

91 OLG Karlsruhe WM 2022, 1582 (1589).
92 OLG Karlsruhe WM 2022, 1582 (1589) unter Hinweis auf BGH WM 2021, 174.
93 OLG Karlsruhe WM 2022, 1582 (1589) unter Hinweis auf MüKoBGB/*Zetzsche*, 8. Auflage, 2020, § 675v Rn. 17.
94 OLG Karlsruhe WM 2022, 1582 (1589) unter Hinweis auf BGH WM 2021, 174.
95 Vgl. hierzu Bewertung in C., II., 1., c), aa), (2), (b), (cc) dieser Arbeit.

Zahlungsdienstleister hinterlegten Unterschriftsprobe übereinstimmt. Insoweit bedarf es eines deutlich höheren Aufwands, sich Zugang zu einem derartigen Authentifizierungsmerkmal zu verschaffen, als dies bei der Versendung von E-Mails über den Zugriff auf das Computersystem des Berechtigten erforderlich ist. Auch wenn der BGH technische Schwierigkeiten beim Vergleich der Unterschriften auf dem Zahlungsauftrag (Telefax vs. Originalunterschrift) nicht als Hindernis für eine Authentifizierung erachtete, so ist für die Anerkennung eines Authentifizierungsverfahrens jedoch ein Mindestmaß an Personenbeziehbarkeit der Authentifizierungsmerkmale zu fordern. Einer per E-Mail versandten Zahlungsanweisung ohne weitere Authentifizierungsmerkmale fehlt aber jedes subjektive Merkmal, anhand dessen der Zahlungsdienstleister feststellen kann, dass der Berechtigte die Zahlungsanweisung versandt hat.[96] So ist die Versendung von E-Mails unter gefälschtem Absendernamen bereits heute selbst für nicht-professionelle Versender kaum ein Hindernis.

Damit lässt sich durch einen Vergleich von einer dem Zahlungsdienstleister bekannten Absende-E-Mail-Adresse mit einer beim Zahlungsdienstleister hinterlegten E-Mail-Adresse kein Nachweis einer Authentifizierung führen.[97]

bb) Die Auffassung der Literatur

(1) Meinungsstand

Die Auffassungen in der Literatur zur Frage der konstitutiven Verbindung eines die Weisung des Zahlungsdienstnutzers verkörpernden Zahlungsauthentifizierungsinstruments mit personalisierten Sicherheitsmerkmalen i. S. d. Art. 1 Nr. 23 PSD, § 1 Abs. 5 ZAG a.F. waren nicht einheitlich.

Die überwiegende Auffassung hielt für die Einordnung eines Instruments oder Verfahrens als Zahlungsauthentifizierungsinstrument deren Verknüpfung mit ei-

---

96 A.A. ohne Begründung MüKoBGB/*Zetzsche*, 8. Auflage, 2020, § 675v Rn. 17.

97 In diesem Sinn wohl auch *Zahrte*, BKR 2023, 146 (150); Die Entscheidung des OLG Karlsruhe lässt an einigen Stellen die treffgenaue Auseinandersetzung mit den relevanten Normen oder auch den Grundsätzen des EuGH bzw. BGH vermissen. Neben der bereits erwähnten und nach diesseitiger Auffassung unzutreffenden Einordnung einer reinen E-Mail Absendeadresse als Zahlungsinstrument verweist das OLG Karlsruhe an einigen Stellen unzutreffend auf in Bezug genommene Normen. So verweist das OLG Karlsruhe beispielsweise darauf, dass Art. 62 der Richtlinie 2007/64/EG unter der Überschrift „Haftung des Zahlers bei nicht autorisierter Nutzung des Zahlungsinstruments“ stehe. Tatsächlich findet sich diese Überschrift bei Art. 61. Ebenso weist das OLG Karlsruhe im Zusammenhang mit der Begründung der Sperrwirkung des § 675v BGB a.F. gegenüber allgemeinen Schadensersatzansprüchen aus § 280 Abs. 1 BGB darauf hin, dass die Regelung, mit der der Gesetzgeber Art. 62 Abs. 2 der Richtlinie 2007/64/EG umgesetzt habe (BT-DrS. 16/11643, S. 113 f.), eine Autorisierung per E-Mail erfasse. Insoweit ist die Argumentation des OLG Karlsruhe unklar. (WM 2022, 1582 (1589)).

nem personalisierten Sicherheitsmerkmal für erforderlich.[98] Zum Teil wurde dies aus dem systematischen Zusammenhang zwischen Art. 4 Nr. 19 und Nr. 23 PSD abgeleitet.[99] Da mit dem Zahlungsinstrument i. S. d. Art. 4 Nr. 23 PSD sichergestellt werden solle, dass die auf Ausführung des Zahlungsauftrags gerichtete Willenserklärung auch vom Berechtigten erteilt werde, stehe Art. 4 Nr. 23 PSD im unmittelbaren inhaltlichen Zusammenhang mit Art. 4 Nr. 19 PSD, der den Begriff der Authentifizierung definierte. Es läge daher nahe, für die Inhaltsbestimmung des Art. 4 Nr. 23 PSD auch die Definition des Art. 4 Nr. 19 PSD heranzuziehen. Dort beschreibe der Begriff der Authentifizierung ein Verfahren, mit dessen Hilfe der Zahlungsdienstleister die Nutzung eines bestimmten Zahlungsinstruments, einschließlich seiner personalisierten Sicherheitsmerkmale, überprüfen könne. Hieraus ließ sich nach Auffassung von Vertretern der Literatur erkennen, dass die personalisierten Sicherheitsmerkmale ein Teil des Zahlungsinstruments seien, diesem jedoch nicht gleichgesetzt werden könnten.[100]

Die unabdingbare Verbindung der beiden Begriffe Zahlungsinstrument und Authentifizierung aus der PSD zu dem Begriff des Zahlungsauthentifizierungsinstrument in § 1 Abs. 5 ZAG a.F. spreche dafür, dass Zahlungsauthentifizierungsinstrumente stets personalisierte Sicherheitsmerkmale aufweisen müssten.[101]

Sorg war gemeinsam mit der überwiegenden Auffassung der Literatur der Meinung, dass ein Zahlungsauthentifizierungsinstrument seinen eigentlichen Charakter gerade durch seine personalisierten Sicherheitsmerkmale erhalte.[102]

---

98 *Scheibengruber*, BKR 2010, 15 (17); *Koch*, Missbrauch von Zahlungsauthentifizierungsinstrumenten, 2012, S. 32; *Casper/Pfeifle*, WM 2009, 2343 (2344, 2350); Schimansky/Bunte/Lwowski/*Maihold*, 5. Auflage, 2017, § 55 Rn. 40; *Oechsler*, WM 2010, 1381 (1381 f.); in diesem Sinne wohl auch *Reymann*, DStR 2011, 1959 (1959); ausdrücklich unter Verweis auf die ganz herrschende Meinung MüKoBGB/*Jungmann*, 7. Auflage, 2017, § 675j Rn. 39; wohl auch *Sun*, Risikoverteilung beim Missbrauch von Zahlungsinstrumenten in Deutschland und der VR China, 2021, S. 38; ebenso Ellenberger/Findeisen/Nobbe/*Findeisen*, 2. Auflage, 2013, § 1 Rn. 280–282.

99 So *Scheibengruber*, BKR 2010, 15 (17).

100 *Scheibengruber*, BKR 2010, 15 (17); *Koch*, Missbrauch von Zahlungsauthentifizierungsinstrumenten, 2012, S. 29; Palandt/*Sprau*, 76. Auflage, 2017, § 675j Rn. 6.

101 MüKoBGB/*Jungmann*, 7. Auflage, 2017, § 675j Rn. 39; MüKoBGB/*Jungmann*, 8. Auflage, 2020, § 675j Rn. 38; *Casper/Pfeifle*, WM 2009, 2343 (2344); Schimansky/Bunte/Lwowski/*Maihold*, 5. Auflage, 2017, § 55 Rn. 40; *Oechsler*, WM 2010, 1381 (1381 f.); Casper/Terlau/*Casper*, 1. Auflage, 2014, § 1 Rn. 57; in diesem Sinne auch *Danwerth*, ZBB 2015, 119, (123 ff.); *Piekenbrock*, WM 2015, 797, (800); wohl auch OLG Frankfurt BKR 2017, 526 (527).

102 *Sorg*, Die zivilrechtliche Haftung im bargeldlosen Zahlungsverkehr, 2015, S. 40; Casper/Terlau/*Casper*, 1. Auflage, 2014, § 1 Rn. 57; MüKoBGB/*Casper*, 6. Auflage, 2012, § 675j Rn. 26; so auch Ellenberger/Findeisen/Nobbe/*Findeisen*, 2. Auflage, 2013, § 1 Rn. 280; *Casper/Pfeifle*, WM 2009, 2343 (2344); *Oechsler*, WM 2010, 1381 (1381 f.); Langenbucher/Bliesener/Spindler/*Langenbucher*, 2. Auflage 2016,

Dies lasse sich bereits an den gesetzlichen Wertungen des BGB ablesen, die sich mit einzelnen Aspekten des Zahlungsauthentifizierungsinstruments befassten.[103]

Maßgeblicher Ansatz für die überwiegende Auffassung der Literatur war die Gesetzesbegründung zur Definition des Tatbestandsmerkmals des Zahlungsauthentifizierungsinstruments.[104] Dort wurde nämlich ausgeführt, dass der in der PSD verwendete Begriff des Zahlungsinstruments nicht zu verwechseln sei mit dem des Zahlungsmittels wie beispielsweise die Nutzung von Bargeld oder Schecks. Ein Zahlungsauthentifizierungsinstrument werde vom Zahlungsdienstnutzer bei der Erteilung eines Zahlungsauftrags an seinen Zahlungsdienstleister als Authentifizierungsinstrument eingesetzt. Charakteristisch für ein Zahlungsinstrument sei mithin die Authentifizierung des Zahlungsvorgangs, d. h. die Erteilung eines Zahlungsauftrages unter Verwendung eines personalisierten Sicherheitsmerkmals.[105]

Eine abweichende Auffassung in der Literatur hielt es unter der PSD dagegen nicht für zwingend erforderlich, dass für die Qualifikation eines Zahlungsauthentifizierungsinstruments das relevante Auftragsmedium immer mit einem personalisierten Sicherheitsmerkmal verbunden sein müsse.[106] *Oechsler* wies bereits früh darauf hin, dass es für die Qualifikation eines Zahlungsauthentifizierungsinstruments zwar im Wesentlichen auf die Authentifizierungsfunktion ankomme.[107] Diese Authentifizierung könne jedoch nicht nur durch persönliche Sicherheitsmerkmale, sondern auch durch andere Merkmale erfolgen.

Auch *Omlor* verwies frühzeitig darauf, dass es für die Entstehung eines Zahlungsauthentifizierungsinstruments nicht auf ein konstitutives Element eines per-

---

Kap. 3 § 675j Rn. 21; Langenbucher/Bliesener/Spindler/*Jungmann*, 2. Auflage 2016, Kap. 6 Vor § 675f Rn. 12; *Scheibengruber*, BKR 2010, 15 (17); *Scheibengruber*, NJOZ 2010, 1366 (1367).

103 *Sorg*, Die zivilrechtliche Haftung im bargeldlosen Zahlungsverkehr, 2015, S. 40, 41, verweist insoweit auf die Regelungen der §§ 675l, 675m, 675k BGB, in denen Regelungen hinsichtlich der personalisierten Sicherheitsmerkmale im Zusammenhang mit dem Zahlungs(authentifizierungs) Instrument getroffen sind.

104 BT-DrS. 16/11613, S. 36.

105 Nicht eindeutig insoweit *Koch*, Missbrauch von Zahlungsauthentifizierungsinstrumenten, 2012, S. 31, in Fußnote 58, der darauf verweist, dass die durch den Gesetzgeber angestrebte Eindeutigkeit des Verständnisses des Begriffs des Zahlungsauthentifizierungsinstruments durch die Vermischung der Begriffe durch den Gesetzgeber selbst nicht erreicht wurde; der Gesetzgeber spreche nämlich nach *Koch* von „personalisierten Authentifizierungsinstrumenten". Tatsächlich lässt sich dieser von *Koch* zitierte Begriff indessen nicht in der Gesetzesbegründung finden. Gleichwohl ist *Koch* inhaltlich zuzustimmen.

106 Vgl. hierzu *Oechsler*, WM 2010, 1381 (1383); Staudinger/*Omlor*, 2012, § 675c Rn. 18 f.; *Linardatos*, Das Haftungssystem im bargeldlosen Zahlungsverkehr nach Umsetzung der Zahlungsdiensterichtlinie, 2013, S. 179 ff.; a.A. Ellenberger/Findeisen/Nobbe/*Findeisen*, 2. Auflage, 2013, § 1 Rn. 280 – 282; *Casper/Pfeifle*, WM 2009, 2343 (2350).

107 *Oechsler*, WM 2010, 1381 (1382).

sonalisierten Sicherheitsmerkmals ankomme.[108] Die Vermengung der Begriffe des personalisierten Sicherheitsmerkmals mit dem des Zahlungsauthentifizierungsinstruments sei weder vom Wortlaut des § 1 Abs. 5 ZAG a.F. noch von Art. 4 Nr. 23 PSD gedeckt. Dort sei schlicht von einem Mittel zur Erteilung des Zahlungsauftrags die Rede.[109] Auch sei eine besondere Sicherheitsgewähr für die Identifizierung des Zahlers nicht gefordert.[110] Im Ergebnis sei ein Zahlungsauthentifizierungsinstrument daher nicht notwendig mit personalisierten Sicherheitsmerkmalen zu versehen.[111] Dies könne auch damit begründet werden, dass der ursprüngliche Richtlinienvorschlag zu Art. 4 Nr. 23 PSD nicht nur von einem Zahlungsverifikationsinstrument gesprochen habe, sondern dieses auch über seine Funktion zur Authentifizierung einer Zahlungsanweisung durch den Zahlungsdienstleister definierte.[112] Die endgültige Fassung des Art. 4 Nr. 23 PSD enthalte aber zum einen nicht mehr das Merkmal der Verifikation; zum anderen erwähne auch Art. 4 Nr. 23 PSD die Authentifizierung nicht mehr; es sei nur noch von der Erteilung eines Zahlungsauftrags die Rede. Zudem seien je nach Zweck der Einzelnorm personalisierte Sicherheitsmerkmale mit einbezogen (etwa in §§ 675l S. 1, 675w S. 2 BGB a.F.) oder nicht (etwa in § 1 Abs. 5 ZAG a.F., §§ 675f Abs. 5, 675v Abs. 1 S. 1, Abs. 2 und 3 BGB a.F.). *Omlor* legte damit der Inhaltsbestimmung des Zahlungsinstruments und dem insoweit bestehenden Erfordernis eines personalisierten Sicherheitsmerkmals einen regelungsbezogenen Ansatz zugrunde, der nicht in jedem Fall ein personalisiertes Sicherheitsmerkmal zur Qualifikation eines Zahlungsauthentifizierungsinstruments erforderte.

Linardatos widersprach unter Geltung der PSD ebenfalls der Auffassung, dass für die Qualifikation eines Zahlungsinstruments immer ein personalisiertes Sicherheitsmerkmal konstitutiv sei.[113] Er verwies hierbei beispielsweise auf die sprachliche Trennung der Elemente des Zahlungsinstruments und der personalisierten Sicherheitsmerkmale in § 675v Abs. 1 BGB a.F. und in § 675m Abs. 2 BGB a.F.. Nach seiner Auffassung könne der Begriff des Zahlungsinstruments nicht abstrakt und starr bestimmt werden, sondern sei stets im Lichte des Regelungszwecks der

---

108 Staudinger/*Omlor*, 2012, § 675c Rn. 18.

109 Staudinger/*Omlor*, 2012, § 675c Rn. 18.

110 Staudinger/*Omlor*, 2012, § 675c Rn. 18; *Oechsler*, WM 2010, 1381 (1382).

111 Staudinger/*Omlor*, 2012, § 675c Rn. 18, § 675c Rn. 18.

112 Staudinger/*Omlor*, 2012, § 675c Rn. 18 unter Hinweis auf „Kom (2005) 603", S. 24 *„Umsetzung des Lissabon-Programms der Gemeinschaft: Vorschlag für eine Richtlinie des Europäischen Parlaments und des Rates über Zahlungsdienste im Binnenmarkt und zur Änderung der Richtlinien 97/7/EG, 2000/12/EG und 2002/65/EG (von der Kommission vorgelegt) {SEK(2005) 1535}"*.

113 *Linardatos*, Das Haftungssystem im bargeldlosen Zahlungsverkehr nach Umsetzung der Zahlungsdiensterichtlinie, 2013, S. 180.

jeweiligen Vorschrift zu sehen.[114] *Linardatos* ging aber auch davon aus, dass durch die Sicherheitsmerkmale eine ausreichende sichere Identifizierung des Kunden und eine Zuordnung des Vorgangs an selbigen als Veranlasser möglich sein müsse.[115]

(2) Bewertung

Die Vertreter der Literatur, die das Erfordernis personalisierter Sicherheitsmerkmale für die Qualifikation eines Zahlungsauftragsmediums unter der PSD als Zahlungsauthentifizierungsinstrument ablehnten, begründeten ihre Auffassung im Wesentlichen mit einer wortlautorientierten Auslegung von Regelungen der PSD, die eine Verknüpfung von Zahlungsinstrumenten mit personalisierten Sicherheitsmerkmalen nicht zwangsläufig und zwingend erkennen ließen. Dieser Argumentation stand jedoch maßgeblich entgegen, dass der Wortlaut des Art. 4 Nr. 23 PSD ausdrücklich von einem personalisierten Instrument oder personalisierten Verfahren sprach. Damit konnten die Vertreter dieser Auffassung unter Geltung der PSD die Argumentation der herrschenden Auffassung in der Literatur nicht durchgreifend entkräften. Insoweit erscheint auch die Wertung, dass Regelungen der PSD, die nicht eindeutig und durchgehend die Verknüpfung des Merkmals „personalisiert" mit dem Begriff des Zahlungsauthentifizierungsinstruments erforderten, dafür sprächen, dass ein Zahlungsauthentifizierungsinstrument nicht immer mit personalisierten Sicherheitsmerkmalen verknüpft sein müsse, nicht zwingend.

Gegen eine regelungsbezogene Verknüpfung eines Zahlungsauthentifizierungsinstruments mit personalisierten Sicherheitsmerkmalen – so wie von *Omlor*[116] und *Linardatos*[117] diskutiert – sprach zudem der Grundsatz der Rechtssicherheit. Dieser Grundsatz gebietet nämlich eine einheitliche Definition und Inhaltsbestimmung des Zahlungsauthentifizierungsinstruments. Zuzustimmen ist aber der Wertung von *Omlor* und *Linardatos*, dass es dem europäischen Gesetzgeber mit der Einführung des Zahlungsinstruments im Ergebnis um die Gewährleistung von Transaktionssicherheit im Zahlungsverkehr ging, so dass das Zah-

114 *Linardatos*, Das Haftungssystem im bargeldlosen Zahlungsverkehr nach Umsetzung der Zahlungsdiensterichtlinie, 2013, S. 317.

115 *Linardatos*, Das Haftungssystem im bargeldlosen Zahlungsverkehr nach Umsetzung der Zahlungsdiensterichtlinie, 2013, S. 180.

116 Staudinger/*Omlor*, 2012, § 675c Rn. 18 f.

117 Vgl. auch *Linardatos*, Das Haftungssystem im bargeldlosen Zahlungsverkehr nach Umsetzung der Zahlungsdiensterichtlinie, 2013, S. 179, S. 317 (u. a. unter Hinweis auf § 675w S. 2 BGB a.F., § 675k-m BGB a.F.).

lungsauthentifizierungsinstrument im Sinne der PSD jedenfalls die Möglichkeit der Authentifizierung beinhalten musste.[118]

Sowohl der EuGH als auch der BGH bestätigten im Zusammenhang mit der Beurteilung eines Verfahrens als Zahlungs(authentifizierungs)instrument i. S. d. Art. 4 Nr. 23 PSD, § 1 Abs. 5 ZAG a.F., dass zwar personalisierte Sicherheitsmerkmale im Rahmen der Vereinbarung eines Verfahrens zur Ausführung von Zahlungsaufträgen nicht zwangsläufig erforderlich seien, um das Auftragsmedium als Zahlungsinstrument bzw. als Zahlungsauthentifizierungsinstrument zu qualifizieren. Es sei jedoch notwendig, dass die Authentifizierung des Auftraggebers auf andere Weise sichergestellt werden könne. Insoweit setzte die Anerkennung entpersonalisierter Verfahren als Zahlungsinstrument i. S. d. Art. 4 Nr. 23 PSD durch den berechtigten Auftraggeber zu erfüllende subjektive – auftraggeberbezogene – Authentifizierungskomponenten voraus. Diese Komponenten mussten unter Geltung der PSD jedoch nicht zwingend mit dem im Verfahren vereinbarten Auftragsmedium zur Erteilung des Zahlungsauftrags verknüpft sein. Aus der Rechtsprechung des EuGH und BGH folgt damit, dass derartige Verfahrensabläufe zur Ausführung eines Zahlungsauftrags zwar nicht personalisiert, aber individualisierbar sein müssen.[119] Diese Anforderung erfüllt z. B. eine reine Zahlungskarte mit den dort aufgedruckten Merkmalen nicht. Die Zahlungskarte ist mit seinen Ordnungsmerkmalen kein mit einem Sparbuch vergleichbares Inhaberpapier mit Legitimationswirkung i. S. d. § 808 BGB.[120] Damit kann der Kreditkarte als solcher ohne weitere Vereinbarung zwischen Zahlungsdienstleister und Zahlungsdienstnutzer auch keine Authentifizierungswirkung zugestanden werden; diese würde nämlich insoweit – vergleichbar zum Sparbuch – zu einer Liberationswirkung[121] gegenüber dem Zahlungsdienstleister führen, in dem dieser bereits bei Vorlage der Karte durch einen Dritten regelmäßig die Authentifizierung als gegeben anerkennen könnte. Gerade dies kann aber angesichts der fehlenden Personenbeziehbarkeit der Karte und damit der fehlenden Authentifizierungskraft der dort ausgewiesenen Merkmale nicht angenommen werden.

---

118 Z. B. Staudinger/*Omlor*, 2012, § 675c Rn. 18; *Linardatos*, Das Haftungssystem im bargeldlosen Zahlungsverkehr nach Umsetzung der Zahlungsdiensterichtlinie, 2013, S. 317; vgl. auch *Oechsler*, WM 2010, 1381 (1382).

119 A.A. *Piekenbrock*, WM 2015, 797 (801) in Fußnote 57, der die Entscheidung des EuGH C-616/11 dahingehend auslegt, dass die Unterzeichnung eines Zahlscheins durch den EuGH als Zahlungsinstrument qualifiziert worden sei.

120 Vgl. nur BeckOGK BGB/*Vogel*, 1.7.2022, BGB § 808 Rn. 66.

121 BeckOGK BGB/*Vogel*, 1.7.2022, BGB § 808 Rn. 82.

cc) Zwischenergebnis Rechtsprechung und Literatur

Die instanzgerichtliche Rechtsprechung hatte selbst nach der Entscheidung des EuGH vom 9.4.2014 teilweise daran festgehalten, dass personalisierte Sicherheitsmerkmale für die Entstehung eines Zahlungsauthentifizierungsinstruments auch im Fall der Vereinbarung eines Verfahrensablaufs konstitutiv seien.[122] Der BGH schloss sich der Auslegung des EuGH zur Definition eines Zahlungsauthentifizierungsinstruments für einen nicht personalisierten Verfahrensablauf an. Maßgeblich war sowohl für den EuGH als auch den BGH aber, dass der Zahlungsdienstleister in der Lage sein muss, den Auftraggeber der Zahlungsanweisung zu authentifizieren. Die Rechtsprechung hatte aber nicht entschieden, ob die für die Alternative des Verfahrens entwickelte Auslegung der Eigenschaften eines Zahlungsinstruments auch auf die Alternative des Instruments übertragbar ist.

Die durch einzelne Vertreter der Literatur entwickelten Begründungsansätze, dass das Zahlungsauthentifizierungsinstrument i. S. d. § 1 Abs. 5 ZAG a.F. nicht konstitutiv von der Existenz personalisierter Sicherheitsmerkmale abhängig sein sollte, sind angreifbar. Gegen diese Auffassung sprach zum einen die nach Umsetzung des Art. 4 Nr. 23 PSD in § 1 Abs. 5 ZAG a.F. definierte Authentifizierungsfunktion des Zahlungsauthentifizierungsinstruments.[123] Zum anderen sprach auch die ausdrückliche Erwähnung des Attributs „personalisiert" für die Alternative des Instruments in der Definition des Zahlungsinstruments gegen die Entkoppelung des Instruments von personalisierten Sicherheitsmerkmalen.

Sowohl nach den Entscheidungen des EuGH als auch des BGH, wie auch nach Auffassung der Literatur, lässt sich keine einheitliche Inhaltsbestimmung der unterschiedlichen Alternativen eines Zahlungsauthentifizierungsinstruments i. S. d. § 1 Abs. 5 ZAG a.F. feststellen. Nach den Entscheidungen des EuGH und des BGH zu Art. 4 Nr. 23 PSD, § 1 Abs. 5 ZAG a.F. blieb offen, ob die Qualifikation eines Zahlungsauftragsmediums als Zahlungs(authentifizierungs)instrument unter der PSD gespaltene Voraussetzungen in Form eines Instruments oder eines Verfahrens haben konnte (oder sogar haben sollte). Nach Inkrafttreten der PSD II ist nicht mehr zu erwarten, dass nationale Gerichte oder der EuGH zu dieser grundsätzlichen Fragestellung auf Grundlage der PSD Stellung nehmen werden. Diese dogmatische Fragestellung wird Gegenstand der wissenschaftlichen Auseinandersetzung und vor allem der Rechtsprechung unter Geltung der PSD II sein.

Dennoch sind die unter Geltung der PSD durch die Rechtsprechung und Literatur entwickelten Grundsätze zur Qualifikation eines Verfahrens als Zahlungsin-

122 Vgl. OLG Köln BeckRS 2019, 52399; offengelassen OLG Celle BKR 2021, 114 (114 ff.).
123 Vgl. auch BT-DrS. 16/11613, S. 36.

strument in diesem Zusammenhang auch für die Anwendung der maßgeblichen Regelungen unter der PSD II bedeutsam. Die PSD II hat nämlich die Definition des Zahlungsinstruments in Art. 4 Nr. 14 weitgehend inhaltsgleich von Art. 4 Nr. 23 PSD übernommen.[124] Damit ist kein Grund ersichtlich, warum die auf Grundlage der PSD ergangenen Grundsätze der Rechtsprechung (und ihr folgenden Auffassungen der Literatur) nicht auch für die Eigenschaft eines Verfahrens als Zahlungsinstrument unter Geltung der PSD II anwendbar sein sollten.[125] Ungeklärt bleibt indessen auf Grundlage der Stellungnahmen der Literatur und Rechtsprechung unter Geltung der PSD die Bestimmung der Eigenschaften eines Zahlungsinstruments bzw. Zahlungsauthentifizierungsinstruments in Form der Alternative des Instruments.

2. Das Zahlungsinstrument unter Geltung der PSD II

Mit Inkrafttreten der PSD II sollte und soll der durch die PSD geschaffene europäische Binnenmarkt für unbare Zahlungen fortentwickelt werden.[126] In diesem Zusammenhang hat der europäische Gesetzgeber zur Stärkung der Sicherheit von Zahlungsvorgängen – neben der Fortführung der für Zahlungsvorgänge verwendbaren und der Authentifizierung dienenden personalisierten Sicherheitsmerkmale – auch die sogenannte starke Kundenauthentifizierung eines Zahlungsvorgangs eingeführt.[127] Mit der Einführung der starken Kundenauthentifizierung steht dem Zahlungsdienstnutzer eine zunächst formal von personalisierten Sicherheitsmerkmalen unabhängige Möglichkeit zur Verfügung, den Zahlungsvorgang, den Zahlungsauftrag oder den berechtigten Nutzer zu authentifizieren.

Im Folgenden soll daher überprüft werden, ob insbesondere durch die Einführung einer weiteren Authentifizierungsmöglichkeit in Form der starken Kundenauthentifizierung eine allgemeingültige Bestimmung der Eigenschaften beider Alternativen des Zahlungsinstruments i. S. d. Art. 4 Nr. 14 PSD II, § 1 Abs. 20 ZAG möglich ist.

---

124 Vgl. auch Staudinger/*Omlor*, 2012, § 675c Rn. 16; *Omlor*, GPR 2014, 282 (283); *Oechsler*, WM 2010, 1381 (1382); *Linardatos*, Das Haftungssystem im bargeldlosen Zahlungsverkehr nach Umsetzung der Zahlungsdiensterichtlinie, 2013, S. 179 ff., 319.

125 Vgl. in diesem Sinne *Omlor*, RdZ 2021, 59 (60); vgl. *Zahrte*, BKR 2022, 69 (76); *v. Westphalen*, BB 2021, 272 (276).

126 BT-DrS. 18/11495, S. 1.

127 Erwägungsgrund 107 PSD II; Art. 4 Nr. 30, 74 Abs. 2, 92 Abs. 1, 97 Abs. 1, 2, 98 Abs. 1 a) PSD II.

a) Die Verwendung des Instruments bzw. Anwendung des Verfahrens als konstitutiver Entstehungsakt des Zahlungsinstruments i. S. d. Art. 4 Nr. 14 PSD II

Mit der PSD II wurde die Definition des Zahlungsinstruments angepasst. Während Art. 4 Nr. 23 PSD darauf verwies, dass ein Zahlungsinstrument jedes personalisierte Instrument und/oder jeden personalisierten Verfahrensablauf darstelle, das bzw. der zwischen dem Zahlungsdienstnutzer und dem Zahlungsdienstleister vereinbart wurde und das bzw. der vom Zahlungsdienstnutzer eingesetzt werden kann, um einen Zahlungsauftrag zu erteilen, weist Art. 4 Nr. 14 PSD II einen davon abweichenden Wortlaut auf. Entgegen Art. 4 Nr. 23 PSD knüpft die Definition des Art. 4 Nr. 14 PSD II nicht daran an, dass das Instrument oder das Verfahren vom Zahlungsdienstnutzer eingesetzt werden kann, um einen Zahlungsauftrag zu erteilen. Vielmehr führt Art. 4 Nr. 14 PSD II aus, dass ein Zahlungsinstrument dann vorliegt, wenn das personalisierte Instrument oder der personalisierte Verfahrensablauf verwendet wird. § 1 Abs. 20 ZAG setzt den Wortlaut des Art. 4 Nr. 14 PSD II der deutschen Sprachfassung unverändert um.

Obwohl die Formulierung des Art. 4 Nr. 14 PSD II, § 1 Abs. 20 ZAG die Entstehung des Zahlungsinstruments nach Art. 4 Nr. 14 PSD II, § 1 Abs. 20 ZAG auf die konkrete Verwendung des Instruments bzw. die Anwendung des Verfahrens verlagert, ergeben sich hieraus im Vergleich zu Art. 4 Nr. 23 PSD keine rechtlichen (inhaltlichen) Abweichungen zur Regelung des Art. 4 Nr. 23 PSD. Diese wären nur dann denkbar, wenn der Einsatz des noch nicht entstandenen Zahlungsinstruments durch einen Nichtberechtigten nicht zur Entstehung des Zahlungsinstruments führen würde. In diesem Fall wären sämtliche Vorschriften, deren Tatbestandsvoraussetzungen das Vorliegen eines Zahlungsinstruments voraussetzen, nicht mehr anwendbar. Damit wäre auf allgemeine Regelungen des Zivilrechts zurückzugreifen, um die diesbezüglichen Rechtsbeziehungen zwischen Zahlungsdienstnutzer und Zahlungsdienstleister zu regeln. Dies aber würde der Zielrichtung der Vorschriften der PSD II widersprechen, in denen lediglich die vorgesehene Verwendung eines Zahlungsinstruments Voraussetzung für die Anwendbarkeit dieser Regelungen ist. Dies bestätigt auch der Vergleich mit den englischen Sprachfassungen der Art. 4 Nr. 23 PSD und Art. 4 Nr. 14 PSD II. In beiden Fassungen spricht der europäische Gesetzgeber von einem Instrument oder Verfahren, dass eingesetzt werden kann, um einen Zahlungsauftrag zu erteilen.[128] Art. 4 Nr. 14 PSD II übersetzt jedoch entgegen der deutschen Sprachfassung des Art. 4 Nr. 23 PSD die Möglichkeit des Einsatzes des Zahlungsinstruments zur Erteilung von Zahlungsaufträgen mit der Verwendung des Zahlungsauftragsmediums. Es ist davon auszugehen, dass die im Vergleich zu Art. 4

128 Art. 4 Nr. 23 PSD, Art. 4 Nr. 14 PSD II: *„...in order to initiate...“*.

Nr. 23 PSD abgewandelte Formulierung des Art. 4 Nr. 14 PSD II, dass ein Zahlungsinstrument erst bei Verwendung des Instruments oder Anwendung des Verfahrens entsteht, auf eine redaktionelle Ungenauigkeit der deutschen Sprachfassung des europäischen Gesetzgebers zurückzuführen ist, der aber keine materiell-rechtliche Abweichung zugrunde liegt. Anhaltspunkte, dass erst die Verwendung eines Zahlungsauftragsmediums ein Zahlungsinstrument entstehen lassen soll, sind nicht ersichtlich.

b) Die Weiterentwicklung der Grundsätze zur Bestimmung der Eigenschaften eines Zahlungsinstruments i. S. d. Art. 4 Nr. 14 PSD II

Der Wortlaut des Art. 4 Nr. 14 PSD II weist im Hinblick auf die Alternativen eines Zahlungsinstruments keine Unterschiede zu den Festlegungen des Art. 4 Nr. 23 PSD auf. Die jeweiligen Begriffsbestimmungen des Zahlungsinstruments sehen gleichermaßen als Alternativen des Zahlungsinstruments jedes personalisierte Instrument und/oder jeden personalisierten Verfahrensablauf vor. Insoweit stellt sich auch unter der PSD II grundsätzlich die Frage, ob entsprechend dem Wortlaut des Art. 4 Nr. 14 PSD II die Alternative des Instruments als Zahlungsinstrument immer personalisierte Sicherheitsmerkmale aufweisen muss.[129]

aa) Die Entscheidung des EuGH vom 11. 11. 2020 – C-287/19[130]

Für ein zwischen Zahlungsdienstleister und Zahlungsdienstnutzer vereinbartes Verfahren hatte der EuGH unter Geltung der PSD in der Entscheidung C-616/11[131] festgestellt, dass auch Zahlungsaufträge, für die ein entsprechendes Verfahren zwischen Zahlungsdienstleister und Zahlungsdienstnutzer vereinbart ist, nicht zwingend mit personalisierten Sicherheitsmerkmalen verknüpft sein müssen, um als Zahlungsinstrument qualifiziert zu werden.[132]

---

129 Der Gesetzgeber änderte den Begriff des Zahlungsauthentifizierungsinstruments in Zahlungsinstrument. Die Anpassung des Begriffs sei aufgrund der Einführung der starken Kundenauthentifizierung erforderlich. Während das vom Zahlungsdienstnutzer bei Erteilung eines Zahlungsauftrags unter Geltung der PSD eingesetzte Medium als Authentifizierungsinstrument eingesetzt worden sei, werde der Vorgang der Authentifizierung durch die mit der PSD II eingeführten starken Kundenauthentifizierung vom Medium abgekoppelt. Aus dem verwendeten Begriff des Zahlungsauthentifizierungsinstruments werde „der Verweis auf die frühere Verwendung als „Authentifizierungsinstrument“ herausgelöst, so dass nunmehr das „Zahlungsinstrument““ verbleibe (BT-DrS. 18/11495, S. 110).

130 EuGH BKR 2021, 234 (234 ff.).

131 EuGH EuZW 2014, 464 (464 ff.).

132 EuGH EuZW 2014, 464 (466).

Unter Geltung der PSD II hatte der EuGH im Rahmen eines Vorabentscheidungsverfahrens unter anderem auch zu beurteilen, ob ein zwischen Zahlungsdienstleister und Zahlungsdienstnutzer vereinbartes Verfahren der Nutzung der sogenannten Nahfeldkommunikation (NFC-Funktion) auch in anonymer Form als Zahlungsinstrument zu qualifizieren ist.[133] Im Vergleich zu dem vom EuGH im Verfahren C-616/11 zu beurteilenden Sachverhalt wich der durch den EuGH hier streitgegenständliche Sachverhalt dahingehend ab, dass bei Nutzung der NFC-Funktion eine tatsächlich anonyme Beauftragung eines Zahlungsvorgangs ohne weitere Authentifizierungsmöglichkeit durch den Zahlungsdienstnutzer zum Einsatz kam. Der EuGH musste in diesem Zusammenhang beurteilen, ob die NFC-Funktion sich als selbständiger anonymer Verfahrensablauf von anderen personalisierten Funktionen der Bankkarte trennen lässt und damit als selbständiges Zahlungsinstrument i. S. d. Art. 4 Nr. 14 PSD II in Form dessen 2. Alternative bewertet werden konnte.

Der EuGH orientierte sich im Rahmen der Beurteilung dieser Rechtsfrage zunächst an den in seiner Entscheidung C-616/11 aufgestellten Grundsätzen.[134] Er bestätigte, dass aus der Nennung nicht personalisierter Zahlungsinstrumente wie z. B. in Art. 53 PSD, jetzt Art. 63 PSD II, zwangsläufig folge, dass der in Art. 4 Nr. 23 PSD definierte Begriff des Zahlungsinstruments einen nicht personalisierten Verfahrensablauf erfassen könne, der zwischen dem Zahlungsdienstnutzer und dem Zahlungsdienstleister vereinbart wurde und der vom Zahlungsdienstnutzer eingesetzt werden könne, um einen Zahlungsauftrag zu erteilen. Im Folgenden führte der EuGH dann aus, dass in dem nunmehr zu entscheidenden Sachverhalt das vorlegende Gericht der in den Rn. 70 und 71 des vorliegenden Urteils angeführten Rechtsprechung <u>zutreffend</u>[135] entnehme, dass es sich bei der NFC-Funktion einer mit einem individuellen Bankkonto verknüpften multifunktionalen Bankkarte, wie der im Ausgangsverfahren in Rede stehenden, „nicht um ein „personalisiertes Instrument“ i. S. d. ersten Alternative von Art. 4 Nr. 14 der RL (EU) 2015/2366[136] handele. Die Verwendung der NFC-Funktion als solche ermögliche es dem Zahlungsdienstleister nicht zu überprüfen, ob der Zahlungsauftrag von einem hierzu berechtigten Nutzer erteilt wurde. Dies stelle einen Unterschied zu den anderen Funktionen dieser Karte dar, die die Verwendung personalisierter Sicherheitsmerkmale wie eines PIN-Codes oder einer Unterschrift erforderten. Daher wollte das vorlegende Gericht wissen, ob es sich bei der Verwendung der NFC-Funktion für sich genommen um einen nicht personalisierten Verfahrensablauf i. S. d. zweiten Alternative

133 EuGH BKR 2021, 234 (234 ff.).

134 EuGH EuZW 2014, 464 (466 ff.)

135 Hervorhebung Verfasser.

136 BKR 2021, 234 (238).

von Art. 4 Nr. 14 PSD II und damit um ein Zahlungsinstrument für die Zwecke der Anwendung dieser Richtlinie handeln könne.

(1) Die Wertung des EuGH

Im Ergebnis war der EuGH der Auffassung, dass es sich bei der hier relevanten Verwendung der NFC-Funktion um einen nicht personalisierten Verfahrensablauf und somit um ein Zahlungsinstrument i. S. d. zweiten Alternative von Art. 4 Nr. 14 PSD II handele.[137] Die NFC-Funktion könne, nachdem sie von dem Inhaber des mit einer solchen Karte verknüpften Bankkontos aktiviert wurde, gemäß dem zwischen dem Zahlungsdienstleister und dem Zahlungsdienstnutzer geschlossenen Vertrag von jedem, der sich im Besitz dieser Karte befindet, verwendet werden. Die hiermit eröffnete Möglichkeit, Kleinbetragszahlungen im Rahmen des durch diesen Vertrag vereinbarten Höchstbetrags zulasten dieses Kontos zu tätigen, bedürfe keiner personalisierten Sicherheitsmerkmale, um den Inhaber des betreffenden Kontos durch starke Kundenauthentifizierung des Zahlungsauftrags i. S. v. Art. 4 Nr. 29 PSD II oder in sonstiger Weise zu authentifizieren.

In Anbetracht ihrer Besonderheiten ließe sich die NFC-Funktion rechtlich von den anderen Funktionen der ihr als Datenträger dienenden Bankkarte trennen. Somit könne die NFC-Funktion isoliert betrachtet als Zahlungsinstrument i. S. v. Art. 4 Nr. 14 PSD II qualifiziert werden und in deren sachlichen Geltungsbereich fallen.[138]

Da es sich bei der NFC-Funktion hier tatsächlich um ein anonymisiertes Verfahren handelte, kam es auf das noch im Verfahren C-616/11 durch den EuGH angenommene Erfordernis einer Authentifizierungsmöglichkeit nicht an. Eine ausdrückliche Auseinandersetzung mit der Frage, ob es sich bei der NFC-Funktion (auch) um ein Instrument i. S. d. Art. 4 Nr. 14 PSD II in anonymer Form handeln könnte, hat der EuGH in diesem Verfahren deshalb nicht vorgenommen.

---

137 EuGH BKR 2021, 234 (238).

138 EuGH BKR 2021, 234 (238); vgl. hierzu aber den Erwägungsgrund 11 des Vorschlags der Europäischen Kommission Proposal for directive 2023: „*(11) Despite the fact that Near-Field Communication (NFC) enables the initiation of a payment transaction, considering it as a fully-fledged 'payment instrument' would pose some challenges, including for the application of strong customer authentication for contactless payments at the point of sale and of the payment service provider's liability regime. NFC should therefore rather be considered as a functionality of a payment instrument and not as a payment instrument as such.*“

(2) Stellungnahme

Die Ausführungen des EuGH zur Bewertung der NFC-Funktion als anonymes Verfahren der zweiten Alternative der Definition eines Zahlungsinstruments nach Art. 4 Nr. 14 PSD II lassen keine allgemeingültige Aussage zur einheitlichen Inhaltsbestimmung von Zahlungsinstrumenten unter der PSD II zu.

Zunächst deuten die Ausführungen des EuGH im Verfahren C-287/19 auf eine Weiterentwicklung der im Verfahren C-616/11 entwickelten Grundsätze zur anonymen Nutzung vereinbarter Verfahrensabläufe in der zweiten Alternative des Art. 4 Nr. 14 PSD II hin. Im Verfahren C-616/11 hielt der EuGH es nämlich noch für erforderlich, dass trotz der anonymen Nutzung eines Verfahrensablaufs der Zahlungsdienstleister die Möglichkeit haben muss, den Zahlungsvorgang bzw. den berechtigten Nutzer zu authentifizieren. Dieses Erfordernis scheint der EuGH im Verfahren C-287/19 aufgegeben zu haben. Er verwies nämlich darauf, dass angesichts der anonymen Nutzung der NFC-Funktion kein personalisiertes Instrument vorliege und daher diese Funktion allein in Form eines anonymen, entpersonalisierten Verfahrens ein Zahlungsinstrument i. S. d. Art. 4 Nr. 14 PSD II darstellen könne. Da die NFC-Funktion – anders noch als im Verfahren C-616/11 – keine weiteren Authentifizierungsmöglichkeiten durch externe Umstände oder Abläufe bereitstellt, kann hieraus zunächst nur der Schluss gezogen werden, dass der EuGH hier von dem noch im Verfahren C-616/11 zugrunde gelegten Erfordernis anderweitiger Authentifizierungsmöglichkeiten Abstand genommen hat.

Die weiteren Ausführungen des EuGH im Verfahren C-287/19 lassen sowohl die entscheidende Frage nach einer einheitlichen Inhaltsbestimmung der Voraussetzungen der Alternativen eines Zahlungsinstruments i. S. d. Art. 4 Nr. 14 PSD II unbeantwortet als auch weitergehende Rückschlüsse auf die Inhaltsbestimmungen eines einheitlich zu bewertenden Zahlungsinstruments offen. Die Ausführungen des EuGH lassen zunächst nicht erkennen, ob er an die in Art. 4 Nr. 14 PSD II enthaltenen Alternativen unterschiedliche Voraussetzungen zur Qualifikation eines Zahlungsinstruments knüpfen möchte. Der EuGH wies darauf hin, dass das vorlegende Gericht zutreffend aus der von diesem zitierten Rechtsprechung (des EuGH C-616/11) entnommen habe, dass es sich bei der NFC-Funktion einer mit einem individuellen Bankkonto verknüpften multifunktionalen Bankkarte nicht um ein personalisiertes Instrument i. S. d. ersten Alternative von Art. 4 Nr. 14 PSD II handele. Die Verwendung dieser Funktion ermögliche es nicht zu überprüfen, ob der Zahlungsauftrag von einem hierzu berechtigten Nutzer erteilt wurde.[139] Isoliert betrachtet ließe sich aus diesen Ausführungen nun schließen, dass der EuGH hier im Gegensatz zum anonym verwendbaren, aber authentifizierbaren Verfahren zur

139 EuGH BKR 2021, 234 (238).

Verwirklichung der zweiten Alternative des Art. 4 Nr. 14 PSD II eine ausdrückliche Personalisierung in Form personalisierter Sicherheitsmerkmale für erforderlich angesehen hat. Mit dieser Wertung würden die Alternativen des Art. 4 Nr. 14 PSD II unterschiedliche Voraussetzungen aufweisen, um gleichermaßen als Zahlungsinstrument unter der PSD II qualifiziert werden zu können.[140]

Andererseits lässt der Hinweis der 1. Kammer im Verfahren C-287/19 auf die Entscheidung der 5. Kammer im Verfahren C-616/11 jedoch an diesem Ergebnis zweifeln. Ebenso wie der Oberste Gerichtshof Österreichs als vorlegendes Gericht im Verfahren C-287/19 verweist die 1. Kammer des EuGH nämlich unter Bezugnahme auf die Entscheidung C-616/11 darauf, dass die 5. Kammer im Verfahren C-616/11 ausgeführt habe, dass ein Instrument i. S. d. Art. 4 Nr. 23 PSD dann nicht vorliege, wenn die mit dem Instrument verbundene Funktion es dem Zahlungsdienstleister nicht ermögliche, zu überprüfen, ob der Zahlungsauftrag von einem hierzu berechtigten Nutzer erteilt wurde.[141] Sowohl der öOGH Österreich als auch die 1. Kammer des EuGH im Verfahren C-287/19 geben aber die in Bezug genommene Begründung der 5. Kammer des EuGH im Verfahren C-616/11 unzutreffend wieder. In der vom öOGH Österreich ausdrücklich und von der 1. Kammer des EuGH im Verfahren C-287/19 mittelbar in Bezug genommenen Begründung des EuGH im Verfahren C-616/11 führt die 5. Kammer nämlich wie folgt aus:

---

140 Vgl. EuGH EuZW 2014, 464 (466).

141 EuGH BKR 2021, 234 (238): *„Im vorliegenden Fall entnimmt das vorlegende Gericht der in den Rn. 70 und 71 des vorliegenden Urteils angeführten Rechtsprechung zutreffend, dass es sich bei der NFC-Funktion einer mit einem individuellen Bankkonto verknüpften multifunktionalen Bankkarte wie der im Ausgangsverfahren in Rede stehenden nicht um ein „personalisiertes Instrument" i. S. d. ersten Alternative von Art. 4 Nr. 14 der RL (EU) 2015/2366 handelt, da die Verwendung dieser Funktion als solcher es dem Zahlungsdienstleister nicht ermöglicht, zu überprüfen, ob der Zahlungsauftrag von einem hierzu berechtigten Nutzer erteilt wurde, im Unterschied zu den anderen Funktionen dieser Karte, die die Verwendung personalisierter Sicherheitsmerkmale wie eines PIN-Codes oder einer Unterschrift erfordern."* OGH Österreich 8Ob24/18i, https://www.ris.bka.gv.at/JustizEntscheidung.wxe?Abfrage=Justiz&DokumentNr.=JJT_20190125_OGH0002_0080OB00024_18I0000_000&IncludeSelf=True, Rn. 2.1.: *„Nach der Rechtsprechung des EuGH (C-616/11 T-Mobile Austria, Rn. 33, 35 ECLI:EU:C:2014:242) kann ein Zahlungsinstrument als personalisiert angesehen werden, wenn das Instrument dem Zahlungsdienstleister eine Überprüfung ermöglicht, dass der Zahlungsauftrag von einem hierzu berechtigten Nutzer erteilt wurde. Der Begriff des Zahlungsinstruments kann darüber hinaus aber auch einen Verfahrensablauf erfassen, der nicht personalisiert ist, zwischen dem Nutzer und dem Zahlungsdienstleister vereinbart wurde und der vom Nutzer eingesetzt werden kann, um einen Zahlungsauftrag zu erteilen (z. B. unterschriebener Zahlschein; EuGH C-616/11 T-Mobile Austria, Rn. 33, 35)"*.

> *In diesem Zusammenhang stellen der Verein, die österreichische, die deutsche und die französische Regierung sowie die Kommission zu Recht fest, dass* ***ein Zahlungsinstrument***[142] *nur dann als personalisiert angesehen werden kann, wenn es dem Zahlungsdienstleister ermöglicht, zu überprüfen, dass der Zahlungsauftrag von einem hierzu berechtigten Nutzer erteilt wurde.*

Hieraus ist damit weder wörtlich noch inhaltlich zu entnehmen, dass die 5. Kammer im Verfahren C-616/11 festgestellt hat, dass ein Instrument als erste Alternative eines Zahlungsinstruments i. S. d. Art. 4 Nr. 23 PSD im Gegensatz zur 2. Alternative in Form des vereinbarten Verfahrens immer einer Personalisierung bedarf. Auch lässt sich der Entscheidung der 5. Kammer des EuGH im Verfahren C-616/11 selbst mittelbar nicht entnehmen, dass die 5. Kammer im Verfahren C-616/11 die Voraussetzungen an die Qualifikation eines Instruments in der 1. Alternative des seinerzeitigen Art. 4 Nr. 23 PSD dahingehend festlegen wollte, dass für diese Alternative immer eine Personalisierung in Form personalisierter Sicherheitsmerkmale erforderlich ist. Die 5. Kammer des EuGH im Verfahren C-616/11 wollte diese Frage wohl gerade nicht entscheiden. So hat sie zwar darauf verwiesen, dass ein Zahlungsinstrument nur dann als personalisiert angesehen werden könne, wenn es dem Zahlungsdienstleister die Überprüfung ermögliche, ob der Zahlungsauftrag vom berechtigten Nutzer erteilt wurde. Diese Anforderung kann aber, wie die dann folgenden Ausführungen zu einem vereinbarten Verfahren im Sinne der 2. Alternative des Art. 4 Nr. 23 PSD beweisen, in jeder Form erfüllt werden, nicht nur in Form personalisierter Sicherheitsmerkmale. Ob diese Grundsätze auch für ein Instrument als 1. Alternative des Art. 4 Nr. 23 PSD gelten, hat die 5. Kammer des EuGH gleichwohl ausdrücklich offengelassen und im konkreten Fall mangels Erheblichkeit in diesem Fall nicht entschieden.[143]

Die 1. Kammer des EuGH im Verfahren C-287/19 ging damit offenbar von einer bereits durch die 5. Kammer im Verfahren C-616/11 erfolgten rechtlichen Würdigung dahingehend aus, dass Instrumente i. S. d. Art. 4 Nr. 23 PSD (und damit auch in Art. 4 Nr. 14 PSD II) immer einer Personalisierung bedürften, um als Zahlungsinstrument i. S. d. nunmehr geltenden Art. 4 Nr. 14 PSD II qualifiziert zu werden. Aus der fehlenden rechtlichen Begründung der 1. Kammer des EuGH im Verfahren C-287/19 zum konstitutiven Erfordernis einer Personalisierung eines Instruments als Alternative eines Zahlungsinstruments i. S. d. Art. 4 Nr. 14 PSD II lässt sich ableiten, dass die 1. Kammer keine eigene rechtliche Bewertung dieses Sachverhalts vorgenommen hat. Vielmehr erscheint es so, dass die 1. Kammer des EuGH unzutreffenderweise davon ausgegangen ist, dass die 5. Kammer im Verfahren C-616/11 die Frage der Personalisierung eines Instruments bereits rechtlich gewürdigt und entschieden hat. Damit

---

142 Hervorhebung Verfasser.
143 EuGH WM 2015, 813 (816).

kann der Feststellung des EuGH im Verfahren C-287/19 zum Erfordernis der Personalisierung eines Instruments i. S. d. Art. 4 Nr. 14 PSD II keine abschließende Bewertung entnommen werden. Hierfür spricht zudem, dass Gegenstand der Vorlagefrage des Obersten Gerichtshofes Österreichs gerade nicht die Voraussetzungen der Qualifikation eines anonym verwendeten Instruments als Alternative eines Zahlungsinstruments waren.[144]

Im Übrigen ist nicht erkennbar, dass der EuGH im Verfahren C-287/19 die durch die PSD II eingeführte starke Kundenauthentifizierung in seine Beurteilung einbezogen hat. Da es sich bei der NFC-Funktion um einen Zahlungsvorgang handelt, für den dem Grunde nach die starke Kundenauthentifizierung nach Art. 97 PSD II vorgesehen ist und über Art. 11 RTS hiervon ausgenommen werden kann, stellt aber die unterbliebene Berücksichtigung des Modells der starken Kundenauthentifizierung im rechtlichen Abwägungsprozess ein Abwägungsdefizit dar. Der EuGH hat im Rahmen seiner Bewertung dann nämlich nicht berücksichtigt, dass auch für die hier relevante NFC–Funktion dem Grunde nach die Authentifizierungsmöglichkeit über die starke Kundenauthentifizierung besteht. Auch dies spricht dafür, dass eine vollständige Beurteilung der Voraussetzungen eines Zahlungsinstruments in der Alternative des Instruments durch den EuGH bislang noch nicht erfolgt ist.[145]

bb) Die Auffassungen der Literatur

Vertreter einer im Vordringen befindlichen Auffassung lehnen die zwingende und damit konstitutive Verbindung eines Zahlungsauftragsmediums mit personalisierten Sicherheitsmerkmalen als Voraussetzung für ein Zahlungsinstrument i. S. d. Art. 4 Nr. 14 PSD II ab.[146]

---

144 BKR 2021, 234 (235): „... *Zweitens ist das vorlegende Gericht unter Bezugnahme auf die Rechtsprechung des Gerichtshofs, insb. die Rn. 33 und 35 des Urt. v. 9. 4. 2014, T-Mobile Austria (EuZW 2014, 464), der Ansicht, dass es sich bei der Auslösung eines Zahlungsauftrags unter Verwendung der NFC-Funktion einer einem individuellen Bankkonto zugeordneten Bankkarte um einen nicht personalisierten „Verfahrensablauf" und damit um ein „Zahlungsinstrument" iSv Art. 4 Nr. 14 dieser RL handeln könne.*

Für diesen Fall möchte das vorlegende Gericht drittens wissen, ob eine Zahlung mittels der NFC-Funktion einer solchen personalisierten Karte als „anonyme" Nutzung eines Zahlungsinstruments iSv Art. 63 Abs. 1 lit. b der RL (EU) 2015/2366 angesehen werden kann oder ob eine anonyme Nutzung nur dann vorliegt, wenn der Zahlungsvorgang mit einer Bankkarte, die nicht einem individuellen Kundenkonto zugeordnet ist, und ohne zusätzliche Authentifizierungsmerkmale, wie sie in Art. 4 Nr. 29 und 30 dieser RL definiert sind, ausgelöst wird."

145 EuGH BKR 2021, 234 (238).

146 Staudinger/*Omlor*, 2012, § 675c Rn. 18, 22; *Omlor*, BKR 2019, 105 (107); *Jungmann*, ZBB 2020, 1 (2); *Sun*, Risikoverteilung beim Missbrauch von Zahlungsinstrumenten in Deutschland und der VR China, 2021, S. 40; *Linardatos*, Das Haftungssystem im bargeldlosen Zahlungsverkehr nach Umset-

Die Vertreter dieser Auffassung folgen soweit ersichtlich dem Grunde nach der von *Oechsler* und *Omlor* – auch bereits unter der PSD – vertretenen Auffassung.[147] Jedenfalls mit der begrifflichen Nachfolge des Zahlungsinstruments zum Zahlungsauthentifizierungsinstrument sei die inhaltliche Übereinstimmung mit Art. 4 Nr. 23 PSD, Art. 4 Nr. 14 PSD II herbeigeführt worden.[148] Das Zahlungsinstrument diene nicht der Authentifizierung des Zahlungsdienstnutzers, sondern allein der Erteilung des Zahlungsauftrags.[149] Zahlungsinstrumente müssten danach nicht notwendigerweise über personalisierte Sicherheitsmerkmale verfügen.[150] *Omlor* verweist darauf, dass auch in der Legaldefinition des § 1 Abs. 20 ZAG jeglicher Hinweis auf das personalisierte Sicherheitsmerkmal fehle. Die Formulierung in Art. 4 Nr. 14 PSD II („personalisierte Instrumente ... personalisierten Verfahrensablauf") sei im Lichte der übrigen Sprachfassungen und im System der Richtlinie als Redaktionsversehen oder Übersetzungsdefizit anzusehen.[151] Auch die Legaldefinition des personalisierten Sicherheitsmerkmals in Art. 4 Nr. 31 PSD II sowie § 1 Abs. 25 ZAG stelle keinen Bezug zum Zahlungsinstrument her.

Zudem ergebe sich aus der Legaldefinition der Authentifizierung nach Art. 4 Nr. 29 PSD II, § 1 Abs. 23 ZAG, dass personalisierte Sicherheitsmerkmale auf einen konkreten Zahlungsdienstnutzer, nicht aber auf ein Zahlungsinstrument bezogen seien. Die Authentifizierung sei ein Verfahren, mit dessen Hilfe der Zahlungsdienstleister die Identität eines Zahlungsdienstnutzers oder die berechtigte Verwendung eines bestimmten Zahlungsinstruments, einschließlich der Verwendung der personalisierten Sicherheitsmerkmale des Nutzers, überprüfen könne. Es sei nicht von den personalisierten Sicherheitsmerkmalen des Zahlungsinstruments,

---

zung der Zahlungsdiensterichtlinie, 2013, S. 179 ff.; 319.; BeckOK BGB/*Schmalenbach*, 61. Ed. 01.02. 2022, BGB § 675j Rn. 13; *Omlor*, RdZ 2021, 59 (60).

147 Staudinger/*Omlor*, 2012, § 675c Rn. 16; *Omlor*, GPR 2014, 282 (283); *Oechsler*, WM 2010, 1381 (1382); vgl. auch *Linardatos*, Das Haftungssystem im bargeldlosen Zahlungsverkehr nach Umsetzung der Zahlungsdiensterichtlinie, 2013, S. 179 ff.; 319.; BeckOK BGB/*Schmalenbach*, 61. Ed. 01.02.2022, BGB § 675j Rn. 13; *Schmalenbach*, Die Digitalisierung des Zahlungswesens: Innovative Bezahlverfahren im Lichte des novellierten Zahlungsdiensterechts, 2019, S. 57; *Omlor*, RdZ 2021, 59 (60).

148 Staudinger/*Omlor*, 2012, § 675c Rn. 22; *Omlor*, BKR 2019, 105 (107).

149 Staudinger/*Omlor*, 2012, § 675c Rn. 22; *Omlor*, BKR 2019, 105 (107); *Sun*, Risikoverteilung beim Missbrauch von Zahlungsinstrumenten in Deutschland und der VR China, 2021, S. 41; *Schmalenbach*, Die Digitalisierung des Zahlungswesens: Innovative Bezahlverfahren im Lichte des novellierten Zahlungsdiensterechts, 2019, S. 56.

150 *Omlor*, RdZ 2021, 59 (60); *Omlor*, GPR 2014, 282 (282 ff.); Staudinger/*Omlor*, 2012, § 675c Rn. 16, 18; Staudinger/*Omlor*, 2012, § 675c Rn. 22; *Omlor*, BKR 2019, 105 (107); *Schmalenbach*, Die Digitalisierung des Zahlungswesens: Innovative Bezahlverfahren im Lichte des novellierten Zahlungsdiensterechts, 2019, S. 56; a. A. *Casper/Pfeifle*, WM 2009, 2343 (2344); *Oechsler*, WM 2010, 1381 (1381 f.); *Scheibengruber*, BKR 2010, 15 (17); BT-DrS. 16/11613, S. 36.

151 *Omlor*, BKR 2019, 105 (107).

sondern des Nutzers die Rede.[152] Ebenso wie in Stellungnahmen zu Art. 4 Nr. 23 PSD wird auch für Art. 4 Nr. 14 PSD II darauf verwiesen, dass der „ursprüngliche Vorschlag zur 1. Zahlungsdiensterichtlinie noch von einem „Zahlungsverifikationsinstrument“ spricht, das explizit als Mittel zur Authentifizierung vorgesehen war“.[153] Der Bestandteil Verifikation sei aus dem Begriff indessen gestrichen worden, was ebenfalls gegen den Bestandteil eines personalisierten Sicherheitsmerkmals des Zahlungsinstruments spreche. Schließlich würden zahlreiche Einzelvorschriften spezifisch zwischen Zahlungsinstrumenten mit und ohne personalisierten Sicherheitsmerkmalen differenzieren.[154]

Vertreter der Auffassung, dass weiterhin personalisierte Sicherheitsmerkmale uneingeschränkt für die Qualifikation eines Instruments oder Verfahrens i. S. d. Art. 4 Nr. 14 PSD II, § 1 Abs. 20 ZAG konstitutiv sein sollen, finden sich zur PSD II nur vereinzelt.[155] Dies resultiert wohl daraus, dass die Vertreter der unter Geltung der Art. 4 Nr. 23 PSD sowie § 1 Abs. 5 ZAG a.F. gebildeten herrschenden Auffassung, dass ein Zahlungsauthentifizierungsinstrument immer den konstitutiven Bestandteil eines personalisierten Sicherheitsmerkmals enthalten müsse, wohl auch unter Art. 4 Nr. 14 PSD II und § 1 Abs. 20 ZAG der Auffassung sind, dass diese Grundsätze auch weiterhin uneingeschränkt Anwendung finden müssen.[156] Dies lässt sich durchaus mit dem Hinweis des Gesetzgebers begründen, dass es sich bei der Angleichung des Begriffs des Zahlungsauthentifizierungsinstruments in § 1 Abs. 20 ZAG an den in Art. 4 Nr. 23 PSD, Art. 4 Nr. 14 PSD II genannten Begriff des Zahlungsinstruments um eine lediglich redaktionelle Anpassung handele.[157] Eine inhaltliche Änderung der Rechtslage sei mit dieser Anpassung indessen nicht verbunden.[158] Da der Begriff des Zahlungsauthentifizierungsinstruments auch im Bürgerlichen Gesetzbuch an zahlreichen Stellen verwendet werde, sei auch dort die Begriffsbestimmung wie im Aufsichtsrecht redaktionell anzupassen.[159] Auf Grundlage dieser Ausführungen des Gesetzgebers erscheint den Vertretern dieser

---

152 *Omlor*, BKR 2019, 105 (107).

153 *Omlor*, BKR 2019, 105 (117); *Schmalenbach*, Die Digitalisierung des Zahlungswesens: Innovative Bezahlverfahren im Lichte des novellierten Zahlungsdiensterechts, 2019, S. 52.

154 *Omlor*, BKR 2019, 105 (107) unter Hinweis auf §§ 675j Abs. 1 S. 4, 675k, 675l Abs. 1, 675m Abs. 1, 675m Abs. 2, 675w S. 2 BGB.

155 So z. B. Ebenroth/Boujong/Joost/Strohn/*Keßler*, 4. Auflage, 2020, § 675j Rn. 22, 23.

156 Hierzu z. B. Casper/Terlau/*Casper*, 2. Auflage, 2020, § 1 Rn. 92 f.

157 BT-DrS. 18/11495, S. 145; vgl. auch *Schmalenbach*, Die Digitalisierung des Zahlungswesens: Innovative Bezahlverfahren im Lichte des novellierten Zahlungsdiensterechts, 2019, S. 51.

158 BT-DrS. 18/11495, S. 145.

159 BT-DrS. 18/11495, S. 145.

Literaturauffassung wohl eine erneute Auseinandersetzung mit dieser Rechtsfrage entbehrlich.[160]

Vereinzelt wird im Zusammenhang mit der Einführung der starken Kundenauthentifizierung auch auf die Entkoppelung des Zahlungsinstruments von personalisierten Sicherheitsmerkmalen hingewiesen.[161] Das Zahlungsinstrument zeichne sich allein durch die Funktion der Auslösung eines Zahlungsvorgangs aus. Eine nähere Begründung für diese Auffassung enthalten diese Stellungnahmen jedoch nicht. Während zum einen auf die Ausführungen in der nationalen Gesetzesbegründung zur Anpassung der Begrifflichkeit des Zahlungsauthentifizierungsinstruments in Zahlungsinstrument verwiesen wird,[162] wird die Einführung der starken Kundenauthentifizierung andererseits als Einführung eines abweichenden

---

160 Vgl. *Scheibengruber*, BKR 2010, 15 (17); *Reymann*, DStR 2011, 1959 (1961); Schimansky/Bunte/Lwowski/*Maihold*, 5. Auflage, 2017, § 55 Rn. 40; *Casper/Pfeifle*, WM 2009, 2343 (2344); MüKoBGB/*Jungmann*, 7. Auflage, 2017, § 675j Rn. 39, (a.A. aber wohl nunmehr *Jungmann*, ZBB 2020, 1 (2); MüKoBGB/*Jungmann*, 8. Auflage, 2020, § 675j Rn. 39); Casper/Terlau/*Casper*, 1. Auflage, 2014, § 1 Rn. 58 (einschränkend, aber immer noch ein personalisiertes Sicherheitsmerkmal fordernd nunmehr Casper/Terlau/*Casper*, 2. Auflage, § 1 Rn. 91, 92 sowie Casper/Terlau/*Casper*, 3. Auflage, 2023, § 1 Rn. 91, 446).

161 *Schmalenbach*, Die Digitalisierung des Zahlungswesens: Innovative Bezahlverfahren im Lichte des novellierten Zahlungsdiensterechts, 2019, S. 57; *Sun*, Risikoverteilung beim Missbrauch von Zahlungsinstrumenten in Deutschland und der VR China, 2021, S. 40.

162 *Sun*, Risikoverteilung beim Missbrauch von Zahlungsinstrumenten in Deutschland und der VR China, 2021, S. 40 unter Verweis auf BT-DrS. 18/11495, S. 110: Auch wenn die nationale Gesetzesbegründung darauf verweist, dass das vom Zahlungsdienstnutzer bei der Erteilung eines Zahlungsauftrages an seinen Zahlungsdienstleister verwendete Medium als Authentifizierungsinstrument eingesetzt und die Authentifizierung durch die mit der PSD II eingeführte starke Kundenauthentifizierung vom Medium abgekoppelt wurde, so kann diese Begründung nicht die durch den europäischen Gesetzgeber mit der starken Kundenauthentifizierung etwa angestrebte Veränderung der Entpersonalisierung von Alternativen eines Zahlungsinstruments i. S. d. Art. 4 Nr. 14 PSD II erklären. Die Bezeichnung Zahlungsauthentifizierungsinstrument, auf die sich die vom nationalen Gesetzgeber bezogene Erläuterung der Entkoppelung der Authentifizierung vom Zahlungsinstrument bezieht, war allein eine nationale Entscheidung und Auslegung, die keine Grundlage in der PSD hatte. Insoweit lässt sich aus der nationalen Auslegung auch kein Rückschluss auf die Zielrichtung und die Begriffsbestimmung des nach europarechtlichem Verständnis zu definierenden Zahlungsinstrument ableiten. *Sun* verweist darauf, dass die starke Kundenauthentifizierung es „entbehrlich" mache das Zahlungsinstrument noch an die Authentifizierung zu koppeln, weil es bei der Authentifizierung nicht mehr auf das zur Erteilung eines Zahlungsauftrags verwendete Zahlungsinstrument ankomme. Auch wenn die starke Kundenauthentifizierung eine Möglichkeit der Authentifizierung darstellt, beantwortet *Sun* mit seiner Bewertung jedoch nicht, ob mit Einführung der starken Kundenauthentifizierung die Koppelung personalisierter Sicherheitsmerkmale an das Zahlungsinstrument nicht nur entbehrlich macht, sondern vielmehr beseitigt hat.

Konzepts der Kundenauthentifizierung qualifiziert.[163] Mit der Einführung der starken Kundenauthentifizierung wäre die Verbindung zwischen Zahlungsinstrument und Authentifizierung aufgebrochen. Damit würde das Konzept der starken Kundenauthentifizierung verdeutlichen, dass sich das Zahlungsinstrument allein über seinen Zweck charakterisiere, Zahlungsaufträge zu erteilen.[164] Die von diesen beiden Autoren angesprochenen Thesen lassen indessen eine Begründung vermissen. Insoweit bleibt durch die Vertreter dieses Ansatzes offen, warum die starke Kundenauthentifizierung, die ja lediglich einen Unterfall der Authentifizierung darstellt, die unverändert übernommene Konzeption der Begriffsbestimmung des Instruments als Alternative des Zahlungsinstruments i. S. d. Art. 4 Nr. 14 PSD II beeinflussen soll. Ohne Weiteres lässt sich nämlich allein aus der Veränderung eines Authentifizierungsvorgangs sicher nicht ableiten, dass damit die im Übrigen unverändert gebliebenen Rahmendefinitionen durch die Einführung eines Unterfalls eines Authentifizierungsvorgangs grundlegend geändert werden sollten. Da anerkanntermaßen die Personalisierung eines Zahlungsinstruments die personalisierten Sicherheitsmerkmale erfasst, lässt die Einführung der starken Kundenauthentifizierung als solche noch keine belastbaren Anhaltspunkte für den Willen des europäischen Gesetzgebers erkennen, das bis zur Einführung der starken Kundenauthentifizierung geltende Konzept der Verbindung von (personalisierten) Authentifizierungselementen und Zahlungsauftragsmedium als Zahlungsinstrument zu verändern.

cc) Wertung des Stands von Rechtsprechung und Literatur unter Geltung der PSD II

Die Inhaltsbestimmung des Begriffs des Zahlungsinstruments erfolgt sowohl durch die Vertreter der Literatur als auch die Rechtsprechung im Wesentlichen durch Auslegung des Wortlauts der Zahlungsdiensterichtlinien. Insoweit lassen sich sowohl für die herrschende Meinung, die das Merkmal personalisierter Sicherheitsmerkmale für die Einordnung eines Zahlungsauftragsmediums in Form des Instruments als konstitutiv ansieht, als auch für die Auffassung, dass ein Zahlungsinstrument keiner personalisierten Sicherheitsmerkmale bedarf, im Rahmen einer Wortlautauslegung der nationalen gesetzlichen als auch europäischen Regelungen nachvollziehbare Argumente finden. Für die herrschende Meinung spricht in diesem Zusammenhang vor allem sowohl die Formulierung in der PSD, der PSD II

163 *Schmalenbach*, Die Digitalisierung des Zahlungswesens: Innovative Bezahlverfahren im Lichte des novellierten Zahlungsdiensterechts, 2019, S. 57.

164 *Schmalenbach*, Die Digitalisierung des Zahlungswesens: Innovative Bezahlverfahren im Lichte des novellierten Zahlungsdiensterechts, 2019, S. 57.

als auch die Umsetzung im ZAG sowie die Gesetzesbegründung. Dort enthält der Wortlaut jeweils den Hinweis auf das personalisierte Instrument.

Die im Wesentlichen von *Oechsler*, *Omlor* und *Linardatos* vertretene Auffassung, dass es für die Qualifikation eines Zahlungsauftragsmediums nicht auf personalisierte Sicherheitsmerkmale ankommen könne, muss insoweit die Hürde überwinden, dass die entsprechenden Definitionen in den Zahlungsdiensterichtlinien jedenfalls für die Begriffsbestimmung der Alternative des Instruments ausdrücklich eine Verknüpfung mit einer Personalisierung herbeiführen. Die Entscheidungen des EuGH, die eine Personalisierung eines Zahlungsinstruments in der Ausprägung eines Verfahrens nicht unbedingt als konstitutive Bedingung voraussetzen, unterstützen zwar die Auffassung der Zulässigkeit eines entpersonalisierten Zahlungsinstruments. Allerdings haben die Auffassungen des EuGH und des BGH nur zur Qualifikation eines Zahlungsinstruments in der Ausprägung eines vereinbarten Verfahrens Stellung genommen, für das bereits nach dem Wortlaut des § 1 Abs. 20 ZAG von einer Personalisierung abgesehen werden kann. Weder ausdrücklich noch inzident behandelt haben die Entscheidungen der Gerichte – ebenso wie die Vertreter der Literatur – die Bestimmung der Eigenschaften der nach dem Wortlaut der Art. 4 Nr. 23 PSD sowie Art. 4 Nr. 14 PSD II ausdrücklich als personalisiert bezeichneten Alternative des Zahlungsinstruments in der Ausprägung eines Instruments.

III. Eigene Stellungnahme

1. Der systematische Aufbau der Begriffsbestimmungen der Identifikationsmöglichkeiten des Art. 4 PSD II

Der systematische Aufbau und die Struktur der in den Zahlungsdiensterichtlinien enthaltenen Begriffsbestimmungen zur Authentifizierung eines Zahlungsvorgangs bzw. des berechtigten Nutzers lassen erkennen, dass der europäische Gesetzgeber es mit der PSD II nicht (mehr) für erforderlich erachtet hat, dass ein Zahlungsinstrument – sowohl in der Alternative des Verfahrens als auch des Instruments – mit personalisierten Sicherheitsmerkmalen verbunden sein muss. Mit Einführung der starken Kundenauthentifizierung in Art. 97, Art. 4 Nr. 30 PSD II hat der europäische Gesetzgeber auch die in den Zahlungsdiensterichtlinien enthaltenen Begriffsbestimmungen der Authentifizierung angepasst und im Vergleich zur Zahlungsdiensterichtlinie neu strukturiert.

In Art. 4 Nr. 19 PSD definierte der europäische Gesetzgeber die Authentifizierung dahingehend, dass es sich um ein Verfahren handele, „mit dessen Hilfe der Zahlungsdienstleister die Nutzung eines bestimmten Zahlungsinstruments, einschließlich seiner[165] personalisierten Sicherheitsmerkmale, überprüfen" kann. Hieraus konnte unter der PSD der Schluss gezogen werden, dass personalisierte Sicherheitsmerkmale konstitutiver Bestandteil des Zahlungsinstruments sein sollen.[166]

Die Begriffsbestimmungen zur Authentifizierung unter der PSD II sind im Vergleich zu den Bestimmungen der PSD wesentlich differenzierter und modularer aufgebaut. Entgegen der Definition des Art. 4 Nr. 19 PSD, die die Nutzung eines Zahlungsinstruments, einschließlich seiner[167] personalisierten Sicherheitsmerkmale, in Bezug nahm, verweist Art. 4 Nr. 29 PSD II für die Authentifizierung zunächst auf ein „Verfahren, mit dessen Hilfe der Zahlungsdienstleister die Identität eines Zahlungsdienstnutzers oder die berechtigte Verwendung eines bestimmten Zahlungsinstruments, einschließlich der[168] Verwendung der personalisierten Sicherheitsmerkmale des Nutzers[169]" überprüfen kann. Der Verweis auf die personalisierten Sicherheitsmerkmale des Nutzers lässt erkennen, dass es nicht um die personalisierten Sicherheitsmerkmale des Zahlungsinstruments, sondern des Verwenders geht.[170] Bereits aus der Änderung der Formulierung in Art. 4 Nr. 29 PSD II, dass die berechtigte Verwendung eines Zahlungsinstruments einschließlich der Verwendung der personalisierten Sicherheitsmerkmale[171] überprüft werden kann, lässt die Trennung von Zahlungsinstrument und personalisierter Sicherheitsmerkmale erkennen.[172] Diese Auslegung wird dadurch unterstützt, dass Art. 4 Nr. 29

---

165 Hervorhebung Verfasser.

166 *Scheibengruber*, BKR 2010, 15 (17); *Koch*, Missbrauch von Zahlungsauthentifizierungsinstrumenten, 2012, S. 29; Palandt/*Sprau*, 76. Auflage, 2017, § 675j Rn. 6.

167 Hervorhebung Verfasser.

168 Hervorhebung Verfasser.

169 Hervorhebung Verfasser.

170 *Omlor*, BKR 2019, 105 (107); Staudinger/*Omlor*, 2020, § 675l Rn. 3.

171 Statt seiner Verwendung wie in Art. 4 Nr. 19 PSD.

172 *Sun*, Risikoverteilung beim Missbrauch von Zahlungsinstrumenten in Deutschland und der VR China, 2021, S. 41 verweist dagegen auf die unterschiedlichen Formulierungen in Art. 4 Nr. 19 PSD („einschließlich seiner (nämlich des Zahlungsinstruments) personalisierten Sicherheitsmerkmale") und Art. 4 Nr. 29 PSD II („der Verwendung der personalisierten Sicherheitsmerkmale"). Der Formulierung in Art. 4 Nr. 29, Hs. 3 PSD II **„der Verwendung** der personalisierten Sicherheitsmerkmale" soll sich entnehmen lassen, dass Zahlungsinstrument und personalisierte Sicherheitsmerkmale nebeneinanderstehen können sollen. Diese Auslegung erscheint jedoch unter Berücksichtigung des Art. 4 Nr. 29 Hs. 2 PSD II nicht unbedingt zwingend. Dort wird nämlich Authentifizierung unter anderem als ein Verfahren definiert, mit dem der Zahlungsdienstleister die berechtigte **Verwendung** eines bestimmten Zahlungsinstruments (einschließlich der **Verwendung** der personalisierten Sicherheitsmerkmale des Nutzers) überprüfen kann. Insoweit ist kein offensichtlicher Widerspruch zur Formulierung des Art. 4 Nr. 19 PSD erkennbar, nach der es sich bei der Authentifizierung um ein Verfahren handelt, mit dessen Hilfe der Zahlungsdienstleister die Nutzung eines bestimmten Zah-

PSD II neben dem Verzicht auf die sprachliche Verknüpfung der personalisierten Sicherheitsmerkmale mit dem Zahlungsinstrument nunmehr auch die personalisierten Sicherheitsmerkmale unter der PSD II ausdrücklich dem Nutzer zuordnet.[173] Dass es sich bei dieser Veränderung in der Begriffsbestimmung des Art. 4 Nr. 29 PSD II im Vergleich zu Art. 4 Nr. 19 PSD nicht um eine rein sprachliche Anpassung, sondern vielmehr um eine durch den europäischen Gesetzgeber angestrebte materiellrechtliche, inhaltliche Änderung handeln soll, lässt sich z. B. aus Erwägungsgrund 1 RTS entnehmen. Dort nämlich verweist der europäische Gesetzgeber darauf, dass Authentifizierungsverfahren generell Transaktionsüberwachungsmechanismen enthalten sollen, um Versuche zur Verwendung der personalisierten Sicherheitsmerkmale eines Zahlungsdienstnutzers, die verloren, gestohlen oder missbräuchlich verwendet wurden, zu erkennen. Zudem soll das Authentifizierungsverfahren sicherstellen, dass es sich bei dem Zahlungsdienstnutzer um den legitimen Nutzer handelt, der somit durch die Verwendung der personalisierten Sicherheitsmerkmale seine Zustimmung für den Transfer von Geldbeträgen und den Zugang zu seinen Kontoinformationen erteilt. Ebenso werden die personalisierten Sicherheitsmerkmale im Rahmen der RTS regelmäßig nicht dem Zahlungsinstrument, sondern vielmehr dem Nutzer zugeordnet, so z. B. in Art. 1 c) oder Art. 22 Abs. 1 RTS. All dies lässt darauf schließen, dass der europäische Gesetzgeber jedenfalls unter der Geltung der PSD II die Qualifikation eines Auftragsmediums als Zahlungsinstrument nicht (mehr) an die unmittelbare Verknüpfung mit personalisierten Sicherheitsmerkmalen binden wollte.

Auch der systematische Aufbau der Begriffsbestimmungen im Zusammenhang mit der Definition der Authentifizierung spricht für die selbständige Existenz eines Zahlungsauftragsmediums als Zahlungsinstrument unabhängig von personalisierten Sicherheitsmerkmalen. So weicht die Definition der Authentifizierung nach Art. 4 Nr. 29 PSD II grundlegend vom Aufbau der Definition in Art. 4 Nr. 19 PSD ab. Die Definition der Authentifizierung in Art. 4 Nr. 19 PSD verknüpfte das Zahlungsinstrument mit (seinen) personalisierten Sicherheitsmerkmalen; eine weitere Definition personalisierter Sicherheitsmerkmale enthielt die PSD nicht. Damit wurde das Merkmal der personalisierten Sicherheitsmerkmale als unselbständiger Bestandteil der Definition der Authentifizierung eingeführt. Insoweit ließen sich diese

---

lungsinstruments, einschließlich seiner personalisierten Sicherheitsmerkmale, überprüfen kann. Der wiederholte Hinweis auf die Verwendung sowohl des Zahlungsinstruments als auch der personalisierten Sicherheitsmerkmale lässt sich auch dahingehend auslegen, dass die Verwendung der personalisierten Sicherheitsmerkmale im unmittelbaren Zusammenhang mit der Verwendung des Zahlungsinstruments steht; dies entspricht aber dem Wortlautverständnis nach der in Art. 4 Nr. 19 PSD gewählte Formulierung „einschließlich seiner personalisierten Sicherheitsmerkmale“.

173 So bereits *Omlor*, BKR 2019, 105 (107); Staudinger/*Omlor*, 2020, § 675l Rn. 3.

Merkmale durchaus als Einheit und damit als zwangsläufig miteinander verbundene Elemente verstehen. In Art. 4 Nr. 29 und Nr. 30 PSD II hat der europäische Gesetzgeber dagegen die Einheit der Merkmale Zahlungsinstrument, Authentifizierung und personalisierte Sicherheitsmerkmale aufgelöst. Neben dem bereits erwähnten abweichenden Wortlaut der Definition der Authentifizierung in Art. 4 Nr. 29 PSD II hat der europäische Gesetzgeber dem Merkmal der personalisierten Sicherheitsmerkmale eine selbständige Begriffsbestimmung gegeben. Personalisierte Sicherheitsmerkmale werden in der PSD II damit nicht mehr – wie noch in Art. 4 Nr. 19 letzter Halbsatz PSD – als unselbständiges Merkmal über die strukturelle Verknüpfung mit dem Begriff des Zahlungsinstruments in den Regelungskanon der zahlungsdiensterechtlichen Vorschriften eingeführt. Vielmehr erfolgt die Begriffsbestimmung des personalisierten Sicherheitsmerkmals selbständig in Art. 4 Nr. 30 PSD II. Da der systematische Aufbau der Begriffsbestimmung des Art. 4 Nr. 29 PSD II – abgesehen vom abweichenden Wortlaut im Zusammenhang mit der Bezugnahme der personalisierten Sicherheitsmerkmale und dem Zahlungsinstrument – dem des Art. 4 Nr. 19 PSD entspricht, deutet die separate Definition der personalisierten Sicherheitsmerkmale in Art. 4 Nr. 30 PSD II darauf hin, dass der europäische Gesetzgeber die noch aus Art. 4 Nr. 19 PSD ableitbare integrale Verknüpfung zwischen personalisierten Sicherheitsmerkmalen und Zahlungsinstrumenten jedenfalls unter der PSD II aufgehoben sehen wollte. Ein rein sprachlicher Hintergrund für die separate Begriffsbestimmung der personalisierten Sicherheitsmerkmale in Art. 4 Nr. 30 PSD II gegenüber der Struktur des Art. 4 Nr. 19 PSD ist nicht erkennbar. Wenn mit der separaten Definition der personalisierten Sicherheitsmerkmale nicht zugleich auch eine inhaltliche Veränderung im Vergleich zur Fassung des Art. 4 Nr. 19 PSD angestrebt worden wäre, hätte es der europäische Gesetzgeber auch bei der Fassung des Art. 4 Nr. 19 PSD belassen können.

Für eine derartige Auslegung spricht auch die Anpassung des Wortlauts des Art. 70 Abs. 1 a) PSD II im Vergleich zu Art. 57 Abs. 1 a) PSD. Art. 70 Abs. 1 a) PSD II ordnet nämlich an, dass der Zahlungsdienstleister unbeschadet der Pflichten des Zahlungsdienstnutzers nach Art. 69 PSD II sicherstellen muss, dass die personalisierten Sicherheitsmerkmale keiner anderen Person als dem zur Nutzung des Zahlungsinstruments berechtigten Zahlungsdienstnutzer zugänglich sind. Art. 57 Abs. 1 a) PSD enthielt dagegen die Regelung, dass der Zahlungsdienstleister, der ein Zahlungsinstrument ausgibt, unbeschadet der Pflichten des Zahlungsdienstnutzers nach Art. 56 PSD sicherstellen muss, dass die personalisierten Sicherheitsmerkmale des Zahlungsinstruments keiner anderen Person als dem zur Nutzung des Zahlungsinstruments berechtigten Zahlungsdienstnutzer zugänglich sind. Auch hier findet sich damit die Änderung der Struktur der Verbindung bzw. Auflösung der

Verbindung zwischen personalisierten Sicherheitsmerkmalen und dem Zahlungsinstrument.[174]

2. Die Einführung der starken Kundenauthentifizierung als Bestätigung der Entpersonalisierung des Zahlungsinstruments

Mit Einführung der starken Kundenauthentifizierung hat der europäische Gesetzgeber Zahlungsdienstnutzer und Zahlungsdienstleister die Möglichkeit eröffnet, unabhängig von zur Verfügung gestellten personalisierten Sicherheitsmerkmalen den Zahlungsauftrag bzw. den berechtigten Nutzer zu authentifizieren.[175] Personalisierte Sicherheitsmerkmale können, müssen aber nicht, mit Elementen der starken Kundenauthentifizierung identisch sein.[176] Die Einführung der starken Kundenauthentifizierung soll hierbei nach Erwägungsgrund 95 PSD II die Sicherheit elektronischer Zahlungen sowie den Schutz der Nutzer gewährleisten. Alle elektronisch angebotenen Zahlungsdienste sollen sicher abgewickelt werden, wobei Technologien einzusetzen sind, die eine sichere Authentifizierung des Nutzers gewährleisten und das Betrugsrisiko möglichst weitgehend einschränken.

Die Merkmale der starken Kundenauthentifizierung sind hierbei von den personalisierten Sicherheitsmerkmalen zu trennen. Selbst wenn unter der PSD – was an dieser Stelle indessen aufgrund der Geltung der PSD II nicht abschließend entschieden werden muss – das Konzept der Authentifizierung des Zahlungsauftrags bzw. des berechtigten Nutzers bei Verwendung eines Zahlungsinstruments stets unter Einsatz personalisierter Sicherheitsmerkmale vorgesehen gewesen sein sollte[177], so hat der europäische Gesetzgeber mit der starken Kundenauthentifizierung einen unabhängigen Authentifizierungsmechanismus eingeführt, der vom Einsatz personalisierter Sicherheitsmerkmale unabhängig sein kann. Elemente der starken Kundenauthentifizierung können personalisierte Sicherheitsmerkmale sein, soweit es sich hierbei um personalisierte Merkmale handelt, die der Zah-

174 Angesichts der vorgreiflichen Definition der Regelung in Art. 70 Abs. 1 PSD II ist die Fortführung der Formulierung „personalisierter Sicherheitsmerkmale des Zahlungsinstruments" in Art. 70 Abs. 2 PSD II wohl keiner inhaltlichen Abweichung von Art. 70 Abs. 1 PSD II, sondern vielmehr redaktioneller Unsauberkeit im Rahmen der Neuformulierung des Art. 70 Abs. 2 PSD II geschuldet.

175 MüKoHGB/*Linardatos*, 5. Auflage, 2024, K. Online-Banking, Rn. 27 ff.

176 Vgl. Ellenberger/Bunte/*Maihold*, 6. Auflage, 2022, § 33 Rn. 71.

177 Ggf. unter Zugrundelegung der Ausnahme nicht personalisierter Sicherheitsmerkmale im Falle der anderweitiger Authentifizierungsmöglichkeiten in Form eines zwischen Zahlungsdienstleister und Zahlungsdienstnutzer vereinbarten Verfahrens.

lungsdienstleister zum Zwecke der Authentifizierung bereitgestellt hat.[178] Im Übrigen sind aber auch sonstige Merkmale als Elemente der starken Kundenauthentifizierung möglich.[179] Die Einführung offener, nämlich elementungebundener, Authentifizierungsmöglichkeiten durch die starke Kundenauthentifizierung, kann daher als Ausdruck einer Leitentscheidung des europäischen Gesetzgebers gewertet werden, dass die Authentifizierungsmöglichkeiten im Zusammenhang mit einem Zahlungsauftrag kein konstitutiver Bestandteil eines Zahlungsauftrags in Form eines Zahlungsinstruments mehr sein sollen. Hieraus lässt sich dann aber auch schließen, dass der europäische Gesetzgeber ein Zahlungsinstrument immer dann annehmen wollte, wenn ein individualisierbarer Zahlungsauftrag vorliegt.[180]

Da die starke Kundenauthentifizierung bereits die Möglichkeit der Authentifizierung beinhaltet, bedarf es damit auch keiner weiteren Identifikation des beim Zahlungsdienstleister in Auftrag gegebenen Zahlungsvorgangs durch gesonderte personalisierte Sicherheitsmerkmale des Zahlungsauftragsmediums. Der Zahlungsdienstleister kann sich bei Verwendung der starken Kundenauthentifizierung darauf verlassen und vertrauen, dass der Zahlungsauftrag durch den Berechtigten ausgelöst wurde. Die starke Kundenauthentifizierung stellt insoweit den gesetzlich geregelten Fall der Authentifizierungsmöglichkeit durch den Zahlungsdienstleister für elektronische Zahlungsvorgänge dar.

Mit der durch die Einführung der starken Kundenauthentifizierung erfolgten Entkoppelung der personalisierten Sicherheitsmerkmale vom Zahlungsauftragsmedium hat der europäische Gesetzgeber damit eine grundlegend neue Inhaltsbestimmung der in Art. 4 Nr. 14 PSD II genannten Alternativen eines Zahlungsinstruments getroffen. Aufträge des Zahlungsdienstnutzers an den Zahlungsdienstleister im elektronischen Geschäftsverkehr sind immer dann als Zahlungsinstrument zu definieren, wenn diese zur Ausführung eines Zahlungsvorgangs bestimmt sind. Hierbei ist es damit auch nach der Entscheidung des EuGH im Verfahren C-616/11 nicht mehr erheblich, unter welcher Alternative des Art. 4 Nr. 14 PSD II der Zahlungsvorgang ausgelöst werden soll. Da die Anforderungen an die Qualifikation eines Zahlungsinstruments einheitlich bestimmt sein müssen, kann es nicht darauf ankommen, in welcher

---

178 Casper/Terlau/*Terlau*, 2. Auflage, 2020, § 1 Rn. 399; auch Casper/Terlau/*Casper*, 3. Auflage, 2023, § 1 Rn. 529.

179 Vgl. z. B. MüKoHGB/*Linardatos*, 5. Auflage, 2024, G. Zahlung mittels Kreditkarte Rn. 38 zu biometrischen Merkmalen.

180 Im Ergebnis so auch *Linardatos*, (MüKoHGB/*Linardatos*, 5. Auflage, 2024, K. Online-Banking Rn. 195), der zum Ergebnis kommt, dass der Streit, ob ein Zahlungsinstrument ein personalisiertes Sicherheitsmerkmal aufweisen müsse, überholt sei, da aufgrund des Erfordernisses, eine starke Kundenauthentifizierung nach § 55 ZAG zu verlangen, personalisierte Sicherheitsmerkmale stets zur Anwendung kommen würden.

Form der Zahlungsauftrag an den Zahlungsdienstleister erteilt wird.[181] Die Fortführung des Merkmals der Personalisierung im Zusammenhang mit der Definition des Zahlungsinstruments in Art. 4 Nr. 14 PSD II kann daher nur als Hinweis des europäischen Gesetzgebers zum Erfordernis der für den Zahlungsdienstleister bestehenden Möglichkeit[182] einer sicheren Authentifizierung oder Individualisierung des Zahlungsauftrags außerhalb der Funktion des Zahlungsinstruments verstanden werden. Das Attribut personalisiert i. S. d. Art. 4 Nr. 14 PSD II bzw. § 1 Abs. 20 ZAG ist insoweit als Möglichkeit der Individualisierung des Zahlungsauftrags auszulegen.[183] Dieses Ergebnis steht auch im Einklang mit der grundsätzlichen Wertung des EuGH im Verfahren C-616/11. Zwar hat der EuGH die Zulässigkeit anonym verwendeter Zahlungsinstrumente nur für die Alternative des Verfahrens i. S. d. Art. 4 Nr. 23 PSD grundsätzlich bestätigt. Gleichzeitig hat der EuGH aber das Erfordernis gesehen, den berechtigten Auftraggeber zu individualisieren und damit im Ergebnis zu authentifizieren. Dieser Anforderung wird für beide Alternativen des Zahlungsinstruments (Instrument und Verfahren) mit der Einführung der starken Kundenauthentifizierung entsprochen.[184]

Diesem Ergebnis steht auch nicht die Entscheidung des EuGH im Verfahren C-287/19 entgegen. Zwar hatte der EuGH dort ausgeführt, dass das vorlegende Gericht zutreffend darauf verwiesen habe, die auf einer Zahlungskarte enthaltene NFC-Funktion stelle kein personalisiertes Instrument dar, da die Möglichkeit der anonymen Verwendung es dem Zahlungsdienstleister nicht ermögliche, den Auftraggeber zu authentifizieren. Allerdings berücksichtigte der EuGH nicht das der NFC-Funktion zugrundeliegende Regel-Ausnahme-Prinzip der starken Kundenauthentifizierung. Dem Grunde nach ist nämlich auch im Fall der Nutzung der NFC-Funktion die starke Kundenauthentifizierung anzuwenden. Nach Art. 11 RTS kann nämlich nur auf die starke Kundenauthentifizierung verzichtet werden. Diese (aufsichtsrechtliche) Öffnung des Gebots der Anwendung der starken Kundenauthentifizierung beseitigt aber nicht die dem Grunde nach bestehende Anforderung an den Einsatz der starken Kundenauthentifizierung und damit der Möglichkeit, den Zahlungsvorgang bzw. den berechtigten Nutzer zu authentifizieren. Selbst bei

181 A.A. MüKoBGB/*Jungmann*, 9. Auflage, 2023, § 675j Rn. 57, der weiterhin die Personalisierung des Instruments i. S. d. Art. 4 Nr. 14 PSD II für erforderlich hält.

182 Hervorhebung Verfasser.

183 Bewertung, dass der EuGH das Attribut personalisiert i. S. d. Art. 4 Nr. 14 PSD II offengelassen hat Casper/Terlau/*Casper*, 2. Auflage, 2020, § 1 Rn. 91; nunmehr – dies aber ablehnend – unter Hinweis auf EuGH WM 2020, 2218 Rn. 70 ff., der anerkannt habe, dass es auch nicht personalisierte Verfahren geben könne; Casper/Terlau/*Casper*, 3. Auflage, 2023, § 1 Rn. 93, 446.

184 A.A. wohl Casper/Terlau/*Casper*, 2. Auflage, 2020, § 1 Rn. 92; Casper/Terlau/*Casper*, 3. Auflage, 2023, § 1 Rn. 93, 446.

der Annahme, dass die NFC-Funktion unmittelbar und unselbständig mit der Karte als Instrument i. S. d. Art. 4 Nr. 14 PSD II verknüpft wäre, wäre es dem Zahlungsdienstleister möglich, den Vorgang oder Nutzer zu authentifizieren. Die nach Art. 11 RTS eröffnete Möglichkeit, die NFC-Funktion anonym zu nutzen, stellt damit allein eine zu wählende Option dar. Folglich steht die Öffnung der Verwendung der starken Kundenauthentifizierung nach Art. 11 RTS auch nicht dem grundsätzlichen Konzept des europäischen Gesetzgebers entgegen, welches besagt, dass ein Zahlungsinstrument unter der PSD II nach Einführung der starken Kundenauthentifizierung nicht mit personalisierten Sicherheitsmerkmalen verbunden sein muss, wenn eine anderweitige Authentifizierung möglich ist.

Die Einführung der starken Kundenauthentifizierung spiegelt damit die Grundsätze wider, die der EuGH im Verfahren C-616/11 zur Authentifizierungsmöglichkeit des Zahlungsdienstleisters bei Verwendung eines Zahlscheins aufgestellt hat. Ebenso wie in dem vom EuGH entschiedenen Fall zur möglichen Authentifizierung des berechtigten Auftraggebers eröffnet hier die starke Kundenauthentifizierung dem Zahlungsdienstleister die Möglichkeit der Authentifizierung, wenngleich der Zahlungsdienstleister hierbei aber selbst dafür Sorge zu tragen hat, dass er die ihm zur Verfügung stehenden Authentifizierungsmöglichkeiten nutzt. Die tatsächliche Wahrnehmung oder der Verzicht auf die Möglichkeiten zur Authentifizierung kann aber keine Rechtswirkung auf die Eigenschaft des Zahlungsauftragsmediums als Zahlungsinstrument haben. Diesen Grundsatz hat bereits der EuGH im Verfahren C-616/11 bestätigt, in dem er darauf verwies, dass es nicht auf das Vorhandensein personalisierter (Sicherheits-) Merkmale ankomme, wenn der Zahlungsdienstleister den Zahlungsauftrag anhand der zwischen Zahlungsdienstleister und Zahlungsdienstnutzer vereinbarten Merkmale als Auftrag des berechtigten Zahlungsdienstnutzers identifizieren <u>konnte</u>[185].[186] Die Authentifizierungsmöglichkeit ist damit nicht erfolgsorientiert, sondern als Option zu verstehen. Mit Einführung der starken Kundenauthentifizierung muss daher auch das unverändert zur PSD in der Definition des Zahlungsinstruments in der PSD II fortgeführte Merkmal der Personalisierung dahingehend verstanden werden, dass sowohl das Verfahren als auch das Instrument immer dann als ein Zahlungsinstrument i. S. d. Art. 4 Nr. 14 PSD II zu qualifizieren sind, soweit mit jeder dieser Alternativen ein Zahlungsvorgang ausgelöst und die Berechtigung des Nutzers zur Auftragserteilung durch den Zahlungsdienstleister überprüft werden <u>kann</u>[187].

---

185 Hervorhebung Verfasser.

186 EuGH EuZW 2014, 464 (466); so wörtlich der EuGH in Rn. 39.

187 Hervorhebung Verfasser.

3. Richtlinienkonformität des Verzichts auf personalisierte Sicherheitsmerkmale bei Zahlungsinstrumenten

Die im Wesentlichen durch die Einführung der starken Kundenauthentifizierung novellierte Inhaltsbestimmung des Zahlungsinstruments i. S. d. Art. 4 Nr. 23 PSD II als individualisierbares (personalisierbares) Auftragsmedium trägt sowohl den Sicherungsinteressen der Parteien des Zahlungsdiensterahmenvertrags Rechnung, als auch dem Ziel des europäischen Gesetzgebers, eine technologie- und medienoffene Weiterentwicklung von Zahlungsdiensten zu gewährleisten.[188] Die Einbeziehung sämtlicher individualisierbarer, dem Zahlungsdienstleister erteilter, Zahlungsaufträge als Zahlungsinstrument in das Regelungssystem der §§ 675c ff. BGB sichert die Anwendung der gerade im Verbrauchersektor durch den europäischen Gesetzgeber angestrebten einheitlichen Regelungen für den Zahlungsverkehr und fördert damit den europäischen Binnenmarkt. Erwägungsgrund 6 PSD II hebt insoweit auch hervor, dass zur Schließung von Regulierungslücken neue Vorschriften vorgesehen sind und gleichzeitig mehr Rechtsklarheit geschaffen werden soll, die eine unionsweit einheitliche Anwendung des rechtlichen Rahmens sicherstellt. Damit soll auch ein hohes Maß an Verbraucherschutz bei der Nutzung dieser Zahlungsdienstleistungen in der Union als Ganzes gewährleistet werden. Der europäische Gesetzgeber erwartet hiervon Effizienzgewinne im Zahlungssystem, Transparenz bei den Zahlungsdiensten und gleichzeitig die Stärkung des Vertrauens der Verbraucher in einen harmonisierten Markt für Zahlungen. All dies wird mit der Einführung der Identifikationsmöglichkeit des Auftraggebers durch die starke Kundenauthentifizierung bei Einreichung eines Zahlungsauftrags unterstützt, der hiervon unabhängig als Zahlungsinstrument zu qualifizieren ist und damit den Regelungsmechanismen des Zahlungsdiensterechts uneingeschränkt unterliegt.

4. Die Bewertung des nationalen Gesetzgebers

Dieses Ergebnis entspricht damit den Ausführungen des nationalen Gesetzgebers im Rahmen der Umsetzung der PSD II,[189] obschon die Darstellung in der Begrün-

188 Vgl. auch Staudinger/*Omlor*, 2012, § 675c Rn. 20, der auf Grundlage der Ableitung aus Art. 4 Nr. 14 PSD II auch darauf verweist, dass das Zahlungsinstrument im Sinne der PSD II technologieneutral gefasst sei; nach Auffassung des Verfassers lässt sich dies aber nicht aus der von *Omlor* zitierten Regelung des Art. 4 Nr. 14 PSD II ableiten; vgl. auch MüKoHGB/*Linardatos*, 5. Auflage 2024, G. Zahlung mittels Kreditkarte Rn 44.
189 BT-DrS. 18/11495, S. 110.

dung des Gesetzgebers missverständlich ist.[190] Dort verweist der Gesetzgeber nämlich darauf, dass bis zur Umsetzung der PSD II das vom Zahlungsdienstnutzer bei der Erteilung eines Zahlungsauftrages an seinen Zahlungsdienstleister verwendete Medium als Authentifizierungsinstrument eingesetzt wurde. Entsprechend sei im bisherigen Gesetz das Auftragsmedium als Zahlungsauthentifizierungsinstrument bezeichnet worden. Nunmehr werde der Vorgang der Authentifizierung durch die mit der PSD II eingeführte starke Kundenauthentifizierung vom Medium abgekoppelt.[191] Richtigerweise wird die Authentifizierung jedoch nicht vom Zahlungsinstrument als Auftragsmedium abgekoppelt, sondern durch eine alternative, subjektivierbare Methode der Authentifizierung abgelöst. Damit ist die Möglichkeit der Authentifizierung in Form der Individualisierung des Zahlungsauftrags(-mediums) weiterhin zwingende Voraussetzung für die legitimierte Ausführung eines Zahlungsauftrags in Form eines Zahlungsinstruments, nicht aber die Entstehung eines Zahlungsinstruments konstitutiv abhängig von der Erteilung personalisierter Sicherheitsmerkmale.

Entsprechend den Entscheidungsgründen des EuGH im Verfahren C-616/11 sowie des BGH[192] lässt auch die Gesetzesbegründung zur Umsetzung des Art. 4 Nr. 14 PSD II[193] zutreffend erkennen, dass es nicht entscheidend auf personalisierte (Sicherheits-) Merkmale, sondern auf die Möglichkeit der Authentifizierung durch individualisierbare Elemente ankommt. Dieser Rechtsgedanke ist mit Einführung der starken Kundenauthentifizierung gesetzlich normiert worden. Dem Zahlungsdienstleister steht mit der Verwendung der starken Kundenauthentifizierung die Möglichkeit offen, den Auftraggeber als Berechtigten zu identifizieren. Insoweit handelt es sich auch nicht um einen vollständig anonymisierten Zahlungsvorgang, für den keine weiteren individualisierbaren Elemente mehr erforderlich sind. Die Gesetzesbegründung spiegelt hier die Wertung des europäischen Gesetzgebers wider, die bereits in der Entscheidung des EuGH C-616/11 erkennbar wurde. Es kommt für die Qualifikation eines Zahlungsinstruments nicht auf formalisierte Merkmale in Form eines Typenkatalogs an, sondern allein auf die Möglichkeit der Authentifizierung, mit der der berechtigte Zahlungsauftraggeber identifiziert werden kann.[194]

190 BT-DrS. 18/11495, S. 110.

191 BT-DrS. 18/11495, S. 110.

192 BGH BKR 2021, 240 (240 ff.).

193 BT-DrS. 18/11495, S. 110.

194 So auch bereits *Linardatos*, Das Haftungssystem im bargeldlosen Zahlungsverkehr nach Umsetzung der Zahlungsdiensterichtlinie, 2013, S. 317, aber mit anderer Begründung.

5. Unabhängigkeit der Qualifikation eines Zahlungsmediums als Zahlungsinstrument vom tatsächlichen Einsatz der starken Kundenauthentifizierung

Nach vorstehender Analyse sind alle als Zahlungsmedium eingesetzten Instrumente und Verfahren, für deren Verwendung die starke Kundenauthentifizierung grundsätzlich vorgesehen ist, als Zahlungsinstrumente zu qualifizieren, ohne dass es auf weitere personalisierte Sicherheitsmerkmale ankommt. Mit der Einführung der starken Kundenauthentifizierung hat der europäische Gesetzgeber und der nationale Gesetzgeber eine gesetzliche Anordnung zur Authentifizierung in das Regelungskonzept der §§ 675c ff. BGB aufgenommen. Jedes Medium, mit dem ein elektronischer Zahlungsvorgang ausgelöst werden soll, wird aufgrund der über § 1 Abs. 20 ZAG angeordneten starken Kundenauthentifizierung zu einem – im Sinne einer Individualisierung bzw. Identifizierung – authentifizierbaren Instrument bzw. Verfahren i. S. d. Art. 4 Nr. 14 PSD II.[195]

Für die Qualifikation des Zahlungsmediums kommt es hierbei auch nicht darauf an, ob bei der Ausführung des Zahlungsauftrags die starke Kundenauthentifizierung tatsächlich zur Anwendung kommt.[196] Wäre die Qualifikation eines Zahlungsmittels als Zahlungsinstrument von der tatsächlichen Durchführung der starken Kundenauthentifizierung abhängig, würde dies dem mit Einführung der starken Kundenauthentifizierung angestrebten Sicherungseffekt für den Zahlungsdienstnutzer widersprechen. In einem derartigen Fall würde nämlich der angestrebte Schutz des Zahlungsdienstnutzers bei Einsatz eines Zahlungsinstruments unter Verzicht auf die Durchführung der starken Kundenauthentifizierung ohne Weiteres vereitelt werden können. Dann nämlich würden z. B. die Regelungen des § 675v BGB, insbesondere die Ausschlussregelung des § 675v Abs. 4 BGB, bei Zahlungsdienstnutzern bereits deshalb nicht einschlägig sein, da in einem derartigen Fall bereits kein Zahlungsinstrument vorliegen würde. Dies aber steht im Widerspruch zur Intention des europäischen Gesetzgebers. So hebt Erwägungsgrund 33 PSD II hervor, dass die PSD II darauf abzielt, die Kontinuität im Markt sicherzustellen und gleichzeitig bestehenden und neuen Dienstleistern unabhängig von ihrem Geschäftsmodell die Möglichkeit zu geben, ihre Dienste in einem klaren und harmonisierten Rechtsrahmen anzubieten. Hierdurch kommt u. a. zum Ausdruck, dass der europäische Gesetzgeber sämtliche Zahlungsvorgänge eines Zah-

---

195 Zum Erfordernis der Individualisierung als Mindestanforderung an die Personalisierung vgl. Casper/Terlau/*Casper*, 2. Auflage, 2020, § 1 Rn. 91.

196 Unklar die Gesetzesbegründung in BT-DrS. 18/11495, S. 110, nach der davon ausgegangen werden könnte, dass die Qualifikation eines Zahlungsinstruments immer von der Nutzung der starken Kundenauthentifizierung abhängt.

lungsdienstnutzers in das Regelungskonzept der PSD II (und insoweit national der §§ 675c ff. BGB) voll umfänglich – und damit insbesondere auch hinsichtlich der Regelungen, die als Anwendungsvoraussetzung ein Zahlungsinstrument voraussetzen – integrieren wollte. Dies wird auch durch die Entscheidung des EuGH C-616/11 bestätigt, der für die Authentifizierung des Auftraggebers des Zahlungsauftrags nicht auf die tatsächliche Durchführung des Authentifizierungsvorgangs abstellt, sondern allein darauf, dass der seinerzeitige in das Verfahren als Partei einbezogene Zahlungsdienstleister die Authentifizierung durchführen konnte.[197]

Dem steht auf nationaler Ebene auch nicht die Regelung des § 675e Abs. 4 BGB entgegen, mit dem u. a. die Regelung des § 675v BGB abbedungen werden kann. § 675e Abs. 4 BGB überlagert insoweit lediglich die Anordnung der starken Kundenauthentifizierung in Bezug auf die in § 675v BGB geregelten Haftungsregelungen. An der Einordnung eines Zahlungsmediums als Zahlungsinstrument ändert § 675e Abs. 4 BGB indessen nichts, da dem Grunde nach diese Vorschrift auch für Nicht-Verbraucher die starke Kundenauthentifizierung vorsieht und damit für die Inhaltsbestimmung des Zahlungsinstruments vorgreiflich (vor der abweichenden Vereinbarung nach § 675e Abs. 4 BGB) ist.[198]

6. Anerkennung der starken Kundenauthentifizierung als Individualisierungsinstrument zur Vermeidung von Wertungswidersprüchen der Alternativen des Art. 4 Nr. 14 PSD II, § 1 Abs. 20 ZAG

Eine inhaltlich identische Behandlung beider Alternativen eines Zahlungsinstruments i. S. d. Art. 4 Nr. 14 PSD II und § 1 Abs. 20 ZAG vermeidet Wertungswidersprüche. Eine unterschiedliche Einordnung personalisierter Instrumente und anonymisierter, aber individualisierbarer Verfahren als Zahlungsinstrument i. S. d. Art. 4 Nr. 14 PSD II, § 1 Abs. 20 ZAG – die dem Wortlaut nach und aufgrund der bisherigen Entscheidungen des EuGH nicht abschließend ausgeschlossen werden kann – würde zur Ungleichbehandlung materiell vergleichbarer Sachverhalte führen. Auch wenn im Ergebnis ein anonymes, aber zu individualisierendes Verfahren sich mit einem Instrument mit personalisierten Sicherheitsmerkmalen durchaus als wesensgleich interpretieren lässt, so würde ein Zahlungsinstrument mit personalisierten Sicherheitsmerkmalen dennoch als deutlich formalisierteres Zahlungsinstrument verstanden werden müssen.

197 EuGH EuZW 2014, 464 (466).

198 Vgl. auch oben zum Regel-Ausnahme-Prinzip des Art. 11 RTS zur grundsätzlichen Anforderung der starken Kundenauthentifizierung.

Damit könnten sich weiterhin Unterschiede in der Rechtsanwendung der unterschiedlichen Alternativen des Art. 4 Nr. 14 PSD II, § 1 Abs. 20 ZAG ergeben, die aber nicht auf materiellen und seitens des europäischen Gesetzgebers bewusst angestrebten sachlichen Gründen beruhen. Vielmehr würde diese materielle Ungleichbehandlung ausschließlich aus einer strengen wortlautgetreuen Auslegung der Definition des Art. 4 Nr. 14 PSD II bzw. des § 1 Abs. 20 ZAG folgen. In diesem Fall würden insbesondere die haftungsrechtlichen Beziehungen zwischen Zahlungsdienstnutzer und Zahlungsdienstleister ohne erkennbare sachliche Rechtfertigung allein aufgrund des Einsatzes der unterschiedlichen Alternativen eines Zahlungsauftragsmediums i. S. d. Art. 4 Nr. 14 PSD II, § 1 Abs. 20 ZAG unterschiedliche Rechtsfolgen auslösen. Es bestünde die Gefahr, dass weiterhin identische Sachverhalte nur aufgrund der Wahl einer der Alternativen eines Zahlungsinstruments rechtlich unterschiedlich behandelt würden. Für eine derartige Unterscheidung lassen sich in Art. 4 Nr. 14 PSD II bzw. § 1 Abs. 20 ZAG aber keine Anhaltspunkte finden. Die Definitionen des Zahlungsinstruments lassen nicht erkennen, dass die Eigenschaften der Alternativen des Instruments und des Verfahrens unterschiedliche Voraussetzungen haben sollen. Die in den Definitionen des Zahlungsinstruments enthaltenen Alternativen sollen hierbei wohl nur sicherstellen, dass Weiterentwicklungen von Zahlungsauftragsmedien nicht durch eine zu enge Begriffsbestimmung in der Definition im Rahmen des Art. 4 Nr. 14 PSD II von der Qualifikation als Zahlungsinstrument ausgeschlossen werden.[199]

IV. Zusammenfassung, Ergebnis und Ausblick

1. Die Neuordnung der Bestimmung der Eigenschaften eines Zahlungsinstruments durch die Einführung der starken Kundenauthentifizierung

Mit der starken Kundenauthentifizierung hat der europäische Gesetzgeber die Authentifizierung von Zahlungsaufträgen konzeptionell grundlegend neu aufge-

---

199 Vgl. hierzu Schäfer/Omlor/Mimberg/*Mimberg*, 1. Auflage, 2021, ZAG § 1 Rn. 386, der darauf verweist, dass die Tatbestandsvariante Instrument somit als bloße Unterform der Variante Verfahren begriffen werden könne; hierzu auch BeckOGK/*Köndgen*, Stand: 1. 8. 2020, § 675j Rn. 46; sowie auch Casper/Terlau/*Terlau*, ZAG, 3. Auflage, 2023, § 2 Rn. 61; auch wenn nach hier vertretener Auffassung das Instrument kein Unterfall des Verfahrens i. S. d. Art. 4 Nr. 14 PSD II darstellt, so ist jedenfalls der in dieser Aussage enthaltenen Wertung zuzustimmen, dass zwischen den Eigenschaften des Instruments oder des Verfahrens i. S. d. Art. 4 Nr. 14 PSD II keine inhaltlichen Unterscheidungen durch den europäischen Gesetzgeber gewollt sind und bestehen.

stellt. Mit der neuen Konzeption löst sich der europäische Gesetzgeber von dem für die Qualifikation eines Zahlungsinstruments noch unter der PSD argumentierbaren auftragsmedienabhängigen Authentifizierungserfordernis. Mit Einführung der starken Kundenauthentifizierung kommt es für die Qualifikation eines Auftrags als Zahlungsinstrument allein auf die Eignung des Mediums zur Erteilung des Auftrags und der Möglichkeit zu dessen Individualisierung an. Diese Konzeption schafft einen inhaltlichen Gleichlauf mit Art. 73 Abs. 1 PSD II (und damit zu § 675u BGB), der für den Anspruch des Zahlungsdienstnutzers gegenüber dem Zahlungsdienstleister auf Korrektur eines nicht autorisierten Zahlungsvorgangs ebenfalls nicht zwischen Zahlungsvorgängen mit oder ohne Nutzung eines Zahlungsinstruments unterscheidet.

Die identische (inhaltsgleiche) Bestimmung der Eigenschaften beider in der Definition des Zahlungsinstruments enthaltenen Alternativen eines Zahlungsinstruments sorgt für Rechtssicherheit. Dem Grunde nach ist es nämlich nicht erklärbar, warum für die nicht autorisierte Auslösung von Zahlungsaufträgen durch Zahlungsinstrumente andere Regelungen und Rechtsfolgen gelten sollen als für nicht autorisierte Zahlungsvorgänge, die ohne Einsatz eines Zahlungsinstruments ausgelöst wurden. Für die auf den ersten Blick vom Wortlaut der bisherigen Definition des Zahlungsinstruments abweichende Inhaltsbestimmung – nämlich der Entkoppelung des Zahlungsinstruments von dessen Personalisierung – ist aber zu berücksichtigen, dass zwar die als Zahlungsinstrument vorgesehenen Alternativen des Art. 4 Nr. 14 PSD II nicht (mehr) personalisiert sind, gleichwohl aber das Erfordernis der Individualisierbarkeit besteht: Damit ist das in Art. 4 Nr. 14 PSD II enthaltene Attribut personalisiert als individualisierbar im Sinne einer Authentifizierbarkeit des berechtigten Nutzers zu interpretieren.

2. Vorlagepflicht zur Vorabentscheidung beim EuGH nach Art. 267 AEUV

a) Grundsatz der Vorlagepflicht nationaler Gerichte

In einer neueren Entscheidung des EuGH betont dieser die Bedeutung der Vorlagepflicht nationaler Gerichte nach Art. 267 AEUV.

> *Wenn dem in letzter Instanz entscheidenden einzelstaatlichen Gericht jedoch das Vorliegen voneinander abweichender Gerichtsentscheidungen – von Gerichten ein und desselben Mitgliedstaats oder zwischen Gerichten verschiedener Mitgliedstaaten – zur Auslegung einer auf den Ausgangsrechtsstreit anwendbaren Vorschrift des Unionsrechts zur Kenntnis gebracht wird, muss es bei seiner Beurteilung der Frage, ob es an einem vernünftigen Zweifel in Bezug auf die richtige Auslegung der fraglichen Unionsrechtsvorschrift fehlt, besonders sorgfältig sein und*

dabei insbesondere das mit dem Vorabentscheidungsverfahren angestrebte Ziel, die einheitliche Auslegung des Unionsrechts zu gewährleisten, berücksichtigen.[200]

Das Gericht führte weiter aus:

Insoweit ergibt sich aus dem mit Art. 267 AEUV eingeführten System unter Berücksichtigung von Art. 47 Abs. II der GR Charta, dass dann, wenn ein einzelstaatliches Gericht, dessen Entscheidungen nicht mehr mit Rechtsmitteln des innerstaatlichen Rechts angefochten werden können, annimmt, dass es von der in Art. 267 Abs. III AEUV vorgesehenen Pflicht, den EuGH um Vorabentscheidung zu ersuchen, befreit ist, ... die Begründung seiner Entscheidung entweder erkennen lassen muss, dass die aufgeworfene unionsrechtliche Frage für die Entscheidung des Rechtsstreits nicht erheblich ist oder dass sich die Auslegung der betreffenden Unionsrechtsvorschrift auf die Rechtsprechung des EuGH stützt oder – wenn es keine solche Rechtsprechung gibt – dass die Auslegung des Unionsrechts für das in letzter Instanz entscheidende einzelstaatliche Gericht derart offenkundig ist, dass für einen vernünftigen Zweifel keinerlei Raum bleibt.

Diese Ausführungen des EuGH verdeutlichen, dass es zukünftig zu einem erhöhten Aufwand der nationalen – jedenfalls letztinstanzlichen – Gerichte kommen wird, zu begründen, dass bzw. ob die auf Grundlage der Auslegung europäischer Normen gefundene Entscheidung mit den maßgeblichen unionsrechtlichen Grundsätzen im Einklang steht.

Insoweit ist zu erwarten, dass Unklarheiten in der Auslegung europäischer Rechtsetzung in höherem Maße als bislang zur Vorlage von Rechtsfragen nach Art. 267 AEUV führen wird. Im Zusammenhang mit den in dieser Arbeit behandelten zahlungsdiensterechtlichen Fragestellungen ist aufgrund der erkennbaren Zweifel an der Auslegung europarechtlicher Regelungen der Zahlungsdiensterichtlinien eine Vorlage zur Einordnung der Eigenschaften eines Instruments als Alternative des Zahlungsinstruments i. S. d. Art. 4 Nr. 14 PSD II zu erwarten.

b) Die Entpersonalisierung des Instruments in der 1. Alternative des Art. 4 Nr. 14 der PSD II

Spätestens mit der Einführung der starken Kundenauthentifizierung hat sich der europäische Gesetzgeber von der noch unter der PSD begründbaren Konnexität zwischen personalisierten Sicherheitsmerkmalen und der 1. Alternative des Auftragsmediums (Instrument) in der Definition des Zahlungsinstruments gelöst. Für die Qualifikation eines Zahlungsinstruments im Rahmen des Anwendungsbereichs der starken Kundenauthentifizierung kommt es nur noch auf die Eignung der Alternativen des Zahlungsinstruments zur Erteilung eines Zahlungsauftrags und der

200 EuGH NJW 2021, 3303 (3306).

insoweit bestehenden Authentifizierungsmöglichkeit des Auftraggebers an. Letzteres ist mit der starken Kundenauthentifizierung immer gegeben. Dennoch weist der Wortlaut der Definition des Zahlungsinstruments immer noch das Merkmal der Personalisierung auf. Damit kommt zur Klärung des Widerspruchs zwischen dem Wortlaut des Art. 4 Nr. 14 PSD II und dem materiellem Gehalt der Definition wie vorstehend entwickelt eine Vorlage zum EuGH nach Art. 267 AEUV in Betracht.

3. Die Vorschläge der Europäischen Kommission zur Änderung der Definition des Zahlungsinstruments nach Art. 4 Nr. 14 PSD II vom 28.6.2023

a) Die Ersetzung des Attributs „personalised" durch „individualised" in der Definition des Zahlungsinstruments nach dem Proposal for directive 2023 und dem Proposal for a regulation on payment services

aa) Die Fortführung der Akzessorietät des Auftragsmediums Instrument mit Individualisierungsmerkmalen in der Definition des Zahlungsinstruments

Am 28.6.2023 hat die Europäische Kommission einen Vorschlag für eine Richtlinie des Europäischen Parlaments und des Rates über Zahlungsdienste und E-Geld-Dienste im Binnenmarkt sowie einen Vorschlag für eine Verordnung für Zahlungsdienste im Binnenmarkt und zur Änderung der Verordnung (EU) Nr. 1093/2010 vorgelegt. Es handelt sich hierbei um Änderungsvorschläge zu Regelungen der PSD II. Diese Vorschläge enthalten auch eine Änderung der Definition des Zahlungsinstruments nach Art. 4 Nr. 14 PSD II. Diese Vorschläge stehen jedoch nicht im Einklang mit dem Verständnis des EuGH und der insoweit hier vertretenen Auffassung, dass es nicht auf die Objektbezogenheit der Möglichkeit der Individualisierung eines Zahlungsinstruments (bzw. des hierdurch ausgelösten Zahlungsvorgangs) ankommt. Erwägungsgrund 13 des Proposal for directive 2023 für Prepaid-Karten verweist darauf, dass für den Fall, dass es vorausbezahlte, anonyme Zahlungskarten gebe, das Risiko bestehe, dass derartige Karten nicht in den Anwendungsbereich der Definition eines Zahlungsinstruments fallen.[201] Die Definition des Begriffs Zahlungsinstrument in der Richtlinie (EU) 2015/2366 enthalte nämlich den Bezug auf ein

---

201 Erwägungsgrund 12 des Proposal for directive 2023: „*(12) The definition of 'payment instrument' under Directive (EU) 2015/2366 made reference to a 'personalised device'. Since there are pre-paid cards where the name of the holder of the instrument is not printed on the card, this could leave those cards outside the scope of the definition of a payment instrument. The definition of 'payment instrument' should, therefore, be amended to refer to 'individualised' devices, instead of 'personalised' ones, specifying that pre-paid cards where the name of the holder of the instrument is not printed on the card are payment instruments.*"

personalisiertes Instrument. Die Europäische Kommission schlägt daher in Erwägungsgrund 12 des Proposal for directive 2023 vor, dass die Definition des Zahlungsinstruments dahingehend geändert werden solle, dass sie sich auf individualisierte Instrumente anstelle von personalisierten Instrumenten beziehe und festlege, dass Prepaid-Karten, bei denen der Name des Inhabers des Instruments nicht auf der Karte aufgedruckt sei, als Zahlungsinstrumente zu qualifizieren seien. Dies setzte die Europäische Kommission auch in der in englischer Sprache veröffentlichten Ausgangsfassung der Begriffsbestimmungen des Art. 2 Nr. 15 des Proposal for directive 2023 um.[202] Danach ist ein Zahlungsinstrument ein zwischen dem Zahlungsdienstnutzer und dem Zahlungsdienstleister vereinbartes individualisiertes Instrument oder Instrumente und/oder eine Reihe von Verfahren, die die Auslösung eines Zahlungsvorgangs ermöglichen.[203]

Eine entsprechende Neufassung der Definition findet sich auch in Art. 3 Nr. 18 des Proposal for a regulation on payment services. Dessen Erwägungsgrund 23 beschreibt das Ziel und den Hintergrund der vorgeschlagenen Neuregelung entsprechend zu den Ausführungen des Erwägungsgrunds 12 im Proposal for directive 2023.

Die neue Definition des Zahlungsinstruments soll auch im Proposal for a regulation on payment services folgenden Wortlaut haben:

> *'payment instrument' means an individualised device or devices and/or set of procedures agreed between the payment service user and the payment service provider which enables the initiation of a payment transaction.*

Der Vorschlag der Europäischen Kommission greift die Stellungnahme der EBA vom 23.6.2022 auf.[204] Die EBA hatte bereits darauf hingewiesen, dass auf Grundlage der Definition des Zahlungsinstruments i. S. d. Art. 4 Nr. 14 PSD II Unklarheiten in Bezug auf die Definition eines Zahlungsinstruments bestünden.[205] Die EBA war der Auffassung, dass die derzeitige Definition eines Zahlungsinstruments einer weiteren Klärung bedürfe. Es bestünde auf Grundlage der derzeitigen Definition des Zahlungsinstruments zu viel Raum für Interpretationen.[206]

---

202 *„...payment instrument' means an individualised device or devices and/or set of procedures agreed between the payment service user and the payment service provider which enables the initiation of a payment transaction;...“.*

203 Art. 2 Nr. 15 des Proposal of directive 2023: *„(15)'payment instrument' means an individualised device or devices and/or set of procedures agreed between the payment service user and the payment service provider which enables the initiation of a payment transaction;“.*

204 EBA-Opinion 2022.

205 EBA-Opinion 2022, S. 13, 1.5. The term „payment instrument“, Rn. 33.

206 EBA-Opinion 2022, S. 13, 1.5. The term „payment instrument“, Rn. 33.

Die EBA beanstandete auch die Begrifflichkeiten in den Alternativen des personalisierten Instruments oder Verfahrensablaufs in Art. 4 Nr. 14 PSD II. Sie wies darauf hin, dass mit der Definition des personalisierten Instruments Probleme im Hinblick auf Prepaid-Karten entstehen könnten, bei denen der Name des Inhabers der Prepaid-Karte nicht auf die Karte gedruckt sei.[207] Damit sei unklar, ob derartig ausgestaltete Prepaid-Karten als Zahlungsinstrument eingeordnet werden könnten, da nach Auffassung der EBA ja gerade keine Personalisierung der Karte erfolge und damit diese Zahlungskarten nicht unter die Definition des Zahlungsinstruments als personalisiertes Instrument zu fassen wären.[208] Die EBA erachtete es daher für sinnvoll, dass das Attribut „personalisiert" in Art. 4 Nr. 14 PSD II durch „individualisiert" ersetzt werde.[209] Die EBA versäumte indessen hier die Möglichkeit, konkretisierende Hinweise mit allgemeingültiger Wirkung zu geben, wie die Definition des Zahlungsinstruments inhaltlich zu bestimmen ist. Zwar griff sie die aktuelle Rechtsprechung des EuGH zu anonymisierten Verfahren im Zusammenhang mit der sogenannten NFC-Funktion auf.[210] Sie nahm jedoch nicht zu den jeweiligen Eigenschaften eines Verfahrens oder eines Instruments als Alternativen eines Zahlungsinstruments Stellung. Da es sich bei der von der EBA in Bezug genommenen Prepaid-Karte um einen einzelnen Spezialfall als Zahlungsinstrument handelt, lassen sich damit aus dem Vorschlag der EBA keine grundsätzlichen Leitlinien aus dem Hinweis zur Ersetzung der Personalisierung durch Individualisierung ableiten. Damit bleibt offen, welches von der Inhaltsbestimmung der Personalisierung abweichende Verständnis der EBA in dem Begriff der Individualisierung enthalten sein soll.[211]

Der Vorschlag der Europäischen Kommission zur Anpassung der Definition eines Zahlungsinstruments greift zwar die Vorschläge der EBA auf, unterlässt aber ebenso wie die EBA eine grundlegende Klarstellung der Eigenschaften eines Instruments in der Definition des Zahlungsinstruments.[212] Auch aus dem Vorschlag der Europäischen Kommission ergibt sich damit nicht, ob über die bezweckte Er-

---

207 EBA-Opinion 2022, S. 13, 1.5. The term 'payment instrument", Rn. 38.

208 EBA-Opinion 2022, S. 13, 1.5. The term „payment instrument", Rn. 38.

209 EBA-Opinion 2022, S. 13, 1.5. The term „payment instrument", Rn. 38: *„The EBA, therefore, sees merit in amending the reference to one that refers to "'individualised" device instead"*.

210 EuGH Rechtssache C-287/19, EBA-Opinion 2022, S. 13, 1.5. The term „payment instrument", Rn. 36.

211 Ebenso *Conreder/Okonska*, RdZ 2023, 12 (14) zum Vorschlag der Europäischen Kommission zur neuen Definition des Zahlungsinstruments im Proposal for a regulation on payment services und Proposal for directive 2023; unklar dann aber *Conreder/Hausemann*, BKR 2023, 729 (732), die in ihrer Stellungnahme zum Proposal for directive 2023 und Proposal for a regulation on payment services von einer Neuregelung der Definition des Zahlungsinstruments nicht nur für Prepaid-Karten auszugehen scheinen.

212 *Conreder/Okonska*, RdZ 2023, 12 (14).

fassung der Prepaid-Karten als Instrument im Sinne der Definition des Zahlungsinstruments hinaus eine grundlegende Neubestimmung der Eigenschaften eines Instruments (oder sogar beider Alternativen) in der Definition des Zahlungsinstruments vorgenommen werden soll. Gegen die Intention, mit der Neufassung der Definition des Zahlungsinstruments eine grundlegend neue und einheitliche Bestimmung der Eigenschaften eines Zahlungsinstruments vorzunehmen, sprechen die Erwägungsgründe 12 des Proposal for directive 2023 sowie 23 des Proposal for a regulation on payment services. Beide Erwägungsgründe nennen als Hintergrund der Neufassung der Definition des Zahlungsinstruments nur die Erfassung der Prepaid-Karten als Instrument. Anhaltspunkte dafür, dass die sonstigen unter der PSD II geltenden Grundsätze zur Bestimmung der Eigenschaften der Alternativen des Zahlungsinstruments, insbesondere zum personalisierten Instrument, geändert werden sollen, sind nicht erkennbar. Insbesondere sind keine Anhaltspunkte zu finden, ob ein Instrument im Sinne der Definition des Zahlungsinstruments mit dem Auftragsmedium zwingend konstitutiv mit dem Individualisierungsmerkmal verknüpft sein soll oder nicht.

Gegen eine grundlegende Neugestaltung der Eigenschaften eines Instruments spricht hierbei Erwägungsgrund 21 des Proposal for a regulation on payment services.[213] Danach soll nämlich angesichts des Aufkommens neuer Arten von Zahlungsinstrumenten und der Unsicherheiten, die auf dem Markt hinsichtlich ihrer rechtlichen Qualifizierung bestehen, die Definition eines Zahlungsinstruments weiter präzisiert werden. Zu diesem Zweck sollen einige Beispiele angeführt werden, um zu verdeutlichen, was ein Zahlungsinstrument darstellt und was nicht. Hierbei soll der Grundsatz der Technologieneutralität berücksichtigt werden.[214] Wenn bereits mit der neuen Definition des Zahlungsinstruments eine grundlegende Neufassung der Eigenschaften des Instruments (oder auch des Verfahrens) erfolgen sollte, wäre eine Begriffsbestimmung oder Konkretisierung durch Beispiele nicht erforderlich.[215]

---

213 Erwägungsgrund 21 des Proposal for a regulation on payment services: „*Given the emergence of new types of payment instruments and the uncertainties prevailing in the market as to their legal qualification, the definition of a 'payment instrument' should be further specified by providing some examples to illustrate what constitutes or does not constitute a payment instrument, bearing in mind the principle of technology neutrality.*"

214 Vgl. hierzu auch C., III., 2. dieser Arbeit.

215 Unklar bleibt die Abweichung in der Formulierung des Erwägungsgrunds 10 des Proposal for directive 2023 von der Formulierung des Erwägungsgrunds 21 des Proposal for a regulation on payment services. Die Formulierung in Erwägungsgrund 10 des Proposal for directive 2023 enthält trotz ersichtlich gleichgerichteter Zielrichtung wie Erwägungsgrund 21 des Proposal for a regulation on payment services keinen Hinweis auf eine Klarstellung der Definition des Zahlungsinstruments in Form von Beispielen. Ob mit dieser abweichenden Formulierung auch eine inhaltliche Abwei-

Damit setzen sich die bisherigen Unklarheiten zum Merkmal der Personalisierung eines Instruments auch in den Vorschlägen zur Neufassung der Definition des Zahlungsinstruments sowohl im Proposal for a regulation on payment services als auch im Proposal for directive 2023 fort. Die Vorschläge der Europäischen Kommission zur Neufassung der Definition eines Zahlungsinstruments tragen damit nicht dem Gedanken der Öffnung der Anwendungsvoraussetzungen des Zahlungsdiensterechts für technologische Weiterentwicklungen Rechnung. Aufgrund des unkommentierten Vorschlags der Europäischen Kommission, welche Auswirkungen/Konnexität das Merkmal der Individualisierbarkeit im Zusammenhang mit der Alternative des Instruments in Art. 4 Nr. 14 PSD II haben soll, bleiben die bisherigen Unsicherheiten im Rahmen der Auslegung der Alternative des Instruments in der Definition des Zahlungsinstruments bestehen.

Sollte es bei den derzeitigen Vorschlägen zur Neufassung der Definition des Zahlungsinstruments bleiben, besteht die Gefahr, dass technologische Weiterentwicklungen von Instrumenten zur Erteilung von Zahlungsaufträgen nicht von den derzeit vorgesehenen Definitionen eines Zahlungsinstruments erfasst werden.

bb) Die unzutreffende Umsetzung des Vorschlags zur Neudefinition des Zahlungsinstruments in der deutschen Sprachfassung des Art. 3 Nr. 18 des Proposal for a regulation on payment services sowie Art. 2 Nr. 15 des Proposal for directive 2023

Unabhängig von der bislang nicht geklärten inhaltlichen und strukturellen Bestimmung des Attributs „individualised“ setzt die deutsche Sprachfassung der Definition des Zahlungsinstruments die englische Ausgangsfassung der Definition des Zahlungsinstruments sowohl im Proposal for a regulation on payment services als auch im Proposal for directive 2023 nicht zutreffend um. Die englischen Sprachfassungen des Art. 3 Nr. 18 des Proposal for a regulation on payment services sowie Art. 2 Nr. 15 des Proposal for directive 2023 formulieren entsprechend dem Vorschlag der EBA vom 23.6.2022 wie folgt:

---

chung verbunden sein soll, lässt sich nicht erkennen. Erwägungsgrund 10 des Proposal for directive 2023: „*Given the emergence of new types of payment instruments and the uncertainties prevailing in the market as to their legal qualification, the definition of a 'payment instrument' should be further specified as to what constitutes or does not constitute a payment instrument, bearing in mind the principle of technology neutrality.*“

> *...'payment instrument' means an individualised device or devices and/or set of procedures agreed between the payment service user and the payment service provider which enables the initiation of a payment transaction;*[216]

Die deutsche Sprachfassung des Art. 3 Nr. 18 des Proposal for a regulation on payment services sowie Art. 2 Nr. 15 des Proposal for directive 2023 lautet dagegen wie folgt:

> *„Zahlungsinstrument" jedes individualisierte Instrument und/oder jeden individualisierten Verfahrensablauf, das bzw. der zwischen dem Zahlungsdienstnutzer und dem Zahlungsdienstleister vereinbart wurde und die Auslösung eines Zahlungsvorgangs ermöglicht;*

Damit setzen die deutschen Sprachfassungen der Definition des Zahlungsinstruments weiterhin die unzutreffende Definition des Zahlungsinstruments des Art. 4 Nr. 14 PSD II für die Alternative des Verfahrens als Zahlungsinstrument fort. Auch dort lautete die Definition nämlich – entgegen der englischen Sprachfassung[217] –, dass ein Zahlungsinstrument durch jedes personalisierte Instrument und/oder jeden personalisierten Verfahrensablauf dargestellt werden könne. Weitere Unklarheiten entstehen durch die deutsche Sprachfassung des Erwägungsgrunds 23 des Proposal for a regulation on payment services.

Erwägungsgrund 23 des Proposal for a regulation on payment services erläutert in der englischen Sprachfassung zur Ersetzung des Attributs „personalised" durch „individualised" wie folgt:

> *The definition of 'payment instrument' under Directive (EU) 2015/2366 referred to a 'personalised device'. Since there are pre-paid cards where the name of the holder of the instrument is not printed on the card, applying that reference could leave those types of cards outside the scope of the definition of a payment instrument. The definition of 'payment instrument' should, therefore,*

216 Rn. 38, 39 der Opinion of the European Banking Authority on its technical advice on the review of Directive (EU) 2015/2366 on payment services in the internal market (PSD2) vom 23.6.2022: „...*38. Another issue identified relates to the reference in the definition to a personalised device. Since there are pre-paid cards where the name of the holder of the instrument is not printed on the card, this could leave these cards outside the scope of the definition of a payment instrument. The EBA, therefore, sees merit in amending the reference to one that refers to 'individualised' device instead.*

39. Based on the above, the EBA proposes that the definition of a 'payment instrument' be amended in the Directive. (EBA extranet: https://www.eba.europa.eu/sites/default/documents/files/document_library/Publications/Opinions/2022/Opinion%20od%20PSD2%20review%20%28EBA-Op-2022-06%29/1036016/EBA%27s%20response%20to%20the%20Call%20for%20advice%20on%20the%20review%20of%20PSD2.pdf)".

217 Art. 4 Nr. 14 PSD II: „...*'payment instrument' means a personalised device(s) and/or set of procedures agreed between the payment service user and the payment service provider and used in order to initiate a payment order*".

> *be amended to refer to 'individualised' devices instead of 'personalised' ones, clarifying that pre-paid cards where the name of the holder of the instrument is not printed on the card fall within the scope of this Regulation.*[218]

Die deutsche Sprachfassung des Erwägungsgrunds 23 des Proposal for a regulation on payment services weicht dagegen von der englischen Ausgangsfassung des Proposal for a regulation on payment services ab. Erwägungsgrund 23 lautet nämlich:

> *In der Richtlinie (EU) 2015/2366 wurde „Zahlungsinstrument" als „personalisiertes Instrument" definiert. Da es Guthabenkarten gibt, bei denen der Name des Inhabers des Instruments nicht auf der Karte aufgedruckt ist, könnte diese Formulierung der Begriffsbestimmung dazu führen, dass diese Kartenarten nicht unter die Definition des Zahlungsinstruments fallen. Die Definition des Begriffs „Zahlungsinstrument" sollte daher dahin gehend geändert werden, dass auf „individuelle" Instrumente und nicht auf „personalisierte" Instrumente Bezug genommen wird, wodurch klargestellt wird, dass Guthabenkarten, bei denen der Name des Inhabers des Instruments nicht auf der Karte aufgedruckt ist, in den Anwendungsbereich dieser Verordnung fallen.*[219]

Damit geben sowohl Erwägungsgrund 23 als auch die Definition des Zahlungsinstruments in dem Proposal for a regulation on payment services sowie Erwägungsgrund 12 und die in dem Proposal for directive 2023 enthaltene Definition des Zahlungsinstruments den von der Europäischen Kommission vorgesehenen Inhalt und Umfang des Zahlungsinstruments unzutreffend wieder. Zum einen erstreckt die deutsche Sprachfassung das Attribut „individualisiert" neben dem verkörperten Instrument auch auf ein zwischen Zahlungsdienstleister und Zahlungsdienstnutzer vereinbartes Verfahren. Dies widerspricht sowohl der englischsprachigen Ausgangsfassung des Art. 3 Nr. 18 des Proposal for a regulation on payment services

---

218 Inhaltsgleich Erwägungsgrund 12 des „Proposal for directive 2023": *„The definition of 'payment instrument' under Directive (EU) 2015/2366 made reference to a 'personalised device'. Since there are pre-paid cards where the name of the holder of the instrument is not printed on the card, this could leave those cards outside the scope of the definition of a payment instrument. The definition of 'payment instrument' should, therefore, be amended to refer to 'individualised' devices, instead of 'personalised' ones, specifying that pre-paid cards where the name of the holder of the instrument is not printed on the card are payment instruments."*

219 Ebenso Erwägungsgrund 12 des Proposal for directive 2023: *„In der Richtlinie (EU) 2015/2366 wurde „Zahlungsinstrument" als „personalisiertes Instrument" definiert. Da es Guthabenkarten gibt, bei denen der Name des Inhabers des Instruments nicht auf der Karte aufgedruckt ist, könnte dies dazu führen, dass diese Karten nicht unter die Definition des Zahlungsinstruments fallen. Die Definition des Begriffs „Zahlungsinstrument" sollte daher dahin gehend geändert werden, dass auf „individuelle" Instrumente und nicht auf „personalisierte" Instrumente Bezug genommen wird, wodurch festgelegt wird, dass Guthabenkarten, bei denen der Name des Inhabers des Instruments nicht auf der Karte aufgedruckt ist, Zahlungsinstrumente sind."*

sowie Art. 2 Nr. 15 des Proposal for directive 2023 als auch der Rechtsprechung des EuGH zu nicht personalisierten Verfahren. Gleichzeitig verstärkt die deutsche Sprachfassung des Erwägungsgrunds 23 des Proposal for a regulation on payment services sowie Erwägungsgrund 12 des Proposal for directive 2023 das Auslegungsproblem, ob ein Instrument im Sinne der Definition eines Zahlungsinstruments das konstitutive Erfordernis der Verknüpfung mit einem personalisierten oder in diesem Sinne zu verstehenden individualisierten Merkmal aufweisen muss. Die in der deutschen Sprachfassung der Erwägungsgründe verwendete Formulierung, dass auf individuelle Instrumente Bezug genommen werden solle, legt die Auslegung nahe, dass es für die Einordnung eines Zahlungsauftrags als Zahlungsinstrument in Form eines individuellen Instruments auf die Konnexität des Zahlungsauftragsmediums mit einem persönlichen und damit personalisierten Merkmal ankommen soll.

Die deutschen Sprachfassungen des Erwägungsgrunds 23 des Proposal for a regulation on payment services sowie des Erwägungsgrunds 12 des Proposal for directive 2023 und die Vorschläge zur Neuformulierung der Definitionen des Zahlungsinstruments führen damit aufgrund ihrer Formulierungen zu erheblichen Unsicherheiten im Zusammenhang mit und in der Anwendung der Definition des Zahlungsinstruments.[220] Bei unveränderter Übernahme dieser Formulierungen sowie einer fehlenden Klarstellung der Bedeutung und des Inhalts des Attributs „individualisiert" ist zu erwarten, dass die Definition des Zahlungsinstruments unter den geplanten Neuregelungen in Form einer Richtlinie und Verordnung einer (neuerlichen) vollständigen und grundlegenden Überprüfung durch die nationalen und europäischen Gerichte unterliegen wird.

cc) Fazit

Damit bleibt festzuhalten, dass die Definition des Zahlungsinstruments sowohl im Proposal for a regulation on payment services als auch im Proposal for directive 2023 sowohl inhaltlich als auch bezüglich der deutschen Sprachfassung deutlich nachzuschärfen ist. Inhaltlich ist zu verdeutlichen, welchen generellen Inhalt und welche Bedeutung die Ersetzung des Attributs „personalised" durch „individualised" hat und haben soll. Der europäische Gesetzgeber hat noch Gelegenheit im aktuellen Gesetzgebungsprozess auf europäischer Ebene für Klarheit zu sorgen. Die bisherigen Stellungnahmen haben die vorstehend aufgezeigte Problematik bislang nicht aufgegriffen. Gegenwärtig ist nicht erkennbar, ob eine Befassung mit dem

---

220 Die Bedeutung des Merkmals „individualisiert" wird zudem durch die abweichenden Formulierungen in Erwägungsgrund 10 des Proposal for directive 2023 und des Erwägungsgrunds 21 des Proposal for a regulation on payment services verstärkt.

vorstehend dargestellten Problemfeld noch erfolgen wird. Die bisherige Entwicklung im Abstimmungsprozess der Vorschläge der vorgesehenen Richtlinie und Verordnung sprechen jedoch dafür, dass eine inhaltliche Auseinandersetzung zur Definition des Zahlungsinstruments bzw. eine Anpassung der deutschen Sprachfassung eher unwahrscheinlich ist. Bislang sind im Gesetzgebungsprozess weder die inhaltlichen noch die sprachlichen Unklarheiten im dargestellten Zusammenhang angesprochen worden.[221]

b) Der Vorschlag der Europäischen Kommission und der EBA zur Einführung von Modellbeispielen eines Zahlungsinstruments

Die europäische Kommission hat in Erwägungsgrund 21 des Proposal for a regulation on payment services vorgeschlagen, dass die Definition des Zahlungsinstruments durch die Einführung von Beispielen weiter konkretisiert werden solle.[222] Die Beispiele sollen verdeutlichen, was ein Zahlungsinstrument darstellt und was nicht.

Erwägungsgrund 21 des Proposal for a regulation on payment services geht wohl auf die Stellungnahme der EBA vom 23.6.2022 zurück.[223] Sie hatte unter anderem darauf hingewiesen, dass es insbesondere nicht klar sei, was als Zahlungsinstrument zu betrachten sei und was die besonderen Merkmale eines Zahlungsinstruments seien.[224] Was konkrete Beispiele angehe, sei nicht klar, ob ein Mobiltelefon oder ein Computer als Zahlungsinstrument betrachtet werden kön-

---

221 Vgl. hierzu die Darstellung des bisherigen Verlaufs des Gesetzgebungsverfahrens auf europäischer Ebene unter https://oeil.secure.europarl.europa.eu/oeil/popups/ficheprocedure.do?reference=2023/0210(COD)&l=en sowie https://parltrack.org/dossier/2023/0210(COD)#/general; https://parltrack.org/dossier/2023/0210(COD)#/events; https://parltrack.org/dossier/2023/0210(COD)#/documents; https://parltrack.org/dossier/2023/0210(COD)#/activities; https://parltrack.org/dossier/2023/0210(COD)#/votes; https://parltrack.org/dossier/2023/0210(COD)#/ams; https://parltrack.org/dossier/2023/0210(COD)#/history.

222 Erwägungsgrund 21 des Proposal for a regulation on payment services: „*Given the emergence of new types of payment instruments and the uncertainties prevailing in the market as to their legal qualification, the definition of a 'payment instrument' should be further specified by providing some examples to illustrate what constitutes or does not constitute a payment instrument, bearing in mind the principle of technology neutrality.*"

223 EBA-Opinion 2022, S. 13, 1.5. The term „payment instrument", Rn. 33: „*The EBA is of the view that the current definition of a 'payment instrument' requires further clarification since it leaves too much room for interpretation. In particular, it is not clear what is to be considered a payment instrument and what the specific features of a payment instrument are. In terms of specific examples, it is not clear whether a mobile phone or a computer can be considered as a payment instrument.*"

224 EBA-Opinion 2022, S. 13, 1.5. The term „payment instrument", Rn. 33.

ne.[225] Auch sei die Abgrenzung zwischen dem Gerät, welches zur Authentifizierung der Zahlung verwendet wird, und dem Gerät, welches zur Ausführung der Zahlung verwendet wird, nicht trennscharf.[226] Einen Vorschlag, die Definition des Zahlungsinstruments durch Beispiele zu konkretisieren, enthielt die Stellungnahme der EBA aber gerade nicht. Vielmehr verwies die EBA nur darauf, dass es unter Zugrundelegung spezifischer Beispiele nicht klar sei, ob ein Mobiltelefon oder ein Computer ein Zahlungsinstrument darstelle.

Die Europäische Kommission hat die Stellungnahme der EBA für Erwägungsgrund 21 des Proposal for a regulation on payment services aber offenbar so ausgelegt, dass die Konkretisierung der Definition des Zahlungsinstruments durch Beispiele konkretisiert werden solle.[227] Andererseits verzichtet Erwägungsgrund 10 des Proposal for directive 2023 bei ansonsten identischem Wortlaut zu Erwägungsgrund 21 des Proposal for a regulation on payment services auf die Ergänzung, dass die Konkretisierung des Zahlungsinstruments durch Beispiele zu erfolgen habe.[228]

Erwägungsgrund 21 des Proposal for a regulation on payment services ist – soweit die Klärung der Unsicherheiten in der Bestimmung der Eigenschaften eines Zahlungsinstruments durch Beispiele erfolgen soll – nicht geeignet, für Klarheit bei der Festlegung der Eigenschaften des Zahlungsinstruments zu sorgen.

---

225 EBA-Opinion 2022, S. 13, 1.5. The term „payment instrument“, Rn. 33.

226 EBA-Opinion 2022, S. 13, 1.5. The term „payment instrument“, Rn. 34.

227 EBA-Opinion 2022, S. 13, 1.5. The term „payment instrument“, Rn. 34: „*The EBA is of the view that the current definition of a 'payment instrument' requires further clarification since it leaves too much room for interpretation. In particular, it is not clear what is to be considered a payment instrument and what the specific features of a payment instrument are. In terms of specific examples, it is not clear whether a mobile phone or a computer can be considered as a payment instrument*“; Erwägungsgrund 21 des Proposal for a regulation on payment services: „*Given the emergence of new types of payment instruments and the uncertainties prevailing in the market as to their legal qualification, the definition of a 'payment instrument' should be further specified by providing some examples to illustrate what constitutes or does not constitute a payment instrument, bearing in mind the principle of technology neutrality.*“

228 Erwägungsgrund 10 des Proposal for directive 2023: „*(10) Given the emergence of new types of payment instruments and the uncertainties prevailing in the market as to their legal qualification, the definition of a 'payment instrument' should be further specified as to what constitutes or does not constitute a payment instrument, bearing in mind the principle of technology neutrality.*“; Der Stellungnahme der EBA lässt sich aber nicht entnehmen, ob sich die Auffassung der EBA zur Konkretisierung der Definition allein auf die in Rn. 39 erwähnten Prepaid Karten bezieht oder auf eine grundlegende, allgemeine Konkretisierung: EBA-Opinion 2022, S. 13 1.5. The term „payment instrument“, Rn. 39: „*Based on the above, the EBA proposes that the definition of a 'payment instrument' be amended in the Directive.*“

Der Versuch einer beispielhaft aufgebauten Präzisierung der Definition und Inhaltsbestimmung des Zahlungsinstruments beinhaltet nach hier vertretener Auffassung das erhebliche Risiko, dass zukünftige technologische Entwicklungen eines Zahlungsinstruments nicht vorhergesehen werden und damit wiederum Anwendungslücken entstehen. Nicht zu klären ist anhand der zur Verfügung stehenden Materialien, warum Erwägungsgrund 10 des Proposal for directive 2023 in diesem Zusammenhang zwar ebenfalls den Auftrag zur Konkretisierung der Definition des Zahlungsinstruments enthält, indessen auf eine Klärung in Form von Beispielen verzichtet.[229] Es bleibt unklar, ob der Verzicht des Hinweises auf konkretisierende Beispiele eines Zahlungsinstruments bewusst erfolgt oder lediglich ein Redaktionsversehen ist. Inhaltlich bildet jedoch Erwägungsgrund 10 des Proposal for directive 2023 zutreffend ab, dass angesichts der weiterhin bestehenden Unklarheiten der vorgesehenen neuen Definition des Zahlungsinstruments eine weitergehende Konkretisierung der Definition erforderlich ist. Hierbei sollte aber nicht auf die in Erwägungsgrund 21 des Proposal for a regulation on payment services vorgesehenen Beispiele zurückgegriffen werden. Vielmehr bedarf es einer grundlegenden allgemeingültigen Definition des Zahlungsinstruments. Eine derart klare Definition würde sich bereits durch die Streichung des Attributs „individualisiert“ ergeben. Das Zahlungsinstrument würde damit durch die Eigenschaften definiert, die es inhaltlich ausmachen: Nämlich allein als Medium zur Erteilung von Zahlungsaufträgen.

c) Die weitere Entwicklung im Rahmen einer zukunftsgerichteten Definition des Zahlungsinstruments nach Art. 4 Nr. 14 PSD II

aa) Die einheitliche Inhaltsbestimmung der Alternativen des Zahlungsinstruments in den Definitionen der Art. 2 Nr. 15 im Proposal for directive 2023 und Art. 3 Nr. 18 des Proposal for a regulation on payment services

Damit stellt sich im weiteren Gesetzgebungsprozess die Aufgabe, die Konnexität zwischen personalisierten oder individualisierten Alternativen des Zahlungsinstruments aufzulösen und dies auch in der entsprechenden Definition des Zahlungsinstruments mit hinreichender Klarheit festzuhalten. Erfolgt keine derartige Klarstellung, bleibt es letztlich dem EuGH vorbehalten, eine allgemeingültige Bestimmung der Eigenschaften eines Zahlungsinstruments in dessen Definition vor-

229 Proposal for directive 2023: *„(10) Given the emergence of new types of payment instruments and the uncertainties prevailing in the market as to their legal qualification, the defintion of a 'payment instrument' should be further specified as to what constitutes or does not constitute a payment instrument, bearing in mind the principle of technology neutrality.“*

zunehmen. Der europäische Gesetzgeber sollte aber die mit dem Proposal for directive 2023 bzw. dem Proposal for a regulation on payment services geschaffene Möglichkeit der Klarstellung der Definition des Zahlungsinstruments nutzen, da es nicht Aufgabe des EuGH ist, erkannte Interpretationslücken als Ersatzgesetzgeber zu füllen.

bb) Die Klarstellung des Verhältnisses der Definitionen des Zahlungsinstruments in Art. 2 Nr. 15 im Proposal for directive 2023 und Art. 3 Nr. 18 des Proposal for a regulation on payment services

Unklar bleibt nach den derzeitigen Vorschlägen der Europäischen Kommission zur Änderung der Definition des Zahlungsinstruments auch das Verhältnis der Definitionen des Art. 2 Nr. 15 im Proposal for directive 2023 und Art. 3 Nr. 18 des Proposal for a regulation on payment services.

Unter Geltung der PSD II ist die Definition des Zahlungsinstruments in den Begriffsbestimmungen unter § 1 Abs. 20 ZAG enthalten und entfaltet damit zunächst nur Wirkung im aufsichtsrechtlichen Umfeld. Nach § 675c Abs. 3 BGB finden aber die Begriffsbestimmungen des ZAG und des KWG Anwendung auf die §§ 675c ff. BGB. Die Begriffsbestimmung des § 1 Abs. 20 ZAG wiederum folgt der Begriffsbestimmung des Art. 4 Nr. 14 PSD II. Indem § 675c Abs. 3 BGB darauf verweist, war und ist derzeit ein Gleichlauf der Begriffsbestimmungen des Zahlungsinstruments sowohl im Zivilrecht als auch im Aufsichtsrecht sichergestellt, jedenfalls soweit die Anpassung der Definition auf gesetzlicher Grundlage in § 1 Abs. 20 ZAG erfolgt.

Die Europäische Kommission hat sowohl im Proposal for directive 2023 und Proposal for a regulation on payment services eine – bislang gleichlautende – Definition des Zahlungsinstruments aufgenommen. Nicht abschließend aufzuklären ist im derzeitigen Entwurfsstand das Verhältnis beider Definitionen zueinander. Mit den in beiden vorgesehenen Regelwerken enthaltenen Definitionen schließt die Europäische Kommission zunächst nicht aus, dass es zu unterschiedlichen Definitionen eines Zahlungsinstruments kommen kann. Legt man zugrunde, dass der Schwerpunkt des Proposal for directive 2023 auf aufsichtsrechtlichen Themenstellungen liegt, so führt dies zum Schluss, dass sich die dort enthaltene Definition allein auf Sachverhalte bezieht, die durch den Proposal for directive 2023 geregelt werden und aufsichtsrechtliche Fragestellungen betreffen. Theoretisch kann es damit zum Auseinanderfallen der Definitionen und Eigenschaften eines Zahlungsinstruments unter Geltung der in Kraft getretenen Proposal for directive 2023 sowie Proposal for a regulation on payment services kommen. Die Gefahr, dass die Aufteilung der bislang einheitlich in einer Richtlinie enthaltenen zahlungsdiensterechtlichen Vorschriften und Regelungen durch die Aufteilung in eine Richtlinie und eine Verordnung zu rechtlichen Unterschieden führen kann, belegen z. B. die

Erwägungsgründe 10 des Proposal for directive 2023 und 21 des Proposal for a regulation on payment services. Obwohl beide Erwägungsgründe sich inhaltlich mit der Konkretisierung der Definition des Zahlungsinstruments befassen, sieht bei ansonsten identischem Wortlaut Erwägungsgrund 21 vor, dass die Definition des Zahlungsinstruments im Proposal for a regulation on payment services durch Beispiele weiter konkretisiert werden soll. Ob es sich hier um ein Redaktionsversehen im Proposal for a regulation on payment services oder im Proposal for directive 2023 handelt, oder sogar um bewusste unterschiedliche Regelungen in der vorgesehenen Verordnung bzw. Richtlinie, lässt sich nicht feststellen. Die Intention des europäischen Gesetzgebers bleibt unklar, sodass unterschiedliche Auslegungen möglich sind. Aus Gründen der Rechtssicherheit wäre eine strukturelle Anpassung der vorgesehenen Richtlinie und Verordnung dahingehend sinnvoll, dass für beide Regelwerke identisch zu verstehende Regelungen und Definitionen nur in einem Regelwerk vorhanden sind, die kraft Verweisung dann auch Geltung für das andere Regelwerk haben. Sollte der europäische Gesetzgeber dann abweichende Regelungen für derartige Sachverhalte in einem der Regelwerke anstreben, wäre dies ausdrücklich anzuordnen. Ungewollte Abweichungen aufgrund von z. B. Redaktionsversehen wären dadurch jedenfalls ausgeschlossen.[230]

---

230 Auf die Gefahr eines missverständlichen Verständnisses von gleichlautenden Begriffen (damit aber auch von Definitionen) in unterschiedlichen europäischen Regelwerken weist die Europäische Kommission in Erwägungsgrund 69 des Proposal for a regulation on payment services selbst hin. Die parallele Verwendung des Begriffs „ausdrückliche Einwilligung" in der Richtlinie (EU) 2015/2366 und der Verordnung (EU) 2016/679 des Europäischen Parlaments und des Rates (*Regulation (EU) 2016/679 of the European Parliament and of the Council of 27 April 2016 on the protection of natural persons with regard to the processing of personal data and on the free movement of such data, and repealing Directive 95/46/EC (General Data Protection Regulation) (OJ L 119, 4. 5. 2016, p. 1)* habe zu Fehlinterpretationen geführt. Gegenstand der ausdrücklichen Einwilligung nach Art. 94 Abs. 2 der Richtlinie (EU) 2015/2366 sei die Erlaubnis, Zugang zu den personenbezogenen Daten zu erhalten, um diese personenbezogenen Daten verarbeiten und speichern zu können, die für die Erbringung des Zahlungsdienstes erforderlich sind. Daher sollte eine Klarstellung vorgenommen werden, um die Rechtssicherheit zu erhöhen und eine klare Abgrenzung zu den Datenschutzvorschriften vorzunehmen. Wo in der Richtlinie (EU) 2015/2366 der Begriff „ausdrückliche Einwilligung" verwendet wurde, sollte in der vorliegenden Verordnung der Begriff „Erlaubnis" verwendet werden. Wird auf die „Erlaubnis" Bezug genommen, so sollte dieser Bezug unbeschadet der Verpflichtungen der Zahlungsdienstleister gemäß Art. 6 der Verordnung (EU) 2016/679 gelten. Daher sollte der Begriff „Erlaubnis" nicht ausschließlich als Zustimmung oder ausdrückliche Zustimmung im Sinne der Verordnung (EU) 2016/679 verstanden werden; kritisch hierzu ebenso die Deutsche Kreditwirtschaft, vgl. hierzu Seite 3 der Stellungnahme der Deutschen Kreditwirtschaft Comments on the European Commission's legislative proposal of 28 June 2023 to revise the Second Payment Services Directive vom 25. Oktober 2023 (https://ec.europa.eu/info/law/better-regulation/have-your-say/initiatives/13904-Zahlungsdienste-Uberarbeitung-der-EU-Vorschriften-Richtlinie-/F3440810_de): „*...Consider the consequences of the change from directive to regulation and the splitting into two legal acts. According to*

4. Die Vermeidung von Wertungswidersprüchen als Ergebnis einer einheitlichen Inhaltsbestimmung der Definition des Zahlungsinstruments nach Art. 4 Nr. 14 PSD II

Obwohl mit der starken Kundenauthentifizierung zwar keine auf die Alternativen des Art. 4 Nr. 14 PSD II bezogene spezielle Authentifizierungsmöglichkeit des beauftragten Zahlungsvorgangs für die Qualifikation eines Auftragsmediums als Zahlungsinstrument mehr erforderlich ist, besteht dennoch über die starke Kundenauthentifizierung ein unmittelbarer, aber nicht konstitutiver, Zusammenhang zwischen dem unionsrechtlichen der Transaktionssicherheit dienenden Ziel der Individualisierung des Zahlungsauftrags und dem zur Ausführung des Zahlungsauftrags verwendeten Zahlungsauftragsmedium.

Damit erübrigt sich auch die Diskussion, ob nicht die Alternative des Verfahrens i. S. d. Art. 4 Nr. 14 PSD II bzw. § 1 Abs. 20 ZAG als Auffangtatbestandbestand für sämtliche Zahlungsvorgänge, die mit einem Medium ausgelöst werden, angesehen werden kann.[231] Letztlich steht dem Argument eines Auffangtatbestands in Form eines zwischen Zahlungsdienstleister und Zahlungsdienstnutzer vereinbarten Verfahrens das Argument entgegen, dass der europäische Gesetzgeber gerade mit der Differenzierung zwischen Verfahren und Instrument zum Ausdruck gebracht hat, dass er hier unterschiedliche Formen von Zahlungsauftragsmedien zur umfassenden Erfassung denkbarer Alternativen regeln wollte. Die Vermischung beider Begriffe in einem Sammeltatbestand unter Berücksichtigung des Hinweises des EuGH, dass auch vereinbarte Verfahren nicht immer personalisierter Sicherheitsmerkmale bedürfen und gleichwohl eine Authentifizierung ermöglichen müssen, trägt nicht zur vom europäischen Gesetzgeber angestrebten Rechtssicherheit und vollständigen Erfassung aller denkbaren und noch zu entwickelnden Zahlungsauftragsmedien im Zusammenhang mit der Ausführung von Zahlungsaufträgen bei.

Die einheitliche Festlegung der Eigenschaften beider Alternativen eines Zahlungsinstruments in dessen Definition unter Entkopplung von personalisierten Sicherheitsmerkmalen vermeidet nicht erklärbare Wertungswidersprüche in der Anwendung des § 675v BGB. Legt man nämlich zugrunde, dass ein Zahlungsinstrument immer nur dann vorliegt, wenn es mit personalisierten Sicherheits-

the EU Commission's ideas, the provisions of PSD2 are to be fanned out into two distinct legal acts, namely PSD3 with primarily supervisory requirements and PSR with the essential civil law requirements. As the definitions in Article 2 PSD3 and Article 3 PSR make clear, this leads in part to unnecessary duplication and questions of demarcation."

231 In diesem Sinne Schäfer/Omlor/Mimberg/*Mimberg*, 1. Auflage, 2021, ZAG § 1 Rn. 386; hierzu auch BeckOGK/*Köndgen*, Stand: 1.8.2020, § 675j Rn. 46 sowie Casper/Terlau/*Terlau*, 3. Auflage, 2023, § 2 Rn. 61.

merkmalen konstitutiv verbunden ist, so würde ein Zahlungsauftrag, dessen Ausführung zwar unter Anwendung der starken Kundenauthentifizierung erfolgt – nicht aber unter Verwendung personalisierter Sicherheitsmerkmale – nicht dem Haftungsmechanismus des § 675v BGB unterliegen. Vielmehr könnten im Fall von Pflichtverstößen des Zahlungsdienstnutzers – trotz Anwendung der starken Kundenauthentifizierung – allgemeine Schadensersatzansprüche nach § 280 BGB ohne die Haftungsprivilegierung nach § 675v Abs. 3 BGB für den Zahlungsdienstnutzer zur Anwendung kommen. Die starke Kundenauthentifizierung soll aber gerade nicht zu einer Verschlechterung der Rechtsposition des Zahlungsdienstnutzers führen, sondern vielmehr, im Sinne der technologischen Fortentwicklung, zur Weiterentwicklung von Zahlungsinstrumenten bzw. des Zahlungsdiensterechts beitragen und das Sicherheitsniveau des Zahlungsdienstnutzers stärken. Um die Anwendung der Haftungsprivilegierung nach § 675v Abs. 3 BGB zu erhalten, könnten Zahlungsdienstnutzer möglicherweise anstreben, trotz Anwendung der starken Kundenauthentifizierung zusätzlich nur Zahlungsaufträge unter Einsatz personalisierter Sicherheitsmerkmale einzusetzen. Damit würde aber eine technologieoffene Weiterentwicklung von Zahlungsinstrumenten eingeschränkt, da jedenfalls Instrumente im Sinne der Definition des Zahlungsinstruments immer von der Kopplung mit einem personalisierten Sicherheitsmerkmal abhängig wären, obwohl die starke Kundenauthentifizierung eine Authentifizierung bereits heute ohne gesonderte personalisierte Sicherheitsmerkmale ermöglicht. Die Beibehaltung personalisierter Sicherheitsmerkmale als eine grundlegende Eigenschaft eines Instruments im Sinne der Definition eines Zahlungsinstruments stellt damit eine zusätzliche Anforderung für die Weiterentwicklung von Zahlungsauftragsmedien dar, die eine unabhängige rein technische Entwicklung derartiger Auftragsmedien einschränkt.

Ein derartiges Ergebnis kann der europäische Gesetzgeber mit Einführung der starken Kundenauthentifizierung weder angestrebt noch in Kauf genommen haben (wollen). Auch dies spricht für die Entkopplung des Zahlungsinstruments von konstitutiv erforderlichen personalisierten Sicherheitsmerkmalen, da nur auf diesem Weg die Fortentwicklung des Zahlungsdiensterechts entsprechend den Erwägungen zur PSD II gewährleistet ist. Nur mit einem derartigen Verständnis lassen sich Anwendungslücken vermeiden.[232]

232 So auch *Linardatos*, Das Haftungssystem im bargeldlosen Zahlungsverkehr nach Umsetzung der Zahlungsdiensterichtlinie, 2013, S. 246 zur Anwendbarkeit der §§ 675l, 675v BGB auf Zahlungsverfahren, die „klassische Legitimationsmittel ablösen und nur mit biometrischen Merkmalen operieren“.

D. Die Sperrwirkung des § 675v BGB gegenüber sonstigen Schadensersatzansprüchen des Zahlungsdienstleisters aus §§ 280 Abs. 1, 241 Abs. 2 BGB

I. Ausgangssituation

Das Zahlungsdiensterecht ist vom Grundsatz geprägt, dass der Zahlungsdienstleister das Risiko der Ausführung nicht autorisierter Zahlungsvorgänge zu tragen hat.[1] Macht der Zahlungsdienstnutzer nun Ansprüche nach § 675u S. 2 BGB gegenüber dem Zahlungsdienstleister geltend, wird der Zahlungsdienstleister bereits aus kaufmännischer Sorgfalt zu überprüfen haben, ob der Zahlungsdienstnutzer seinerseits alles getan hat, um die Durchführung eines nicht autorisierten Zahlungsvorgangs zu verhindern. Der Zahlungsdienstnutzer muss nämlich alles vermeiden, was das Risiko nicht autorisierter Zahlungsvorgänge erhöhen könnte. Dieser Grundsatz kommt in § 675v Abs. 3 BGB zum Ausdruck, der eine Ersatzpflicht des Zahlungsdienstnutzers gegenüber dem Zahlungsdienstleister anordnet, wenn der Zahlungsdienstnutzer gegen die dort definierten Pflichten verstößt.[2] Unklar bleibt jedoch nach § 675v BGB das Verhältnis der dort geregelten Schadensersatzpflichten zum allgemeinen Leistungsstörungsrecht nach §§ 280 ff. BGB. Die zahlungsdiensterechtlichen Vorschriften der §§ 675c ff. BGB enthalten keine ausdrücklichen Regelungen, welche die Vorschriften des allgemeinen Schadensersatzrechts im Zusammenhang mit der Abwicklung von Zahlungsvorgängen zwischen Zahlungsdienstleister und Zahlungsdienstnutzer ausschließen oder zulassen. Vor diesem Hintergrund ist es zu erklären, dass das Verhältnis zwischen den speziell in § 675v BGB geregelten Ansprüchen und den Ansprüchen des allgemeinen Leistungsstörungsrechts bislang immer noch nicht abschließend definiert ist. Gerade die Abgrenzung der speziellen Haftungsvorschriften des § 675v BGB von den Ansprüchen des allgemeinen Leistungsstörungsrechts hat aber für die Bestimmung der haftungsrechtlichen Verantwortlichkeiten von Zahlungsdienstnutzer und Zahlungsdienstleister erhebliche Bedeutung. Finden nämlich Ansprüche des allgemeinen Leistungsstörungsrechts bei Pflichtverletzungen des Zahlungsdienstnutzers gegenüber dem Zahlungsdienstleister Anwendung, so könnte dies die Verteidigungsmöglichkeiten des Zahlungsdienstleisters gegenüber den Ansprüchen des Zah-

1 MüKoHGB/*Linardatos*, 5. Auflage, 2024, K. Online-Banking Rn. 187.
2 MüKoHGB/*Linardatos*, 5. Auflage, 2024, K. Online-Banking Rn. 192.

https://doi.org/10.1515/9783111653709-006

lungsdienstnutzers aus §§ 675u, 675y BGB erweitern. Da §§ 675v, 675l BGB die Verantwortung des Zahlungsdienstnutzers in Form eines Pflichtenkatalogs beschreibt, könnte der Zahlungsdienstleister bei Anwendbarkeit des allgemeinen Leistungsstörungsrechts auch neben diesen Ansprüchen aus §§ 675v, 675l BGB Ansprüche aus sonstigen Pflichtverletzungen gegenüber dem Zahlungsdienstnutzer geltend machen. Im Folgenden soll daher das Verhältnis des § 675v BGB zu den allgemeinen Regelungen des Leistungsstörungsrechts auf Grundlage der europäischen Zahlungsdiensterichtlinien und der §§ 675c ff. BGB bestimmt werden.

1. Anspruchskonkurrenz des § 675v BGB zu allgemeinen Schadensersatzansprüchen

Weder dem Wortlaut des § 675v BGB noch sonstigen Vorschriften des Zahlungsdiensterechts ist zu entnehmen, dass § 675v BGB Ansprüche des Zahlungsdienstleisters gegenüber dem Zahlungsdienstnutzer abschließend regeln soll.

Der Gesetzgeber leitete die Erläuterungen zur Umsetzung des Art. 61 PSD in Form des § 675v BGB a.F. mit dem Hinweis ein, dass sich das betreffende Unterkapitel mit den wechselseitigen Haftungsansprüchen von Zahlungsdienstnutzer und Zahlungsdienstleister im Rahmen der Ausführung von Zahlungsaufträgen befasse.[3] Im Weiteren hob der Gesetzgeber hervor, dass „die Haftung des Zahlungsdienstnutzers für die missbräuchliche Nutzung des Zahlungsauthentifizierungsinstruments ... von der Zahlungsdiensterichtlinie und dementsprechend von § 675v BGB-E abschließend geregelt“ sei.[4] Insoweit bezog sich der Gesetzgeber wohl auf das Vollharmonisierungsgebot des Art. 86 PSD. Dies könnte einerseits dafür sprechen, dass der Gesetzgeber sämtliche Schadensersatzansprüche des Zahlungsdienstleisters sowohl im Zusammenhang mit der Durchführung eines Zahlungsvorgangs durch ein Zahlungsinstrument als auch aus dem sonstigen zwischen Zahlungsdienstleister und Zahlungsdienstnutzer bestehenden Rechtsverhältnis in § 675v BGB a.F. abschließend regeln und keine parallelen oder ergänzenden Ansprüche aus dem allgemeinen Leistungsstörungsrecht zulassen wollte.[5] § 675v BGB würde

3 BT-DrS. 16/11643, S. 113.

4 BT-DrS. 16/11643, S. 113; vgl. auch BGH BKR 2021, 240 (245).

5 Da nicht erkennbar ist, dass mit Einführung der PSD II die grundsätzlichen Wertungen des europäischen und nationalen Gesetzgebers von den Wertungen abweichen sollen, die bereits der Einführung der haftungsrechtlichen Regelungen unter Geltung der PSD maßgeblich waren, kann zur Auslegung der Haftungsvorschriften zwischen Zahlungsdienstleister und Zahlungsdienstnutzer auf die Erwägungsgründe der PSD und Gesetzesbegründungen zur Umsetzung der PSD zurückgegriffen werden (vgl. BT-DrS. 18/11495, S. 165: „...*§ 675v BGB regelt auch schon bisher die Haftung des Zahlers*

danach für den Zahlungsdienstleister ein spezielles Leistungsstörungsrecht für die Durchführung von Zahlungsvorgängen durch ein Zahlungsinstrument enthalten, das andere Ansprüche des Zahlungsdienstleisters nach allgemeinen Grundsätzen ausschließt. Ratio eines derartigen speziellen Leistungsstörungsrecht könnte das Ziel sein, mit der Harmonisierung zahlungsdiensterechtlicher Vorschriften auf europäischer Ebene auch die für Zahlungsvorgänge relevanten Haftungsverhältnisse einheitlich und unabhängig von sonstigen nationalen Schadens- und Ausgleichsregelungen zu konzentrieren und einem einheitlichen Regelungsregime zu unterwerfen. Die Ausführungen des Gesetzgebers beziehen sich hierbei ersichtlich auf das Vollharmonisierungsgebot des Art. 86 Abs. 1 PSD. Der Hinweis auf die abschließende Regelung der PSD und des § 675v BGB a.F. lässt aber gerade nicht erkennen, ob damit auch Sachverhalte und Ansprüche zwischen Zahlungsdienstleister und Zahlungsdienstnutzer abschließend geregelt sein sollen, die im Zusammenhang mit dem sonstigen zwischen ihnen bestehenden Rechtsverhältnis stehen.[6]

Für ein derartiges Verständnis könnte der Hinweis in der Bundestagsdrucksache sprechen, dass daneben[7] kein Raum für weiter gehende Schadensersatzansprüche des Zahlungsdienstleisters bestünde.[8]

---

für Schäden, die aufgrund der Nutzung eines verloren gegangenen, gestohlenen oder sonst missbräuchlich verwendeten Zahlungsinstruments in dem Zeitraum vor der Übermittlung einer Anzeige gemäß § 675l Absatz 1 Satz 2 BGB entstanden sind…“).

6 Da weder die Anpassung des § 675v BGB durch Art. 74 PSD II, noch die diesbezügliche nationale Gesetzesbegründung zu dieser Frage weitergehende Regelungen oder Ausführungen enthält, kommt es für die Bestimmung des Inhalts des § 675v BGB weiterhin maßgeblich auf die diesbezüglichen Regelungen unter der PSD bzw. den Ausführungen des Gesetzgebers zur Umsetzung des Art. 61 PSD an; hierzu auch Ellenberger/Bunte/*Maihold*, 6. Auflage, 2022, § 32 Rn. 21, der ohne Begründung davon ausgeht, dass die §§ 675c ff. BGB lediglich den Zahlungsvorgang als solchen, nicht jedoch umfassend Inhalt und Ausformung der der Kontoführung und Bankverbindung zugrunde liegenden Rechtsverhältnisse regeln. Das Vollharmonisierungsgebot sperre nicht die Anwendung der allgemeinen Normen des nationalen Rechts.

7 Also neben § 675v BGB a.F.

8 BT-DrS. 16/11643, S. 113; vgl. hierzu auch MüKoHGB/*Linardatos*, 5. Auflage, 2024, K. Online-Banking Rn. 231; MüKoBGB/*Zetzsche*, 8. Auflage, 2020, § 675v Rn. 8, aber einschränkend auf die Verletzung von Pflichten des Zahlungsdienstnutzers, die zu einer missbräuchlichen Nutzung führen; *Sorg*, Die zivilrechtliche Haftung im bargeldlosen Zahlungsverkehr, 2015, S.242; OLG Karlsruhe WM 2022, 1581 (1589); *Einsele*, WuB 2022, 417 (420); nicht eindeutig insoweit BGH BKR 2021, 240 (244), der darauf verweist, dass § 675v BGB „für diesen Fall“ abschließend sei; OLG Celle BKR 2021, 114 (117); LG Karlsruhe BKR 2019, 151 (153); LG Düsseldorf BKR 2019, 154 (154); OLG Bremen WM 2021, 1792 (1792); MüKoBGB/*Zetzsche*, 8. Auflage, 2020, § 675v Rn. 8; Langenbucher/Bliesener/Spindler/*Herresthal*, 2. Auflage, 2016, Kap. 5 § 675v Rn. 7 f.; BeckOK BGB/*Schmalenbach*, 62. Ed. 1.5. 2022, BGB § 675u Rn. 14, 24; Baumbach/Hefermehl/Casper/*Casper*, 24. Auflage, 2020, E. Recht des Zahlungsverkehrs Rn. 361; Ebenroth/Boujong/Joost/Strohn/*Keßler*, 4. Auflage, 2020, § 675v Rn. 1 in Fußnote 1 unter Hinweis auf

Als weiter gehende Schadensersatzansprüche könnten nämlich sämtliche andere Schadensersatzansprüche verstanden werden, die Verantwortlichkeiten des Zahlungsdienstnutzers betreffen, die im Zusammenhang mit der missbräuchlichen Nutzung des Zahlungsauthentifizierungsinstruments gegenüber dem Zahlungsdienstnutzer geltend gemacht werden können. Für eine derartige Auslegung sprechen der Wortlaut und die Zielrichtung der Art. 73 Abs. 3 und Art. 91 PSD II.[9] Nach ihrem Wortlaut ermöglichen vorgenannte Regelungen entweder „über die Bestimmungen des betreffenden Abschnitts hinausgehende finanzielle Entschädigungen" (Art. 91 PSD II) bzw. „darüberhinausgehende finanzielle Entschädigungen" (Art. 73 Abs. 3 PSD II[10]). Bei diesen finanziellen Entschädigungen handelt es sich damit um solche, die die PSD II nicht erfasst und damit einen inhaltlich weiteren Umfang haben.[11] Hierfür spricht auch, dass im Zusammenhang mit § 675v BGB die allgemeinen Grundsätze aus §§ 249 ff. BGB Anwendung finden, so dass es sich bei den weiter gehenden Ansprüchen nicht um solche Ansprüche des Zahlungsdienstleisters handeln kann, die ohnehin bereits von §§ 249 ff. BGB erfasst sind.[12]

Diese Auslegung ist jedoch nicht zwingend. Der Gesetzgeber verwies nämlich darauf, dass daneben kein Raum für weiter gehende Schadensersatzansprüche des Zahlungsdienstleisters bestünde.[13] Unter den daneben bestehenden weiter gehenden Ansprüchen könnten nämlich auch (oder nur) solche zu verstehen sein, die auf das identische Regelungsziel der von § 675v BGB a.F. umfassten Ansprüche gerichtet sind. Dies wären solche Schadensersatzansprüche, die auf der Verletzung von Pflichten beruhen, die in § 675v Abs. 2 BGB a.F. (nunmehr § 675v Abs. 3 BGB) ausdrücklich erwähnt sind. Wäre diese Formulierung des Gesetzgebers Ausdruck eines sich allein auf die haftungsrechtlichen Regelungen des § 675v BGB a.F. beziehenden Vollharmonisierungsgebots des Art. 87 Abs. 1 PSD, so würde dies bedeuten, dass der Gesetzgeber gerade nicht die Geltung sonstiger Schadensersatzvorschriften des allgemeinen Leistungsstörungsrechts ausschließen wollte. Für eine derartige Auslegung spricht, dass der Gesetzgeber im weiteren Verlauf der Begründung ausführt, dass es sich bei den „weiter gehenden" Schadensersatzansprüchen um solche „etwa

---

den Aufsatz von *Piekenbrock*, WM 2015, 797 (797 ff.), dass die dort geäußerte Auffassung nicht mehr haltbar sei; Hopt/*Hopt*, 41. Auflage, 2022, (7) Bankgeschäfte Rn. C65; Jauernig/*Berger*, 18. Auflage, 2021, §§ 675u – 675w Rn. 1; Langenbucher/Bliesener/Spindler/*Herresthal*, 3. Auflage, 2020, Kap. 3 § 675v Rn. 10; Ellenberger/Bunte/*Maihold*, 6. Auflage, 2022, § 32 Rn. 129; *Koch*, Missbrauch von Zahlungsauthentifizierungsinstrumenten, 2012, S. 120.

9 Art. 60 Abs. 2 PSD.

10 Art. 60 Abs. 2 PSD.

11 Vgl. auch BT-DrS. 16/11643, S. 118; BeckOK BGB/*Schmalenbach*, 63. Ed. 1.8.2022, BGB § 675z Rn. 1.

12 OLG München BeckRS 2022, 36075 Rn. 83; MüKoBGB/*Zetzsche*, 9. Auflage, 2023, § 675v Rn. 57; Jauernig/*Berger*, 18. Auflage, 2021, §§ 675u – 675w Rn. 4.

13 BT-DrS. 16/11643, S. 113.

aus § 280 BGB wegen leicht fahrlässiger Verletzung anderer Pflichten als der sicheren Aufbewahrung personalisierter Sicherheitsmerkmale in sonstigen Missbrauchsfällen" handeln könne.[14] Diese Formulierung lässt sich dahingehend interpretieren, dass sonstige Schadensersatzansprüche des Zahlungsdienstleisters nur dann ausgeschlossen sein sollen, wenn der Zahlungsdienstnutzer Pflichten verletzt hat, die im unmittelbaren Zusammenhang mit der Verwendung eines Zahlungsauthentifizierungsinstruments bzw. dessen personalisierten Sicherheitsmerkmalen stehen. Der in der Gesetzesbegründung beispielhaft aufgeführte Ausschluss von Schadensersatzansprüchen betrifft nämlich einen Sachverhalt aus dem Zahlungsdiensterecht, in dem es um eine mögliche Pflichtverletzung im Zusammenhang mit Bedingungen geht, die die Ausgabe und Nutzung eines Zahlungsauthentifizierungsinstruments oder die Pflichten aus § 675l BGB betreffen. Der Hinweis des Gesetzgebers auf Schadensersatzansprüche etwa aus § 280 BGB wegen leicht fahrlässiger Verletzung anderer Pflichten als der sicheren Aufbewahrung personalisierter Sicherheitsmerkmale in sonstigen Missbrauchsfällen könnte als Regelbeispiel des Gesetzgebers verstanden werden, dass er nur die Ansprüche aus dem allgemeinen Leistungsstörungsrecht ausschließen wollte, die im Zusammenhang mit der nicht autorisierten Nutzung eines Zahlungsauthentifizierungsinstruments stehen.

Für die Annahme einer derartigen engen Sperrwirkung des § 675v BGB a.F. und heutigen § 675v BGB spricht auch, dass das Ziel der Zahlungsdiensterichtlinien zwar die Harmonisierung der zahlungsdiensterechtlichen Ansprüche zwischen Zahlungsdienstleister und Zahlungsdienstnutzer ist, diese aber nicht auch das Ziel verfolgen, die nationalen Haftungsmaßstäbe generell zu strukturieren.

Mit diesem Verständnis der Sperrwirkung des § 675v BGB ließen sich Ansprüche des Zahlungsdienstleisters aus §§ 280 ff. BGB und § 675v BGB parallel anwenden, soweit sie nicht die Sanktionierung von Pflichtverstößen betreffen, die im Rahmen des § 675v Abs. 3 BGB bereits dem dort geregelten speziellen Leistungsstörungsrecht unterfallen.

2. Zwischenergebnis

Wie vorstehend skizziert, lässt die Gesetzesbegründung zur Umsetzung des Art. 61 PSD allein keine klare Bewertung bzw. Aussage zur Sperrwirkung des § 675v BGB a.F. zu.

---

14 BT-DrS. 16/11643, S. 113.

Auch die Gesetzesbegründung zur Umsetzung des Art. 74 PSD II in Form der Neustrukturierung des § 675v BGB liefert zur Problematik keine weitergehenden Hinweise. Der Gesetzgeber wies nur darauf hin, dass § 675v BGB wie „bisher die Haftung des Zahlers für Schäden, die aufgrund der Nutzung eines verloren gegangenen, gestohlenen oder sonst missbräuchlich verwendeten Zahlungsinstruments in dem Zeitraum vor der Übermittlung einer Anzeige gemäß § 675l Absatz 1 Satz 2 BGB entstanden sind“, regele.[15] Damit brachte der Gesetzgeber zum Ausdruck, dass die Grundsätze der Sperrwirkung des § 675v BGB unter Geltung der PSD II nicht von den unter der PSD maßgeblichen Grundsätzen und Wertungen abweichen sollen.

Dies ist wohl auch der Hintergrund, warum eine eingehende Untersuchung der Sperrwirkung des § 675v BGB bzw. deren Reichweite unter Geltung der PSD II bislang nicht stattgefunden hat.[16]

Die bisherigen Auseinandersetzungen mit der Sperrwirkung des § 675v BGB a.F. finden in der Literatur überwiegend unter Hinweis auf die nationale Gesetzesbegründung zu Art. 61 PSD statt. Wie gezeigt ist diese Gesetzesbegründung allein nicht geeignet, den Umfang der Sperrwirkung für § 675v BGB a.F. und damit auch den § 675v BGB zu definieren. Der Rechtsprechung, die sich mit der Sperrwirkung des § 675v a.F. BGB auseinandersetzte, lässt sich ebenfalls keine einheitliche Auffassung hierzu entnehmen.[17]

Im Folgenden soll daher der Umfang der Sperrwirkung des § 675v BGB in Abgrenzung zum allgemeinen Leistungsstörungsrecht des BGB analysiert und abschließend definiert werden.

---

15 BT-DrS. 18/11495, S. 165.

16 *Zahrte*, BKR 2022, 69 (76) spricht hier von Indizwirkung für die heutige Rechtslage; ebenso *v. Westphalen* Anmerkung zu BGH BB 2021, 272 ff., der im Rahmen der Kommentierung (BB 2021, 276) der Entscheidung des BGH darauf verweist, dass im Zentrum der Entscheidung des BGH „die – wohl künftig hypothetische – Fragestellung (Rn. 24 ff.; Rn. 32 ff.)“ stehe, ob denn die unionsrechtlich geprägte Norm des § 675u BGB a. F. (Änderung seit dem 13.1.2018) einen Schadensersatzanspruch des Zahlungsdienstleisters gegenüber dem Zahlungsdienstnutzer bei Vorliegen einem nicht autorisierten Zahlungsvorgang sperre und so dem Aufwendungserstattungsanspruch des Zahlungsdienstnutzers entgegengehalten werden könne. *v. Westphalen* ist der Auffassung, dass der BGH dieser Frage breiten Raum widme „(offenbar um Klarheit für Künftiges zu schaffen)“; auch *Omlor*, RdZ 2021, 59 (60) führt in der Besprechung der Entscheidung des BGH BKR 2021, 240 ff. aus, dass auf den Sachverhalt noch die Umsetzung zur ersten Zahlungsdiensterichtlinie Anwendung gefunden habe, sich jedoch materiell keine Unterschiede unter der Geltung der Zweiten Zahlungsdiensterichtlinie 2015/2366 ergäben.

17 Vgl. D., II., 1., b) dieser Arbeit.

II. Der Umfang der Sperrwirkung des § 675v BGB auf Grundlage des Stands von Literatur und Rechtsprechung

1. Die Sperrwirkung des § 675v BGB bei Verwendung eines Zahlungsinstruments

Mit § 675v BGB a.F. schrieb der deutsche Gesetzgeber auf Grundlage des Art. 61 PSD die bis zu diesem Zeitpunkt nach § 676h BGB a.F. bereits für Zahlungskarten geltenden Bedingungen fort.[18] § 675v BGB a.F. erfasste aber mit seiner Einführung in Abweichung von den bisherigen Regelungen nicht nur Zahlungskarten, sondern erstreckte sich auch auf sämtliche Arten von Zahlungsauthentifizierungsinstrumenten.[19]

a) Die Auffassung der Literatur

Liegt der Ausführung eines Zahlungsvorgangs die missbräuchliche Nutzung eines Zahlungsinstruments zugrunde, so sollen Ansprüche des Zahlungsdienstleisters nach allgemeinem Leistungsstörungsrecht gemäß §§ 280 ff. BGB nach wohl überwiegender Auffassung der Literatur bereits dann ausgeschlossen sein, wenn der Zahlungsdienstleister den Zahlungsvorgang bereits aufgrund der missbräuchlichen Nutzung eines Zahlungsinstruments durchgeführt hat (weite Sperrwirkung).[20] Nach anderer Auffassung sollen Ansprüche des Zahlungsdienstleisters gegenüber dem Zahlungsdienstnutzer nach allgemeinem Leistungsstörungsrecht gemäß §§ 280 ff. BGB erst dann und nur insoweit ausgeschlossen sein, wenn neben dem missbräuchlichen Einsatz des Zahlungsinstruments gleichzeitig ein Verstoß des Zahlungsdienstnutzers gegen die in §§ 675v Abs. 3, 675l BGB normierten Pflichten vorliegt (pflichtenorientierte Sperrwirkung).[21]

---

18 BT-DrS. 16/11643, S. 113.

19 BT-DrS. 16/11643, S. 113.

20 Nicht eindeutig: Staudinger/*Omlor*, 2020, § 675v Rn. 4; aber: MüKoBGB/*Zetzsche*, 8. Auflage, 2020, § 675v Rn. 7; MüKoHGB/*Häuser*, 4. Auflage, 2019, B. Überweisungsverkehr Rn. 177 f.; Langenbucher/Bliesener/Spindler/*Herresthal*, 2. Auflage, 2016, Kap. 5 § 675v Rn. 7 f.

21 Schimansky/Bunte/Lwowski/*Schmieder*, 5. Auflage, 2017, § 49 Rn. 125; Schimansky/Bunte/Lwowski/*Mayen*, 4. Auflage, § 49 Rn. 125; Ellenberger/Findeisen/Nobbe/Böger/*Nobbe*, 3. Auflage, § 675v Rn. 9; ähnlich Ellenberger/Bunte/*Schmieder*, 6. Auflage, 2022, § 28 Rn. 125, aber ohne Hinweis auf geregelte Fallgestaltungen wie noch in Schimansky/Bunte/Lwowski/*Schmieder*, 5. Auflage, 2017, § 49 Rn. 125.

aa) Weite Sperrwirkung

Eine weite Sperrwirkung des § 675v BGB gegenüber dem allgemeinen Leistungsstörungsrecht wurde regelmäßig mit dem Hinweis auf den Grundsatz der Vollharmonisierung aus Art. 86 PSD begründet.[22] Da § 675v BGB a.F. abschließenden Charakter habe, sei der Rückgriff auf das allgemeine Ersatzrecht nach §§ 280 ff. BGB ausgeschlossen.[23] Parallele Haftungsregelungen für den Anwendungsbereich des § 675v BGB a.F. seien ausgeschlossen.[24] *Sorg* führte hierzu näher aus, dass abweichende Regelungen nach Art. 86 Abs. 3 PSD sowie Erwägungsgrund 34 PSD nur zu Gunsten des Zahlungsdienstnutzers möglich seien.[25] Dies folge aus dem Grundgedanken der Regelung des § 675u BGB a.F..[26] Lägen nicht autorisierte Zahlungsvorgänge vor, habe der Zahlungsdienstleister grundsätzlich kein Recht, den belasteten Zahlungsbetrag zu behalten und somit auch keinen Anspruch auf Erstattung des Zahlungsbetrags im Vorfeld der Belastung.[27] Dies bestätige auch der Wortlaut des Art. 61 Abs. 1 PSD. Wenn der Richtliniengeber mit Art. 60 Abs. 2 PSD einen weiteren Anspruch des Zahlungsdienstnutzers gegen seinen Zahlungsdienstleister dulde, aber keine gegenteiligen Ansprüche zugunsten des Zahlungsdienstleisters anspreche, werde diese Deutung entsprechend abgerundet; die Zahlungsdiensterichtlinie sähe eine solche Forderung (des Zahlungsdienstleisters) nicht vor.[28] Dies bestätige auch die Gesetzesbegründung zu § 675u S. 1 BGB a.F.. Der Gesetzgeber gehe davon aus, dass Ansprüche des Zahlungsdienstnutzers, die auf dieselben Rechtsfolgen wie der Anspruch aus § 675u BGB-E gerichtet sind, wie etwa aus ungerechtfertigter Bereicherung, ausgeschlossen seien.[29]

---

22 Vgl. z. B. *Sorg*, Die zivilrechtliche Haftung im bargeldlosen Zahlungsverkehr, 2015, S. 242 zu § 675v BGB a.F.; auch MüKoHGB/*Linardatos*, 5. Auflage, 2024, K. Online-Banking Rn. 231.

23 *Sorg*, Die zivilrechtliche Haftung im bargeldlosen Zahlungsverkehr, 2015, S. 242; so auch MüKoBGB/*Zetzsche*, 8. Auflage, 2020, § 675v Rn. 8; MüKoHGB/*Häuser*, 4. Auflage, 2019, B. Überweisungsverkehr Rn. 177 f.; Langenbucher/Bliesener/Spindler/*Herresthal*, 2. Auflage, 2016, Kap. 5 § 675v Rn. 7 f.

24 *Sorg*, Die zivilrechtliche Haftung im bargeldlosen Zahlungsverkehr, 2015, S. 242; zu § 675v BGB a.F.; so auch *Koch*, Missbrauch von Zahlungsauthentifizierungsinstrumenten, 2012, S. 120, unter Hinweis auf Palandt/*Sprau*, 71. Auflage, 2012, § 675v Rn. 2; Schulze/Schulte-Nölke/*Schulze*, 6. Auflage, § 675u-w Rn. 1 der darauf verweist, dass die Regelung des § 675v BGB a.F. abschließend sei. Weitere Schadensersatzansprüche, „etwa aufgrund einer Vertragspflichtverletzung nach § 280 ff. BGB" seien ausgeschlossen.

25 BeckOGK BGB/*Hofmann*, 1.10.2021, BGB § 675v Rn. 13; Ellenberger/Findeisen/Nobbe/*Nobbe*, 2. Auflage, 2013, § 675v Rn. 8.

26 *Sorg*, Die zivilrechtliche Haftung im bargeldlosen Zahlungsverkehr, 2015, S. 264.

27 *Sorg*, Die zivilrechtliche Haftung im bargeldlosen Zahlungsverkehr, 2015, S. 264.

28 *Sorg*, Die zivilrechtliche Haftung im bargeldlosen Zahlungsverkehr, 2015, S. 264.

29 BR-DrS. 848/08, S. 184.

Art. 60 PSD zwinge zu einer solchen Schlussfolgerung: Solange keine Autorisierung vorläge, sei der Zahlungsdienstleister dem Zahlungsdienstnutzer zur Erstattung verpflichtet. Diese Pflicht bestehe rein erfolgsorientiert, d.h. ohne, dass nach der Art und Weise des Zustandekommens des Zahlungsvorgangs bzw. der Belastung oder nach den Rechtsfolgen einer solchen Erstattungspflicht differenziert werde.[30] Weil ein Anspruch des Zahlungsdienstleisters gerade wegen des Umkehrschlusses zu Art. 60 Abs. 1 PSD ausscheide, dürfe dabei ebenfalls nicht nach den Gründen für den Zahlungsvorgang oder den Rechtsfolgen des fehlenden Anspruchs gefragt werden. Dem Zahlungsdienstleister stehe jedenfalls kein Anspruch auf Ausgleich zu.[31]

Auch wenn *Sorg* nicht ausdrücklich hervorhob, dass bereits die missbräuchliche Verwendung eines Zahlungsinstruments für den Zahlungsdienstleister die Sperrwirkung des § 675v BGB a.F. gegenüber Ansprüchen des allgemeinen Leistungsstörungsrechts auslöse, lässt sich dies aus seinen weiterführenden Ausführungen schließen. *Sorg* betonte, dass mit § 675v BGB a.F. „die gesamte Haftung für den Themenbereich „ZAI““ reguliert werden solle.[32] Daher fielen lediglich diejenigen Zahlungsvorgänge heraus, die überhaupt nicht auf einem Zahlungsauthentifizierungsinstrument basierten. Der Gesetzgeber habe mit den Haftungsausnahmen der §§ 675v Abs. 3, 675m Abs. 2 BGB a.F. entschieden, wann trotz Vorliegen der Haftungstatbestände (des § 675v Abs. 2 BGB a.F.) kein Ersatzanspruch entstehen könne. Diese Wertung dürfe „nicht durch das Heranziehen anderweitiger Haftungstatbestände unterlaufen werden“.[33]

Auf Grundlage dieser Auffassung müssten sämtliche Ansprüche des Zahlungsdienstleisters nach dem allgemeinen Leistungsstörungsrecht ausscheiden, wenn der nicht autorisierte Zahlungsvorgang durch ein Zahlungsinstrument ausgelöst wurde. Dies wäre selbst dann der Fall, wenn in Fällen der Anwendbarkeit des § 675v BGB a.F. seitens des Zahlungsdienstnutzers eine Pflichtverletzung gegenüber dem Zahlungsdienstleister vorgelegen hätte, die nicht im Zusammenhang mit dem nicht autorisierten Zahlungsvorgang oder Sachverhalten aus dem Zahlungsdiensterecht stand.

Auch *Danwerth* verwies darauf, dass nach der Intention des Gesetzgebers die Haftung des Zahlungsdienstnutzers für die missbräuchliche Nutzung eines Zahlungs(authentifizierungs)Instruments durch § 675v BGB a.F. abschließend geregelt

---

30 *Sorg*, Die zivilrechtliche Haftung im bargeldlosen Zahlungsverkehr, 2015, S. 264.

31 *Sorg*, Die zivilrechtliche Haftung im bargeldlosen Zahlungsverkehr, 2015, S. 264; *Winkelhaus*, BKR 2010, 441 (445).

32 *Sorg*, Die zivilrechtliche Haftung im bargeldlosen Zahlungsverkehr, 2015, S. 243.

33 *Sorg*, Die zivilrechtliche Haftung im bargeldlosen Zahlungsverkehr, 2015, S. 243.

sei.[34] Es bestehe kein Raum für einen weitergehenden Schadensersatzanspruch des Zahlungsdienstleisters, etwa nach § 280 Abs. 1 BGB wegen fahrlässiger Verletzung anderer Pflichten als der sicheren Aufbewahrung personalisierter Sicherheitsmerkmale in sonstigen Missbrauchsfällen.[35]

Schulte am Hülse/Klabunde gingen ebenfalls von einer absoluten Sperrwirkung im Anwendungsbereich der Vorschrift aus.[36] Ließe der in der Stellungnahme von *Schulte am Hülse/Klabunde* enthaltene Hinweis auf den Anwendungsbereich der Vorschrift durchaus auch den Schluss auf eine eingeschränkte Definition des Anwendungsbereichs des § 675v BGB a.F. zu, so spricht der Hinweis, dass die Wertung einer abschließenden Regelung des § 675v BGB a.F. nicht durch andere Vorschriften („etwa § 280 Abs. 1 BGB…") umgangen werden könne, für die Annahme einer absoluten Ausschlusswirkung der Vorschrift.

Unklar blieben *Franck/Massari* in ihrer Stellungnahme.[37] Für den Zeitraum vor Inkrafttreten der PSD erkannten sie eine Schadensersatzverpflichtung des Zahlungsdienstnutzers gegenüber dem Zahlungsdienstleister an, soweit der Zahlungsdienstnutzer durch eine Sorgfaltspflichtverletzung zur nicht autorisierten Zahlung beigetragen habe. In diesem Fall könne dem Zahlungsdienstleister ein Schadensersatzanspruch (§ 280 Abs. 1 BGB) gegen den Zahlungsdienstnutzer zustehen.[38] Obwohl *Franck/Massari* im Folgenden auf die Geltung der PSD und den insoweit maßgeblichen § 675v BGB a.F. eingingen, erörterten sie nicht, ob aus ihrer Sicht weiterhin § 280 BGB neben § 675v BGB a.F. Anwendung finden konnte oder ganz bzw. teilweise von § 675v BGB a.F. verdrängt wurde.[39]

Jungmann ging ebenfalls von einem abgeschlossenen Regelungssystem des § 675v BGB aus.[40] Am Beispiel einer durch eine Kreditkarte initiierten Zahlung, die verloren gegangen, gestohlen, in sonstiger Weise abhandengekommen oder in sonstiger Weise missbräuchlich verwendet wurde, legte *Jungmann* dar, dass § 675v BGB alle wesentlichen Aussagen treffe. In allen fünf Absätzen fänden sich Regelungen dazu, ob bzw. in welchem Umfang der Karteninhaber hafte.[41] § 675v Abs. 4 BGB enthalte darüber hinaus auch Aussagen zur Verteilung des Missbrauchsrisikos

---

34 *Danwerth*, ZBB 2015, 119 (132) unter Verweis auf Fundstelle *Schmalenbach*, aber wohl unzutreffend angegeben. Zutreffend dürfte BeckOK BGB/*Schmalenbach*, 36. Ed. 1. 8. 2015, BGB § 675v Rn. 14 sein.

35 *Danwerth*, ZBB 2015, 119 (131).

36 *Schulte am Hülse/ Klabunde*, MMR 2010, 84 (87).

37 *Franck/Massari*, WM 2009, 1117 (1123).

38 *Franck/Massari*, WM 2009, 1117 (1123).

39 *Franck/Massari*, WM 2009, 1117 (1123); vgl. auch Ellenberger/Bunte/*Schmieder*, 6. Auflage, 2022, § 28 Rn. 124, 125.

40 *Jungmann*, ZBB 2020, 1 (5); wohl auch *Zimmermann*, RdZ 2022, 34 (36).

41 *Jungmann*, ZBB 2020, 1 (5).

im Verhältnis zwischen Zahlungsdienstleister (in seinem Beispiel des Kartenausstellers) und des Vertragsunternehmens, wenn feststehe, dass der Karteninhaber nicht hafte. Hieraus folgerte *Jungmann* eine abschließende Regelung des § 675v BGB.[42] Dies würde nach *Jungmanns* Auffassung selbst dann gelten, wenn die Pflichtverletzungen des Zahlungsdienstnutzers nicht im Zusammenhang mit dem Zahlungsvorgang stehen.[43]

bb) Doppelte Schrankenbestimmung der Sperrwirkung durch Verwendung eines Zahlungsinstruments im Pflichtenkreis der §§ 675v, 675l BGB

Ein sach- und pflichtenorientiertes Verständnis des Anwendungsbereichs des § 675v BGB haben die Vertreter einer differenzierteren Auffassung.[44] Die Sperrwirkung des § 675v BGB sei bei grundsätzlicher Öffnung des Anwendungsbereichs des § 675v BGB durch die Verwendung eines Zahlungsinstruments nur dann gegeben, wenn der Zahlungsdienstnutzer zusätzlich gegen die ihm nach §§ 675v, 675l BGB obliegenden Pflichten verstoßen habe.[45] Die Sperrwirkung werde damit letztlich durch die in §§ 675v Abs. 3, 675l BGB definierten Fallgruppen bestimmt.[46] Außerhalb eines

---

42 *Jungmann*, ZBB 2020, 1 (5) unter Verweis auf Baumbach/Hopt/*Hopt*, 38. Auflage, 2018, (7) BankGesch Rn. F/50 sowie unter Hinweis auf BT-DrS. 16/11643, S. 113.

43 Vgl. auch Langenbucher/Bliesener/Spindler/*Herresthal*, 3. Auflage, 2020, Kap. 7 675v Rn. 67; Grüneberg/*Sprau*, 81. Auflage, 2022, § 675j Rn. 2; MüKoBGB/*Zetzsche*, 8. Auflage, 2020, § 675v Rn. 7; BeckOK BGB/*Schmalenbach*, 63. Ed. 1.8.2022, BGB § 675v Rn. 21–24; Baumbach/Hefermehl/Casper/*Casper*, 24. Auflage, 2020, E. Recht des Zahlungsverkehrs Rn. 361; Baumbach/Hefermehl/Casper/*Casper*, 24. Auflage, 2020, E. Recht des Zahlungsverkehrs Rn. 355; Staudinger/*Omlor*, 2020, § 675v Rn. 4; MüKoBGB/*Zetzsche*, 9. Auflage, 2023, § 675v Rn. 8; MüKoHGB/*Häuser*, 4. Auflage, 2019, B. Überweisungsverkehr Rn. 177 f.; Langenbucher/Bliesener/Spindler/*Herresthal*, 2. Auflage, 2016, Kap. 5 § 675v Rn. 7 f.

44 Schimansky/Bunte/Lwowski/*Mayen*, 4. Auflage, 2011, § 49 Rn. 125; Schimansky/Bunte/Lwowski/*Schmieder*, 5. Auflage, 2017, § 49 Rn. 125; auch Ellenberger/Bunte/*Schmieder*, 6. Auflage, 2022, § 28 Rn. 125; *Einsele*, WuB 2022, 417 (420) in der Anmerkung zum Urteil des OLG Karlsruhe WM 2022, 1581; Ellenberger/Findeisen/Nobbe/Böger/*Nobbe*, 3. Auflage, 2020, § 675v Rn. 9; Grüneberg/*Grüneberg*, 83. Auflage, 2024, § 675v Rn. 2.

45 Im Ergebnis ebenso Schimansky/Bunte/Lwowski/*Mayen*, 4. Auflage, 2011, § 49 Rn. 125 sowie Schimansky/Bunte/Lwowski/*Schmieder*, 5. Auflage, 2017, § 49 Rn. 125; wohl auch Ellenberger/Bunte/*Schmieder*, 6. Auflage, 2022, § 28 Rn. 125; ohne nähere Begründung und Ableitung aus den Zahlungsdiensterichtlinien oder der Gesetzesbegründung zur Umsetzung des Art. 61 PSD *Einsele*, WuB 2022, 417 (420) in der Anmerkung zum Urteil des OLG Karlsruhe WM 2022, 1581; Ellenberger/Findeisen/Nobbe/Böger/*Nobbe*, 3. Auflage, 2020, § 675v Rn. 9; Grüneberg/*Grüneberg*, 83. Auflage, 2024, § 675v Rn. 2.

46 Ausdrücklich z. B. Schimansky/Bunte/Lwowski/*Schmieder*, 5. Auflage, 2017, § 49 Rn. 125: *„Die §§ 675v und 675l BGB erfassen lediglich die dort geregelten Fallgestaltungen und sind für sie abschließend. Daher bestimmt sich die Haftung für weitere Konstellationen nach allgemeinen Regeln.“*;

derart definierten Anwendungsbereichs des § 675v BGB, insbesondere wenn Hilfsmittel zur Erteilung von Zahlungsaufträgen nicht Zahlungsinstrumente seien (zum Beispiel vorcodierte Überweisungsformulare), sei eine Haftung aus § 280 Abs. 1 BGB weiterhin denkbar.[47]

Eine Begründung, auf welcher Grundlage die Vertreter dieser Auffassung zu einer derartigen eingeschränkten Sperrwirkung des § 675v BGB kommen, findet sich indessen nicht.

cc) Zusammenfassung der Auffassungen der Literatur

Die überwiegenden Auffassungen in der Literatur sahen in § 675v BGB a.F. eine abschließende Regelung der dem Zahlungsdienstleister zustehenden Schadensersatzansprüche gegenüber dem Zahlungsdienstnutzer.[48] Die Vertreter dieser Auffassung verwiesen hierbei regelmäßig auf den Anwendungsbereich des § 675v BGB, ohne diesen indessen zu definieren. Im Ergebnis lässt sich die Begründung der Vertreter dieser Auffassung auf den Wortlaut der Gesetzesbegründung zur Umsetzung des Art. 61 Abs. 1 PSD zurückführen, wonach die Haftung des Zahlungsdienstnutzers im Zusammenhang mit der missbräuchlichen Nutzung eines Zahlungsinstruments in § 675v BGB a.F. abschließend geregelt sein soll.[49] Ansprüchen aus § 675u S. 2 BGB a.F. konnte der Zahlungsdienstleister danach ausschließlich Gegenansprüche aus § 675v BGB a.F. entgegenhalten. Auch die Verletzung sonstiger Pflichten durch den Zahlungsdienstnutzer aus dem zwischen ihm und dem Zahlungsdienstleister bestehenden Rechts- und Geschäftsverhältnis, deren pflichtge-

---

vgl. auch Schimansky/Bunte/Lwowski/*Mayen*, 4. Auflage, § 49 Rn. 125; Ellenberger/Findeisen/Nobbe/Böger/*Nobbe*, 3. Auflage, § 675v Rn. 9.

47 Langenbucher/Bliesener/Spindler/*Langenbucher*, 3. Auflage, 2020, Kap. 3 § 675v Rn. 24; MüKoHGB/*Häuser*, 4. Auflage, 2019, B. Überweisungsverkehr Rn. 177 f.; MüKoHGB/*Herresthal*, 5. Auflage, 2024, B. Überweisungsverkehr Rn. 366; *Herresthal*, EWiR 2021, 97 (98); *Einsele*, WuB 2022, 417 (420); Schimansky/Bunte/Lwowski/*Schmieder*, 5. Auflage, 2017, § 49 Rn. 125; anders aber *Grundmann*, WM 2009, 1109 (1114); vgl. auch Hopt/*Hopt*, 43. Auflage, 2024, (7) Bankgeschäfte Rn. C/65; so auch *Lu*, Die Risikoverteilung im bargeldlosen Zahlungsverkehr bei Fehlen eines Zahlungsauftrags im deutschen und im taiwanesischen Recht, 2016, S. 159; BeckOK BGB/*Schmalenbach*, 62. Ed. 1. 5. 2022, BGB § 675v Rn. 21.

48 Z. B. Baumbach/Hefermehl/Casper/*Casper*, 24. Auflage, 2020, E. Recht des Zahlungsverkehrs Rn. 355, 361; MüKoBGB/*Zetzsche*, 8. Auflage, 2020, § 675v Rn. 7; BeckOK BGB/*Schmalenbach*, 63. Ed. 1. 8. 2022, BGB § 675v Rn. 21; MüKoHGB/*Häuser*, 4. Auflage, 2019, B. Überweisungsverkehr Rn. 77 f.; Langenbucher/Bliesener/Spindler/*Herresthal*, 2. Auflage, 2016, Kap. 5 § 675v Rn. 7 f.; unklar: Staudinger/Omlor, 2020, § 675v Rn. 4.

49 BT-DrS. 16/11643, S. 113.

mäße Erfüllung die Schadensentstehung und/oder Vertiefung verhindert hätten, löste keine sonstigen Schadensersatzansprüche des Zahlungsdienstleisters aus.[50]

Da der Neufassung des § 675v BGB seitens des Gesetzgebers von § 675v BGB a.F. keine von § 675v BGB a.F. grundlegend abweichenden Wertungen[51] zugrunde lagen, sind die Stellungnahmen der Literatur zum Umfang der Sperrwirkung des § 675v BGB a.F. auch auf die Beurteilung der Sperrwirkung des § 675v BGB übertragbar. Nach überwiegender Auffassung der Literatur entfaltet § 675v BGB damit eine weite Sperrwirkung. Die Vertreter dieser Auffassung gehen damit ersichtlich davon aus, dass der europäische Gesetzgeber mit Art. 61 PSD und der nationale Gesetzgeber mit § 675 BGB a.F. und damit auch § 675v BGB ein exklusives Leistungsstörungsrecht für Ansprüche des Zahlungsdienstleisters im Zusammenhang mit der Ausführung nicht autorisierter Zahlungsvorgänge durch missbräuchliche Nutzung eines Zahlungs(authentifizierungs)instruments implementieren wollte.[52] Regelungslücken, die dadurch entstehen können, dass der Zahlungsdienstnutzer mit dem Zahlungsdienstleister vereinbarte sonstige Pflichten nicht erfüllt, auch wenn diese der Schadensverhinderung oder Schadensminderung dienen (könnten), sehen die Vertreter dieser Auffassung nicht. Nicht zu erklären oder gar aufzulösen vermag diese Auffassung aber das rechtliche Schicksal der in diesem Fall bestehenden Ansprüche des Zahlungsdienstleisters gegenüber dem Zahlungsdienstnutzer.

Geht man nämlich von einer weiten Sperrwirkung des § 675v BGB aus, so stellt sich die Frage, ob diese Sperrwirkung bereits die Entstehung des Schadensersatzanspruchs nach dem allgemeinen Leistungsstörungsrecht ausschließt oder aber allein nur dessen Durchsetzung.

Wird bereits die Entstehung des Anspruchs nach allgemeinen Leistungsstörungsrecht durch die Sperrwirkung des § 675v BGB verhindert, so würden die für spezielle Sachverhalte entwickelten zahlungsdiensterechtlichen Bestimmungen grundlegenden Einfluss auf das nationale Recht der Mitgliedsstaaten nehmen. Nimmt man alternativ an, dass zwar Ansprüche aus allgemeinem Leistungsstörungsrecht dem Grunde nach entstehen, so bleibt unbeantwortet, wie derartige Ansprüche im Verhältnis zwischen Zahlungsdienstnutzer und Zahlungsdienstleis-

---

50 *Sorg*, Die zivilrechtliche Haftung im bargeldlosen Zahlungsverkehr, 2015, S. 268; zur Zahlungsdiensterichtlinie hierzu auch Erman/*v. Westphalen*, 17. Auflage, 2023, § 675v Rn. 2; Grüneberg/*Sprau*, 81. Auflage, 2022, § 675u Rn. 3; anders noch *Sprau*, Die Umsetzung der Zahlungsdiensterichtlinie – Finanzmarktkrise und Umsetzung der Verbraucherkreditrichtlinie – Bankrechtstag 2009, 2010, 107 (119).

51 BT-DrS. 18/11495, S. 165.

52 Z.B. Baumbach/Hefermehl/Casper/*Casper*, 24. Auflage, 2020, E. Recht des Zahlungsverkehrs Rn. 355; Staudinger/*Omlor*, 2020, § 675v Rn. 4; MüKoBGB/*Zetzsche*, 8. Auflage, 2020, § 675v Rn. 7; BeckOK BGB/*Schmalenbach*, 63. Ed. 1.8.2022, BGB § 675v Rn. 21.

ter zu behandeln sind. Systematisch erscheint es nicht erklärbar, dass die Verletzung von sonstigen Pflichten des Zahlungsdienstnutzers zwar Schadensersatzansprüche des Zahlungsdienstleisters entstehen lassen, diese aber ohne rechtliche Konsequenz gegenüber dem Schädiger bleiben.

Vertreter eines zahlungsdiensterechtlich-pflichtenorientierten Verständnisses des § 675v BGB sehen eine Sperrwirkung des § 675v BGB gegenüber sonstigen Ansprüchen des Zahlungsdienstleisters nur dann, wenn dem Zahlungsdienstnutzer eine Verletzung der in bzw. über §§ 675l, 675v BGB definierten Pflichten vorzuwerfen ist.[53] Die Haftung für weitere Konstellationen bestimmt sich daher für die Vertreter dieser Auffassung nach allgemeinen Grundsätzen des zivilrechtlichen Schadensersatzrechts.[54] Die Vertreter dieser Auffassung befassen sich in diesem Zusammenhang jedoch nicht mit der praxisrelevanten Fragestellung, dass zwar keine Verletzung der Pflichten des Zahlungsdienstnutzers im Zusammenhang mit der Ausführung eines Zahlungsauftrags durch ein Zahlungsinstrument vorliegt, gleichwohl aber der Zahlungsdienstnutzer sonstige von ihm gegenüber dem Zahlungsdienstleister zu erfüllende Pflichten verletzt.[55]

Eine Analyse und Klärung der Frage, ob § 675v BGB auch Schadensersatzansprüche des Zahlungsdienstleisters ausschließen kann, wenn weder eine Pflichtverletzung des Zahlungsdienstnutzers im Zusammenhang mit der missbräuchlichen Nutzung des Zahlungsinstruments vorliegt, noch eine Verletzung der Pflichten nach §§ 675l, 675v BGB, steht in den Auseinandersetzungen der Literatur noch aus.[56]

53 Ellenberger/Bunte/*Schmieder*, 6. Auflage, 2022, § 28 Rn. 125; ebenso Schimansky/Bunte/Lwowski/*Mayen*, 4. Auflage, 2011, § 49 Rn. 125; Schimansky/Bunte/Lwowski/*Schmieder*, 5. Auflage, 2017, § 49 Rn. 125; Grüneberg/*Sprau*, 81. Auflage, 2022, § 675v Rn. 2; Ellenberger/Findeisen/Nobbe/Böger/*Nobbe*, 3. Auflage, 2020, § 675v Rn. 9; vgl. auch BGH BKR 2021, 240 (247, 248); *Piekenbrock*, WM 2015, 797 (802); wohl auch *Einsele*, WuB 2022, 417 (420); *Herresthal*, EWiR 2021, 97 (98); Langenbucher/Bliesener/Spindler/*Herresthal*, 3. Auflage, 2020, Kap. 3 § 675v Rn. 90.

54 So z. B. ausdrücklich Schimansky/Bunte/Lwowski/*Schmieder*, 5. Auflage, 2017, § 49 Rn. 125; *Herresthal*, EWiR 2021, 97 (98); Langenbucher/Bliesener/Spindler/*Herresthal*, 3. Auflage, 2020, Kap. 3 § 675v Rn. 90.

55 Angedeutet *Herresthal*, EWiR 2021, 97 (98); *Einsele*, WuB 2022, 417 (420).

56 *Einsele*, WuB 2022, 417 (420) führt, jedoch ohne Begründung und Ableitung in der Urteilsanmerkung zur Entscheidung des OLG Karlsruhe, WM 2022, 1581 ff. aus, dass die Öffnung des Anwendungsbereichs des § 675v BGB nicht dazu führe, dass Schadensersatzansprüche, die auf der Verletzung von Sorgfaltspflichten außerhalb des Pflichtenkatalogs des §§ 675v, 675l BGB beruhten, ausgeschlossen sein müssten. *Einsele* geht im Rahmen der Stellungnahme indessen nicht auf die unterschiedlichen Auffassungen zur Sperrwirkung des § 675v BGB ein, so dass die reine Feststellung, dass sonstige Schadensersatzansprüche außerhalb der Fallgestaltungen des §§ 675v, 675l BGB anwendbar seien, eine differenzierte Definition der Sperrwirkung des § 675v BGB nicht belastbar begründen kann; vgl. auch *Herresthal*, EWiR 2021, 97 (98); Langenbucher/Bliesener/Spindler/*Herresthal*, 3. Auflage, 2020, Kap. 3 § 675v Rn. 90.

b) Die Auffassung der Rechtsprechung

aa) Die Entscheidung des BGH vom 17.11.2020 zum Umfang der Sperrwirkung des § 675v BGB a.F. bei Verwendung eines Zahlungsauthentifizierungsinstruments[57]

In einer grundlegenden Entscheidung zur Frage der Qualifikation eines Überweisungsauftrags in Form eines Telefax als Zahlungsinstrument i. S. d. § 1 Abs. 5 ZAG a.F. bzw. Art. 4 Nr. 23 PSD nahm der BGH auch zum Umfang der Sperrwirkung des § 675v BGB a.F. gegenüber sonstigen Schadensersatzansprüchen des Zahlungsdienstleisters Stellung.[58]

Der Zahlungsdienstleister machte geltend, dass die Klägerin als Zahlungsdienstnutzerin vereinbarte Pflichten für die Ausführung von Überweisungsaufträgen verletzt habe. Der BGH wies in seiner Urteilsbegründung zunächst grundsätzlich darauf hin, dass Schadensersatzansprüche des Zahlungsdienstleisters gegen den Zahlungsdienstnutzer auch bei fehlender Autorisierung eines Zahlungsauftrags bestehen können, selbst wenn sie wirtschaftlich vollständig an die Stelle des nach § 675u S. 1 BGB entfallenden Aufwendungsersatzanspruchs treten. Dies ergebe sich bereits aus § 675v Abs. 2 BGB a.F..[59]

Ein Anspruch des Zahlungsdienstleisters, die bereits nach § 675u S. 2 BGB erfolgte Gutschrift durch eine Rückbelastung nach §§ 280 Abs. 1 BGB, 241 BGB gegenüber dem Zahlungsdienstnutzer wieder rückgängig zu machen, bestehe nicht. Die Haftung des Zahlungsdienstnutzers sei für den vorliegenden Fall in § 675v Abs. 2 BGB a.F. abschließend geregelt.[60]

Das zwischen den Parteien vereinbarte Verfahren der Zahlungsanweisung per Fax unterfalle bei unionsrechtskonformer Auslegung der Regelung des § 675v Abs. 2 BGB a.F.. Im Anwendungsbereich des § 675v Abs. 2 BGB a.F. entfalte bei unionsrechtskonformer Lesart § 675v Abs. 2 BGB a.F. eine Sperrwirkung für weitere vertragliche Schadensersatzansprüche des Zahlungsdienstleisters.[61] Der BGH verwies zum Beleg für seine dann folgende rechtliche Bewertung einer Sperrwirkung des § 675v BGB a.F. auf die unterschiedlichen Ansätze in der Literatur[62] und führte im

57 BGH BKR 2021, 240 (240 ff.).

58 BGH BKR 2021, 240 (245).

59 BGH BKR 2021, 240 (243) unter Hinweis auf *Piekenbrock*, WM 2015, 797 (802).

60 BGH BKR 2021, 240 (244).

61 BGH BKR 2021, 240 (245) unter Hinwies auf MüKoBGB/*Zetzsche*, 8. Auflage, 2020, § 675v Rn. 8; MüKoHGB/*Häuser*, 4. Auflage, 2019, B. Überweisungsverkehr Rn. 177 f.; Langenbucher/Bliesener/Spindler/*Herresthal*, 2. Auflage, 2016, Kap. 5 § 675v Rn. 7; sowie LG Karlsruhe BKR 2019, 151 (151) und Staudinger/*Omlor*, 2012, § 675v Rn. 4; BT-DrS. 16/11643, S. 113; vgl. auch BGH ZIP 2012, 1014 (1014); vgl. auch OLG Celle ZIP 2021, 245 (245).

62 Einen weiten Umfang der Sperrwirkung des § 675v BGB a.F. nehmen nach dem Hinweis des BGH folgende Vertreter der Literatur an: MüKoBGB/*Zetzsche*, 8. Auflage, 2020, § 675v Rn. 8; MüKoHGB/

Anschluss aus, dass die Beklagte „mit einem (allgemeinen) Anspruch aus §§ 280 Abs. 1, 278 BGB i.V.m. dem Girovertrag gegen die Klägerin ausgeschlossen" sei.[63]

(1) Bewertung der Entscheidung des BGH vom 17.11.2020

Die Entscheidung des BGH enthält für die Beurteilung des Umfangs bzw. der Grenzen der Sperrwirkung des § 675v BGB a.F. bei Verwendung eines Zahlungs-(authentifizierungs)instruments im Ergebnis keine neuen Erkenntnisse.[64] Der BGH bestätigt in dieser Entscheidung nur den allgemeinen Grundsatz, dass allgemeine Schadensersatzansprüche des Zahlungsdienstleisters dann ausgeschlossen sind, wenn die speziellen Regelungen des § 675v BGB für die Verletzung von Pflichten aus dem Regelungskreis der §§ 675v, 675l BGB a.F. eingreifen.[65]

Allgemeine Schadensersatzansprüche des Zahlungsdienstleisters sind nach einhelliger Auffassung immer dann ausgeschlossen, wenn diese auf das identische Regelungsziel des § 675v BGB gerichtet sind. Dies war in der vom BGH zu entscheidenden Auseinandersetzung gerade der Fall.[66] Der vom BGH entschiedene Fall war insoweit nicht geeignet, grundsätzliche Abgrenzungskriterien zur Festlegung des Umfangs der Sperrwirkung des § 675v BGB a.F. zu entwickeln und aufzustellen. Nach sämtlichen Auffassungen in der Literatur und der bis zu diesem Zeitpunkt ergangenen Rechtsprechung waren damit allgemeine Schadensersatzansprüche des Zahlungsdienstleisters gegenüber dem Zahlungsdienstnutzer nach § 280 BGB im Zusammenhang mit der Ausführung eines Zahlungsauftrags in Form eines Zah-

---

Häuser, 4. Auflage, 2019, B. Überweisungsverkehr Rn. 177 f.; Langenbucher/Bliesener/Spindler/*Herresthal*, 2. Auflage, 2016, Kap. 5 § 675v Rn. 7 f.; auch unter Hinweis auf LG Karlsruhe BKR 2019, 151 Rn. 22, 24; Staudinger/*Omlor*, 2012, § 675v Rn. 4; BT-DrS. 16/11643, S. 113; so auch Langenbucher/Bliesener/Spindler/*Jungmann*, 3. Auflage, 2020, Kap. 6 § 675v Rn. 3; in Abgrenzung hierzu zu einem engen, pflichtenorientierten Umfang der Sperrwirkung des § 675v BGB a.F.: Schimansky/Bunte/Lwowski/*Mayen*, 4. Auflage, 2011, § 49 Rn. 125; Schimansky/Bunte/Lwowski/*Schmieder*, 5. Auflage, 2017, § 49 Rn. 125; Ellenberger/Findeisen/Nobbe/Böger/*Nobbe*, 3. Auflage, 2020, § 675v Rn. 9.; vgl. auch MüKoHGB/*Herresthal*, 5. Auflage, 2024, B. Überweisungsverkehr Rn. 365, 366.

63 BGH BKR 2021, 240 (245).

64 Auch OLG Celle BKR 2021, 114 (117) unter Hinweis auf MüKoBGB/*Zetzsche*, 8. Auflage, 2020, § 675v Rn. 8 m.w.N.; BeckOK BGB/*Schmalenbach*, 63. Ed. 1.8.2022, BGB § 675v Rn. 24; *Schleehauf*, GWR 2021, 125 (125): Anmerkung zu BGH BKR 2021, 240 (240 ff.); *Foerster*, BKR 2021, 240 (246); *Omlor*, RdZ 2021, 59 (59); *Zahrte*, BKR 2019, 126 (130); BeckOK BGB/*Schmalenbach*, 56. Ed. 1.11.2020, BGB § 675v Rn. 16c; BeckOK BGB/*Schmalenbach*, 66. Ed. 1.5.2023, BGB § 675v Rn. 24; Erman/v. *Westphalen*, 16. Auflage, 2020, § 675v, Rn. 23; *Herresthal*, EwiR 2021, 97 (97 f.).

65 Hierzu auch *Zahrte*, BKR 2019, 126 (131).

66 BGH BKR 2021, 240 (245): „*...Die Leiterin der Finanzbuchhaltung der Klägerin verletzte als deren Erfüllungsgehilfin nach § 278 BGB eine Bedingung für die Nutzung des Verfahrens der „Zahlungsanweisungen per Fax*"; vgl. z. B. *Herresthal*, EWiR 2021, 97 (97 f.).

lungsinstrument durch § 675v BGB a.F. ausgeschlossen (Anspruchsidentität). Gleichwohl verwies der BGH in seiner Begründung auf die unterschiedlichen Auffassungen in der Literatur zum Umfang der Sperrwirkung des § 675v BGB a.F..[67] Eine Entscheidung, welcher Auffassung zu folgen sei, ließ der BGH offen.[68]

Die einheitliche Darstellung der unterschiedlichen Auffassungen der Literatur zur Sperrwirkung des § 675v BGB a.F. durch den BGH deutet darauf hin, dass er zu dieser Rechtsfrage keine Stellung nehmen wollte. Für diese Auslegung spricht auch, dass der BGH darauf verwies, dass die Haftung des Zahlungsdienstnutzers für den vorliegenden Fall[69] in § 675v Abs. 2 BGB a.F. abschließend geregelt sei. Dies deutet darauf hin, dass der BGH keine Grundsatzentscheidung zum Umfang der Sperrwirkung des § 675v BGB a.F. treffen wollte. Zudem verwies er im Zusammenhang mit der Anwendbarkeit von Schadensersatzansprüchen des Zahlungsdienstleisters gegenüber Ansprüchen des Zahlungsdienstnutzers aus § 675u S. 2 BGB a.F. darauf, dass sich bereits aus § 675v BGB a.F. ergebe, dass Schadensersatzansprüche des Zahlungsdienstleisters bei fehlender Autorisierung bestehen können, selbst wenn sie wirtschaftlich vollständig an die Stelle des nach § 675u S. 1 BGB a.F. entfallenden Aufwendungsersatzanspruchs treten.[70] Mit dieser Formulierung griff der BGH den allgemeinen Grundsatz der Naturalrestitution nach § 249 Abs. 1 BGB auf. Danach

---

67 BGH BKR 2021, 240 (245); MüKoBGB/*Zetzsche*, 8. Auflage, 2020, § 675v Rn. 8; MüKoHGB/*Häuser*, 4. Auflage, 2019, B. Überweisungsverkehr Rn. 177 f.; Langenbucher/Bliesener/Spindler/*Herresthal*, 2. Auflage, 2016, Kap. 5 § 675v Rn. 7 f.; LG Karlsruhe BKR 2019, 151 (153); wohl aber auch Baumbach/Hefermehl/Casper/*Casper*, 24. Auflage, 2020, E. Recht des Zahlungsverkehrs Rn. 355; Staudinger/*Omlor*, 2020, § 675v Rn. 4; BeckOK BGB/*Schmalenbach*, 63. Ed. 1.8.2022, BGB § 675v Rn. 21; im Gegensatz zur abweichenden Literaturauffassung Schimansky/Bunte/Lwowski/*Mayen*, 4. Auflage, 2011, § 49 Rn. 125; Schimansky/Bunte/Lwowski/*Schmieder*, 5. Auflage, 2017, § 49 Rn. 125; Ellenberger/Findeisen/Nobbe/Böger/*Nobbe*, 3. Auflage, 2020, § 675v Rn. 9.

68 Anders aber Ellenberger/Bunte/*Schmieder*, 6. Auflage, 2022, § 28 Rn. 125, der in der Begründung des BGH erkennt, dass auch dieser eine Sperrwirkung des § 675v BGB gegenüber sonstigen Schadensersatzansprüchen des Zahlungsdienstleisters nur in den in § 675v BGB geregelten Fallgruppen annimmt. *Schmieder* zieht diesen Schluss wohl aus der sich an die Darstellung der fallgruppenorientierte Sperrwirkung des § 675v BGB anschließenden Formulierung des BGH, dass die Beklagte „daher mit einem (allgemeinen) Anspruch aus § 280 Abs. 1, § 278 BGB i.V.m. dem Girovertrag gegen die Klägerin ausgeschlossen" sei. Angesichts der fehlenden ausdrücklichen Stellungnahme des BGH, welcher Literaturauffassung seiner Meinung nach zu folgen ist, ist ein derartiger Rückschluss zweifelhaft.

69 BGH BKR 2021, 240 (244).

70 BGH BKR 2021, 240 (243) unter Hinweis u. a. auf LG Düsseldorf BKR 2019, 154 (154); Ellenberger/Findeisen/Nobbe/Böger/*Nobbe*, 3. Auflage, 2020, § 675u Rn. 46; BeckOK BGB/*Schmalenbach*, 55. Ed. 1.8.2020, BGB § 675u Rn. 7a; BeckOGK BGB/*Zimmermann*, 1.8.2020, BGB § 675u Rn. 50 f.; Palandt/*Sprau*, 79. Auflage, 2020, § 675u Rn. 3; *Piekenbrock*, WM 2015, 797 (802); a.A. wohl Staudinger/*Omlor*, 2020, § 675u Rn. 23.

muss der Schädiger bei dem Geschädigten den gleichen wirtschaftlichen Zustand herstellen, der ohne das schädigende Ereignis bestehen würde.[71] Mit der Formulierung, dass Schadensersatzansprüche (damit also auf unterschiedlichen Anspruchsgrundlagen beruhende Schadensersatzansprüche und nicht nur Ansprüche nach § 675v BGB a.F.) des Zahlungsdienstleisters wirtschaftlich vollständig an die Stelle des nach § 675u S. 1 BGB a.F. entfallenden Aufwendungsersatzanspruches treten können, brachte der BGH zum Ausdruck, dass auch im Anwendungsbereich des Zahlungsdiensterechts trotz der speziell geregelten Haftungsnorm des § 675v BGB a.F. weiterhin die allgemeinen Grundsätze des Schadensrechts des Zivilrechts Anwendung finden können. Diese Auslegung wird durch den ergänzenden Hinweis des BGH bestätigt, dass sich dieses Ergebnis bereits aus § 675v BGB a.F. ergebe.[72] Wenn sich die vom BGH erwähnte rechtliche Bewertung bereits aus § 675v BGB a.F. ergeben soll, muss es zwangsläufig auch weitere Schadensersatzansprüche geben, die ein derartiges Ergebnis herbeiführen können. Derartige Sachverhaltskonstellationen können aber dann aufgrund der Sperrwirkung des § 675v BGB a.F. nur solche Sachverhalte betreffen, in denen Pflichtverletzungen des Zahlungsdienstnutzers außerhalb der in §§ 675v, 675l BGB erwähnten Pflichten des Zahlungsdienstnutzers vorliegen.

Dennoch lässt sich nach den Ausführungen des BGH nicht abschließend klären, ob er der Auffassung war, dass die Sperrwirkung des § 675v BGB a.F. bereits bei Einsatz eines Zahlungsinstruments ausgelöst wurde oder aber nur, wenn zusätzlich der allgemeine Schadensersatzanspruch nach § 280 BGB auf den Ausgleich von Schäden gerichtet war, die bereits durch die Schadensersatzregelungen des § 675v BGB a.F. erfasst waren.

Ob der BGH mit seinen wiederholten Bezugnahmen auf die Regelung des § 675v BGB a.F.[73] einen Hinweis geben wollte, dass er unter der Geltung des § 675v BGB nach Umsetzung der PSD II eine grundlegende Abkehr von den bisherigen Wertungen der überwiegenden Auffassung der Literatur[74] zur Sperrwirkung des § 675v BGB a.F. in Betracht zog, bleibt unklar.[75] Dies gilt umso mehr, da der BGH zu dieser Frage mit der Gegenüberstellung der unterschiedlichen Auffassungen[76] zum An-

---

71 Grüneberg/*Grüneberg*, 83. Auflage, 2024, § 249 Rn. 2; BGH NJW-RR 2015, 275 (277).
72 BGH BKR 2021, 240 (243).
73 Hervorhebung Verfasser.
74 Vgl. D., II., 1., a), cc) dieser Arbeit.
75 Vgl. aber zur Qualifikation eines Zahlungsauthentifizierungsinstruments und dem Anspruch aus § 675v Abs. 2 BGB *Zahrte*, BKR 2022, 69 (76) „Indizwirkung für die heutige Rechtslage"; vgl. ebenso *v. Westphalen*, BB 2021, 272 (276). *Omlor*, RdZ 2021, 59 (60).
76 BGH BKR 2021, 240 (245).

wendungsbereich des § 675v BGB bislang noch keine abschließende Wertung getroffen hat. Der in der Entscheidung auffallend häufig wiederholte Hinweis auf § 675v a.F. verstärkt die Vermutung, dass der BGH für die Umsetzung des Art. 74 PSD II in § 675v BGB noch keine abschließende Wertung vornehmen wollte.[77]

(2) Zwischenergebnis

Damit blieb nach dieser Entscheidung des BGH höchstrichterlich nicht entschieden, wie der Umfang der Sperrwirkung des § 675v BGB a.F. bei Nutzung eines Zahlungsinstruments zu definieren ist.

bb) OLG Karlsruhe 17 U 823/20[78]

(1) Sachverhalt

Das OLG Karlsruhe hatte Gelegenheit, nach der Entscheidung des BGH vom 17.11.2020 ebenfalls zur Sperrwirkung des § 675v BGB a.F. Stellung zu nehmen. Im vorliegenden Fall machte der Zahlungsdienstleister Schadensersatzansprüche gegen den Zahlungsdienstnutzer geltend, da dieser mangels Kontrolle seiner Kontoauszüge nicht festgestellt hatte, dass zu Lasten seines Kontos mehrere von ihm nicht autorisierte Zahlungsaufträge ausgeführt wurden. Der Zahlungsdienstleister war der Auffassung, dass der Klägerin (Zahlungsdienstnutzer) an der Ausführung der nicht autorisierten Zahlungsaufträge ein erhebliches Mitverschulden anzulasten sei. Die Zahlungsdienstnutzerin hatte nämlich ihre Kontoauszüge über einen längeren Zeitraum nicht kontrolliert. Der durch die Ausführung der nicht autorisierten Zahlungsaufträge entstandene Schaden hätte bei einer regelmäßigen Kontrolle der Kontostände deutlich reduziert werden können. Der Zahlungsdienstleister bezog sich hierbei auf die mit der Klägerin vereinbarte Regelung in Nr. 11 Abs. 4 der Allgemeinen Geschäftsbedingungen des Zahlungsdienstleisters. Nr. 11 Abs. 4 der Allgemeinen Geschäftsbedingungen des Zahlungsdienstleisters hatte folgenden Wortlaut:

> *Prüfung und Einwendungen bei Mitteilungen der Bank*
>
> *Der Kunde hat Kontoauszüge, Wertpapierabrechnungen, Depot- und Erträgnisaufstellungen, sonstige Abrechnungen, Anzeigen über die Ausführung von Aufträgen und Überweisungen sowie Informationen über erwartete Zahlungen und Sendungen (Avise) auf ihre Richtigkeit und Vollständigkeit unverzüglich zu überprüfen und etwaige Einwendungen unverzüglich zu erheben.*

---

77 Vgl. *Zahrte*, ZBB 2021, 131 (138) zur Entscheidung des BGH, BKR 2021, 240 ff., im Hinblick auf die Anforderung eines Authentifizierungsinstruments im Rahmen der Definition eines Zahlungsinstruments.

78 BeckRS 2022, 15638.

(2) Keine Verletzung von Pflichten aus §§ 675v, 675l BGB bei mangelnder Kontrolle der Kontoauszüge durch Zahlungsdienstnutzer

Das OLG Karlsruhe kam zum Ergebnis, dass die in Nr. 11 Abs. 4 der Allgemeinen Geschäftsbedingungen des Zahlungsdienstleisters vereinbarte Pflicht zur Prüfung der Kontoauszüge keine Pflicht i. S. d. § 675v Abs. 2 Nr. 1 BGB a.F., § 675l BGB a.F. darstelle. Die in § 675l BGB a.F. geregelten Pflichten bezögen sich auf den Umgang des Nutzers mit dem Zahlungsauthentifizierungsinstrument und regelten damit im Zusammenhang stehende Sorgfalts- und Anzeigepflichten. Außerdem beinhalte § 675l S. 2 BGB a.F. lediglich eine Pflicht zur unverzüglichen Anzeige einer missbräuchlichen Verwendung oder einer sonstigen nicht autorisierten Nutzung eines Zahlungsauthentifizierungsinstruments, nachdem der Zahlungsdienstnutzer hiervon positive Kenntnis erlangt habe. Eine darüber hinausgehende Anzeigepflicht ergebe sich nicht aus § 675l BGB a.F.. Die in Nr. 11 Abs. 4 der AGB geregelte allgemeine Anzeigepflicht passe deshalb nicht in den Pflichtenkreis des § 675l BGB a.F., für dessen Verletzung § 675v Abs. 2 Nr. 1 BGB a.F. eine Haftung des Zahlungsdienstnutzers vorsehe.

Nr. 11 Abs. 4 der Allgemeinen Geschäftsbedingungen der Bank stelle zudem keine Bedingung für die Ausgabe und Nutzung eines Zahlungsauthentifizierungsinstruments i. S. d. § 675v Abs. 2 Nr. 2 BGB a.F. dar. Die Regelung beziehe sich nicht auf ein bestimmtes Zahlungsauthentifizierungsinstrument und stelle keine konkreten Anforderungen an die Sorgfalt des Zahlungsdienstnutzers bei der Nutzung eines Zahlungsauthentifizierungsinstruments auf. Eine Haftung nach § 675v BGB a.F. scheide damit aus.

Dem Zahlungsdienstleister stehe aber auch kein Anspruch aus § 280 BGB zu. Unabhängig von der Frage, ob im konkreten Fall der Zahlungsdienstnutzer seine Pflichten zur Kontrolle seiner Kontoauszüge verletzt habe, schließe die Öffnung des Anwendungsbereichs des § 675v Abs. 2 BGB a.F. allgemeine Schadensersatzansprüche des Zahlungsdienstleisters aus § 280 BGB aus. Ansprüche des Zahlungsdienstleisters gegen den Zahlungsdienstnutzer seien in § 675v Abs. 1 und Abs. 2 BGB a.F. in seinem Anwendungsbereich abschließend geregelt; für eine Anwendung von § 280 Abs. 1 BGB wegen einer etwaigen Verletzung der allgemeinen rahmenvertraglichen Verpflichtung zur unverzüglichen Kontrolle der Kontoauszüge sei daneben kein Raum.[79] Bei unionsrechtskonformer Lesart entfalte die Norm in ihrem Anwendungsbereich wegen § 675z BGB a.F. eine Sperrwirkung für weitere vertragliche Schadensersatzansprüche des Zahlungsdienstleisters[80] wegen einer et-

79 OLG Karlsruhe WM 2022, 1581 (1589).

80 OLG Karlsruhe WM 2022, 1581 (1589) unter Verweis auf BGH WM 2021, 174 Rn. 43 m.w.N.; Ellenberger/Findeisen/Nobbe/Böger/*Nobbe*, 3. Auflage, 2020, § 675v Rn. 9; Schimansky/Bunte/Lwowski/

waigen Verletzung der allgemeinen rahmenvertraglichen Verpflichtung zur unverzüglichen Kontrolle der Kontoauszüge.[81]

(3) Bewertung der Entscheidung des OLG Karlsruhe

Die Rechtsauffassung des OLG Karlsruhe zur Sperrwirkung des § 675v BGB a.F. ist in der Ausgangsüberlegung richtig. § 675v BGB a.F. war dem Grunde nach anwendbar, da die Zahlungsaufträge durch ein Zahlungsauthentifizierungsinstrument ausgelöst wurden. Die Begründung des OLG Karlsruhe zur Sperrwirkung des § 675v Abs. 2 BGB a.F. gegenüber allgemeinen Schadensersatzansprüchen des Zahlungsdienstleisters aus § 280 BGB lässt indessen viele Fragen offen.

Die Ablehnung von Schadensersatzansprüchen nach § 280 BGB aufgrund einer mangelnden Kontrolle von Kontoauszügen wäre vor dem Hintergrund einer rechtlichen Bewertung, dass bereits § 675v Abs. 2 BGB a.F. einen derartigen Sachverhalt erfasst, eigentlich konsequent. Dies aber lehnte das OLG Karlsruhe im Ergebnis zutreffend ab. Die Pflicht zur Kontrolle von Kontoauszügen stellte keine Pflicht des Zahlungsdienstnutzers i. S. d. § 675v Abs. 2 Nr. 1 BGB a.F. gemäß § 675l BGB a.F. dar.[82] Die in § 675l BGB a.F. geregelten Pflichten bezogen sich auf den Umgang des Nutzers mit dem Zahlungsauthentifizierungsinstrument und regelten damit im Zusammenhang stehende Sorgfalts- und Anzeigepflichten.[83] § 675l S. 2 BGB a.F.[84] enthielt eine Pflicht zur unverzüglichen Anzeige einer missbräuchlichen Verwendung oder einer sonstigen nicht autorisierten Nutzung eines Zahlungsauthentifizierungsinstruments, nachdem der Zahlungsdienstnutzer hiervon positive Kenntnis erlangt hatte. Eine darüberhinausgehende Anzeigepflicht ließ sich § 675l BGB a.F. (ebenso wie in § 675l BGB n.F.) nicht entnehmen. Kontroll- und Anzeigepflichten aus allgemeinen Grundsätzen oder sonstigen Vereinbarungen zwischen Zahlungsdienstnutzer und Zahlungsdienstleister passten nicht in den Pflichtenkreis des § 675l BGB a.F. noch sind sie in § 675l BGB n.F. enthalten.[85]

Unklar bleibt jedoch die Begründung des OLG, warum etwaige Pflichtverletzungen des Zahlungsdienstnutzers zur Kontrolle seiner Kontoauszüge nicht durch

---

Schmieder, 5. Auflage, 2017, § 49 Rn. 125; vgl. hierzu auch OLG Bremen NJW-RR 2021, 1063 (1067) zu Drittstaatensachverhalten und der Verpflichtung den Zahlungsdienstleister über das Ausbleiben von Kontoauszügen zu informieren.

81 OLG Karlsruhe WM 2022, 1581 (1589); Ellenberger/Findeisen/Nobbe/Böger/*Nobbe*, 3. Auflage, 2020, § 675v Rn. 9; Schimansky/Bunte/Lwowski/*Schmieder*, 5. Auflage, 2017, § 49 Rn. 125.

82 Heute § 675v Abs. 3 Nr. 1 BGB i.V.m. § 675l BGB.

83 So zutreffend OLG Karlsruhe WM 2022, 1581 (1588).

84 Ebenso § 675l BGB.

85 OLG Karlsruhe WM 2022, 1581 (1588).

den Zahlungsdienstleister in Form von sonstigen Schadensersatzansprüchen verfolgt werden können.

Das OLG Karlsruhe verwies unter Bezugnahme auf die Entscheidung des BGH vom 17.11.2020 darauf, dass „bei unionsrechtskonformer Lesart“[86] die Norm in ihrem Anwendungsbereich wegen § 675z BGB a.F. eine Sperrwirkung für weitere vertragliche Schadensersatzansprüche des Zahlungsdienstleisters entfalte. Unklar bleibt, wie das OLG diesen Anwendungsbereich hier definiert. Der Verweis auf die Entscheidung des BGH vom 17.11.2020 lässt insoweit keinen verbindlichen Rückschluss zu, da dieser – wie bereits ausgeführt[87] – die Definition des Anwendungsbereichs des § 675v BGB a.F. offengelassen hat. Der Begründung des OLG, dass § 280 BGB wegen der Verletzung sonstiger rahmenvertraglicher Verpflichtungen aufgrund der Öffnung des Anwendungsbereichs des § 675v Abs. 2 BGB a.F. ausgeschlossen sei, lässt sich entnehmen, dass das OLG die Sperrwirkung des § 675v BGB a.F. bereits dann annahm, wenn ein Zahlungsvorgang mittels eines Zahlungsinstruments missbräuchlich ausgeführt wurde. Damit ging das OLG Karlsruhe von einer weiten Sperrwirkung des § 675v BGB a.F. aus. Die Begründung des OLG Karlsruhe für diese Auffassung ist indessen zweifelhaft. Die Sperrwirkung des § 675v Abs. 2 BGB a.F. soll sich nämlich nach Auffassung des OLG Karlsruhe aus der Regelung des § 675z BGB a.F. ergeben.[88] Ohne nähere Begründung übertrug das Gericht die dort ausdrücklich nur für Ansprüche des Zahlungsdienstnutzers nach § 675u BGB a.F. und § 675y BGB a.F. angeordnete abschließende Wirkung auch auf Ansprüche des Zahlungsdienstleisters aus § 675v BGB a.F..[89]

Das OLG Karlsruhe sah damit die in § 675z S. 1 BGB a.F. für Ansprüche des Zahlungsdienstnutzers ausdrücklich geregelte Abschlusswirkung als Beleg und allgemeingültige Wertung des Gesetzgebers, dass Haftungsansprüche im Zusammenhang mit der Ausführung von Zahlungsaufträgen durch Zahlungsauthentifizierungsinstrumente zwischen den Parteien nur in dem ausdrücklich in den zahlungsdiensterechtlichen Vorschriften geregelten Umfang bestehen. Eine Begründung für diese Auffassung gab das OLG Karlsruhe nicht.[90] Von einem Re-

86 OLG Karlsruhe WM 2022, 1581 (1589).

87 Vgl. D., II., 1., b), aa), (1) dieser Arbeit.

88 OLG Karlsruhe BeckRS 2022, 15638 Rn. 105 unter Hinweis auf BGH, XI ZR 294/19, BGHZ 227, 343–365 Rn. 37 ff.

89 Vgl. BT-DrS. 16/11643, S. 118.

90 Die Auffassung des Gerichts beruht wohl auf einer Missinterpretation der Gesetzesbegründung zu § 675z BGB a.F.; BT-DrS. 16/11643, S. 118 *„Zu § 675z BGB-E: Hinsichtlich der Ansprüche wegen nicht autorisierter oder mangelhafter Ausführung eines Zahlungsauftrags sind die Vorschriften der Zahlungsdiensterichtlinie grundsätzlich abschließend (vgl. Artikel 86 Abs.1 der Zahlungsdiensterichtlinie). Allerdings erlauben die Artikel 60 Abs.2 und 76 der Zahlungsdiensterichtlinie für diese Fälle eine über die Vorgaben der Zahlungsdiensterichtlinie hinausgehende „finanzielle Entschädigung“ des*

daktionsversehen des OLG Karlsruhe ist aufgrund der Systematik, die der Begründung des BGH vom 17.11.2020 folgt, nicht auszugehen.[91] Es ist anzunehmen, dass das OLG Karlsruhe in § 675z BGB a.F. die Wertung des Gesetzgebers erkannte, dass bereits aufgrund der Verwendung eines Zahlungsinstruments ausschließlich die speziellen zahlungsdiensterechtlichen Vorschriften zur Haftung zwischen Zahlungsdienstleister und Zahlungsdienstnutzer zur Anwendung kommen dürften. Auf welcher Grundlage das OLG Karlsruhe indessen zu diesem Schluss kam, obwohl § 675z BGB a.F. ausschließlich Ansprüche des Zahlungsdienstnutzers gegen den Zahlungsdienstleister erfasste, bleibt unklar.[92]

cc) OLG München 19 U 2204/22[93]

Im Rahmen eines Hinweisbeschlusses hat auch das OLG München zum Umfang der Sperrwirkung des § 675v BGB Stellung genommen. Das OLG München[94] bestätigte

---

Zahlungsdienstnutzers nach dem jeweiligen nationalen Recht. Dies soll durch § 675z BGB-E verdeutlicht werden…“; ebenso wie bereits Ellenberger/Findeisen/Nobbe/Böger/*Nobbe*, 3. Auflage, 2020, § 675v Rn. 8.

91 OLG Karlsruhe BeckRS 2022, 15638 Rn. 105: „*…Bei unionsrechtskonformer Lesart entfaltet die Norm in ihrem Anwendungsbereich wegen § 675z BGB aF eine Sperrwirkung für weitere vertragliche Schadensersatzansprüche des Zahlungsdienstleisters (BGH, Urteil vom 17. November 2020 – Aktenzeichen XI ZR 294/19 -, BGHZ 227, 343–365, Rn. 43 m.w.N.; Ellenberger/Findeisen/Nobbe/Böger/Nobbe, 3. Auflage, 2020, § 675v Rn. 9; Schimansky/Bunte/Lwowski/Schmieder, 5. Auflage, 2017, § 49 Rn. 125*“; BGH BKR 2021, 240 (245): „*…§ 675v Abs. 2 BGB aF erfasste mithin nicht nur die Autorisierung des Zahlungsvorgangs durch Faxanweisung, sondern entfaltete zugleich bei unionsrechtskonformer Lesart in seinem Anwendungsbereich eine Sperrwirkung für weitere vertragliche Schadensersatzansprüche des Zahlungsdienstleisters (MüKoBGB/Zetzsche, 8. Auflage, 2020, § 675v Rn. 8; MüKoHGB/Häuser, 4. Auflage, 2019, B. Überweisungsverkehr Rn. 177f.; Langenbucher/Bliesener/Spindler/Herresthal, 2. Auflage, 2016, Kap. 5 § 675v Rn. 7f.; vgl. LG Karlsruhe BKR 2019, 151 (151); Staudinger/Omlor, 2012, § 675v Rn. 4; BT-Drucks. 16/11643, S. 113; eine Sperrwirkung nur für die von § 675v BGB „geregelten Fallgruppen“ nehmen an: Schimansky/Bunte/Lwowski/Mayen, 4. Auflage, 2011, § 49 Rn. 125; Schimansky/Bunte/Lwowski/Schmieder, 5. Auflage, 2017, § 49 Rn. 125; Ellenberger/Findeisen/Nobbe/Böger/Nobbe, 3. Auflage, 2020, § 675v Rn. 9)*“.

92 Ebenso unklar Ellenberger/Findeisen/Nobbe/Böger/*Nobbe*, 3. Auflage, 2020, § 675v Rn. 8,9, der ebenfalls die abschließende Wirkung des § 675v BGB aus der Regelung des § 675z BGB erkennt; auch *Nobbe* gibt keine nähere Erläuterung, auf welcher rechtlichen Grundlage sich aus § 675z BGB ein allgemeiner Grundsatz für die Ausschlusswirkung des § 675v BGB gegenüber anderen Schadensersatzansprüchen des Zahlungsdienstleisters ergeben soll, wenn – neben der missbräuchlichen Verwendung eines Zahlungsinstruments – die Voraussetzungen des § 675v Abs. 3 BGB im Übrigen nicht erfüllt sind; ablehnend *Einsele*, WuB 2022, 417 (420), Urteilsanmerkung zu OLG Karlsruhe WM 2022, 1581ff. aber ohne Begründung und ausschließlich unter Hinweis auf die unterschiedlichen Pflichten des Zahlungsdienstnutzers aus § 675l BGB sowie sonstiger Sorgfaltspflichten; Ellenberger/Bunte/*Schmieder*, 6. Auflage, 2022, § 28 Rn. 128; *Herresthal*, EWiR 2021, 97 (98).

93 BeckRS 2022, 36075.

einen Anspruch des Zahlungsdienstleisters aus „§ 675v Abs. 3 Nr. 2 lit. b) BGB".[95] Die Kläger (Zahlungsdienstnutzer) hätten grob fahrlässig Pflichten gemäß § 675l Abs. 1 S. 1 BGB verletzt.[96] Dem Zahlungsdienstleister stehe aber kein Schadenersatzanspruch aus § 280 Abs. 1 BGB zu.[97] Ansprüche des Zahlungsdienstleisters gegen den Zahlungsdienstnutzer seien im Falle von nicht autorisierten Zahlungsvorgängen in § 675v Abs. 1 und Abs. 3 BGB abschließend geregelt; für eine Anwendung von § 280 Abs. 1 BGB sei daneben kein Raum.[98]

Der Hinweis des OLG München auf die Sperrwirkung des § 675v Abs. 3 BGB gegenüber einem allgemeinen Schadensersatzanspruch des Zahlungsdienstleisters überrascht in diesem Zusammenhang. Da der Anspruch des Zahlungsdienstleisters wegen der Verletzung von Bedingungen zur Ausgabe und Nutzung eines Zahlungsinstruments nach § 675v Abs. 3 Nr. 2 b) BGB bereits durch das Gericht bejaht wurde, hätte sich eine ausdrückliche Stellungnahme aufgrund der Sperrwirkung des § 675v Abs. 3 Nr. 2 b) BGB eigentlich erübrigt. Da bereits § 675v Abs. 3 Nr. 2 b) BGB anwendbar war, sperrte diese Regelung jeden anderen Schadensersatzanspruch. Aufschlussreich ist der Hinweis des OLG München auf die Entscheidung des OLG Karlsruhe.[99] Der Verweis auf die Entscheidung des OLG Karlsruhe lässt erkennen, dass auch das OLG München von einer weiten Sperrwirkung des § 675v BGB ausgeht, die bereits allein durch die Verwendung eines Zahlungsinstruments Wirkung entfaltet. Ansonsten wäre nämlich ein bloßer Verweis auf die Rechtsprechung des BGH vom 17.11.2020 ausreichend gewesen. Der BGH hatte die Frage des Umfangs der Sperrwirkung des § 675v BGB (a.F.) offengelassen und nur darauf verwiesen, dass im Anwendungsbereich des § 675v BGB allgemeine Schadensersatzansprüche ausgeschlossen seien. Das OLG Karlsruhe geht darüber hinaus. Es nimmt selbst für die Fälle, in denen kein Anspruch aus § 675v BGB (a.F.) besteht, an, dass sonstige auf allgemeinen Schadensersatznormen beruhende Ansprüche des Zahlungsdienstleisters ausgeschlossen seien. Dies selbst dann, wenn der Schadensersatzanspruch des Zahlungsdienstleisters auf Pflichtverletzungen des Zahlungsdienstnutzers beruht, die in keinem unmittelbaren Zusammenhang mit der Ausführung des konkreten Zahlungsauftrags stehen. Die Stellungnahme des OLG München legt nahe,

---

94 Das OLG München verwendete hier weiterhin den vor Inkrafttreten und Umsetzung der PSD II maßgeblichen Begriff des Zahlungsauthentifizierungsinstruments. Hierbei handelte es sich wohl um ein Redaktionsversehen, da § 675v BGB nach Umsetzung der PSD II anwendbar war.

95 OLG München BeckRS 2022, 36075 Rn. 78.

96 OLG München BeckRS 2022, 36075 Rn. 78.

97 OLG München BeckRS 2022, 36075 Rn. 89.

98 OLG München BeckRS 2022, 36075 Rn. 90.

99 OLG München BeckRS 2022, 36075 Rn. 90 unter Hinweis auf OLG Karlsruhe, Urteil v. 12.04.2022, Aktenzeichen 17U 823/20 Rn. 112 ff.

dass das Gericht zum Umfang der Sperrwirkung des § 675v BGB eine grundsätzliche Aussage treffen wollte. Die Bewertung des OLG München lässt damit für zukünftige Auseinandersetzungen im Zusammenhang mit der Frage des Umfangs der Sperrwirkung des § 675v BGB erkennen, welche Rechtsauffassung das Gericht hierzu vertreten wird.

dd) Die Entscheidung des BGH vom 5.3.2024

Mit Entscheidung vom 5.3.2024 hat der BGH[100] im Zusammenhang mit der Revisionsentscheidung zum Urteil des OLG Karlsruhe[101] vom 12.4.2022 auch zur Reichweite der Sperrwirkung des § 675v Abs. 2 BGB a.F. gegenüber sonstigen Schadensersatzansprüchen des Zahlungsdienstleisters gegen den Zahlungsdienstnutzer Stellung genommen. Der BGH führte aus, dass das Berufungsgericht rechtsfehlerfrei angenommen habe, dass ein etwaiger Schadensersatzanspruch der Zahlungsdienstleisterin aus § 280 Abs. 1 BGB wegen schuldhafter Verletzung der in Nr. 11 Abs. 4 der AGB geregelten Prüfung der Kontoauszüge wegen der Sperrwirkung des § 675v Abs. 2 BGB a.F. ausgeschlossen sei. Der Senat des BGH habe mit Urteil vom 17.11.2020 entschieden, dass § 675v Abs. 2 BGB a.F. auch die Autorisierung eines Zahlungsvorgangs durch ein Zahlungsauthentifizierungsinstrument erfasse, bei dem – wie bei einer Anweisung per Fax oder E-Mail – kein vom Zahlungsdienstleister zur Verfügung gestelltes personalisiertes Sicherheitsmerkmal eingesetzt wird. Weiter entfalte bei unionsrechtskonformer Lesart § 675v Abs. 2 BGB a.F. in seinem Anwendungsbereich eine Sperrwirkung für weitere vertragliche Schadensersatzansprüche des Zahlungsdienstleisters, insbesondere aus § 280 Abs. 1 BGB, für deren Eingreifen es nicht erforderlich gewesen sei, dass auch die im konkreten Fall dem Zahlungsdienstnutzer vorgeworfene Pflichtverletzung von § 675v Abs. 2 BGB a.F. tatbestandlich erfasst wurde.[102] Der BGH verwies sodann auf die abweichende Auffassung von *Einsele*, die eine Sperrwirkung des § 675v Abs. 2 BGB a.F. bei Verletzung sonstiger Pflichten durch den Zahlungsdienstleister abgelehnt hatte.[103]

(1) Bewertung

Mit der Entscheidung vom 5.3.2024 konkretisierte der BGH die in seiner Entscheidung vom 17.11.2020 noch nicht endgültig entschiedene Rechtsfrage, welche Auffassung er zum Umfang der Sperrwirkung des § 675v Abs. 2 BGB a.F. vertritt. Der Entscheidung des BGH fehlt jede Begründung, auf welcher Rechtsgrundlage er hier

---

100 BGH WM 2024, 844ff.

101 OLG Karlsruhe WM 2022, 1581ff.

102 BGH WM 2024, 844 (848).

103 *Einsele*, WuB 2022, 417 (420); ebenso *Herresthal*, EWiR 2021, 97 (98).

offensichtlich eine weite Sperrwirkung dieser Vorschrift annimmt. Der XI. Senat des BGH wies lediglich darauf hin, dass das Berufungsgericht rechtsfehlerfrei angenommen habe, dass ein etwaiger Schadensersatzanspruch der Beklagten aus § 280 Abs. 1 BGB wegen schuldhafter Verletzung der in Nr. 11 Abs. 4 der AGB geregelten Prüfung der Kontoauszüge wegen der Sperrwirkung von § 675v Abs. 2 BGB a.F. ausgeschlossen sei. Auch das OLG Karlsruhe als Berufungsgericht hatte sich in seinen Entscheidungsgründen lediglich auf die Feststellung beschränkt, dass ein allgemeiner Schadensersatzanspruch aus § 280 BGB ausgeschlossen sei. Damit bleibt in beiden Entscheidungen offen, auf welcher Rechtsgrundlage die Gerichte eine weite Sperrwirkung des § 675v Abs. 2 BGB a.F. angenommen haben.

(2) Zwischenergebnis

Der Entscheidung des BGH vom 5.3.2024 lässt sich damit seine Rechtsauffassung einer weiten Sperrwirkung des § 675v Abs. 2 BGB a.F. entnehmen. Offen bleibt indessen, ob der BGH diese Frage auch für die unter der PSD II geltende Rechtslage entscheiden wollte. Ebenso wie in der Entscheidung des BGH vom 17.11.2020 verwies er in seiner Entscheidung vom 5.3.2024 zur Frage der Sperrwirkung lediglich auf die Vorschrift des § 675v Abs. 2 BGB a.F.. Da darüber hinaus Ausführungen zu einer möglichen Erstreckung seiner Rechtsauffassung auf die Vorschrift des § 675v Abs. 3 BGB unter Geltung der PSD II fehlen, lässt sich anhand der Entscheidung des BGH vom 5.3.2024 ebenfalls nicht abschließend feststellen, ob der BGH damit bereits eine Festlegung für § 675v Abs. 3 BGB treffen wollte. Gegen eine derartige Auslegung spricht, dass der BGH sich in seiner Entscheidung nicht mit den entgegenstehenden Auffassungen der Literatur auseinandergesetzt hat. Er verwies lediglich auf eine abweichende Auffassung von *Einsele*[104] im Rahmen einer Kommentierung der Entscheidung des OLG Karlsruhe. Eine Auseinandersetzung mit den in der Entscheidung des BGH vom 17.11.2020 noch diskutierten Literaturauffassungen, die eine enge Sperrwirkung annehmen, fehlt vollständig.[105]

---

104 *Einsele*, WuB 2022, 417 (420).
105 Ebenso zur Anmerkung von *Herresthal*, EWiR 2021, 97 (98).

2. Die Sperrwirkung des § 675v BGB bei unterbliebener Verwendung eines Zahlungsinstruments

a) Die Auffassung der Literatur

aa) Absolute Sperrwirkung des § 675v BGB, auch wenn kein Zahlungs(authentifizierungs)instrument verwendet wurde

Grundmann[106] vertrat zu § 675v BGB a.F. die Auffassung, dass auf Grundlage der unter § 675v a.F. BGB geltenden Rechtslage ein Schadensersatzanspruch des Zahlungsdienstleisters nach § 280 BGB selbst dann ausscheide, wenn eine Fälschung des Zahlungsauftrags durch den Zahlungsdienstnutzer zwar begünstigt wurde, das Auftragsmedium, mit dem der Zahlungsvorgang beim Zahlungsdienstleister ausgelöst wurde, aber kein Zahlungsauthentifizierungsinstrument darstellte. § 675v BGB a.F. setzte entsprechend Art. 4 Nr. 23 PSD nämlich für die Haftung des Zahlungsdienstnutzers voraus, dass ein personalisiertes Authentifizierungsinstrument durch den Zahlungsdienstnutzer nicht hinreichend sicher aufbewahrt worden sei.[107] Folglich kam *Grundmann* zu dem Schluss, dass selbst in den Fällen, in denen der Zahlungsdienstnutzer den Zahlungsdienstleister nicht darüber informiert hatte, dass ein nicht durch ihn autorisierter Zahlungsvorgang aufgrund eines nicht personalisierten Zahlungsinstruments ausgeführt wurde, dem Zahlungsdienstleister keine Schadensersatzansprüche gegen den Zahlungsdienstnutzer zustehen sollten. §§ 675l, 675v BGB a.F. seien nämlich die einzigen Vorschriften, die eine derartige Haftungsregelung enthalten würden, auf die der Zahlungsdienstleister einen derartigen Anspruch stützen könnte. Da es aber an der Tatbestandsvoraussetzung des personalisierten Zahlungsinstruments fehle, scheide in einer derartigen Konstellation jeglicher Anspruch des Zahlungsdienstleisters aus.[108]

Wenn auch nicht ausdrücklich, so aber wohl im Ergebnis, vertritt auch *Hofmann* diese Auffassung.[109] Entscheidend für die Haftung des Zahlungsdienstnutzers gegenüber dem Zahlungsdienstleister sei, dass der nicht autorisierte Zahlungsvorgang durch ein Zahlungsinstrument bzw. ein personalisiertes Verfahren ausgelöst

---

106 *Grundmann*, WM 2009, 1109 (1114).

107 Unter Hinweis auf Art. 56, 61 PSD, §§ 675l, 675v BGB a.F.

108 Unklar insoweit Staudinger/*Omlor*, 2020, § 675v Rn. 4, der zwar der Auffassung ist, dass der Anwendungsbereich des § 675v BGB durch die Verwendung eines Zahlungsinstruments eröffnet ist. Eine weitergehende Stellungnahme, ob bei unterbliebener Verwendung eines Zahlungsinstruments sonstige Schadensersatzansprüche gesperrt sind, fehlt indessen in der Stellungnahme.

109 BeckOGK BGB/*Hofmann*, 1.9.2022, BGB § 675v Rn. 15; entscheidend dafür, dass der Zahlungsdienstleister einen eventuellen Schaden nicht auf den Zahlungsdienstnutzer abwälzen kann, ist jedoch, dass das Lastschriftverfahren kein Zahlungsinstrument darstellt, da es an einem personalisierten Verfahren fehlt, das aufgrund Vereinbarung zwischen Zahlungsdienstleister und Zahlungsdienstnutzer zur Erteilung von Zahlungsaufträgen eingesetzt wird.

wurde, das auf einer Vereinbarung zwischen Zahlungsdienstleister und Zahlungsdienstnutzer zur Erteilung von Zahlungsaufträgen beruhe.[110] Zwar schließt *Hofmann* die Anwendbarkeit des § 280 BGB für Pflichtverletzungen des Zahlungsdienstnutzers im Zusammenhang mit der Ausführung des Zahlungsauftrags nicht ausdrücklich aus, sofern die Pflichtverletzung eine nicht autorisierte Verwendung des Zahlungsinstruments begünstigt hat. Gleichwohl lässt sich der Auffassung *Hofmanns* entnehmen, dass der Zahlungsdienstleister einen eventuellen Schaden nicht auf den Zahlungsdienstnutzer abwälzen könne, wenn es bei dem Zahlungsauftragsmedium an einem personalisierten Verfahren fehle, das aufgrund Vereinbarung zwischen Zahlungsdienstnutzer und Zahlungsdienstleister zur Erteilung von Zahlungsaufträgen eingesetzt wurde.[111]

bb) Keine Sperrwirkung des § 675v BGB, wenn kein Zahlungs(authentifizierungs)instrument verwendet wurde

Die überwiegende Auffassung in der Literatur erkennt Schadensersatzansprüche des Zahlungsdienstleisters gegenüber dem Zahlungsdienstnutzer an, wenn diesem im Fall der Ausführung nicht autorisierter Zahlungsaufträge, in denen kein Zahlungsinstrument verwendet wurde, Pflichtverstöße vorzuwerfen sind.[112]

Sorg vertrat zur Zahlungsdiensterichtlinie und der diesbezüglichen Umsetzung in § 675v BGB a.F. die Auffassung, dass mit § 675v BGB a.F. eine spezielle Haftungsnorm bestehe, solange der Zahlungsvorgang auf ein Zahlungsauthentifizierungsinstrument zurückzuführen sei.[113] Werde demnach bei der Autorisierungshandlung überhaupt kein Zahlungsauthentifizierungsinstrument verwendet, seien weder § 675v BGB a.F. noch eine andere spezielle Norm der §§ 675c–676c BGB a.F. anwendbar.[114] Zum Schadensausgleich müsse der Zahlungsdienstleister des Zahlungsdienstnutzers auf die allgemeine vertragliche Haftung der §§ 280 ff. BGB zu-

---

110 BeckOGK BGB/*Hofmann*, 1.9.2022, BGB § 675v Rn. 15.

111 BeckOGK BGB/*Hofmann*, 1.9.2022, BGB § 675v Rn. 15 u.a. unter Verweis auf Staudinger/*Omlor*, 2020, § 675v Rn. 5; *Scheibengruber*, BKR 2010, 15 (18), die nach Auffassung von *Hofmann* „im Ergebnis" auch diese Auffassung teilen sollen. Bei näherer Betrachtung der erwähnten Verweise lassen sich in den angegebenen Fundstellen indessen keine klaren Belege für die von *Hofmann* vertretene Rechtsauffassung finden.

112 Vgl. z.B; *Sorg*, Die zivilrechtliche Haftung im bargeldlosen Zahlungsverkehr, 2015, S. 241; *Lu*, Die Risikoverteilung im bargeldlosen Zahlungsverkehr bei Fehlen eines Zahlungsauftrags im deutschen und im taiwanesischen Recht, 2016, S.159; MüKoBGB/*Zetzsche*, 8. Auflage, 2020, § 675v Rn. 8; Langenbucher/Bliesener/Spindler/*Langenbucher*, 3. Auflage, 2020, Kap. 3 § 675v Rn. 24; MüKoHGB/*Häuser*, 4. Auflage, 2019, B. Überweisungsverkehr Rn. 177 f.; Schimansky/Bunte/Lwowski/*Mayen*, 4. Auflage, 2011, § 49 Rn. 125; *Danwerth*, ZBB 2015, 119 (132); *Piekenbrock*, WM 2009, 797 (804).

113 *Sorg*, Die zivilrechtliche Haftung im bargeldlosen Zahlungsverkehr, 2015, S. 241.

114 *Sorg*, Die zivilrechtliche Haftung im bargeldlosen Zahlungsverkehr, 2015, S. 263.

rückgreifen.[115] Damit machte *Sorg* die Anwendbarkeit sonstiger Schadensersatzansprüche davon abhängig, ob dem Zahlungsvorgang ein Zahlungsauthentifizierungsinstrument zugrunde lag oder nicht.

Danwerth verwies an anderer Stelle darauf, dass nach der Intention des Gesetzgebers zwar die Haftung des Zahlungsdienstnutzers für die missbräuchliche Nutzung des Zahlungsauthentifizierungsinstruments durch § 675v BGB a.F. abschließend geregelt sei.[116] Die abschließende Regelung erfasse jedoch nicht die Fälle, in denen kein Zahlungsauthentifizierungsinstrument gegeben und der Rückgriff auf § 675v BGB a.F. bereits de lege lata verwehrt sei. Die Auffassung[117], dass im Fall der Begünstigung eines Missbrauchs, jedenfalls aber für die fahrlässige Ermöglichung eines Diebstahls eines Zahlungshilfsmittels, die Haftung des Zahlungsdienstnutzers ausscheiden müsse, hielt *Danwerth* weder für gerechtfertigt noch für rechtlich begründbar.[118] In derartigen Konstellationen bliebe dem Zahlungsdienstleister nur die Möglichkeit nach § 280 Abs. 1 BGB gegen den Zahlungsdienstnutzer vorzugehen.[119] In Fällen, in denen zur Ausführung des Zahlungsauftrags kein personalisiertes Zahlungsinstrument genutzt werde, könne das Risiko bei grob fahrlässiger und einfacher Fahrlässigkeit des Zahlungsdienstnutzers nicht ausnahmslos dem Zahlungsdienstleister zugewiesen werden. § 675l BGB a.F. und § 675v BGB a.F. erfassten allein die dort geregelten Fallgestaltungen und seien nur insoweit abschließend.[120]

Auch *Piekenbrock* hielt bei Fehlen eines Zahlungsauthentifizierungsinstruments eine Schadensersatzverpflichtung des Zahlungsdienstnutzers nach allgemeinen Regelungen und damit außerhalb des § 675v BGB a.F. für möglich, soweit dem Zahlungsdienstnutzer grob fahrlässige oder zurechenbare vorsätzliche Pflichtverletzungen zum Vorwurf gemacht werden könnten.[121] Es erscheine nicht plausibel, dass ein Kunde für die qualifizierte Verletzung von Nebenpflichten außerhalb der Nutzung von Zahlungsauthentifizierungsinstrumenten nicht einzu-

---

115 *Sorg*, Die zivilrechtliche Haftung im bargeldlosen Zahlungsverkehr, 2015, S. 263.

116 *Danwerth*, ZBB 2015, 119 (132).

117 *Grundmann*, WM 2009, 1109 (1114).

118 *Danwerth*, ZBB 2015, 119 (132).

119 *Danwerth*, ZBB 2015, 119 (132) u. a. unter Hinweis auf MüKoBGB/*Casper*, 6. Auflage, 2012, § 675v Rn. 5; Palandt/*Sprau*, 74. Auflage, 2015, § 675i Rn. 2; Schimansky/Bunte/Lwowski/*Mayen*, 4. Auflage, 2011, § 49 Rn. 125; Fundstelle *Schmalenbach*, aber wohl unzutreffend angegeben. Zutreffend dürfte BeckOK BGB/*Schmalenbach*, 36. Ed. 1.8.2015, BGB § 675v Rn. 14 sein; MüKoBGB/*Zetzsche*, 7. Auflage, 2017, § 675v Rn. 5 m.w.N., auch zur Gegenmeinung; unklar zum Umfang BeckOGK BGB/*Hofmann*, 1.9. 2022, BGB § 675v Rn. 13.

120 *Danwerth*, ZBB 2015, 119 (132) unter Hinweis auf Schimansky/Bunte/Lwowski/*Mayen*, 4. Auflage, 2011, § 49 Rn. 125; Ellenberger/Findeisen/Nobbe/*Nobbe*, 2. Auflage, 2013, § 675v Rn. 8.

121 *Piekenbrock*, WM 2009, 797 (804).

stehen habe.[122] Dies erscheine insbesondere mit Blick auf § 675v Abs. 2 Nr. 2 BGB a.F. angemessen, der auch die Verletzung vereinbarter Bedingungen erfasse und damit über das gesetzliche Pflichtenprogramm des § 675l BGB a.F. hinausgehe.[123] Systematisch spreche gegen den Ausschluss allgemeiner Schadensersatzansprüche bei Verwendung von Zahlungsauftragsmedien, die keine Zahlungsauthentifizierungsinstrumente sind, dass eine ausdrückliche Regelung zur Sperrwirkung des § 675v BGB a.F. fehle.[124]

Dem stehe auch nicht der Hinweis in der Gesetzesbegründung entgegen, dass neben § 675v BGB a.F. kein Raum für einen weiter gehenden Schadensersatzanspruch des Zahlungsdienstleisters sei.[125] Diese Aussagen des Gesetzgebers beträfen nur den Schadensersatz beim Missbrauch von Zahlungsauthentifizierungsinstrumenten. Diese Insellösung in § 675v BGB a.F. dürfte nach seiner Auffassung, ebenso wie bei der Autorisierung, auf einer Anschauungslücke des Gesetzgebers beruhen, der die in seinem Beispielsfall relevanten beleggebundenen Zahlungen aus dem Auge verloren habe.[126] Danach stand für *Piekenbrock* fest, dass ein Ergebnis, in dem ein Zahlungsdienstnutzer für die qualifizierte Verletzung von Nebenpflichten außerhalb der Nutzung von Zahlungsauthentifizierungsinstrumenten nicht solle einstehen müssen, kein plausibel begründbares Ergebnis sei.[127] Außerhalb des Anwendungsbereichs von § 675v BGB a.F., insbesondere wenn die Hilfsmittel zur Erteilung von Zahlungsaufträgen nicht Zahlungsauthentifizierungsinstrumente seien (sondern zum Beispiel vorcodierte Überweisungsformulare), sei damit eine Haftung aus § 280 Abs. 1 BGB weiterhin denkbar.[128]

---

122 *Piekenbrock*, WM 2009, 797 (804).

123 *Piekenbrock*, WM 2009, 797 (804).

124 *Piekenbrock*, WM 2015, 797 (803) unter Hinweis auf Art. 3, g, aa PSD sowie § 1 Abs. 10 Nr. 6 a) ZAG a.F. i.V.m. § 675c Abs. 3 BGB a.F. sowie „argumentum e contrario“ zu § 675z BGB a.F.

125 *Piekenbrock*, WM 2015, 797 (804) unter Hinwies auf BT-DrS. 16/11643, S. 113; *Koch*, Missbrauch von Zahlungsauthentifizierungsinstrumenten, 2012, S. 120.

126 *Piekenbrock*, WM 2015, 797 (804).

127 *Piekenbrock*, WM 2009, 797 (804).

128 So auch *Lu*, Die Risikoverteilung im bargeldlosen Zahlungsverkehr bei Fehlen eines Zahlungsauftrags im deutschen und im taiwanesischen Recht, 2016, S.159; MüKoBGB/*Zetzsche*, 8. Auflage, 2020, § 675v Rn. 8; zustimmend Langenbucher/Bliesener/Spindler/*Langenbucher*, 3. Auflage, 2020, Kap. 3 § 675v Rn. 24; MüKoHGB/*Häuser*, 4. Auflage, 2019, B. Überweisungsverkehr Rn. 177 f.; MüKoHGB/*Herresthal*, 5. Auflage, 2024, B. Überweisungsverkehr Rn. 365, 366; Schimansky/Bunte/Lwowski/*Mayen*, 4. Auflage, 2011, § 49 Rn. 125; anders aber *Grundmann*, WM 2009, 1109 (1114); vgl. auch Hopt/*Hopt*, 41. Auflage, 2022, (7) BankGeschäfte (7) Rn. C65: Während *Hopt* in der 41. Auflage (2022) in seiner Kommentierung noch darauf hinweist, dass es strittig sei, ob Pflichtverletzungen außerhalb des § 675v Abs. 1 Hs. 1 BGB **sowie wegen sonstiger Sorgfaltspflichtverletzungen** ausgeschlossen seien, verweist er in der 42. Auflage, 2023 nur noch darauf, dass Ansprüche wegen Pflichtverletzungen außerhalb des § 675v Abs. 1 Hs. 1 BGB nicht ausgeschlossen seien. Er geht ent-

cc) Zusammenfassung

Wie gezeigt lehnt eine Mindermeinung der Literatur in Fällen, in denen der nicht autorisierte Zahlungsvorgang nicht durch ein personalisiertes Zahlungsinstrument ausgelöst wurde, eine (Schadens-)Ersatzverpflichtung des Zahlungsdienstnutzers auch dann ab, wenn der Zahlungsdienstnutzer in vorwerfbarer Weise die Ausführung des nicht autorisierten Zahlungsvorgangs ermöglicht hat.[129] Schadensersatzansprüche können nach dieser Auffassung ausschließlich auf Grundlage des § 675v BGB (a.F.) geltend gemacht werden. Insoweit sehen die Vertreter dieser Auffassung in § 675v BGB einen numerus clausus der im Zahlungsdiensterecht für den Zahlungsdienstleister zulässigerweise nutzbaren Schadensersatzansprüche.

Die überwiegende Auffassung der Vertreter der Literatur geht dagegen davon aus, dass dem Zahlungsdienstleister Schadensersatzansprüche nach allgemeinen Schadensersatzvorschriften nach § 280 BGB zustehen, soweit der Anwendungsbereich des § 675v BGB mangels Verwendung eines Zahlungsinstruments für die Ausführung des missbräuchlichen Zahlungsauftrags nicht eröffnet ist.

b) Die Auffassung der Rechtsprechung

Die Rechtsprechung hat sich in jüngerer Zeit mehrfach mit der Anwendbarkeit allgemeiner Schadensersatzansprüche des Zahlungsdienstleisters nach § 280 BGB befasst, wenn ein Zahlungsvorgang missbräuchlich ohne Verwendung eines Zahlungsauthentifizierungsinstruments durchgeführt wurde.

aa) LG Düsseldorf 6 O 72/17[130]

Das LG Düsseldorf war der Auffassung, dass dem Zahlungsdienstleister nur dann Schadensersatzansprüche nach § 675v BGB zustehen können, wenn der Zahlungs-

---

gegen der Vorauflage nicht mehr gesondert auf die dort noch erwähnten sonstigen Sorgfaltspflichten ein. Aus der aber ebenso wie in der Vorauflage aus seiner Sicht erforderlichen Haftungsbeschränkung des Zahlungsdienstnutzers auf Vorsatz und grobe Fahrlässigkeit lässt sich aber schließen, dass er seine in der Vorauflage vertretene Auffassung zu sonstigen Sorgfaltspflichtverletzungen auch in der aktuellen Auflage unverändert vertritt. Unklar bleibt aber, woraus *Hopt* nunmehr offenbar unstreitig ableitet, dass sonstige Ansprüche aus der Verletzung von sonstigen Sorgfaltspflichten **neben** § 675v BGB geltend gemacht und durchgesetzt werden können. Da er weder eine Begründung für seine Auffassung noch sonstige Belege hierfür bereitstellt, bleibt der Hintergrund der Änderung seiner Auffassung, dass Ansprüche aus der Verletzung sonstiger Sorgfaltspflichtverletzungen neben § 675v BGB unstreitig (da nicht mehr als streitig gekennzeichnet) geltend gemacht werden können, unklar.

129 Die Auffassungen der Literatur unter Geltung der PSD sind auch unter Geltung der PSD II maßgeblich; vgl. zur identischen Regelungssystematik des § 675v BGB BT-DrS. 18/11495, S. 165.

130 LG Düsseldorf BKR 2019, 154 (154 ff.).

vorgang auf einer missbräuchlichen Nutzung eines Zahlungsinstruments beruhe.[131] Bei dem für den Zahlungsauftrag genutzten Überweisungsauftrag handelte es sich nach Auffassung des LG Düsseldorf um einen Zahlungsvorgang, der nicht durch ein Zahlungsauthentifizierungsinstrument[132] ausgelöst wurde.[133] Bis zur Entscheidung des BGH[134] vom 17.11.2020 wurde nämlich trotz einer anderslautenden Entscheidung des EuGH vom 9.4.2014[135] in der instanzgerichtlichen Rechtsprechung weiterhin ein Überweisungsauftrag nicht als Zahlungsauthentifizierungsinstrument qualifiziert. Auf Grundlage dieser rechtlichen Bewertung sah das LG Düsseldorf den Anwendungsbereich des § 675v BGB nicht eröffnet, gleichwohl aber einen Anspruch des Zahlungsdienstleisters aus §§ 280 Abs. 1, 675f BGB als gegeben an.[136] Das LG Düsseldorf verwies insoweit auf die Rechtsprechung des Reichsgerichts[137] sowie auf eine ältere Entscheidung des BGH, die jedoch auf Grundlage der Rechtslage vor Inkrafttreten der PSD erging.[138]

Das LG Düsseldorf führte weitergehend aus, dass im entschiedenen Fall auch nicht der beschränkte Verschuldensmaßstab des § 675v BGB anwendbar sei. Es sei nämlich kein Zahlungsinstrument verwendet worden. Die tatbestandliche Voraussetzung für eine Anwendbarkeit des § 675v BGB sei daher nicht gegeben. Da eine planwidrige Regelungslücke nicht vorliege, bestehe auch kein Raum für eine analoge Anwendung des § 675v BGB. Der Gesetzgeber habe die Haftung des Zahlungsdienstnutzers nur für den Fall der Nutzung eines Zahlungsinstruments beschränken wollen. Diese Beschränkung sei in dem Wissen erfolgt, dass neben der Nutzung von Zahlungsinstrumenten auch Zahlungsanweisungen in anderer Form erfolgen könn(t)en. Da der beschränkte Verschuldensmaßstab auf derart abweichende

131 LG Düsseldorf BKR 2019, 154 (155).

132 Das LG Düsseldorf verwendet im Rahmen seiner Entscheidungsgründe den Begriff des Zahlungsauthentifizierungsinstruments und Zahlungsinstruments offensichtlich synonym; da inhaltlich mit der unterschiedlichen Verwendung des Begriffs aber ersichtlich keine Differenzierungen beabsichtigt sind, lässt die unterschiedliche Verwendung allein auf eine nicht sorgfältige Redaktion der Entscheidungsgründe schließen.

133 LG Düsseldorf BKR 2019, 154 (155).

134 BGH BKR 2021, 240 (240 ff.).

135 EuGH WM 2015, 813 (813 ff.).

136 LG Düsseldorf BKR 2019, 154 (155).

137 RGZ 56, 410, 413; „*Bei der Beurteilung der Sache ist davon auszugehen, dass der Girokunde, wenn nichts anderes vereinbart ist, eine Umschreibung, die auf Grund einer gefälschten Umschreibungsanweisung vorgenommen wurde, nicht anzuerkennen braucht, sofern er sie nicht verschuldet hat*“; BGH WM 1985, 511 (511).

138 BGH WM 1985, 511 (511).

Sachverhalte nicht erstreckt wurde, würden die allgemeinen Maßstäbe des Verschuldens gelten.[139]

Der Anspruch des Zahlungsdienstleisters sei auch nicht nach § 675u S. 1 BGB oder aufgrund der Bedingungen für den Überweisungsverkehr ausgeschlossen. Die Ausschlusswirkungen beträfen nur Aufwendungsersatzansprüche, nicht aber Schadensersatzansprüche.[140]

bb) LG Karlsruhe 15 O 50/17 KfH[141]

Das LG Karlsruhe lehnte die Anwendbarkeit des § 675v BGB a.F. ab, da die Autorisierung des Zahlungsvorgangs nicht durch ein Zahlungsauthentifizierungsinstrument erfolgt sei.[142]

Allerdings komme auch ein Schadensersatzanspruch des Zahlungsdienstleisters aus § 280 BGB nicht in Betracht.[143] Für Fälle der Verwendung eines Zahlungsauthentifizierungsinstruments sei die Haftung eines Zahlungsdienstnutzers gegenüber dem Zahlungsdienstleister für den Fall der missbräuchlichen Verwendung in § 675v BGB a.F. abschließend geregelt. Darüber hinausgehende Schadensersatzansprüche nach § 280 Abs. 1 BGB oder auf sonstigen Anspruchsgrundlagen beruhend, seien damit ausgeschlossen.[144]

Das LG Karlsruhe stellte im Rahmen seiner Würdigung dann aber fest, dass selbst in den Fällen, in denen der missbräuchliche Zahlungsvorgang nicht durch ein Zahlungsauthentifizierungsinstrument ausgelöst worden sei, § 675v BGB a.F. eine Sperrwirkung für sonstige Schadensersatzansprüche wie z. B. § 280 BGB auslöse.[145] Zwar käme nach umstrittener Auffassung eine Haftung aus § 280 Abs. 1 BGB in Betracht. Dies sei beispielsweise der Fall, wenn Hilfsmittel zur Erteilung von Zahlungsaufträgen nicht Zahlungsauthentifizierungsinstrumente seien.[146] Ein derartiger Fall sei aber vorliegend nicht gegeben.

Hingegen scheide eine Haftung des Zahlungsdienstnutzers aus § 675v BGB a.F. aus, da kein Zahlungsauthentifizierungsinstrument verwendet wurde. Es sei jedoch

---

139 LG Düsseldorf BKR 2019, 154 (155).

140 LG Düsseldorf BKR 2019, 154 (155).

141 LG Karlsruhe BKR 2019, 151 (151 ff.).

142 LG Karlsruhe BKR 2019, 151 (152) unter Hinweis auf Staudinger/*Omlor*, 2012, § 675v Rn. 4; Erman/*v. Westphalen*, 15. Auflage, 2017, § 675v Rn. 3.

143 LG Karlsruhe BKR 2019, 151 (153).

144 LG Karlsruhe BKR 2019, 151 (153) unter Hinweis auf MüKoBGB/*Zetzsche*, 7. Auflage, 2017, § 675v Rn. 5 m.w.N.

145 LG Karlsruhe BKR 2019, 151 (153).

146 LG Karlsruhe BKR 2019, 151 (153) unter Hinweis auf MüKoBGB/*Zetzsche*, 7. Auflage, 2017, § 675v Rn. 5 m.w.N., auch zur Gegenmeinung.

widersprüchlich, die Haftung des Zahlungsdienstnutzers bei (grob) fahrlässigem Einsatz eines zwar gefälschten, indes nicht zugelassenen Zahlungsinstruments[147], das die Bank hätte von vornherein ablehnen müssen, weiter zu gestalten als bei vereinbarungswidriger Nutzung eines vertraglich zugelassenen Zahlungsinstruments.[148] Im letzteren Fall sei die Bank zumindest dem äußeren Anschein nach zur Tätigkeit – nämlich zur Ausführung des mittels des Zahlungsinstruments vorgelegten Zahlungsauftrags – verpflichtet. In einem Fall, in dem ein Zahlungsauftrag aber nicht mit einem Zahlungsinstrument vorgelegt werde, könne sich der Zahlungsdienstleister nicht von seiner Haftung befreien, indem er auf die allgemeinen Regelungen verweise. Der Zahlungsdienstleister hätte vielmehr die Ausführung des streitigen Zahlungsauftrags ablehnen müssen.[149]

Mit dieser Rechtsfolge verwehrte das LG Karlsruhe dem Zahlungsdienstleister jeglichen Rechtsschutz.[150] Zum einen nämlich konnte der Zahlungsdienstleister mangels Verwendung eines Zahlungsinstruments durch den Zahlungsdienstnutzer keine Ansprüche aus § 675v BGB a.F. geltend machen. Zum anderen hatte der Zahlungsdienstleister aber trotz eines möglichen pflichtwidrigen Verhaltens des Zahlungsdienstnutzers keine rechtliche Möglichkeit, dieses pflichtwidrige Verhalten, das zu einer missbräuchlichen Verwendung des Zahlungsauftrags geführt hatte, entlastend geltend zu machen.

cc) OLG Celle 3 U 122/20[151]

Das OLG Celle kam in der vorliegenden Auseinandersetzung zum Schluss, dass in Fällen, in denen ein Zahlungsvorgang ohne ein Zahlungsinstrument ausgelöst werde, keine Ansprüche aus § 675v BGB bestünden. Vielmehr kämen Ansprüche nach allgemeinen Vorschriften, hier des § 280 BGB, in Betracht.[152] Es bestehe kein Raum für die Sperrwirkung des § 675v BGB, da der Gesetzgeber in dieser Vorschrift bewusst nur die Haftung des Zahlungsdienstnutzers für den Fall der Nutzung eines Zahlungsinstruments geregelt habe.[153] Dies sei in dem Wissen erfolgt, dass es auch Fälle von Zahlungsanweisungen ohne die Nutzung eines solchen Instruments gebe.

147 Auch das LG Karlsruhe verwendet die Begriffe Zahlungsauthentifizierungsinstrument und Zahlungsinstrument synonym.

148 LG Karlsruhe BKR 2019, 151 (153).

149 LG Karlsruhe BKR 2019, 151 (153).

150 Vgl. kritisch *Edelmann*, FCH-Gruppe Beitragsnummer 1344.

151 OLG Celle BKR 2021, 114 (114 ff.).

152 OLG Celle BKR 2021, 114 (117).

153 Vgl. hierzu auch *Einsele* zur Entscheidung des OLG Karlsruhe WM 2022, 1581 (1581 ff.) in WuB 2022, 417 (420).

Daher müsse sich die Haftung für die außerhalb des Anwendungsbereichs des § 675v BGB liegende Konstellation nach allgemeinen Regeln bestimmen.[154]

Das OLG Celle verwies in diesem Zusammenhang auch darauf, dass bei der Anwendung von § 280 Abs. 1 BGB hingegen die Haftungsbeschränkung auf Vorsatz und grobe Fahrlässigkeit zu berücksichtigen sei. Dies sei erforderlich, um Wertungswidersprüche zu vermeiden.[155]

dd) Zusammenfassung

Zur Konkurrenz von § 280 BGB zu § 675v BGB a.F. bei unterbliebener Nutzung eines Zahlungsinstruments wurde ausdrücklich bislang nur instanzgerichtlich entschieden. Die diesbezügliche Rechtsprechung geht überwiegend davon aus, dass dem Zahlungsdienstleister Schadensersatzansprüche nach allgemeinen Grundsätzen (insbesondere § 280 BGB) zustehen, wenn der missbräuchliche Zahlungsvorgang nicht durch Verwendung eines Zahlungsauthentifizierungsinstruments ausgeführt wurde und der Zahlungsdienstnutzer in diesem Zusammenhang gegen seine ihm obliegenden Sorgfaltspflichten verstoßen hat. Tragende Erwägung dieser Beurteilung ist, dass kein Raum für eine Sperrwirkung des § 675v BGB bestehe, da der europäische Gesetzgeber bewusst nur die Haftung des Zahlungsdienstnutzers für den Fall der Nutzung eines Zahlungsinstruments in § 675v BGB geregelt hat.[156] Daraus scheint nach überwiegender Auffassung der Rechtsprechung zwangsläufig zu folgen, dass dem Zahlungsdienstleister bei Pflichtverletzungen des Zahlungsdienstnutzers im Zusammenhang mit der Ausführung von Zahlungsaufträgen ohne den Einsatz eines Zahlungsinstruments auch Schadensersatzansprüche aus allgemeinen (Schadens-)Ersatzvorschriften zustehen sollen.

Die abweichende Entscheidung des LG Karlsruhe[157], die dem Zahlungsdienstleister jeglichen Rechtsschutz versagte, kann insoweit nur als extreme Ausnahmeentscheidung bewertet werden. Die vollständige Ablehnung eines Schadensersatzanspruchs des Zahlungsdienstleisters ist systematisch nicht zu begründen. Nachweise dafür, dass Pflichtverletzungen des Zahlungsdienstnutzers bei missbräuchlicher Ausführung eines Zahlungsauftrags ohne den Einsatz eines Zahlungsinstruments sanktionslos bleiben sollen, hat das Gericht nicht aufzeigen

154 OLG Celle BKR 2021, 114 (117) unter Verweis auf Schimansky/Bunte/Lwowski/*Schmieder*, 5. Auflage, 2017, § 49 Rn. 125.

155 OLG Celle BKR 2021, 114 (117) unter Verweis auf MüKoBGB/*Zetzsche*, 8. Auflage, 2020, § 675v Rn. 8 m.w.N.; Ellenberger/Findeisen/Nobbe/*Nobbe*, 2. Auflage, 2013, § 675v Rn. 8; *Piekenbrock*, WM 2015, 797 (802); Schimansky/Bunte/Lwowski/*Schmieder*, 5. Auflage, 2017, § 49 Rn. 125; Baumbach/Hefermehl/Casper/*Casper*, 24. Auflage, 2020, E. Recht des Zahlungsverkehrs Rn. 361.

156 Vgl. hierzu auch *Einsele*, WuB 2022, 417 (420).

157 LG Karlsruhe BKR 2019, 151 (153).

können. Insoweit ist der alleinige Hinweis des Gerichts auf die vermeintliche Widersprüchlichkeit[158] nicht geeignet, die Auffassung des Gerichts zu begründen.[159]

3. Die Anwendung des Haftungsmaßstabs des § 675v BGB auf Schadensersatzansprüche des Zahlungsdienstleisters nach § 280 BGB

Soweit der Zahlungsdienstleister außerhalb des Anwendungsbereichs des § 675v BGB Schadensersatzansprüche nach § 280 BGB geltend macht, verweisen Vertreter der Literatur und Teile der Rechtsprechung darauf, dass der Haftungsmaßstab des § 675v Abs. 3 BGB auch dann anzuwenden sei, wenn der Zahlungsdienstnutzer schuldhaft Pflichten aus dem Zahlungsdiensterahmenvertrag verletzt habe, eine Anwendbarkeit des § 675v BGB aber mangels Vorliegen der diesbezüglichen Voraussetzungen ausscheide.[160] In der Regel wird es in derartigen Fällen um die missbräuchliche Auslösung eines Zahlungsvorgangs gehen, die durch ein schuldhaftes Verhalten des Zahlungsdienstnutzers entweder pflichtwidrig nicht verhindert oder gegebenenfalls sogar begünstigt wurde. Legt man diese Auffassung zugrunde, müsste der Haftungsmaßstab des § 675v Abs. 3 BGB auch dann zur Anwendung kommen, wenn der Zahlungsdienstnutzer sonstige Sorgfaltspflichten verletzt hat, die Schadensersatzansprüche des Zahlungsdienstleisters im Zusammenhang mit der Ausführung eines nicht autorisierten Zahlungsvorgangs begründen. Auf welcher Rechtsgrundlage die Anwendbarkeit des Haftungsmaßstabs des § 675v Abs. 3 BGB auf den Schadensersatzanspruch erfolgen soll, bleibt indessen unbeantwortet.

Zur Begründung wird lediglich darauf verwiesen, dass die Anwendung des Haftungsmaßstabs auf Ansprüche nach § 280 BGB erforderlich sei, um Wertungs-

158 LG Karlsruhe BKR 2019, 151 (153).

159 Vgl. auch Schimansky/Bunte/Lwowski/*Schmieder*, 5. Auflage, 2017, § 49 Rn. 125; *Grundmann*, WM 2009, 1109 (1114); Ellenberger/Findeisen/Nobbe/*Nobbe*, 2. Auflage, 2013, § 675v Rn. 8.

160 Vgl. z. B. Grüneberg/*Grüneberg*, 83. Auflage, 2024, § 675v Rn. 1; MüKoBGB/*Zetzsche*, 8. Auflage, 2020, § 675v Rn. 8; Ellenberger/Findeisen/Nobbe/*Nobbe*, 2. Auflage, 2013, § 675v Rn. 8; Schimansky/Bunte/Lwowski/*Schmieder*, 5. Auflage, 2017, § 49 Rn. 125; Baumbach/Hefermehl/Casper/*Casper*, 24. Auflage, 2020, E. Recht des Zahlungsverkehrs, Rn. 361; offengelassen *Piekenbrock*, WM 2015, 797 (802); zu § 676b *Grundmann*, S. 616, Rn. 456; *Danwerth*, ZBB 2015, 119 (132) unter Hinweis auf MüKoBGB/*Casper*, 6. Auflage, 2012, § 675v Rn. 5; differenzierend Langenbucher/Bliesener/Spindler/*Herresthal*, 3. Auflage, 2020, Kap. 7 § 675v Rn. 67; Langenbucher/Bliesener/Spindler/*Herresthal*, 3. Auflage, 2020, Kap. 3 § 675v Rn. 90; z. B. auch OLG Celle BKR 2021, 114 (117); wohl auch LG Karlsruhe BKR 2019, 151 (154); offengelassen LG Heilbronn BeckRS 2015, 17463; offengelassen OLG Köln BeckRS 2019, 52399 Rn. 62; vgl. zusammenfassend für die Rechtslage unter der PSD *Piekenbrock*, WM 2015, 797 (803 f.).

widersprüche zu vermeiden.[161] Ersichtlich gehen die Vertreter dieser Auffassung davon aus, dass es für die Anwendung des privilegierten Haftungsmaßstabs des § 675v Abs. 3 BGB allein darauf ankomme, dass ein nicht autorisierter Zahlungsvorgang ausgeführt wurde und in diesem Zusammenhang dem Zahlungsdienstleister Schadensersatzansprüche – aus welchem Rechtsgrund auch immer – zustehen.

Grundmann vertritt die Auffassung, dass im Rahmen des § 280 Abs. 1 BGB dem Zahlungsdienstnutzer für den Fall der Verletzung von Anzeigepflichten nach § 676b BGB eine Haftungsbeschränkung zu Gute kommen müsse; dies gelte sowohl für den Haftungsumfang als auch für den Haftungsmaßstab.[162] Der Verlust eines Zahlungsinstruments trete eher deutlich hervor als eine zweifelhafte Buchung.[163] Daher könne im Einklang mit der Wertung des § 675v Abs. 3 BGB die unbeschränkte Haftung nur in Fällen grober Fahrlässigkeit angenommen werden. Dies entspreche auch der Gesamtentwicklung zum Drittmissbrauch mit Zahlungsinstrumenten, in der die allgemeine Verschuldenshaftung durch eine abgestufte speziellere Regelung im Zahlungsverkehrs- oder Zahlungsdiensterecht überlagert würde.[164] Die Lücke sei in Anlehnung an das sonstige Wertesystem zu schließen, das von Vollhaftung erst ab grober Fahrlässigkeit ausgehe.[165]

Eine analoge Anwendung des Haftungsmaßstabs des § 675v BGB in Fällen, in denen kein Zahlungsinstrument zur Ausführung des Zahlungsauftrags verwandt wurde, wird ebenfalls durch wenige Vertreter der Literatur diskutiert.[166] Für eine analoge Anwendung wird aber kein Raum gesehen.[167] Gegen die analoge Anwendung spreche schon das Fehlen einer Regelungslücke. Die Haftung nach den allgemeinen Regelungen (§§ 280 ff. BGB) umfasse jene Konstellationen, in denen keine spezielle Regelung einschlägig sei.[168]

---

161 Vgl. z. B. MüKoBGB/*Zetzsche*, 8. Auflage, 2020, § 675v Rn. 8; Ellenberger/Findeisen/Nobbe/*Nobbe*, 2. Auflage, 2013, § 675v Rn. 8; Schimansky/Bunte/Lwowski/*Schmieder*, 5. Auflage, 2017, § 49 Rn. 125; Baumbach/Hefermehl/Casper/*Casper*, 24. Auflage, 2020, E. Recht des Zahlungsverkehrs, Rn. 361.

162 *Grundmann*, S. 617, Rn. 457.

163 *Grundmann*, S. 617, Rn. 457.

164 *Grundmann*, S. 617, Rn. 457.

165 *Grundmann*, S. 617, Rn. 457.

166 Langenbucher/Bliesener/Spindler/*Herresthal*, 3. Auflage, 2020, Kap. 3 § 675v Rn. 10; Langenbucher/Bliesener/Spindler/*Herresthal*, 3. Auflage, 2020, Kap. 3 § 675v Rn. 90.

167 Langenbucher/Bliesener/Spindler/*Herresthal*, 3. Auflage, 2020, Kap. 3 § 675v Rn. 10; Langenbucher/Bliesener/Spindler/*Herresthal*, 3. Auflage, 2020, Kap. 3 § 675v Rn. 90; tendenziell MüKoBGB/*Zetzsche*, 9. Auflage, 2023, § 675v Rn. 8.

168 Langenbucher/Bliesener/Spindler/*Herresthal*, 3. Auflage, 2020, Kap. 3 § 675v Rn. 10.

III. Eigene Stellungnahme

1. Schadensersatzansprüche des Zahlungsdienstleisters gegenüber dem Zahlungsdienstnutzer bei unterbliebener Nutzung eines Zahlungsinstruments

Eine Ablehnung von Schadensersatzansprüchen des Zahlungsdienstleisters bei Pflichtverstößen des Zahlungsdienstnutzers im Zusammenhang mit der Ausführung eines Zahlungsauftrags ohne Verwendung eines Zahlungsinstruments widerspricht den Wertungen und Grundsätzen der Art. 61, 86 PSD, Art. 74, 107 PSD II[169] sowie der Ratio des § 675v BGB.[170] Der europäische Gesetzgeber und ihm folgend der nationale Gesetzgeber haben mit der Einführung der haftungsrechtlichen Ansprüche des Zahlungsdienstleisters gegenüber dem Zahlungsdienstnutzer bei Verwendung eines Zahlungsinstruments zum Ausdruck gebracht, dass pflichtwidriges Verhalten des Zahlungsdienstnutzers nicht sanktionslos bleiben soll. Nichts anderes kann aber auch für Pflichtverstöße des Zahlungsdienstnutzers gelten, die ohne Verwendung eines Zahlungsinstruments zu einer missbräuchlichen Ausführung eines Zahlungsauftrags führen. Es ist nicht ersichtlich, dass der europäische Gesetzgeber und nationale Gesetzgeber derartige Pflichtverstöße sanktionslos lassen wollten. Der Vorwurf eines pflichtwidrigen Verhaltens des berechtigten Zahlungsdienstnutzers ist unabhängig vom Einsatz des Auftragsmediums.

Dies lässt sich auch an der Struktur des § 675u BGB belegen. Der Anspruch des Zahlungsdienstnutzers ist nicht daran geknüpft, dass der nicht autorisierte Zahlungsvorgang an die Verwendung eines Zahlungsinstruments gekoppelt ist. Ebenso wie in § 675v Abs. 3 Nr. 1 BGB setzt der Anspruch aus § 675u S. 2 BGB jedoch voraus, dass der Zahlungsdienstnutzer diesen Anspruch nicht durch rechtswidriges Verhalten erlangt hat. In § 675v BGB drückt der europäische Gesetzgeber dies mit dem Ausschluss von Rechten des Zahlungsdienstnutzers aus, wenn dieser in betrügerischer Absicht gehandelt hat. In § 675u BGB findet sich der identische Rechtsgedanke. Hat der Zahlungsdienstleister den begründeten Verdacht, dass seitens des Zahlungsdienstnutzers ein betrügerisches Verhalten bei der Geltendmachung des Anspruchs aus § 675u S. 2 BGB vorliegt, so hat der Zahlungsdienstleister seine Verpflichtung aus Satz 2 unverzüglich zu prüfen und nur dann zu erfüllen, wenn sich der Betrugsverdacht nicht bestätigt. Ist der Verdacht eines betrügerischen Verhaltens des Zahlungsdienstnutzers hingegen begründet, entfällt der Anspruch aus § 675u S. 2 BGB. Hieraus lässt sich ableiten, dass sowohl der europäische Ge-

169 Ebenso Art. 60 des Proposal for a regulation on payment services.

170 So *Grundmann*, WM 2009, 1109 (1114); BeckOGK BGB/*Hofmann*, 1.9.2022, BGB § 675v Rn. 13.

setzgeber als auch der nationale Gesetzgeber vergleichbares pflichtwidriges Verhalten bei Ausführung eines Zahlungsauftrags unter und ohne Verwendung eines Zahlungsinstruments wertungsmäßig identisch behandeln wollten.

Dieses Ergebnis wird systematisch auch durch die Durchbrechung der Anspruchsvoraussetzungen für Ansprüche des Zahlungsdienstleisters nach § 675v Abs. 3 Nr. 1 BGB bestätigt.[171] Handelt der Zahlungsdienstnutzer nämlich im Rahmen der Geltendmachung von Ansprüchen aufgrund nicht autorisierter Ausführung von Zahlungsaufträgen in betrügerischer Absicht, so ist für das Eingreifen des § 675v Abs. 3 Nr. 1 BGB die Verwendung eines Zahlungsinstruments gerade keine Anspruchsvoraussetzung. Hieraus lässt sich der Wille des europäischen wie auch des nationalen Gesetzgebers erkennen, dass in allen Fällen, in denen der Zahlungsdienstnutzer in zurechenbarer Weise einen Verursachungsbeitrag bei der Auslösung eines nicht autorisierten Zahlungsvorgangs geleistet hat, er für derartige Verursachungsbeiträge gegenüber dem Zahlungsdienstleister einstehen soll. Diese Einstandsverpflichtung soll dabei unabhängig von der Verwendung eines Zahlungsinstruments sein. Da das Zahlungsdiensterecht aufgrund des Vollharmonisierungsgebots der Art. 86 PSD und Art. 107 PSD II aber gerade keine speziellen zahlungsdiensterechtlichen Regelungen für die Haftung des Zahlungsdienstnutzers bei pflichtwidrigen Verstößen gegen Sorgfaltspflichten zulässt, bleibt allein der Rückgriff auf allgemeine Schadensersatzvorschriften des nationalen Rechts. Ebenso wie im Falle des Handelns in betrügerischer Absicht, besteht auch bei der Verletzung von Sorgfaltspflichten im Rahmen der Ausführung von Zahlungsaufträgen ohne Verwendung eines Zahlungsinstruments kein Anlass, dem Zahlungsdienstnutzer Haftungsprivilegien zu Gute kommen zu lassen. Es wäre auch rechtspolitisch nicht zu rechtfertigen, den Zahlungsdienstnutzer, der durch sein Verhalten einen nicht autorisierten Zahlungsvorgang (zurechenbar) begünstigt hat, von jeglicher Haftung freizustellen, nur weil formal kein Zahlungsinstrument zum Einsatz gekommen ist. Der Unrechtsgehalt des Pflichtenverstoßes des Zahlungsdienstnutzers ist in beiden Konstellationen identisch.[172] Damit stehen dem Zahlungsdienstleister auch in Fällen, in denen der missbräuchliche Zahlungsvorgang ohne Einsatz eines Zahlungsinstruments ausgeführt wird, Schadensersatzansprüche immer dann zu, wenn Pflichtverletzungen des Zahlungsdienstnutzers vorliegen, die bei Einsatz eines Zahlungsinstruments zur Anwendung der Vorschriften des § 675v Abs. 3 BGB geführt hätten.[173]

---

171 Art. 61 PSD und Art. 74 PSD II.

172 Vgl. z. B. *Piekenbrock*, WM 2015, 797 (804); *Danwerth*, ZBB 2015, 119 (132); *Sorg*, Die zivilrechtliche Haftung im bargeldlosen Zahlungsverkehr, 2015, S. 263.

173 Beschränkungen des Pflichtenmaßstabs des Zahlungsdienstnutzers auf die in § 675v Abs. 3, 675l BGB genannten Pflichten können weder aus analoger Anwendung des § 675v Abs. 3, 675l BGB noch

Insoweit ist die Auffassung der Vertreter der Literatur[174] und Rechtsprechung[175] widerlegt, dass die §§ 280 ff. BGB bei missbräuchlicher Ausführung eines Zahlungsauftrags ohne Verwendung eines Zahlungsinstruments keine Anwendung finden können.[176]

Der Zahlungsdienstleister kann daher in Fällen, in denen Pflichtverletzungen des Zahlungsdienstnutzers die Ausführung eines missbräuchlich in Auftrag gegebenen Zahlungsauftrags begünstigt bzw. nicht verhindert haben und dadurch ein Schaden beim Zahlungsdienstleister in Form des Verlusts des Aufwendungsersatzanspruchs gegenüber dem Zahlungsdienstnutzer entstanden ist, gegenüber dem Zahlungsdienstnutzer einen Schadensersatzanspruch nach § 280 BGB geltend machen.

Neben derartigen Ansprüchen, die in der Verletzung zahlungsauftragsbezogener Pflichten begründet sind, stehen dem Zahlungsdienstleister auch Schadensersatzansprüche gegenüber dem Zahlungsdienstnutzer zu, soweit dieser gegen sonstige Pflichten aus dem Rechtsverhältnis mit dem Zahlungsdienstleister verstoßen hat. Da das allgemeine Schadensersatzrecht keine speziellen Regelungen enthält, nach denen unterschiedliche Schadensersatzansprüche durch spezielle Regelungen ausgeschlossen sein könnten (wie z. B. durch § 675v BGB), stehen die Schadensersatzansprüche des Zahlungsdienstleisters, die auf der Verletzung sonstiger Pflichten durch den Zahlungsdienstnutzer beruhen, gleichberechtigt neben den Schadensersatzansprüchen des Zahlungsdienstleisters, die diesem im Zusammenhang mit der Ausführung von Zahlungsaufträgen ohne Verwendung eines Zahlungsinstruments gegenüber dem Zahlungsdienstnutzer aus § 280 BGB zustehen (können).

---

deren Rechtsgedanken abgeleitet werden. Da die Zahlungsdiensterichtlinien und damit auch das nationale Zahlungsdiensterecht die in § 675v Abs. 3, 675l BGB definierten Pflichtenmaßstäbe ausschließlich von der Nutzung eines Zahlungsinstruments abhängig gemacht hat, besteht weder eine Regelungslücke noch sind die spezialgesetzlich in § 675v BGB für Zahlungsinstrumente definierten Pflichten auf sonstige Zahlungsauftragsmedien übertragbar.

174 *Grundmann*, WM 2009, 1109 (1114); BeckOGK BGB/*Hofmann*, 1.9.2022, BGB § 675v Rn. 13.

175 LG Karlsruhe BKR 2019, 151 (153).

176 Im Ergebnis so auch *Danwerth*, ZBB 2015, 119 (132) unter Hinweis u. a. auf MüKoBGB/*Casper*, 6. Auflage, 2012, § 675v Rn. 5; Palandt/*Sprau*, 74. Auflage, 2015, § 675i Rn. 2; Schimansky/Bunte/Lwowski/*Mayen*, 4. Auflage, 2011, § 49 Rn. 125; *Piekenbrock*, WM 2015, 797 (802); aber unklar BeckOK BGB/*Schmalenbach*, 36. Ed. 1.8.2015, BGB § 675v Rn. 14; MüKoBGB/*Zetzsche*, 7. Auflage, 2017, § 675v Rn. 5 m.w.N., auch zur Gegenmeinung; *Sorg*, Die zivilrechtliche Haftung im bargeldlosen Zahlungsverkehr, 2015, S. 263; LG Düsseldorf BKR 2019, 154 (155).

2. Schadensersatzansprüche des Zahlungsdienstleisters gegenüber dem Zahlungsdienstnutzer bei Verwendung eines Zahlungsinstruments

a) Die Bedeutung des Anwendungsbereichs des § 675v BGB im System der Haftungsansprüche des Zahlungsdienstleisters

Über die Festlegung des Anwendungsbereichs des § 675v BGB werden im zahlungsdiensterechtlichen Umfeld die Haftungsregelungen des § 675v BGB bei Verwendung eines Zahlungsinstruments von allgemeinen Schadensersatzansprüchen nach §§ 280 ff. BGB abgegrenzt. Dies bezieht sich aber nur auf die Abgrenzung der Regelungen des allgemeinen Schadensersatzrechts von den Ansprüchen aus § 675v Abs. 3 BGB, da es sich in beiden Fällen um verschuldensabhängige Ansprüche handelt. Davon unabhängig ist die Anwendbarkeit verschuldensunabhängiger Schadensersatzansprüche des Zahlungsdienstleisters nach § 675v Abs. 1 BGB.[177]

Der Abgrenzung der Ansprüche des Zahlungsdienstleisters nach § 675v Abs. 3 BGB gegenüber allgemeinen Schadensersatzansprüchen kommt entscheidende Bedeutung für dessen Rechtsverteidigung zu, soweit der Zahlungsdienstnutzer ihm gegenüber Ansprüche aus § 675u S. 2 BGB geltend macht. Da aufgrund des Vollharmonisierungsgebots des Art. 107 PSD II unstreitig Haftungsansprüche des Zahlungsdienstleisters gegenüber dem Zahlungsdienstnutzer dann gesperrt sind, soweit diese auf das identische Regelungsziel des § 675v Abs. 3 BGB gerichtet sind, kann es inhaltlich nur um Schadensersatzansprüche des Zahlungsdienstleisters gehen, denen Pflichtverletzungen des Zahlungsdienstnutzers gegenüber dem Zahlungsdienstleister zugrunde liegen, die nicht bereits durch § 675v Abs. 3 BGB erfasst sind.

Kommen derartige sonstige Schadensersatzansprüche des Zahlungsdienstleisters in Betracht, entscheidet die in den zahlungsdiensterechtlichen Regelungen angelegte materielle Risikoverteilung darüber, ob die Verwendung eines Zahlungsinstruments zur Ausführung eines Zahlungsauftrags die Haftungsverhältnisse zwischen Zahlungsdienstleister und Zahlungsdienstnutzer abschließend regeln soll. Würde bereits die Verwendung eines Zahlungsinstruments bei Ausführung eines Zahlungsauftrags die Anwendung allgemeiner Schadensersatzansprüche des Zahlungsdienstleisters gegenüber dem Zahlungsdienstnutzer sperren, würde hierdurch das zwischen Zahlungsdienstnutzer und Zahlungsdienstleister bestehende Rechtsverhältnis grundlegend modifiziert. Zwar würden die durch den Zahlungsdienstnutzer gegenüber dem Zahlungsdienstleister zu erfüllenden Pflichten nicht durch die Sperrwirkung des § 675v BGB entfallen. Dennoch würde mit der in diesem Fall

177 A.A. aber LG Berlin, 10 O 193/22 unter Verweis auf Grüneberg/*Grüneberg*, 82. Auflage, § 675v Rn. 5.

entstehenden Sperrwirkung für sonstige Schadensersatzansprüche des Zahlungsdienstleisters jegliche sonstige Pflichtverletzung des Zahlungsdienstnutzers sanktionslos bleiben. Diese Rechtsfolge könnte erhebliche Auswirkungen auf das zwischen Zahlungsdienstnutzer und Zahlungsdienstleister bestehende Rechtsverhältnis haben. Der Zahlungsdienstleister müsste allein auf die Vertragstreue des Zahlungsdienstnutzers vertrauen. Die dem Zahlungsdienstleister dem Grunde nach zustehenden Ansprüche wären bei Pflichtverletzungen des Zahlungsdienstnutzers nämlich nicht mehr durchsetzbar. Die Umsetzung der Zahlungsdiensterichtlinien in §§ 675c ff. BGB würde damit über die rein zahlungsdiensterechtlichen Regelungen hinaus das Rechtsverhältnis zwischen Zahlungsdienstnutzer und Zahlungsdienstleister nicht nur beeinflussen, sondern maßgeblich gestalten. Die Sperrwirkung des § 675v BGB entscheidet damit nicht nur über die Ersatzfähigkeit von Schäden des Zahlungsdienstleisters, die im Zusammenhang mit der Ausführung von Zahlungsaufträgen unter Einsatz eines Zahlungsinstruments ausgeführt werden, sondern auch, wie sich das Rechtsverhältnis zwischen Zahlungsdienstleister und Zahlungsdienstnutzer im Zusammenhang mit der Verwendung von Zahlungsinstrumenten grundsätzlich gestaltet.[178] Die Entscheidung über die Sperrwirkung des § 675v BGB hat damit eine weit über die Entscheidung des jeweiligen Einzelfalls hinausgehende Bedeutung. Würde nämlich zur Ausführung eines Zahlungsauftrags ein Zahlungsinstrument verwendet werden, wäre auch ohne den Eintritt eines konkreten und ersatzfähigen Schadens aus der Verletzung der Pflichten aus §§ 675v, 675l BGB dem Zahlungsdienstleister der Rückgriff auf ihm zustehende Rechte gegenüber dem Zahlungsdienstnutzer verwehrt.

Die für die Praxis bedeutsame Frage, ob der Zahlungsdienstnutzer im Rahmen des mit dem Zahlungsdienstleister geschlossenen Zahlungsdiensterahmenvertrags bei Nutzung von Zahlungsinstrumenten sonstige Sorgfaltspflichten zu erfüllen hat, deren Verletzung auch Schadensersatzansprüche nach sich ziehen kann, wird nur vereinzelt erörtert. Die Diskussion der Sorgfaltspflichten des Zahlungsdienstnutzers im Zusammenhang mit zahlungsdiensterechtlichen Regelungen erfolgt nahezu

---

178 Ähnlich *Piekenbrock*, WM 2015, 797 (802), der im Zusammenhang mit der Diskussion nebenvertraglicher Pflichten des Zahlungsdienstnutzers darauf verweist, dass eine weite Sperrwirkung des § 675v BGB dazu führe, dass bei allen Zahlungen, die in den Anwendungsbereich der PSD und der §§ 675c–676c BGB fallen, aber nicht in den Regelungsbereich von § 675v BGB, keine Schadensersatz bewehrten Nebenpflichten des Kunden gegenüber der Bank bestünden. *Piekenbrock* diskutiert diese Frage indessen im Zusammenhang mit der Anwendung des § 280 BGB bei Ausführung eines nicht autorisierten Zahlungsauftrags ohne Verwendung eines Zahlungsinstruments, nicht aber unter Berücksichtigung sonstiger Pflichtverletzungen des Zahlungsdienstnutzers, die Schadensersatzansprüche des Zahlungsdienstleisters aus der Verletzung derartiger allgemeiner Sorgfaltspflichten nach sich ziehen können.

ausschließlich im Zusammenhang mit den speziell in den zahlungsdiensterechtlichen Vorschriften ausdrücklich festgelegten (Sorgfalts-)Plichten des Zahlungsdienstnutzers. Hierbei geht es maßgeblich um die Pflichten des Zahlungsdienstnutzers aus § 675l Abs. 1 S. 1 BGB sowie die Pflichten, die sich aus dem Katalog des § 675v Abs. 3 BGB ergeben, soweit diese nicht bereits über § 675l Abs. 1 S. 1 BGB erfasst sind.[179] *Häuser* ist der Auffassung, dass allgemeine Sorgfaltspflichten, die vom Zahlungsdienstnutzer gegenüber dem Zahlungsdienstleister zu erfüllen sind, nicht durch die Anwendung zahlungsdiensterechtlicher Vorschriften ausgeschlossen werden.[180] Zwar seien die Kreditinstitute aufgrund ihrer wirtschaftlichen und fachlichen Überlegenheit regelmäßig in der Lage, ihre Interessen durch entsprechende Ausgestaltung des Giroverhältnisses zu wahren.[181] Dennoch würden sich Schutzpflichten des Kontoinhabers zugunsten des Zahlungsdienstleisters ergeben, deren Verletzung zum Ersatz des dem Kreditinstitut daraus entstandenen Schadens führt.[182] Als Beleg für diese Auffassung verweist *Häuser* auf die Rechtsprechung zu allgemeinen Sorgfaltspflichten sowie auf die Gesetzesbegründung zur Umsetzung des § 675z BGB a.F.[183] Die zitierte Rechtsprechung befasst sich indessen mit der Rechtslage vor Inkrafttreten der Zahlungsdiensterichtlinien, so dass diese Rechtsprechung nicht ohne Weiteres als Beleg für die Anwendbarkeit allgemeiner Sorgfaltspflichten neben den §§ 675v, 675l BGB herangezogen werden kann. Insbesondere lässt sich aus der Kommentierung von *Häuser*[184] nicht ableiten, ob Scha-

---

179 Hierzu z. B. MüKoBGB/*Jungmann*, 9. Auflage, 2023, § 675l Rn. 14 ff.

180 So z. B. MüKoHGB/*Häuser*, 4. Auflage, 2019, B. Überweisungsverkehr Rn. 331 unter Hinweis auf BT-DrS. 16/11643, S. 118; unklar bleibt indessen, woraus *Häuser* diesen Schluss zieht. In der angegebenen Fundstelle wird allein die Frage der Öffnung von Schadensersatzansprüchen des Zahlungsdienstnutzers gegenüber dem Zahlungsdienstleister nach allgemeinen Grundlagen angesprochen, wenn dem Zahlungsdienstnutzer Folgeschäden entstehen, die nicht von §§ 675u und 675y BGB erfasst sind. § 675z BGB sperrt in diesem Fall aufgrund des fehlenden Regelungsumfangs in §§ 675u, 675y BGB gerade nicht die Geltendmachung von Schadensersatzansprüchen des Zahlungsdienstnutzers gegenüber dem Zahlungsdienstleister für in diesem Zusammen entstandenen Folgeschäden des Zahlungsdienstnutzers; vgl. auch MüKoHGB/*Herresthal*, 5. Auflage, 2024, B. Überweisungsverkehr Rn. 300; BeckOK BGB/*Schmalenbach*, 63. Ed. 1. 8. 2022, BGB § 676b Rn. 2, 3; BeckOGK BGB/*Zahrte*, 1. 12. 2022, BGB § 676b Rn. 12, 134; Langenbucher/Bliesener/Spindler/*Langenbucher*, 3. Auflage, 2020, Kap. 4 § 676b Rn. 3; Langenbucher/Bliesener/Spindler/*Herresthal*, 3. Auflage, 2020, Kap. 3 § 676b Rn. 3; Staudinger/*Omlor*, 2020, § 676b Rn. 3; Grüneberg/*Sprau*, 81. Auflage, 2022, § 676b Rn. 2; zur Verpflichtung der Wahrung der Rechtsgüter des Zahlungsdienstnutzers durch den Zahlungsdienstleister BGH WM 2008, 1252 (1253); OLG Dresden BeckRS 2018, 14727; OLG Celle WM 2007, 810 (810 f.).

181 MüKoHGB/*Häuser*, 4. Auflage, 2019, B. Überweisungsverkehr, Rn. 331.

182 MüKoHGB/*Häuser*, 4. Auflage, 2019, B. Überweisungsverkehr, Rn. 331.

183 MüKoHGB/*Häuser*, 4. Auflage, 2019, B. Überweisungsverkehr, Rn. 331 unter Hinweis auf BT-DrS. 16/11643, S. 118.

184 MüKoHGB/*Häuser*, 4. Auflage, 2019, B. Überweisungsverkehr, Rn. 331.

densersatzansprüche, die auf der Verletzung derartiger Sorgfaltspflichten beruhen, allein durch Verwendung eines Zahlungsinstruments ausgeschlossen sind oder aber nur dann, wenn derartige Schadensersatzansprüche konkret mit den Schadensersatzansprüchen des § 675v Abs. 3 BGB konkurrieren. Auch der Hinweis auf die Gesetzesbegründung zur Umsetzung des § 675z BGB a.F. lässt hier keinen eindeutigen Schluss zu. § 675z BGB a.F. befasst sich nämlich mit den Ansprüchen des Zahlungsdienstnutzers gegen den Zahlungsdienstleister neben §§ 675u, 675y BGB und nicht mit Ansprüchen des Zahlungsdienstleisters gegen den Zahlungsdienstnutzer. Die zum Teil zur Begründung des Ausschlusses sonstiger Schadensersatzansprüche aufgrund der Verletzung anderer als der in §§ 675v, 675l BGB genannten Pflichten herangezogene Begründung zur Umsetzung der Art. 60 Abs. 2, 76 PSD in § 675z BGB lässt ebenfalls keine eindeutige Feststellung zu.[185] Die Gesetzesbegründung führt zwar aus, dass hinsichtlich der Ansprüche wegen nicht autorisierter oder mangelhafter Ausführung eines Zahlungsauftrags die Vorschriften der PSD grundsätzlich abschließend seien und verweist hierbei auf das Vollharmonisierungsgebot des Art. 86 Abs. 1 PSD.[186] Hieraus lässt sich aber gerade nicht der Schluss ziehen, dass damit sonstige Ansprüche des Zahlungsdienstleisters gegenüber dem Zahlungsdienstnutzer ausgeschlossen sein sollen. Zum einen trifft der Gesetzgeber die Aussage im Zusammenhang mit Ansprüchen des Zahlungsdienstnutzers gegen den Zahlungsdienstleister, zum anderen lässt auch der Sinnzusammenhang dieses allgemeinen Hinweises durchaus die Auslegung zu, dass mit sonstigen Ansprüchen hier nur die im Zusammenhang mit §§ 675u, 675y BGB stehenden Ansprüche gemeint sein können. Allein der Verweis auf Ansprüche wegen der nicht autorisierten Ausführung eines Zahlungsauftrags lässt nämlich nicht unbedingt den Schluss zu, dass der Wortlaut neben den Ansprüchen des Zahlungsdienstnutzers im Zusammenhang mit den aus §§ 675u, 675y BGB folgenden Ansprüchen auch solche des Zahlungsdienstleisters umfassen soll. Gegen diese Annahme spricht auch der dann folgende Verweis auf Ansprüche im Zusammenhang mit der mangelhaften Ausführung eines Zahlungsauftrags, der ja durch den Zahlungsdienstleister ausgeführt wird. In der Gesamtschau sprechen damit die besseren Argumente dafür, dass sich der Hinweis auf die abschließende Wirkung des Zahlungsdiensterechts in diesem Zusammenhang nur auf die hier in Rede

185 Zutreffend auf die Ausschlusswirkung allein der Ansprüche des Zahlungsdienstnutzers nach §§ 675u, 675y BGB bezogen BeckOGK BGB/*M. Zimmermann*, 1.1.2023, BGB § 675u Rn. 36; anders aber (auch) auf Ansprüche des Zahlungsdienstleisters gegenüber dem Zahlungsdienstnutzer bezogen Ellenberger/Findeisen/Nobbe/Böger/*Nobbe*, 3. Auflage, 2020, § 675v Rn. 9; Erman/*v. Westphalen*, 17. Auflage, 2023, 675v Rn. 2; OLG Karlsruhe WM 2022, 1581 (1589).

186 BT-DrS. 16/11643, S. 118.

stehenden Ansprüche des Zahlungsdienstnutzers gegen den Zahlungsdienstleister im Zusammenhang mit §§ 675u, 675y BGB beziehen soll.

Damit lässt sich anhand der Begründung in der Kommentierung von *Häuser* nicht belegen, dass allgemeine Sorgfaltspflichten des Zahlungsdienstnutzers gegenüber dem Zahlungsdienstleister auch im zahlungsdiensterechtlichen Umfeld uneingeschränkt durch den Zahlungsdienstnutzer zu erfüllen sind. Damit bleibt auch offen, ob die Verletzung etwaiger Sorgfaltspflichten durch den Zahlungsdienstnutzer Schadensersatzansprüche des Zahlungsdienstleisters auslösen. Insbesondere bleibt die Frage des Umfangs der Sperrwirkung des § 675v BGB bei Verletzung etwaiger Sorgfaltspflichten des Zahlungsdienstnutzers offen.

aa) Zwischenergebnis

Die Unsicherheit von Literatur und Rechtsprechung zum Umfang der Sperrwirkung des § 675v BGB liegt maßgeblich darin begründet, dass weder Art. 61 PSD, Art. 74 der PSD II noch die diesbezüglichen Gesetzesbegründungen zur Umsetzung dieser Regelungen in § 675v BGB a.F. bzw. § 675v BGB den Anwendungsbereich und damit den Umfang der Sperrwirkung des § 675v BGB definieren. Die fehlende Konkretisierung in den Zahlungsdiensterichtlinien, ob das Gebot der Vollharmonisierung der in den Richtlinien erfassten haftungsrechtlichen Regelungen auch sonstige Haftungsansprüche des Zahlungsdienstleisters mit umfassen soll, lässt Interpretationsspielräume zu, die von Rechtsprechung und Literatur unterschiedlich genutzt werden.

bb) Die Ermittlung der Reichweite der Sperrwirkung des § 675v BGB

Die Bestimmung der Reichweite der Sperrwirkung des § 675v BGB gegenüber sonstigen Schadensersatzansprüchen des Zahlungsdienstleisters erfordert damit eine Auslegung der Norm. Da weder die spezifischen Regelungen zu den haftungsrechtlichen Verantwortlichkeiten des Zahlungsdienstnutzers in den Zahlungsdiensterichtlinien noch die Materialien zur Umsetzung dieser Regelungen in nationales Recht eindeutige Hinweise zur Sperrwirkung des § 675v BGB enthalten, muss die Auslegung zum einen und vorrangig die sich aus den Vorschriften der Zahlungsdiensterichtlinien ergebenden Wertungen berücksichtigen. Zum anderen können aber auch die nationalen Umsetzungen der Zahlungsdiensterichtlinien nicht unberücksichtigt bleiben. Nur auf Grundlage einer derart gesamthaften Betrachtung der Regelungen des Zahlungsdiensterechts lässt sich eine abschließende Wertung zur Sperrwirkung des § 675v BGB vornehmen. Vor diesem Hintergrund sollen daher im Folgenden die wertenden Gesichtspunkte des europäischen Gesetzgebers und sodann des nationalen Gesetzgebers betrachtet werden.

b) Die Begründung der engen Sperrwirkung des § 675v BGB

aa) Die aus den Zahlungsdiensterichtlinien folgenden Wertungen

(1) Wertungen aus den Erwägungsgründen 31 PSD, 70 PSD II

Ausdrückliche Feststellungen des europäischen Gesetzgebers zur Sperrwirkung der Haftungsvorschriften von Zahlungsdienstleister und Zahlungsdienstnutzer enthalten die Zahlungsdiensterichtlinien nicht.

Bereits die Erwägungsgründe 31 letzter Satz PSD sowie 70 letzter Satz PSD II zeigen jedoch, dass der europäische Gesetzgeber mit den Haftungsregelungen der Art. 61 PSD und Art. 74 PSD II allein das Rechtsverhältnis regeln wollte, das sich zwischen Zahlungsdienstleister und Zahlungsdienstnutzer im Zusammenhang mit der dort ausdrücklich definierten Abwicklung zahlungsdiensterechtlicher Vorgänge ergibt (enge Sperrwirkung). Im letzten Satz vorgenannter Erwägungsgründe wird darauf verwiesen, dass die jeweiligen Zahlungsdiensterichtlinien andere Ansprüche zwischen Zahlungsdienstnutzern und Zahlungsdienstleistern nicht berühren sollen.[187] Dies deutet darauf hin, dass das Regelungskonzept der Zahlungsdiensterichtlinien in der verabschiedeten Form für zahlungsdiensterechtliche Vorgänge nur in dem dort geregelten Umfang und eben nicht darüber hinaus verbindlich sein soll. Dies spricht dafür, dass wertende Auslegungen und Raum für Interpretationen über den ausdrücklichen Regelungsgehalt der Zahlungsdiensterichtlinien hinaus nur in begrenztem Umfang möglich sein können.

Sorg war bezogen auf Erwägungsgrund 31 letzter Satz PSD der Auffassung, dass die Aussagekraft dieser Formulierung wegen ihrer Unbestimmtheit sehr gering sei.[188] Der Erwägungsgrund 31 gehe nämlich nicht speziell auf das Verhältnis des Zahlungsdienstnutzers mit seinem Zahlungsdienstleister ein.[189] Ebenfalls bleibe unklar, ob Erwägungsgrund 31 von Zahlungsansprüchen oder Schutzpflichten spreche.[190]

Die Kritik von *Sorg* berücksichtigte jedoch nicht, dass Erwägungsgrund 31 letzter Satz im Zusammenhang mit der grundlegenden Wertung des europäischen Gesetzgebers in Erwägungsgrund 31 S. 1 PSD steht.[191] So wird in Erwägungsgrund 31

187 Erwägungsgrund 70 letzter Satz PSD II: „*This Directive should not affect other claims between payment service users and payment service providers*"; Die identische Wertung trifft der Proposal for a regulation on payment services in Erwägungsgrund 74 vorletzter Satz (i.V.m. dessen letztem Satz): „*...If the notification deadline has been met by the payment service user, the payment service user should be able to pursue those claims subject to national limitation periods. That should not affect other claims between payment service users and payment service providers...*".

188 *Sorg*, Die zivilrechtliche Haftung im bargeldlosen Zahlungsverkehr, 2015, S. 266.

189 *Sorg*, Die zivilrechtliche Haftung im bargeldlosen Zahlungsverkehr, 2015, S. 266 unter Hinweis auf *Riehm*, JZ 2006, 1035 (1039).

190 *Sorg*, Die zivilrechtliche Haftung im bargeldlosen Zahlungsverkehr, 2015, S. 266.

191 Dies gilt ebenso für Erwägungsgrund 70 S. 1 PSD II.

S. 1 PSD hervorgehoben, dass – um Risiken oder Folgen von nicht autorisierten oder fehlerhaft ausgeführten Zahlungsvorgängen gering zu halten – der Zahlungsdienstnutzer den Zahlungsdienstleister so bald wie möglich über Einwendungen gegen angeblich nicht autorisierte oder fehlerhaft ausgeführte Zahlungsvorgänge informieren solle. Erwägungsgrund 70 S. 1 PSD II enthält die inhaltsgleiche Wertung des europäischen Gesetzgebers. Diese Erwägungsgründe beschreiben damit in ihrem Satz 1 einen wesentlichen Aspekt des zwischen Zahlungsdienstleister und Zahlungsdienstnutzer bestehenden Risikomodells. In diesem Modell soll der Zahlungsdienstleister nur mit den Risiken belastet werden, die der Zahlungsdienstnutzer nicht vermeiden oder verhindern kann. Hieraus ist abzulesen, dass immer dann, wenn der Zahlungsdienstnutzer zurechenbar an der Schadensentstehung durch die missbräuchliche Ausführung eines Zahlungsauftrags beteiligt gewesen ist, dieser auch entsprechend an der Lastentragung zu beteiligen ist.

Der Hinweis in Erwägungsgrund 31 PSD und 70 PSD II jeweils letzter Satz lässt sich damit nur im Zusammenhang mit Satz 1 dieser Erwägungsgründe bewerten. Regelt die PSD II diese grundsätzliche Lastenverteilung zwischen Zahlungsdienstleister und Zahlungsdienstnutzer für die Verwendung eines Zahlungsinstruments in Art. 73 und 74 PSD II, so fehlt – da Gegenstand der PSD II nicht das allgemeine Rechtsverhältnis zwischen Zahlungsdienstleister und Zahlungsdienstnutzer ist – eine ausdrückliche Regelung zur Haftung des Zahlungsdienstnutzers bei Verletzung sonstiger (Sorgfalts-)Pflichten durch den Zahlungsdienstnutzer. Da naturgemäß die für die Mitgliedsstaaten relevanten vielfältigen nationalen Haftungsregelungen nicht in den Zahlungsdiensterichtlinien konkret oder individuell angesprochen werden konnten, verblieb dem europäischen Gesetzgeber allein die Möglichkeit, den Anwendungsbereich für sonstige Schadensersatzansprüche des Zahlungsdienstleisters außerhalb der konkret in den Zahlungsdiensterichtlinien enthaltenen Haftungsvorschriften über eine allgemein gefasste Regelung zu öffnen. Da sich Satz 1 der Erwägungsgründe auf das Verhältnis zwischen Zahlungsdienstleister und Zahlungsdienstnutzer im Zusammenhang mit der Ausführung von Zahlungsaufträgen bezieht, kann der Hinweis des europäischen Gesetzgebers auf andere Ansprüche im jeweils letzten Satz der vorgenannten Erwägungsgründe nur so interpretiert werden, dass es sich hierbei um Ansprüche handelt, deren Voraussetzungen für die Ausführung von Zahlungsaufträgen zum einen nicht durch die Zahlungsdiensterichtlinie ausdrücklich geregelt werden sollen oder zum anderen auf Sachverhalte bezogen sind, die nicht im Zusammenhang mit der Ausführung von Zahlungsaufträgen bzw. Zahlungsdiensten stehen.[192] Dieses Ergebnis

192 Insoweit belegen auch Erwägungsgrund 31 S. 1 und letzter Satz PSD sowie Erwägungsgrund 70 S. 1 und letzter Satz PSD II auch die Zulässigkeit der Anwendbarkeit der §§ 280, 241 BGB bei

steht auch im Einklang mit Erwägungsgrund 5 PSD sowie Art. 1 Abs. 2 Nr. 2 b) PSD II, wonach die Regelungen der Richtlinie Rechte und Pflichten von Zahlungsdienstnutzern und Zahlungsdienstleistern bei der Erbringung von Zahlungsdiensten festlegen sollen. Dies verdeutlicht neben Erwägungsgrund 31 PSD und Erwägungsgrund 70 PSD II, dass es nicht Absicht des europäischen Gesetzgebers war bzw. ist, Ansprüche aus sonstigen Rechtsbeziehungen zwischen Zahlungsdienstleister und Zahlungsdienstnutzer, selbst bei grundsätzlicher Öffnung des Anwendungsbereichs der zahlungsdiensterechtlichen Regelungen, auszuschließen.

Auf dieser Grundlage kann es auch keine Relevanz haben, ob die diesbezüglichen Ansprüche des Zahlungsdienstleisters auf Pflichtverletzungen des Zahlungsdienstnutzers beruhen, die den eingetretenen Schaden vollständig vermeiden oder aber lediglich ein Weiterfressen des beim Zahlungsdienstleister durch die Erfüllung des Anspruchs aus § 675u S. 2 BGB entstandenen Schadens verhindert hätten. Eine Einschränkung des Schadensersatzanspruchs des Zahlungsdienstleisters wegen der Verletzung sonstiger Pflichten des Zahlungsdienstnutzers zur Vermeidung allein eines weiteren Missbrauchs, lässt sich nämlich aus Erwägungsgrund 31 PSD ebenso wenig entnehmen wie aus Erwägungsgrund 70 PSD II.[193]

Grundmann ist dagegen der Auffassung, dass Risiken und Folgen von nicht autorisierten Zahlungsvorgängen nur dann gering gehalten werden können, wenn es das Ziel sei, weiterem Missbrauch vorzubeugen.[194] Diese Sichtweise lässt jedoch außer Betracht, dass teilweise ausschließlich dem Zahlungsdienstnutzer Umstände bekannt werden, die Anzeichen für eine bereits erstmalige missbräuchliche Nutzung eines Zahlungsauftrags sein können. Informiert der Zahlungsdienstnutzer den Zahlungsdienstleister über derartige Umstände, so kann diese Information durchaus geeignet sein, beim Zahlungsdienstleister besondere Aufmerksamkeit zur Überwachung von eingehenden Zahlungsaufträgen des betreffenden Zahlungsdienstnutzers auszulösen. Stellt der Zahlungsdienstnutzer nämlich beispielsweise fest, dass fortwährend durch Dritte versucht wird, unberechtigterweise in den Besitz seiner Kontodaten oder Sicherungsmerkmale zu gelangen, so kann der Zahlungsdienstleister bei entsprechender Information durch den Zahlungsdienstnutzer besondere Kontrollmaßnahmen einrichten, um die Autorisierung eingehender Zahlungsaufträge im Namen des Zahlungsdienstnutzers zu überprüfen. Gleiches gilt, wenn der Zahlungsdienstnutzer Kenntnis von Sachverhalten erlangt, in denen seine vertraulichen Daten wie z. B. Pin-Nummern oder Verschlüsselungscodes bei anderen Serviceanbietern durch unberechtigten Zugriff Dritter

Pflichtverletzungen des Zahlungsdienstnutzers im Zusammenhang mit der Ausführung von Zahlungsaufträgen ohne Verwendung eines Zahlungsinstruments.

193 So aber *Grundmann* S. 617, Rn. 456.

194 *Grundmann*, S. 617, Rn. 456.

diesen bekannt geworden sind. Verwendet der Zahlungsdienstnutzer derartig Dritten bekannt gewordene Schlüsseldaten auch zur Sicherung seiner mit dem Zahlungsdienstleister unterhaltenen Rechts- und Geschäftsverbindung, so muss der Zahlungsdienstnutzer derartige Informationen – neben der Aktualisierung seiner Schlüsseldaten – auch an seinen Zahlungsdienstleister weitergeben. Nur so kann der Zahlungsdienstleister über die bereits bestehenden technischen Sicherungssysteme hinausgehende besondere Sicherungsmaßnahmen installieren, um ungewöhnliche Zahlungsvorgänge feststellen zu können. Unterlässt der Zahlungsdienstnutzer derartige Maßnahmen, so kann auch ein erstmaliger nicht autorisierter Zahlungsvorgang eine Schadensersatzverpflichtung des Zahlungsdienstnutzers wegen unterlassener Unterrichtung bzw. unterlassener Information des Zahlungsdienstleisters auslösen.[195]

(2) Wertung der Erwägungsgründe 47 S. 3 PSD, 87 S. 1 PSD II

Diese Auslegung wird auch bestätigt durch Erwägungsgrund 47 S. 3 PSD und Erwägungsgrund 87 S. 1 PSD II.[196] Danach soll die PSD bzw. PSD II nur die vertraglichen Verpflichtungen und Verantwortlichkeiten zwischen dem Zahlungsdienstnutzer und dem Zahlungsdienstleister zum Gegenstand haben. Für die hier relevante Frage der Sperrwirkung des § 675v BGB gegenüber sonstigen Schadensersatzansprüchen lässt sich den Erwägungsgründen entnehmen, dass die Richtlinie ausschließlich Sachverhalte erfassen soll, die die Abwicklung konkreter Zahlungsdienstleistungen in dem von den Zahlungsdiensterichtlinien definierten Regelungsumfang betreffen. Die in den Erwägungsgründen genannten vertraglichen Verpflichtungen zwischen Zahlungsdienstleister und Zahlungsdienstnutzer können damit nur solche sein, bei denen es um Abwicklungspflichten und Verantwortlichkeiten im Rahmen der Ausführung von zahlungsdiensterechtlichen Leistungen, insbesondere von Zahlungsaufträgen, geht. Haftungsrechtlich geregelte vertragliche Verpflichtungen und Verantwortlichkeiten des Zahlungsdienstnutzers, die zu Schadensersatzansprüchen des Zahlungsdienstleisters im Zusammenhang mit den

---

195 Diese Wertung lässt sich für den Proposal for regulation on payment services ebenso aus Art. 74 letzter Satz ableiten: „*...That should not affect other claims between payment service users and payment service providers...*“.

196 „*This Directive should concern only contractual obligations and responsibilities between the payment service user and the payment service provider. However, the proper functioning of credit transfers and other payment services requires that payment service providers and their intermediaries, such as processors, have contracts in which their mutual rights and obligations are laid down*“. vgl. hierzu nunmehr im Explanatory Memorandum des Proposal for regulation on payment services, Nr. 5 S. 1 deutlich: „*The proposal lays down rules applicable to payment services providers related to payments.*“

Regelungen für die Ausführung von Zahlungsaufträgen stehen, finden sich für die PSD in Art. 61, für die PSD II in Art. 74. Damit bilden Art. 61, 86 PSD bzw. Art. 74, 107 PSD II ein geschlossenes Regelwerk für die insoweit dort geregelten Fallgruppen vertraglich geregelter Verpflichtungen und Verantwortlichkeiten. Anderweitige Schadensersatzansprüche, die auf der Verletzung von Pflichten und Verantwortlichkeiten außerhalb der ausdrücklich dort geregelten Sachverhalte beruhen (können), werden damit von diesem abschließenden Regelwerk nicht berührt.[197]

(3) Wertung der Erwägungsgründe 13 S. 1 PSD, 40 S. 1 PSD II

Auch Erwägungsgrund 13 PSD sowie Erwägungsgrund 40 PSD II bestätigen, dass Regelungen der Zahlungsdiensterichtlinien ausschließlich ihren Wirkbereich im Zusammenhang mit Vorgängen und Sachverhalten entfalten sollen, in denen es um die Ausführung von Zahlungsaufträgen geht.

Erwägungsgrund 13 S. 1 PSD und Erwägungsgrund 40 S. 1 PSD II stellen klar, dass die Richtlinie die Gewährung von Krediten durch Zahlungsinstitute, und zwar die Einräumung von Kreditrahmen und die Ausgabe von Kreditkarten, nur in den Fällen regeln soll, in denen die Kreditgewährung eng mit Zahlungsdiensten verbunden ist. Der europäische Gesetzgeber verdeutlicht mit diesen Erwägungsgründen, dass die Regelungen der Zahlungsdiensterichtlinien nur dann auf nicht zahlungsdiensterechtliche Sachverhalte Anwendung finden sollen, wenn eine enge Verbindung mit zahlungsdiensterechtlichen Vorgängen gegeben ist. Um diese Wertung nachdrücklich zu verdeutlichen, hielt er es offensichtlich für geboten, die Erstreckung zahlungsdiensterechtlicher Regelungen aus den Zahlungsdiensterichtlinien auf kreditrechtliche Sachverhalte ausdrücklich hervorzuheben. Der hieraus resultierende Rechtsgedanke, nämlich dass Regelungen aus den Zahlungsdiensterichtlinien nur dann auf Sachverhalte Anwendung finden sollen, wenn diese im Zusammenhang mit zahlungsdiensterechtlichen Sachverhalten bzw. Vorgängen stehen, ist auch auf die (haftungsrechtlichen) Verantwortlichkeiten des Zahlungsdienstnutzers gegenüber dem Zahlungsdienstleister übertragbar.

Handelt es sich nämlich um haftungsrechtliche Verpflichtungen bzw. Verantwortlichkeiten des Zahlungsdienstnutzers, die im Zusammenhang mit der Ausführung von Zahlungsaufträgen durch Zahlungsinstrumente stehen, so hat der europäische Gesetzgeber diese ausdrücklich und abschließend in Art. 61 PSD sowie Art. 74 PSD II geregelt. Erwägungsgrund 13 S. 1 PSD und Erwägungsgrund 40 S. 1 PSD

197 Vgl. auch Erwägungsgrund 96 letzter Satz des Proposal for a regulation on payment services: „… *Further rights and details of content of recourse and how to handle claims towards the payment service provider or intermediary attributable to a defective payment transaction should be subject to agreement.*“

II unterstreichen damit maßgeblich das Verständnis, dass der europäische Gesetzgeber die Geltendmachung von Schadensersatzansprüchen des Zahlungsdienstleisters in Art. 61 PSD und 74 PSD II nur insoweit abschließend regeln wollte, als es um die dort geregelten Pflichten im Zusammenhang mit Zahlungsvorgängen durch Zahlungsinstrumente geht. Erwägungsgründe 13 S. 1 PSD und 40 S. 1 PSD II konkretisieren und bestätigen das bereits aus Erwägungsgrund 31 letzter Satz PSD bzw. Erwägungsgrund 70 letzter Satz PSD II ableitbare Ergebnis, dass nur die konkret in den Zahlungsdiensterichtlinien enthaltenen Haftungsansprüche des Zahlungsdienstleisters in dem dort geregelten Umfang und konkret definierten Grenzen für die Verantwortlichkeit des Zahlungsdienstnutzers maßgeblich sind.[198] Sonstige Ansprüche des Zahlungsdienstleisters, die damit nicht durch Art. 74 PSD II – vergleichbar zur Erstreckung des Anwendungsbereichs nach Erwägungsgrund 40 S. 1 PSD II – geregelt sind, werden damit kraft ausdrücklicher Entscheidung des europäischen Gesetzgebers gegenüber dem Zahlungsdienstnutzer nicht gesperrt. Hierbei kommt es damit auch nicht auf die den Ansprüchen des Zahlungsdienstleisters zugrunde liegenden Sachverhalte bzw. Pflichtverletzungen des Zahlungsdienstnutzers an, soweit diese nicht im Zusammenhang mit der Ausführung eines Zahlungsauftrags unter Verwendung eines Zahlungsinstruments stehen und nicht bereits durch § 675v BGB erfasst sind.

(4) Der unionsrechtliche Grundsatz der Vermeidung ungerechtfertigter Vorteile durch Ausnutzung formaler Rechtspositionen

Das Verständnis einer engen Sperrwirkung des Art. 74 PSD II bzw. des § 675v BGB entspricht dem unionsrechtlichen Grundsatz, dass der Schutz der gemeinschaftsrechtlich gewährleisteten Rechte des formal Anspruchsberechtigten nicht zur Inanspruchnahme ungerechtfertigter Vorteile führen darf.[199]

In der Rechtssache Pia Messner[200] entschied der EuGH, dass der Verbraucher zum Wertersatz verpflichtet werden dürfe, wenn er die „gekaufte Ware auf eine mit Treu und Glauben oder der ungerechtfertigten Bereicherung unvereinbare Art und Weise benutzt“ habe.[201] Dieses Bereicherungsverbot stellt eine immanente Schranke unionsrechtlich begründeter Rechte dar.[202]

---

198 Erwägungsgrund 70 letzter Satz PSD II: „*...Diese Richtlinie sollte andere Ansprüche zwischen Zahlungsdienstnutzern und Zahlungsdienstleistern nicht berühren.*“

199 EuGH BeckRS 2004, 77281; EuGH BeckRS 2004, 73529; EuGH EuZW 2006, 529 (529ff.); BeckRS 2006, 70529; *Fornasier*, AcP 212 (2012), 410 (437).

200 *Fornasier*, AcP 212 (2012), 410 (437); EuGH EUZW 2009 694 (695); EuGH BeckEuRS 2007, 463575.

201 EuGH EuZW 2009 694 (695); *Fornasier*, AcP 212 (2012), 410 (438).

202 *Fornasier*, AcP 212 (2012), 410 (438).

Auch der Erstattungsanspruch des Zahlungsdienstnutzers nach Art. 73 PSD II[203] kann nur so weit reichen, wie der Anspruch des Zahlungsdienstnutzers nicht nur formal, sondern auch materiell gerechtfertigt ist. Diese Risikozuordnung kommt für die Haftung des Zahlungsdienstnutzers in der PSD II auch wertungsmäßig in Art. 74 PSD II zum Ausdruck. Soweit dem Zahlungsdienstnutzer nämlich ein Verursachungsbeitrag an der missbräuchlichen Ausführung eines Zahlungsauftrags zuzurechnen ist, so soll der Zahlungsdienstnutzer auch an der Lastenverteilung des Schadens beteiligt werden.

Nichts anderes kann nach Auffassung des Verfassers für Verursachungsbeiträge und Pflichtverletzungen des Zahlungsdienstnutzers gelten, die aus anderen Sachverhalten außerhalb der in Art. 74 PSD II definierten Pflichten resultieren und einen etwaigen Schaden verursachen oder vertiefen. Es ist nicht erkennbar, dass Art. 74 PSD II[204] den Zahlungsdienstnutzer bereits deshalb von jeglicher Verantwortung freistellen will, da ein anderweitiger Verursachungsbeitrag des Zahlungsdienstnutzers an der Entstehung des Schadens dort nur deshalb nicht erfasst ist, weil er nicht im Zusammenhang mit der konkret geregelten Ausführung von spezifischen Formen von Zahlungsaufträgen steht. Eine andere Sichtweise widerspricht dem Grundgedanken der Risikosphärenzuordnung der Art. 61 PSD und Art. 74 PSD II und erweitert ungerechtfertigt die Grenzen des in den Art. 73, 74 der PSD II abgebildeten Normkonzepts.[205]

Die für einen speziellen Regelungskreis entwickelten Vorschriften der Zahlungsdiensterichtlinien können nämlich nicht dazu dienen, den Zahlungsdienstnutzer gegenüber dem Zahlungsdienstleister durch das Eingreifen der zahlungsdiensterechtlichen Regelungen ungerechtfertigt zu bevorzugen, wenn ein Verhalten oder Unterlassen des Zahlungsdienstnutzers außerhalb des konkreten Regelungskanon des Zahlungsdiensterechts die missbräuchliche Verwendung eines Zahlungsinstruments ermöglicht oder pflichtwidrig erleichtert hat. Dies nämlich würde dem Zahlungsdienstnutzer einen auch mit dem Zahlungsdiensterecht nicht zu vereinbarenden ungerechtfertigten Vorteil verschaffen. Das Zahlungsdiensterecht hat durch die Regelungen der Art. 60, 61 PSD sowie Art. 73, 74 PSD II ein ausgewogenes Haftungs- und Verantwortungssystem zwischen Zahlungsdienstleister und Zahlungsdienstnutzer geschaffen, das eingreift, soweit im Zusammenhang mit der Nutzung von Zahlungsinstrumenten Verursachungsbeiträge des Zahlungsdienstnutzers die Ausführung nicht autorisierter Zahlungsvorgänge ermöglichen. Materiell sollte durch Art. 74 PSD II[206] ein Korrektiv geschaffen werden, mit der der

203 Ebenso wie Art. 60 PSD.

204 Ebenso wie Art. 61 PSD.

205 Ähnlich *Fornasier*, AcP 212 (2012), 410 (438) zu Fehlüberweisungen.

206 Ebenso wie Art. 61 PSD.

absolute – rein formale – Anspruch auf Rückgängigmachung des Aufwendungsersatzanspruchs des Zahlungsdienstleisters bei nicht autorisierten Verfügungen zu Lasten des Zahlungsdienstnutzers dann korrigiert wird, wenn hierdurch für ihn ein materiell nicht gerechtfertigter Vorteil entstehen würde. Dieser Wertung des europäischen Gesetzgebers würde dann nicht entsprochen, wenn dem Zahlungsdienstleister sein ihm dem Grunde nach zustehender Schadensersatzanspruch aus sonstigen Pflichtverletzungen nur deshalb verwehrt würde, weil er ihn im Zusammenhang mit der Abwehr eines Anspruchs des Zahlungsdienstnutzers aus § 675u S. 2 BGB geltend macht, welcher im Zusammenhang mit der Verwendung eines Zahlungsinstruments entstanden ist.

Die Berücksichtigung sonstiger Pflichtverletzungen des Zahlungsdienstnutzers in Form von Schadensersatzansprüchen des Zahlungsdienstleisters, die außerhalb des Zahlungsvorgangs entstanden sind und in keinem Zusammenhang mit der Ausgabe und Nutzung des Zahlungsinstruments stehen, aber bei Erfüllung der in Rede stehenden Pflichten durch den Zahlungsdienstnutzer die Schadensentstehung verhindert oder jedenfalls verringert hätten, trägt damit zur Vermeidung ungerechtfertigter Vorteile des Zahlungsdienstnutzers bei.

Auch sonstige Schadensersatzansprüche des Zahlungsdienstleisters können damit in derartigen Fällen zu einer vollständigen Ersetzung des Aufwendungsersatzanspruchs führen, der dem Zahlungsdienstleister aufgrund der Regelung des § 675u S. 2 BGB im ersten Schritt formal zu verwehren ist.[207]

Diesem Ergebnis steht auch nicht entgegen, dass der europäische Gesetzgeber zum Teil ausdrücklich die Geltung nationaler Haftungsvorschriften neben den speziell in einer Richtlinie geregelten Ansprüchen anerkannt hat, eine derartige ausdrückliche Anerkennung von Haftungsansprüchen des Zahlungsdienstleisters aber in den Zahlungsdiensterichtlinien nicht erfolgt ist. Die ausdrückliche Anerkennung nationaler Haftungsregelungen findet sich z. B. in Art. 13 der Richtlinie 85/374/EWG des Rates vom 25. Juli 1985 zur Angleichung der Rechts- und Verwaltungsvorschriften der Mitgliedstaaten über die Haftung für fehlerhafte Produkte.[208] Art. 13 der Richtlinie[209] legt fest, dass Ansprüche, die ein Geschädigter aufgrund der Vorschriften über die vertragliche und außervertragliche Haftung oder aufgrund

207 *Fornasier*, AcP 212 (2012), 410 (437); EuGH NJW 2019, 3015 (3015 ff.); vgl. auch BGH BKR 2021, 240 (241 ff.).

208 *„Art. 13 Die Ansprüche, die ein Geschädigter aufgrund der Vorschriften über die vertragliche und außervertragliche Haftung oder aufgrund einer zum Zeitpunkt der Bekanntgabe dieser Richtlinie bestehenden besonderen Haftungsregelung geltend machen kann, werden durch diese Richtlinie nicht berührt.“*

209 Richtlinie 85/374/EWG des Rates vom 25. Juli 1985 zur Angleichung der Rechts- und Verwaltungsvorschriften der Mitgliedstaaten über die Haftung für fehlerhafte Produkte.

einer zum Zeitpunkt der Bekanntgabe dieser Richtlinie bestehenden besonderen Haftungsregelung geltend machen kann, durch diese Richtlinie nicht berührt werden. Wie vorstehend bereits erwähnt, findet sich eine derartige ausdrückliche Anerkennung von nationalen Haftungsansprüchen des Zahlungsdienstleisters gegenüber dem Zahlungsdienstnutzer nicht in den Zahlungsdiensterichtlinien. Dies ändert indessen nichts am Ergebnis, dass dem Zahlungsdienstleister trotz der Regelung des Art. 74 PSD II auch weitere nationale Haftungsansprüche zustehen können, die an Stelle des entfallenen Aufwendungsersatzanspruchs treten.

Ein allgemeiner Grundsatz, dass die Regelung eines Sachverhalts in einer europäischen Richtlinie[210], die in anderen europäischen Richtlinien keine vergleichbare Berücksichtigung gefunden hat, Anhaltspunkte für die Auslegung der in der Richtlinie ungeregelten Sachverhalte gibt, lässt sich nicht aufstellen.[211] Ohne weitere Erwägungen des europäischen Gesetzgebers in den Richtlinien fehlt jede Grundlage für eine derartige Interpretation. Selbst dann, wenn man dem in Art. 13 der Richtlinie 85/374/EWG enthaltenen Hinweis auf nationale Haftungsregelungen eine Indizwirkung zugestehen wollte, lässt sich aber gerade an dieser Regelung nachweisen, dass der europäische Gesetzgeber selbständige Haftungstatbestände nationaler Regelungen nur dann gesperrt sehen möchte, wenn diese nationalen Haftungsregelungen mit den in der Richtlinie geregelten Vorschriften kollidieren.

In der Rechtssache María Victoria González Sánchez[212] bestätigte der EuGH nämlich, dass Art. 13 der Richtlinie 85/374/EWG dahingehend auszulegen sei, dass die Ansprüche, die den durch ein fehlerhaftes Produkt Geschädigten nach dem Recht eines Mitgliedstaats aufgrund einer allgemeinen Haftungsregelung zustehen, durch Regelungen eingeschränkt sein können, wenn sie auf derselben Grundlage beruhen, wie die durch die Richtlinie eingeführte Regelung.[213]

Diesen Grundsatz hat der EuGH noch einmal in der Rechtssache Groupe centrale automobiles bestätigt.[214] Der französische Cour de Cassation legte dem EuGH die Frage vor, ob Art. 58 und Art. 60 Abs. 1 PSD dahin auszulegen seien, dass sie es einem Zahlungsdienstnutzer verwehren, den Zahlungsdienstleister auf der Grundlage einer anderen Haftungsregelung, als der in diesen Bestimmungen vor-

210 Hier die ausdrückliche Anerkennung nationaler Haftungsregelungen in Art. 13 der Richtlinie 85/374/EWG des Rates vom 25. Juli 1985.

211 So aber *Sorg*, Die zivilrechtliche Haftung im bargeldlosen Zahlungsverkehr, 2015, S. 267, der darauf verweist, dass das Fehlen einer derartigen Öffnungsklausel in der PSD als ein weiteres Indiz für eine bewusste Entscheidung gegen weitere Haftungsvorschriften innerhalb des nationalen Rechts gewertet werden müsse.

212 EuGH EuZW 2002, 574 (574 ff.).

213 Hervorhebung Verfasser.

214 EuGH BKR 2022, 237 (239).

gesehenen, in Haftung zu nehmen, wenn der Zahlungsdienstnutzer seiner in Art. 58 vorgesehenen Anzeigepflicht nicht nachgekommen ist. Der EuGH führte in dieser Entscheidung aus, dass aus dem Grundsatz der vollständigen Harmonisierung nach Art. 86 PSD folge, dass, unbeschadet von mehreren dort aufgezählten Bestimmungen der Richtlinie, die Mitgliedstaaten in den Bereichen, in denen diese Richtlinie harmonisierte Bestimmungen enthalte, keine anderen als die in dieser Richtlinie festgelegten Bestimmungen beibehalten oder einführen dürfen. Keiner der Art. 58, 59 und 60 dieser Richtlinie werde bei den Bestimmungen genannt, für die Art. 86 PSD den Mitgliedstaaten einen Handlungsspielraum für ihre Umsetzung einräume.[215] Daraus folge, dass die in Art. 60 Abs. 1 PSD sowie in den Art. 58 und 59 dieser Richtlinie vorgesehenen Regelungen über die Haftung der Zahlungsdienstleister Gegenstand einer vollständigen Harmonisierung gewesen seien, so dass die Mitgliedstaaten keine parallele Haftungsregelung für dasselbe haftungsbegründende Ereignis beibehalten könnten. In dieser Entscheidung hob der EuGH deutlich hervor, dass der aus Art. 86 Abs. 1 PSD folgende Grundsatz der Vollharmonisierung ausschließlich parallele Haftungsregelungen für dasselbe haftungsbegründende Ereignis ausschließt.

Schadensersatzansprüche des Zahlungsdienstleisters, die nicht auf Pflichtverletzungen des Zahlungsdienstnutzers im Regelkreis der §§ 675v, 675l BGB begründet sind, stellen aber gerade keine derartigen parallelen Haftungsregelungen für dasselbe haftungsbegründende Ereignis dar. Sie betreffen abweichende Sachverhalte. Ein Ausschluss dieser auf diesen abweichenden Sachverhalten beruhenden Schadensersatzansprüche ist daher auch auf Grundlage der Art. 86 Abs. 1 PSD und Art. 107 Abs. 1 PSD II sowie der Rechtsprechung des EuGH nicht begründbar.

Hiergegen spricht auch nicht Art. 107 Abs. 3 PSD II[216], nach denen Abweichungen nur zu Gunsten des Zahlungsdienstnutzers möglich sind.[217] Dieser Hinweis bezieht sich allein auf das Regelungsumfeld der Abwicklung des Zahlungsvorgangs unter der PSD II, nicht aber auf sonstige Beziehungen zwischen Zahlungsdienstleister und Zahlungsdienstnutzer.[218]

---

215 EuGH BKR 2022, 237 (239).

216 Vgl. auch Erwägungsgrund 34, Art. 86 Abs. 3 PSD.

217 BeckOGK BGB/*Hofmann*, 1.10.2021, BGB § 675v Rn. 13; Ellenberger/Findeisen/Nobbe/*Nobbe*, 2. Auflage, 2013, § 675v Rn. 8.

218 Vgl. hierzu auch EuGH BKR 2022, 237 (239); a.A. aber *Zahrte*, BKR 2019, 126, (131), der in der Besprechung des Urteils des LG Düsseldorf, BKR 2019, 154 ff. den in Art. 86 Abs. 3 PSD sowie Art. 107 Abs. 3 PSD II abschließenden Charakter des Zahlungsdiensterechts und damit den Ausschluss des Rückgriffs auf Schadensersatzansprüche des allgemeinen Schuldrechts auch dann erkennt, wenn die Tatbestandsvoraussetzungen des § 675v BGB und damit sein Anwendungsbereich nicht eröffnet sind.

bb) Die aus der nationalen Umsetzung der Zahlungsdiensterichtlinien folgenden Wertungen

(1) Die Stellungnahme des Gesetzgebers zur Umsetzung des Art. 61 PSD

Berücksichtigt man die zu Schadensersatzansprüchen des Zahlungsdienstleisters aus den Erwägungsgründen abzuleitenden Wertungen, so bestätigt auch die nationale Gesetzesbegründung zur Umsetzung des Art. 61 PSD eine enge Sperrwirkung des § 675v BGB a.F.. Der Gesetzgeber verwies nämlich darauf, dass die Haftung des Zahlungsdienstnutzers für die missbräuchliche Nutzung des Zahlungsauthentifizierungsinstruments von der Zahlungsdiensterichtlinie und dementsprechend von § 675v BGB-E abschließend geregelt sei; daneben bestehe kein Raum für einen weiter gehenden Schadensersatzanspruch des Zahlungsdienstleisters, etwa nach § 280 BGB wegen leicht fahrlässiger Verletzung anderer Pflichten als der sicheren Aufbewahrung personalisierter Sicherheitsmerkmale in sonstigen Missbrauchsfällen.[219] Der Gesetzgeber stellte damit konkret den Bezug zu personalisierten Sicherheitsmerkmalen und dem Einsatz eines Zahlungsauthentifizierungsinstruments anlässlich seiner missbräuchlichen Nutzung her. Dies kann als konzeptionelles Gerüst zu den Grenzen der Sperrwirkung verstanden werden. Die durch den Gesetzgeber erwähnte missbräuchliche Verwendung des Zahlungsauthentifizierungsinstruments dient hier sozusagen als Rahmendefinition für sämtliche Fallgestaltungen nicht autorisierter Zahlungsvorgänge i.S.d. § 675v BGB und § 675u BGB.[220] Damit erfasst sie auch die in § 675v Abs. 2 Nr. 2 BGB aufgeführten Fälle, in denen der dort erwähnte Verlust durch eine dem Zahlungsdienstleister zuzurechnende Personen verursacht wird. Durch die ausdrückliche Bezugnahme des Gesetzgebers in § 675v Abs. 3 BGB auf die für die Anwendung der § 675v Abs. 1 und 2 BGB relevante missbräuchliche Nutzung eines Zahlungsinstruments gibt der Gesetzgeber zu erkennen, dass die in der Gesetzesbegründung beschriebene Sperrwirkung des § 675v BGB sich auch nur auf Schadensersatzansprüche beziehen kann, die dem Zahlungsdienstleister deshalb zustehen sollen, weil der Zahlungsdienstnutzer die in §§ 675v Abs. 3, 675l BGB definierten Pflichten im Zusammenhang mit der missbräuchlichen Nutzung des Zahlungsinstruments verletzt hat. Die im Folgenden in der Gesetzesbegründung hervorgehobene Sperre für weiter gehende Schadensersatzansprüche muss daher dahingehend verstanden werden, dass diese Sperre sich nur auf solche Schadensersatzansprüche beziehen soll, die sich im rein

219 BT-DrS. 16/11643, S. 113.

220 Die Wertungen des Gesetzgebers zu § 675v BGB a.F. sind ebenso für die Auslegung der Sperrwirkung des § 675v BGB unter Geltung der PSD II maßgeblich. Dies folgt aus dem Verweis des Gesetzgebers in BT-DrS. 18/11495, S. 165, dass § 675v BGB ebenso wie bisher (also unter Geltung der PSD) die Haftung des Zahlungsdienstnutzers regele.

zahlungsdiensterechtlichen Haftungssystem des § 675v BGB und den dort definierten Pflichtenkreisen bewegen.[221]

Dies belegt auch die Bezugnahme des § 675v Abs. 3 BGB auf die § 675v Abs. 1 und Abs. 2 Nr. 1 BGB, in denen die missbräuchliche Verwendung eines Zahlungsinstruments unter § 675v BGB ausdrücklich Voraussetzung für die Anwendung der jeweiligen Vorschrift ist. Die in § 675v Abs. 2 Nr. 2 BGB unterbliebene Erwähnung der missbräuchlichen Nutzung des Zahlungsinstruments lässt sich damit erklären, dass es in § 675 Abs. 2 Nr. 2 BGB nicht um den Verlust eines Zahlungsinstruments geht, sondern um die tatsächliche wirtschaftliche Vermögenseinbuße beim Zahlungsdienstleister durch die nicht autorisierte Ausführung eines Zahlungsauftrags, die durch einen Angestellten, einen Agenten, eine Zweigniederlassung eines Zahlungsdienstleisters oder eine sonstige Stelle, an die Tätigkeiten des Zahlungsdienstleisters ausgelagert wurden, verursacht wurde. Dies ergibt sich aus Art. 74 Abs. 1 b) PSD II, der Missbräuche, die durch einen Erfüllungsgehilfen (insbesondere Angestellte) des Zahlungsdienstleisters verursacht worden sind, erfassen soll.[222] Insoweit handelt es sich nach Auffassung des Verfassers bei der Formulierung in § 675v Abs. 2 Nr. 2 BGB lediglich um eine unzutreffende redaktionelle Umsetzung der auch hier relevanten missbräuchlichen Nutzung eines Zahlungsinstruments. § 675v BGB soll also nur solche Ansprüche wegen der Verletzung von Pflichten sperren, die die tatsächlich missbräuchliche, also nicht autorisierte, Nutzung des Zahlungsinstruments betreffen. Unter den Begriff der Nutzung müssen in diesem Zusammenhang im weitesten Sinne auch die Regelungen zur Ausgabe eines Zahlungsinstruments verstanden werden. Gerade nicht gesperrt sind dagegen aber Ansprüche des Zahlungsdienstleisters, die auf der Verletzung von Bedingungen oder Regelungen beruhen, die sonstige Sachverhalte des Geschäftsverhältnisses betreffen.

Schadensersatzansprüche, die dem Zahlungsdienstleister deshalb zustehen, weil der Zahlungsdienstnutzer seine Verpflichtung zur Schadensabwehr dadurch verletzt hat, dass er seinen Pflichten nicht nachgekommen ist, die er unabhängig von §§ 675v, 675l BGB gegenüber dem Zahlungsdienstleister zu erfüllen hat, sind daher nicht solche, die zu einer missbräuchlichen Nutzung des Zahlungsinstruments geführt haben. Vielmehr handelt es sich um Schadensersatzansprüche, die dem Zahlungsdienstleister deshalb zustehen, weil der Zahlungsdienstnutzer es dem Zahlungsdienstleister nicht ermöglicht hat, die missbräuchliche Nutzung des Zah-

221 So auch damit zutreffend die Auffassung der Literatur z. B. Ellenberger/Bunte/*Schmieder*, 6. Auflage, 2022, § 28 Rn. 125; *Einsele*, WuB 2022, 417 (420); Ellenberger/Findeisen/Nobbe/Böger/*Nobbe*, 3. Auflage, § 675v Rn. 9; *Herresthal*, EWiR 2021, 97 (98); im Ergebnis auch *Piekenbrock*, WM 2015, 797 (802 ff.).

222 *Hoffmann*, VuR 2016, 243 (246).

lungsinstruments (frühzeitig) zu entdecken und diesbezügliche Vorkehrungen zur Schadensverhinderung oder -minderung zu treffen. Derartige Schadensersatzansprüche sollen nicht durch Nutzung eines Zahlungsinstruments grundsätzlich ausgeschlossen sein. Etwas anderes gilt nur, soweit derartige Schadensersatzansprüche daraus folgen, dass ein Zahlungsinstrument in tatsächlicher Hinsicht missbräuchlich verwendet wurde.[223]

(2) Die Stellungnahme des Gesetzgebers zur Umsetzung des Art. 58 PSD (§ 676b BGB a.F.)

Für das Verständnis, dass auch bei grundsätzlicher Anwendbarkeit des § 675v BGB Schadensersatzansprüche des Zahlungsdienstleisters aus sonstigen Anspruchsgrundlagen in Betracht kommen können, spricht auch die Gesetzesbegründung zur Umsetzung des Art. 58 PSD. Der Gesetzgeber wies dort darauf hin, dass im Zusammenhang mit den Regelungen des § 676b Abs. 2 BGB a.F. die Rechtsfolgen aus einem Rechnungsabschluss erhalten bleiben sollen.[224] Nach § 676b Abs. 2 BGB a.F. könne der Zahlungsdienstnutzer Ansprüche und Einwendungen gegen seinen Zahlungsdienstleister wegen nicht autorisierter oder fehlerhaft ausgeführter Zahlungsvorgänge nicht mehr geltend machen, wenn er diese Vorgänge nicht innerhalb von 13 Monaten ab Belastung angezeigt habe. Durch den Ausschluss von Einwendungen folge, dass der Zahlungsdienstnutzer nach Ablauf der Frist von 13 Monaten keine Korrektur mehr durch den Zahlungsdienstleister erwirken könne.[225] In der Sache würden damit Buchungen, soweit der Zahlungsdienstnutzer sie nicht bereits im Rahmen des vierteljährlichen Rechnungsabschlusses genehmigt habe[226], mit Ablauf der Ausschlussfrist als genehmigt behandelt. Hieraus ergibt sich, dass selbst in Fällen, in denen nicht autorisierte Zahlungsvorgänge vorliegen, der Gesetzgeber Tatsachen anerkennt, die die Durchsetzung des Anspruchs des Zahlungsdienstnutzers verhindern, aber in keinem engeren inhaltlichen Zusammenhang mit der Ausführung des nicht autorisierten Zahlungsvorgangs stehen. Eine derartige Tatsache ist die vierteljährliche Genehmigung streitiger Buchungsvorgänge im Rahmen des vierteljährlichen Rechnungsabschlusses.

Mit diesem Hinweis in der Gesetzesbegründung gab der Gesetzgeber zu erkennen, dass die grundsätzliche Regelung des § 676b Abs. 2 BGB a.F. durch sonstige tatsächliche und rechtliche Umstände (nämlich dem vierteljährlichen Rechnungs-

223 Ähnlich MüKoBGB/*Zetzsche*, 9. Auflage, 2023, § 675v Rn. 8.
224 BT-DrS. 16/11643, S. 119.
225 BT-DrS. 16/11643, S. 119; die Gesetzesbegründung verweist insoweit auf den Wortlaut von Art. 58 PSD und dessen Erwägungsgrund 31.
226 BT-DrS. 16/11643, S. 119.

abschluss) auch zum Nachteil des Kunden beeinflusst werden kann. Dies lässt sich als grundsätzliche Entscheidung des Gesetzgebers verstehen, dass Rechte des Zahlungsdienstnutzers auch außerhalb der Regelungen des Zahlungsdiensterechts durch Gegenrechte des Zahlungsdienstleisters beeinflusst werden können.[227] Diese Gegenrechte können dazu führen, dass der Anspruch des Zahlungsdienstnutzers aus § 675u S. 2 BGB ganz oder teilweise wirtschaftlich entwertet wird. Diese grundsätzliche Wertung des Gesetzgebers ist auch bei der Beurteilung der Sperrwirkung des § 675v BGB heranzuziehen. Ansprüche des Zahlungsdienstnutzers können danach unabhängig von den speziell geregelten Haftungsregelungen des § 675v BGB durchaus durch sonstige Gegenrechte des Zahlungsdienstleisters beeinflusst werden.

Wenn der Gesetzgeber selbst in Missbrauchsfällen Gegenrechten des Zahlungsdienstleisters, hier in Form des Rechnungsabschlusses, Rechtswirkung zuerkennt, so muss dieser Grundsatz nach Auffassung des Verfassers auch für Vorgänge gelten, die im Vorfeld des Rechnungsabschlusses mit diesem in (unmittelbaren) Zusammenhang stehen. Da der Rechnungsabschluss lediglich Vorgänge abbildet, die Grundlage des durch den Rechnungsabschluss ausgewiesenen Buchungsstands sind, müssen auch sonstige Umstände, die maßgeblich zur Schadensverursachung beigetragen haben (also auch eine diesbezügliche Grundlage bilden), zu Gunsten des Zahlungsdienstleisters berücksichtigungsfähig sein, wenn sich für diesen hieraus Schadensersatzansprüche gegen den Zahlungsdienstnutzer ergeben. Dies muss selbst dann gelten, wenn der Anwendungsbereich des § 675v BGB dem Grunde nach durch die Nutzung eines Zahlungsinstruments eröffnet ist.

(3) Die Stellungnahme des Gesetzgebers zur Anerkennung allgemeiner Schadensersatzansprüche des Zahlungsdienstnutzers zur Umsetzung der Art. 60 Abs. 2 und 76 PSD (§ 675z BGB (a.F.))

Die grundsätzliche Anerkennung von Ersatzansprüchen aus allgemeinen Schadensersatzregelungen neben den ausdrücklich in den §§ 675c ff. BGB geregelten Haftungsansprüchen des Zahlungsdienstnutzers lässt sich auch an der Stellungnahme des Gesetzgebers zur Einführung des § 675z BGB a.F. erkennen. § 675z BGB ordnet ausdrücklich eine Sperrwirkung für Ansprüche des Zahlungsdienstnutzers gegenüber dem Zahlungsdienstleister an, die bereits von §§ 675u, 675y BGB erfasst sind. Eine derartige Regelung wäre für Ansprüche des Zahlungsdienstnutzers wegen nicht autorisierter oder mangelhafter Ausführung eines Zahlungsauftrags dem Grunde nach aufgrund der vollharmonisierenden Wirkung der Zahlungsdiensterichtlinie (vgl. Art. 86 Abs. 1 PSD) nicht erforderlich gewesen. Allerdings haben

227 § 676b BGB ist in Abs. 1–3 regelungsidentisch mit § 676b BGB a.F.; vgl. BT-DrS. 18/11495, S. 178.

Art. 60 Abs. 2 und 76 PSD ausdrücklich eine für diese Fälle über die Vorgaben der PSD hinausgehende finanzielle Entschädigung des Zahlungsdienstnutzers nach dem jeweiligen nationalen Recht ermöglicht. Dies sollte durch § 675z BGB a.F. verdeutlicht werden.[228] Der Gesetzgeber wies in der Gesetzesbegründung zur Einführung des § 675z BGB a.F. darauf hin, dass Ansprüche des Zahlungsdienstnutzers, die nicht auf Erstattung des Zahlungsbetrags oder von Zinsen und Entgelten nach § 675u BGB a.F. und § 675y BGB a.F. gerichtet sind, nicht ausgeschlossen seien. Hierbei könne es sich „zum Beispiel um Folgeschäden eines nicht autorisierten oder mangelhaften Zahlungsvorgangs“[229] handeln, die nicht im Verhältnis zwischen Zahlungsdienstleister und Zahlungsdienstnutzer entstanden seien.[230] Der Gesetzgeber verwies insoweit beispielhaft auf Verzugsschäden oder entgangenen Gewinn des Zahlungsdienstnutzers. Die Anspruchsgrundlagen für den Ersatz solcher Schäden – regelmäßig wohl § 280 Abs. 1 BGB – seien anwendbar.[231] Aus dieser Regelung bzw. der Gesetzesbegründung lässt sich erkennen, dass das Haftungssystem des Zahlungsdiensterechts – sowohl nach Auffassung des europäischen als auch des nationalen Gesetzgebers – auch für allgemeine Schadensersatzregelungen durchlässig sein soll, soweit es um Haftungsansprüche geht, die nicht ausdrücklich in den zahlungsdiensterechtlichen Vorschriften geregelt sind. Auch wenn die Regelung des § 675z BGB nicht Ansprüche des Zahlungsdienstleisters gegen den Zahlungsdienstnutzer behandelt, kann die grundsätzliche Wertung des europäischen und nationalen Gesetzgebers auf Ansprüche des Zahlungsdienstleisters gegen den Zahlungsdienstnutzer übertragen werden. Hiergegen spricht auch nicht, dass Art. 60 Abs. 2 und 76 PSD ausdrücklich die grundsätzliche Öffnung für weitergehende (Folge-)Ansprüche des Zahlungsdienstnutzers gegenüber dem Zahlungsdienstleister erwähnt. Vielmehr verdeutlicht die durch Art. 60 Abs. 2, 76 PSD formal geschaffene Möglichkeit, sonstige Haftungsansprüche neben §§ 675u, 675y BGB geltend zu machen, dass es dem europäischen und nationalen Gesetzgeber gerade darauf ankam, die Verantwortlichkeiten von Zahlungsdienstleister und Zahlungsdienstnutzer verursachungsgerecht auch haftungsrechtlichen Bestimmungen zuzuordnen.

---

228 BT-DrS. 16/11643, S. 118.
229 BT-DrS. 16/11643, S. 118.
230 BT-DrS. 16/11643, S. 118.
231 BT-DrS. 16/11643, S. 118.

(4) Die Ausgestaltung der im Zahlungsdiensterecht enthaltenen Unterrichtungs- und Anzeigepflichten als Bestätigung eines ganzheitlichen Konzepts zur Wahrung schadensersatzbewehrter Sorgfaltspflichten

Da für die Feststellung der Sperrwirkung des § 675v BGB auch die Umsetzung der europäischen Vorgaben in nationales Recht maßgeblich ist, soll im Folgenden untersucht werden, ob das Ergebnis der durch den europäischen und nationalen Gesetzgeber angestrebten engen Sperrwirkung des § 675v BGB auch anhand der nationalen zivilrechtlichen Regelungen des Zahlungsdiensterechts belegt werden kann.

(a) Die Wertung aus § 675o BGB

Lehnt der Zahlungsdienstleister die Ausführung oder Auslösung eines Zahlungsauftrags ab, so ist er nach § 675o Abs. 1 S. 1 BGB verpflichtet, den Zahlungsdienstnutzer hierüber unverzüglich, auf jeden Fall aber innerhalb der Fristen gemäß § 675s Abs. 1 BGB, zu unterrichten.[232] Der europäische wie auch der nationale Gesetzgeber haben mit der Aufnahme der ausdrücklichen Regelung des Art. 65 PSD bzw. der Umsetzung in § 675o BGB a.F. verdeutlicht, dass im Rahmen der Ausführung von Zahlungsaufträgen neben den originären Hauptpflichten auch begleitende Nebenpflichten für das Rechtsverhältnis von Zahlungsdienstleister und Zahlungsdienstnutzer relevant sein sollen. Die Rechtsfolge eines Verstoßes gegen § 675o BGB a.F. regelt die Vorschrift jedoch nicht. Dies gilt auch für § 675o BGB n.F.. Damit bleibt allein der Rückgriff auf allgemeine Schadensersatzregelungen außerhalb des Anwendungsbereichs der §§ 675u, 675y BGB und damit im Wesentlichen auf § 280 BGB.[233] Im Ergebnis handelt es sich nämlich bei dem Anspruch des Zahlungsdienstnutzers gegen den Zahlungsdienstleister im Falle der unterbliebenen bzw. nicht pflichtgemäßen Benachrichtigung des Zahlungsdienstnutzers um die Verletzung einer Nebenpflicht des zwischen den Parteien geschlossenen Zahlungsdiensterahmenvertrags.[234] Die Rechtsfolge – nämlich die Verpflichtung des Zahlungsdienstleisters zum Schadensersatz bei Verletzung dieser Nebenpflicht – ist aber, entgegen den ausdrücklichen Regelungen der Art. 60 Abs. 2 und 76 PSD, 73 Abs. 3, 92

---

232 *Sorg*, Die zivilrechtliche Haftung im bargeldlosen Zahlungsverkehr, 2015, S. 140; Ellenberger/Findeisen/Nobbe/Böger/*Burghardt*, 3. Auflage, 2020, § 675o Rn. 3; Staudinger/*Omlor*, 2012, 675o Rn. 17; Staudinger/*Omlor*, 2020, § 675o Rn. 19; Langenbucher/Bliesener/Spindler/*Langenbucher*, 3. Auflage, 2020, Kap. 4 § 675o Rn. 8; Kümpel/Mülbert/Früh/Seyfried/*Werner*, Bankrecht und Kapitalmarktrecht, 5. Auflage, 2019, Rn. 4.

233 BeckOGK BGB/*Zahrte*, 1.9.2022, BGB § 675o Rn. 82–83.

234 *Sorg*, Die zivilrechtliche Haftung im bargeldlosen Zahlungsverkehr, 2015, S. 141; ausdrücklich so auch Staudinger/*Omlor*, 2020, § 675o Rn. 19.

PSD II, nicht in den Regelungen der Zahlungsdiensterichtlinien festgehalten.[235] Insoweit muss die Anwendung allgemeiner Schadensersatzansprüche auf der Wertung der Erwägungsgründe 31 letzter Satz PSD sowie 70 letzter Satz PSD II beruhen. Danach blieben und bleiben andere Ansprüche zwischen Zahlungsdienstnutzern und Zahlungsdienstleistern von den Zahlungsdiensterichtlinien unberührt. Der europäische Gesetzgeber wollte ersichtlich den Zahlungsdienstnutzer von Schäden freihalten, die neben den Ansprüchen aus §§ 675u, 675y BGB auch durch ein sonstiges Verhalten des Zahlungsdienstleisters aus dem zum Zahlungsdienstnutzer bestehenden Rechtsverhältnis entstehen. Diese Öffnung der Ansprüche des Zahlungsdienstnutzers für die Verletzung von Anzeige- oder Informationspflichten neben dem Anwendungsbereich der §§ 675u und 675y BGB zeigt, dass sowohl der europäische Gesetzgeber als auch ihm folgend der nationale Gesetzgeber im Zusammenhang mit der Ersatzpflicht des Zahlungsdienstleisters kein starres Haftungsregime implementieren wollten, nach dem die Haftungsansprüche des Zahlungsdienstnutzers – aber auch des Zahlungsdienstleisters – allein von den speziellen Regelungen der haftungsrechtlichen Vorschriften der Zahlungsdiensterichtlinien bestimmt werden. Vielmehr sollten sich die Haftungsansprüche an Risikosphären orientieren. Ist dem Zahlungsdienstleister daher die Verantwortlichkeit für einen nicht autorisierten oder nicht ordnungsgemäß ausgeführten Zahlungsvorgang zugewiesen, so soll die Ersatzfähigkeit des dem Zahlungsdienstnutzer entstandenen Schadens nicht an standardisierten Haftungsvorschriften des Zahlungsdiensterechts scheitern; vielmehr soll sich die Ersatzpflicht an den materiellen Auswirkungen des Pflichtenverstoßes des Zahlungsdienstleisters oder aber an den Folgewirkungen (-Schäden), die durch den nicht autorisierten Zahlungsvorgang entstehen, orientieren.[236] Die umfängliche Ersatzpflicht des Zahlungsdienstleisters resultiert damit im Ergebnis aus der Verantwortung für ein vorhergehendes risikoerhöhendes Verhalten des Zahlungsdienstleisters.

Zur Erfüllung von Nebenpflichten sind aber sowohl Zahlungsdienstnutzer als auch Zahlungsdienstleister im Rahmen eines Zahlungsdiensterahmenvertrags

---

235 Art. 79 Abs. 1 S. 1 PSD II: „…*Where the payment service provider refuses to execute a payment order or to initiate a payment transaction, the refusal and, if possible, the reasons for it and the procedure for correcting any factual mistakes that led to the refusal shall be notified to the payment service user, unless prohibited by other relevant Union or national law…*“, im Vergleich ebenso Art. 65 Abs. 1 S. 1 des Proposal for a regulation on payment services: „*Where the payment service provider refuses to execute a payment order or to initiate a payment transaction, the payment service provider shall notify the refusal and, if possible, the reasons for that refusal and the procedure for correcting any factual mistakes that led to the refusal to the payment service user, unless prohibited by other relevant Union or national law.*“

236 Vgl. hierzu z. B. Erwägungsgründe 86 S. 2, 87 S. 5 sowie Art. 73 Abs. 3 und Art. 91 PSD II; vgl. auch Staudinger/*Omlor*, 2020, § 675z Rn. 5.

verpflichtet. Damit stellt der aus der Verletzung von Nebenpflichten im Zusammenhang mit § 675o BGB resultierende Schadensersatzanspruch des Zahlungsdienstnutzers zwar eine Erweiterung ihm möglicher Erholungsmöglichkeiten für nicht von §§ 675u, 675y BGB erfasste Schäden dar. Gleichzeitig bestätigt aber die Anwendbarkeit allgemeiner Schadensersatzansprüche neben §§ 675u, 675y BGB die grundsätzliche Durchlässigkeit haftungsrechtlicher Normen im Zahlungsdiensterecht. Die Zulässigkeit der Geltendmachung allgemeiner Schadensersatzansprüche neben §§ 675u, 675y BGB wegen der Verletzung von Nebenpflichten stellt damit eine Ausprägung des allgemeinen Rechtsgedankens dar, dass der Vertragspartner zur Wahrung der berechtigten Interessen des anderen Vertragspartners verpflichtet ist. Damit bestätigt die Anwendbarkeit des § 280 BGB im Fall der Verletzung von Pflichten des § 675o BGB ebenfalls, dass das Zahlungsdiensterecht trotz ausdrücklicher Regelungen für die Vertragsparteien offen für das allgemeine Leistungsstörungsrecht ist, soweit es sich bei den in Rede stehenden Pflichtverletzungen nicht um solche handelt, die ausdrücklich in den zahlungsdiensterechtlichen Vorschriften geregelt sind. Damit ist auch der Regelungszusammenhang des § 675o BGB Beleg dafür, dass auch bei Anwendung eines Zahlungsinstruments allgemeine Schadensersatzansprüche des Zahlungsdienstleisters wegen der Verletzung von Nebenpflichten des Zahlungsdiensterahmenvertrags nur dann ausgeschlossen sein sollen, wenn diese bereits von §§ 675v Abs. 3, 675l BGB erfasst sind. Eine Differenzierung des aus § 675o BGB folgenden Wertungsgrundsatzes zur Beachtung von Neben- und Sorgfaltspflichten zwischen Zahlungsdienstleister und Zahlungsdienstnutzer erscheint nicht schlüssig. Die aus § 675o BGB abzuleitende Wertung bestätigt nämlich im Ergebnis nur den ohnehin zwischen den Vertragsparteien bestehenden Grundsatz der gegenseitigen Rücksichtnahme und der wechselseitigen Sorgfalt zur Schadensvermeidung und Schadensverringerung beim jeweils anderen Vertragspartner, der – um auch Wirkung zu entfalten – sanktionsbewehrt sein muss.

(b) Die Wertung aus § 675v Abs. 3 Nr. 1 BGB

Die Durchlässigkeit des Haftungssystems des § 675v BGB für sonstige Schadensersatzansprüche des Zahlungsdienstleisters im grundsätzlich eröffneten Anwendungsbereich des § 675v BGB lässt sich auch unmittelbar am strukturellen Aufbau des § 675v BGB nachweisen.

Während die Anwendung der § 675v Abs. 1, 2 sowie Abs. 3 Nr. 2 BGB die Nutzung eines Zahlungsinstruments voraussetzen, erlaubt § 675v Abs. 3 Nr. 1 BGB die Geltendmachung von Ansprüchen des Zahlungsdienstleisters bei betrügerischem Handeln des Zahlungsdienstnutzers auch in Fällen, in denen für den Zahlungsvorgang gerade kein Zahlungsinstrument verwendet wurde.[237] Sowohl Art. 61 PSD[238] als auch Art. 74 PSD II[239] sehen eine Haftung des Zahlungsdienstnutzers auch dann vor, wenn der nicht autorisierte Zahlungsvorgang nicht durch ein Zahlungsinstrument ausgelöst wurde.[240] Diese Haftungsregelung weicht grundlegend von den sonstigen Voraussetzungen der Anwendung des § 675v BGB ab; die Anwendung der sonstigen Vorschriften des § 675v BGB sehen nämlich die Verwendung eines Zahlungsinstruments für die Durchführung des Zahlungsvorgangs vor. § 675v Abs. 3 Nr. 1 BGB verdeutlicht, dass es für die Anwendung der Regelungen des § 675v BGB nicht entscheidend auf die Verwendung eines Zahlungsinstruments ankommen soll, sondern vielmehr auf die der Haftungsvorschrift zu Grunde liegende materielle Rechtslage. Ansonsten hätte der Gesetzgeber nämlich die Haftung nach § 675v Abs. 3 Nr. 1 BGB – ebenso wie in den anderen Regelungen des § 675v Abs. 3 BGB – ausdrücklich an die Voraussetzung geknüpft, dass der nicht autorisierte Zahlungsvorgang durch die Verwendung eines Zahlungsinstruments und in betrügerischer Absicht ausgeführt wurde. Dies bedeutet, dass Schadensersatzansprüche des Zahlungsdienstleisters bei Verwendung eines Zahlungsinstruments ebenso nach § 675v Abs. 3 Nr. 1 BGB in Betracht kommen, wie für Zahlungsvorgänge ohne Verwendung eines Zahlungsinstruments. Der europäische wie auch der nationale Gesetzgeber lassen damit erkennen, dass in Fällen, in denen dem Zahlungsdienstnutzer der Anspruch aus § 675u S. 2 BGB materiell nicht zustehen soll, es zu einer Durchbrechung der grundsätzlichen Voraussetzung zur Anwendbarkeit des § 675v BGB kommen soll, nämlich des Einsatzes eines Zahlungsinstruments. Die betrügerische Absicht des Zahlungsdienstnutzers in § 675v Abs. 3 Nr. 1 BGB kann insoweit auch als wertender Leitgedanke für die Korrektur von Ansprüchen in Sachverhalten ange-

---

237 A.A. *Sorg*, Die zivilrechtliche Haftung im bargeldlosen Zahlungsverkehr, 2015, S. 242, der unter Hinweis auf die amtliche Überschrift sowie dem der Umsetzung des § 675v BGB a.F. zugrundliegenden Art. 61 PSD darauf verweist, dass die Anwendung nach seiner Auffassung auch im Fall des § 675v Abs. 2 Nr. 1 BGB die Nutzung eines Zahlungsauthentifizierungsinstruments erfordere. *Sorg* räumt indessen ein, dass dieser Schluss nicht unbedingt zwingend sei, da letztlich nur systematische Indizien für seine Auffassung sprächen.

238 Für die Umsetzung in § 675v Abs. 2 Nr. 1 BGB a.F.

239 Für die Umsetzung in § 675v Abs. 3 Nr. 1 BGB.

240 Art. 74 Abs. 1 S. 3 PSD II: „*The payer shall bear all of the losses relating to any unauthorised payment transactions if they were incurred by the payer acting fraudulently or failing to fulfil one or more of the obligations set out in Article 69 with intent or gross negligence. In such cases, the maximum amount referred to in the first subparagraph shall not apply...*“, so auch Art. 60 Abs. 1 S. 3 des Proposal for a regulation on payment services: „*The payer shall bear all of the losses relating to any unauthorised payment transactions if those losses were incurred by the payer acting fraudulently or failing to fulfil one or more of the obligations set out in Article 52 with intent or gross negligence. In such cases, the maximum amount referred to in the first subparagraph shall not apply...*“.

sehen werden, in denen zahlungsdienstefremde Pflichtverletzungen des Zahlungsdienstnutzers nicht autorisierte Zahlungsvorgänge ermöglichen oder vertieft haben.

Eine vergleichbare Situation liegt auf dieser Grundlage dann vor, wenn dem Zahlungsdienstnutzer der Anspruch aus § 675u S. 2 BGB aufgrund der Zurechenbarkeit von sonstigen Pflichtverletzungen nicht oder nicht in dieser Höhe zusteht. Begünstigt nämlich der Zahlungsdienstnutzer die Entstehung eines Schadens beim Zahlungsdienstleister durch eigenes Verhalten oder Unterlassen, so liegt eine vergleichbare Situation vor, wie sie § 675v Abs. 3 Nr. 1 BGB abbildet. In beiden Fällen soll bei Pflichtverstößen des Zahlungsdienstnutzers, die erst den nicht autorisierten Zahlungsvorgang ermöglicht haben und nicht im unmittelbaren Zusammenhang mit der Durchführung des Zahlungsvorgangs stehen, der Anspruch des Zahlungsdienstnutzers korrigiert werden. Die Regelung des § 675v Abs. 3 Nr. 1 BGB belegt daher, dass § 675v BGB nicht ein in sich abgeschlossenes Haftungssystem nur für die Fälle bilden kann, wenn ein Zahlungsinstrument zur Ausführung des Zahlungsauftrags verwendet wird. Hieraus lässt sich die Wertung des Gesetzgebers ableiten, dass es für die Bestimmung des Umfangs der Sperrwirkung des § 675v BGB ebenfalls nicht ausschließlich auf die Verwendung eines Zahlungsinstruments ankommen kann.

Für Ansprüche des Zahlungsdienstleisters nach § 675v Abs. 3 Nr. 1 BGB im Fall der nicht autorisierten Ausführung eines Zahlungsauftrags bedeutet dies aber, dass aufgrund der Sperrwirkung haftungsrechtlich speziell geregelter Ansprüche in § 675v Abs. 3 Nr. 1 BGB die Geltendmachung konkurrierender Ansprüche aus § 823 Abs. 2 BGB i.V.m. § 263 StGB durch den Zahlungsdienstleister ausgeschlossen ist.[241] Da § 675v Abs. 3 Nr. 1 BGB die Haftung des Zahlungsdienstnutzers für deliktisches Handeln des Zahlungsdienstnutzers erfasst, können konkurrierende Ansprüche aus §§ 823 Abs. 2 BGB i.V.m. § 263 StGB aufgrund der insoweit dann bestehenden konkurrierenden Schadensersatzansprüche keine Anwendung mehr finden.

(c) Die Wertung aus § 675m BGB

Die aus der Verletzung der Unterrichtungspflicht nach § 675o BGB bereits bestätigte Wertung, dass die Verletzung von Nebenpflichten im Zahlungsdiensterecht auch Schadensersatzpflichten des Verpflichteten aus § 280 BGB auslösen kann, lässt sich ebenfalls an den Rechtsfolgen der Verletzung von Pflichten des Zahlungsdienstnutzers im Zusammenhang mit § 675m BGB nachweisen.

Nach § 675m Abs. 2 BGB trägt der Zahlungsdienstleister die Gefahr der Versendung eines Zahlungsinstruments und der Versendung personalisierter Sicher-

241 A.A. ohne Begründung MüKoBGB/*Zetzsche*, 9. Auflage, 2023, § 675v Rn. 41.

heitsmerkmale des Zahlungsinstruments an den Zahlungsdienstnutzer. Vor Erhalt des Zahlungsinstruments bzw. der personalisierten Sicherheitsmerkmale finden die Haftungsvorschriften des § 675v BGB noch keine Anwendung.[242] Hat der Zahlungsdienstleister aber dem Zahlungsdienstnutzer die Übersendung des Zahlungsinstruments bzw. der personalisierten Sicherheitsmerkmale angekündigt, so treffen den Zahlungsdienstnutzer Nachforschungs- und Mitteilungspflichten, wenn ein ihm gegenüber angekündigtes Zahlungsinstrument innerhalb regulärer Postlaufzeiten nicht bei ihm eingeht.[243] Ebenso wie bereits im Rahmen der Untersuchung der Nebenpflichten des Zahlungsdienstleisters gegenüber dem Zahlungsdienstnutzer im Rahmen des § 675o BGB festgestellt[244], handelt es sich bei den vom Zahlungsdienstnutzer im Rahmen des § 675m BGB dem Zahlungsdienstleister gegenüber zu erfüllenden Pflichten um keine zahlungsdiensterechtlich spezifischen Nebenpflichten, sondern resultieren aus allgemeinen Sorgfaltspflichtanforderungen nach §§ 241 ff. BGB im Rahmen eines Zahlungsdiensterahmenvertrags.[245] Aus den Regelungen des Zahlungsdiensterechts ist nicht erkennbar, dass allgemeine Sorgfalts- oder Nebenpflichten im Verhältnis der Vertragsparteien des Zahlungsdiensterahmenvertrags in geringerem Maße zu erfüllen sein sollen, als in einem Rechtsverhältnis außerhalb eines Zahlungsdiensterahmenvertrags oder außerhalb der Abwicklung eines Zahlungsvorgangs – mit oder ohne Nutzung eines Zahlungsinstruments.[246]

Die Verantwortlichkeit des Zahlungsdienstnutzers, den Zahlungsdienstleister über sonstige Umstände zu informieren und damit Risiken zu minimieren, beruht auf der gleichen Wertung, wie die Ratio des § 675l BGB. Auch dort geht es um die

---

242 *Linardatos*, Das Haftungssystem im bargeldlosen Zahlungsverkehr nach Umsetzung der Zahlungsdiensterichtlinie, 2013, S. 249; MüKoBGB/*Jungmann*, 9. Auflage, 2023, § 675m Rn. 49.

243 Langenbucher/Bliesener/Spindler/*Herresthal*, 3. Auflage, 2020, Kap. 3 § 675m Rn. 12; Ellenberger/Findeisen/Nobbe/Böger/*Frey/Ahmedi*, 3. Auflage, 2020, 675m Rn. 21; Staudinger/*Omlor*, 2020, § 675m Rn. 22; MüKoHGB/*Haertlein*, 5. Auflage, 2024, E. Bankkartenverfahren Rn. 102; KG NJW 2006, 381 (382); a.A. Langenbucher/Bliesener/Spindler/*Langenbucher*, 3. Auflage, 2020, Kap. 4 § 675m Rn. 8; Langenbucher/Bliesener/Spindler/*Jungmann*, 3. Auflage, 2020, Kap. 6 § 675m Rn. 12; sowie BeckOGK BGB/*Hofmann*, 1.9.2022, BGB § 675m Rn. 45; differenzierend Grüneberg/*Grüneberg*, 83. Auflage, 2024, § 675m Rn. 4 („ausnahmsweise").

244 Vgl. D., III., 2., b), bb), (4), (a) dieser Arbeit.

245 Art. 70 Abs. 2 PSD II: „*...The payment service provider shall bear the risk of sending a payment instrument or any personalised security credentials relating to it to the payment service user.*", im Vergleich ebenso Art. 53 Abs. 2 des Proposal for a regulation on payment services: „*The payment service provider shall bear the risk of sending a payment instrument or any personalised security credentials relating to it to the payment service user.*"

246 In diesem Sinne Langenbucher/Bliesener/Spindler/*Herresthal*, 3. Auflage, 2020, Kap. 3 § 675m Rn. 12.

Reduzierung von Risiken durch die Erfüllung von Sorgfalts- und Informationspflichten. Für die dort geregelten Pflichten sind bei Verletzung durch den Zahlungsdienstnutzer nach §§ 675v Abs. 3 Nr. 2 b), 675v Abs. 5 S. 1 BGB (schadensersatzrechtliche) Rechtsfolgen geregelt. Da eine derartige Rechtsfolgenanordnung in § 675m BGB für die Verletzung von Anzeigepflichten im Zusammenhang mit der Übersendung eines Zahlungsinstruments fehlt, muss ebenso wie im Fall der Verletzung der aus § 675o BGB folgenden Pflichten auf allgemeine Schadensersatzregelungen zurückgegriffen werden. Die Anwendbarkeit des § 280 BGB auf Pflichtverletzungen des Zahlungsdienstnutzers, den unterbliebenen Eingang des Zahlungsinstruments gegenüber dem Zahlungsdienstleister anzuzeigen, spricht damit ebenfalls für die Anerkennung allgemeiner – nicht schon nach §§ 675v Abs. 3, 675l BGB erfasster zahlungsdiensterechtlich spezifischer – Schadensersatzansprüche wegen der Verletzung von allgemeinen Neben- bzw. Sorgfaltspflichten des Zahlungsdienstnutzers aus dem Zahlungsdiensterahmenvertrag.

Diesem Ergebnis bzw. dieser aus der Pflichtverletzung des Zahlungsdienstnutzers im Zusammenhang mit § 675m BGB folgenden Wertung widerspricht auch nicht, dass § 675v Abs. 3 BGB erst eine Haftung nach Gefahrübergang anordnet.[247] Zum einen belegt die Anwendung des § 280 BGB bei Verletzung sonstiger Nebenpflichten des Zahlungsdienstnutzers aus dem Zahlungsdiensterahmenvertrag bereits die grundsätzliche Zulässigkeit von allgemeinen Schadensersatzansprüchen im Zahlungsdiensterecht. Zum anderen würde im Falle der Geltung einer weiten Sperrwirkung des § 675v BGB, also bereits bei Nutzung eines Zahlungsinstruments, die missbräuchliche Nutzung eines Zahlungsinstruments vor Gefahrübergang dazu führen, dass der Zahlungsdienstleister weder einen Anspruch aus § 675v BGB noch aus § 280 BGB geltend machen könnte. Die Qualifikation als Zahlungsinstrument ist nämlich nicht von der Zuordnung des Zahlungsinstruments an einen spezifischen Zahlungsdienstnutzer abhängig. Vielmehr würde die Nutzung eines Zahlungsinstruments durch einen nicht berechtigten Dritten formal bereits die für das Zahlungsinstrument maßgeblichen Vorschriften zur Anwendung bringen. Wäre damit ein Zahlungsinstrument Gegenstand einer nicht berechtigten Nutzung vor Gefahrübergang, so wären nach der Auffassung einer weiten Sperrwirkung[248] – also in Abhängigkeit vom bloßen Einsatz eines Zahlungsinstruments – sowohl Ansprüche aus § 675v Abs. 3 BGB als auch § 280 BGB ausgeschlossen. Dies wäre selbst dann der Fall, wenn der Zahlungsdienstnutzer vorsätzlich den unterbliebenen Eingang des avisierten Zahlungsinstruments gegenüber seinem Zahlungsdienstleister verschweigen würde. Ein derartiges Ergebnis widerspricht aber ersichtlich dem Ziel

---

247 BeckOGK BGB/*Hofmann*, 1.9.2022, BGB § 675m Rn. 42.

248 Vgl. D., II., 1., a), aa) dieser Arbeit.

des europäischen und nationalen Gesetzgebers, dem Zahlungsdienstnutzer den aus § 675u S. 2 BGB resultierenden Vorteil der Risikozuordnung nicht zu Gute kommen zu lassen, wenn der Zahlungsdienstnutzer die Schadensentstehung in zurechenbarer Weise nicht verhindert oder das diesbezügliche Risiko trotz ihm zur Verfügung stehender Möglichkeiten nicht verringert hat. Der Grundsatz, dass der Zahlungsdienstnutzer bereits vor Zugang des Zahlungsinstruments Sorgfaltspflichten zu erfüllen hat, die ausdrücklich gesetzlich geregelt sind, kann nicht dann ersatzlos entfallen, wenn dem gleichen Ziel dienende sonstige Sorgfaltspflichten auch nach Zugang des Zahlungsinstruments bestehen, diese aber nicht in den speziellen zahlungsdiensterechtlichen Vorschriften geregelt sind. Gerade dies ist aber für allgemeine Sorgfaltspflichten des Zahlungsdienstnutzers der Fall. Die Verletzung von Unterrichtungspflichten des Zahlungsdienstnutzers bei Ausbleiben des Zugangs des Zahlungsinstruments ist durchaus vergleichbar mit Informations- oder Unterrichtungspflichten über sonstige Vorgänge, die eine Gefahrerhöhung durch den nicht berechtigten Einsatz eines Zahlungsinstruments möglich erscheinen lassen. In beiden Fällen, also sowohl vor als auch nach dem Zugang des Zahlungsinstruments, betrifft die Anzeigepflicht über sonstige Umstände Vorgänge, die nicht im unmittelbaren Zusammenhang mit der Nutzung des Zahlungsinstruments durch den Zahlungsdienstnutzer stehen. Im Fall der Unterrichtungspflicht im Zusammenhang mit der avisierten Zusendung des Zahlungsinstruments betrifft dies eine Information über Umstände, die der Zahlungsdienstleister nicht kennen kann, nämlich den Eingang des Zahlungsinstruments beim Zahlungsdienstnutzer. Die Anzeigepflicht des Zahlungsdienstnutzers bezieht sich damit auf Umstände, die in keinem Zusammenhang mit der Nutzung oder Initialisierung des Zahlungsinstruments durch den Zahlungsdienstnutzer stehen. Die unterbliebene Information des Zahlungsdienstleisters führt damit zu einer Risikoerhöhung für eine spätere nicht autorisierte Nutzung des Zahlungsinstruments. Gleiches gilt aber auch für sonstige Umstände, die dem Zahlungsdienstnutzer die missbräuchliche Nutzung eines ihm überlassenen Zahlungsinstruments nach Gefahrübergang möglich erscheinen lassen. Derartige Umstände sind insbesondere in der Feststellung nicht legitimierter Buchungsvorgänge auf dem Zahlungsdienstekonto des Zahlungsdienstnutzers zu erkennen. Hierbei handelt es sich nicht um Umstände, die die §§ 675v Abs. 3, 675l BGB erfassen sollen, da es in diesen Vorschriften allein um Umstände geht, die anlässlich der Nutzung des Zahlungsinstruments dem Zahlungsdienstnutzer Pflichten auferlegen. Sonstige Umstände, die dem Zahlungsdienstnutzer Hinweise geben können, dass eine nicht berechtigte Nutzung eines Zahlungsinstruments erfolgt ist oder bevorsteht, werden vom Pflichtenkreis der §§ 675v Abs. 3, 675l BGB nicht erfasst. Ebenso wie im Fall der Verletzung der Anzeigepflicht bei Ausbleiben des Eingangs des Zahlungsinstruments kann aber die Information des Zahlungsdienstnutzers über sonstige Umstände auch nach Gefahrübergang die nicht berechtigte Nutzung eines Zahlungsinstruments verhindern oder diesbezügliche zukünftige, weitergehende Risiken verringern. Damit müssen nach Auffassung des Verfassers Pflichtverletzungen vor und nach Gefahrübergang, die sich nicht auf den Pflichtenkatalog der §§ 675v Abs. 3, 675l BGB beziehen, im Hinblick auf die Geltendmachung allgemeiner Schadensersatzansprüche gleich behandelt werden.

Dies beweist, dass es dem Gesetzgeber sowohl vor, als auch nach Gefahrübergang darum ging, im Rahmen eines interessengerechten Haftungsmodells Verantwortlichkeiten derjenigen Vertragspartei zuzuweisen, die diese aufgrund ihrer Stellung sowohl gegenüber der anderen Vertragspartei als auch im gemeinsamen Interesse zur Schadensvermeidung wahrnehmen kann. Die Anknüpfung von haftungsrechtlichen Verantwortlichkeiten an die Verletzung der diesbezüglich zugewiesenen Pflichten zeigt die Intention des Gesetzgebers. Er wollte der insoweit verantwortlichen Vertragspartei die Verbindlichkeit und ernsthafte Wahrnehmung derartiger Pflichten verdeutlichen und damit die ernsthafte Wahrnehmung dieser Pflichten sicherstellen. Da die Zielrichtung des § 675m BGB mit der Zielrichtung sonstiger Sorgfaltspflichten des Zahlungsdienstnutzers vergleichbar ist, nämlich der Vermeidung von Risiken zu Lasten des Zahlungsdienstleisters, müssen, ebenso wie bei Verletzung der Pflichten aus § 675m BGB vor Zugang des Zahlungsinstruments, auch bei der Verletzung sonstiger Sorgfaltspflichten nach Zugang des Zahlungsinstruments durch den Zahlungsdienstnutzer Schadensersatzansprüche des Zahlungsdienstleisters nach § 280 BGB zulässig sein.[249] In beiden Fällen geht es um eine Sanktion des Zahlungsdienstnutzers, wenn dieser seine von ihm zu erfüllenden Sorgfaltspflichten gegenüber dem Zahlungsdienstleister verletzt hat und dadurch ein Schaden beim Zahlungsdienstleister eingetreten ist. Für eine Differenzierung zwischen diesen risikomäßig gleich zu bewertenden Sachverhalten ist wertungsmäßig kein Raum.

(d) Die Haftung des Zahlungsdienstnutzers aus § 676b BGB

Die Wertung des nationalen und europäischen Gesetzgebers, dass der Zahlungsdienstnutzer auch Sorgfalts- und Schutzpflichten gegenüber dem Zahlungsdienstleister wahrzunehmen hat, deren Verletzung durch allgemeine Schadensersatzre-

---

249 Vgl. hierzu Langenbucher/Bliesener/Spindler/*Herresthal*, 3. Auflage, 2020, Kap. 3 § 675m Rn. 12; Ellenberger/Findeisen/Nobbe/Böger/*Frey/Ahmedi*, 3. Auflage, 2020, 675m Rn. 21; Staudinger/*Omlor*, 2020, § 675m Rn. 22; MüKoHGB/*Haertlein*, 4. Auflage, 2019, E. Bankkartenverfahren Rn. 103; KG NJW 2006, 381 (382); a.A. Langenbucher/Bliesener/Spindler/*Langenbucher*, 3. Auflage, 2020, Kap. 4 § 675m Rn. 8; Langenbucher/Bliesener/Spindler/*Jungmann*, 3. Auflage, 2020, Kap. 6 § 675m Rn. 12; sowie BeckOGK BGB/*Hofmann*, 1.9.2022, BGB § 675m Rn. 45; Grüneberg/*Sprau*, 81. Auflage, 2022, § 675m Rn. 4.

gelungen außerhalb des § 675v BGB sanktionsbewehrt ist, ist auch in § 676b Abs. 1 BGB abgebildet.[250]

§ 676b Abs. 1 BGB ist Ausdruck besonderer im Zahlungsdiensterecht angeordneter Sorgfaltspflichten, die der Zahlungsdienstnutzer im Rahmen der Inanspruchnahme der Leistungen des Zahlungsdienstleisters bei Ausführung von Zahlungsaufträgen diesem gegenüber zu wahren hat.[251] § 676b BGB konkretisiert für das Zahlungsdiensterecht allgemeine aus der Rechts- und Geschäftsverbindung zwischen Zahlungsdienstleister und Zahlungsdienstnutzer resultierende Sorgfalts- und Schutzpflichten des Zahlungsdienstnutzers für den in dieser Vorschrift geregelten Fall, namentlich die Abwehr der missbräuchlichen Auslösung von Zahlungsvorgängen. Hintergrund und ratio der Regelung des § 676b BGB ist es, dass der Zahlungsdienstnutzer einen von ihm nach § 675u S. 2 BGB zu liquidierenden Schaden nicht ersetzt erhält, wenn ihm selbst die Verletzung von Sorgfaltspflichten vorzuwerfen ist.[252] Nach § 676b Abs. 1 BGB hat der Zahlungsdienstnutzer seinen Zahlungsdienstleister unverzüglich nach Feststellung eines nicht autorisierten oder fehlerhaft ausgeführten Zahlungsvorgangs zu unterrichten. § 676b Abs. 1 BGB korrespondiert bezüglich der Sorgfaltspflichten des Zahlungsdienstnutzers mit den in

---

250 Zur abschließenden Geltung der Sorgfaltspflichten Ebenroth/Boujong/Joost/Strohn/*Keßler*, 4. Auflage, 2020, § 675l Rn. 17; a.A. Ebenroth/Boujong/Joost/Strohn/*Strohn*, 3. Auflage, 2015, § 675l Rn. 201, 202 m.w.N.; AG Köln NJW RR 2015, 1272 (1274); BGH WM 1979, 417 (418); OLG Zweibrücken NJW-RR 1997, 1546, (1547).

251 Vgl. hierzu Art. 58 PSD: „*The payment service user shall obtain rectification from the payment service provider only if he notifies his payment service provider without undue delay on becoming aware of any unauthorised or incorrectly executed payment transactions giving rise to a claim, including that under Article 75, and no later than 13 months after the debit date, unless, where applicable, the payment service provider has failed to provide or make available the information on that payment transaction in accordance with Title III.*“, Art. 71 Abs. 1 PSD II: „*...The payment service user shall obtain rectification of an unauthorised or incorrectly executed payment transaction from the payment service provider only if the payment service user notifies the payment service provider without undue delay on becoming aware of any such transaction giving rise to a claim, including that under Article 89, and no later than 13 months after the debit date. The time limits for notification laid down in the first subparagraph do not apply where the payment service provider has failed to provide or make available the information on the payment transaction in accordance with Title III.*“, im Vergleich zur vorgeschlagenen Neuregelung des Art. 54 Abs. 1 des Proposal for a regulation on payment services: „*The payment service provider shall only rectify any unauthorised, incorrectly executed payment transaction or authorised payment transaction where the payment service user notifies the payment service provider in accordance with Articles 57 and 59 without undue delay after becoming aware of any such transaction giving rise to a claim, including a claim under Article 75, and no later than 13 months after the debit date. The time limits for notification laid down in the first subparagraph shall not apply where the payment service provider has failed to provide or make available the information on the payment transaction in accordance with Title II.*“

252 *Grundmann*, S. 617, Rn. 457.

§ 675o Abs. 1 S. 1 BGB geregelten Sorgfaltspflichten des Zahlungsdienstleisters. Ebenso wie für § 675o Abs. 1 S. 1 BGB stellt die unterlassene Information des Zahlungsdienstleisters nach § 676b Abs. 1 BGB eine Verletzung des Zahlungsdiensterahmenvertrags dar; vergleichbar mit § 675o Abs. 1 S. 1 BGB ist ferner, dass § 676b Abs. 1 BGB keine Rechtsfolgenanordnung enthält. Damit ist auch im Rahmen des § 676b Abs. 1 BGB hinsichtlich der Rechtsfolge auf das allgemeine Schadensrecht zurückzugreifen.[253] Folglich kommt für die unterlassene oder unvollständige Anzeige des Zahlungsdienstnutzers gegenüber dem Zahlungsdienstleister die Verletzung einer Nebenpflicht jedenfalls des Zahlungsdiensterahmenvertrags und damit eine Haftung nach § 280 BGB in Betracht.

Ein Schadensersatzanspruch nach § 280 BGB kommt für den Zahlungsdienstleister aber nur in Betracht, wenn es sich bei § 676b Abs. 1 BGB um eine Rechtspflicht handelt.[254] Gegen die Qualifikation des § 676b Abs. 1 BGB als Rechtspflicht wird eingewandt, dass Art. 71 PSD II[255] keine Verpflichtung des Zahlungsdienstnutzers vorsehe, den Zahlungsdienstleister nach Feststellung eines nicht autorisierten oder fehlerhaft ausgeführten Zahlungsvorgangs zu unterrichten. Die Regelung mache lediglich die Geltendmachung von Korrekturansprüchen von einer rechtzeitigen Unterrichtung abhängig.[256] Zudem wird darauf verwiesen, dass § 676b Abs. 1 BGB eine zu § 377 HGB vergleichbare Formulierung aufweise. In beiden Fällen ordneten die Vorschriften an, dass eine Partei eines Rechtsverhältnisses die andere Partei über Umstände aus dem bestehenden Geschäftsverhältnis zu informieren habe, die Auswirkungen auf (Ersatz-)Pflichten des aus dem zugrundeliegenden Rechtsgeschäft Verpflichteten haben können. Da § 377 HGB als bloße Obliegenheit verstanden werde, sei auch § 676b BGB als Obliegenheit zu verstehen.[257] Legte man diese Auffassung zugrunde, würde aus der Qualifikation des § 676b Abs. 1 BGB als

253 A.A. Staudinger/*Omlor*, 2020, § 676b Rn. 3; ebenso aber *Grundmann*, S. 617, Rn. 456.

254 *Grundmann*, S. 616, 617, Rn. 456, 457; Soergel/*Werner*, 13. Auflage, 2012, § 676b Rn. 2; *Bunte*, 4. Auflage, 2015, SB Überweisungsverkehr Rn. 77 ff.; *Koch*, Missbrauch von Zahlungsauthentifizierungsinstrumenten, 2012, S. 153; a.A. *Linardatos*, Das Haftungssystem im bargeldlosen Zahlungsverkehr nach Umsetzung der Zahlungsdiensterichtlinie, 2013, S. 393; Erman/*v. Westphalen*, 17. Auflage, 2023, § 676b Rn. 2; MüKoBGB/*Zetzsche*, 9. Auflage, 2023, § 676b Rn. 6: Ellenberger/Findeisen/Nobbe/Böger/*Nobbe*, 3. Auflage, 2020, § 676b Rn. 14; BeckOK BGB/*Schmalenbach*, 63. Ed. 1.8.2022, BGB § 676b Rn. 3; BeckOGK BGB/*Zahrte*, 1.12.2022, BGB § 676b Rn. 11; Langenbucher/Bliesener/Spindler/*Langenbucher*, 3. Auflage, 2020, Kap. 4 § 676b Rn. 3; Staudinger/*Omlor*, 2020, § 676b Rn. 3; Grüneberg/*Grüneberg*, 83. Auflage, 2024, § 676b Rn. 2; Bunte/Zahrte/*Zahrte*, 5. Auflage, 2019, 4. Teil Sonderbedingungen der Banken und Sparkassen, IV. Bedingungen für den Überweisungsverkehr Rn. 80; Ebenroth/Boujong/Joost/Strohn/*Keßler*, 4. Auflage, 2020, § 676b Rn. 2.

255 Ebenso wenig wie Art. 58 PSD.

256 BeckOK BGB/*Schmalenbach*, 63. Ed. 1.8.2022, BGB § 676b Rn. 3.

257 BeckOGK BGB/*Zahrte*, 1.12.2022, BGB § 676b Rn. 13; Staudinger/*Omlor*, 2020, § 676b Rn. 3.

Obliegenheit folgen, dass eine diesbezügliche Verletzung nur einen Verlust von Ansprüchen aus den §§ 675u, 675y und § 675z BGB i.V.m. § 280 BGB und etwaigen anderen Anspruchsnormen nach sich zöge.[258]

Die besseren Gründe sprechen jedoch dafür, § 676b Abs. 1 BGB als eine echte Rechtspflicht des Zahlungsdienstnutzers gegenüber dem Zahlungsdienstleister zu qualifizieren. Deren Verletzung kann aufgrund fehlender Normierung in § 675v Abs. 3 BGB durch den Zahlungsdienstleister nach § 280 BGB im Falle des Eintritts eines hieraus resultierenden Schadens geltend gemacht werden. § 676b BGB dient nämlich der Umsetzung der Art. 58 PSD bzw. Art. 71 PSD II. Diese Vorschriften sind im unmittelbaren Zusammenhang mit den Vorschriften zu Sorgfaltspflichten der Art. 56 und 57 PSD sowie der Art. 69 und 70 PSD II zu verstehen.[259] Die Schutzwirkung des § 676b Abs. 1 BGB ist hierbei ausschließlich auf die Interessenwahrung des Zahlungsdienstleisters ausgerichtet.[260]

Auch die nationalen Gesetzesbegründungen sprechen ausdrücklich von Verpflichtungen des Zahlungsdienstnutzers nach § 676b Abs. 1 BGB.[261] Insoweit entsprechen die Begründungen zu § 676b Abs. 1 BGB dem aus Art. 56, 57 PSD sowie Art. 69, 70 PSD II zu entnehmenden Verpflichtungscharakter der Art. 58 PSD bzw. 71 PSD II. Wäre der Gesetzgeber der Auffassung gewesen, dass die im Rahmen der Umsetzung des Art. 58 PSD erfolgte Qualifikation des § 676b BGB als Rechtspflicht unzutreffend gewesen wäre, hätte er im Rahmen der Umsetzung des Art. 71 PSD II nicht ausdrücklich diese Einordnung bestätigt. So verwies der Gesetzgeber darauf, dass der Zahlungsdienstnutzer nach § 676b Abs. 1 BGB „wie bisher verpflichtet"[262] sei, gegenüber seinem Zahlungsdienstleister die Feststellung eines nicht autori-

---

258 BeckOK BGB/*Schmalenbach*, 63. Ed. 1.8.2022, BGB § 676b Rn. 3; ebenso im Ergebnis wohl auch Grüneberg/*Sprau*, 81. Auflage, 2022, § 676b BGB Rn. 2; Ellenberger/Findeisen/Nobbe/*Nobbe*, 2. Auflage, 2013, § 676b Rn. 13; *Linardatos*, WuB 2015, 248 (251); Langenbucher/Bliesener/Spindler/*Langenbucher*, 3. Auflage, 2020, Kap. 4 § 676b Rn. 6; MüKoBGB/*Zetzsche*, 9. Auflage, 2023, § 676b Rn. 6; Langenbucher/Bliesener/Spindler/*Herresthal*, 3. Auflage, 2020, Kap. 3 § 676b Rn. 7; Ellenberger/Findeisen/Nobbe/Böger/*Nobbe*, 3. Auflage, 2020, § 676b Rn. 12; Erman/v. *Westphalen*, 15. Auflage, 2017, § 676b Rn. 2; BeckOGK BGB/*Zahrte*, 1.12.2022, BGB § 676b Rn. 2, 10; Staudinger/*Omlor*, 2012, § 676b Rn. 3.

259 *Grundmann*, S. 617, Rn. 456.

260 Unter Verweis auf Erwägungsgrund 31 PSD *Grundmann*, S. 617, Rn. 456.

261 BT-DrS. 16/11643, S. 119: „*Nach Abs. § 676b Abs. 1 ist ein Zahlungsdienstnutzer verpflichtet, seinem Zahlungsdienstleister gegenüber die Feststellung eines nicht autorisierten oder fehlerhaft ausgeführten Zahlungsvorgangs unverzüglich anzuzeigen.*"; BT-DrS. 18/11495, S. 178: „*Nach § 676b Abs. 1 BGB-E ist der Zahlungsdienstnutzer wie bisher verpflichtet, gegenüber seinem Zahlungsdienstleister die Feststellung eines nicht autorisierten oder fehlerhaft ausgeführten Zahlungsvorgangs unverzüglich anzuzeigen*".

262 BT-DrS. 18/11495, S. 178.

sierten oder fehlerhaft ausgeführten Zahlungsvorgangs unverzüglich anzuzeigen.[263] Damit ist auch auf Grundlage der Umsetzung des Art. 71 PSD II in Form des § 676b BGB für das nationale Recht die Einordnung des § 676b Abs. 1 BGB als Rechtspflicht nicht anzugreifen. Der Hinweis auf den Wortlaut des § 377 HGB und die diesbezügliche Qualifikation als Obliegenheit berücksichtigt nicht die von § 676b Abs. 1 und Abs. 2 BGB abweichende Normstruktur des § 377 HGB.

Der Einordnung des § 377 HGB als Obliegenheit und damit keiner echten Rechtspflicht liegt der Gedanke zugrunde, dass „ein ordentlicher Kaufmann es niemals unterlässt, die gelieferte Ware unverzüglich eingehend zu untersuchen, um sich von ihrer vertragsgemäßen Beschaffenheit zu überzeugen und den Verkäufer gegebenenfalls von einem Sachmangel oder dem Fehlen der garantierten Beschaffenheit zu unterrichten".[264] Damit steht der Vergleichbarkeit der Einordnung des § 377 HGB und § 676b BGB ein grundlegender Wertungsunterschied entgegen, da bereits im Ausgangspunkt § 377 HGB von einem von § 676b BGB abweichenden Verantwortlichkeitsmodell ausgeht. Während § 377 HGB auf der Verantwortlichkeit des Kaufmanns für eigene Interessen eine Anzeigeobliegenheit statuiert, lässt sich eine derartige vom Gesetzgeber vorgegebene vergleichbare Zielrichtung für § 676b BGB nicht feststellen. Im Gegenteil: Der Gesetzgeber hat, wie vorstehend ausgeführt, mehrfach bestätigt, dass es sich bei § 676b BGB um eine Verpflichtung des Zahlungsdienstnutzers handele.[265] Zudem lässt sich an der Struktur des § 676b BGB ablesen, dass Rechtsfolgen aus der Verletzung des § 676b Abs. 1 BGB außerhalb des § 676b BGB in Form eines Schadensersatzanspruchs des Zahlungsdienstleisters entstehen, während § 377 HGB einen in sich geschlossenen Obliegenheits- und Rechtsfolgenkatalog aufweist. § 377 Abs. 2 HGB nimmt nämlich ausdrücklich als Rechtsfolgenanordnung auf die in § 377 Abs. 1 HGB enthaltene Regelung Bezug. Damit enthält § 377 Abs. 1 HGB zunächst die durch den Käufer wahrzunehmende Obliegenheit, Prüfungshandlungen vorzunehmen und die hieraus etwa resultierende Anzeige gegenüber dem Verkäufer abzugeben. § 377 Abs. 2 HGB enthält hinsichtlich der Prüfungshandlungen und Anzeigeobliegenheit keine eigenen Regelungen. Vielmehr wird allein die Rechtsfolge einer unterbliebenen Anzeige nach § 377 Abs. 1 HGB beschrieben. Damit stehen § 377 Abs. 1 HGB und § 377 Abs. 2 HGB in einem untrennbaren Verhältnis zueinander, da § 377 Abs. 2 HGB ohne § 377 Abs. 1 HGB keine Rechtswirkungen entfalten kann. Insoweit ist nach dem Willen des Gesetzgebers aus der Normstruktur des § 377 HGB auch zu erkennen, dass § 377

---

263 BT-DrS. 18/11495, S. 178.

264 Ebenroth/Boujong/Joost/Strohn/*Achilles*, 4. Auflage, 2020, § 377 Rn. 55 unter Hinweis auf Entwurf eines Handelsgesetzbuches für die Preußischen Staaten, Zweiter Teil Motive, 1857, 141 (zu Art. 264).

265 BT-DrS. 16/11643, S. 119; BT-DrS. 18/11495, S. 178.

Abs. 1 HGB keine eigenständige Verpflichtung enthalten soll, sondern nur im Zusammenhang mit § 377 Abs. 2 HGB Anwendung finden kann. § 377 Abs. 1 HGB dient nicht dazu, eine bestimmte Rechtsfolge herbeizuführen oder auszulösen, sondern soll den Verkäufer im Sinne einer Tatsachenmitteilung lediglich schnell und möglichst präzise über festgestellte Sachmängel oder Falsch- bzw. Zuweniglieferungen, also einen Mangelbefund, informieren.[266]

Hiervon weicht aber die Systematik der Vorschrift des § 676b Abs. 1 und Abs. 2 BGB grundlegend ab. § 676b Abs. 1 und Abs. 2 BGB haben jeweils eigenständige Regelungssachverhalte und sind insoweit auch unabhängig voneinander rechtlich zu bewerten. § 676b Abs. 1 BGB enthält nämlich eine Verpflichtung des Zahlungsdienstnutzers, § 676b Abs. 2 BGB dagegen eine Obliegenheit.[267] Diese unterschiedliche Einordnung des § 676b Abs. 1 und Abs. 2 BGB ergibt sich daraus, dass § 676b Abs. 2 BGB, abweichend von der Struktur des § 377 HGB, eine von der Regelung des § 676b Abs. 1 BGB inhaltlich abweichende selbständige Regelung enthält. § 676b Abs. 2 BGB regelt unabhängig von § 676b Abs. 1 BGB Voraussetzungen und Rechtsfolgen einer unterbliebenen Unterrichtung des Zahlungsdienstleisters. Sämtliche Voraussetzungen für den Ausschluss von Ansprüchen des Zahlungsdienstnutzers sind eigenständig von der Regelung des § 676b Abs. 1 BGB in § 676b Abs. 2 BGB enthalten. Eines Rückgriffs auf § 676b Abs. 1 BGB zur Feststellung der Voraussetzungen des § 676b Abs. 2 BGB bedarf es damit im Unterschied zu § 377 HGB gerade nicht. Insoweit enthält § 676b Abs. 2 BGB eine eigenständige anspruchshindernde Regelung, die zur Herstellung von Rechtsfrieden zwischen den Parteien die Geltendmachung von Ansprüchen des Zahlungsdienstnutzers nach 13 Monaten absolut ausschließen soll. § 676b Abs. 1 BGB hingegen ordnet an, dass der Zahlungsdienstnutzer unverzüglich nach Feststellung eines nicht autorisierten oder fehlerhaft ausgeführten Zahlungsvorgangs den Zahlungsdienstleister zu unterrichten hat. Diese Regelung verfolgt damit ein von § 676b Abs. 2 BGB abweichendes Ziel. Hier geht es um die Schadensprävention beim Zahlungsdienstleister, dem die nicht autorisierte Ausführung eines Zahlungsvorgangs in der Regel nicht bekannt sein kann. Nur bei unverzüglicher Anzeige durch den Zahlungsdienstnutzer ist es ihm möglich, einen weiteren Schaden aus der neuerlichen Einreichung unautorisierter Zahlungsaufträge zu vermeiden und so eine (weitergehende) Inanspruchnahme aus § 675u S. 2 BGB durch sichernde Maßnahmen zu vermeiden. Da wie erwähnt eine eigenständige Rechtsfolgenregelung für einen Verstoß des Zahlungsdienstnutzers gegen die Verpflichtung aus § 676b Abs. 1 BGB nicht in den zahlungsdiensterecht-

266 Ebenroth/Boujong/Joost/Strohn/*Achilles*, 4. Auflage, 2020, § 377 Rn. 55.

267 Vgl. hierzu auch § 675l Abs. 1 S. 2 BGB, dessen Anzeigeverpflichtung gleichzeitig als Obliegenheit und Rechtspflicht einzuordnen ist; hierzu BeckOGK BGB/*Hofmann*, 1.9.2022, BGB § 675v Rn. 131; BeckOGK BGB/*Hofmann*, 1.9.2022, BGB § 675m Rn. 29.

lichen Vorschriften enthalten ist, finden damit die allgemeinen Schadensersatzvorschriften Anwendung.

(aa) Die Wertung des § 676b Abs. 1 BGB

Auch aus der Regelung des § 676b Abs. 1 BGB lässt sich damit der Schluss ziehen, dass sowohl der europäische als auch der nationale Gesetzgeber allgemeine Schadensersatzansprüche des Zahlungsdienstleisters aus der Verletzung der Unterrichtungspflichten des § 676b Abs. 1 BGB auch dann zulassen wollten, wenn der Anwendungsbereich des § 675v BGB dem Grunde nach durch missbräuchliche Veranlassung eines Zahlungsvorgangs in Form eines Zahlungsinstruments eröffnet ist.[268]

Die Verletzung allgemeiner Sorgfaltspflichten, zu denen auch die Pflicht aus § 676b Abs. 1 BGB zählt, ist nicht von § 675v Abs. 3 BGB erfasst. Da sich die Verpflichtung des § 676b Abs. 1 BGB nicht auf die Unterrichtung über nicht autorisierte Zahlungsvorgänge beschränkt, die durch Zahlungsinstrumente ausgelöst wurden, muss die Anwendung des § 676b Abs. 1 BGB und die Geltendmachung von Schadensersatzansprüchen aufgrund der Verletzung der diesbezüglichen Anzeigepflichten neben § 675v BGB möglich sein. Nur dann kann nämlich die Verletzung von Unterrichtungspflichten nach § 676b Abs. 1 BGB auch bei Verwendung eines Zahlungsinstruments sanktioniert werden. Die Regelungen der §§ 675v Abs. 3, 675l BGB enthalten nämlich diesbezüglich keine Regelungen. Da die §§ 675v Abs. 3, 675l BGB keine Pflichten für die Anzeige nicht autorisierter Zahlungsvorgänge enthalten,

---

268 *Grundmann*, S. 617, Rn. 457; Ellenberger/Findeisen/Nobbe/*Nobbe*, 2. Auflage, 2013, § 675u Rn. 6; BeckOGK BGB/*Zahrte*, 1.9.2022, BGB § 676b Rn. 28; Ellenberger/Findeisen/Nobbe/Böger/*Nobbe*, 3. Auflage, 2020, § 676b Rn. 17; vgl. auch BGH WM 1978, 998 (999); BGH WM 1996, 335 (338); KG WM 1995, 2182 (2183); Soergel/*Werner*, 13. Auflage, 2012, § 675u Rn. 7; a.A. BeckOK BGB/*Schmalenbach*, 63. Ed. 1.8.2022, BGB § 676b Rn. 3; *Sorg*, Die zivilrechtliche Haftung im bargeldlosen Zahlungsverkehr, 2015, S. 268, der unter Hinweis auf Art. 58 PSD und die Begründung in BR-DrS. 848/08, S. 195 für § 676b BGB a.F. der Auffassung ist, dass § 676b BGB a.F. keine Haftung, sondern lediglich die zeitliche Grenze für eine Korrektur im Falle nicht autorisierter Zahlungsvorgänge – also auch für die Erstattung nach Art. 60 Abs. 1 PSD – anordne. Die Forderung des Zahlungsdienstnutzers gehe „schlicht" unter, komme dieser seiner Unterrichtungsobliegenheit nicht nach. Der Zahlungsdienstleister des Zahlungsdienstnutzers erleide keinen zu regulierenden Schaden. Für § 675u BGB a.F. habe dies keine Folgen. Der Ausschluss des Aufwendungsersatzes stehe im Einklang mit der PSD; die Norm sei lediglich unvollständig. Aufgrund der eigenständigen Regelungsgehalte der § 675u BGB und § 676b BGB erscheint diese Auslegung indessen nicht belastbar. Die Vertreter der Auffassung, dass es sich bei § 676b BGB um eine Obliegenheit handele, berücksichtigen die Verletzung dieser Obliegenheit mit einem Mitverschulden des Zahlungsdienstnutzers nach § 254 BGB gegebenenfalls bis zu 100 %; vgl. hierzu auch Ulmer/Brandner/Hensen/*Fuchs/Zimmermann*, 13. Auflage, 2022, Banken AGB Rn. 38; BGH NJW 1991, 487 (487 ff.); Derleder/Knops/Bamberger/*Casper*, Band 1, 3. Auflage, 2017, § 4 Rn. 77.

sondern allein die Verletzung von Anzeigepflichten nach § 675l BGB bzw. der Verletzung der Bedingung für Ausgabe und Nutzung von Zahlungsinstrumenten, muss §§ 280, 676b Abs. 1 BGB neben § 675v BGB anwendbar sein. Daher spricht die aus der Verletzung des § 676b Abs. 1 BGB resultierende Schadensersatzverpflichtung nach § 280 BGB für eine nur eingeschränkte Sperrwirkung des § 675v BGB.

Die Verletzung der in § 676b Abs. 1 BGB geregelten Unterrichtungspflichten über die Feststellung eines nicht autorisierten oder fehlerhaft ausgeführten Zahlungsvorgangs stehen in keinem inhaltlichen Zusammenhang mit den in § 675v BGB geregelten Pflichten zur Ausgabe und Nutzung des Zahlungsinstruments. Daher war es sowohl seitens des europäischen als auch des nationalen Gesetzgebers zutreffend, die Ahndung der Verletzung von Pflichten nach § 676b Abs. 1 BGB nicht im Zahlungsdiensterecht im Zusammenhang mit der Haftungsnorm des § 675v BGB zu verankern, sondern sie entsprechend Erwägungsgrund 31 PSD bzw. 70 PSD II dem jeweiligen nationalen Haftungsrecht zu überlassen.

(bb) Die Wertung des Erwägungsgrundes 70 PSD II

Erwägungsgrund 70 PSD II hebt ausdrücklich hervor, dass Risiken oder Folgen nicht autorisierter oder fehlerhaft ausgeführter Zahlungsvorgänge dadurch geringgehalten werden sollen, dass der Zahlungsdienstnutzer den Zahlungsdienstleister so bald wie möglich über Einwendungen gegen angeblich nicht autorisierte oder fehlerhaft ausgeführte Zahlungsvorgänge informiert. Hieran wird deutlich, dass es dem europäischen Gesetzgeber gerade darum ging, nicht zahlungsmediumsspezifische Informationspflichten für den Zahlungsdienstnutzer über nicht autorisierte Zahlungsvorgänge festzulegen, sondern darüber hinaus für sämtliche nicht autorisierte Zahlungsvorgänge. Dieses Ziel lässt sich aber nur erreichen, wenn auch im Fall der Anwendung eines Zahlungsinstruments eine entsprechende Unterrichtungspflicht des Zahlungsdienstnutzers besteht. Würde bereits die grundsätzliche Öffnung des Anwendungsbereichs des § 675v BGB bei Durchführung eines missbräuchlichen Zahlungsauftrags unter Verwendung eines Zahlungsinstruments andere Schadensersatzansprüche sperren, könnte es nicht zur Anwendung der §§ 280, 676b Abs. 1 BGB kommen.

Es wäre nicht nachvollziehbar, dass ein Zahlungsdienstnutzer bei Verwendung eines Zahlungsinstruments und Verletzung der Pflicht aus § 676b Abs. 1 BGB keiner Schadensersatzverpflichtung gegenüber dem Zahlungsdienstleister unterliegen würde, andererseits aber die Verletzung der Pflicht aus § 676b Abs. 1 BGB eine Schadensersatzpflicht des Zahlungsdienstnutzers nach sich zöge, wenn der nicht autorisierte Zahlungsvorgang ohne Verwendung eines Zahlungsinstruments ausgeführt wird. Widerspricht dieses Ergebnis bereits dem Wortlaut des § 676b Abs. 1 BGB, so lässt sich auch keine materielle Rechtfertigung für ein derartiges Ergebnis finden. Mit der Ausführung eines Zahlungsvorgangs ohne und unter Verwendung eines Zahlungsinstruments werden identische Ziele verfolgt. In beiden Fällen sollen auch identische Risiken durch die maßgeblichen zahlungsdiensterechtlichen Vorschriften abgewehrt oder reduziert werden: Die Vermeidung nicht autorisierter Zahlungsvorgänge. Damit müssen auch in beiden Fällen identische Sorgfaltsmaßstäbe und deren Sanktionierung bei Verletzung zur Anwendung kommen. Dies drückt § 676b BGB durch die Unterrichtungspflicht über nicht autorisierte Zahlungsvorgänge unabhängig vom Zahlungsauftragsmedium aus.

(5) Zusammenfassung und Ergebnis

Die Analyse der maßgeblichen Regelungen der Zahlungsdiensterichtlinien und der zivilrechtlichen Regelungen der §§ 675c ff. BGB haben gezeigt, dass eine Sperrwirkung des § 675v BGB gegenüber sonstigen Schadensersatzansprüchen des Zahlungsdienstleisters nur dann in Betracht kommt, wenn die Zielrichtung des Schadensersatzanspruchs des Zahlungsdienstleisters mit der Zielrichtung der zahlungsdiensterechtlichen Schadensersatzansprüche nach § 675v BGB identisch ist. Ebenso wie § 675z BGB für §§ 675u, 675y BGB ausdrücklich eine Sperrwirkung für Ansprüche des Zahlungsdienstnutzers gegenüber dem Zahlungsdienstleister anordnet, die auf die identischen Rechtsfolgen der §§ 675u, 675y BGB gerichtet sind, lässt sich damit eine derartige Sperrwirkung für die Schadensersatzansprüche des Zahlungsdienstleisters gegenüber dem Zahlungsdienstnutzer aus § 675v Abs. 3 BGB feststellen.[269] Nur Schadensersatzansprüche, die auf der Verletzung der in §§ 675v Abs. 3, 675l BGB geregelten Pflichten beruhen, werden von § 675v BGB gesperrt.[270]

Auf Grundlage der Analyse der Zahlungsdiensterichtlinien[271] und der nationalen Vorschriften zu deren Umsetzung bleibt in diesem Zusammenhang offen, wie der BGH in seiner Entscheidung vom 5.3.2024 zum Ergebnis gekommen ist, dass § 675v Abs. 2 BGB a.F. eine weite Sperrwirkung für sonstige Schadensersatzansprüche des Zahlungsdienstleisters entfalte. Da der BGH sich in den Entscheidungsgründen weder mit den europäischen noch den nationalen Rechtsvorschriften auseinandersetzte, die nach Auffassung des Verfassers belegen, dass sowohl der

---

269 § 675z BGB in Umsetzung Art. 60 Abs. 2, 76, 86 Abs. 1, Erwägungsgründe 46, 48 PSD sowie Art. 73 Abs. 3, 91 PSD II; vgl. auch BGH BKR 2021, 240 (243); Staudinger/*Omlor*, 2020, § 675u Rn. 23; Ebenroth/Boujong/Joost/Strohn/*Keßler*, 4. Auflage, 2020, § 675u Rn. 7; *Belling/Belling*, JZ 2010, 708, (709 f.); *Winkelhaus*, BKR 2010, 441, (445 ff.); *Bartels*, WM 2010, 1828 (1831 f.); *Kropf*, WM 2016, 67 (70 ff.); vgl. auch BT-DrS. 16/11643, S. 113; *Nobbe*, WM 2012, Sonderbeilage 1, 1 (23); *Dieckmann*, WM 2015, 14 (16 f.); *Piekenbrock*, WM 2015, 797 (797 f.); *Müller*, WM 2016, 809 (814).

270 Vgl. auch *Nobbe*, WM 2012, Sonderbeilage 1, 1 (9); MüKoBGB/*Zetzsche*, 9. Auflage, 2023, § 675z Rn. 5; BT-DrS. 16/11643, S. 118; LG Darmstadt WM 2014, 2323 (2327).

271 Vgl. D., III., 2., b), aa) dieser Arbeit.

europäische als auch der nationale Gesetzgeber eine enge Sperrwirkung für den Anspruch des Zahlungsdienstleisters aus § 675v Abs. 2 BGB a.F.[272] vorgesehen hatte, bleibt unklar, auf welcher rechtlichen Grundlage der BGH zu diesem Ergebnis kam. Die in der Entscheidung des BGH vom 5. 3. 2024 unterbliebene Auseinandersetzung mit den unterschiedlichen Auffassungen der Literatur zur engen Sperrwirkung des § 675v Abs. 2 BGB a.F. überrascht. Dies umso mehr, da der BGH in der Entscheidung vom 17. 11. 2020 diese Auffassungen ohne eine entsprechende Bewertung denjenigen Auffassungen der Literatur gegenübergestellt hatte, die eine weite Sperrwirkung des § 675v Abs. 2 BGB a.F. bejahten. Angesichts der Bedeutung und Auswirkung der Entscheidung des BGH vom 5. 3. 2024 – auch in möglicherweise indizieller Hinsicht für die Haftungsregelung des § 675v Abs. 3 BGB – ist der Verzicht auf eine entsprechende Begründung nicht nachzuvollziehen. Dies spricht dafür, dass der BGH mit seiner Entscheidung vom 5. 3. 2024 noch keine Entscheidung für die Rechtslage unter der PSD II treffen wollte. Damit lässt sich der Entscheidung des BGH nach Auffassung des Verfassers lediglich entnehmen, dass er zur Sperrwirkung des § 675v Abs. 2 BGB a.F. lediglich für diesen Einzelfall unter Geltung der PSD Stellung nehmen wollte. Hierfür spricht auch, dass der BGH in der Entscheidung vom 5. 3. 2024 – ebenso wie in der Entscheidung vom 17. 11. 2020 – ausschließlich auf die Fassung des § 675v BGB unter Geltung der PSD Bezug genommen hat. Ein Hinweis, dass seine Rechtsauffassung auch für die Rechtslage unter der PSD II und damit ebenfalls für § 675v Abs. 3 BGB gelten soll, fehlt. Dies wäre aber bei einer entsprechenden Auffassung des BGH zu erwarten gewesen, insbesondere deshalb, da Vertreter der Literatur im Zusammenhang mit der Entscheidung des BGH vom 17. 11. 2020 auf eine mögliche indizielle Wirkung hingewiesen hatten.[273]

Überraschend ist nach den in vorstehender Analyse[274] erzielten Ergebnissen, dass der BGH keine Zweifel an seiner Auslegung hatte und die Frage des Umfangs der Sperrwirkung des Art. 61 PSD (§ 675v Abs. 2 BGB a.F.) dem EuGH nicht zur Vorabentscheidung nach Art. 267 AEUV vorgelegt hat. Auch ist nicht nachvollziehbar, weshalb er nicht begründet hat, warum keine Zweifel an seiner Auslegung des § 675v Abs. 2 BGB a.F. zum Umfang von dessen Sperrwirkung denkbar sind. Der BGH hat mit seiner Entscheidung nach der in dieser Arbeit vertretenen Auffassung damit auch gegen die aktuellen Grundsätze des EuGH zur Begründung von Entscheidungen letztinstanzlicher nationaler Gerichte verstoßen, wenn es um die Auslegung von unionsrechtlich relevanten Rechtsfragen und Normen geht. Der EuGH hatte nämlich festgestellt, dass ein letztinstanzlich entscheidendes nationales Gericht bei

---

272 Als auch den Anspruch aus § 675v Abs. 3 BGB.

273 Vgl. z. B. *Zahrte*, BKR 2022, 69 (76); *v. Westphalen*, BB 2021, 272 (276); *Omlor*, RdZ 2021, 59 (60).

274 Vgl. D., III., 2., b), aa) (1)–(4) sowie D., III., 2., b.) bb), (1)–(4) dieser Arbeit.

der Beurteilung der Frage, ob es an einem vernünftigen Zweifel in Bezug auf die richtige Auslegung der fraglichen Unionsrechtsvorschrift fehlt, besonders sorgfältig sein muss und dabei insbesondere das mit einem Vorabentscheidungsverfahren nach Art. 267 AEUV angestrebte Ziel, die einheitliche Auslegung des Unionsrechts zu gewährleisten, zu berücksichtigen hat.[275] Wenn ein einzelstaatliches Gericht, dessen Entscheidungen nicht mehr mit Rechtsmitteln des innerstaatlichen Rechts angefochten werden kann, annimmt, dass es von der in Art. 267 Abs. 3 AEUV vorgesehenen Pflicht, den EuGH um Vorabentscheidung zu ersuchen, befreit ist, muss die Begründung der Entscheidung entweder erkennen lassen, dass die aufgeworfene unionsrechtliche Frage für die Entscheidung des Rechtsstreits nicht erheblich ist oder dass sich die Auslegung der betreffenden Unionsrechtsvorschrift auf die Rechtsprechung des EuGH stützt oder – wenn es keine solche Rechtsprechung gibt – dass die Auslegung des Unionsrechts für das in letzter Instanz entscheidende einzelstaatliche Gericht derart offenkundig ist, dass für einen vernünftigen Zweifel keinerlei Raum bleibt.[276] Für die Frage des Umfangs der Sperrwirkung des § 675v Abs. 2 BGB a.F. kam es auf die Frage an, ob die vorgreifliche Regelung des Art. 61 PSD nationale Schadensersatzregelungen außerhalb der zahlungsdiensterechtlichen Haftungsregelung des § 675v Abs. 2 BGB a.F. sperrt. Der BGH hat sich zwar mit dieser Fragestellung auseinandergesetzt. Er hat aber nicht die Anforderungen des EuGH erfüllt, die dieser wie vorstehend beschrieben an die Begründung eines letztinstanzlichen nationalen Gerichts gestellt hat. Er hat nämlich nur ausgeführt, dass bei unionsrechtskonformer Lesart § 675v Abs. 2 BGB a.F. eine Sperrwirkung für weitere vertragliche Schadensersatzansprüche des Zahlungsdienstleisters entfaltet. Eine inhaltliche Begründung seiner Auffassung fehlt jedoch.[277]

Nach Auffassung des Verfassers ist damit zwar die Rechtsfrage zur Sperrwirkung des § 675v Abs. 2 BGB a.F. letztinstanzlich entschieden; die Entscheidung ist nach Auffassung des Verfassers jedoch sowohl in materieller als auch in formeller Hinsicht nicht frei von Rechtsfehlern.[278] Vor diesem Hintergrund ist jedenfalls für § 675v Abs. 3 BGB (noch) nicht entschieden, welchen Umfang dessen Sperrwirkung gegenüber nationalen Schadensersatzvorschriften nach §§ 280 ff. BGB hat. Damit muss der BGH unter Geltung der PSD II zur Frage der Sperrwirkung des § 675v Abs. 3 BGB eine neue Entscheidung treffen und beurteilen, ob die unter Geltung der PSD

275 EuGH NJW 2021, 3303 (3306).

276 EuGH NJW 2021, 3303 (3306).

277 BGH WM 2024, 844 (849).

278 Vgl. D., III., 2., b), aa) (1)–(4) sowie D., III., 2., b.) bb), (1)–(4) dieser Arbeit: vgl. hierzu auch kritisch *Piekenbrock*, EWiR 2024, 1370 (1371); vgl. *Werner*, jurisPR-BKR 7/2024 Anm. 1; *Richrath*, WuB 2024, 286 (289).

getroffene Entscheidung auch für die PSD II im Einklang mit den europäischen rechtlichen Vorgaben steht.[279]

Die im Rahmen dieser Arbeit aus den Zahlungsdiensterichtlinien abgeleitete Wertung zur Sperrwirkung der zahlungsdiensterechtlichen Vorschriften gegenüber nationalen Haftungsregelungen ist damit trotz der Entscheidung des BGH vom 5.3.2024 auch auf den derzeitigen Arbeitsstand der Haftungsregelungen des Proposal for a regulation on payment services übertragbar. Dies ergibt sich daraus, dass die Europäische Kommission die Haftungsregelungen der Art. 73, 74 PSD II nahezu wortlautidentisch in die Art. 56 und 60 des Proposal for a regulation on payment services überführt hat. Damit stellt sich aber dem Grunde nach – ebenso wie unter Geltung der nationalen Vorschriften zur Umsetzung der PSD II – die Frage, ob die Geltendmachung und Durchsetzung nationaler Haftungsansprüche durch die im Proposal for a regulation on payment services geregelten Haftungsregelungen gesperrt ist. Diese Frage ist auf Grundlage des derzeitigen Arbeitsstands des Proposal for a regulation on payment services aufgrund der aus den zahlungsdiensterechtlichen Wertungen und Regelungen abgeleiteten Ergebnisse im gleichen Sinne wie unter Geltung der PSD II und damit wie vorstehend ermittelt zu beantworten. Auch Art. 60 des Proposal for a regulation on payment services weist damit für sonstige Schadensersatzansprüche des Zahlungsdienstleisters nur eine enge Sperrwirkung auf.

3. Der Verschuldensmaßstab bei Eingreifen der Schadensersatznorm des § 280 BGB

a) Eigene Stellungnahme

aa) Unmittelbare Anwendung des Haftungsmaßstabs des § 675v Abs. 3 BGB auf allgemeine Schadensersatzansprüche des Zahlungsdienstleisters nach § 280 BGB

Eine unmittelbare Anwendung der Haftungsprivilegierung des § 675v Abs. 3 BGB scheidet bereits deshalb aus, da § 675v Abs. 3 BGB exklusiv nur auf Sachverhalte anwendbar ist, in denen die nicht autorisierte Ausführung eines Zahlungsvorgangs durch Verwendung eines Zahlungsinstruments erfolgte.

279 Vgl. D., VI., 1. dieser Arbeit; vgl. auch zu Art. 101 Abs. 1 S. 2 GG (gesetzlicher Richter) BVerfG NJW 2018, 606 (606 ff.); VerfGH Rheinland-Pfalz VuR 2022, 382 (382 ff.).

bb) Anwendung des Haftungsmaßstabs des § 675v Abs. 3 BGB auf allgemeine Schadensersatzansprüche des Zahlungsdienstleisters nach § 280 BGB aufgrund von Wertungsgesichtspunkten

Die Übertragbarkeit von Haftungsmilderungen aus spezialgesetzlichen Regelungen in allgemeine Schadensersatzvorschriften wird überwiegend beim Zusammentreffen haftungsprivilegierter gesetzlicher Regelungen mit konkurrierenden deliktsrechtlichen Ansprüchen diskutiert.[280] Die Übertragbarkeit derartiger gesetzlicher Haftungsprivilegierungen auf deliktsrechtliche Schadensersatzansprüche wird von der überwiegenden Auffassung[281] bejaht, da die Gründe, die den Gesetzgeber zur ausdrücklichen Haftungsprivilegierung in den speziellen Vorschriften veranlasst habe, in gleichem Maße auch bei den deliktischen Ansprüchen zuträfen.[282] Die Wirkungserstreckung gesetzlicher oder auch vertraglicher Haftungsprivilegierungen auf konkurrierende Haftungsnormen findet dort seine Rechtfertigung, wo die rechtliche Beurteilung eines Sachverhalts zwar identisch, die Rechtsfolgenanordnung aber aufgrund konkurrierender haftungsrechtlicher Normen unterschiedlich ist.[283] In einem derartigen Fall ist es wertungsmäßig nicht gerechtfertigt, dass die gesetzlich oder kraft Vereinbarung der Parteien beabsichtigte Privilegierung des Verantwortlichen in einer haftungsrechtlichen Norm dadurch entwertet wird, dass eine konkurrierende Haftungsnorm diese Privilegierung wieder obsolet macht.[284] Damit würde nämlich eine einheitliche Rechtsposition des Gläubigers gegenüber einem Schuldner allein durch formal bestehende parallele haftungsrechtlich begründete Verantwortlichkeiten künstlich aufgespalten.[285] Die nicht privilegierte Regelung stünde im Wertungswiderspruch zur privilegierten Regelung. Da Letztere aufgrund des als maßgeblich anzuerkennenden Privilegierungstatbestands vorgreiflich ist, rechtfertigt dieser Wertungswiderspruch die Anerkennung der Haftungsprivilegierung auch für die nicht privilegierte Rechtsfolgenanordnung. Im Ergebnis handelt es sich damit um die Anpassung der haftungsrechtlichen Anordnung der nicht privilegierten Rechtsfolge auf Grundlage von Treu und Glauben nach § 242 BGB.[286]

---

280 Vgl. z. B. §§ 31a, 31b, 521, 523, 524; 599, 600, 680, 968 BGB.

281 Vgl. *Walker*, JuS 2015, 865 (873) mit umfangreichen Nachweisen zu einzelnen gesetzlichen Regelungen (§§ 31a, 31b, 521, 523, 524; 599, 600, 680, 968 BGB) in Fußnote 75.

282 *Walker*, JuS 2015, 865 (872, 873).

283 In diesem Sinne *Walker*, JuS 2015, 865 (873), der darauf verweist, dass ohne die Erstreckung von gesetzlichen Haftungsprivilegierungen auf deliktsrechtliche Ansprüche die Haftungsprivilegierungen ins Leere laufen würden.

284 *Walker*, JuS 2015, 865 (873).

285 In diesem Sinne *Walker*, Jus 2015, 865 (873).

286 Vgl. hierzu MüKoBGB/*Schubert*, 9. Auflage, 2022, § 242 Rn. 253.

Eine vergleichbare Situation liegt jedoch nicht in den Fällen vor, in denen die Vertreter von Literatur[287] und Rechtsprechung[288] eine Haftungsprivilegierung des Zahlungsdienstnutzers i. S. d. § 675v Abs. 3 BGB bei Schadensersatzansprüchen des Zahlungsdienstleisters außerhalb des § 675v BGB befürworten. In diesen Fällen konkurrieren nämlich gerade keine unterschiedlichen Haftungsregelungen. Damit kann es auch nicht zu einem Wertungswiderspruch gleichgerichteter Haftungsregelungen kommen. Der Haftungsprivilegierung des § 675v Abs. 3 BGB liegt ein spezielles, auf die Nutzung eines Zahlungsinstruments bzw. der Verwendung personalisierter Sicherheitsmerkmale im definierten Anwendungsbereich des § 675v Abs. 3 BGB abgestimmtes Haftungssystem zugrunde. Der europäische Gesetzgeber hat ausdrücklich festgelegt, dass ausschließlich für spezifische Sachverhalte die Haftung des Zahlungsdienstnutzers auf Vorsatz und grobe Fahrlässigkeit begrenzt sein soll. Art. 61 Abs. 3 PSD beschränkte die Haftungsprivilegierung nämlich auf Fälle, „in denen der Zahlungsdienstnutzer weder in betrügerischer Absicht gehandelt hat noch seinen Pflichten nach Art. 56 vorsätzlich nicht nachgekommen ist". Die Haftung des Zahlungsdienstnutzers nach Art. 61 Abs. 1 und 2 PSD konnte in diesen Fällen herabgesetzt werden, wobei die Mitgliedstaaten hierbei insbesondere der Art der personalisierten Sicherheitsmerkmale des Zahlungsinstruments sowie den Umständen Rechnung tragen konnten, unter denen der Verlust, der Diebstahl oder die missbräuchliche Verwendung des Zahlungsinstruments stattgefunden hat. Gleiches gilt für die Regelung des § 675v Abs. 3 BGB. Ebenso wie bei § 675v Abs. 2 BGB a.F. steht die Haftungsprivilegierung des § 675v Abs. 3 BGB im engen und unmittelbaren Zusammenhang mit der Nutzung eines Zahlungsinstruments bzw. der personalisierten Sicherheitsmerkmale.

Im Gegensatz zu der ausdrücklichen und konkreten Ermächtigung, den Haftungsmaßstab zu begrenzen, hat der europäische Gesetzgeber eine derartige Regelung für Zahlungsvorgänge außerhalb des Anwendungsbereichs des § 675v Abs. 3 BGB nicht vorgesehen.[289] Die Beschränkung der Haftungsprivilegierung ist damit eine bewusste Entscheidung des europäischen Gesetzgebers und schließt nach

---

287 MüKoBGB/*Zetzsche*, 8. Auflage, 2020, § 675v Rn. 8; Ellenberger/Findeisen/Nobbe/*Nobbe*, 2. Auflage, 2013, § 675v Rn. 8; Schimansky/Bunte/Lwowski/*Schmieder*, 5. Auflage, 2017, § 49 Rn. 125; Baumbach/Hefermehl/Casper/*Casper*, 24. Auflage, 2020, E. Recht des Zahlungsverkehrs, Rn. 361; differenzierend Langenbucher/Bliesener/Spindler/*Herresthal*, 3. Auflage, 2020, Kap. 7 § 675v Rn. 67; Langenbucher/Bliesener/Spindler/*Herresthal*, 3. Auflage, 2020, Kap. 3 § 675v Rn. 90.

288 Vgl. z. B. OLG Celle BKR 2021, 114 (117); LG Karlsruhe BKR 2019, 151 (154); offengelassen LG Heilbronn BeckRS 2015, 17463; offengelassen OLG Köln BeckRS 2019, 52399 Rn. 62.

289 Dies gilt umso mehr, wenn die Haftungsregelungen des Proposal for a regulation on payment services keiner Umsetzung in nationales Recht bedürfen und damit sich die dort enthaltenen Haftungsregelungen ausschließlich auf die zahlungsdiensterechtlichen Regelungen beziehen.

seiner Wertentscheidung eine Übertragbarkeit einzelner Regelungen auf sonstige nationale Sachverhalte aus. Die Regelungen über die Nutzung eines Zahlungsinstruments und der insoweit relevanten personalisierten Sicherheitsmerkmale im festgelegten Anwendungsbereich des § 675v Abs. 3 BGB bilden ein in sich geschlossenes System, dessen Regelungen aufeinander abgestimmt sind und somit auch nur innerhalb dieses Systems angewandt werden können.

Damit bestimmt die Natur des Rechtsverhältnisses bei der Ausführung eines Zahlungsauftrags unter Verwendung eines Zahlungsinstruments im Anwendungsbereich des § 675v Abs. 3 BGB auch die Anwendbarkeit sämtlicher haftungsprivilegierender Regelungen. § 675v Abs. 3 BGB kann auf dieser Grundlage nicht Ausdruck eines allgemeinen, generalisierbaren, zivilrechtlichen Haftungskonzepts sein, das sich auf Sachverhalte übertragen lässt, in denen zwar Haftungsansprüche des Zahlungsdienstleisters gegenüber dem Zahlungsdienstnutzer begründet, diese aber nicht von § 675v BGB erfasst sind. Diese Wertung wird auch durch die Entscheidung des EuGH bestätigt, welche sich mit den Rechtswirkungen der PSD auf die Verpflichtungen und Einreden eines Bürgen befasste.[290] Der EuGH verdeutlichte hier nämlich, dass die Regelungen der PSD einer weiten Auslegung nicht zugänglich sind, soweit Sachverhalte betroffen sind, für die die PSD gerade keine Anwendbarkeit vorsehe.[291] Den Ausführungen des EuGH ist zu entnehmen, dass die Anwendbarkeit spezifischer Regelungen in der PSD unter Berücksichtigung von deren Zielrichtung streng wortlautorientiert zu interpretieren ist.[292] Wenn die PSD (und damit auch die PSD II) für nationale Regelungen keine speziellen Bestimmungen enthält, sind die nationalen Vorschriften anzuwenden.[293] Dies gilt nach Auffassung des Verfassers auch für die Maßstäbe der haftungsrechtlichen Verantwortlichkeiten. Damit unterliegen die Anspruchsgrundlagen und die hieraus resultierenden Rechtsfolgen für nicht von den Zahlungsdiensterichtlinien erfasste Sachverhalte weiterhin den nationalen gesetzlichen Regelungen.

Eine andere Sichtweise würde zudem den Erwägungen des europäischen Gesetzgebers zur Anwendbarkeit der zahlungsdiensterechtlichen und sonstigen nationalen Regelungen widersprechen. Nach Erwägungsgrund 31 PSD und Erwägungsgrund 70 PSD II sollen sonstige Ansprüche zwischen Zahlungsdienstleister

290 EuGH BKR 2022, 237 (237 ff.).

291 EuGH BKR 2022, 237 (240).

292 BKR 2022, 237 (240): „*...Aus diesen letztgenannten Bestimmungen geht somit hervor, dass die RL 2007/64 die Beziehungen zwischen dem Zahlungsdienstnutzer und dem Zahlungsdienstleister betrifft, ohne dass in irgendeiner Bestimmung dieser Richtlinie der Bürge eines Zahlungsdienstnutzers genannt wird.*“; die Ausführungen des EuGH unter Geltung der PSD sind insoweit aber ebenfalls auf die Anwendbarkeit spezifischer Regelungen der PSD II übertragbar.

293 BKR 2022, 237 (240).

und Zahlungsdienstnutzer außerhalb des Regelungsziels der Zahlungsdiensterichtlinien nämlich unberührt bleiben.[294] Dieser Grundsatz ist aber nach Auffassung des Verfassers nicht nur auf die Begründung der Ansprüche zwischen Zahlungsdienstleister und Zahlungsdienstnutzer als solche, sondern auch auf die Rechtsfolgenanordnungen dieser Ansprüche zu beziehen. Ein anderes Ergebnis würde nämlich Tatbestandsvoraussetzungen und Rechtsfolgenanordnungen der sich nach nationalem Recht richtenden sonstigen Ansprüche trennen. Danach ist davon auszugehen, dass auch der nationale Gesetzgeber bewusst zwischen den Haftungsmaßstäben für Pflichtverletzungen des Zahlungsdienstnutzers bei Ausführung nicht von ihm autorisierter Zahlungsaufträge mit und ohne Verwendung eines Zahlungsinstruments unterscheiden wollte. Diese Unterscheidung der Haftungsmaßstäbe ist auf Grundlage des Art. 3 Abs. 1 GG auch eine zulässige Differenzierung, da die Schadensersatzansprüche in unterschiedlichen Haftungssystemen begründet sind.[295]

cc) Analoge Anwendung des Haftungsmaßstabs des § 675v Abs. 3 BGB auf allgemeine Schadensersatzansprüche des Zahlungsdienstleisters nach § 280 BGB

Dem Grunde nach hätte indessen der nationale Gesetzgeber die Haftungsprivilegierung der Art. 61 PSD, 74 PSD II auch auf nationale Schadensersatzansprüche nach § 280 BGB erstrecken können. Wäre dies planwidrig unterblieben, käme eine analoge Anwendbarkeit der Haftungsprivilegierung auf derartige Ansprüche in Betracht. Der Grundsatz der Vollharmonisierung lässt dem nationalen Gesetzgeber nämlich den Raum, Sachverhalte, die von der PSD II[296] nicht erfasst sind, autonom zu regeln.[297] Fehlt es an einer solchen Regelung, könnte dies für eine planwidrige Gesetzeslücke sprechen, die eine Analogie ermöglicht. Eine gesetzliche Regelung zur Erstreckung der Haftungsprivilegierung des § 675v Abs. 3 BGB auf sonstige nationale Schadensersatzansprüche hat der Gesetzgeber im Rahmen der Umsetzung des Art. 61 PSD, 74 PSD II nicht vorgesehen. Damit käme zwar in Betracht, dass der Gesetzgeber die Regelung trotz fehlender ausdrücklicher Regelung in den Zahlungsdiensterichtlinien dem Grunde nach zur Anwendung hatte bringen wollen, eine diesbezügliche Umsetzung aber im Gesetzgebungsprozess planwidrig versäumt hat. Für eine derart planwidrige Regelungslücke fehlt aber nicht nur jeder An-

294 Ebenso Erwägungsgrund 74 des Proposal for a regulation on payment services: „*...That should not affect other claims between payment service users and payment service providers.*“

295 Vgl. auch BGH NJW 2012, 2571 (2576).

296 Ebenso wie bereits unter der PSD.

297 BGH NJW 2012, 2571 (2573); *Gsell/Schellhase*, JZ 2009, 20 (21 ff.).

haltspunkt, sondern die Gesetzesbegründung lässt auch darauf schließen, dass eine Erstreckung der Haftungsprivilegierung auf allgemeine Schadensersatzansprüche des Zahlungsdienstleisters außerhalb des Einsatzes eines Zahlungsinstruments oder des Anwendungsbereichs des § 675v Abs. 3 BGB nicht erfolgen sollte.

So verwies der Gesetzgeber zur Umsetzung des Art. 61 PSD ausdrücklich darauf, dass die Absätze 1 und 2 des § 675v BGB-E a.F. die Haftung des Zahlungsdienstnutzers für Schäden regeln sollen, die aufgrund der Nutzung eines verloren gegangenen, gestohlenen oder sonst missbräuchlich verwendeten Zahlungsauthentifizierungsinstruments vor der Anzeige entstanden sind. Die Haftung des Zahlungsdienstnutzers für die missbräuchliche Nutzung des Zahlungsauthentifizierungsinstruments sei von der Zahlungsdiensterichtlinie und dementsprechend von § 675v BGB-E a.F. abschließend geregelt. Damit drückte er aus, dass auch die Regelungen zur Haftungsprivilegierung nicht auf das allgemeine Leistungsstörungsrecht zu übertragen sind. Da dem Gesetzgeber bekannt war, dass Zahlungsaufträge ohne den Einsatz eines Zahlungsinstruments oder außerhalb des pflichtenorientierten Anwendungsbereichs des § 675v Abs. 2 BGB a.F. ausgeführt werden, lässt der Hinweis auf die abschließende Regelung des § 675v BGB a.F. erkennen, dass eine Übertragung des Haftungsmaßstabs des § 675v BGB a.F. auf das allgemeine Leistungsstörungsrecht nicht beabsichtigt war. Vielmehr sollte die Haftungsprivilegierung nur im umgrenzten Regelkreis der Anwendbarkeit des § 675v BGB a.F. zur Anwendung gebracht werden. Dies steht der Annahme einer planwidrigen Regelungslücke entgegen.[298] Gleiches gilt für die Neufassung des § 675v BGB.[299]

Mangels anderweitiger ausdrücklicher oder impliziter Anhaltspunkte muss daher davon ausgegangen werden, dass der nationale Gesetzgeber dem Vollharmonisierungsgedanken der Zahlungsdiensterichtlinien folgen und der Wertung des europäischen Gesetzgebers entsprechen wollte, indem er mit § 675v Abs. 3 BGB ein spezialgesetzlich abgegrenztes Haftungssystem im Zusammenhang mit der Beauftragung von Zahlungsvorgängen unter Nutzung eines Zahlungsinstruments bzw. im Anwendungsbereich des § 675v Abs. 3 BGB implementierte.

b) Ergebnis

Damit scheidet mangels ausdrücklicher Anordnung der Übertragbarkeit der Haftungsmaßstäbe der Haftungsregelungen des Art. 74 PSD II[300] sowohl eine direkte als

---

298 Vgl. BGH NJW 1981, 1726; BGH NJW 2012, 2571 (2575).

299 Vgl. den Hinweis des Gesetzgebers in BT-DrS. 18/11495, S. 165 zur Neufassung des § 675v BGB.

300 Ebenso Art. 61 PSD.

auch eine analoge Anwendung der Haftungsmaßstäbe des § 675v Abs. 3 BGB auf allgemeine Schadensersatzansprüche nach § 280 BGB aus.[301]

IV. Die Auswirkungen des pflichtenorientierten Anwendungsbereichs des § 675v BGB auf die Anwendung des § 675v Abs. 4 BGB

Eine besondere Bedeutung erhält die Festlegung der Sperrwirkung des § 675v Abs. 3 BGB mit den dort festgelegten Pflichten in Fällen, in denen ein nicht autorisierter Zahlungsvorgang unter Verwendung eines Zahlungsinstruments aber ohne starke Kundenauthentifizierung durchgeführt wird. Kommt es in einem derartigen Fall zu einem Pflichtenverstoß des Zahlungsdienstnutzers gegen die in §§ 675v, 675l BGB geregelten Pflichten, so verwehrt § 675v Abs. 4 S. 1 Nr. 1 BGB dem Wortlaut nach dem Zahlungsdienstleister die Schadensersatzansprüche nach § 675v Absätze 1 und 3 BGB.

Nach § 675v Abs. 4 S. 1 Nr. 1 BGB scheiden bei unterbliebenem Verlangen der starken Kundenauthentifizierung die Ansprüche des Zahlungsdienstleisters aus § 675v Abs. 1 und Abs. 3 BGB aus. Schadensersatzansprüche des Zahlungsdienstleisters aufgrund allgemeiner Schadensersatzregelungen dagegen, die neben § 675v BGB Anwendung finden, werden von der Ausschlusswirkung des § 675v Abs. 4 S. 1 Nr. 1 BGB nicht erfasst.[302] Liegen also Verstöße des Zahlungsdienstnutzers gegen allgemeine Sorgfaltspflichten vor, so kommt bei unterbliebenem Verlangen der starken Kundenauthentifizierung (auch trotz Anwendung eines Zahlungsinstruments und einem Ausschluss von Schadensersatzansprüchen nach § 675v Abs. 3 BGB) ein Schadensersatzanspruch des Zahlungsdienstleisters gegen den Zahlungsdienstnutzer nach § 280 BGB in Betracht. Da sonstige Sorgfaltspflichten des Zahlungsdienstnutzers nicht von § 675v Abs. 3 BGB erfasst sind, kann § 280 BGB trotz Öffnung des Anwendungsbereichs des § 675v BGB und bei fehlender Verwirklichung einer Pflichtverletzung nach §§ 675v Abs. 3, 675l BGB doch den nach § 675u S. 1 BGB entfallenden Aufwendungsersatzanspruch des Zahlungsdienstleisters wirt-

301 Zutreffend, aber ohne Begründung LG Düsseldorf BKR 2019, 154 (155); offengelassen durch OLG Köln BeckRS 2019, 52399 Rn. 62; wohl auch MüKoHGB/*Haertlein*, 5. Auflage, 2024, E. Bankkartenverfahren Rn. 206; ebenso wie hier in anderem Zusammenhang zur entsprechenden Anwendbarkeit des Haftungsmaßstabs des § 675v Abs. 2 BGB a.F. auf Sachverhalte außerhalb des Zahlungsdiensterechts *Schneider*, Die rechtsgeschäftliche Haftung für den Accountmissbrauch im Internet, 2015, S. 173, 174.

302 Vgl. auch *Herresthal*, EwiR 2021, 97 (97, 98); Langenbucher/Bliesener/Spindler/*Herresthal*, 3. Auflage, 2020, Kap. 3 § 675v Rn. 90; *Einsele*, WuB 2022, 417 (420).

schaftlich ersetzen.[303] Dieses Ergebnis entspricht auch der Wertung des BGH vom 17.11.2020, der ausdrücklich darauf verwiesen hatte, dass Schadensersatzansprüche des Zahlungsdienstleisters gegen den Zahlungsdienstnutzer bei fehlender Autorisierung bestehen können, selbst wenn sie wirtschaftlich vollständig an die Stelle des nach § 675u S. 1 BGB entfallenden Aufwendungsersatzanspruchs treten.[304]

Damit kommt es für den Zahlungsdienstleister umso mehr darauf an, dass die Sorgfaltspflichten in Allgemeinen Geschäftsbedingungen, die außerhalb des Pflichtenkreises der §§ 675v, 675l BGB dem Zahlungsdienstnutzer Erkenntnisse liefern können, wie der Schaden vermieden werden kann, präzise definiert sind.[305]

1. Die Ablehnung der starken Kundenauthentifizierung durch den Zahlungsdienstnutzer

Haftungsrechtliche Risiken können sich für den Zahlungsdienstleister im Rahmen nicht autorisierter Zahlungsvorgänge dann erhöhen, wenn der Zahlungsdienstleister im Rahmen des Zahlungsdiensterahmenvertrags mit dem Zahlungsdienstnutzer nicht die Nutzung der starken Kundenauthentifizierung vereinbart bzw. diese für die Durchführung von Zahlungsvorgängen nicht verlangt. Führt der Zahlungsdienstleister in einem derartigen Fall den Zahlungsvorgang ohne starke Kundenauthentifizierung aus, so verwehrt § 675v Abs. 4 S. 1 Nr. 1 BGB dem Zahlungsdienstleister selbst dann einen Anspruch aus § 675v Abs. 3 BGB, wenn der Zahlungsdienstnutzer jedenfalls grob fahrlässig die ihm nach §§ 675v Abs. 3, 675l BGB zu erfüllenden Bedingungen und Pflichten verletzt hat.

Auch wenn überwiegend für die Anwendung des § 675v Abs. 4 S. 1 Nr. 1 BGB das Merkmal des Verlangens der starken Kundenauthentifizierung dahingehend ausgelegt wird, dass der Ausschlussgrund nach § 675v Abs. 4 S. 1 Nr. 1 BGB nur bei tatsächlicher Anwendung des Verfahrens vermieden wird[306], ist bislang nicht abschließend erörtert worden, welchen Einfluss autonome Entscheidungen des Zah-

---

303 BGH BKR 2021, 240 (243); LG Düsseldorf BKR 2019, 154 (154); Ellenberger/Findeisen/Nobbe/Böger/*Nobbe*, 3. Auflage, 2020, § 675u Rn. 46; BeckOK BGB/*Schmalenbach*, 55. Ed. 1.8.2020, BGB § 675u Rn. 7a; BeckOGK BGB/*Zimmermann*, 1.8.2020, BGB § 675u Rn. 50 f.; *Piekenbrock*, WM 2015, 797 (802); a.A. Staudinger/*Omlor*, 2020, § 675u Rn. 23.

304 BGH BKR 2021, 240 (243) unter Hinweis auf LG Düsseldorf BKR 2019, 154 (154); Ellenberger/Findeisen/Nobbe/Böger/*Nobbe*, 3. Auflage, 2020, § 675u Rn. 46; BeckOK BGB/*Schmalenbach*, 55. Ed. 1.8.2020, BGB § 675u Rn. 7a; BeckOGK BGB/*Zimmermann*, 1.8.2020, BGB § 675u Rn. 50 f.; Palandt/*Sprau*, 79. Auflage, 2020, § 675u Rn. 3; *Piekenbrock*, WM 2015, 797 (802); a.A. wohl Staudinger/*Omlor*, 2020, § 675u Rn. 23.

305 So z.B. schon Staub/*Canaris*, 3. Auflage, 1981, Rn. 371.

306 Vgl. B., II., 3., d), bb), (3), (d), (bb) dieser Arbeit.

lungsdienstnutzers hinsichtlich der Verwendung der starken Kundenauthentifizierung auf die Anwendung des § 675v Abs. 4 S. 1 Nr. 1 BGB haben können. Hierbei kommt insbesondere in Betracht, dass der Zahlungsdienstnutzer die Nutzung der starken Kundenauthentifizierung trotz entsprechender Risikoaufklärung durch den Zahlungsdienstleister ablehnt und die Durchführung des Zahlungsauftrags bzw. zukünftiger Zahlungsaufträge unter Ausschluss der starken Kundenauthentifizierung verlangt. Lässt sich der Zahlungsdienstleister sodann auf die Ausführung von Zahlungsaufträgen ein und kommt es in der Folge zu nicht autorisierten Zahlungsvorgängen, so scheint nach dem Wortlaut des § 675v Abs. 4 S. 1 Nr. 1 BGB das Risiko des nicht autorisierten Zahlungsvorgangs allein dem Zahlungsdienstleister zugewiesen. Bei näherer Betrachtung kann sich in derartigen Fällen jedoch eine differenzierte Risikoverteilung ergeben.

a) Ausschluss der Anwendbarkeit des § 675v Abs. 4 S. 1 Nr. 1 BGB

aa) Ausschluss der Anwendbarkeit durch Vereinbarung nach § 675e Abs. 4 BGB mit Nicht-Verbrauchern

Handelt es sich bei dem Zahlungsdienstnutzer nicht um einen Verbraucher[307], ermöglicht § 675e Abs. 4 BGB, dass § 675v BGB ganz oder teilweise nicht anzuwenden ist. Überwiegend wird in diesem Zusammenhang diskutiert, dass Haftungsregeln abweichend vom Zahlungsdiensterecht dahingehend vereinbart werden können, dass Nicht-Verbraucher für Vorsatz und jede Form der Fahrlässigkeit entsprechend § 276 BGB haften.[308] Auch soll abweichend von § 675v BGB bei Nicht-Verbrauchern die Haftung für die missbräuchliche Nutzung von Zahlungsauthentifizierungsinstrumenten über den Maximalbetrag von 50,00 Euro hinaus und unabhängig vom Grad der Fahrlässigkeit dem Zahlungsdienstnutzer auferlegt werden können.[309] § 675e Abs. 4 BGB eröffnet indessen nach seinem Wortlaut noch einen deutlich weiteren Spielraum, da die Vorschrift keine Beschränkung für abweichende Vereinbarungen mit Nicht-Verbrauchern enthält. Daher ermöglicht § 675e Abs. 4 BGB auch abweichende Vereinbarungen hinsichtlich Art und Umfang des Ausschlusses der Rückausnahme des § 675v Abs. 4 S. 1 Nr. 1 BGB. Zahlungsdienstnutzer und Zahlungsdienstleister könnten in diesem Fall durchaus vereinbaren, dass die Haftungsregelungen des §§ 675v Abs. 3, 675l BGB im Fall der Ausführung nicht autorisierter Zahlungsvorgänge auch dann zur Anwendung kommen, wenn diese entgegen §§ 55 ZAG, 675v Abs. 4 S. 1 Nr. 1 BGB nicht unter Anwendung der starken

307 Vgl. § 13 BGB.

308 Langenbucher/Bliesener/Spindler/*Herresthal*, 3. Auflage, 2020, Kap. 2 § 675e Rn. 13.

309 Langenbucher/Bliesener/Spindler/*Herresthal*, 3. Auflage, 2020, Kap. 2 § 675e Rn. 13.

Kundenauthentifizierung durch den Zahlungsdienstleister ausgeführt werden.[310] Eine konkludente Abbedingung des § 675v BGB wird in diesem Zusammenhang anzunehmen sein, wenn der Nicht-Verbraucher darauf besteht, dass Zahlungsvorgänge durch Zahlungsinstrumente ohne starke Kundenauthentifizierung ausgeführt werden sollen. In diesem Fall kommen dann uneingeschränkt die Regelungen des allgemeinen Leistungsstörungsrechts nach §§ 280 ff. BGB zum Zuge.

bb) Ausschluss der Anwendbarkeit durch (Rechts-)Handlungen des Verbrauchers

(1) Grundsätzliche Überlegungen

Entsprechend Art. 107 Abs. 3 PSD II[311] eröffnet § 675e Abs. 4 BGB ausschließlich für Vereinbarungen zwischen Zahlungsdienstleistern und Nicht-Verbrauchern die Möglichkeit, von Regelungen des § 675v BGB abzuweichen. Im Grunde scheiden danach abweichende Vereinbarungen zu § 675v BGB zwischen Zahlungsdienstleister und Verbraucher aus, wenn sich die Abweichung zu Lasten des Zahlungsdienstnutzers[312] auswirken würde. Damit ist bei formaler Betrachtung eine Vereinbarung, mit der der Zahlungsdienstnutzer bei Verzicht auf die starke Kundenauthentifizierung gleichwohl aus § 675v Abs. 1 und Abs. 3 BGB haften soll, wegen Verletzung der insoweit zwingenden Regelung des § 675v Abs. 4 S. 1 Nr. 1 BGB unwirksam.[313] Gleichwohl können sich auch im Verhältnis zwischen Zahlungs-

310 Vgl. hierzu BeckOGK BGB/*Zahrte*, 1.12.2022, BGB § 675e Rn. 71; Langenbucher/Bliesener/Spindler/*Herresthal*, 3. Auflage, 2020, Kap. 2 § 675e Rn. 13; MüKoBGB/*Casper*, 9. Auflage, 2023, § 675e Rn. 13.

311 Ebenso Art. 30, 51 Abs. 1 PSD.

312 Unter Zahlungsdienstnutzer ist im Abschnitt D., IV., 1., a), bb), (1) – (3) ausschließlich der Zahlungsdienstnutzer in seiner Eigenschaft als Verbraucher gemeint.

313 Zu § 675v Abs. 4 BGB: Art. 74 Abs. 2 und Abs. 3 PSD II: „*(2) Where the payer's payment service provider does not require strong customer authentication, the payer shall not bear any financial losses unless the payer has acted fraudulently. Where the payee or the payment service provider of the payee fails to accept strong customer authentication, it shall refund the financial damage caused to the payer's payment service provider...*", „*(3) The payer shall not bear any financial consequences resulting from use of the lost, stolen or misappropriated payment instrument after notification in accordance with point (b) of Article 69(1), except where the payer has acted fraudulently. If the payment service provider does not provide appropriate means for the notification at all times of a lost, stolen or misappropriated payment instrument, as required under point (c) of Article 70(1), the payer shall not be liable for the financial consequences resulting from use of that payment instrument, except where the payer has acted fraudulently.*",im Vergleich zu Art. 60 Abs. 2 S. 1, Abs. 3 und Abs. 4 des Proposal for a regulation on payment services:

„*(2) Where the payer's payment service provider fails to fulfil the obligation to require strong customer authentication set out in Article 85, the payer shall not bear any financial losses unless the payer has acted fraudulently. The same shall apply where either the payment service provider of the payer or of the payee applies an exemption from the application of strong customer authentication*",

dienstleister und Zahlungsdienstnutzer Sachverhaltskonstellationen ergeben, in denen die formale Anwendung dieses aus § 675v Abs. 4 BGB folgenden Prinzips der grundsätzlichen Zuweisung der Risikosphären zwischen Zahlungsdienstleister und Zahlungsdienstnutzer widerspricht.[314] Lehnt der Zahlungsdienstnutzer nämlich die Anwendung der starken Kundenauthentifizierung ab, so bliebe dem Zahlungsdienstleister die Wahl, den Zahlungsauftrag abzulehnen oder aber unter Inkaufnahme der Risiken des § 675v Abs. 4 S. 1 Nr. 1 BGB die durch den Zahlungsdienstnutzer vorgelegten Zahlungsaufträge auszuführen. Hat der Zahlungsdienstleister mit dem Zahlungsdienstnutzer nicht vereinbart, dass Zahlungsaufträge nur bei Verwendung einer starken Kundenauthentifizierung ausgeführt werden, so besteht für den Zahlungsdienstleister zudem das Risiko, dass er gegen die mit dem Zahlungsdienstnutzer vereinbarten Regelungen des Zahlungsdiensterahmenvertrags verstößt und er sich wegen hieraus entstehender Schäden gemäß § 675o Abs. 2 BGB gegenüber dem Zahlungsdienstnutzer nach § 280 BGB schadensersatzpflichtig macht.[315] Nach § 675o Abs. 2 BGB ist nämlich der Zahlungsdienstleister des Zahlungsdienstnutzers nicht berechtigt, die Ausführung eines autorisierten Zahlungsauftrags abzulehnen, wenn die im Zahlungsdiensterahmenvertrag festgelegten Ausführungsbedingungen erfüllt sind und die Ausführung nicht gegen sonstige Rechtsvorschriften verstößt. Enthalten damit die mit dem Zahlungsdienstnutzer vereinbarten Bedingungen keine Beschränkung, dass Zahlungsaufträge nur unter Verwendung der starken Kundenauthentifizierung ausgeführt werden sollen, so hat der Zahlungsdienstnutzer dem Grunde nach auch einen Anspruch aus dem Zahlungsdiensterahmenvertrag, dass alle von ihm eingereichten Aufträge unabhängig von einer starken Kundenauthentifizierung ausgeführt werden. Der Zahlungs-

„*(3) Where the payee's payment services provider applies an exemption from the application of strong customer authentication, the payee's payment services provider shall be liable towards the payer's payment services provider for any financial loss incurred by the latter.*",

„*(4) ...The payer shall not bear any financial consequences resulting from use of the lost, stolen or misappropriated payment instrument after notification in accordance with of Article 52, point (b), except where the payer has acted fraudulently.*"

314 Die nachfolgenden Ausführungen gelten auch für den Fall, dass mit Inkrafttreten des Proposal for a regulation on payment services die Regelung des § 675v Abs. 4 BGB obsolet werden würde. Die Grundsätze finden ebenso Anwendung, wenn die grundsätzliche inhaltliche Wirkung des § 675v Abs. 4 BGB (Art. 74 Abs. 2 S. 1 PSD II) sich in derzeitiger Fassung aus Art. 60 Abs. 2 S. 1 des Proposal for a regulation on payment services ergibt; die in Art. 60 Abs. 2 des Proposal for a regulation on payment services sowie den Folgeabsätzen enthaltenen Änderungen haben keinen Einfluss auf das in Art. 60 Abs. 2 S. 1 des Proposal for a regulation on payment services enthaltene Grundprinzip der auch bereits heute in Art. 74 Abs. 2 PSD II, § 675v Abs. 4 BGB enthaltenen Haftungsgrundsätze bei unterbliebener Anwendung einer starken Kundenauthentifizierung.

315 MüKoBGB/*Jungmann*, 9. Auflage, 2023, § 675o Rn. 2.; ebenso *Werner*, RdZ 2023, 63 (64); MüKoHGB/*Haertlein*, 5. Auflage, 2024, E. Bankkartenverfahren Rn. 125.

dienstleister kann die Ausführung auch nicht unter Hinweis auf den Verstoß gegen sonstige Rechtsvorschriften ablehnen. Die durch § 675o Abs. 2 BGB eröffnete Möglichkeit, einen Zahlungsauftrag wegen eines möglichen Verstoßes gegen sonstige Rechtsvorschriften abzulehnen, soll den Zahlungsdienstleister vor Pflichtenkollisionen schützen.[316] Der Zahlungsdienstleister soll nicht in einen für ihn formal nicht auflösbaren Konflikt zwischen seinen Verpflichtungen aus dem Zahlungsdiensterahmenvertrag sowie etwaigen der Ausführung dieser Regelungen entgegenstehenden behördlichen oder gesetzlichen Verboten kommen.[317] Eine berücksichtigungsfähige Pflichtenkollision i. S. d. § 675o BGB liegt im Fall der Nichtbeachtung der starken Kundenauthentifizierung im Rechtsverhältnis zu einem Verbraucher aber nicht vor. § 675v Abs. 4 S. 1 Nr. 1 BGB bestätigt nämlich gerade, dass Zahlungsaufträge ohne starke Kundenauthentifizierungen auch für Verbraucher durchgeführt werden können. Der Zahlungsdienstleister soll in diesem Fall jedoch nach § 675v Abs. 4 S. 1 Nr. 1 BGB nur seinen potenziellen Anspruch aus § 675v Abs. 1 und Abs. 3 BGB verlieren. Dies stellt aber nur eine zivilrechtliche Folge der unterbliebenen Ausführung des Zahlungsauftrags ohne starke Kundenauthentifizierung dar.

Auch § 55 ZAG stellt kein gesetzliches Verbot auf, Zahlungsaufträge ohne starke Kundenauthentifizierung durchzuführen. Bei § 55 ZAG handelt es sich um eine rein aufsichtsrechtliche Vorschrift, die im zivilrechtlichen Verhältnis zwischen Zahlungsdienstleister und Zahlungsdienstnutzer keine Wirkung entfaltet. Ohne eine im Zahlungsdiensterahmenvertrag getroffene Vereinbarung, dass Zahlungsaufträge nur unter Verwendung der starken Kundenauthentifizierung durchgeführt werden, verletzt der Zahlungsdienstleister damit seine Vertragspflichten, wenn er einen Zahlungsauftrag des Zahlungsdienstnutzers nur deswegen ablehnt, weil dieser eine starke Kundenauthentifizierung nicht durchführen will. Die Haftung des Zahlungsdienstleisters wegen der unterbliebenen Ausführung des Zahlungsauftrags richtet sich in einem derartigen Fall zunächst nach § 675y BGB.

Bedeutsamer ist aber die Schadensersatzverpflichtung des Zahlungsdienstleisters, wenn aus der insoweit unberechtigten Verweigerung der Ausführung des Zahlungsauftrags dem Zahlungsdienstnutzer Folgeschäden entstehen. In einem derartigen Fall haftet der Zahlungsdienstleister dann nach allgemeinen Vorschriften, insbesondere nach §§ 280 ff. BGB. § 675z S. 1 BGB steht in einem derartigen Fall der Geltendmachung von Folgeschäden nicht entgegen.[318]

Führt der Zahlungsdienstleister zur Vermeidung von Folgeschäden im Fall der Weigerung des Zahlungsdienstnutzers, die starke Kundenauthentifizierung anzu-

316 BeckOGK BGB/*Zahrte*, 1.12.2022, BGB § 675o Rn. 22.
317 In diesem Sinne BeckOGK BGB/*Zahrte*, 1.12.2022, BGB § 675o Rn. 22.
318 Auch AG München BKR 2020, 51 (52).

wenden, entsprechend den Regelungen des Zahlungsdiensterahmenvertrags Zahlungsaufträge des Zahlungsdienstnutzers aus, ist nicht auszuschließen, dass dem Zahlungsdienstleister auch nicht autorisierte Zahlungsaufträge vorgelegt und diese sodann ausgeführt werden. Liegen in einem derartigen Fall Pflichtverletzungen des Zahlungsdienstnutzers vor, sperrt § 675v Abs. 4 S. 1 BGB dem Grunde nach einen Anspruch des Zahlungsdienstleisters nach § 675v Abs. 1 und Abs. 3 BGB. Aufgrund der Weigerung des Zahlungsdienstnutzers, die starke Kundenauthentifizierung anzuwenden, muss sich jedoch die Frage stellen, ob angesichts dieses Verhaltens des Zahlungsdienstnutzers die Rückausnahme des § 675v Abs. 4 S. 1 Nr. 1 BGB Anwendung finden kann.

(2) Die Wertung des venire contra factum proprium bei Weigerung des Verbraucher-Zahlungsdienstnutzers zur Anwendung der starken Kundenauthentifizierung

Beruft sich der Zahlungsdienstnutzer nach seiner autonomen Entscheidung, die starke Kundenauthentifizierung nicht zu verwenden, im Fall der Geltendmachung von Schadensersatzansprüchen des Zahlungsdienstleisters nach § 675v Abs. 1 und Abs. 3 BGB dennoch auf § 675v Abs. 4 S. 1 Nr. 1 BGB, so schließt § 675v Abs. 4 S. 1 Nr. 1 BGB seinem Wortlaut nach § 675v Abs. 1 und Abs. 3 BGB aus.

Diesem formalen Ausschluss der Rückausnahme des § 675v Abs. 4 S. 1 Nr. 1 BGB kann indessen entgegenstehen, dass sich der Zahlungsdienstnutzer mit einem derartigen Verhalten in Widerspruch zu seinem Auftrag setzt, dass die von ihm in Auftrag gegebenen Zahlungsvorgänge unter Ausschluss der Verwendung der starken Kundenauthentifizierung durchgeführt werden sollen. Eine derartige Konstellation kommt insbesondere dann in Betracht, wenn der Zahlungsdienstleister nach dem Zahlungsdiensterahmenvertrag nicht berechtigt ist, den Auftrag des Zahlungsdienstnutzers abzulehnen, wenn dieser Zahlungsvorgänge auch ohne starke Kundenauthentifizierung durchführen möchte. Der Anwendung des § 675v Abs. 4 S. 1 Nr. 1 BGB könnte in einem derartigen Fall der Einwand rechtsmissbräuchlichen Verhaltens i. S. d. § 242 BGB nach Maßgabe des venire contra factum proprium entgegenstehen.

Der Anwendung des Grundsatzes des venire contra factum proprium zu Lasten des Zahlungsdienstnutzers als Verbraucher scheint zunächst das ausdrückliche, in den Zahlungsdiensterichtlinien verankerte, Gebot des § 675v Abs. 4 S. 1 Nr. 1 BGB entgegen zu stehen. Hiernach sind abweichende Vereinbarungen zu § 675v BGB nur dann zulässig, soweit diese den Verbraucher nicht benachteiligen. Mit der Anwendung des Grundsatzes des venire contra factum proprium, der als Grundsatz des Verbots rechtsmissbräuchlichen Verhaltens auch im europäischen Gemeinschaftsrecht anerkannt ist[319], würde zwar keine abweichende Vereinbarung zum Nachteil des Verbrauchers getroffen, gleichwohl würde sich die Anwendung dieses Grundsatzes wirtschaftlich und rechtlich in gleicher Weise auswirken. Damit ist die Anwendung des Grundsatzes des venire contra factum proprium vorliegend nur möglich, wenn das Zahlungsdiensterecht selbst die Anwendung dieses Grundsatzes auf die hier relevante Fallgestaltung anerkennt.

Einen speziellen Vorbehalt für die Anwendung allgemeiner Regelungen im Fall rechtsmissbräuchlichen oder widersprüchlichen Verhaltens des Zahlungsdienstnutzers im Zusammenhang mit der Durchführung von Zahlungsvorgängen enthält das Zahlungsdiensterecht zwar nicht. Gleichwohl lässt sich den zahlungsdiensterechtlichen Regelungen, die die wechselseitigen Ansprüche von Zahlungsdienstnutzer und Zahlungsdienstleister bestimmen, nach Auffassung des Verfassers entnehmen, dass die grundsätzliche haftungsrechtliche Verantwortlichkeit von Zahlungsdienstnutzer und Zahlungsdienstleister immer vom Grundsatz des redlichen Vertragspartners geprägt ist. Dies kommt für die Ansprüche des Zahlungsdienstnutzers bereits darin zum Ausdruck, dass seine Ansprüche nach § 675u BGB ausscheiden, wenn der Geltendmachung seiner Ansprüche ein betrügerisches Verhalten zugrunde liegt. Diesen Grundsatz wiederholt § 675v Abs. 4 S. 2 BGB, nach dem die Anwendung des § 675v Abs. 4 S. 1 BGB ausgeschlossen ist, wenn der Zahlungsdienstnutzer in betrügerischer Absicht gehandelt hat. Ebenso hebt § 675v Abs. 3 Nr. 1 BGB hervor, dass der Zahlungsdienstnutzer dem Zahlungsdienstleister voll umfänglich zum Schadensersatz verpflichtet ist, wenn der Zahlungsdienstnutzer in betrügerischer Absicht gehandelt hat.

Ob ein rechtsmissbräuchliches Verhalten des Zahlungsdienstnutzers im Rahmen der Anwendung des § 675v Abs. 4 S. 1 Nr. 1 BGB als betrügerisches Verhalten qualifiziert werden kann und damit nach § 675v Abs. 4 S. 2 BGB die Anwendung von § 675v Abs. 4 S. 1 Nr. 1 BGB ausschließt, lässt sich nur durch Auslegung des Begriffs der betrügerischen Absicht ermitteln. Maßgeblich sind insoweit die Zahlungsdiensterichtlinien bzw. die Umsetzung derselben in nationales Recht.

Eine Definition des Begriffs der in § 675v Abs. 4 S. 2 BGB genannten betrügerischen Absicht enthalten weder die Zahlungsdiensterichtlinien noch die zahlungsdiensterechtlichen Vorschriften der §§ 675c ff. BGB. Definitionsversuche der Literatur konzentrieren sich im Zusammenhang mit der Regelung des § 675v Abs. 3 Nr. 1 BGB, der die Rückausnahme von § 675v Abs. 1 und Abs. 2 BGB unter Hinweis auf die betrügerische Absicht des Zahlungsdienstnutzers anordnet, darauf, dass der Zahlungsdienstnutzer sich oder einem Dritten durch die in dem missbräuchlichen Einsatz eines Zahlungsinstruments liegende Täuschung des Zahlungsdienstleisters

319 EuGH NJW 2009, 3015 (3015 f.); EuGH EuZW 1999, 56 (58); *Grundmann*, S. 606, Rn. 442.

einen unberechtigten Vermögensvorteil zu Lasten des Zahlungsdienstleisters verschaffen will.[320] Für die Feststellung einer betrügerischen Absicht ist es nicht erforderlich, dass der Zahlungsdienstnutzer den nicht autorisierten Zahlungsvorgang initiiert oder in der Ausgangssituation aktiv daran beteiligt ist. Vielmehr ist es ausreichend, dass sich der Zahlungsdienstnutzer einen nicht autorisierten Zahlungsvorgang zum eigenen, unrechtmäßigen wirtschaftlichen Vorteil – auch nach späterer Kenntniserlangung – nutzbar macht. Eine betrügerische Absicht i. S. d. § 675v Abs. 3 Nr. 1 BGB liegt danach auch dann vor, wenn der Zahlungsdienstnutzer in objektiver Hinsicht gegenüber dem Zahlungsdienstleister einen nicht autorisierten Zahlungsvorgang vortäuscht. Subjektiv muss der Zahlungsdienstnutzer dabei im Willen handeln, für die Verfügung keinen Aufwendungsersatz nach §§ 675c Abs. 1, § 670 BGB leisten zu wollen, um sich einen geldwerten Vorteil zu verschaffen.[321]

Dem entspricht es, wenn der Zahlungsdienstnutzer im Fall der Anwendung des § 675v Abs. 4 S. 1 Nr. 1 BGB den Zahlungsdienstleister darüber täuscht, dass er mit der Weigerung, die starke Kundenauthentifizierung zu nutzen, auch auf die Geltendmachung des § 675v Abs. 4 S. 1 Nr. 1 BGB verzichten wird. Die Täuschung liegt hierbei nicht im Abschluss einer Verzichtsvereinbarung. Sie könnte nämlich nicht wirksam geschlossen werden. Vielmehr ist die Täuschung darin zu sehen, dass der Zahlungsdienstnutzer gegenüber dem Zahlungsdienstleister nach Belehrung über die Risiken der Ausführung von Zahlungsaufträgen ohne Verwendung der starken Kundenauthentifizierung jedenfalls konkludent erklärt, sich im Fall der Ausführung nicht autorisierter Zahlungsaufträge nicht auf § 675v Abs. 4 S. 1 Nr. 1 BGB berufen zu wollen. In subjektiver Hinsicht handelt der Zahlungsdienstnutzer entweder bei Abgabe der Erklärung, die starke Kundenauthentifizierung nicht anzuwenden, oder spätestens im Zeitpunkt der dann insoweit rechtsmissbräuchlichen Berufung auf § 675v Abs. 4 S. 1 BGB in dem Willen, einen dem Zahlungsdienstleister gegebenenfalls nach § 675v Abs. 1 und Abs. 3 BGB zustehenden Anspruch nicht zu erfüllen, der an die Stelle des entfallenen Aufwendungsersatzanspruchs tritt. Damit liegt in einem derartigen Fall auch eine betrügerische Absicht des Zahlungsdienstnutzers nach § 675v Abs. 4 S. 2 BGB vor.

Der Anwendung des § 675v Abs. 4 S. 1 Nr. 1 BGB steht daher im vorstehend beschriebenen Fall § 675v Abs. 4 S. 2 BGB entgegen, da der Zahlungsdienstnutzer bei der (nachträglichen) Berufung auf § 675v Abs. 4 S. 1 Nr. 1 BGB in betrügerischer Absicht handelt.

---

320 *Bunte*, 4. Auflage, 2015, SB girocard Rn. 120; vgl. auch ähnlich Schimansky/Bunte/Lwowski/*Maihold*, 5. Auflage, 2017, § 54 Rn. 72; Ellenberger/Findeisen/Nobbe/*Nobbe*, 2. Auflage, 2013, Rn. 107.
321 BeckOGK BGB/*Hofmann*, 1.9.2022, BGB § 675v Rn. 137.

Die betrügerische Absicht des § 675v Abs. 4 S. 2 BGB stellt damit im Zahlungsdiensterecht auch eine Ausprägung des Grundsatzes des Verbots des Rechtsmissbrauchs in Form des venire contra factum proprium dar. Der Zahlungsdienstnutzer soll keine Vorteile aus der Anwendung des § 675v Abs. 4 S. 1 Nr. 1 BGB erhalten, wenn diese Vorteile aus seinem pflichtwidrigen – nämlich in betrügerischer Absicht ausgeübten – Verhalten resultieren.[322] Gerade dies wäre aber der Fall, wenn § 675v Abs. 4 S. 2 BGB nicht ein derartiges rechtsmissbräuchliches Verhalten des Zahlungsdienstnutzers ausschließen würde.[323]

Dieser Wertung des § 675v Abs. 4 S. 2 BGB steht auch nicht das Verbot abweichender Vereinbarungen nach § 675e Abs. 4 S. 1 BGB entgegen. Bei der gegenüber dem Zahlungsdienstleister (auch konkludent) abgegebenen Erklärung des Zahlungsdienstnutzers, keine Rechte aus § 675v Abs. 4 S. 1 Nr. 1 BGB geltend zu machen, handelt es sich nämlich nicht um eine Verzichtserklärung i. S. d. § 397 BGB. Vielmehr handelt es sich um das einseitige Versprechen des Zahlungsdienstnutzers, dass Rechte aus § 675v Abs. 4 S. 1 Nr. 1 BGB gegenüber dem Zahlungsdienstleister nicht zur Anwendung kommen sollen.[324] Damit bleibt formal das Recht aus § 675v Abs. 4 S. 1 Nr. 1 BGB bestehen, der Zahlungsdienstnutzer kann sich aber nicht mehr darauf berufen.[325] Die Anwendung der Haftungsregelungen des § 675v Abs. 3 BGB im Fall eines rechtsmissbräuchlichen Verhaltens des Zahlungsdienstnutzers ist insoweit auch Ausdruck seines ingerenten, risikoerhöhenden Verhaltens im Vorfeld der Ausführung der Zahlungsaufträge.

Dieses Ergebnis trägt auch der Wertung des Gesetzgebers Rechnung, der die Rückausnahme des § 675v Abs. 4 S. 1 Nr. 1 BGB ausdrücklich an die unterbliebene Initiative zum Einsatz der starken Kundenauthentifizierung geknüpft hat. Die Anwendbarkeit des § 675v Abs. 1 und Abs. 3 BGB soll nämlich nur dann ausgeschlossen sein, wenn der Zahlungsdienstleister die starke Kundenauthentifizierung nicht verlangt hat. Zwar wird das Verlangen im Zusammenhang mit § 675v Abs. 4 S. 1 Nr. 1

---

322 Vgl. zur Ausprägung des venire contra factum proprium in gesetzlichen Regelungen LG Mannheim MMR 2009, 568 (570) zu § 312d BGB; MüKoBGB/*Wendehorst*, 5. Auflage, 2007, § 312d Rn. 63 (zu §§ 312d Abs. 4 Nr. 2 BGB).

323 Vgl. mit ähnlicher Wertung MüKoHGB/*Linardatos*, 5. Auflage, 2024, K. Online-Banking Rn. 223, der darauf verweist, dass der Zahlungsdienstnutzer sich grob fahrlässig verhalte, wenn dieser einen Hinweis des Zahlungsdienstleisters ignoriert, dass das von ihm verwendete Authentifizierungsverfahren nur im Zusammenhang mit bestimmten Programmen eine ausreichende Sicherheit vor aktuellen Angriffsformen gewährleistet.

324 Vgl. hierzu auch BGH NJW 1987, 3203 (3203).

325 Ebenso MüKoBGB/*Zetzsche*, 9. Auflage, 2023, § 675v Rn. 68 zum Ausschluss der Berufung des Zahlungsdienstnutzers auf § 675v Abs. 4 S. 1 BGB bei betrügerischem Verhalten des Zahlungsdienstnutzers.

BGB aufgrund der allein beim Zahlungsdienstleister bestehenden Möglichkeit des technischen Einsatzes von Autorisierungsinstrumenten zutreffend dahingehend zu verstehen sein, dass ein Ausschluss des § 675v Abs. 3 BGB i. S. d. § 675v Abs. 4 S. 1 Nr. 1 BGB grundsätzlich dann anzunehmen sein wird, wenn die starke Kundenauthentifizierung nicht durch den Zahlungsdienstleister angeboten und auch daraufhin tatsächlich nicht verwendet wurde.[326] Hat der Zahlungsdienstleister dem Zahlungsdienstnutzer aber alle Möglichkeiten zum Einsatz der starken Kundenauthentifizierung eröffnet und beruht die Ablehnung des diesbezüglichen Einsatzes auf der autonomen Entscheidung des Zahlungsdienstnutzers, so muss das Merkmal des Verlangens nach Auffassung des Verfassers abweichend interpretiert werden. In einem derartigen Fall kann es nämlich nicht auf die tatsächliche Durchführung der starken Kundenauthentifizierung ankommen. § 675v Abs. 4 S. 1 Nr. 1 BGB liegt zugrunde, dass der Zahlungsdienstleister die technischen Voraussetzungen für die Durchführung der starken Kundenauthentifizierung schafft. Dies ergibt sich auch aus § 55 ZAG, der den Zahlungsdienstleister zur Schaffung der Voraussetzungen für die Anwendung der starken Kundenauthentifizierung verpflichtet. Damit liegt auch die Initiative zur Anwendung der starken Kundenauthentifizierung beim Zahlungsdienstleister, da er deren Anwendung verlangen muss. Weigert sich der Zahlungsdienstnutzer die starke Kundenauthentifizierung durchzuführen, übernimmt er die Initiative im Verfahrensablauf der Anwendung der starken Kundenauthentifizierung. Damit können die aus einer Weigerung zur Durchführung der starken Kundenauthentifizierung folgenden Risiken auch nicht mehr der Sphäre des Zahlungsdienstleisters zugewiesen werden. Die Verlagerung der Risikosphären kommt in der durch den Gesetzgeber verwendeten Formulierung des Verlangens i. S. d. § 675v Abs. 4 S. 1 Nr. 1 BGB zum Ausdruck.[327] Liegt die Verantwortlichkeit der Nutzung der starken Kundenauthentifizierung durch die Verpflichtung des Zahlungsdienstleisters nach § 55 ZAG in dessen Risikosphäre, so weist das Verlangen i. S. d. § 675v Abs. 4 S. 1 Nr. 1 BGB eine Erfolgskomponente auf.[328] Liegt dagegen die Verantwortlichkeit zur Nutzung der starken Kundenauthentifizierung in der Sphäre des Zahlungsdienstnutzers, so muss nach Auffassung des Verfassers das Verlangen des Zahlungsdienstleisters zur Nutzung allein ausreichend sein, um weiterhin die § 675v Abs. 1, 3 BGB zur Anwendung bringen zu können.

---

326 Vgl. zutreffend wohl MüKoBGB/*Zetzsche*, 9. Auflage, 2023, § 675v Rn. 64; a.A. Baumbach/Hefermehl/Casper/*Casper*, 24. Auflage, 2020, E. Recht des Zahlungsverkehrs, Rn. 354; BeckOK BGB/*Schmalenbach*, 62. Ed. 1.5. 2022, BGB § 675v Rn. 15.

327 Ebenso Baumbach/Hefermehl/Casper/*Casper*, 24. Auflage, 2020, E. Recht des Zahlungsverkehrs, Rn. 389.

328 Vgl. B., II., 3., d), bb), (3), (d), (bb) dieser Arbeit.

Auf dieser Grundlage stehen dem Zahlungsdienstleister trotz unterbliebener Anwendung der starken Kundenauthentifizierung bei Pflichtverletzungen des Zahlungsdienstnutzers Schadensersatzansprüche nach § 675v Abs. 1, 3 BGB zu.

(3) Der Verbraucher als Nicht-Verbraucher i. S. d. § 675v BGB

Eine haftungsrechtliche Besonderheit kann sich im Hinblick auf die Regelung des § 675v Abs. 4 S. 1 Nr. 1 BGB auch dann ergeben, wenn der Verbraucher sich bei Abschluss einer abweichenden Vereinbarung i. S. d. § 675e Abs. 4 BGB unzutreffend als Nicht-Verbraucher gegenüber dem Zahlungsdienstleister ausgibt und der Zahlungsdienstleister die wahre Identität nicht erkennt. Kommt es in der Folge zu einer Auseinandersetzung zwischen Zahlungsdienstleister und Zahlungsdienstnutzer und wird in diesem Zusammenhang festgestellt, dass es sich bei dem Nicht-Verbraucher tatsächlich um einen Verbraucher handelt, so muss sich die Frage stellen, ob eine nach § 675e Abs. 4 BGB zu § 675v BGB abweichend geschlossene Vereinbarung unwirksam ist. Für die Unwirksamkeit einer entsprechenden Vereinbarung spricht der Wortlaut der Art. 30, 51 Abs. 1 PSD sowie Art. 107 Abs. 3 PSD II, die ausschließlich den Schutz des Verbrauchers adressieren. Allerdings ist nicht allein der Wortlaut entscheidend. Ebenso sind auch in einem derartigen Fall die Grundsätze von Treu und Glauben zu berücksichtigen.

Verbraucherschützende Vorschriften des § 675e Abs. 4 BGB können nämlich nur dann Anwendung finden, wenn der Vertragspartner des Zahlungsdienstleisters sich bei Abschluss der zahlungsdiensterechtlichen Vereinbarungen gegenüber dem Zahlungsdienstleister redlich verhält. Nicht redlich verhält sich aber der Zahlungsdienstnutzer, wenn er bei Vereinbarungen nach § 675e Abs. 4 BGB unzutreffend Rechtsverhältnisse vorspiegelt, die sich für ihn als Nicht-Verbraucher zu diesem Zeitpunkt gegebenenfalls als (wirtschaftlich oder rechtlich) vorteilhaft darstellen, er im Fall der Vermeidung eines späteren Schadenseintritts nach dem Günstigkeitsprinzip aber verbraucherschützende Regelungen in Anspruch nehmen will.

Die Beschränkung des Verbraucherschutzes auf den redlichen Vertragspartner ergibt sich aus dem auch im Verbraucherschutzrecht geltenden Grundsatz von Treu und Glauben.[329] Dieser Grundsatz findet im Gemeinschaftsrecht und damit auch im Rahmen der Zahlungsdiensterichtlinien Anwendung.[330]

Die unionsrechtkonforme Bestimmung des Begriffs des Verbrauchers in § 13 BGB ist – ebenso wie z. B. im Rahmen der Verbrauchsgüterkaufrichtlinie – für die verbraucherschützenden Vorschriften der Zahlungsdiensterichtlinien nicht allein

---

329 BGH NJW 2005, 1045 (1046); vgl. auch *Wertenbruch*, LMK 2005, 49 (49).
330 BGH NJW 2005, 1045 (1046).

aus dem Regelungsgehalt dieser Richtlinien zu bestimmen.[331] Der Begriff des Verbrauchers in Art. 4 Nr. 20 PSD II ist vielmehr im Zusammenhang mit entsprechenden Definitionen des Verbrauchers in anderen Richtlinien des Gemeinschaftsrechts zu bestimmen.[332]

Dabei sind nach einer Entscheidung des BGH auch die Begriffsdefinitionen in den zwischenstaatlichen Übereinkommen zum europäischen Zivilprozessrecht (Art. 13 Abs. I EuGVÜ) und zum europäischen Kollisionsrecht (Art. 5 EVÜ)[333] zu berücksichtigen. In diesen dem europäischen Recht nahestehenden Übereinkommen sei das Konzept des Verbrauchergeschäfts im europäischen Recht erstmals entwickelt worden. Damit können die Materialien zu den Übereinkommen, insbesondere der zum Übereinkommen über das auf vertragliche Schuldverhältnisse anzuwendende Recht vorliegende Giuliano-Lagarde-Bericht[334], als Rechtserkenntnisquelle nicht nur für das Verständnis des Verbraucherbegriffs in den deutschen Vorschriften (§ 13 BGB, Art. 29 EGBGB), sondern auch als Auslegungsinstrument für den europäisch-autonomen Verbraucherbegriff im EG-Richtlinienrecht herangezogen werden.[335] Nach den Erläuterungen zu Art. 5 EVÜ im Giuliano-Lagarde-Bericht scheidet die Einordnung einer natürlichen Person als Verbraucher aus, wenn sich der Leistungsempfänger als Berufsangehöriger ausgibt und die andere Partei gutgläubig ist.[336] Auf Grundlage der Erwägungen des BGH ist damit aus dem gemeinschaftsrechtlichen Zusammenhang, in dem die Zahlungsdiensterichtlinien stehen, abzuleiten, dass die Schutzvorschriften für den Verbraucher nach dem EG/EU-Richtlinienrecht nicht eingreifen sollen, wenn der Leistungsempfänger seinem Vertragspartner einen gewerblichen Geschäftszweck vortäuscht.[337] Da die Definition des Verbraucherbegriffs in Art. 4 Nr. 20 PSD II den Definitionen des Verbrauchers in anderen verbraucherschutzorientierten Richtlinien entspricht, gelten die Grundsätze des BGH auch in Fällen, in denen der Zahlungsdienstnutzer sich gegenüber dem Zahlungsdienstleister als Nicht-Verbraucher ausgibt, es sich tatsächlich aber um einen Verbraucher i. S. d. Art. 4 Nr. 20 PSD II handelt. Schließen also in einem derartigen Fall Verbraucher als Nicht-Verbraucher und Zahlungsdienstleister eine Vereinbarung über die Abbedingung der Regelungen des § 675v BGB nach

331 Vgl. zur Diskussion der Inhaltsbestimmung des Begriffs des Verbrauchers im Zahlungsdiensterecht auch *Bülow*, WM 2017, 457 (459).

332 BGH NJW 2005, 1045 (1046).

333 Umgesetzt in deutsches Recht durch Art. 29 EGBGB.

334 Anlage zur Denkschrift zum Übereinkommen v. 19.6.1980 über das auf vertragliche Schuldverhältnisse anzuwendende Recht, BT-DrS. 10/503, S. 33 ff.

335 BGH NJW 2005, 1045 (1046); vgl. auch Soergel/*Pfeiffer*, 13. Auflage, 2000, § 13 Rn. 28.

336 BT-DrS. 10/503, S. 55; BGH NJW 2005, 1045 (1046).

337 vgl. auch BGH NJW 2005, 1045 (1046).

§ 675e Abs. 4 BGB, so ist diese Vereinbarung wirksam und die Anwendung des § 675v Abs. 4 S. 1 Nr. 1 BGB ausgeschlossen.

b) Zwischenergebnis

Die in diesem Abschnitt erzielten Ergebnisse zeigen, dass die Rückausnahme nach § 675v Abs. 4 BGB nicht in jedem Fall nach einem engen Verständnis des Wortlauts auszulegen ist. Vielmehr sind trotz des scheinbar eindeutigen Wortlauts wertende Gesichtspunkte bei der Anwendung dieser Vorschrift zu berücksichtigen. Nur so kann dem gesetzgeberischen Ziel eines angemessenen Risikoausgleichs zwischen Zahlungsdienstleister und Zahlungsdienstnutzer Rechnung getragen werden.

2. Die Auswirkungen der unterbliebenen Verwendung der starken Kundenauthentifizierung nach § 675v Abs. 4 S. 1 Nr. 1 BGB bei vorsätzlichem Verstoß des Zahlungsdienstnutzers gegen Bedingungen zur Ausgabe und Nutzung von Zahlungsinstrumenten bzw. des § 675l BGB

Nach dem Wortlaut des § 675v Abs. 4 S. 1 Nr. 1 BGB scheidet ein Anspruch des Zahlungsdienstleisters nach § 675v Abs. 1 und Abs. 3 BGB selbst dann aus, wenn der Zahlungsdienstnutzer grob fahrlässig und sogar vorsätzlich die von ihm nach §§ 675v Abs. 3, 675l BGB zu erfüllenden Verpflichtungen verletzt. Vertreter der Literatur gehen wohl einheitlich davon aus, dass die unterbliebene Anwendung der starken Kundenauthentifizierung aufgrund des § 675v Abs. 4 S. 1 Nr. 1 BGB ausnahmslos zum Ausschluss der Ansprüche des Zahlungsdienstleisters führt.[338] Eine Einschränkung, die sich aber ohnehin bereits aus § 675v Abs. 4 S. 2 BGB ergibt, sehen einzelne Vertreter der Literatur bei Handeln des Zahlungsdienstnutzers in betrügerischer Absicht.[339]

Ein Haftungsausschluss i. S. d. § 675v Abs. 4 S. 1 Nr. 1 BGB ist aber nur dann gerechtfertigt, wenn der Zahlungsdienstnutzer sich auch bei unterbliebenem Verlangen des Zahlungsdienstleisters nach einer starken Kundenauthentifizierung selbst rechtskonform verhält. Verletzt der Zahlungsdienstnutzer bei unterbliebener starker Kundenauthentifizierung vorsätzlich die in §§ 675v Abs. 3, 675l BGB genannten Pflichten, so muss dieses Verhalten ebenfalls als rechtsmissbräuchlich

338 Langenbucher/Bliesener/Spindler/*Langenbucher*, 3. Auflage, 2020, Kap. 4 § 675v Rn. 20; Ellenberger/Bunte/*Maihold*, 6. Auflage, 2022, § 33 Rn. 386; MüKoBGB/*Zetzsche*, 9. Auflage, 2023, § 675v Rn. 63; *Hoffmann*, VuR 2016, 243 (248).

339 So nur MüKoBGB/*Zetzsche*, 9. Auflage, 2023, § 675v Rn. 63, ohne Begründung unter Hinweis auf den Ausschlusstatbestand in § 675v Abs. 4 S. 2 BGB.

angesehen werden. Der Zahlungsdienstnutzer handelt damit gleichzeitig aber auch direkt in betrügerischer Absicht, was eine Haftung des Zahlungsdienstnutzers nach § 675v Abs. 3 Nr. 1 BGB begründet. Der Zahlungsdienstnutzer setzt sich nämlich im Bewusstsein und mit dem Willen über die mit dem Zahlungsdienstleister vereinbarten Bedingungen zur Ausgabe und Nutzung von Zahlungsinstrumenten hinweg bzw. verstößt gegen seine Pflichten aus §§ 675v Abs. 3, 675l BGB, um aus der Verletzung der von ihm zu erfüllenden Verpflichtungen rechtswidrige Vorteile zu erlangen. Ein rechtswidriger Vorteil liegt hierbei nicht erst in der Realisierung wirtschaftlich messbarer Vorteile des Zahlungsdienstnutzers, sondern bereits in der Vermeidung der von ihm zu erfüllenden vertraglichen Verpflichtungen. Der Zahlungsdienstnutzer täuscht hierbei auch den Zahlungsdienstleister, in dem er beim Zahlungsdienstleister den Eindruck erweckt, sich trotz unterbliebener starker Kundenauthentifizierung rechts- und vertragskonform zu verhalten und die vereinbarten oder aus gesetzlichen Regelungen resultierenden Verpflichtungen zu erfüllen. Die vorsätzliche Verletzung der durch den Zahlungsdienstnutzer zu erfüllenden Verpflichtungen muss hierbei aber einen kausalen Beitrag für die Ausführung des nicht autorisierten Zahlungsvorgangs gehabt haben. Der dann durch den Zahlungsdienstnutzer gegebenenfalls anlässlich eines derartigen Vorgangs gegenüber dem Zahlungsdienstleister geltend gemachte Anspruch aus § 675u S. 2 BGB verwirklicht beim Zahlungsdienstleister den Vermögensschaden. Damit handelt der Zahlungsdienstnutzer bei vorsätzlicher Verletzung der ihm nach §§ 675v Abs. 3, 675l BGB obliegenden Pflichten in betrügerischer Absicht, so dass ihm die Haftungsprivilegierung aus § 675v Abs. 4 S. 1 Nr. 1 BGB durch § 675v Abs. 4 S. 2 BGB verwehrt ist.[340]

340 Dieses Ergebnis gilt auch auf Grundlage des Art. 60 Abs. 2 des Proposal for a regulation on payment services aufgrund Regelungsidentität zu Art. 74 Abs. 2 S. 1 PSD II: „*...Where the payer's payment service provider does not require strong customer authentication, the payer shall not bear any financial losses unless the payer has acted fraudulently...*" im Vergleich zu Art. 60 Abs. 2 S. 1 des Proposal for regulation on payment services: „*Where the payer's payment service provider fails to fulfil the obligation to require strong customer authentication set out in Article 85, the payer shall not bear any financial losses unless the payer has acted fraudulently.*"

V. Die Verletzung von sonstigen Sorgfaltspflichten des Zahlungsdienstnutzers außerhalb des Regelungskreises der §§ 675v, 675l BGB als Gegenstand der Schadensersatzansprüche des Zahlungsdienstleisters

1. Grundsätzliche Sorgfaltspflichten im Rechtsverhältnis Zahlungsdienstleister und Zahlungsdienstnutzer

Vorstehende Analyse hat gezeigt, dass die Verletzung sonstiger Verpflichtungen des Zahlungsdienstnutzers aus dem Geschäftsverhältnis mit dem Zahlungsdienstleister zu Schadensersatzansprüchen des Zahlungsdienstleisters nach §§ 280 ff. BGB führen kann. Hierbei sind insbesondere vom Zahlungsdienstnutzer zu erfüllende Sorgfaltspflichten von Bedeutung. Der Schwerpunkt der vom Zahlungsdienstnutzer zu erfüllenden Sorgfaltspflichten wird hierbei in den Informations-, Unterrichtungs- und Anzeigepflichten des Zahlungsdienstnutzers gegenüber dem Zahlungsdienstleister zu finden sein.[341]

Diese Ansprüche kann der Zahlungsdienstleister neben Ansprüchen aus § 675v Abs. 1 und Abs. 3 BGB geltend machen, wenn sie nicht auf den Ersatz von Schäden aus Pflichtverletzungen des Zahlungsdienstnutzers gerichtet sind, die mit den in §§ 675v, 675l BGB erfassten Pflichten des Zahlungsdienstnutzers identisch sind.

2. Besondere Sorgfaltspflichten im Rechtsverhältnis zwischen Zahlungsdienstleister und Zahlungsdienstnutzer

Pflichten zur Wahrung der Interessen des Vertragspartners prägen auch ohne ausdrückliche Anordnung in gesetzlichen Regelungen oder vertraglichen Verein-

---

341 Vgl. z.B. *Grundmann*, S. 616, Rn. 456; Soergel/*Werner*, 13. Auflage, 2012, § 676b Rn. 2; *Bunte*, 4. Auflage, 2015, SB Überweisungsverkehr Rn. 77 ff.; Erman/*v. Westphalen*, 15. Auflage, 2017, § 676b Rn. 2; MüKoBGB/*Zetzsche*, 8. Auflage, 2020, § 676b Rn. 6; Ellenberger/Findeisen/Nobbe/Böger/*Nobbe*, 3. Auflage, 2020, § 676b Rn. 12; BeckOK BGB/*Schmalenbach*, 63. Ed. 1.8.2022, BGB § 676b Rn. 2, 3; BeckOGK BGB/*Zahrte*, 1.12.2022, BGB § 676b Rn. 12, 134; Langenbucher/Bliesener/Spindler/*Langenbucher*, 3. Auflage, 2020, Kap. 4 § 676b Rn. 3; Langenbucher/Bliesener/Spindler/*Herresthal*, 3. Auflage, 2020, Kap. 3 § 676b Rn. 3; Staudinger/*Omlor*, 2020, § 676b Rn. 3; Grüneberg/*Grüneberg*, 83. Auflage, 2024, § 676b Rn. 2; Bunte/Zahrte/*Zahrte*, 5. Auflage, 2019, 4. Teil Sonderbedingungen der Banken und Sparkassen, IV. Bedingungen für den Überweisungsverkehr Rn. 80; Ulmer/Brandner/Hensen/*Fuchs/Zimmermann*, 13. Auflage, 2022, Banken AGB Rn. 38; BGH NJW 1991, 487 (487 ff.); Derleder/Knops/Bamberger/*Casper*, Band 1, 3. Auflage, 2017, § 4 Rn. 77.

barungen seit jeher die Beziehungen zwischen Dienstleister und Kunde im bankmäßigen Geschäftsverkehr.[342]

Danach sind auch Zahlungsdienstleister und Zahlungsdienstnutzer auf Grund der zwischen Ihnen bestehenden Rechtsbeziehung zur Beachtung der im Verkehr erforderlichen Sorgfalt verpflichtet.[343] Treu und Glauben erfordern es, dass beide Teile innerhalb dieser Rechts- und Geschäftsbeziehung alles vermeiden, wodurch die andere Vertragspartei geschädigt werden kann.[344] Hierzu gehört auch die Pflicht des Zahlungsdienstnutzers, „nach Maßgabe seiner Einsicht, die Gefahren von Fälschung, Verfälschung und missbräuchlichen Manipulationen, die zur Auslösung von Zahlungsvorgängen führen (können), die nicht durch ihn autorisiert sind, soweit wie möglich auszuschalten“.[345] Verletzt der Zahlungsdienstnutzer die ihm insoweit obliegenden Sorgfaltspflichten, so muss er dem Zahlungsdienstleister gegenüber aus dem Gesichtspunkt des allgemeinen Schadensrechts verantwortlich sein, soweit nicht für den konkreten Zahlungsvorgang spezialgesetzliche Regelungen vorgreiflich sind.[346]

a) §§ 280 Abs. 1, 241 Abs. 2 BGB – Sorgfalts- und Schutzpflichten

Derartige Sorgfalts- und Schutzpflichten können zwischen den Vertragsparteien ausdrücklich vereinbart werden oder sich aus der Natur des zwischen Zahlungsdienstnutzer und Zahlungsdienstleister bestehenden Vertragsverhältnisses ergeben. Anerkanntermaßen betreffen derartige Pflichten nicht allein den Zahlungsdienstleister, sondern zudem auch den Zahlungsdienstnutzer.[347] Danach haben sich sowohl Zahlungsdienstnutzer als auch Zahlungsdienstleister so zu verhalten, dass

342 BGH WM 1960, 784 (784); so auch schon RGZ 56, 410 (412); RGZ 160, 310 (312).

343 Der Begriff der Sorgfaltspflichten ist, wie in MüKoHGB/*Linardatos*, 5. Auflage, 2024, K. Online-Banking Rn. 109 in Fußnote 290 zutreffend angemerkt, terminologisch ungenau, denn eine Sorgfalt kann von einer Vertragspartei nicht geschuldet sein, sondern nur ein Handeln, Dulden oder Unterlassen (§ 241 BGB). Mangelnde Sorgfalt sei nur ein Tatbestandsmerkmal des Verschuldens (§ 276 BGB), vgl. *Hadding*, Festschrift Schimansky, 1999, 67 (68 f.); *Linardatos* formuliert insoweit Verhaltenspflichten. Im hier relevanten Umfeld handelt es sich aber richtigerweise nicht allein um bloße Verhaltenspflichten, sondern vielmehr um die die Verhaltenspflichten konkretisierende Schutz- und Schadenspräventionspflichten im Interesse des Zahlungsdienstleisters.

344 BGH NJW 1967, 37 (38).

345 So bereits BGH NJW 1967, 37 (38).

346 BGH NJW 1967, 37 (38).

347 Vgl. hierzu für die Verpflichtung zur Wahrung der Rechtsgüter des Zahlungsdienstnutzers durch den Zahlungsdienstleister nur BGH WM 2008, 1252 (1253); OLG Dresden BeckRS 2018, 14727; OLG Celle WM 2007, 810 (810 f.); für die Pflichten des Zahlungsdienstnutzers vgl. den Überblick bei MüKoHGB/*Häuser*, 4. Auflage, 2019, B. Überweisungsverkehr Rn. 331 ff.; MüKoHGB/*Herresthal*, 5. Auflage, 2024, B. Überweisungsverkehr Rn. 300.

die gegenseitigen Interessen, Rechte und Rechtsgüter nicht verletzt werden.[348] Ebenso wie der Zahlungsdienstleister ist auch der Zahlungsdienstnutzer verpflichtet, im Rahmen der Abwicklung des Zahlungsdiensterahmenvertrags – auch soweit es nur auf die singuläre Ausführung von Zahlungsaufträgen ankommt – alles zu vermeiden, was den Zahlungsdienstleister schädigen könnte.[349] Pflichtverletzungen des Zahlungsdienstnutzers, die nach der Wertung des europäischen und des nationalen Gesetzgebers den Zahlungsdienstleister berechtigen außerhalb des § 675v Abs. 3 BGB Schadensersatzansprüche gegenüber dem Zahlungsdienstnutzer geltend zu machen, beruhen damit in der Regel auf einem risikoerhöhenden Verhalten oder Unterlassen des Zahlungsdienstnutzers, das es dem Nichtberechtigten fortgesetzt ermöglicht, nicht autorisierte Zahlungsaufträge in den Rechtsverkehr zu bringen bzw. den Zahlungsdienstleister über die Autorisierung des Zahlungsvorgangs zu täuschen. Die Haftung des Zahlungsdienstnutzers wegen der Verletzung derartiger Pflichtverletzungen berücksichtigt damit dessen Verantwortlichkeiten im Rahmen der Abwicklung des Zahlungsdiensterahmenvertrags, den dieser mit dem Zahlungsdienstleister geschlossen hat, bzw. allgemeiner Grundsätze zur Wahrung der Interessen des Vertragspartners im Rahmen der Vertragsgerechtigkeit.

Wie sich aus der Analyse der Zahlungsdiensterichtlinien und der Gesetzesbegründung zu deren Umsetzung in nationales Recht gezeigt hat, unterliegt die Geltendmachung von Schadensersatzansprüchen nach allgemeinen Rechtsgrundsätzen bei der Verletzung von Schutzpflichten dann keinen besonderen Einschränkungen, wenn der Pflichtenverstoß nicht bereits durch die entsprechenden Haftungsregelungen in § 675v Abs. 3 BGB sanktioniert ist.[350] Eine besondere Bedeutung nehmen im Rahmen der Schutzpflichten des Zahlungsdienstnutzers gegenüber dem Zahlungsdienstleister Informationspflichten ein, die der Zahlungsdienstnutzer gegenüber dem Zahlungsdienstleister zu erfüllen hat. Zum Teil ergeben sich die haftungsrechtlichen Folgen der Verletzung dieser Schutzpflichten aus ausdrücklichen Haftungs- bzw. Enthaftungsbestimmungen für den Zahlungsdienstnutzer.

aa) Die Kontrolle der Mitteilungen des Zahlungsdienstleisters durch den Zahlungsdienstnutzer

Die vom Zahlungsdienstnutzer einzuhaltenden Sorgfalts- und Informationspflichten betreffen in besonderem Maße die Kontrolle von Mitteilungen des Zahlungs-

348 OLG Dresden BeckRS 2018, 14727 Rn. 53.
349 MüKoHGB/*Häuser*, 4. Auflage, 2019, B. Überweisungsverkehr Rn. 331.
350 Vgl. D., III., 2., b), bb), (5) dieser Arbeit.

dienstleisters, Kontoauszügen, oder sonstige Möglichkeiten der Kontrolle von Buchungsvorgängen. Insbesondere mit der Kontrolle seiner Buchungsunterlagen bzw. von Buchungsvorgängen kann der Zahlungsdienstnutzer den Zahlungsdienstleister vor Schäden bewahren, indem er dem Zahlungsdienstleister gegebenenfalls festgestellte Auffälligkeiten oder seiner Ansicht nach unrichtige Buchungsvorgänge meldet.[351]

bb) Die Sorgfaltspflichten nach Nr. 11 Abs. 4 AGB der Banken

Nr. 11 Abs. 4 der Allgemeinen Geschäftsbedingungen der Banken wiederholt insoweit deklaratorisch diese dem Zahlungsdienstnutzer gegenüber dem Zahlungsdienstleister obliegende Schutzpflicht.[352] So formuliert *Grundmann* zutreffend:

> *Rechenschaft dient dem Schutz des Auftraggebers, nicht des Beauftragten. Wenn also eine unsorgfältige Prüfung von Kontoauszügen (unter Verstoß gegen Nr. 11 Abs. 4 AGB Banken; Nr. 20 Abs. 1 Buchst. g AGB-Sparkassen) (Schadensersatz-)Ansprüche gegen den Kunden begründet, so nur deswegen, weil auch der Begünstigte Schadenspräventionspflichten hat …. Immerhin ist das Ziel der AGB sichtlich, zukünftige (ggf. höhere) unautorisierte Verfügungen zu verhindern, für die das Kreditinstitut doch (ggf. auch nur faktisch) einstehen muss.*[353]

---

351 BGH NJW 1978, 2149 (2151); BGH NJW 1979, 1164 (1165); Staudinger/*Omlor*, 2020, § 675f Rn. 22; AG Köln NJW-RR 2015, 1272 (1274); vgl. hierzu zu § 676b BGB auch *Grundmann*, S. 616, Rn. 456; Soergel/*Werner*, 13. Auflage, 2012, § 676b Rn. 2; *Bunte*, 4. Auflage, 2015, SB Überweisungsverkehr Rn. 77 ff.; a.A. Erman/v. *Westphalen*, 15. Auflage, 2017, § 676b Rn. 2; MüKoBGB/*Zetzsche*, 9. Auflage, 2023, § 676b Rn. 6; Ellenberger/Findeisen/Nobbe/Böger/*Nobbe*, 3. Auflage, 2020, § 676b Rn. 12; BeckOK BGB/*Schmalenbach*, 63. Ed. 1.8.2022, BGB § 676b Rn. 2, 3; BeckOGK BGB/*Zahrte*, 1.12.2022, BGB § 676b Rn. 12, 134; Langenbucher/Bliesener/Spindler/*Langenbucher*, 3. Auflage, 2020, Kap. 4 § 676b Rn. 3; Langenbucher/Bliesener/Spindler/*Herresthal*, 3. Auflage, 2020, Kap. 3 § 676b Rn. 3; Staudinger/*Omlor*, 2020, § 676b Rn. 3; Grüneberg/*Sprau*, 81. Auflage, 2022, § 676b Rn. 2; Ulmer/Brandner/Hensen/*Fuchs/Zimmermann*, 13. Auflage, 2022, Banken AGB Rn. 38; Derleder/Knops/Bamberger/*Casper*, Band 1, 3. Auflage, 2017 § 4 Rn. 77; *Sorg*, Die zivilrechtliche Haftung im bargeldlosen Zahlungsverkehr, 2015, S. 268; vgl. auch BGH NJW 1991, 487 (487 ff.); OLG Karlsruhe BeckRS 2022, 15638 Rn. 105.

352 *Grundmann*, S. 226, Rn. 163; Schimansky/Bunte/Lwowski/*Bunte*, 5. Auflage, 2017, § 16 Rn. 28; MüKoHGB/*Häuser*, 4. Auflage, 2019, B. Überweisungsverkehr Rn. 179; MüKoHGB/*Herresthal*, 5. Auflage, 2024, B. Überweisungsverkehr Rn. 300 ff.; Langenbucher/Bliesener/Spindler/*Herresthal*, 3. Auflage, 2020, Kap. 7 § 675v Rn. 4; Kümpel/Mülbert/Früh/Seyfried/*Kropf*, 5. Auflage, 2019, Rn. 3.472; KG, WM 1995, 2182 (2183); OLG Düsseldorf, NJW-RR 1988, 104 (106); BGH NJW 1985, 2326 (2327); BGH NJW 1967, 37 (38); BGH NJW 1984, 921 (922); BGH NJW 1991, 487 (489); OLG Brandenburg BKR 2007, 473 (474); im Ergebnis auch OLG Karlsruhe BeckRS 2022, 15638, das aber den Anspruch nach § 280 Abs. 1 BGB aufgrund der Sperrwirkung des § 675v BGB verneint.

353 *Grundmann*, S. 226, Rn. 163; hierzu auch BGH NJW 1978, 2149 (2151); BGH NJW 1979, 1164 (1165); Staudinger/*Omlor*, 2020, § 675f Rn. 22; AG Köln NJW-RR 2015, 1272 (1274); BGH NJW 1967, 37 (38); AG Köln NJW-RR 2015, 1272 (1274); OLG Zweibrücken NJW-RR 1997, 1546 (1547).

Die Wahrung dieser Pflicht dient auch dazu, Verfügungen zu vermeiden, die außerhalb des zwischen Zahlungsdienstleister und Zahlungsdienstnutzer vereinbarten Verfügungsrahmens liegen und die bei ordnungsgemäßer Kontrolle des Kontostands unterblieben wären. Bei Nichtbeachtung dieser Pflicht macht sich der Kunde schadensersatzpflichtig.[354]

Für die fahrlässige Unkenntnis des Kunden von einer Fehlbuchung wurde vor Inkrafttreten der Zahlungsdiensterichtlinien im Schrifttum zwar teilweise eine Schadensersatzpflicht des Kunden aus positiver Vertragsverletzung abgelehnt.[355] Die bereicherungsrechtliche Schutzgrenze des § 819 Abs. 1 BGB, nach der nur positive Kenntnis von der Rechtsgrundlosigkeit schade, würde durch eine derartige Fahrlässigkeitshaftung unterlaufen.[356] Die §§ 812 ff. BGB enthielten insoweit eine vorgehende Spezialregelung gegenüber den nebenvertraglichen Ansprüchen aus Schutzpflichtverletzungen. Der BGH war aber der Auffassung, dass dieser Grundsatz allgemein nicht so anerkannt werden könne. Vielmehr sei die Verantwortlichkeit des Kunden der Bank in derartigen Sachverhalten nach den eigentümlichen Verhältnissen der jeweiligen Rechtsbeziehungen zu beurteilen.[357]

Auch bei „vorsichtiger Bemessung der im Rechtsverkehr zu verlangenden Sorgfalt“[358] sei innerhalb von girovertraglichen Beziehungen vertraglich von dem Bankkunden ein gewisses Maß an Kontrolle der ihm in den Auszügen mitgeteilten Kontobewegungen und Kontostände zu verlangen. Der Giroverkehr mit seinen massenhaft anfallenden Geschäftsvorgängen könne nur unter dieser Voraussetzung zuverlässig funktionieren. Zwar obliege es in erster Linie der Bank, von vornherein richtige Auszüge zu erstellen. Die Unaufmerksamkeit des Kunden gegenüber einem dennoch aufgetretenen Fehler könne aber so weit gehen, dass sein Verhalten eine fahrlässige Verletzung der nach dem Girovertrag von ihm zu verlangenden Sorgfalt darstelle. Für den der Bank hieraus entstehenden Schaden müsse der Kunde trotz Entreicherung haften, denn die Eigenart des Girovertrags gebe nichts dafür her, dass die Haftung nur bei vorsätzlicher Vertragsverletzung eingreife.[359] Diesen Grundsatz hat der BGH auch in späteren Entscheidungen bekräftigt. Die Mithaftung eines Kontoinhabers komme in Betracht, wenn dieser seine gegenüber seiner Bank aus dem Kontovertrag folgende Verpflichtung, die Bewe-

---

354 Vgl. auch BGH NJW 1978, 2149 (2151); BGH NJW 1979, 1164 (1165); OLG Zweibrücken NJW-RR 1997, 1546 (1547).

355 Staub/*Canaris*, 3. Auflage, 1981, Anh. § 357 Rn. 221 am Ende.

356 Staub/*Canaris*, 3. Auflage, 1981, Anh. § 357 Rn. 221 am Ende.

357 BGH NJW 1978, 2149 (2151).

358 BGH NJW 1978, 2149 (2151).

359 BGH NJW 1978, 2149 (2151) unter Hinweis auf Schlegelberger/*Hefermehl*, Anh. § 365 Anm. 96; *Liesecke*, WM 1975, 238 (241).

gungen seines Kontos jedenfalls in gewissem Umfang zu kontrollieren, schuldhaft verletze und auf diese Weise dazu beitrage, dass seiner Bank ein Schaden entstehe.[360]

Regelungen in den Allgemeinen Geschäftsbedingungen, nach denen der Kunde der Bank gegenüber zur Kontrolle seiner Kontoauszüge verpflichtet sei, sprächen insoweit nur aus, was sich gemäß § 242 BGB ohnehin aus dem Girovertrag ergebe, nämlich dass beide Seiten des Vertrages im Rahmen des Zumutbaren Schädigungen der Vertragspartner entgegenzuwirken haben.[361] Der Bankkunde schulde der Bank aufgrund des Girovertrages ein gewisses Maß an Kontrolle bezüglich der ihm in den Kontoauszügen mitgeteilten Kontobewegungen und Kontostände.[362] Verletze der Kunde diese ihm gegenüber der Bank obliegende Schutzpflicht schuldhaft, so müsse er wegen positiver Forderungsverletzung für den daraus entstehenden Schaden der Bank einstehen.[363] In diesem Fall könne ein Schadensersatzanspruch der Bank gegen ihn wegen positiver Vertragsverletzung in Frage kommen.[364]

Auch nach Umsetzung der PSD und der PSD II gilt für die Beachtung der Sorgfaltspflichten durch den Zahlungsdienstnutzer nichts anderes.[365] Die speziellen Vorschriften über Zahlungsinstrumente in §§ 675l BGB, 675v BGB verdrängen nämlich nicht die allgemeinen Schutzpflichten.[366] Damit sind auch die zum Girovertrag vom BGH entwickelten Grundsätze ohne Einschränkungen weiter anwendbar, soweit nicht die spezielleren Vorschriften der §§ 675v, 675l BGB eine Sperrwirkung entfalten.[367] Die Verpflichtung zur Überwachung seines Zahlungskontos, der diesbezüglichen Informationen, Mitteilungen und Kontoauszüge sowie auch des Buchungsstands ergibt sich hierbei für den Zahlungsdienstnutzer nicht nur aus Vereinbarungen des Zahlungsdienstleisters und Zahlungsdienstnutzers, auch in Form allgemeiner oder individuell vereinbarter Geschäftsbedingungen, sondern bereits unmittelbar aus §§ 675c, 675f BGB.[368]

Die Verpflichtung des Zahlungsdienstnutzers zur Wahrnehmung der Sorgfaltspflichten gegenüber dem Zahlungsdienstleister war hierbei bereits in Erwä-

---

360 BGH NJW 1996, 988 (990); vgl. auch KG WM 1995, 2182 (2183).

361 BGH NJW-RR 1988, 104 (106).

362 BGH NJW-RR 1988, 104 (106).

363 BGH NJW-RR 1988, 104 (106); BGH NJW 1978, 2149 (2151); BGH NJW 1979, 1164 (1165); BGH NJW 1985, 2326 (2327); OLG Hamm NJW-RR 1986, 791 (793).

364 BGH NJW 1996, 988 (990); BGH NJW 1978, 2149 (2149 ff.); BGH NJW 1985, 2326 (2327).

365 *Nobbe*, WM 2012, Sonderbeilage 1, 1 (9); MüKoHGB/*Häuser*, 4. Auflage, 2019, B. Überweisungsverkehr Rn. 331; MüKoHGB/*Herresthal*, 5. Auflage, 2024, B. Überweisungsverkehr Rn. 300.

366 Zutreffend MüKoHGB/*Häuser*, 4. Auflage, 2019, B. Überweisungsverkehr Rn. 331, aber mit unzutreffender Verweisung auf BT-DrS. 16/11643, S. 118.

367 Vgl. hierzu auch Soergel/*Werner*, 13. Auflage, 2012, § 675u Rn. 7.

368 AG Köln NJW-RR 2015, 1272 (1274).

gungsgrund 31 PSD[369] angelegt, wonach der Zahlungsdienstnutzer den Zahlungsdienstleister so bald wie möglich über Einwendungen gegen angeblich nicht autorisierte oder fehlerhaft ausgeführte Zahlungsvorgänge informieren sollte. Diese Information dient dazu, Risiken oder Folgen von nicht autorisierten oder fehlerhaft ausgeführten Zahlungsvorgängen gering zu halten.[370]

Aufgrund des Zahlungsdiensterahmenvertrags nach § 675f Abs. 2 BGB muss der Zahlungsdienstnutzer alles vermeiden, was seinen Zahlungsdienstleister schädigen könnte.[371] Dieser Grundsatz widerspricht auch nicht § 676b BGB. Diese Regelung dient mit der Festlegung der Ausschlussfrist zur Geltendmachung von Einwendungen gegenüber dem Zahlungsdienstleister letztlich der Herstellung des Rechtsfriedens.[372] Durch den Ausschluss auch von Einwendungen kommt nämlich nur zum Ausdruck, dass der Zahlungsdienstnutzer nach Ablauf der Frist keine Korrektur mehr durch den Zahlungsdienstleister erwirken kann.[373] Eine Einschränkung der Prüfungs- und Sorgfaltsobliegenheiten des Zahlungsdienstnutzers ist durch diese Vorschrift aber nicht erkennbar.[374]

Bezüglich des Prüfungsrhythmusses der Kontoauszüge werden sicherlich Unterschiede zwischen den Anforderungen an kaufmännische Zahlungsdienstnutzer und Verbraucher zu machen sein.

Während bei Kaufleuten eine zeitnahe Prüfung von Kontoauszügen auch ohne Anlass aus Grundsätzen kaufmännischer Sorgfalt und der zu erwartenden Vielzahl von geschäftlichen Buchungsposten – auch aufgrund von nicht durch den Kontoinhaber veranlassten Buchungsposten – erwartet werden muss[375], wird die regelmäßige

---

369 Vgl. auch Erwägungsgrund 70 PSD II.

370 Hierzu auch *Grundmann*, S. 617, Rn. 456; AG Köln NJW-RR 2015, 1272 (1274).

371 *Nobbe*, WM 2012, Sonderbeilage 1, 1 (9); MüKoHGB/*Häuser*, 4. Auflage, 2019, B. Überweisungsverkehr Rn. 331; MüKoHGB/*Herresthal*, 5. Auflage, 2024, B. Überweisungsverkehr Rn. 300.

372 BeckOGK/*Hofmann*, 1.9.2022, BGB § 675v Rn. 140.

373 BT-DrS. 16/11643, S. 119 unter Hinweis auf den Wortlaut von Art. 58 PSD und Erwägungsgrund 31.

374 Hierzu auch Ellenberger/Findeisen/Nobbe/*Nobbe*, 2. Auflage, 2013, § 676b Rn. 7; Schimansky/Bunte/Lwowski/*Schmieder*, 5. Auflage, 2017, § 47 Rn. 79; MüKoBGB/*Zetzsche*, 8. Auflage, 2020, § 676b Rn. 26; Staudinger/*Omlor*, 2020, § 676b, Rn. 15.

375 Bunte/Zahrte/*Bunte*, 5. Auflage, 2019, 2. Teil Allgemeine Geschäftsbedingungen der Banken Rn. 232; auch abzuleiten im Umkehrschluss nach BGH NJW 2011, 2499 (2500); zur Verpflichtung zur zeitnahen Überprüfung auch BGH WM 2010, 2307 (2308); BGH WM 2011, 63 (65); BGH WM 2011, 454 (455); BGH NJW 2010, 3510 (3517); im Ergebnis wird sich eine derartige Pflicht auch aus den Grundsätzen kaufmännischer Buchführung ableiten lassen, nach denen der Kaufmann verpflichtet ist, Geschäftsvorfälle wie die Buchung des einzelnen Geschäftsvorfalls unverzüglich in der Buchführung zu erfassen. Hieraus lässt sich auch ableiten, dass der Kaufmann verpflichtet ist, zeitnah, auch ohne besonderen Anlass – also insbesondere, ohne dass der Kaufmann einen Geschäftsvorgang selbst initiiert hat – seine Buchführung anhand seiner Buchungs-/Kontounterlagen zu kontrollieren. Dies folgt daraus, dass Buchungsvorgänge sich auch aufgrund von berechtigterweise

zeitnahe Prüfung der Kontoauszüge auf fehlerhafte Abbuchungen durch Verbraucherkunden nur in Ausnahmefällen erwartet werden können.[376] Hinsichtlich der durch den Zahlungsdienstnutzer einzuhaltenden Sorgfaltspflichten sind jedoch bei der Festlegung der Frequenz zur Überprüfung seiner Buchungsnachweise dann keine Unterschiede zwischen Verbrauchern und Kaufleuten gerechtfertigt, soweit der Kunde umsatzbezogene Buchungsnachweise mit dem Zahlungsdienstleister vereinbart hat. Mit der Vereinbarung derartiger umsatzbezogener Buchungsnachweise hat der Kunde nämlich zu erkennen gegeben, dass es ihm auf die Kontrolle jedes einzelnen Buchungsvorgangs ankommt. Soweit ihm daher derartige Buchungsnachweise zugehen, ist er auch verpflichtet, diese unverzüglich zu überprüfen.

Dies gilt nicht bei einem gleichzeitig vereinbarten Online-Zugang zum Konto. Von einem Verbraucher ist nicht zu erwarten, dass er ohne Anlass sein Konto im Wege des Online-Zugriffs täglich zu überprüfen hat.[377] Eine Überprüfung des Kontos im Wege des Online-Zugriffs kann bei umsatzbezogenen vereinbarten Buchungsnachweisen zunächst auch nur dann gefordert werden, wenn für den Kunden ein Anlass hierzu besteht. Dies wird in der Regel ein seitens des Kunden in Auftrag gegebener Zahlungsvorgang sein. Hierbei ist jedoch zu berücksichtigen, dass unter derartigen in Auftrag gegebenen Zahlungsvorgängen auch solche Buchungsvorgänge zu fassen sind, die seitens Dritter mit Ermächtigung des Zahlungsdienstnutzers erfolgen.

Hierunter sind insbesondere Dritten erteilte SEPA-Ermächtigungen oder auch durch Dauerauftrag ausgelöste Zahlungsvorgänge zu subsumieren. Liegen innerhalb eines Zeitrahmens von einer Woche keine anlassbezogenen Umstände zur zeitnahen Überprüfung des Zahlungskontos vor, was angesichts der weiten Definition des in diesem Zusammenhang relevanten Anlasses zur Überprüfung der Buchungsvorgänge eher unwahrscheinlich erscheint, so wird eine regelmäßige wöchentliche Überprüfung des Zahlungskontos durch den Verbraucher-Zahlungsdienstnutzer durchaus verlangt werden können.[378]

---

durch Dritte ausgelöste Belastungsbuchungen und Gutschriften ergeben können (vgl. hierzu Böcking/Gros/Oser/Scheffler/Thormann/*Bieg/Waschbusch*, 70. EL., Juli 2023, A 100 Buchführungspflichten Rn. 77; Bunte/Zahrte/*Bunte*, 5. Auflage, 2019, 2. Teil Allgemeine Geschäftsbedingungen der Banken Rn. 232.

376 BGH NJW 2010, 3510 (3517); BGH NJW 2011, 2499 (2500); Bunte/Zahrte/*Bunte*, 5. Auflage, 2019, 2. Teil Allgemeine Geschäftsbedingungen der Banken Rn. 232.

377 A.A. wohl AG Köln NJW-RR 2015, 1272 (1274), das auch bei gleichzeitiger Vereinbarung von postalischen Kontoauszügen und Online-Kontoauszug eine Verpflichtung des Zahlungsdienstnutzers anzunehmen scheint, unabhängig von konkreten Anlässen bei Auslösung von Zahlungsvorgängen den Kontostand online zu überprüfen.

378 Bunte/Zahrte/*Bunte*, 5. Auflage, 2019, 2. Teil Allgemeine Geschäftsbedingungen der Banken Rn. 232.

Etwas Anderes ist für Kaufleute zu fordern, denen bereits aus kaufmännischer Sorgfalt eine tägliche Überprüfung ihres Kontos auch ohne besonderen Anlass obliegt.[379]

Vernachlässigt daher der Zahlungsdienstnutzer seine ihm gegenüber dem Zahlungsdienstleister obliegende Schadenspräventionspflicht, in dem er nicht entsprechend der anlassbezogenen oder auch regelmäßigen Prüfpflicht seine Kontoauszüge auf nicht autorisierte Zahlungsvorgänge überprüft, so kommt für sämtliche missbräuchliche Zahlungsvorgänge ab dem ersten missbräuchlichen Zahlungsvorgang ein entsprechender Schadensersatzanspruch des Zahlungsdienstleisters nach §§ 280 Abs. 1, 241 Abs. 2 BGB in Betracht.[380] Der Anspruch des Zahlungsdienstleisters ist hierbei auf Ersatz des ihm etwa aufgrund der Geltendmachung von Ansprüchen aus § 675u S. 2 BGB entstandenen Verlusts des Aufwendungsersatzanspruchs gerichtet. Hätte der Zahlungsdienstnutzer nämlich seine ihm insoweit obliegenden Schutzpflichten gegenüber dem Zahlungsdienstleister erfüllt, so hätten gegebenenfalls zum einen weitere nicht autorisierte Zahlungsvorgänge vermieden und zum anderen bereits ausgeführte aber nicht autorisierte Zahlungsvorgänge zeitnah nachverfolgt werden können.

cc) § 675o BGB

Eine spezielle Regelung der Sorgfaltspflichten des Zahlungsdienstnutzers gegenüber dem Zahlungsdienstleister ergibt sich im Zusammenhang mit § 675o BGB. Lehnt der Zahlungsdienstleister die Ausführung oder Auslösung eines Zahlungsauftrags ab, ist er nach § 675o S. 1 BGB verpflichtet, den Zahlungsdienstnutzer hierüber unverzüglich, auf jeden Fall aber innerhalb der Fristen gemäß § 675s Abs. 1 BGB zu unterrichten. Zunächst erscheint diese Regelung allein dem Zahlungsdienstleister eine Verpflichtung aufzuerlegen, deren Verletzung den Zahlungsdienstnutzer berechtigt, nach § 280 BGB Schadensersatzansprüche gegenüber dem Zahlungsdienstleister geltend zu machen. Im Rahmen der Beurteilung des Umfangs der Schadensersatzverpflichtung des Zahlungsdienstleisters sind aber in einem derartigen Fall die allgemeinen Grundsätze zum Schadensrecht und des diesbezüglichen Mit-

---

379 Bunte/Zahrte/*Bunte*, 5. Auflage, 2019, 2. Teil Allgemeine Geschäftsbedingungen der Banken Rn. 231.

380 KG WM 1995, 2182 (2183); Baumbach/Hopt/*Hopt*, 40. Auflage, 2021, AGB Banken 2018 Abs. 11 Rn. 9; Kümpel/Mülbert/Früh/Seyfried/*Kropf*, 5. Auflage, 2019, Rn. 3.473.; Schimansky/Bunte/Lwowski/*Bunte*, 5. Auflage, 2017, § 16 Rn. 30.

verschuldens des Geschädigten – hier des Zahlungsdienstnutzers – zu berücksichtigen.[381]

Insoweit sind die Grundsätze der Schadensersatzverpflichtung des Zahlungsdienstnutzers gegenüber dem Zahlungsdienstleister auch auf die Bemessung des Mitverschuldens des Zahlungsdienstnutzers nach § 254 BGB im Zusammenhang mit der Geltendmachung seiner Ansprüche wegen der Verletzung der Pflichten des Zahlungsdienstleisters nach §§ 280, 675o BGB unmittelbar übertragbar.

Ein Mitverschulden des Zahlungsdienstnutzers an einer möglichen Schadensentstehung aufgrund der Verletzung der Verpflichtungen des Zahlungsdienstleisters nach § 675o BGB wird nicht bereits dann vorliegen, wenn der Zahlungsdienstnutzer nicht unmittelbar überprüft, ob die von ihm beauftragte Zahlung auch vollständig und rechtzeitig durch den Zahlungsdienstleister ausgeführt wurde. Der Zahlungsdienstleister kann sich seiner Verpflichtung nämlich nicht dadurch entziehen, dass er darauf verweist, dass der Zahlungsdienstnutzer die unterbliebene Erfüllung der Verpflichtungen nach § 675o BGB bei sofortiger Ausführungskontrolle des Zahlungsauftrags selbst hätte feststellen können. Ein derartiges Ergebnis würde nämlich die Verpflichtung des Zahlungsdienstleisters aus § 675o BGB letztlich obsolet machen und damit gerade im Widerspruch zu § 675o BGB stehen. Dies entspricht auch dem Rechtsgedanken, dass auch der gegenüber einem Dritten Aufklärungsverpflichtete sich seiner Verpflichtung nicht dadurch entziehen kann, in dem er den Aufklärungsberechtigten darauf verweist, dass dieser den aufklärungsbedürftigen Sachverhalt hätte selbst erkennen können.[382] Da § 675o BGB die Sphärenverantwortlichkeit für Risiken aus der Nichtausführung von Zahlungsaufträgen nach Auftragserteilung durch den Zahlungsdienstnutzer dem Zahlungsdienstleister zuweist, können Risiken, die dem Zahlungsdienstnutzer aus der unterbliebenen Ausführung von Zahlungsaufträgen durch den Zahlungsdienstleister entstehen bzw. sich realisieren, auch bei bestehenden Verpflichtungen, Kontoumsätze zu kontrollieren, nicht zu Lasten des Zahlungsdienstnutzers gehen.[383] Dieser Grundsatz gilt jedoch nicht uneingeschränkt, sondern nur insoweit, als sich der Zahlungsdienstnutzer bei Auftragserteilung selbst innerhalb des mit dem Zah-

381 Langenbucher/Bliesener/Spindler/*Herresthal*, 3. Auflage, 2020, Kap. 3 § 675o Rn. 13; hierzu auch zum allgemeinen Schadensersatz bei Verletzung von Informationspflichten nach § 663 BGB BeckOGK BGB/*Riesenhuber*, 1.6.2022, BGB § 663 Rn. 33; MüKoBGB/*Schäfer*, 8. Auflage, 2020, § 663 Rn. 14; Jauernig/*Mansel*, 18. Auflage, 2021 Rn. 3; *Sorg*, Die zivilrechtliche Haftung im bargeldlosen Zahlungsverkehr, 2015, S. 142.

382 *Sorg*, Die zivilrechtliche Haftung im bargeldlosen Zahlungsverkehr, 2015, S. 145; hierzu auch Staudinger/*Höpfner*, 2021, § 254 Rn. 34; ähnlich BGH NJW 1982, 1095 (1096); BGH WM 1988, 504 (505).

383 A.A. *Sorg*, Die zivilrechtliche Haftung im bargeldlosen Zahlungsverkehr, 2015, S. 145.

lungsdienstleister vereinbarten Regelungszusammenhangs bewegt.[384] Setzt nämlich der Zahlungsdienstnutzer selbst die Ursache, dass der Zahlungsauftrag durch den Zahlungsdienstleister nicht ausgeführt wird, trägt er auch selbst hierfür die Verantwortung. Kontrolliert daher der Zahlungsdienstnutzer in derartigen Fällen nicht selbst, ob der Auftrag entgegen den mit dem Zahlungsdienstleister vereinbarten Regelungen (wie z. B. Verfügungslimits) ausgeführt wurde, so hat er etwaige Folgeschäden, die aus der Nichtausführung des Auftrags resultieren, auch in den Fällen selbst zu tragen, in denen der Zahlungsdienstleister seine Verpflichtung aus § 675o BGB nicht oder nicht rechtzeitig erfüllt.[385]

b) Die präventiven Überwachungspflichten des Zahlungsdienstnutzers

Im Rahmen der zahlungsdiensterechtlichen Verpflichtungen des Zahlungsdienstnutzers weisen §§ 675v, 675l BGB einen numerus clausus an Pflichten auf bzw. etablieren eine Rechtsgrundlage, die es dem Zahlungsdienstleister ermöglicht, Bedingungen für die Nutzung und Ausgabe von Zahlungsinstrumenten mit dem Zahlungsdienstnutzer zu vereinbaren. Die Verletzung von Pflichten, die der Zahlungsdienstnutzer außerhalb des Regelungsbereichs der §§ 675v, 675l BGB zu erfüllen hat, löst damit auch keine Schadensersatzansprüche des Zahlungsdienstleisters gegenüber dem Zahlungsdienstnutzer nach §§ 675v, 675l BGB aus. Damit kommt der Abgrenzung, welche Bedingungen für die Ausgabe und Nutzung des Zahlungsinstruments mit dem Kunden wirksam vereinbart werden können und welche nicht, eine besondere Bedeutung zu. Eine Einbeziehung allgemeiner Sorgfaltspflichten des Zahlungsdienstnutzers in die Bedingungen für die Nutzung und Ausgabe von Zahlungsinstrumenten würde zwar ein geschlossenes System der haftungsrechtlichen Behandlung sämtlicher Ansprüche zwischen Zahlungsdienstnutzer und Zahlungsdienstleister ermöglichen. Gegen eine solche Ausweitung des Pflichtenkatalogs des Zahlungsdienstnutzers sprechen jedoch die zwingenden Regelungen des Zahlungsdiensterechts.[386]

Allgemeine Sorgfaltspflichten des Zahlungsdienstnutzers können daher nur außerhalb der Bedingungen für die Nutzung und Ausgabe von Zahlungsinstrumenten vereinbart sein bzw. gelten. Die Verletzung derartiger Pflichten kann seitens des Zahlungsdienstleisters daher auch nur außerhalb des § 675v BGB geltend

---

384 Ähnlich AG München, BKR 2020, 51 (51).

385 Vgl. auch *Sorg*, Die zivilrechtliche Haftung im bargeldlosen Zahlungsverkehr, 2015, S. 145, der aber bereits bei unterbliebener Kontrolle der Kontoauszüge durch den Zahlungsdienstnutzer von dessen Beteiligung an einem aufgrund unterbliebener Unterrichtung des Zahlungsdienstnutzers entstandenen Schaden zu 100 % ausging.

386 In diesem Sinne auch *Omlor*, BKR 2019, 105 (112); *Hofmann*, BKR 2018, 62 (64).

gemacht werden und steht nicht im Widerspruch zum speziellen Regelungskonzept der Haftungs- und Verpflichtungsnormen der §§ 675u, 675v BGB.[387] Im Zusammenhang mit der Geltendmachung von Ansprüchen des Zahlungsdienstleisters gegen den Zahlungsdienstnutzer wegen unterlassener Kontrolle seiner an den Zahlungsdienstnutzer gerichteten Mitteilungen, insbesondere also der Kontrolle von Buchungsvorgängen oder Kontoauszügen, können dann Ansprüche des Zahlungsdienstleisters aus § 675v BGB und § 280 BGB gleichberechtigt nebeneinanderstehen. Hat der Zahlungsdienstnutzer nämlich beispielsweise seine Kontoauszüge pflichtwidrig nicht kontrolliert, so stehen dem Zahlungsdienstleister Schadensersatzansprüche aufgrund der hierdurch ausgelösten Schadensentstehung oder Schadensvertiefung aus § 280 BGB zu, da § 675v Abs. 3 BGB nur die Verletzung von Bedingungen für die Ausgabe und Nutzung von Zahlungsinstrumenten erfasst, nicht aber sonstige Pflichtverletzungen des Zahlungsdienstnutzers.[388] Andererseits haftet der Zahlungsdienstnutzer aber in einem derartigen Fall unverändert nach § 675v Abs. 1 BGB, da die dort angeordnete Haftung unabhängig von der Haftung nach § 675v Abs. 3 BGB besteht.

Insoweit kommt es auch unter dem Gesichtspunkt der Kontrolle nach §§ 305 ff. BGB für Regelungen, die gleichermaßen für Verbraucher und Nicht-Verbraucher in Allgemeinen Geschäftsbedingungen vereinbart werden, darauf an, transparent und eindeutig die z. B. in Nr. 11 Abs. 4 der AGB-Banken generalklauselartig enthaltenen Pflichten stärker zu präzisieren.[389]

c) Informationspflichten des Zahlungsdienstnutzers über sonstige gefahrerhöhende Umstände

Neben den allgemeinen Sorgfaltspflichten des Zahlungsdienstnutzers, die auf der Rechtsbeziehung zwischen Zahlungsdienstleister und Zahlungsdienstnutzer beruhen, kommen Informationspflichten des Zahlungsdienstnutzers auch über Vorgänge in Betracht, die es nahelegen, dass entweder ein Angriff auf das Zahlungsdienstekonto des Zahlungsdienstnutzers oder ein nicht autorisierter Zahlungsvorgang (nicht nur durch Einsatz eines Zahlungsinstruments) bevorstehen könnte. Dies ist immer dann

---

387 MüKoHGB/*Häuser*, 4. Auflage, 2019, B. Überweisungsverkehr Rn. 331.

388 *Einsele*, WuB 2022, 417 (420); Schimansky/Bunte/Lwowski/*Mayen*, 4. Auflage, 2011, § 49 Rn. 125; Schimansky/Bunte/Lwowski/*Schmieder*, 5. Auflage, 2017, § 49 Rn. 125.

389 Da es für die Vereinbarkeit entsprechender Regelungen mit §§ 305 ff. BGB um die Vereinbarung von Regeln im Rahmen der allgemeinen Geschäftsbedingungen des Zahlungsdienstleisters geht und nicht um Regelungen, die die Nutzung und Ausgabe des Zahlungsinstruments betreffen, kommt es auf die Frage eines etwaigen Leitbildcharakters der §§ 675v, 675l BGB nicht an (vgl. aber E., V., 2., a) dieser Arbeit); zur Diskussion zum Verhältnis des § 675l BGB zur AGB-Kontrolle nach §§ 305 ff. BGB *Omlor*, BKR 2019, 105 (110 ff.); *Hofmann*, BKR 2018, 62 (66).

der Fall, wenn der Zahlungsdienstnutzer erkennt, dass nicht autorisierte Dritte versuchen, sich Zugang zu Informationen über Zahlungskonten des Zahlungsdienstnutzers, vertraulichen Daten oder seine IT-Infrastruktur zu verschaffen.[390] Hierbei können neben den bekannten Versuchen der Erlangung von Kontodaten und/oder Zugangsschlüsseln für das Konto des Zahlungsdienstnutzers bei seinem Zahlungsdienstleister vor allem auch versuchte oder erfolgreiche Angriffe Dritter mitteilungsrelevant sein, mit denen Angriffe auf Zugangs- und/oder Schlüsselcodes bei Online-Drittdienstleistern oder Online-Produktanbietern erfolgen sollen oder bereits erfolgreich durchgeführt wurden.

Eine Informationspflicht besteht immer dann, wenn die Zugangs- oder Schlüsselcodes bei sonstigen Online-Dienstleistern oder Online-Produktanbietern mit den Zugangs- oder Schlüsselcodes des Zahlungsdienstnutzers beim Zahlungsdienstleister identisch sind. Da ausschließlich der Zahlungsdienstnutzer von derartigen Vorgängen und Angriffen auf diese Daten Kenntnis hat, kann auch nur ihm eine Verantwortung zur Sicherung dieser Daten obliegen. Hieraus folgt auch, dass der Zahlungsdienstnutzer in derartigen Fällen dafür Sorge zu tragen hat, dass mit den für das Zahlungsdienstekonto des Zahlungsdienstnutzers relevanten Zugangs- oder Schlüsselcodes keine nicht von ihm autorisierten Zahlungsvorgänge ausgelöst werden.

Die Verpflichtung des Zahlungsdienstnutzers den Zahlungsdienstleister über derartige Vorgänge zu informieren, ist hierbei keine Verpflichtung, die vom Regelungsgehalt des § 675l Abs. 1 S. 2 BGB erfasst ist. Danach ist der Zahlungsdienstnutzer nämlich nur verpflichtet, dem Zahlungsdienstleister oder einer von diesem benannten Stelle den Verlust, den Diebstahl, die missbräuchliche Verwendung oder die sonstige nicht autorisierte Nutzung eines Zahlungsinstruments unverzüglich anzuzeigen, nachdem er hiervon Kenntnis erlangt hat. Hier geht es jedoch um die Information des Zahlungsdienstleisters über Sachverhaltsumstände, die aus tatsächlichen Vorgängen im Rahmen anderer Rechtsverhältnisse resultieren.

3. Die Sorgfaltspflichten des Zahlungsdienstnutzers im Online-Banking

Bedingungen über die Ausgabe und Nutzung von Zahlungsinstrumenten sind im Rahmen des Online-Banking nur dann wirksam, wenn sie sachlich, verhältnismäßig

---

390 Ähnlich bereits Staub/*Canaris*, 3. Auflage, 1981, Rn. 371 zur Verpflichtung des Kunden seine Bank zu warnen bzw. sein Konto zu sperren, sofern erkennbar eine erhöhte Fälschungsgefahr gegeben ist (unter beispielhaftem Hinweis, wenn Ausweispapiere und zugleich die Bankkundenkarte des Kunden gestohlen oder verlorengegangen sei).

und nicht benachteiligend sind.[391] Vertragliche, zwischen Zahlungsdienstleister und Zahlungsdienstnutzer vereinbarte Nutzungsbedingungen unterliegen hierbei der Inhaltskontrolle nach §§ 305 ff. BGB soweit diese – wie üblich – in Allgemeinen Geschäftsbedingungen enthalten sind. Bedeutsam ist in diesem Zusammenhang eine Konkretisierung, welche Bedingungen des Zahlungsdienstleisters hierbei noch die Ausgabe und Nutzung eines Zahlungsinstruments betreffen und welche dieser Bedingungen das Geschäftsverhältnis zwischen Zahlungsdienstleister und Zahlungsdienstnutzer im Allgemeinen regeln.

Enthalten die Bedingungen zur Nutzung eines Zahlungsinstruments nämlich Regelungen, die das Geschäftsverhältnis im Allgemeinen betreffen, so kommt eine Unwirksamkeit dieser Nutzungsbedingungen in Betracht, da diese jedenfalls gegen das Sachlichkeitsgebot des § 675l Abs. 2 BGB verstoßen.[392] Dies hat zur Folge, dass ein Verstoß des Zahlungsdienstnutzers gegen die ihm obliegenden Pflichten außerhalb des Katalogs der §§ 675v Abs. 3, 675l BGB dem Zahlungsdienstleister keine Ansprüche nach § 675v Abs. 3 BGB eröffnet. Zudem bewirkt die unzulässige Aufnahme derartiger Bedingungen, dass die Bedingungen zur Ausgabe und Nutzung von Zahlungsinstrumenten insgesamt als unwirksam anzusehen sind.[393] Dies ergibt sich aus § 675l Abs. 2 BGB, wonach die in § 675l Abs. 1 BGB genannten Bedingungen für die Ausgabe und Nutzung eines Zahlungsinstruments nämlich insoweit nicht wirksam sind, soweit sie nicht sachlich, nicht verhältnismäßig oder benachteiligend sein sollten.[394] Aus diesem Verweis lässt sich hingegen nicht schließen, dass nur die Regelung, die den Anforderungen des § 675l Abs. 2 BGB widerspricht, als unwirksam zu betrachten ist.

Nach Art. 103 Abs. 1 PSD II haben die Mitgliedstaaten nämlich wirksame, angemessene und abschreckende Sanktionen bei Verstößen gegen Umsetzungsvorschriften vorzusehen. Der Hinweis auf abschreckende Sanktionen kann hier nur so verstanden werden, dass die Regelung des § 675l Abs. 2 BGB einen Präventivschutz vor unsachlichen, unverhältnismäßigen und benachteiligenden Ausgabe- und Nut-

391 BeckOGK BGB/*Hofmann*, 1.9.2022, BGB § 675l Rn. 22.

392 MüKoBGB/*Jungmann*, 9. Auflage, 2023, BGB § 675l Rn. 24n.

393 Vgl. auch *Frey*, RdZ 2023, 59 (60); *Omlor*, BKR 2019, 105 (111); Ellenberger/Bunte/*Maihold*, 6. Auflage, 2022, § 32 Rn. 169 („…in vollem Umfang unwirksam…“); a.A. MüKoBGB/*Jungmann*, 9. Auflage, 2023, BGB § 675l Rn. 25, der bei einem Verstoß gegen die Ausgabe- und Nutzungsbedingungen, welche sachlich, verhältnismäßig und nicht diskriminierend sein müssen, wohl nur eine Unwirksamkeit der jeweiligen Bestimmung annimmt; Grüneberg/*Grüneberg*, 83. Auflage, 2024, § 675l Rn 8.

394 Vgl. hierzu auch *Omlor*, BKR 2019, 105 (112). *Omlor*, BKR 2019, 105 (111); auch Ellenberger/Bunte/*Maihold*, 6. Auflage, 2022, § 32 Rn. 169; a.A. Grüneberg/*Grüneberg*, 83. Auflage, 2024, § 675l Rn 8; MüKoBGB/*Jungmann*, 9. Auflage, 2023, BGB § 675l Rn. 25.

zungsbedingungen aufweisen muss.[395] Dieses Ziel lässt sich aber nicht dadurch erreichen, dass es dem Verwender derartiger Bedingungen ermöglicht würde, die Wirksamkeits-Grenzen einzelner Regelungen dadurch zu testen, dass andere Regelungen der Nutzungsbedingungen von einer etwaigen Unwirksamkeit einzelner Regelungen unberührt bleiben.[396] Die vom europäischen Gesetzgeber geforderte Abschreckungswirkung des Art. 103 PSD II würde mit einem derartigen Sanktionsmodell nicht erfüllt. Insoweit bleibt als einzige Sanktionsmöglichkeit zur Umsetzung der Abschreckungsfunktion die Unwirksamkeit der gesamten Nutzungs- bzw. Ausgabebedingungen auf nationaler Ebene gemäß §§ 134, 675l Abs. 2 BGB.[397]

Damit muss der Zahlungsdienstleister große Sorgfalt aufwenden, nur solche Bedingungen im Rahmen der Bedingungen für Ausgabe und Nutzung von Zahlungsinstrumenten aufzunehmen, die im Einklang mit §§ 675v, 675l BGB stehen.

4. Die grundsätzlichen Anforderungen an die Sicherung der IT-Infrastruktur des Zahlungsdienstnutzers im Zusammenhang mit dessen allgemeinen Sorgfaltspflichten

Allgemeine Anforderungen an die IT-Sicherheitsinfrastruktur eines Zahlungsdienstnutzers sind in der Regel keine Bedingungen zur Nutzung eines Zahlungsinstruments. Die Sicherung der IT-Infrastruktur dient nämlich zunächst nicht primär der Sicherheit der Nutzung eines Zahlungsinstruments, sondern im Allgemeinen der Sicherheit der gesamten IT-Infrastruktur des Nutzers, unabhängig von der Frage, in welchem Umfang und zu welchem Zweck der Nutzer diese IT-Infrastruktur einsetzt. Die durch geeignete und anerkannte Maßnahmen abzusichernde IT-Infrastruktur dient der Prävention vor unberechtigten Zugriffen aller Art und gerade nicht unmittelbar zur Sicherung von Zahlungsvorgängen im Online-Banking. Insoweit überschreiten Vereinbarungen zur Nutzung und dem Einsatz von Zahlungsinstrumenten den zulässigen Regelungsrahmen der §§ 675v Abs. 3 Nr. 2 b), 675l Abs. 2 BGB immer dann, wenn in diesen Bedingungen Sorgfaltspflichten enthalten sind, die im Zusammenhang mit der Sicherung des IT-Systems des Nutzers stehen.[398] Derartige Pflichten können nur in (Allgemeinen) Geschäftsbedingungen außerhalb der Nutzungsbedingungen für Zahlungsinstrumente vereinbart werden. Ein Verstoß gegen derart vereinbarte Pflichten kann dann zwar keinen Anspruch

---

395 Vgl. in diesem Sinne *Omlor*, BKR 2019, 105 (111).

396 So auch *Omlor*, BKR 2019, 105 (111).

397 Langenbucher/Bliesener/Spindler/*Herresthal*, 3. Auflage, 2020, Kap. 3 § 675l Rn. 30n.

398 Ähnlich wohl *Omlor*, BKR 2019, 105 (112).

aus § 675v Abs. 3 Nr. 2 b) BGB auslösen, gleichwohl aber – soweit wirksam vereinbart – Ansprüche aus §§ 280 Abs. 1, 241 BGB.

Damit begegnen den Regelungen von Zahlungsdienstleistern, mit denen im Rahmen der Bedingungen zur Nutzung des Online-Banking auch Pflichten aufgenommen sind, die neben Sorgfaltspflichten zum Schutz personalisierter Sicherheitsmerkmale oder Zahlungsinstrumenten bei Nutzung des Online-Banking auch Regelungen enthalten, die die Sicherheit der IT-Infrastruktur betreffen, durchgreifende Wirksamkeitsbedenken.[399] Zum Teil werden unter 7.2 Abs. 2[400] der Bedingungen für das Online-Banking der Banken nämlich auch die Verpflichtungen des Zahlungsdienstnutzers verstanden, auf seinem Rechner Sicherheitssysteme wie Firewall und Anti-Virenprogramme zu installieren und regelmäßig zu aktualisieren.[401]

Zutreffenderweise wird sich eine derartige Anforderung des Zahlungsdienstleisters aber trotz der in Ziffer 7.2 Abs. 2 der Sonderbedingungen Online der Banken und Sparkassen nur beispielhaft[402] aufgeführten Sorgfaltspflichten nicht aus dieser Ziffer 7.2 Abs. 2 ableiten lassen, sondern aus Ziffer 7.3[403] dieser Sonderbedingungen.[404] Danach haben die Teilnehmer am Online-Banking des Zahlungsdienstleisters die Sicherheitshinweise der Bank zum Online-Banking, insbesondere zum

---

399 A.A. aber *Omlor*, BKR 2019, 105 (112); *Hofmann*, BKR 2018, 62 (64); vgl. zu Sorgfaltspflichten des Zahlungsdienstnutzers, hier aber noch im Rahmen der Bedingungen zur Nutzung eines Zahlungsinstruments, seine IT-Infrastruktur gegen Angriffe Dritter zu sichern, KG BeckRS 2010, 31105; *Bender*, WM 2008, 2049 (2054); *Hossenfelder*, CR 2009, 790 (791 f.); BeckOGK BGB/*Hofmann*, 1.9.2022, BGB § 675l Rn. 115; Langenbucher/Bliesener/Spindler/*Langenbucher*, 3. Auflage, 2020, Kap. 4 § 675l Rn. 6; Langenbucher/Bliesener/Spindler/*Herresthal*, 3. Auflage, 2020, Kap. 3 § 675l Rn. 11b; MüKoHGB/*Linardatos*, 5. Auflage 2024, K. Online-Banking Rn. 142; einschränkend *Spindler*, Festschrift Nobbe, 2009, 215 (229 f.).

400 Sonderbedingungen für das Online-Banking: „*7.2. Geheimhaltung der Personalisierten Sicherheitsmerkmale und sichere Aufbewahrung der Zahlungsinstrumente…*" zitiert nach Bunte/Zahrte/*Zahrte*, 5. Auflage, 2019, 4. Teil Sonderbedingungen der Banken und Sparkassen, VI. Sonderbedingungen für das Online-Banking Rn. 81a.

401 *Bunte*, 4. Auflage, 2015, SB Online-Banking Rn. 79; vgl. auch LG Hamburg MMR 2007, 131 (132); LG Köln WM 2008, 354 (357); *Bender*, WM 2008, 2049 (2049 ff.); *van Gelder*, Festschrift Nobbe, 2009, 55 (56); AG Wiesloch WM 2008, 1648 (1651).

402 Sonderbedingungen für das Online-Banking: „*7.2 (2) Insbesondere ist Folgendes zum Schutz des Personalisierten Sicherheitsmerkmals sowie des Zahlungsinstruments zu beachten:…*".

403 Sonderbedingungen für das Online-Banking: „*7.3. Sicherheit des Kundensystems: Der Teilnehmer muss die Sicherheitshinweise der Bank/Sparkasse zum Online-Banking, insbesondere die Maßnahmen zum Schutz der eingesetzten Hard- und Software (Kundensystem), beachten.*"; zitiert nach Bunte/Zahrte/*Zahrte*, 5. Auflage, 2019, 4. Teil Sonderbedingungen der Banken und Sparkassen, VI. Sonderbedingungen für das Online-Banking Rn. 81a.

404 So nunmehr auch Bunte/Zahrte/*Zahrte*, 5. Auflage, 2019, 4. Teil Sonderbedingungen der Banken und Sparkassen, VI. Sonderbedingungen für das Online-Banking Rn. 81a.

Schutz der eingesetzten Hard- und Software (Kundensystem), zu beachten. Hieraus soll folgen, dass der Teilnehmer am Online-Banking sicherstellt, dass auf seinem Rechner eine Firewall und eine Anti-Viren-Software installiert ist und regelmäßig aktualisiert wird.[405] Mit der Inbezugnahme dieser Sicherheitshinweise kommt diesen Hinweisen im Rechtsverkehr zwischen Zahlungsdienstleister und Zahlungsdienstnutzer rechtliche Bedeutung zu. Beachten die Teilnehmer des Online-Banking des Zahlungsdienstleisters diese Sicherheitshinweise nicht und sind diese Sonderbedingungen kausal für eine nicht autorisierte Ausführung eines Zahlungsvorgangs, so sollen dem Zahlungsdienstleister bei Entfallen seines Aufwendungsersatzanspruchs nach § 675u S. 2 BGB Ausgleichsansprüche gegenüber dem Zahlungsdienstnutzer nach § 675v Abs. 3 Nr. 2 BGB zustehen.[406]

Wie vorstehend ausgeführt, sind aber Regelungen, die allgemeine Sicherheitsanforderungen an die IT-Infrastruktur des Zahlungsdienstnutzers aufstellen, keine Bedingungen, die die Nutzung von Zahlungsinstrumenten betreffen. Dies folgt bereits daraus, dass Sicherungssysteme für die IT-Infrastruktur des Zahlungsdienstnutzers, wie vorstehend bereits erwähnt, gerade nicht zielgerichtet die Sicherheit der Nutzung von Zahlungsinstrumenten betreffen, sondern vielmehr die IT-Infrastruktur des verwendeten Rechners des Nutzers insgesamt. Damit regeln die Ziffern 7.2 und 7.3 der Sonderbedingungen Online der Banken und Sparkassen Sicherheitsvorschriften, die die allgemeine Verwendung des Rechners des Zahlungsdienstnutzers außerhalb der Nutzung von Zahlungsinstrumenten enthalten.[407] IT-

405 Bunte/Zahrte/*Zahrte*, 5. Auflage, 2019, 4. Teil Sonderbedingungen der Banken und Sparkassen, VI. Sonderbedingungen für das Online-Banking Rn. 81a; LG Hamburg MMR 2007, 131 (132); LG Köln WM 2008, 354 (357); vgl. auch AG Wiesloch WM 2008, 1648 (1651).

406 Bunte/Zahrte/*Zahrte*, 5. Auflage, 2019, 4. Teil Sonderbedingungen der Banken und Sparkassen, VI. Sonderbedingungen für das Online-Banking Rn. 81a.

407 Vgl. auch Ellenberger/Bunte/*Maihold*, 6. Auflage, 2022, § 33 Rn. 338, der darauf verweist, dass die an den Kunden gestellten Anforderungen für die Gestaltung seines EDV-Systems sachlich und verhältnismäßig sein müssen und den Kunden nicht benachteiligen dürfen. Das Kundensystem sei weder abschließend oder auch nur vorrangig für das Online-Banking-System des Kreditinstituts vorgesehen. Vielmehr nutze die Bankwirtschaft die beim Kunden vorhandene Ressource eines Computers nebst Software dafür, auf diesem System den Zugang zu ihren Dienstleistungen – im beiderseitigen Interesse – elektronisch zu eröffnen. Folglich müssen sich die für das Online-Banking-Verfahren formulierten Anforderungen des Kreditinstituts an die Sicherheit des Kundensystems in dessen allgemeine alltägliche Nutzbarkeit einordnen. Behindern diese Sicherheitsanforderungen für das Online-Banking-Verfahren allgemein übliche Nutzungen häuslicher EDV-Systeme, seien sie nicht nur unverhältnismäßig, sondern benachteiligten den Bankkunden unangemessen. Das führe nach Auffassung von *Maihold* zu deren Unwirksamkeit nach § 675l Abs. 2 BGB. *Maihold* führt zwar zutreffend aus, dass das IT-System des Zahlungsdienstnutzers gerade nicht exklusiv für die Nutzung des Online-Banking zur Verfügung stehe. Hieraus ist aber gerade nicht der Schluss zu ziehen, dass die Online-Banking Bedingungen, soweit sie Sicherheitsanforderungen für die Nutzung

Sicherheitssysteme dienen nämlich primär dazu, Fremdeinwirkungen auf die Systeme und die Software des betreffenden Rechners auszuschließen oder dem Nutzer erkennbar zu machen und damit die Übernahme von Rechnern bzw. Software durch Dritte zur nicht autorisierten Nutzung des Rechners im Namen des Nutzers auszuschließen. Die Sicherung des Online-Banking durch Firewall oder Anti-Viren Programme findet damit nur anlässlich der sonstigen Sorgfaltspflichten des Zahlungsdienstnutzers beim Betreiben eines IT-Systems statt.[408] Damit überschreiten die Bedingungen zur Nutzung von Zahlungsinstrumenten in der Form der Bedingungen Nr. 7.2 und 7.3 für das Online-Banking den zulässigen Regelungsrahmen des § 675l Abs. 2 BGB und sind wegen eines Verstoßes gegen diese zahlungsrechtlichen Vorschriften – insbesondere §§ 134, 675l Abs. 2 BGB auf Grundlage des Art. 69 Abs. 1 a) PSD II, aber auch gegen §§ 305 ff., 307 Abs. 1 S. 1, 307 Abs. 2 BGB – als unwirksam zu betrachten.[409] Sie überschreiten den durch den europäischen Gesetzgeber und den nationalen Gesetzgeber vorgegebenen zulässigen Regelungsrahmen.[410]

Hält der Zahlungsdienstnutzer daher die in derartigen Sonderbedingungen enthaltenen Sicherheitsanforderungen des Zahlungsdienstleisters nicht ein und entsteht dem Zahlungsdienstleister aufgrund dieses Verstoßes gegen die diesbezüglich durch die Sonderbedingungen festgelegten Pflichten ein kausaler Schaden, so stehen dem Zahlungsdienstleister keine Ansprüche aus § 675v Abs. 3 BGB gegen den Zahlungsdienstnutzer zu. Scheiden Ansprüche des Zahlungsdienstleisters nach § 675v Abs. 3 Nr. 2 b) BGB aufgrund unzureichender Sicherung seiner IT-Infrastruktur aus, so kommen derartige Ansprüche gleichwohl aber aufgrund der Verletzung sonstiger Sorgfalts- und Verkehrssicherungspflichten in Betracht.

---

des IT-Systems des Kunden enthalten, am Maßstab des § 675l Abs. 2 BGB zu messen sind, sondern stattdessen, dass derartige Bedingungen gerade keine Bedingungen für die Nutzung eines Zahlungsinstruments darstellen.

408 I. E. a.A *Omlor*, BKR 2019, 105 (112); *Hofmann*, BKR 2018, 62 (64).

409 Zur Unwirksamkeit von Regelungen, die gegen § 675l Abs. 2 BGB verstoßen, *Omlor*, BKR 2019, 105 (111); Langenbucher/Bliesener/Spindler/*Herresthal*, 3. Auflage, 2020, Kap. 7 § 675l Rn. 30n; a.A. BeckOK BGB/*Schmalenbach*, 63. Ed. 1. 8. 2022, BGB § 675l Rn. 8 unter Hinweis auf die Formulierung in § 675l Abs. 2 BGB, dass Vereinbarungen, durch die sich der Zahlungsdienstnutzer gegenüber dem Zahlungsdienstleister verpflichtet, Bedingungen für die Ausgabe und Nutzung eines Zahlungsinstruments einzuhalten, nur insoweit wirksam sind, als diese Bedingungen sachlich, verhältnismäßig und nicht benachteiligend sind.

410 Vgl. zur Inhaltskontrolle von Regelungen zur Sorgfaltspflicht des Zahlungsdienstnutzers z. B. *Omlor*, BKR 2019, 105 (110).

a) §§ 280 Abs. 1, 241 Abs. 2 BGB wegen unzureichender Sicherung der IT-Infrastruktur des Zahlungsdienstnutzers

Vereinbaren Zahlungsdienstleister und Zahlungsdienstnutzer im Rahmen der Vereinbarung allgemeiner Sorgfaltspflichten, dass der Zahlungsdienstnutzer seine IT-Systeme gegen unberechtigte Zugriffe Dritter sichern muss und verstößt der Zahlungsdienstnutzer gegen diese Verpflichtung, so kommen Schadensersatzansprüche des Zahlungsdienstleisters nach §§ 280 Abs. 1, 241 Abs. 2 BGB in Betracht.

Eine derartige Sorgfaltspflicht lässt sich zum einen bereits aus den allgemeinen wechselseitigen Rücksichtnahme- und Schadenspräventionspflichten aus dem allgemeinen Geschäfts- und Rechtsverhältnis zwischen Zahlungsdienstleister und Zahlungsdienstnutzer ableiten. Zum anderen findet sich dieser Grundgedanke eines vertrauensvollen Zusammenarbeitens zwischen Zahlungsdienstleister und Zahlungsdienstnutzer auch in Nr. 19 Abs. 3 der Allgemeinen Geschäftsbedingungen der Banken, nach denen dem Zahlungsdienstleister ein außerordentliches Kündigungsrecht der Geschäftsverbindung eingeräumt ist, wenn besondere Umstände das Vertrauensverhältnis zwischen Zahlungsdienstleister und Zahlungsdienstnutzer beeinträchtigen.[411] Sichert der Zahlungsdienstnutzer seine IT-Infrastruktur unzureichend und nicht entsprechend dem Stand der Technik, ist hierin eine Verletzung der allgemeinen Sorgfaltspflichten des Zahlungsdienstnutzers zu erkennen.

Eine derartige Sicherung, die den missbräuchlichen Zugriff Dritter auf die IT-Infrastruktur des Zahlungsdienstnutzers verhindert oder jedenfalls unmittelbar erkennbar macht, obliegt dem Zahlungsdienstnutzer, soweit er mit seiner Infrastruktur am Rechtsverkehr teilnimmt. Dies gilt nicht nur im Hinblick auf die Teilnahme am Online-Banking, sondern auch und vor allem mit Bezug auf die gesamte Teilnahme am Rechtsverkehr, unabhängig vom Gegenstand oder der Zielrichtung der Teilnahme. Insoweit handelt es sich bei Geschäftsbedingungen, die erforderliche Sorgfaltspflichten des Zahlungsdienstnutzers für die Teilnahme am Online-Banking festlegen, nicht um Bedingungen zur Nutzung von Zahlungsinstrumenten i. S. d. § 675v Abs. 3 Nr. 2 b) BGB.[412]

Der Zahlungsdienstnutzer ist daher – sei es über ausdrücklich festgelegte Pflichtenprogramme in Geschäftsbedingungen des Zahlungsdienstleisters außerhalb der Bedingungen für die Nutzung eines Zahlungsinstruments oder aufgrund

411 Z. B. Allgemeine Geschäftsbedingungen der Volks- und Raiffeisenbanken, Fassung: September 2021.

412 Hierauf inhaltlich näher eingehend *Spindler*, Verantwortlichkeiten von IT-Herstellern, Nutzern und Intermediären, S. 219 ff. (https://www.bsi.bund.de/SharedDocs/Downloads/DE/BSI/Publikationen/Studien/ITSicherheitUndRecht/Gutachten_pdf.pdf?__blob=publicationFile&v=2); auch *Erfurth*, WM 2006, 2198 (2201 f.).

der aus dem Geschäftsverhältnis per se resultierenden allgemeinen Sorgfaltspflichten – verpflichtet, seine IT-Infrastruktur durch aktuelle Schutzprogramme abzusichern, sodass missbräuchliche Zugriffe nach dem Stand der Technik ausgeschlossen sind.[413] Diese Verpflichtungen gelten sowohl für Unternehmen als auch Verbraucher.[414]

Für die Anforderungen an den Sorgfaltsmaßstab des Zahlungsdienstnutzers ist darauf abzustellen, welche Gefährdungen für ihn erkennbar sind. Hierbei ist jedoch nicht auf einen subjektiven Sorgfalts- und Erkennbarkeitsmaßstab abzustellen, sondern auf einen objektiven Beurteilungsmaßstab. Danach ist entscheidend, ob der Nutzer einer IT-Infrastruktur die Gefährdung seiner Infrastruktur kannte oder zumindest damit rechnen musste.[415]

Die Zugrundelegung eines objektiven Maßstabs leitet sich daraus ab, dass der Zahlungsdienstnutzer als juristische oder natürliche Person am Rechtsverkehr teilnimmt und insoweit – ebenso wie die Teilnahme am Rechtsverkehr im Übrigen – objektive Maßstäbe zugrunde zu legen sind.[416]

Nach dem BGH besteht für den Nutzer seiner IT-Infrastruktur keine Pflicht zur Überwachung des eigenen Computersystems, solange kein konkreter Hinweis auf einen Missbrauch besteht.[417] Ob sich aufgrund der mittlerweile breiten Informationsbasis, die Nutzern von IT-Infrastruktur über sämtliche Medien zur Verfügung steht, Zahlungsdienstnutzer berechtigterweise noch belastbar auf Einschränkungen bei der Erkennbarkeit drohender Gefährdungen von IT-Infrastruktur oder Software berufen können, erscheint zweifelhaft.[418]

b) Der Sorgfaltsmaßstab des Zahlungsdienstnutzers bei Nutzung seiner IT-Infrastruktur im Rechtsverkehr

Unabhängig von der Erkennbarkeit und Kenntnis konkreter Bedrohungslagen wird jedenfalls von jedem Nutzer von IT-Infrastrukturen, die der Teilnahme am Rechtsverkehr dienen, zu verlangen sein, dass die IT-Infrastruktur durch entsprechende Virenscanner abgesichert ist und entsprechende Programmupdates der Standardversionen die Software immer auf dem aktuellen Stand halten.[419] Unternehmenskunden, aber auch Verbraucher, wenn und soweit sie ihre IT-Infrastruktur

413 *Borges*, NJW 2012, 2385 (2385); LG Köln MMR 2008, 259 (261); *Schulte am Hülse/Klabunde*, MMR 2010, 84 (87).
414 *Raue*, NJW 2017, 1841 (1842).
415 LG Köln NJW 1999, 3206 (3206).
416 Hierzu BGH NJW 2004, 1590 (1592).
417 BGH NJW 2004, 1590 (1592); LG Stralsund CR 2006, 487 (489).
418 *Leible/Wildemann*, K&R 2004, 288 (289).
419 *Spindler*, Verantwortlichkeiten von IT-Herstellern, Nutzern und Intermediären, S. 123 Rn. 287.

zu kommerziellen Zwecken einsetzen, sind zum Einsatz, zur Wartung und Überwachung einer sogenannten Firewall verpflichtet.[420] Für alle Nutzer einer IT-Infrastruktur ist die Aktualisierung ihrer System- und Programmsoftware durch entsprechende Updates ebenfalls verpflichtend.[421] Gilt diese Anforderung für kommerzielle Nutzer auch in den Fällen, in denen derartige Updates und Programmaktualisierung auch manuell eingespielt werden müssen, so sind manuelle Aktualisierungen für den rein privaten Nutzer nicht obligatorisch.[422] Kommerzielle Nutzer von IT-Infrastruktur sind darüber hinaus verpflichtet, sogenannte Malware-Entfernungsprogramme zu nutzen. Derartige Programme dienen der Erkennung und teilweise auch der Abwehr von Programmen, die zuvor genannte Sicherungsmaßnahmen umgangen haben und sich entgegen der sorgfaltsgerechten Abwehrmaßnahmen Zugang zur Systemsoftware verschafft haben.[423]

Vernachlässigt der Zahlungsdienstnutzer derartige Sicherungsmaßnahmen oder kann er diese im Rahmen einer streitigen Auseinandersetzung nicht nachweisen, besteht für ihn die erhöhte Gefahr, dass der Zahlungsdienstleister mit einem entsprechenden Schadensersatzanspruch Gegenrechte im Rahmen der Auseinandersetzung über die Geltendmachung von Ansprüchen nach § 675u BGB durchsetzt.

VI. Vorlagepflicht zur Vorabentscheidung beim EuGH nach Art. 267 AEUV

1. Die Sperrwirkung des § 675v BGB

Der Umfang der Sperrwirkung des § 675v BGB gegenüber sonstigen Schadensersatzansprüchen ist auch nach der Entscheidung des BGH vom 17.11.2020 sowie vom 5.3.2024 in der Rechtsprechung noch immer nicht abschließend geklärt. Wie die Analyse der europäischen Zahlungsdiensterichtlinien gezeigt hat, sprechen aber die überwiegenden Argumente dafür, dass der europäische Gesetzgeber allgemeine Schadensersatzpflichten aus nationalen Vorschriften auch dann nicht ausschließen wollte, wenn zwar der Anwendungsbereich des Art. 74 PSD II durch Verwendung

420 *Spindler*, Verantwortlichkeiten von IT-Herstellern, Nutzern und Intermediären, S. 164 Rn. 389; vgl. *Schneider/Günther*, CR 1997, 389 (394).

421 Vgl. hierzu OLG Hamburg CR 1986, 83 (84); LG Heidelberg CR 1989, 197 (198); *Gorny*, CR 1986, 673 (675); *Engel*, CR 1986, 702 (708); *Heussen*, CR 2004, 1 (3); mit Einschränkungen auch: *Kilian*, CR 1986, 187 (190).

422 *Spindler*, Verantwortlichkeiten von IT-Herstellern, Nutzern und Intermediären, S. 164 Rn. 390.

423 *Spindler*, Verantwortlichkeiten von IT-Herstellern, Nutzern und Intermediären, S. 167 Rn. 399.

eines Zahlungsinstruments grundsätzlich eröffnet ist, die Verletzung der dem Zahlungsdienstnutzer obliegenden Pflichten indessen nicht von den Haftungsregelungen des Art. 74 PSD II erfasst ist. Der Anwendungsbereich des Art. 74 PSD II ist nämlich streng sach- und inhaltsbezogen auf die sich hieraus ergebenden Pflichten des Zahlungsdienstnutzers beschränkt. Insoweit kommt nach Art. 74 PSD II bzw. der §§ 675v, 675l BGB keine Sperrwirkung für die Anwendung sonstiger Schadensersatzansprüche außerhalb des Anwendungsbereichs des § 675v BGB in Betracht, mit denen der Zahlungsdienstleister einen etwa nach § 675u S. 2 BGB entfallenen Aufwendungsersatzanspruch nach §§ 670, 675 ff. BGB wirtschaftlich ersetzt. Da der BGH im Verfahren vom 5. 3. 2024 nicht über die Frage der Sperrwirkung des Art. 74 PSD II (§ 675v BGB) entschieden hat, wird er zu dieser Frage unter Geltung der PSD II noch einmal Stellung zu nehmen haben. Hierbei hat der BGH die Grundsätze des EuGH zur Vorlage von entscheidungserheblichen Fragen der Auslegung von Unionsrecht zu beachten. Nach den in dieser Arbeit herausgearbeiteten Ergebnissen hat der BGH – soweit er seine Rechtsauffassung zum Umfang der Sperrwirkung des § 675v Abs. 2 BGB a.F. auch auf § 675v Abs. 3 BGB übertragen wollte – die entscheidungserhebliche Fragestellung dem EuGH nach Art. 267 AEUV vorzulegen.

2. Anwendbarkeit des Haftungsmaßstabs des § 675v Abs. 3 BGB auf Schadensersatzansprüche außerhalb des Anwendungsbereichs des § 675v BGB

Teile der Rechtsprechung und Literatur verweisen darauf, dass bei Anwendung der §§ 280 ff. BGB im Zusammenhang mit zahlungsdiensterechtlichen Vorschriften die Haftungsmaßstäbe des § 675v Abs. 3 BGB zur Vermeidung von Wertungswidersprüchen zu beachten seien. Die Haftung des Zahlungsdienstnutzers dürfe daher auch bei Anwendung des § 280 BGB bei Verletzung von Sorgfaltspflichten außerhalb des Anwendungsbereichs des § 675v BGB nur für dessen vorsätzliches oder grob fahrlässiges Verhalten eingreifen. Diese Rechtsauffassung transformiert nach der hier vertretenen Auffassung Haftungsprivilegierungen entgegen den ausdrücklichen Anordnungen des Art. 74 PSD II in Schadensersatznormen außerhalb des Zahlungsdiensterechts. Eine derartige Übertragung der Haftungsmaßstäbe kann nur dann zulässig sein, wenn Art. 74 PSD II es vorsehen würde, die zahlungsdiensterechtlich-spezifischen Haftungsmaßstäbe in sonstige Rechtsnormen zu übertragen, die für die Bestimmung der Rechtsverhältnisse zwischen Zahlungsdienstleister und Zahlungsdienstnutzer bei Ausführung von Zahlungsaufträgen (auch außerhalb der Nutzung von Zahlungsinstrumenten) Anwendung finden können.

Da weder Art. 74 PSD II noch sonstige Regelungen der PSD II Regelungen zur Übertragung der in Art. 74 PSD II festgelegten Haftungsmaßstäbe in allgemeine Schadensersatznormen des nationalen Rechts enthalten, widerspricht nach Auffassung des Verfassers eine entsprechende Übertragung dieser Haftungsmaßstäbe den diesbezüglichen unionsrechtlichen Regelungen. Damit kommt auch in diesem Fall eine Vorlage nach Art. 267 AEUV in Betracht.[424]

3. Der Grundsatz des venire contra factum proprium als betrügerische Absicht des Zahlungsdienstnutzers im Rahmen der Anwendung des § 675v Abs. 4 S. 1 Nr. 1 BGB

§ 675e Abs. 4 BGB lässt unter anderem abweichende Regelungen zu § 675v BGB zwischen Nicht-Verbrauchern als Zahlungsdienstnutzer und Zahlungsdienstleistern zu. Ungeregelt sind Sachverhalte, in denen der Verbraucher gegenüber seinem Zahlungsdienstleister auf die Durchführung eines Zahlungsauftrags in Form eines Zahlungsinstruments besteht, gleichzeitig aber die Verwendung der starken Kundenauthentifizierung ablehnt. Legt man sowohl die Auffassung des LG Karlsruhe[425] zur Ablehnung von Zahlungsaufträgen zugrunde, die nicht den ursprünglichen vereinbarten Formvorschriften entsprechen, als auch die sich aus § 675v Abs. 4 S. 1 Nr. 1 BGB ergebende Rechtsfolge, so bliebe dem Zahlungsdienstleister aus Gründen der Risikovermeidung für Fälle nicht autorisierter Zahlungsaufträge in einer derartigen Konstellation allein die Möglichkeit, den Zahlungsauftrag des Kunden abzulehnen. Handelt es sich um eine langjährige Geschäftsbeziehung zwischen Zahlungsdienstleister und Zahlungsdienstnutzer, wird eine derartige Entscheidung des Zahlungsdienstleisters sicher nicht ohne negative Auswirkung auf die Geschäftsbeziehung bleiben und steht zudem im Widerspruch zu Erwägungsgrund 7 PSD II.

Danach haben sich nach Auffassung des europäischen Gesetzgebers aufgrund der größeren technischen Komplexität dieser Zahlungen, ihrem weltweit ständig wachsenden Volumen und den neu aufkommenden Arten von Zahlungsdiensten die Sicherheitsrisiken für elektronische Zahlungen erhöht. Die Nutzer von Zahlungsdiensten sollen daher vor solchen Risiken angemessen geschützt werden. Erwägungsgrund 7 hebt damit hervor, dass es um einen angemessenen Schutz der Zahlungsdienstnutzer geht, nicht aber um einen absoluten Schutz, in dem dem Zahlungsdienstleister die Fürsorge für sämtliche rechtsgeschäftlichen Handlungen des Zahlungsdienstnutzers im Zahlungsverkehr übertragen wird.

424 Angedeutet Hopt/*Hopt*, 43. Auflage, 2024, (7) Bankgeschäfte Rn. C65.
425 LG Karlsruhe BKR 2019, 151 (153).

Dem Begriff des Verlangens in § 675v Abs. 4 S. 1 Nr. 1 BGB liegt trotz der Auslegung des Begriffs als Verwenden nach Auffassung des Verfassers die Ratio zugrunde, dass trotz unterbliebener Anwendung der starken Kundenauthentifizierung ein Ausschluss der Haftungsregelungen des § 675v Abs. 1 und Abs. 3 BGB nur dann in Betracht kommt, wenn der Zahlungsdienstleister nicht alles getan hat, um die Anwendung der starken Kundenauthentifizierung herbeizuführen. Dies ergibt sich aus der Wertung des § 55 ZAG. Entscheidet sich der Zahlungsdienstnutzer als Verbraucher in voller Kenntnis der mit einem Verzicht auf die starke Kundenauthentifizierung einhergehenden Risiken dennoch, auf die starke Kundenauthentifizierung zu verzichten, so erscheint die spätere Anwendung der Schutzvorschrift des § 675v Abs. 4 S. 1 Nr. 1 BGB unbillig und rechtsmissbräuchlich. Dem steht auch nicht § 675e Abs. 4 BGB entgegen, der abweichende Vereinbarungen zu § 675v BGB nur zwischen Zahlungsdienstnutzer in seiner Eigenschaft als Nicht-Verbraucher und Zahlungsdienstleister vorsieht. Diese Regelung wird man nach hier vertretener Auffassung so zu interpretieren haben, dass – so wie es die Formulierung in Art. 74 PSD II durch den Begriff Verlangen ausdrückt – der Verlust der Ansprüche des Zahlungsdienstleisters nach § 675v Abs. 4 S. 1 Nr. 1 BGB nur dann gerechtfertigt ist, wenn die Initiative zum Verzicht auf die Verwendung der starken Kundenauthentifizierung für Verbraucher vom Zahlungsdienstleister ausgeht.

Hintergrund dieser Wertung ist, dass die betrügerische oder missbräuchliche Berufung auf Schutzvorschriften des Unionsrechts vom Unionsrecht nicht gebilligt wird.[426] Die Anwendung von Unionsrecht schützt keine Vorgänge, die zu dem Zweck durchgeführt werden, um betrügerisch oder missbräuchlich in den Genuss von im Unionsrecht vorgesehenen Vorteilen zu gelangen.[427] Vorteile des Unionsrechts unterliegen dem Missbrauchsverbot, wenn diese auf eine Weise geltend gemacht werden, die nicht mit ihrem Zweck in Einklang stehen.[428]

Sind daher lediglich die formalen Voraussetzungen der vorteilhaften unionsrechtlichen Regelungen erfüllt, werden diese aber nicht geltend gemacht, um die unionsrechtlich vorgesehenen Vorteile zu erlangen, so muss der Mitgliedsstaat die Anwendung der Vorschriften des Unionsrechts verweigern.[429] Damit können nationale Gerichte, soweit dies die Wirksamkeit des Gemeinschaftsrechts nicht be-

---

426 BGH WM 2022, 420 (423) unter Verweis auf Rechtssache Paletta, EuGH, WM 1998, 1531 Rn. 20; Rechtssache Kefalas, WM 1999, 956 Rn. 24; Rechtssache Centros, I-EUGH-SLG 2000, 1705 Rn. 33 f.; Rechtssache Diamantis, I-EUGH-SLG,1609 Rn. 68; Rechtssache Halifax, I-EUGH-SLG 2011, 6957 Rn. 25; Rechtssache Oguz, EuGH C-131/13, C-163/13; C-164/13, Rechtssache Schoenimport „Italmoda" Mariano Previti, EUGH C-116/16, C-117/16.

427 BGH WM 2022, 420 (423).

428 BGH WM 2022, 420 (423).

429 BGH WM 2022, 420 (423).

einträchtigt, in jedem Einzelfall einem missbräuchlichen oder betrügerischen Verhalten auf der Grundlage objektiver Kriterien Rechnung tragen und den rechtsmissbräuchlich handelnden Verbrauchern gegebenenfalls die Berufung auf die einschlägigen unionsrechtlichen Regelungen verwehren.[430] Steht nach einer Gesamtschau sämtlicher Umstände des Einzelfalls fest, dass Rechte in betrügerischer oder missbräuchlicher Weise geltend gemacht werden, so müssen nationale Gerichte die Berufung auf die Rechte schon nach unionsrechtlichen Vorgaben versagen.[431]

Die PSD II enthält keine Regelungen oder Vorschriften, die den unionsrechtlichen Rechtsgrundsatz des Verbots des Rechtsmissbrauchs einschränken oder diesen bestimmten Voraussetzungen unterstellen. Der Grundsatz des Verbots rechtsmissbräuchlichen Verhaltens ist vielmehr nach hier vertretener Auffassung bereits dem Begriff der betrügerischen Absicht i. S. d. § 675v Abs. 4 S. 2 BGB immanent. Entscheidet sich der Verbraucher trotz der Aufklärung über die mit dem Verzicht auf die starke Kundenauthentifizierung einhergehenden Risiken autonom dafür, den Zahlungsvorgang mittels eines Zahlungsinstruments ohne die starke Kundenauthentifizierung durchführen zu lassen, so trifft er eine auch nach Art. 74 PSD II zulässige eigenständige Risikoentscheidung. Hierbei geht es nicht darum, dass der Zahlungsdienstleister vom Zahlungsdienstnutzer keine starke Kundenauthentifizierung verlangt. Vielmehr bietet der Zahlungsdienstleister dem Zahlungsdienstnutzer gerade das System der starken Kundenauthentifizierung an und fordert ihn auf, diese Authentifizierungsmöglichkeit zur rechtssicheren Ausführung von Zahlungsaufträgen zu verwenden. Lehnt der Zahlungsdienstnutzer dennoch die Nutzung der starken Kundenauthentifizierung in einem derartigen Fall ab, so trifft er eine autonome Entscheidung, die ihm auch nach der PSD II möglich ist. Dies ergibt sich aus der Tatsache, dass auch die Ausführung von Zahlungsaufträgen unter Einsatz eines Zahlungsinstruments ohne starke Kundenauthentifizierung zulässig ist (§ 675v Abs. 4 S. 1 Nr. 1 BGB).

Auch wenn grundsätzlich die Wirkung des § 675v Abs. 4 S. 1 Nr. 1 BGB trotz der Formulierung des Verlangens an die Verwendung der starken Kundenauthentifizierung anknüpft, so kann dies nach Auffassung des Verfassers in derartigen Fällen nicht maßgeblich sein und die Rechtsfolge des § 675v Abs. 4 BGB auslösen. Der Zahlungsdienstleister hat nämlich alles in seinem Einflussbereich Liegende getan, um die Verwendung der starken Kundenauthentifizierung zu ermöglichen und tatsächlich durchzuführen. Beruft sich der Zahlungsdienstnutzer als Verbraucher im Falle nicht autorisierter Zahlungsvorgänge durch Zahlungsinstrumente damit

430 BGH WM 2022, 420 (423).
431 BGH WM 2022, 420 (423).

nach Risikoaufklärung und ausdrücklicher Weisung, Zahlungsvorgänge ohne die Verwendung der starken Kundenauthentifizierung durchzuführen, nachträglich auf § 675v Abs. 4 S. 1 Nr. 1 BGB, so nutzt er in diesem Fall eine formale Rechtsstellung zu dem Zweck aus, um missbräuchlich in den Genuss von im Unionsrecht vorgesehenen Vorteilen zu gelangen. Ebenso wie der EuGH[432] setzt auch der BGH[433] die betrügerische Berufung mit der missbräuchlichen Berufung auf Unionsrecht gleich. Damit ist auch die Wertung gerechtfertigt, dass die betrügerische Absicht in § 675v Abs. 4 S. 2 BGB (als Ausprägung des Art. 74 PSD II) jedenfalls ein rechtsmissbräuchliches Verhalten des Zahlungsdienstnutzers umfasst.

Auch für diese Fragestellung kommt damit eine Vorlage nach Art. 267 AEUV in Betracht.

432 Z. B. nur EuGH EuZW 1999, 56 (58).

433 BGH WM 2022, 420 (423).

E. Die Inhaltskontrolle zu abweichenden Regelungen nach § 675e Abs. 4 BGB im Hinblick auf § 675v BGB

I. Ausgangsituation

§ 675e Abs. 4 BGB eröffnet Zahlungsdienstleister und Zahlungsdienstnutzer – wenn es sich bei diesem um keinen Verbraucher handelt – die Möglichkeit, zu vereinbaren, dass im Rahmen eines Zahlungsdiensterahmenvertrags die Regelungen der §§ 675v bis 676 BGB ganz oder teilweise nicht anwendbar sein sollen.[1] Hintergrund dieser Regelung ist, dass die Zahlungsdiensterichtlinien auf Grundlage der Bewertung des schutzbedürftigen Verbrauchers davon ausgehen, dass es für Nicht-Verbraucher in dem in § 675e Abs. 4 BGB definiertem Umfang nicht der dort für Verbraucher unabdingbaren Schutzmechanismen bedarf.[2] Diese abstrakte Wertung ergibt sich unmittelbar aus Erwägungsgrund 53 PSD II[3].

In Erwägungsgrund 53 PSD II heißt es daher auch:

> *Da die Situation von Verbrauchern und Unternehmen nicht dieselbe ist, brauchen sie nicht im selben Umfang geschützt zu werden. Zwar müssen die Verbraucherrechte durch Vorschriften geschützt werden, die nicht vertraglich abbedungen werden können, doch sollte es Unternehmen und Organisationen freistehen, abweichende Vereinbarungen zu schließen, wenn es nicht um vertragliche Beziehungen zu Verbrauchern geht. Gleichwohl sollten die Mitgliedstaaten vorschreiben können, dass Kleinstunternehmen im Sinne der Empfehlung 2003/361/EG der Kommission (16) genauso behandelt werden wie Verbraucher. In jedem Fall sollten bestimmte zentrale Bestimmungen dieser Richtlinie unabhängig vom Status des Nutzers immer gelten.*[4]

---

1 BT-DrS. 16/11643, S. 101.

2 BeckOK BGB/*Schmalenbach*, 62. Ed. 1.5.2022, BGB § 675e Rn. 1; BeckOGK BGB/*Zahrte*, 1.6.2022, BGB § 675e Rn. 51.

3 Vgl. auch Erwägungsgrund 20 PSD.

4 Erwägungsgrund 20 PSD: „*...die Situation von Verbrauchern und Unternehmen nicht dieselbe ist, brauchen sie nicht im selben Umfang geschützt zu werden. Zwar müssen die Verbraucherrechte durch Vorschriften geschützt werden, von denen vertraglich nicht abgewichen werden darf, doch sollte es Unternehmen und Organisationen freistehen, abweichende Vereinbarungen zu schließen. Gleichwohl sollten die Mitgliedstaaten vorschreiben können, dass Kleinstunternehmen im Sinne der Empfehlung 2003/361/EG der Kommission vom 6. Mai 2003 betreffend die Definition der Kleinstunternehmen sowie der kleinen und mittleren Unternehmen (1) genauso behandelt werden wie Verbraucher. In jedem Fall sollten bestimmte zentrale Bestimmungen dieser Richtlinie unabhängig vom Status des Nutzers immer gelten.*“; ebenso wie Erwägungsgrund 53 PSD II: „*As consumers and undertakings are not in the same position, they do not need the same level of protection. While it is important to guarantee consumer rights by provisions from which it is not possible to derogate by contract, it is reasonable to*

https://doi.org/10.1515/9783111653709-007

Art. 61 Abs. 1 PSD II eröffnete hierbei den konkreten Regelungsrahmen für abweichende Vereinbarungen zwischen Zahlungsdienstleistern und Zahlungsdienstnutzern, die keine Verbraucher sind. Die Umsetzung von Art. 61 Abs. 1 PSD II erfolgt durch § 675e Abs. 4 BGB. Sowohl nach dem Wortlaut des Art. 61 Abs. 1 PSD II als auch dem des § 675e Abs. 4 BGB bestehen hierbei keine inhaltlichen Beschränkungen für derart abweichende Vereinbarungen. Dies spricht für eine uneingeschränkte Gestaltungsfreiheit des Zahlungsdienstleisters im Rahmen der Vereinbarung mit dem Zahlungsdienstnutzer, der kein Verbraucher ist. Die Gestaltungsfreiheit reicht demnach nach dem Wortlaut der Vorschriften von der vollständigen Abbedingung der Anwendung der in § 675e Abs. 4 BGB genannten Vorschriften bis zu nur partiell vereinbarten Abweichungen.[5] Neben den individuellen, also individualvertraglich ausgehandelten, abweichenden Vereinbarungen können diese abweichenden Regelungen auch in Form von standardisierten Formularverträgen vereinbart werden.[6] Der Wortlaut des § 675e Abs. 4 BGB i.V.m. § 675v BGB lässt insoweit beispielsweise zu, dass Zahlungsdienstleister und Zahlungsdienstnutzer vereinbaren, dass letzterer, soweit dieser den Zahlungsdienst als Nicht-Verbraucher in Anspruch nimmt, für Vorsatz und jede Form der Fahrlässigkeit nach § 276 BGB haftet. Ebenso kann nach dem Wortlaut auch vereinbart werden, dass der Zahlungsdienstnutzer als Nicht-Verbraucher abweichend von § 675v BGB für die missbräuchliche Nutzung von Zahlungsinstrumenten über den Maximalbetrag von 50,00 Euro hinaus und unabhängig vom Grad der Fahrlässigkeit haftet.

---

let undertakings and organisations agree otherwise when they are not dealing with consumers. However, Member States should be able to provide that microenterprises, as defined in Commission Recommendation 2003/361/EC (16), be treated in the same way as consumers. In any case, certain core provisions of this Directive should always apply, irrespective of the status of the user."; auch Erwägungsgrund 39 des Proposal for a regulation on payment services: „*…As consumers and undertakings are not in the same position of vulnerability, they do not need the same level of protection. While it is important to guarantee consumer rights by provisions from which it is not possible to derogate by contract, it is reasonable to let undertakings and organisations agree otherwise when they are not dealing with consumers. Micro-enterprises, as defined in Commission Recommendation 2003/361/EC, 44 may be treated in the same way as consumers. Certain rules should always apply, irrespective of the status of the user…*".

5 Hierzu auch BeckOK BGB/*Schmalenbach*, 62. Ed. 1.5.2022, BGB § 675e Rn. 6.

6 Baumbach/Hefermehl/Casper/*Casper*, 24. Auflage, 2020, E. Recht des Zahlungsverkehrs, Rn. 34; Langenbucher/Bliesener/Spindler/*Herresthal*, 3. Auflage, 2020, Kap. 2 § 675e Rn. 12; BeckOGK BGB/*Zahrte*, 1.6.2022, BGB § 675e Rn. 54.

II. Grundsatz

Entgegen dem aus dem Wortlaut des Art. 61 Abs. 1 PSD II sowie des § 675e Abs. 4 BGB ableitbaren weiten Gestaltungsspielraum[7] wird eine schrankenlose Gestaltungsfreiheit formularmäßiger Abweichungen von § 675v BGB unter Hinweis auf die Kontrolle formularmäßiger Regelungen nach §§ 307 ff., 310 BGB durch die h.M. abgelehnt.[8]

Im Zusammenhang mit der in § 675v BGB geregelten Missbrauchshaftung des Zahlungsdienstnutzers wird darauf verwiesen, dass sich auch im Rahmen von Vereinbarungen mit Nicht-Verbrauchern formularmäßig von den wesentlichen Grundgedanken des § 675v BGB „kaum abweichen“ lasse.[9] Die in diesem Fall zwischen Zahlungsdienstleister und Zahlungsdienstnutzer zu vereinbarenden Regelungen müssten sich an den Grundsätzen des AGB-Rechts messen lassen.[10] Auch wenn zahlungsdiensterechtliche Vorgaben modifiziert werden dürften, müssten die relevanten formularmäßig zu vereinbarenden Regelungen den Anforderungen der §§ 307 ff., § 310 BGB entsprechen.[11] Dem Zahlungsdiensterecht komme in diesem Zusammenhang eine Leitbildfunktion zu.[12] Zum Beispiel könne eine über 50,00 Euro hinausgehende verschuldensunabhängige Haftung angesichts § 307 Abs. 2 Nr. 1 BGB kaum gerechtfertigt werden.[13] Gleiches gelte regelmäßig für eine

---

7 Unklar, ob MüKoBGB/*Casper*, 9. Auflage, 2023, § 675e Rn. 13 und BeckOGK BGB/*von Olshausen*, 1.8.2022, BGB § 675x Rn. 39 eine AGB-Kontrolle nach §§ 305 ff. BGB gegenüber Nicht-Verbrauchern vollständig ausgeschlossen sehen.

8 *Einsele*, ZIP 2011, 1741 (1742); *Scheibengruber*, BKR 2010, 15 (18); Langenbucher/Bliesener/Spindler/*Herresthal*, 3. Auflage, 2020, Kap. 2 § 675e Rn. 12; Grüneberg/*Grüneberg*, 83. Auflage, 2024, § 675e Rn. 4; Langenbucher/Bliesener/Spindler/*Langenbucher*, 3. Auflage, 2020, Kap. 4 § 676b Rn. 2; MüKoBGB/*Zetzsche*, 8. Auflage, 2020, § 675y Rn. 26; Langenbucher/Bliesener/Spindler/*Langenbucher*, 3. Auflage, 2020, Kap. 4 § 675y Rn. 2; MüKoBGB/*Zetzsche*, 8. Auflage, 2020, § 675w Rn. 4; BeckOK BGB/*Schmalenbach*, 62. Ed. 1.5.2022, BGB § 675v Rn. 23; *Bitter*, WM 2010, 1773 (1781 f.); Ellenberger/Findeisen/Nobbe/Böger/*Ellenberger*, 3. Auflage, 2020, § 675y Rn. 10; MüKoBGB/*Zetzsche*, 9. Auflage, 2023, § 675y Rn. 26; Baumbach/Hefermehl/Casper/*Casper*, 24. Auflage, 2020, E. Recht des Zahlungsverkehrs, Rn. 467; BeckOGK BGB/*Foerster*, 1.7.2022, BGB § 675g Rn. 11; MüKoBGB/*Zetzsche*, 8. Auflage, 2020, § 675y Rn. 7; Ellenberger/Bunte/*Maihold*, 6. Auflage, 2022, § 32 Rn. 135, 148, 149.

9 Staudinger/*Omlor*, 2020, § 675e BGB Rn. 14, wobei die Bezugnahme auf § 676v BGB ersichtlich ein Redaktionsversehen ist.

10 Kritisch zur AGB-rechtlichen Zulässigkeit *Einsele*, ZIP 2011, 1741 (1741 ff.).

11 Staudinger/*Omlor*, 2020, § 675e Rn. 12.

12 Staudinger/*Omlor*, 2020, § 675e Rn. 12.

13 Staudinger/*Omlor*, 2020, § 675e Rn. 14; unklar MüKoHGB/*Haertlein*, 5. Auflage, 2024, Zahlungsverkehr E. Bankkartenverfahren Rn. 118; MüKoHGB/Linardatos, 5. Auflage, 2024, K. Online-Banking Rn. 230.

unbegrenzte verschuldensabhängige Haftung, die bereits bei einfacher Fahrlässigkeit einsetze.[14]

Die rechtswissenschaftliche Diskussion konzentriert sich in diesem Zusammenhang nahezu ausnahmslos auf Fragestellungen im Zusammenhang mit der Anwendbarkeit der §§ 305 ff. BGB auf die Umsetzung relevanter abweichender Vereinbarungen nach § 675e Abs. 4 BGB, nicht aber auf die Ausgangsfrage, ob abweichende Regelungen bereits dem Grunde nach aufgrund der Regelung des § 675e Abs. 4 BGB einer Inhaltskontrolle nach §§ 305 ff. BGB entzogen sind.[15]

Im Folgenden soll daher untersucht werden, ob Vereinbarungen zwischen Zahlungsdienstleister und Nicht-Verbrauchern, die auf Grundlage des § 675e Abs. 4 BGB getroffen werden, aufgrund dieser gesetzlichen Ermächtigung bereits dem Grunde nach keiner Inhaltskontrolle nach §§ 305 ff. BGB unterliegen.

III. Nichtanwendbarkeit und abweichende Vereinbarungen nach § 675e Abs. 4 BGB

1. Zulässigkeit abweichender Vereinbarungen nach § 675e Abs. 4 BGB

Zunächst ist festzuhalten, dass § 675e BGB keine ausdrücklichen Regelungen zur Kontrollfähigkeit von Vereinbarungen enthält, die zwischen Zahlungsdienstleister und einem Zahlungsdienstnutzer als Nicht-Verbraucher getroffen werden können. § 675e Abs. 1 BGB führt zunächst entsprechend Art. 107 Abs. 3, 38 Abs. 1, 61 Abs. 1 PSD II aus, dass – soweit nichts anderes bestimmt ist – von den Vorschriften des betreffenden Untertitels nicht zum Nachteil des Zahlungsdienstnutzers abgewichen werden dürfe.[16] Diese Regelung differenziert nicht zwischen Zahlungsdienstnutzern als Verbraucher oder Nicht-Verbraucher. Eine abweichende Bestimmung trifft auf nationaler Ebene sodann § 675e Abs. 4 BGB und setzt insoweit Art. 61 Abs. 1 PSD II um. Darin ist geregelt, dass, soweit es sich bei dem Zahlungsdienstnutzer nicht um

---

14 Staudinger/*Omlor*, 2020, § 675e Rn. 14; a.A. *Einsele*, ZIP 2011, 1741 (1750); BeckOGK BGB/*Zahrte*, 01.10.2019, BGB § 675e Rn. 66 f.

15 Allein *Einsele*, ZIP 2011, 1741 (1742) wirft diese Frage auf, begründet die Kontrollmöglichkeit nach § 305 ff. BGB unter Hinweis auf die „pauschale Nennung" von „abdingbaren" Normen. Die entsprechenden Regelungen könnten eine breite Palette unterschiedlicher Regelungen vorsehen, deren Inhalt und Wirkung im Zusammenspiel mit anderen Vertragsbestimmungen sich bei Abfassung der PSD weder im Einzelnen vorhersehen noch beurteilen gelassen haben. Es sei daher „naheliegend", die Art. 30 Abs. 1, 51 Abs. 1 PSD (die der Einführung des § 675e Abs. 4 BGB a.F. zugrunde lagen) „(lediglich) im Sinne einer Rückkehr zur schuldrechtlichen Vertragsfreiheit im unternehmerischen Geschäftsverkehr auszulegen."

16 Vgl. hierzu Art. 86 Abs. 3, 30 Abs. 1, 51 Abs. 1 PSD.

einen Verbraucher handelt, der Zahlungsdienstnutzer und der Zahlungsdienstleister vereinbaren können, dass Art. 62 Abs. 1, Art. 64 Abs. 3 sowie die Art. 72, 74, 76, 77, 80 und 89 PSD II ganz oder teilweise nicht angewandt werden sollen.

Ebenso wie Art. 61 Abs. 1 PSD II für die dort genannten Vorschriften, enthält auch § 675e Abs. 4 S. 1 BGB hierbei nur den Hinweis, dass zwischen Zahlungsdienstleistern und Nicht-Verbrauchern als Zahlungsdienstnutzer Vereinbarungen zulässig sind, die darauf gerichtet sind, dass im genannten beschränkten Regelungsumfeld definierte Regelungen nicht angewandt werden. Dies spricht zunächst dafür, dass § 675e Abs. 4 S. 1 BGB allein die Möglichkeit eröffnet, den Anwendungsbereich der dort genannten Regelungen ganz oder teilweise zu beschränken oder auszuschließen, nicht aber hierzu abweichende Vereinbarungen zu treffen. Ein derartiges Verständnis würde jedoch nach Auffassung des Verfassers dem durch Art. 61 Abs. 1 PSD II eröffneten und seitens des europäischen Gesetzgebers angestrebten Regelungsumfang nicht entsprechen. In Erwägungsgrund 53 PSD II führt der europäische Gesetzgeber nämlich aus, dass die Situation von Verbrauchern und Unternehmen nicht dieselbe sei. Unternehmen seien nicht im selben Umfang schützenswert wie Verbraucher. Zwar müssten diese durch Vorschriften geschützt werden, die nicht vertraglich abbedungen werden könnten. Es solle aber Unternehmen und Organisationen freistehen, abweichende Vereinbarungen zu schließen, wenn es nicht um vertragliche Beziehungen zu Verbrauchern gehe.[17] Mit dieser Erwägung bringt der europäische Gesetzgeber zum Ausdruck, dass zwischen Zahlungsdienstleistern und Nicht-Verbrauchern nicht nur vereinbart werden kann – so wie im Wortlaut des Art. 61 Abs. 1 PSD II festgehalten –, dass bestimmte Regelungen nicht anzuwenden sind. Vielmehr muss der Hinweis des europäischen Gesetzgebers in Erwägungsgrund 53 PSD II dahingehend interpretiert werden, dass nicht nur die Vereinbarung der gänzlichen oder teilweisen Nichtanwendbarkeit zulässig ist, sondern auch die Vereinbarung modifizierender Regelungen zu den in Art. 61 Abs. 1 PSD II genannten Vorschriften. Der Hinweis auf die Nichtanwendbarkeit definierter Regelungen in Art. 61 Abs. 1 PSD II ist daher unter Berücksichtigung des Erwägungsgrunds 53 PSD II dahingehend zu verstehen, dass die entsprechenden in Art. 61 Abs. 1 PSD II und § 675e Abs. 4 BGB genannten Regelungen nicht nur ganz oder teilweise abbedungen, sondern auch modifiziert vereinbart werden können. Dieses Ergebnis bestätigt auch die Gesetzesbegründung zur Einführung des § 675e Abs. 4 BGB a.F. im Rahmen der Umsetzung der PSD. Dort wird nämlich nicht – so wie im Wortlaut des § 675e Abs. 4 BGB formuliert – auf die Vereinbarung der Nichtanwendbarkeit bestimmter Regelungen verwiesen, sondern darauf, dass der Richtliniengeber bei ausgewählten Vorschriften ein Bedürfnis des

17 So auch bereits Erwägungsgrund 20 PSD.

Marktes dafür sah, bei Verträgen von Zahlungsdienstleistern, die nicht mit Verbrauchern geschlossen werden, von den Richtlinienvorgaben ganz oder teilweise abweichen zu können.[18]

Neben der Vereinbarung der bloßen Nichtanwendbarkeit bestimmter Regelungen lässt damit § 675e Abs. 4 BGB auch modifizierende Vereinbarungen zwischen Zahlungsdienstleister und Zahlungsdienstnutzer zu.[19]

2. Grundsatz der Kontrollfähigkeit nach §§ 305 ff. BGB

Mit § 675e Abs. 4 BGB eröffnet der Gesetzgeber dem Zahlungsdienstleister und dem Zahlungsdienstnutzer als Nicht-Verbraucher in einem definierten Bereich die privatautonome Gestaltung vertraglicher Regelungen. In diesem Zusammenhang wird in der rechtswissenschaftlichen Auseinandersetzung bislang uneingeschränkt die Auffassung vertreten, dass Vereinbarungen zwischen Zahlungsdienstleister und Zahlungsdienstnutzer als Nicht-Verbraucher, die diese in Anwendung des § 675e Abs. 4 BGB schließen, der ergänzenden Klauselkontrolle nach §§ 305 ff. BGB unterliegen.[20] § 675e Abs. 4 BGB suspendiere hierbei die Verbindlichkeit des Zahlungsdiensterechts nicht vollständig, sondern liefere einen Katalog der gegenüber Nicht-Verbrauchern abdingbaren Vorschriften. Es bleibe aber im unternehmerischen Rechtsverkehr bei der parallelen Anwendbarkeit des zivilen AGB-Rechts.[21]

---

18 BT-DrS. 16/11643, S. 101.

19 Z. B. BeckOGK BGB/*Zahrte*, 1.3.2023, BGB § 675e Rn. 54; MüKoBGB/*Casper*, 9. Auflage, 2023, § 675d Rn. 22; wohl auch BeckOK BGB/*Schmalenbach*, 65. Ed. 1.2.2023, BGB § 675v Rn. 23; Langenbucher/Bliesener/Spindler/*Herresthal*, 3. Auflage, 2020, Kap. 2 § 675e Rn. 12, 13; zum Teil bleibt aber in den Stellungnahmen unklar, ob allein von einer gänzlichen oder teilweisen Abbedingung oder aber der Zulässigkeit abweichender Vereinbarungen ausgegangen wird, z. B. Langenbucher/Bliesener/Spindler/*Langenbucher*, 3. Auflage, 2020, Kap. 4 § 675y Rn. 2; MüKoBGB/*Zetzsche*, 9. Auflage, 2023, § 675w Rn. 4; BeckOK BGB/*Schmalenbach*, 65. Ed. 1.2.2023, BGB § 675v Rn. 23; Baumbach/Hefermehl/Casper/*Casper*, 24. Auflage, 2020, E. Recht des Zahlungsverkehrs, Rn. 467.

20 BeckOGK BGB/*Zahrte*, 1.6.2022, BGB § 675e Rn. 56, 57; MüKoBGB/*Casper*, 8. Auflage, 2020, § 675e Rn. 13; BeckOGK BGB/*von Olshausen*, 1.8.2022, BGB § 675x Rn. 39; MüKoBGB/*Zetzsche*, 9. Auflage, 2023, § 675x Rn. 11; kritisch Ellenberger/Findeisen/Nobbe/Böger/*Ellenberger*, 3. Auflage, 2020, § 675x Rn. 8; *Einsele* ZIP 2011, 1741 (1746 ff.); unklar Langenbucher/Bliesener/Spindler/*Herresthal*, 3. Auflage, 2020, Kap. 2 § 675e in Rn. 12 und 13, in denen zunächst auf die Anwendbarkeit der §§ 305 ff. BGB, gleichwohl in Rn. 13 auf die wohl uneingeschränkte Möglichkeit zur Vereinbarung abweichender Haftungsregelungen verwiesen wird.

21 Vgl. BeckOGK BGB/*Zahrte*, 1.6.2022, BGB § 675e Rn. 56, 57; Staudinger/*Omlor*, 2020, § 675e Rn. 12; wohl auch Baumbach/Hefermehl/Casper/*Casper*, 24. Auflage, 2020, E. Recht des Zahlungsverkehrs, Rn. 467; BeckOGK BGB/*Foerster*, 1.7.2022, BGB § 675g Rn. 11, 360; *Einsele*, ZIP 2011, 1741 (1742); *Scheibengruber*, BKR 2010, 15 (18).

Auch wenn zahlungsdiensterechtliche Vorgaben modifiziert werden dürften, müssten sich diese Klauseln an den §§ 307 ff., 310 BGB messen lassen.[22] Dem Zahlungsdiensterecht komme auch im Rechtsverkehr zwischen Zahlungsdienstleistern und Zahlungsdienstnutzern, die keine Verbraucher sind, eine Leitbildfunktion zu.[23]

Die Auffassungen über die Zulässigkeit der inhaltlichen Ausgestaltung abweichender Regelungen zu den Haftungsvorschriften des § 675v BGB sind hierbei indessen nicht einheitlich. Zum Teil wird darauf verwiesen, dass sich von der Missbrauchshaftung des Nutzers von Zahlungsinstrumenten, wie sie § 675v BGB ausgestalte, formularmäßig in ihren Grundzügen „kaum abweichen" lasse.[24] *Omlor*[25] hält eine unbegrenzte verschuldensabhängige Haftung auch bei Nicht-Verbrauchern, die bereits bei einfacher Fahrlässigkeit einsetzt, als Verstoß gegen §§ 307, 310 BGB für unzulässig. *Einsele* und *Herresthal* halten dagegen jede Form der Fahrlässigkeit als Haftungsmaßstab auch unter Berücksichtigung von § 307 BGB für zulässig.[26] *Maihold* hält die Aufhebung oder Anhebung der Haftungshöchstgrenze von 50,00 Euro gegenüber Zahlungskarteninhabern, die Nicht-Verbraucher seien, für wirksam, wenn der Karteninhaber seine Pflichten zumindest leicht fahrlässig verletzt habe.[27] Nach seiner Auffassung dürfte eine derartige Regelung jedenfalls nicht „allgemein gegen § 307 BGB verstoßen, da von Unternehmern generalisierend

22 BeckOGK BGB/*Zahrte*, 1.6.2022, BGB § 675e Rn. 56, 57; Staudinger/*Omlor*, 2020, § 675e Rn 12; wohl auch Baumbach/Hefermehl/Casper/*Casper*, 24. Auflage, 2020, E. Recht des Zahlungsverkehrs, Rn. 467; BeckOGK BGB/*Foerster*, 1.7.2022, BGB § 675g Rn. 11, 360; vgl. auch *Einsele*, ZIP 2011, 1741 (1742); *Scheibengruber*, BKR 2010, 15 (18); Langenbucher/Bliesener/Spindler/*Herresthal*, 3. Auflage, 2020, Kap. 2 § 675e Rn. 12; Grüneberg/*Grüneberg*, 83. Auflage, 2024, § 675e Rn. 4; Langenbucher/Bliesener/Spindler/*Langenbucher*, 3. Auflage, 2020, Kap. 4 § 676b Rn. 2; MüKoBGB/*Zetzsche*, 8. Auflage, 2020, § 675y Rn. 26; Langenbucher/Bliesener/Spindler/*Langenbucher*, 3. Auflage, 2020, Kap. 4 § 675y Rn. 2; MüKoBGB/*Zetzsche*, 8. Auflage, 2020, § 675w Rn. 4; BeckOK BGB/*Schmalenbach*, 62. Ed. 1.5.2022, BGB § 675v Rn. 23; *Bitter*, WM 2010, 1773 (1781 f.); Baumbach/Hefermehl/Casper/*Casper*, 24. Auflage, 2020, E. Recht des Zahlungsverkehrs, Rn. 467; BeckOGK BGB/*Foerster*, 1.7.2022, BGB § 675g Rn 11; MüKoBGB/*Zetzsche*, 8. Auflage, 2020, § 675y Rn. 7.

23 Staudinger/*Omlor*, 2020, § 675e Rn. 12; BeckOGK BGB/*Zahrte*, 1.6.2022, BGB § 675e Rn. 57; zum Leitbildcharakter einzelner Regelungen vgl. auch *Bitter*, WM 2010, 1773 (1781); *Grundmann*, WM 2009, 1157 (1159); vgl. auch *Bitter*, ZBB 2007, 237 (250 ff.).

24 Staudinger/*Omlor*, 2020, § 675v Rn. 14, wobei die Bezugnahme auf § 676v BGB ersichtlich ein Redaktionsversehen ist: Eine über 50,00 Euro hinausgehende verschuldensunabhängige Haftung könne angesichts § 307 Abs. 2 Nr. 1 BGB „kaum" gerechtfertigt werden; auch BeckOK BGB/*Schmalenbach*, 62. Ed. 1.5.2022, BGB § 675v Rn. 23.

25 Staudinger/*Omlor*, 2020, § 675e Rn. 14.

26 *Einsele*, ZIP 2011, 1741 (1750); Langenbucher/Bliesener/Spindler/*Herresthal*, 3. Auflage, 2020, Kap. 2 § 675e Rn. 13.

27 Ellenberger/Bunte/*Maihold*, 6. Auflage, 2022, § 32 Rn. 149 am Beispiel der Bedingungen für die Girocard A.II.15.1 Abs. 3, Bedingungen für die Sparkassen-Card A.II.14.1 Abs. 3.

ein höheres Maß an Aufmerksamkeit im Zahlungsverkehr erwartet werden" könne als von einem Verbraucher.[28] Mit den Grundzügen des nationalen Haftungsrechts sei jedoch eine Klausel unvereinbar und damit nach § 307 Abs. 2 Nr. 1 BGB unwirksam, wenn die formularvertraglich vereinbarte Regelung zwischen Verwender der Allgemeinen Geschäftsbedingungen und Nicht-Verbraucher eine unbegrenzte verschuldensunabhängige Haftung eines Unternehmers begründen würde.[29] Denn der Grundsatz einer Haftung nur für schuldhaftes Handeln gelte im nationalen Recht allgemein als Ausdruck des Gerechtigkeitsgebots für vertragliche ebenso wie für gesetzliche Ansprüche.[30]

Nur vereinzelt wurde bislang in diesem Zusammenhang angesprochen, ob nicht die auf Umsetzung der Art. 30 Abs. 1, 51 Abs. 1 PSD, Art. 61 Abs. 1 PSD II beruhende Regelung des § 675e Abs. 4 BGB für Vereinbarungen, die die Anwendbarkeit der in § 675e Abs. 4 genannten Vorschriften ganz oder teilweise ausschließt oder aber durch separate Vereinbarungen modifiziert, die Kontrollfähigkeit nach § 305 ff. BGB ausschließt. Ein derartiger Ausschluss der Kontrollfähigkeit nach §§ 305 ff. BGB käme z. B. dann in Betracht, wenn die Grundsätze qualifizierter Erlaubnistatbestände bzw. -normen für die Regelung des § 675e Abs. 4 BGB Anwendung finden würden.[31]

IV. § 675e Abs. 4 BGB als qualifizierte Erlaubnisnorm im Zahlungsdiensterecht

Der Ausschluss der Kontrollfähigkeit von Vereinbarungen nach §§ 305 ff. BGB, die in Anwendung des § 675e Abs. 4 BGB geschlossen werden, richtet sich danach, ob der nationale Gesetzgeber mit § 675e Abs. 4 BGB für die dort genannten Normen ein auf europäischer Grundlage beruhendes spezialgesetzliches Sonderrechtsumfeld schaffen wollte, das einer Kontrolle nach allgemeinen Regelungen des Rechts der Allgemeinen Geschäftsbedingungen entzogen sein sollte. Eine derartige Kontrollfreiheit, nämlich die Freistellung von einer Inhaltskontrolle nach §§ 305 ff. BGB, wird für Fälle sogenannter Erlaubnis- oder Rechtfertigungsnormen angenommen.[32] In derartigen Fällen scheidet kraft gesetzlicher Anordnung oder Auslegung der

---

28 Ellenberger/Bunte/*Maihold*, 6. Auflage, 2022, § 32 Rn. 149; so auch *Einsele*, ZIP 2011, 1741 (1750).
29 Erman/v. *Westphalen*, 15. Auflage, 2017, § 675v Rn. 3; MüKoBGB/*Zetzsche*, 9. Auflage, 2023, § 675v Rn. 11; vgl. auch BGH NJW 2005, 2337 (2342) und BGH WM 2021, 174(178); Ellenberger/Bunte/*Maihold*, 6. Auflage, 2022, § 32 Rn. 149.
30 Ellenberger/Bunte/*Maihold*, 6. Auflage, 2022, § 32 Rn. 149; BGH WM 2021, 174 (178).
31 *Einsele*, ZIP 2011, 1741 (1741 ff.).
32 Vgl. Ulmer/Brandner/Hensen/*Fuchs*, 13. Auflage, 2022, § 307 Rn. 33.

entsprechenden Normen eine AGB-Kontrolle aus. Diese Freistellung von einer AGB-Kontrolle findet nur in Ausnahmefällen statt und zwar nur dann, wenn sich aus der sogenannten qualifizierten Erlaubnisnorm ergibt, dass diese gerade auch für formularmäßige Vereinbarungen gelten soll.[33] Zu diesen anerkannten qualifizierten Normen gehören z. B. §§ 651h BGB, 52 BRAO, 45b PatAnwO, 67 StBerG sowie 54a Abs. 1 Nr. 2 WPO. Liegt also eine qualifizierte Erlaubnisnorm vor, so unterliegt eine Regelung, die sich innerhalb eines vom Gesetzgeber geschaffenen Gestaltungsspielraums bewegt, nicht der Klauselkontrolle des § 307 BGB.[34] Andererseits kann aber eine Regelung in Fällen, in denen eine zwischen den Parteien zu vereinbarende Regelung zwar selbst der AGB-Kontrolle nach §§ 305 ff. BGB entzogen ist, gleichzeitig aber die Möglichkeit eröffnet, der mit dem Vertragspartner bestehenden Rechtsbeziehung neue rechtliche Vereinbarungen zugrunde zu legen, der AGB-Kontrolle unterliegen.[35]

1. Art. 31 Abs. 1, 51 Abs. 1 PSD als qualifizierte Erlaubnisnormen im Zahlungsdiensterecht

Ungeklärt und weitgehend nicht diskutiert ist, ob und gegebenenfalls in welchem Umfang sich auch die Regelung des § 675e Abs. 4 BGB als qualifizierte Erlaubnisnorm einordnen lässt. *Einsele* verwies unter Geltung der PSD darauf, dass es sich bei Art. 31 Abs. 1, sowie 51 Abs. 1 PSD, deren Umsetzung § 675e Abs. 4 BGB a.F. diente, nicht um qualifizierte Erlaubnisnormen auf europäischer Normebene handeln könne.[36] Gegen die Einordnung der Art. 31 Abs. 1, 51 Abs. 1 PSD als qualifizierte Erlaubnisnormen spreche, dass die Bestimmungen, von denen zum Nachteil der Unternehmer abgewichen werden könne, lediglich pauschal genannt seien. Daher könnten die Allgemeinen Geschäftsbedingungen eine breite Palette unterschiedlicher Regelungen vorsehen, deren Inhalt und Wirkung im Zusammenspiel mit anderen Vertragsbestimmungen sich bei Abfassung der PSD weder vorhersehen noch beurteilen ließen.[37] Naheliegend sei daher, die Art. 31 Abs. 1, 51 Abs. 1 PSD (lediglich) im Sinne einer Rückkehr zur schuldrechtlichen Vertragsfreiheit im unternehmerischen Geschäftsverkehr auszulegen. Hierfür spreche auch Erwägungsgrund 20 PSD, der allein aussage, dass Bestimmungen, von denen zum Nachteil von Unter-

33 Ulmer/Brandner/Hensen/*Fuchs*, 13. Auflage, 2022, § 307 Rn. 33.
34 *Habersack*, BKR 2020, 53 (57).
35 Vgl. *Habersack*, BKR 2020, 53 (57).
36 *Einsele*, ZIP 2011, 1741 (1742).
37 *Einsele*, ZIP 2011, 1741 (1742).

nehmen abgewichen werden könne, dispositiv seien.[38] Weitergehende Bedeutung der Sonderregelungen für Unternehmer seien der PSD nicht zu entnehmen. Die konkret getroffenen Regelungen unterlägen daher den allgemeinen gesetzlichen Schranken und damit der AGB-Kontrolle.[39]

Weitergehende Stellungnahmen zur Frage, ob Art. 31 Abs. 1, 51 Abs. 1 PSD bzw. Art. 61 Abs. 1 PSD II als Grundlage des § 675e Abs. 4 BGB a.F. und damit auch § 675e Abs. 4 BGB selbst als qualifizierte Erlaubnisnorm oder qualifizierter Erlaubnistatbestand eine AGB-Kontrolle für die auf diesen Vorschriften aufbauenden Regelungen ausschließen, lassen sich in der rechtswissenschaftlichen Auseinandersetzung nicht feststellen.[40]

2. Die Wertung des BGH zu § 675g BGB als qualifizierte Erlaubnisnorm

Im Zahlungsdiensterecht der §§ 675c ff. BGB wurde bis zu einer Entscheidung des BGH[41] § 675g BGB als qualifizierte Erlaubnisnorm eingeordnet. In dem in § 675g BGB definierten Umfang seien Regelungen in Allgemeinen Geschäftsbedingungen von einer Inhaltskontrolle nach § 307 BGB ausgenommen.[42]

Nach § 675g Abs. 1 BGB kann eine Änderung eines Zahlungsdiensterahmenvertrags auf Veranlassung des Zahlungsdienstleisters vorgenommen werden, wenn der Zahlungsdienstleister die beabsichtigte Änderung spätestens zwei Monate vor dem vorgeschlagenen Zeitpunkt ihres Wirksamwerdens dem Zahlungsdienstnutzer in der in Art. 248 § 2 und Art. 248 § 3 EGBGB vorgesehenen Form anbietet. Nach § 675g Abs. 2 BGB können der Zahlungsdienstleister und der Zahlungsdienstnutzer vereinbaren, dass die Zustimmung des Zahlungsdienstnutzers zu einer Änderung nach Absatz 1 als erteilt gilt, wenn dieser dem Zahlungsdienstleister seine Ablehnung nicht vor dem vorgeschlagenen Zeitpunkt des Wirksamwerdens der Änderung angezeigt hat. Im Fall einer solchen Vereinbarung ist der Zahlungsdienstnutzer auch berechtigt, den Zahlungsdiensterahmenvertrag vor dem vorgeschlagenen

---

38 *Einsele*, ZIP 2011, 1741 (1742).

39 *Einsele*, ZIP 2011, 1741 (1742).

40 Aber zur Diskussion zu § 675g BGB als qualifizierte Erlaubnisnorm vgl. z. B. *Rodi*, WM 2021, 1310 (1312); *Piekenbrock/Rodi*, RdZ 2020, 172 (174 ff.); *Grigoleit*, ÖBA 2020, 460 (461, 469 f.); *Habersack*, BKR 2020, 53 (57); *Einsele*, ZIP 2011, 1741 (1742); MüKoBGB/*Casper*, 9. Auflage, 2023, § 675g Rn. 11; MüKoBGB/*Casper*, 8. Auflage, 2020, § 675g Rn. 1; Ulmer/Brandner/Hensen/*Fuchs*, 13. Auflage, 2022, § 307 Rn. 33; *Habersack*, BKR 2020, 53 (57); *Schmidt-Kessel/Rank*, GPR 2018, 266 (286 ff.); *Lurger/Koch*, ÖBA 2021, 123 (131 f.); *Omlor*, NJW 2021, 2243 (2244 ff.); ablehnend *Feldhusen*, WM 2020, 397 (400 ff.); *Feldhusen*, WM 2020, 441 (441 ff.).

41 BGH BKR 2021, 488 (488 ff.).

42 LG Köln BeckRS 2018, 49779; OLG Köln, BKR 2020, 101 (101 ff.).

Zeitpunkt des Wirksamwerdens der Änderung fristlos zu kündigen. Der Zahlungsdienstleister ist verpflichtet, den Zahlungsdienstnutzer mit dem Angebot zur Vertragsänderung auf die Folgen seines Schweigens sowie auf das Recht zur kostenfreien und fristlosen Kündigung hinzuweisen.

Im Rahmen einer gerichtlichen Auseinandersetzung ging es unter anderem um die rechtliche Bewertung der Wirksamkeit einer Regelung in den Allgemeinen Geschäftsbedingungen eines Kreditinstituts, die sich inhaltlich an § 675g BGB orientierte.

Die Instanzgerichte vertraten die Auffassung, dass eine Wirksamkeitskontrolle der entsprechenden Regelungen in den Allgemeinen Geschäftsbedingungen des Kreditinstituts nicht in Betracht komme. § 307 Abs. 3 S. 1 BGB statuiere, dass seine Absätze 2 und 3 sowie §§ 308 und 309 BGB nur für solche Bestimmungen in Allgemeinen Geschäftsbedingungen gelten würden, durch die von Rechtsvorschriften abweichende oder diese ergänzende Regelungen vereinbart würden. Dies bedeute im Umkehrschluss, dass eine Inhaltskontrolle dort nicht stattfinde, wo „AGB lediglich den Inhalt der einschlägigen gesetzlichen Vorschrift wiederholen".[43] Vor diesem Hintergrund seien die streitgegenständlichen Klauseln einer AGB-rechtlichen Inhaltskontrolle entzogen.[44] Sie würden nämlich lediglich den sich aus § 675g Abs. 1 und § 675g Abs. 2 BGB ergebenden gesetzlichen Regelungsmechanismus für die Änderungsmöglichkeit eines Zahlungsdienstrahmenvertrages wiedergeben.[45]

Der BGH erklärte die Auslegung der Instanzgerichte zur Frage der Sperrwirkung des § 675g BGB gegenüber den Regelungen der §§ 307 ff. BGB für rechtsfehlerhaft.[46] § 675g BGB sperre nicht die Anwendung der §§ 307 ff. BGB auf Vereinbarungen über die Änderung des Zahlungsdiensterahmenvertrags, auch wenn sie lediglich den Regelungsgehalt des § 675g BGB wiederholten. Erwägungsgrund 55 der Richtlinie 2366/2015/EU dokumentiere die Entscheidung des europäischen Gesetzgebers, dass die Anwendung anderer Vorgaben des Unionsrechts, die den Verbraucherschutz beträfen, von den Vorgaben des unionsrechtlichen Zahlungsdiensterechts nicht verdrängt würden. Handele es sich bei dem Zahlungsdienstnutzer um einen Verbraucher, seien mithin neben den Vorgaben des Unionsrechts zum Zahlungsdiensterecht auch die Vorgaben der Richtlinie 93/13/EWG des Rates vom 5.4.1993 über missbräuchliche Klauseln in Verbraucherverträgen[47] anwendbar.[48] Im Lichte dieser durch

---

43 OLG Köln, BKR 2020, 101 (102) unter Verweis auf Palandt/*Grüneberg*, 78. Auflage, 2019, § 307 Rn. 41.

44 OLG Köln, BKR 2020, 101 (102).

45 OLG Köln, BKR 2020, 101 (102).

46 BGH NJW 2021, 2273 (2274).

47 Europäisches Amtsblatt 1993l 95 v. 21.4.1993, 29.

48 BGH NJW 2021, 2273 (2274) unter Hinweis auf EuGH WM 2020, 2218 Rn. 62 u. 64 – „DenizBank".

den EuGH nach Erlass des Berufungsurteils geklärten unionsrechtlichen Vorgaben sei § 675g Abs. 2 S. 1 BGB so auszulegen, dass er einer Überprüfung von auf seiner Grundlage erlassenen Klauseln anhand der §§ 307 ff. BGB nicht entgegenstehe. Die Systematik des Zahlungsdiensterechts spreche für die vom Gesetzgeber gewollte ergänzende Anwendung sonstiger verbraucherschützender Regelungen. Nach § 675e Abs. 4 BGB seien die Vorgaben des § 675g Abs. 2 S. 1 als Mindestvorgaben nur im Verhältnis zu Verbrauchern zwingend.[49]

Auch die Gesetzeshistorie lasse nicht erkennen, dass der Gesetzgeber voraussetzungslos die Wirksamkeit einer den formalen Anforderungen des § 675g BGB entsprechenden Klausel anerkennen wollte.[50] Der Gesetzgeber habe zwar angenommen, dass eine Vereinbarung in Allgemeinen Geschäftsbedingungen, die den Vorgaben des § 675g BGB Rechnung trage, nicht nach § 308 Nr. 5 BGB unwirksam sei.[51] Damit habe der Gesetzgeber aber vorausgesetzt, dass § 675g Abs. 2 S. 1 BGB keine die §§ 307 ff. BGB generell verdrängende Spezialregelung sei.[52] Zudem sei in der höchstrichterlichen Rechtsprechung „seit Langem geklärt"[53], dass die Einhaltung von § 308 Nr. 5 BGB die Inhaltskontrolle nach den §§ 307 ff. BGB im Übrigen nicht ausschließe. Vielmehr müssten die hier vom Verwender beanspruchten Wirkungen der fingierten Erklärung den Kriterien dieser Bestimmungen standhalten.[54] Das Berufungsgericht habe daher rechtsfehlerhaft die §§ 307 ff. BGB für nicht anwendbar gehalten und damit zugleich verkannt, dass die betreffenden Regelungen einer Inhaltskontrolle nach § 307 Abs. 1 S. 1 und § 307 Abs. 2 Nr. 1 BGB nicht standhielten.[55]

3. Ergebnis zur Wertung des § 675e Abs. 4 BGB als qualifizierte Erlaubnisnorm

Die Entscheidung des BGH[56] zur Anwendbarkeit der §§ 305 ff. BGB auf Regelungen nach § 675g BGB in Allgemeinen Geschäftsbedingungen lässt trotz des ausdrücklichen zahlungsdiensterechtlichen Streitgegenstands keine Rückschlüsse darauf zu,

49 BGH NJW 2021, 2273 (2274).
50 BGH NJW 2021, 2273 (2274).
51 BGH NJW 2021, 2273 (2275) unter Hinweis auf BT-DrS. 16/11643, S. 103.
52 BGH NJW 2021, 2273 (2275) unter Hinweis auf *Feldhusen*, WM 2020, 397 (402); *Grigoleit*, ÖBA 2020, 460 (465); *Rodi*, EWiR 2020, 737 (738); a.A. BeckOGK BGB/*Foerster*, 1.1.2021, BGB § 675g Rn. 38; *Habersack*, BKR 2020, 53 (57); *Kropf/Habl*, BKR 2014, 145 (150); *Piekenbrock/Rodi*, RdZ 2020, 172 (175); *v. Westphalen*, BB 2020, 2898 (2900).
53 BGH NJW 2021, 2273 (2275).
54 BGH NJW 2021, 2273 (2275) unter Hinweis auf BGH NJW-RR 2008, 134 (136).
55 BGH NJW 2021, 2273 (2275).
56 BGH NJW 2021, 2273 (2275).

ob § 675e Abs. 4 BGB (oder Art. 61 Abs. 1 PSD II[57]) entweder als qualifizierte Erlaubnisnorm oder in sonstiger Weise die Kontrolle abweichender Regelungen von den in § 675e Abs. 4 BGB genannten Regelungen zulässt oder ausschließt.[58]

Die Entscheidung des BGH befasste sich zunächst nur mit einer speziellen zahlungsdiensterechtlichen Vorschrift, die eine konkrete Regelung enthielt, die zum Gegenstand einer Vereinbarung zwischen Zahlungsdienstleister und Zahlungsdienstnutzer gemacht wurde. Insoweit kam für § 675g BGB durchaus in Betracht, dass es sich hierbei um eine qualifizierte Erlaubnisnorm handelt, die eine weitergehende Kontrolle nach den §§ 305 ff. BGB ausschließen kann. Im Gegensatz zu § 675e Abs. 4 BGB enthält § 675g BGB aber eine konkrete Formulierung, die durch den Anwender von Allgemeinen Geschäftsbedingungen als konkrete Vorlage ausdrücklich oder auch nur inhaltlich für eine Vereinbarung mit dem Zahlungsdienstnutzer verwendet werden kann. § 675e Abs. 4 BGB enthält dagegen allein einen auf den Zahlungsdiensterichtlinien beruhenden Erlaubnistatbestand, der es dem relevanten Geschäftskreis ermöglicht, abweichende Vereinbarungen zu den in § 675e Abs. 4 BGB genannten Regelungen zu schließen. § 675e Abs. 4 BGB enthält damit aber gerade keine spezifischen Regelungen, die durch entsprechende formularmäßig gestaltete Regelungen lediglich wiederholt werden müssen und damit zunächst dem Grunde nach einer entsprechenden Kontrolle nach nationalen Regelungen des AGB-Rechts entzogen sein könnten. Damit stellt § 675e Abs. 4 BGB keine qualifizierte Erlaubnisnorm dar, die auf dieser Grundlage zwischen Zahlungsdienstleister und Zahlungsdienstnutzer getroffene Vereinbarungen einer Inhaltskontrolle entzieht.[59]

57 Art. 31 Abs. 1, 51 Abs. 1 PSD.

58 Zur Kritik an der Entscheidung des BGH z. B. *Omlor*, NJW 2021, 2243 (2244 ff.); *Pfeiffer*, RdZ 2022, 18 (22 f.); *Vogel*, ZBB 2021, 312 (316 ff.); *Mäsch*, JuS 2021, 1184 (1185); *Casper*, ZIP 2021, 2361 (2361 ff.); *Klanten*, BKR 2022, 211 (212).

59 Vgl. auch *Einsele*, ZIP 2011, 1741 (1742); *Piekenbrock/Rodi*, RdZ 2020, 172 (176).

V. Eigene Stellungnahme

1. Die aus den europäischen Zahlungsdiensterichtlinien ableitbaren Grundsätze zur Kontrollfähigkeit abweichender Regelungen nach § 675e Abs. 4 BGB

a) Die Anordnung der Art. 38 Abs. 1, 61 Abs. 1 PSD II als qualifizierte Erlaubnistatbestände im Zahlungsdiensterecht

Art. 38 Abs. 1, 61 Abs. 1 PSD II eröffnet dem nationalen Gesetzgeber nicht die Möglichkeit, über qualifizierte Erlaubnisnormen kontrollfreie Regelungen zu schaffen, die zwischen Zahlungsdienstleistern und Nicht-Verbrauchern vereinbart werden können. Die abstrakte (pauschale[60]) Nennung der Bestimmungen, von denen zum Nachteil der Nicht-Verbraucher abgewichen werden kann, erfüllt nicht die Anforderung an eine hinreichend konkretisierbare gesetzliche Regelung, die es dem Verwender von Allgemeinen Geschäftsbedingungen erlaubt, den durch den Gesetzgeber (oder europäischen Gesetzgeber) angestrebten und in der qualifizierten Erlaubnisnorm abgebildeten Regelungszweck zweifelsfrei abzubilden. Damit schließen die Art. 38 Abs. 1, 61 Abs. 1 PSD II die Kontrolle abweichender Regelungen nach § 675e Abs. 4 BGB nach den §§ 305 ff. BGB nicht aus.

b) Art. 107 Abs. 2 PSD II als unionsrechtliche Anordnung des Vorrangs von Art. 38 Abs. 1, 61 Abs. 1 PSD II vor der nationalen Kontrolle nach Maßgabe des AGB-Rechts

Selbst wenn Art. 61 Abs. 1 PSD II und damit § 675e Abs. 4 BGB nicht als qualifizierte Erlaubnisnormen bewertet werden können, so steht aber das Vollharmonisierungsgebot des Art. 107 Abs. 1 PSD II i.V.m. Art. 61 Abs. 1 PSD II einer Inhaltskontrolle der zwischen Zahlungsdienstleister und Nicht-Verbraucher unter Inanspruchnahme des § 675e Abs. 4 BGB getroffenen abweichenden Vereinbarungen nach §§ 307 ff. BGB entgegen.

Der europäische Gesetzgeber hat in Art. 61 Abs. 1 PSD II festgehalten, dass abweichende Vereinbarungen zwischen Zahlungsdienstleister und Nicht-Verbrauchern für einen enumerativ aufgezählten Katalog von Vorschriften zulässig sein sollen; hierbei hat der europäische Gesetzgeber innerhalb der in Art. 61 Abs. 1 PSD II aufgeführten Vorschriften nicht nur die Anwendbarkeit vollständiger Regelungen, sondern auch einzelner Abschnitte für dispositiv erklärt. Hiermit hat der europäische Gesetzgeber für das zwischen Zahlungsdienstleister und Zahlungsdienstnutzer bestehende Rechtsverhältnis entschieden, für welche spezifischen Regelungsbe-

60 *Einsele*, ZIP 2011, 1741 (1742).

standteile er den Nicht-Verbraucher als nicht schutzwürdig ansieht. Die klare Definition der in Art. 61 Abs. 1 PSD II aufgeführten Ausnahmetatbestände gibt zu erkennen, dass der europäische Gesetzgeber abgewogen hat, welche Normen eine (Schutz-)Wirkung auch für Nicht-Verbraucher aufweisen sollen und welche Norminhalte er im Verhältnis zwischen Zahlungsdienstleister und Nicht-Verbraucher für nicht zwingend hält. Damit erkennt der europäische Gesetzgeber nach Auffassung des Verfassers aber auch gleichzeitig eine weitergehende Kontrollfreiheit unter anderen nationalen gesetzlichen Regelungen an.

Ansonsten würden nämlich über den Umweg der Anwendung von Vorschriften der AGB-Kontrolle zwingende inhaltliche Schranken für die Gestaltung von Zahlungsdiensteverträgen aufgestellt werden, die aber weder die PSD II noch die §§ 675c ff. BGB für den betreffenden Rechtskreis vorsehen. Insoweit würde die Anwendbarkeit einer AGB-Kontrolle trotz der auf europäischer Ebene (uneingeschränkten) Anerkennung definierter Regelungen der Abding- und Wandelbarkeit dazu führen, dass die ausdrücklich nur für den Rechtsverkehr mit Verbrauchern als zwingend vorgesehenen Regelungen systemwidrig zum Bewertungsmaßstab für die Wirksamkeit von an sich kontrollfreien Regelungen zwischen Zahlungsdienstleister und Zahlungsdienstnutzer als Nicht-Verbraucher herangezogen würden. Eine derartige Kontrollmöglichkeit für europarechtlich vorgesehene kontrollfreie Regelungen auf nationaler Ebene widerspricht auch der vom europäischen Gesetzgeber angestrebten vollständigen Harmonisierung des Zahlungsdiensterechts, nach dem für Rechtsverhältnisse zwischen Nicht-Verbrauchern und Zahlungsdienstleistern im Sonderrecht der Zahlungsdienste für Nicht-Verbraucher bestimmte angeordnete Schutzmechanismen gerade nicht greifen sollen.[61] Jedem Mitgliedstaat wäre es nämlich ansonsten möglich, über die Gestaltung des autonomen AGB-Rechts, das durch die Richtlinie über missbräuchliche Klauseln[62] nur einer Mindestharmonisierung unterliegt, unterschiedliche Voraussetzungen zu schaffen, unter denen Vereinbarungen zwischen Zahlungsdienstleistern und Zahlungsdienstnutzern als Nicht-Verbraucher wirksam oder unwirksam sind.[63]

Die Zulässigkeit der AGB-Kontrolle von Regelungen, die aufgrund der Ermächtigung in § 675e Abs. 4 BGB zwischen Nicht Verbraucher und Zahlungsdienstleister vereinbart werden, lässt sich auch nicht aus der Entscheidung C-287/19

---

61 Vgl. in diesem Sinne zur grundsätzlichen Anwendbarkeit der §§ 307 ff. BGB zu den Zahlungsdienstevorschriften im Verhältnis Verbraucher-Zahlungsdienstleister MüKoBGB/*Fornasier*, 9. Auflage, 2022, § 307 Rn. 219.

62 Richtlinie 93/13/EWG des Rates vom 5.4.1993 über missbräuchliche Klauseln in Verbraucherverträgen.

63 Zum Verhältnis zwischen Verbraucher und Zahlungsdienstleister MüKoBGB/*Fornasier*, 9. Auflage, 2022, § 307 Rn. 219.

des EuGH ableiten.[64] Dort hatte der EuGH im Rahmen eines Verbraucherrechtsstreits eine vorformulierte Vertragsänderungsklausel in einem Zahlungsdienstevertrag mit einem Verbraucher nicht nur anhand des Art. 54 PSD, sondern auch anhand der Richtlinie über missbräuchliche Klauseln in Verbraucherverträgen beurteilt.[65] Auch wenn diese Richtlinie für Unternehmen nicht direkt anwendbar ist, so könnte aus der Vorgehensweise des EuGH aber der Schluss zu ziehen sein, dass im Rahmen einer ganzheitlichen Betrachtung neben den zahlungsdiensterechtlichen Vorschriften auch die sich aus der Richtlinie über missbräuchliche Klauseln ergebenden Grundsätze Ausstrahlungswirkung auf den Rechtsverkehr im zahlungsdiensterechtlichen Umfeld mit Nicht-Verbrauchern haben können. Für einen derartigen Rückschluss gibt aber die Begründung der Entscheidung des EuGH keine Hinweise. Zunächst hat sich der EuGH in der in Rede stehenden Entscheidung nur mit einer spezifischen Klausel aus der PSD im rein verbraucherrechtlichen Umfeld befasst. Des Weiteren enthält die Entscheidung des EuGH bereits für den Rechtsverkehr zwischen Zahlungsdienstleister und Verbraucher als Zahlungsdienstnutzer keine grundlegenden Wertungen zur Anwendung weitergehender Kontrollen über die zahlungsdiensterechtlichen Regelungen nach europäischen oder nationalen Regelungen.[66] Erst recht lässt sich damit kein Rückschluss für eine derartige Kontrolle von Vereinbarungen auf Grundlage der Anwendung des § 675e Abs. 4 BGB zwischen Zahlungsdienstleister und Nicht-Verbrauchern ableiten.[67] Dieses Ergebnis entspricht auch der Wertung des BGH zur Reichweite der Vollharmonisierung i. S. d. Art. 107 Abs. 1 PSD II bei der Beurteilung, ob eine ergänzende Kontrolle aufgrund der Regelungen des AGB-Rechts zulässig ist. So wies der BGH darauf hin, dass der Grundsatz der Vollharmonisierung nur so weit reiche, wie die vollharmonisierende Richtlinie Regelungen treffe.[68] Eine derartige ausdrückliche

---

64 EuGH BKR 2021, 234 (234 ff.).

65 EuGH BKR 2021, 234 (234 ff.); vgl. auch MüKoBGB/*Fornasier*, 9. Auflage, 2022, § 307 Rn. 219 zur Anwendbarkeit im verbraucherrechtlichen Umfeld.

66 Ebenso MüKoBGB/*Fornasier*, 9. Auflage, 2022, § 307 Rn. 219; ob tatsächlich, so wie *Fornasier* festhält, aber bei *„den einzelnen Bestimmungen der Zahlungsdienste-RL jeweils gesondert – am besten durch Vorabentscheidungsersuchen an den EuGH – geklärt"* werden muss, wie weit die Regelungswirkung der Richtlinie reicht und wo noch Raum für allgemeine Kontrollmechanismen und insbesondere die AGB-Kontrolle bleibt, erscheint indessen nicht zwingend.

67 Anders aber wohl der BGH (NJW 2021, 2273 (2274)), dessen Ausführungen auf die grundsätzliche Anerkennung der AGB-Kontrolle zahlungsdiensterechtlicher Regelungen auf Grundlage oder unter Zugrundelegung der tragenden Erwägungen durch die Richtlinie über missbräuchliche Klauseln hindeuten.

68 MüKoBGB/*Fornasier*, 9. Auflage, 2022, § 307 Rn. 219; BGH NJW 2019, 3771 (3776); BGH NJW 2012, 2571 (2573); dazu auch *Grüneberg*, BKR 2020, 365 (367 f.).

Regelung hat der europäische Gesetzgeber in Art. 61 Abs. 1 PSD II getroffen, in dem er für die dort aufgeführten Regelungen auf einen Hinweis einer ergänzenden europarechtlichen oder nationalen (Inhalts-)Kontrolle verzichtet hat. Diese Anordnung der Kontrollfreiheit für Vereinbarungen nach Art. 61 Abs. 1 PSD II lässt sich auch Erwägungsgrund 55 PSD II entnehmen. Erwägungsgrund 55 PSD II hebt hervor, dass sonstige verbraucherschützende Regelungen weiterhin Geltung haben sollen.[69] Der Verzicht auf einen Hinweis, dass auch im Rahmen der Vereinbarung abweichender Regelungen zwischen Nicht-Verbrauchern und Zahlungsdienstleistern verbraucherschützende Regelungskonzepte dennoch Berücksichtigung finden sollen, zeigt, dass seitens des europäischen Gesetzgebers im Zusammenhang mit der Umsetzung des Art. 61 Abs. 1 PSD II Regelungsschranken nach nationalen verbraucherschutzorientierten Regelungen für Nicht-Verbraucher gerade nicht vorgesehen sind. Die Annahme der Fortgeltung sonstiger verbraucherschützender Regelungen auch für Nicht-Verbraucher – also hier insbesondere des Schutzkonzepts der §§ 305 ff. BGB – ist unter diesem Gesichtspunkt systematisch nicht begründbar. Für eine Differenzierung zwischen Verbrauchern und Nicht-Verbrauchern in Art. 61 Abs. 1 PSD II, § 675e Abs. 4 BGB hätte dann nämlich kein Bedürfnis bestanden. Dem widerspricht auch nicht der Hinweis in Erwägungsgrund 53 letzter Satz PSD II. Dort wird hervorgehoben, dass in jedem Fall bestimmte zentrale Bestimmungen dieser Richtlinie unabhängig vom Status des Zahlungsdienstnutzers immer gelten sollen. Eine Definition, welche Bestimmungen der europäische Gesetzgeber als zentrale Bestimmungen ansieht, enthält die PSD II nicht. Dies ist für die Frage der Beurteilung, ob es sich bei den in Art. 61 Abs. 1 PSD II aufgeführten Artikel um zentrale Bestimmungen handelt, auch nicht erforderlich. Mit der Eröffnung der Möglichkeit, im Rechtsverkehr mit Nicht-Verbrauchern die Anwendbarkeit auszuschließen, gibt der europäische Gesetzgeber nämlich zu erkennen, dass es sich hier gerade nicht um zentrale Bestimmungen handelt. Aus dieser Wertung lässt sich aber auch ableiten, dass der europäische Gesetzgeber andere, auch nationale, verbraucherschutzorientierte Kontrollmechanismen wie z. B. Regelungen zum AGB-Recht, gerade nicht für eine weitergehende Inhaltskontrolle zulassen wollte.

69 *„(55) Verbraucher sollten gemäß der Richtlinie 2005/29/EG des Europäischen Parlaments und des Rates (17) sowie gemäß der Richtlinien 2000/31/EG (18), 2002/65/EG (19), 2008/48/EG, 2011/83/EU (20) und 2014/92/EU (21) vor unlauteren oder irreführenden Praktiken geschützt werden."*

c) Einbeziehung von Kleinstunternehmen nach Art. 61 Abs. 3 PSD II als Bestätigung der Kontrollfreiheit abweichender Vereinbarungen nach § 675e Abs. 4 BGB

Für die Anordnung einer Sperrwirkung des Art. 61 Abs. 1 PSD II (§ 675e Abs. 4 BGB) gegenüber sonstigen Regelungen nationaler (Inhalts-) Kontrolle nach den Grundsätzen verbraucherschutzorientierter Regelungen spricht auch, dass der europäische Gesetzgeber in Art. 61 Abs. 3 PSD II darauf verweist, dass die besondere Schutzwirkung der Regelungen des für Art. 61 PSD II maßgeblichen Titels auch auf Kleinstunternehmen ausgeweitet werden könne.[70] Mit dieser Erweiterung des Schutzbereichs bestätigt der europäische Gesetzgeber, dass ein Schutz- oder ein Leitbildcharakter der verbraucherschutzorientierten Regelungen der Zahlungsdiensterichtlinien durch die nationalen Umsetzungsgesetze nicht vorgesehen ist.[71] Der europäische Gesetzgeber hat mit der Möglichkeit der Ausweitung der die Verbraucher schützenden Regelungen auf Kleinstunternehmer gezeigt, dass abweichende Vereinbarungen zwischen Zahlungsdienstleister und sonstigen Nicht-Verbrauchern gerade nicht der Kontrolle durch weitere, dem Verbraucherschutz dienenden, Regelungen unterworfen sein sollen. Es wäre systematisch nämlich nicht zu erklären, dass der europäische Gesetzgeber neben der Schaffung der Möglichkeit, auch Kleinstunternehmen von der Möglichkeit der Vereinbarung abweichender Regelungen nach Art. 61 Abs. 1 PSD II auszunehmen, gleichzeitig anerkennen wollte, dass sonstige Nicht-Verbraucher durch nationale Regelungen über das Verbot missbräuchlicher Klauseln geschützt werden.

Art. 61 PSD II gibt damit einen adressatenbezogenen, verbindlichen Regelungsrahmen vor, der auf einer Interessenabwägung des europäischen Gesetzgebers beruht: Der europäische Gesetzgeber hat ersichtlich unter Abwägung der als schutzwürdig erkannten Normadressaten – nämlich der Verbraucher und Kleinstunternehmer – den Ausschluss anderer Gruppen von Zahlungsdienstnutzern aus dem Anwendungsbereich verbraucherschützender Regelungen als sach- und interessengerecht angesehen. Der europäische Gesetzgeber hat damit zum Ausdruck gebracht, dass er nur im Hinblick auf die ausdrücklich als Normadressaten der Schutzvorschriften genannten Verbraucher und Kleinstunternehmer einen besonderen Schutz für erforderlich hält. Weitergehende nationale ver-

70 Art. 61 Abs. 3 PSD II: „*...Member States may provide that provisions in this Title are applied to microenterprises in the same way as to consumers.*“, im Vergleich zu Art. 27 Abs. 3 des Proposal for a regulation on payment services: „*...Member States may provide that provisions in this Title are applied to microenterprises in the same way as to consumers...*“.

71 A.A. Baumbach/Hefermehl/Casper/*Casper*, 24. Auflage, 2020, E. Recht des Zahlungsverkehrs, Rn. 360.

braucherschutzorientierte Regelungen über den sich aus der PSD II ergebenden verbindlichen Rahmen lässt die PSD II damit nicht zu.[72]

d) Zwischenergebnis

Die Rechtsauffassung von Rechtsprechung und Literatur, dass unter § 675e Abs. 4 BGB getroffene abweichende Regelungen einer Inhaltskontrolle nach §§ 307 ff. BGB unterliegen, ist nach Analyse der maßgeblichen Regelungen der PSD II unzutreffend.[73] Die Analyse hat gezeigt, dass der europäische Gesetzgeber nicht über eine Wirkungserstreckung sonstiger nationaler Vorschriften die nach den Zahlungsdiensterichtlinien zulässige Vereinbarung kontrollfreier Regelungen wieder einer ergänzenden nationalen materiellrechtlichen Kontrolle unterwerfen wollte. Eine derartige Vorgehensweise widerspricht dem Vollharmonisierungsgebot des Art. 107 Abs. 1 PSD II.

Letztlich wird dieses Ergebnis auch durch das inhaltliche Festhalten des europäischen Gesetzgebers an den Regelungen des Art. 30 Abs. 1, 51 Abs. 1 PSD in Art. 38 Abs. 1 und Art. 61 Abs. 1 und 2 PSD II bestätigt. Trotz der an diesen Regelungen geübten Kritik[74], hat der europäische Gesetzgeber nämlich in Art. 38 Abs. 1 und Art. 61 Abs. 1 und 2 PSD II keine inhaltliche Änderung der bereits in Art. 30 Abs. 1, 51 Abs. 1 PSD enthaltenen Regelungen vorgenommen.[75] Dies gilt auch für die vorgesehenen Regelungen des Art. 27 des Proposal for a regulation on payment services. Diese Regelungen führen auf Grundlage der abweichenden Struktur des Proposal for a regulation on payment services inhaltlich den Art. 61 der PSD II fort.

---

72 Hierzu in diesem Sinne im verbraucherrechtlichen Umfeld wohl auch MüKoBGB/*Fornasier*, 9. Auflage, 2022, § 307 Rn. 219.

73 Dies gilt auch auf Grundlage des Proposal for a regulation on payment services, vgl. Art. 27 des Proposal for a regulation on payment services: „*... Where the payment service user is not a consumer, the payment service user and the payment service provider may agree that Article 28(1), Article 49(7), and Articles 55, 60, 62, 63, 66, 75 and 76 do not apply in whole or in part. The payment service user and the payment service provider may also agree on time limits that are different from those laid down in Article 54.*“ im Vergleich zu Art. 61 Abs. 1 PSD II: „*Where the payment service user is not a consumer, the payment service user and the payment service provider may agree that Article 62(1), Article 64(3), and Articles 72, 74, 76, 77, 80 and 89 do not apply in whole or in part. The payment service user and the payment service provider may also agree on time limits that are different from those laid down in Article 71...*“.

74 Vgl. z. B. hierzu BeckOK BGB/*Schmalenbach*, 62. Ed. 1.5.2022, BGB § 675e Rn. 6.

75 Vgl. hierzu auch BT-DrS. 16/11643, S. 101; gleiches gilt auf Grundlage des Art. 27 des Proposal for a regulation on payment services.

2. Der nationale gesetzgeberische Wille zur Kontrollfreiheit von Regelungen nach § 675e Abs. 4 BGB

Der aus den europäischen Zahlungsdiensterichtlinien abzuleitenden Wertung trägt auch die Umsetzung der Art. 38 Abs. 1 sowie 61 Abs. 1 PSD II auf nationaler Ebene in Form des § 675e Abs. 4 BGB Rechnung.

a) Kein Leitbildcharakter der in § 675e Abs. 4 BGB in Bezug genommen Vorschriften

Die in § 675e Abs. 4 BGB erwähnten Regelungstatbestände des Zahlungsdiensterechts, von denen mit Nicht-Verbrauchern abweichende Vereinbarungen getroffen werden können, weisen keinen Leitbildcharakter auf.[76]

Die Gesetzesbegründung lässt in diesem Zusammenhang zunächst keinen eindeutigen Rückschluss darauf zu, ob und welchen Vorschriften im Zahlungsdiensterecht der Gesetzgeber ein gesetzliches Leitbild zuweisen wollte. Der Gesetzgeber führte zur Umsetzung der PSD II nämlich aus, dass „die neuen Vorschriften über Zahlungsdienste grundsätzlich auch auf Zahlungsvorgänge mit Bezügen zu Staaten außerhalb des EWR (sogenannte Drittstaaten) für anwendbar erklärt werden“ sollten.[77] Anderenfalls würde das auch für Überweisungen in oder aus Drittstaaten mit dem Überweisungsgesetz geschaffene gesetzliche Leitbild (§§ 676a bis 676g BGB) mit Inkrafttreten des Umsetzungsgesetzes zur Zahlungsdiensterichtlinie wieder ersatzlos entfallen und die Rechtslage insoweit auf den früheren Stand „zurückfallen“.[78] In diesem Falle sei nicht vorhersehbar, „ob die Rechtsprechung für Drittstaaten-Überweisungen zurück zu den geschäftsbesorgungsrechtlichen Grundsätzen vor Inkrafttreten des Überweisungsgesetzes kehren oder sich nicht ohnehin an den neuen Vorschriften des Untertitels 3 als gesetzliches Leitbild orientieren würde“.[79] Demgegenüber schaffe die grundsätzliche Anwendbarkeit der §§ 675c bis 676c BGB-E auf alle Auslandssachverhalte für alle Beteiligten

---

76 Vgl. ablehnend zum Leitbildcharakter zu Entgeltregelungen im Zahlungsdiensterecht auch *Fornasier*, WM 2013, 205 (206); auch *Placzek*, WM 2011, 1066 (1068), Fn. 45; *Canaris*, AcP 200 (2000), 273 (333); *Horn*, WM 1997, Sonder-Beilage 1, S. 13 (13 f.).

77 BT-DrS. 16/11643, S. 98.

78 BT-DrS. 16/11643, S. 98, 99; da für die Umsetzung der PSD II durch den Gesetzgeber keine ausdrücklichen Feststellungen zum Leitbildcharakter der Vorschriften der §§ 675c ff. BGB getroffen wurden, sind zur Beurteilung eines derartigen Leitbildcharakters einzelner Vorschriften bzw. der §§ 675c ff. BGB insgesamt die insoweit durch den Gesetzgeber getroffenen Aussagen zur Umsetzung der PSD heranzuziehen.

79 BT-DrS. 16/11643, S. 98, 99.

ein gesetzliches Leitbild und damit eine vorhersehbare Rechtslage.[80] Insbesondere mit dem Hinweis, dass die grundsätzliche Anwendbarkeit der §§ 675c bis 676c BGB-E auf alle Auslandssachverhalte für alle Beteiligten ein gesetzliches Leitbild schaffe, könnte der Gesetzgeber insgesamt für das Zahlungsdiensterecht zu erkennen gegeben haben, dass die Regelungen des zivilen Zahlungsdiensterechts des BGB einen Leitbildcharakter aufweisen.

Andererseits verwies der Gesetzgeber in diesem Zusammenhang darauf, dass an Zahlungsvorgänge mit Drittstaatenbezug nicht in jeder Hinsicht die gleichen Maßstäbe angelegt werden können, wie an den Inlandszahlungsverkehr oder den diesem über die Zahlungsdiensterichtlinie gleichgestellten EU-Zahlungsverkehr. Es solle daher – wie bis zur Umsetzung der PSD für die Vertragsparteien von Drittstaaten-Überweisungen – nunmehr bei allen Arten von Drittstaaten-Zahlungsvorgängen ein Abweichen von den geltenden Vorschriften ermöglicht werden. Außerdem sollten bestimmte Vorschriften, bei denen die Annahme eines gesetzlichen Leitbildes von vornherein fraglich sei, für nicht anwendbar erklärt werden (vgl. § 675e Abs. 2 S. 1 BGB-E).[81]

Aus diesen Ausführungen des Gesetzgebers lässt sich nicht zweifelsfrei erkennen, ob er – wie eingangs ausgeführt – sämtliche Regelungen des Zahlungsdiensterechts der §§ 675c–676c BGB als gesetzliches Leitbild anerkennen wollte oder aber nur partiell Vorschriften ein gesetzliches Leitbild enthalten sollten.

Richtigerweise wird man einer gesetzlichen Regelung wohl nur dann Leitbildcharakter beimessen können, wenn diese Regelung kraft Entscheidung des Gesetzgebers gegenüber sämtlichen Rechtskreisen absolute und unabdingbare Rechtswirkung entfalten soll. Dies kann durch ausdrückliche Anordnung des Gesetzgebers, aber auch mangels des Ausschlusses beteiligter Rechtskreise aus dem Anwendungsbereich der entsprechenden Vorschriften erfolgen.[82] Regelungen, die nur für einen definierten Rechtskreis/Anwenderkreis Bindungswirkung entfalten sollen, müssen damit zwangsläufig vom Charakter eines gesetzlichen Leitbilds ausgeschlossen sein.[83] Nur dann, wenn dem Grunde nach für sämtliche Anwenderkreise die Geltung der in Rede stehenden Vorschriften angelegt ist, kann dieser Vorschrift eine Allgemeinverbindlichkeit zukommen, so dass auch bei Abweichungen gegenüber jedem dieser Anwenderkreise der Grundgedanke der Regelung

---

80 BT-DrS. 16/11643, S. 99.

81 BT-DrS. 16/11643, S. 99; BR-DrS. 848/08, S. 159 unter Verweis auf § 675e Abs. 2 S. 1 BGB-E.

82 Vgl. in diesem Sinne wohl auch BGH BKR 2017, 453 (456) zu Bearbeitungsgebühren im Darlehensrecht.

83 In diesem Sinne wohl auch *Lammeyer/Singbartl*, BKR 2017, 453 (462) sowie *Servais*, BKR 2017, 453 (462); Leitbildcharakter für alle Verkehrskreise BGH BKR 2017, 453 (456 Rn. 38); vgl. auch Ausführungen zu E., V., 2., c) dieser Arbeit.

einzuhalten ist. Dies entspricht auch der Wertung des BGH in den Verfahren zur Inhaltskontrolle formularmäßiger Regelungen zu den Bearbeitungsgebühren im Darlehensrecht und sicher auch zur Anwendbarkeit der Inhaltskontrolle zu § 675g BGB.[84]

Für die in § 675e Abs. 4 BGB genannten Regelungen hat der Gesetzgeber aber gerade vorgesehen, dass im Verhältnis zwischen Zahlungsdienstleistern und Nicht-Verbrauchern grundlegende Abweichungen zulässig sind. Damit scheidet aufgrund dieser nur für einen definierten Anwenderkreis, nämlich den des Verbrauchers, zwingenden Regelung des § 675e Abs. 1 und Abs. 4 BGB der Leitbildcharakter der in § 675e Abs. 4 BGB genannten Regelungen aus, der den Maßstab für eine Inhaltskontrolle nach §§ 307 ff. BGB bilden könnte.

Gerade aus der Nennung der in § 675e Abs. 4 BGB für Nicht-Verbraucher abdingbaren Regelungen lässt sich nach Auffassung des Verfassers ableiten, dass der nationale Gesetzgeber die dort aufgeführten Vorschriften nicht als Regelungssachverhalte ansah, bei denen es sich auch für den Rechtsverkehr mit Nicht-Verbrauchern um zentrale, das Rechtsverhältnis zwischen Zahlungsdienstleister und Nicht-Verbraucher bestimmende, Regelungen handeln soll. Dies wird zudem durch die auf Grundlage der europäischen Vorgabe unterbliebene Berücksichtigung des im unmittelbaren Zusammenhang mit § 675v BGB stehenden § 675u BGB in der Auflistung der abdingbaren Vorschriften des § 675e Abs. 4 BGB deutlich.[85]

Damit sprechen die besseren Gründe dafür, dass auch der Gesetzgeber im Rahmen seiner Ausführungen nicht von einem generellen Leitbild sämtlicher Zahlungsdienstevorschriften der §§ 675c – 676c BGB ausging, das bei den jeweiligen abweichenden Vereinbarungen der in § 675e Abs. 4 BGB aufgeführten Regelungen zu beachten ist.

b) Systematisch begründeter Ausschluss einer Inhaltskontrolle mangels Leitbildcharakter der Bezugsvorschriften des § 675e Abs. 4 BGB

Auch die Gesetzessystematik des Zahlungsdiensterechts des BGB spricht für den Ausschluss weitergehender Kontrollrechte abbedungener Regelungen nach § 675e Abs. 4 BGB.

Die im Zahlungsdiensterecht für Verbraucher geregelten Ausnahmevorschriften, die eine Abweichung von zwingenden Regelungen des Zahlungsdiensterechts regeln, sind eng und spezifisch bezeichnet. Derartige Ausnahmen finden sich in §§ 675i Abs. 2, 675g Abs. 2 S. 1, 675s Abs. 1 S. 2, 675x Abs. 3 BGB sowie in den speziellen

84 BGH BKR 2017, 453 (456).

85 Vgl. auch Baumbach/Hefermehl/Casper/*Casper*, 24. Auflage, 2020, E. Recht des Zahlungsverkehrs, Rn. 34.

Regelungen des § 675e Abs. 2 BGB. Hieran zeigt sich, dass der Gesetzgeber Fälle, in denen er Ausnahmen zu zwingenden, für sämtliche Rechtskreise maßgebliche Regelungen des Zahlungsdiensterechts zulassen wollte, klar definiert hat. Aus der Öffnung von Regelungstatbeständen für Verbraucher ergibt sich gleichzeitig auch die Öffnung für Nicht-Verbraucher. Vor diesem Hintergrund wird man aber annehmen müssen, dass abweichende Regelungen sich an einem in diesen Normen enthaltenen Leitbild orientieren müssen.[86]

Da eine derartige Öffnung des Regelungskreises für Verbraucher durch abweichende Vereinbarungen für die in § 675e Abs. 4 BGB genannten Norminhalte aber gerade nicht erfolgt ist, kann dies nach Auffassung des Verfassers nur bedeuten, dass die auf Anwendung dieser Vorschrift beruhenden abweichenden Vereinbarungen einer weiteren (Inhalts-)Kontrolle auf Grundlage des AGB-Rechts entzogen sein sollen. Der systematische Unterschied zwischen den auch für Verbraucher dispositiven Vorschriften zu den für Verbraucher in § 675e Abs. 4 BGB zwingenden Regelungen, spiegelt die Spezialität des Zahlungsdiensterechts im Verhältnis zur Kontrolle nach §§ 305 ff. BGB im Rechtsverkehr mit Nicht-Verbrauchern wider.[87]

Dieses Ergebnis wird zudem durch die Wertung des Gesetzgebers zur Leitbildfunktion im Rahmen der Festlegung des Anwendungsbereichs des § 675e BGB bestätigt. § 675e Abs. 2 Nr. 2 BGB regelt, dass in den Fällen des § 675d Abs. 6 S. 1 Nr. 1 und 2 BGB im Übrigen zum Nachteil des Zahlungsdienstnutzers von den Vorschriften dieses Untertitels abgewichen werden kann.

§ 675e Abs. 2 Nr. 1 BGB regelt, dass in den Fällen des § 675d Abs. 6 Nr. 1 und Nr. 2 BGB die §§ 675s Abs. 1, § 675t Abs. 2, 675x Abs. 1, 675y Abs. 1 bis 4 sowie § 675z S. 3 nicht anzuwenden sind. Auch § 675e Abs. 4 BGB formuliert, dass der dort aufgeführte Normenkreis kraft Vereinbarung zwischen Zahlungsdienstleister und Zahlungsdienstnutzer für nicht anwendbar erklärt werden kann. Die Differenzierung in den Formulierungen „abweichen" und „nicht anwenden" ist hierbei nicht lediglich in redaktionellen, sondern in materiell-rechtlichen Unterscheidungen der Einordnung des Leitbildcharakters der jeweiligen Regelungstatbestände begründet. Dies lässt sich aus der Gesetzesbegründung zur Einführung des § 675e Abs. 2 BGB unter der PSD ableiten.[88]

---

86 A.A. MüKoBGB/*Casper*, 8. Auflage, 2020, § 675i Rn. 12; BeckOGK BGB/*Foerster*, 1.7.2022, BGB § 675i Rn. 18; BeckOK BGB/*Schmalenbach*, 63. Ed. 1.8.2022, BGB § 675i Rn. 6.

87 Ähnlich MüKoBGB/*Fornasier*, 9. Auflage, 2022, § 307 Rn. 219.

88 BT-DrS. 16/11643, S. 101: 675e Abs. 2 BGB a.F.: „*...Für Zahlungsdienste i. S. d. § 675d Abs. 1 S. 2 sind § 675q Abs. 1 und 3, § 675s Abs. 1, § 675t Abs. 2, § 675x Abs. 1 und § 675y Abs. 1 sowie § 675z S. 3 nicht anzuwenden; soweit solche Zahlungsdienste in der Währung eines Staates außerhalb des Europäischen Wirtschaftsraums erbracht werden, ist auch § 675t Abs. 1 nicht anzuwenden. Im Übrigen darf*

Die Gesetzesbegründung[89] führte nämlich zu § 675e Abs. 2 BGB a.F. aus, dass § 675e Abs. 2 BGB a.F. Regelungen für Drittstaatensachverhalte und -währungen (Fälle des § 675d Abs. 1 S. 2 BGB-E) enthalte.[90] Dem Grundsatz nach seien die Vorschriften des neuen Untertitels auch hierauf anwendbar, es dürfe jedoch von ihnen abgewichen werden (Satz 2 erster Halbsatz). Hierdurch werde auch für diese Fälle ein gesetzliches Leitbild vorgegeben. Einige Vorschriften würden dagegen von vornherein für nicht anwendbar erklärt.[91] Die Herausnahme der in Satz 1 genannten Vorschriften aus dem generellen Anwendungsbereich der Regelungen erscheine angezeigt, weil in diesen Fällen die Annahme eines gesetzlichen Leitbildes fraglich sei. Soweit diese Vorschriften in Allgemeinen Geschäftsbedingungen für Drittstaatensachverhalte oder -währungen abbedungen und durch andere Bedingungen ersetzt würden, wären sie anderenfalls als Maßstab für eine Inhaltskontrolle der vereinbarten Bedingungen heranzuziehen.[92] Damit ließ der Gesetzgeber erkennen, dass er in Fällen, in denen er die Anwendbarkeit der Bezugsvorschriften verneint, er auch keine AGB-Kontrolle mangels Leitbildcharakter anerkennen wollte.

Bei Vorschriften, die dem Grunde nach für Zahlungsdienste anwendbar sind, kann eine Leitbildfunktion dagegen gegeben sein, wenn von der Vorschrift abgewichen werden kann.

Die Wertung des Gesetzgebers in § 675e Abs. 2 BGB a.F. ist auch mangels anderweitiger Anhaltspunkte für § 675e Abs. 4 BGB maßgeblich. Auch dort sieht der Gesetzgeber den Ausschluss der Anwendbarkeit bestimmter Regelungen kraft Vereinbarung vor. Damit enthalten kraft Wertung des Gesetzgebers die in § 675e Abs. 4 BGB genannten Regelungen, deren Anwendbarkeit Zahlungsdienstleister und Nicht-Verbraucher kraft Vereinbarung ausschließen können, ebenfalls keinen Leitbildcharakter.

Dem steht auch nicht entgegen, dass der Gesetzgeber zur Begründung des § 675e Abs. 4 BGB a.F. darauf verwies, dass der Richtliniengeber bei ausgewählten

für Zahlungsdienste i. S. d. § 675d Abs. 1 S. 2 zum Nachteil des Zahlungsdienstnutzers von den Vorschriften dieses Untertitels abgewichen werden; soweit solche Zahlungsdienste jedoch in Euro oder in der Währung eines Mitgliedstaats der Europäischen Union oder eines anderen Vertragsstaats des Abkommens über den Europäischen Wirtschaftsraum erbracht werden, gilt dies nicht für § 675t Abs. 1 S. 1 und 2 sowie Abs. 3. Die mit der PSD II für § 675e BGB vorgenommenen Änderungen enthalten in diesem Punkt keine materiell-rechtlichen Veränderungen.“

89 Da die Gesetzesbegründung zur Umsetzung der PSD II keine Ausführungen zum Leitbildcharakter der §§ 675c ff. BGB oder einzelner Vorschriften enthält, ist für die diesbezügliche Einordnung der relevanten Vorschriften auf die Gesetzesbegründung zur Umsetzung der PSD zurückzugreifen.

90 BT-DrS. 16/11643, S. 101.

91 BT-DrS. 16/11643, S. 101.

92 BT-DrS. 16/11643, S. 101.

Vorschriften ein Bedürfnis des Marktes dafür gesehen habe, bei Verträgen von Zahlungsdienstleistern, die nicht mit Verbrauchern geschlossen werden, von den Richtlinienvorgaben ganz oder teilweise abweichen zu können.[93] Auch wenn die Gesetzesbegründung im Zusammenhang mit der Einführung des § 675e Abs. 4 BGB a.F. von der Zulässigkeit abweichender Vereinbarungen zwischen Zahlungsdienstleister und Zahlungsdienstnutzer sprach, so ist hierin keine Abkehr von der Wertung des Gesetzgebers zum fehlenden Leitbildcharakter der in § 675e Abs. 4 BGB genannten Regelungen zu sehen. Vielmehr scheint diesen Ausführungen lediglich eine redaktionelle Unsauberkeit zugrunde zu liegen. Die Vorschrift selbst spricht nämlich in Absatz 4 allein von Vereinbarungen, nach denen die Anwendbarkeit ausgeschlossen werden kann. Die Formulierung des Gesetzgebers in der Gesetzesbegründung scheint sich insoweit nur an dem § 675e BGB a.F. zugrunde liegenden Regelprinzip des § 675e BGB zu orientieren, dass von den Vorschriften des betreffenden Untertitels nicht zum Nachteil des Zahlungsdienstnutzers abgewichen werden darf. Daher enthalten sowohl die Überschrift der Norm als auch deren Absatz 1 den Hinweis auf „abweichende Vereinbarungen". Damit widerspricht auch der Hinweis des Gesetzgebers, dass der Richtliniengeber ein Bedürfnis dafür gesehen habe, dass von bestimmten Vorgaben der Richtlinie abgewichen[94] werden könne, nicht der Auslegung, dass immer dann, wenn der Gesetzgeber zivilrechtliche Vorschriften für definierte Rechtskreise für nicht anwendbar erklärt hat, diese Vorschriften keinen Leitbildcharakter haben.

Auch durch den aus der Gesetzesbegründung zur Umsetzung der PSD ableitbaren Ausschluss des Leitbildcharakters der in § 675e Abs. 4 BGB aufgeführten Vorschriften lässt sich damit belegen, dass mangels Leitbildcharakters der in § 675e Abs. 4 BGB aufgeführten Regelungen eine Inhaltskontrolle von abweichenden Vereinbarungen nach § 675e Abs. 4 BGB ausgeschlossen ist.

c) Die Kontrollfähigkeit des § 675l BGB

Einen weiteren Beleg dafür, dass der Gesetzgeber eine Kontrollfähigkeit nach den §§ 305 ff. BGB nur in den Fällen anordnen wollte, wo dies ausdrücklich – auch anhand der Gesetzesbegründung – ausgewiesen ist, lässt sich § 675l BGB entnehmen. Der Gesetzgeber verwies zur Einführung der Vorschrift unter Geltung der PSD darauf, dass die dem Zahlungsdienstnutzer auferlegten vertraglichen Pflichten „gegebenenfalls durch die Gerichte am Maßstab der gesetzlichen Bestimmungen (§§ 305 ff. BGB, 675c ff. BGB-E)" zu überprüfen sind.[95] Hier erwähnte der Gesetzge-

93 BT-DrS. 16/11643, S. 101.

94 Hervorhebung Verfasser.

95 BT-DrS. 16/11643, S. 107.

ber ausdrücklich im Zusammenhang mit vertraglichen Pflichten des Zahlungsdienstnutzers die Möglichkeit der gerichtlichen Kontrolle auf Grundlage der §§ 305 ff. BGB. Eine Differenzierung zwischen dem Zahlungsdienstnutzer als Verbraucher und Nicht-Verbraucher nahm der Gesetzgeber nicht vor. Dies könnte dafür sprechen, dass der Gesetzgeber damit zum Ausdruck bringen wollte, dass sämtliche Vereinbarungen vertraglicher Pflichten zwischen Zahlungsdienstnutzern und Zahlungsdienstleistern einer Kontrolle nach §§ 305 ff. BGB unterworfen sein sollen.

Gegen eine solche Auslegung spricht aber, dass die Gesetzesbegründung sich nur auf die Regelung des § 675l BGB a.F. bezog.[96] Insoweit können sich die Ausführungen zur Kontrollfähigkeit nach §§ 305 ff. BGB auch nur auf die vertraglichen Pflichten des Zahlungsdienstnutzers im Zusammenhang mit personalisierten Sicherheitsmerkmalen bzw. sonstige in diesem Zusammenhang zwischen Zahlungsdienstleister und Zahlungsdienstnutzer vereinbarten Regelungen bezogen haben.[97]

Die Gesetzesbegründung zu § 675l BGB a.F. beweist zudem, dass Regelungen des Zahlungsdiensterechts nur dann einer Inhaltskontrolle nach §§ 305 ff. BGB unterliegen sollen, soweit derartige Regelungen Zahlungsdienstnutzer sowohl als Verbraucher als auch Nicht-Verbraucher betreffen. Bei § 675l BGB handelt es sich nämlich um keine Regelung, hinsichtlich der nach § 675e Abs. 4 BGB der Zahlungsdienstleister und Nicht-Verbraucher eine Vereinbarung über die Nichtanwendbarkeit treffen können. Insoweit bestätigt der Hinweis des Gesetzgebers auf die Kontrollfähigkeit von Vereinbarungen zwischen Zahlungsdienstnutzer und Zahlungsdienstleister nach §§ 305 ff. BGB die Auslegung, dass eine derartige AGB-Kontrolle nur dann möglich ist, wenn die betreffende gesetzliche Vorschrift, die derartige Vereinbarungen zulässt, Rechtswirkung sowohl für Verbraucher als auch Nichtverbraucher, die Zahlungs-

---

96 Mangels anderweitiger Hinweise in der Gesetzesbegründung zur Änderung des § 675l BGB a.F. sind die Ausführungen des Gesetzgebers zur Kontrollfähigkeit von vertraglichen Regelungen auf Grundlage der §§ 305 ff. BGB auch für § 675l BGB maßgeblich.

97 BT-DrS. 16/11643, S. 106, 107: *„Erhält der Zahlungsdienstnutzer vom Zahlungsdienstleister ein Zahlungsauthentifizierungsinstrument, hat er dessen personalisierte Sicherheitsmerkmale vor unbefugtem Gebrauch durch Dritte zu schützen. ...Ein anderer Teil der Pflichten des Zahlungsdienstnutzers wird sich aus der vertraglichen Vereinbarung zwischen ihm und seinem Zahlungsdienstleister ergeben müssen, da nur diese naturgemäß die jeweiligen Besonderheiten des zu verwendenden Zahlungsauthentifizierungsinstruments gebührend berücksichtigen kann. Sowohl eine Verletzung der in § 675l BGB-E genannten als auch der sonstigen vertraglich vereinbarten Pflichten kann eine Haftung des Zahlers im Falle einer missbräuchlichen Nutzung des Zahlungsauthentifizierungsinstruments nach § 675v Abs. 2 BGB-E begründen. ... Die dem Zahlungsdienstnutzer vertraglich auferlegten Pflichten sind im Streitfall gegebenenfalls durch die Gerichte am Maßstab der gesetzlichen Bestimmungen (§§ 305 ff. BGB, 675c ff. BGB-E) zu überprüfen.“*

dienstnutzer sind, entfaltet. Da dies bei Vereinbarungen nach § 675e Abs. 4 BGB nicht der Fall ist, folgt aus der Gesetzesbegründung zu § 675l BGB a.F. auch, dass Vereinbarungen auf Grundlage des § 675e Abs. 4 BGB von einer (Inhalts-)Kontrolle ausgeschlossen sind.

VI. Ergebnis

Art. 61 Abs. 1 PSD II eröffnet über § 675e Abs. 4 BGB im Rechts- und Geschäftsverkehr von Zahlungsdienstleistern und Nicht-Verbrauchern einen der Kontrolle nach § 305 ff. BGB entzogenen Gestaltungsspielraum für Vereinbarungen zwischen Zahlungsdienstnutzern als Nicht-Verbraucher und Zahlungsdienstleistern. Diesen Gestaltungsspielraum nutzen die Zahlungsdienstleister regelmäßig in ihren Geschäftsbedingungen.[98]

Die zwischen Zahlungsdienstleister und Nicht-Verbraucher in Anwendung des § 675e Abs. 4 BGB – auch in formularmäßiger Form – getroffenen Regelungen unterliegen – mit Ausnahme der dem allgemeinen Rechtsverkehr immanenten Schranken – keiner weiteren Kontrolle unter Geltung des AGB-Rechts.[99] Damit können Zahlungsdienstleister und Nicht-Verbraucher auch unterschiedliche Haftungsmaßstäbe in Abweichung von § 675v BGB vereinbaren. Dies schließt auch eine Vereinbarung mit dem Nicht-Verbraucher ein, in der dem Nicht-Verbraucher eine verschuldensunabhängige Haftung auferlegt wird.[100]

Dem steht auch nicht die Auffassung[101] entgegen, dass es mit den Grundzügen des nationalen Haftungsrechts unvereinbar und damit nach § 307 Abs. 2 Nr. 1 BGB unwirksam sei, wenn im Nicht-Verbraucher-Rechtsverkehr eine formularvertraglich vereinbarte Regelung eine unbegrenzte verschuldensunabhängige Haftung ei-

---

98 Ausführlich Bunte/Zahrte/*Zahrte*, 5. Auflage, 2019, 4. Teil Sonderbedingungen der Banken und Sparkassen, VI. Sonderbedingungen für das Online-Banking Rn. 138; vgl. auch BeckOK BGB/*Schmalenbach*, 62. Ed. 1.5.2022, BGB § 675e Rn. 6.

99 Hierzu auch *Einsele*, ZIP 2011, 1741 (1742), die aufgrund der Regelungen der PSD sogar einen möglichen Ausschluss der Regelungen der §§ 242, 138 BGB erwog.

100 A.A. Erman/*Graf von Westphalen*, 15. Auflage, 2017, § 675v Rn. 3; MüKoBGB/*Zetzsche*, 9. Auflage, 2023, § 675v Rn. 11; vgl. auch BGH NJW 2005, 2337 (2342) und BGH WM 2021, 174(178); Ellenberger/Bunte/*Maihold*, 6. Auflage, 2022, § 32 Rn. 149; mit Bezug auf die Veränderung des Haftungsmaßstabs von grober Fahrlässigkeit zu leichter Fahrlässigkeit zustimmend *Linardatos*, BKR 2015, 96 (98); offengelassen v. Westphalen/Thüsing/Pamp/*Feldhusen*, 48. EL, 2022, Kreditkartenvertrag Rn. 310.

101 Vgl. z. B. Ellenberger/Bunte/*Maihold*, 6. Auflage, 2022, § 32 Rn. 149; vgl. auch Staudinger/*Omlor*, 2020, § 675e Rn. 14.

nes Unternehmers begründet.[102] Der Grundsatz einer Haftung nur für schuldhaftes Handeln gilt nach dieser Auffassung im nationalen Recht allgemein als Ausdruck des Gerechtigkeitsgebots für vertragliche ebenso wie für gesetzliche Ansprüche.[103]

Diese Auffassung lässt unberücksichtigt, dass nach § 276 Abs. 1 BGB der Schuldner Vorsatz und Fahrlässigkeit zu vertreten hat, wenn eine strengere oder mildere Haftung weder bestimmt, noch aus dem sonstigen Inhalt des Schuldverhältnisses, insbesondere aus der Übernahme einer Garantie oder eines Beschaffungsrisikos, zu entnehmen ist.[104] Gerade eine derartige Vereinbarung einer strengeren Haftung lässt aber § 675e Abs. 4 BGB im Zusammenhang mit den Zahlungsdienstevorschriften im Verhältnis zwischen Zahlungsdienstleister und Nicht-Verbraucher zu.[105]

Zutreffend ist zwar, dass im Rahmen formularvertraglicher Vereinbarungen im Sinne von § 307 Abs. 2 Nr. 1 BGB ein wesentlicher Grundgedanke von Haftungsregelungen ist, dass eine Verpflichtung zum Schadensersatz regelmäßig nur bei schuldhaftem Verhalten besteht.[106] Eine verschuldensunabhängige Haftung kann danach dem Grunde nach in Allgemeinen Geschäftsbedingungen nur ausnahmsweise wirksam vereinbart werden, insbesondere wenn sie durch höhere Interessen des AGB-Verwenders gerechtfertigt oder durch Gewährung rechtlicher Vorteile ausgeglichen wird.[107] Diese Grundsätze finden aber nur Anwendung, wenn die relevante Regelung auch der Kontrolle nach §§ 307 ff. BGB unterworfen ist. Da dies aber gerade im Rahmen der Anwendung des § 675e Abs. 4, § 675v BGB nicht der Fall ist, kommt eine Unwirksamkeit einer „Garantiehaftung“[108] bzw. eine einer Vertragsstrafe entsprechenden Regelung bei einer diesbezüglichen Vereinbarung zwischen Zahlungsdienstleister und Nicht-Verbraucher auch auf Grundlage formularmäßiger Vereinbarungen nicht in Betracht.[109]

102 Ellenberger/Bunte/*Maihold*, 6. Auflage, 2022, § 32 Rn. 149; vgl. auch Staudinger/*Omlor*, 2020, § 675e Rn. 14.

103 Ellenberger/Bunte/*Maihold*, 6. Auflage, 2022, § 32 Rn. 149; BGHZ 114, 238, 240 f.; BGHZ 135, 116, 12; BGH WM 2021, 174 (178).

104 So z. B. auch OLG Bamberg ZVertriebsR 2021, 309 (313); v. Westphalen/Thüsing/*v. Westphalen*, 45. EL, 2020, Einkaufsbedingungen Rn. 3.

105 Bunte/Zahrte/*Zahrte*, 5. Auflage, 2019, 4. Teil Sonderbedingungen der Banken und Sparkassen, VI. Sonderbedingungen für das Online-Banking Rn. 138.

106 OLG Bamberg ZVertriebsR 2021, 309 (313).

107 BGH NZBau 2016, 213 (215); Ulmer/Brandner/Hensen/*Christensen*, 12. Auflage, 2016, Einkaufsbedingungen Rn. 3; v. Westphalen/Thüsing/*v. Westphalen*, 45. EL, 2020, Einkaufsbedingungen Rn. 3; OLG Bamberg ZVertriebsR 2021, 309 (313).

108 OLG Bamberg ZVertriebsR 2021, 309 (313).

109 OLG Bamberg ZVertriebsR 2021, 309 (313).

VII. Die Kontrollfreiheit abweichender Regelungen nach Art. 27 Abs. 1 des Proposal for a regulation on payment services[110]

Mit der inhaltlichen Fortführung der Regelungen des Art. 61 Abs. 1 PSD II in Art. 27 Abs. 1 des Proposal for a regulation on payment services bestätigt die Europäische Kommission noch einmal die Kontrollfreiheit abweichender Vereinbarungen zwischen Zahlungsdienstleister und Zahlungsdienstnutzer nach nationalen Regelungen zur AGB-Kontrolle, soweit es sich beim Zahlungsdienstnutzer nicht um einen Verbraucher handelt. Die Kontrollfreiheit abweichender Vereinbarungen von Zahlungsdienstleister und Zahlungsdienstnutzer, der kein Verbraucher ist, auf Grundlage des Art. 27 Abs. 1 des Proposal for a regulation on payment services belegt hierbei ergänzend auch der strukturelle und inhaltliche Aufbau des Proposal for a regulation on payment services im Vergleich zu neueren europäischen Verordnungen.

Die im Folgenden zu betrachtenden europäischen Verordnungen zeigen, dass nach dem Willen des europäischen Gesetzgebers die (Inhalts-)Kontrolle von standardisierten Vertragsklauseln im unternehmerischen Geschäftsverkehr nur dann zulässig sein soll, wenn eine derartige Kontrolle durch den europäischen Gesetzgeber ausdrücklich zugelassen wird oder aber die Regelungen zur (Inhalts-)Kontrolle selbst in der entsprechenden Verordnung enthalten sind.[111]

---

110 Art. 27 Abs. 1 des Proposal for a regulation on payment services: „*Where the payment service user is not a consumer, the payment service user and the payment service provider may agree that Article 28(1), Article 49(7), and Articles 55, 60, 62, 63, 66, 75 and 76 do not apply in whole or in part. The payment service user and the payment service provider may also agree on time limits that are different from those laid down in Article 54.*“

111 Vgl. insoweit zu Regelungsmechanismen Europäischer Verordnungen zum Schutz vor missbräuchlichen Klauseln und entsprechender AGB-Kontrolle *Grüneberg*, ZHR 187 (2023), 429 (433 ff.).

1. Verordnung (EU) 2023/2854 des Europäischen Parlaments und des Rates vom 13. Dezember 2023 über harmonisierte Vorschriften für einen fairen Datenzugang und eine faire Datennutzung sowie zur Änderung der Verordnung (EU) 2017/2394 und der Richtlinie (EU) 2020/1828

a) Vorschlag für eine Verordnung des Europäischen Parlaments und des Rates über harmonisierte Vorschriften für einen fairen Datenzugang und eine faire Datennutzung[112]

Mit dem Datengesetz sollen harmonisierte Vorschriften für den fairen Zugang zu und die Nutzung von Daten geschaffen werden. Das Datengesetz soll klarstellen, wer aus Daten und unter welchen Bedingungen Mehrwert schaffen kann.[113] Nutzer von Objekten oder Geräten sind nach Auffassung der Europäischen Kommission vielfach der Auffassung, dass ihnen die Rechte an den von ihnen mit derartigen Objekten und Geräten erzeugten Daten zustehen. Die insoweit bestehenden und entstehenden Rechtsverhältnisse seien jedoch nicht selten für den Nutzer dieser Geräte und Objekte unklar.

Zielrichtung des Datengesetzes ist daher nach Auffassung der Europäischen Kommission, die Rechtsverhältnisse für die Nutzung von Daten festzulegen, die durch die Nutzung dieser Geräte und Objekte, damit also den sogenannten IoT-Geräten, generiert werden.

Erwägungsgrund 26 des Vorschlags zum Datengesetz verwies hierbei darauf, dass zum Schutz eines Verbrauchers bei Verträgen zwischen ihm als Nutzer eines Produkts oder verbundenen Dienstes, das bzw. der Daten erzeugt, und einem Dateninhaber die Vertragsklauseln der Richtlinie 93/13/EWG Anwendung finden würden.[114] Damit soll der Schutz des Verbrauchers vor missbräuchlichen Klauseln auf diesem Weg erfolgen, so dass es keiner gesonderten Regelung in der Verordnung bedurfte. Bei missbräuchlichen Vertragsklauseln, die einem Kleinstunternehmen bzw. einem kleinen oder mittleren Unternehmen i. S. d. Art. 2 des Anhangs der Empfehlung 2003/361/EG 63 einseitig auferlegt werden, sah der Vorschlag zum Datengesetzes selbst vor, dass derartige Klauseln für diese Unternehmen unverbindlich sein sollen. Der insoweit definierte Anwendungsbereich schloss damit Verträge aus dem Schutzbereich des Datengesetzes aus, wenn auf Seiten des Vertragspartners des Verwenders der maßgeblichen Bedingungen ein sogenanntes Großunter-

112 Vorschlag vom 23. 2. 2023.

113 Hier und im Folgenden auszugsweise Wiedergabe der Stellungnahme der Europäischen Kommission zum Ziel des Datengesetzes https://digital-strategy.ec.europa.eu/de/policies/data-act.

114 Richtlinie des Rates 93/13 vom 5. April 1993 über missbräuchliche Klauseln in Verbraucherverträgen.

nehmen tätig sein sollte.[115] Die Europäische Kommission ging also davon aus, dass in solchen Verträgen kein Schutzbedürfnis bestehe.[116]

Es war vorgesehen, dass Kleinstunternehmen sowie kleine und mittlere Unternehmen durch spezielle Vorschriften des Art. 13 des Kapitels IV des Datengesetzes geschützt werden sollten.[117] Art. 13 des Vorschlags zum Datengesetz lag hierbei die Überlegung zugrunde, dass die Vertragsfreiheit von Unternehmen im betroffenen Anwendungsbereich nur in begrenztem Umfang eingeschränkt werde, da sie lediglich für missbräuchliche Vertragsklauseln im Zusammenhang mit dem Datenzugang und der Datennutzung gelte, die einem Kleinstunternehmen, einem kleinen oder mittleren Unternehmen einseitig von einer Vertragspartei auferlegt würden. Dies sei gerechtfertigt, da Kleinstunternehmen sowie kleine oder mittlere Unternehmen sich in der Regel in einer schwächeren Verhandlungsposition befänden und oft keine andere Wahl hätten, als nicht verhandelbare Vertragsbedingungen zu akzeptieren. Die Vertragsfreiheit bleibe weitgehend unberührt, da nur unverhältnismäßige und missbräuchliche Klauseln für ungültig erklärt würden und der geschlossene Vertrag, soweit möglich, für den Anwendungsbereich des Datengesetzes mit Ausnahme der missbräuchlichen Klauseln gültig bleibe.

Die Begründung zur Einführung eines besonderen Schutzes vor missbräuchlichen Klauseln für Kleinstunternehmen sowie kleine und mittlere Unternehmen zeigt, dass der europäische Gesetzgeber es für erforderlich hielt, ein von ihm im Regelungskonzept des Datengesetzes erkanntes Risiko des Vertragsungleichge-

---

115 Die Abgrenzung, wann ein Unternehmen als „Großunternehmen" anzusehen ist, richtet sich nach der Empfehlung der Kommission vom 6. Mai 2003 betreffend die Definition der Kleinstunternehmen sowie der kleinen und mittleren Unternehmen, S. 36 (2003/361/EG 63).

116 *Staudenmayer*, EuZW 2022, 596 (600).

117 Art. 13 des Vorschlags des Datengesetzes: *„Missbräuchliche Vertragsklauseln, die einem Kleinstunternehmen, kleinen oder mittleren Unternehmen einseitig auferlegt werden."*; vgl. auch Erwägungsgrund 51 des Vorschlags zum Datengesetz: *„Wenn sich eine Partei in einer stärkeren Verhandlungsposition befindet, besteht die Gefahr, dass sie diese Position bei Verhandlungen über den Zugang zu Daten zum Nachteil der anderen Vertragspartei ausnutzen und so den Zugang zu Daten wirtschaftlich weniger tragfähig und bisweilen untragbar machen könnte. Solche vertraglichen Ungleichgewichte schaden insbesondere Kleinstunternehmen sowie kleinen und mittleren Unternehmen, die nicht in der Lage sind, die Bedingungen für den Zugang zu Daten auszuhandeln, und die keine andere Wahl haben, als nicht verhandelbare Vertragsbedingungen zu akzeptieren. Daher sollten missbräuchliche Vertragsklauseln in Bezug auf den Datenzugang und die Datennutzung oder die Haftung und Rechtsbehelfe bei Verletzung oder Beendigung datenbezogener Pflichten für Kleinstunternehmen sowie kleine und mittlere Unternehmen nicht bindend sein, wenn sie ihnen einseitig auferlegt wurden."*; vgl. hierzu und im Folgenden Begründung des Vorschlags für eine Verordnung des Europäischen Parlaments und des Rates über harmonisierte Vorschriften für einen fairen Datenzugang und eine faire Datennutzung (Datengesetz) vom 23.2.2022, Ergebnisse der Ex-Post Bewertung, der Konsultation der Interessenträger und der Folgenabschätzung, Ziffer 3., Grundrechte.

wichts zu beseitigen. Das Ergebnis wollte der europäische Gesetzgeber dadurch erreichen, dass er einen spezifisch definierten Schutz bereits durch entsprechende Regelungen in der Verordnung (Datengesetz) vorsah. Im Umkehrschluss bedeutet dies aber, dass für Marktteilnehmer, die in der Verordnung oder aufgrund der Vorschriften über missbräuchliche Regelungen in Verbraucherverträgen nicht einen besonderen Schutz genießen, kein weiterer Schutz durch den europäischen Gesetzgeber vorgesehen ist. Wenn kein Vertragsungleichgewicht besteht – so also nach der Wertung des europäischen Gesetzgebers bei Großunternehmen –, finden daher auch allgemeine Vorschriften der nationalen Inhaltskontrolle nach dem AGB-Recht keine Anwendung. Wenn nämlich bereits die Verordnung es nicht dem nationalen Gesetzgeber überlässt, einen für erforderlich erachteten Schutz vor missbräuchlichen Klauseln für eine definierte Gruppe zu gewährleisten, so lässt es sich nach Auffassung des Verfassers nicht begründen, warum die als nicht schutzbedürftig angesehene Gruppe anderer Unternehmen dann durch nationale Regelungen des AGB-Rechts gleichwohl geschützt werden soll bzw. kann. Eine derartige Kontrollmöglichkeit würde in diesem Fall dem ausdrücklichen Willen des europäischen Gesetzgebers widersprechen.

Eine derartige Wertung trifft auch der Proposal for a regulation on payment services. Ebenso wie inhaltlich bereits durch Erwägungsgrund 53 PSD II festgestellt, hält Erwägungsgrund 39 des Proposal for a regulation on payment services fest, dass Verbraucher und Unternehmen nicht gleichermaßen gefährdet sind. Sie müssen daher nicht im selben Umfang geschützt werden. Erwägungsgrund 39 des Proposal for a regulation on payment services führt sodann weiter aus, dass Verbraucherrechte durch Vorschriften geschützt werden müssen, die nicht vertraglich abbedungen werden können. Unternehmen und Organisationen soll es aber – ebenso wie unter Geltung der PSD II – freistehen, abweichende Vereinbarungen zu schließen. Voraussetzung ist aber, dass es sich nicht um vertragliche Beziehungen zu Verbrauchern handele. Kleinstunternehmen im Sinne der Empfehlung 2003/361/EG der Kommission könnten dagegen wie Verbraucher behandelt werden. Damit liegt Art. 27 Abs. 1 des Proposal for a regulation on payment services ein vergleichbares Schutzkonzept zugrunde, wie dies der Vorschlag zu Art. 13 des Datengesetzes implementieren sollte. Art. 27 Abs. 1 des Proposal for a regulation on payment services oder sonstige Regelungen dieses Vorschlags der Europäischen Kommission enthalten zwar keine Regelung, mit denen Kleinstunternehmen sowie kleine und mittlere Unternehmen ausdrücklich durch Regelungen zu missbräuchlichen Klauseln geschützt werden. Dies ist aber auch nicht erforderlich, da mit Art. 27 Abs. 3 des Proposal for a regulation on payment services diese Unternehmen mit Verbrauchern gleichgestellt werden können. In diesem Fall steht Zahlungsdienstleistern und den entsprechenden Unternehmen keine Möglichkeit zu, abweichende Vereinbarungen nach Art. 27 Abs. 1 des Proposal for a regulation on payment services zu treffen. Einen umfassenderen Schutz vor missbräuchlichen Klauseln auf Grundlage des Art. 27 Abs. 1 des Proposal for a regulation on payment services kann selbst eine dem Vorschlag zu Art. 13 des Datengesetzes vergleichbare Regelung im Proposal for a regulation on payment services nicht gewährleisten.

Damit lässt sich Art. 27 Abs. 1 und Art. 27 Abs. 3 des Proposal for a regulation on payment services eine zum Vorschlag des Art. 13 des Datengesetzes vergleichbare Wertung und Wirkung entnehmen. Die Europäische Kommission hat in der PSD II neben dem Verbraucher als Zahlungsdienstnutzer allein eine besondere Schutzbedürftigkeit von Kleinstunternehmen im Sinne der Empfehlung der Europäischen Kommission 2003/361/EG anerkannt. Unternehmen außerhalb des ausdrücklich genannten Adressatenkreises sind dagegen nicht schutzbedürftig. Eine Vertragsimparität besteht bei sogenannten Großunternehmen gerade nicht. Da der Proposal for a regulation on payment services außerhalb der Möglichkeit, Kleinstunternehmen sowie kleine und mittlere Unternehmen vom Anwendungsbereich des Art. 27 Abs. 1 des Proposal for a regulation on payment services auszunehmen, keine weiteren Regelungen zur Unwirksamkeit missbräuchlicher Regelungen vorsieht, spricht dies dafür, dass außerhalb des persönlichen Anwendungsbereichs des Art. 27 Abs. 1 und Abs. 3 des Proposal for a regulation on payment services keine ergänzende (Inhalts-)Kontrolle nach nationalem AGB-Recht zulässig sein soll. Damit bestätigt diese Wertung auch die bereits unter Geltung von Art. 61 Abs. 1 PSD II vorgenommene Auslegung zur Kontrollfreiheit abweichender Regelungen.

b) Umsetzung des Vorschlags für eine Verordnung des Europäischen Parlaments und des Rates über harmonisierte Vorschriften für einen fairen Datenzugang und eine faire Datennutzung (Datengesetz)

Das Europäische Parlament hat dem noch einmal geänderten Vorschlag zum Datengesetz am 9. November 2023 zugestimmt; die Zustimmung des Rates erfolgte am 27. November 2023. Nach Ausfertigung im Amtsblatt der Europäischen Union ist das Datengesetz am 11. Januar 2024 in Kraft getreten und gilt ab dem 12. September 2025.[118]

Abweichend vom Vorschlag des Datengesetzes sieht die nunmehr in Kraft getretene Version in Art. 13 nicht mehr ausdrücklich einen Schutz von Kleinstunternehmen, kleinen oder mittleren Unternehmen vor. Vielmehr sieht das Datengesetz nunmehr einen Schutz aller Unternehmen, unabhängig von ihrer Größe, vor missbräuchlichen Klauseln vor. Dies ändert indessen nichts an der Feststellung, dass auch nach der nunmehr unmittelbar in den Mitgliedsstaaten geltenden Verordnung die Anwendbarkeit des nationalen AGB-Rechts ausgeschlossen ist. Die Regelungen

118 Art. 50 S. 2 des Datengesetzes.

zu missbräuchlichen Klauseln sind unmittelbar in Art. 13 geregelt. Damit drückt der europäische Gesetzgeber aus, dass er nationale Regelungen über missbräuchliche Klauseln gerade nicht mehr zulassen wollte.

2. Verordnung (EU) 2018/302 des Europäischen Parlaments und des Rates vom 28. Februar 2018 über Maßnahmen gegen ungerechtfertigtes Geoblocking und andere Formen der Diskriminierung aufgrund der Staatsangehörigkeit, des Wohnsitzes oder des Ortes der Niederlassung des Kunden innerhalb des Binnenmarkts und zur Änderung der Verordnungen (EG) Nr. 2006/2004 und (EU) 2017/2394 sowie der Richtlinie 2009/22/EG

Dieses Ergebnis bestätigen auch die Regelungen zu Allgemeinen Geschäftsbedingungen in der Geoblocking-Verordnung. Die Geoblocking-Verordnung soll verhindern, dass Online-Zugänge oder Online-Inhalte aufgrund festgelegter Merkmale gesperrt werden können. Dies könnte nämlich die Möglichkeit eröffnen, bestimmte Kundengruppen von Rechtsgeschäften auszuschließen oder diese ausschließlich mit ausgewählten Mitgliedern relevanter Gruppen oder Nationalitäten zu tätigen. Eine derartige Vorgehensweise steht aber im Widerspruch zu den Grundsätzen des Europäischen Binnenmarktes und ist daher zu unterbinden.[119] Als schutzbedürftiger Adressatenkreis der Geoblocking-Verordnung sind nach Art. 2 Nr. 13 der Geoblocking-Verordnung sowohl Verbraucher als auch Unternehmer in die Verordnung einbezogen.

Der europäische Gesetzgeber hat sowohl zum Schutz von Verbrauchern als auch von Unternehmen Regelungen in die Geoblocking-Verordnung aufgenommen, die beiden Gruppen einen einheitlichen Schutz vor diskriminierenden Regelungen gewähren soll. Dies zeigt sich zum einen daran, dass der europäische Gesetzgeber in Erwägungsgrund 16 der Geoblocking-Verordnung hervorhebt, dass „Verbraucher und Unternehmen, insbesondere Kleinstunternehmen und KMU“, „beim Erwerb von Waren oder Dienstleistungen im Rahmen allgemeiner Geschäftsbedingungen für den Zugang als Endnutzer häufig in einer ähnlichen Lage“ seien. Daher sollten für die Zwecke dieser Verordnung sowohl Verbraucher als auch Unternehmen in ihrer Eigenschaft als Kunden vor Diskriminierung aufgrund der Staatsangehörigkeit, des Wohnsitzes oder des Ortes der Niederlassung geschützt werden. Abweichend von Art. 27 des Proposal for a regulation on payment services aber ebenso wie im Datengesetz erstreckt die Geoblocking-Verordnung den Schutz der Verordnung nicht nur auf ausgewählte Unternehmensgruppen wie die Kleinstunterneh-

119 Vgl. hierzu *Grüneberg*, ZHR 187 (2023), 429 (433).

men und kleinen und mittleren Unternehmen im Sinne der Empfehlung der Europäischen Kommission 2003/361, sondern auf sämtliche Nicht-Verbraucher, ohne Berücksichtigung auf deren (Unternehmens-)Größe.

Der Schutz von Verbrauchern und Unternehmen findet seine Ausprägung in Art. 4 Abs. 1 der Geoblocking-Verordnung. Danach dürfen keine unterschiedlichen allgemeinen Geschäftsbedingungen für den Zugang aus Gründen der Staatsangehörigkeit, des Wohnsitzes oder des Ortes der Niederlassung des Kunden (und damit ohne Differenzierung zwischen Unternehmern und Verbrauchern) angewandt werden. Art. 2 Nr. 14 der Geoblocking-Verordnung sieht eine Ausnahme hierbei nur für die Fälle vor, in denen Anbieter der betreffenden Ware oder Dienstleistung mit dem Kunden im Einzelnen eine abweichende Vereinbarung ausgehandelt haben.[120] Der Begriff des Merkmals „aushandeln“ entspricht hierbei den Maßstäben aus Art. 3 Abs. 1 der Richtlinie 93/13 über missbräuchliche Klauseln. Damit verdeutlicht der europäische Gesetzgeber, dass er es im Zusammenhang mit der Geoblocking-Verordnung als erforderlich ansah, in der Verordnung selbst Regelungen für den Geschäftsverkehr zwischen Unternehmen und Verwendern von Allgemeinen Geschäftsbedingungen aufzunehmen, die den Anwendungsbereich der schützenden Regelungen definieren. Wenn nämlich die Vereinbarungen zwischen Verwendern der Allgemeinen Geschäftsbedingungen und dem Kunden ausgehandelt sind, entfällt nämlich das mit der Geoblocking-Verordnung insoweit festgeschriebene Schutzkonzept.

Durch diesen konzeptionellen Aufbau von unternehmensschützenden Regelungen bzw. die Möglichkeit, abweichende Regelungen hiervon auszuhandeln, verdeutlicht der europäische Gesetzgeber, dass die Regelungen der Geoblocking-Verordnung im Rahmen der Beurteilung von Regelungen im Zusammenhang mit der Verwendung von Allgemeinen Geschäftsbedingungen – jedenfalls für Unternehmen – ein geschlossenes System darstellen sollen. Gleichzeitig werden damit aber auch nationale Regelungen zur AGB-Kontrolle standardisierter Allgemeiner Geschäftsbedingungen aufgrund der Spezialität der Regelungen der Geoblocking-Verordnung ausgeschlossen. In welchem (Konkurrenz-)Verhältnis die Regelungen über missbräuchliche Klauseln in Verbraucherverträgen bzw. die nationalen Regelungen zur AGB-Kontrolle zu entsprechenden Vereinbarungen zwischen Verbrauchern und Verwendern von Allgemeinen Geschäftsbedingungen stehen, muss zwar an dieser Stelle nicht entschieden werden. Gleichwohl bleibt es nach dem der Richtlinie über missbräuchliche Klauseln in Verbraucherverträgen zugrundeliegenden Prinzip der Mindestharmonisierung offen, strengere Regelungen nach na-

120 Vgl. hierzu und zur Anforderung an das „Aushandeln“ einer abweichenden Vereinbarung *Grüneberg*, ZHR 187 (2023), 492 (434).

tionalem AGB-Recht für Verbraucher zu implementieren. Derartige Regelungen wirken sich indessen, da die Richtlinie 93/13 nicht für und gegen Unternehmen wirkt, nicht auf die Rechtsbeziehungen zwischen Verwender Allgemeiner Geschäftsbedingungen sowie Unternehmen im Zusammenhang mit der Geoblocking-Verordnung aus. Hier gelten ausschließlich die Regelungen der Geoblocking-Verordnung.

Auch die Regelungen zur Geoblocking-Verordnung zeigen damit, dass der europäische Gesetzgeber immer stärker in den Fällen, in denen es um die Regelung spezifischer Sachverhalte im Zusammenhang mit standardisierten Vertragsbeziehungen zwischen Verwendern von Allgemeinen Geschäftsbedingungen und Unternehmen durch europäische Verordnungen geht, selbst Regelungen zur Kontrolle missbräuchlicher Klauseln in den entsprechenden Verordnungen trifft. Fehlen derartige spezielle Regelungen, so spricht dies – soweit nicht andere Anhaltspunkte oder weitergehende europäische Regelungen zur Kontrolle missbräuchlicher Klauseln vorhanden sind – dafür, dass weitergehende Kontrollmöglichkeiten nach nationalem AGB-Recht ausgeschlossen sein sollen. Dann nämlich hätte es den entsprechenden spezifischen Vorschriften in den jeweiligen Verordnungen nicht bedurft.

3. Eigene Stellungnahme

Art. 27 des Proposal for a regulation on payment services belegt die bereits aus Art. 61 Abs. 1 PSD II abgeleitete Wertung, dass auf Grundlage des Art. 27 Abs. 1 des Proposal for a regulation on payment services geschlossene Vereinbarungen zwischen Zahlungsdienstleister und Zahlungsdienstnutzer als Nicht-Verbraucher keiner weitergehenden (Inhalts-)Kontrolle nach §§ 305 ff. BGB unterliegen. Der Proposal for a regulation on payment services enthält keine Regelungen, aus denen ableitbar ist, dass eine weitergehende AGB-Kontrolle nach § 305 ff. BGB zulässig sein soll. Erwägungsgrund 39 des Proposal for a regulation on payment services hebt – ebenso wie Erwägungsgrund 53 der PSD II – hervor, dass Verbraucher und Unternehmen nicht gleichermaßen gefährdet sind; damit brauchen sie nicht im selben Umfang geschützt zu werden. Eine Ausnahme für eine nicht von verbraucherschützenden Regelungen dem Grunde nach erfasste – aber dennoch als schützenswert erkannte – Gruppe hat die Europäische Kommission im Einklang mit der Wertung der PSD II ausschließlich für Kleinstunternehmen sowie kleine und mittlere Unternehmen zugelassen. Legt man die aus dem Vorschlag zum Datengesetz deutlich ablesbare Wertung des europäischen Gesetzgebers zum Schutz von Unternehmen gegen missbräuchliche Klauseln zugrunde, so wird deutlich, dass ein derartiger Schutz nur dort greifen soll, wo ein Vertragsungleichgewicht angenommen wird. In welchen Sachverhalten aber hinsichtlich welcher Unternehmensgruppen ein Vertragsungleichgewicht anerkannt wird, legt der europäische Gesetzgeber fest. Ebenso wie im Vorschlag für das Datengesetz hat aber der europäische Gesetzgeber auch beim Proposal for a regulation on payment services ein derartiges Vertragsungleichgewicht für Nicht-Verbraucher ausschließlich bei Kleinstunternehmen und kleinen und mittleren Unternehmen anerkannt. Dies kam im Vorschlag für das Datengesetz dadurch zum Ausdruck, dass es ausdrückliche Schutzregelungen für missbräuchliche Klauseln zu Lasten dieser Zielgruppe enthielt. Damit brachte der europäische Gesetzgeber bereits zum Ausdruck, dass er für nationale Regelungen der AGB-Kontrolle neben den Regelungen der Verordnung keinen Anwendungsbereich sieht.

Eine identische Wertung lässt sich sowohl aus der Geoblocking-Verordnung als auch dem am 11.01.2024 in Kraft getretenen Datengesetz entnehmen. In beiden Verordnungen hat der europäische Gesetzgeber Regelungen getroffen, die Anwendung auf den Geschäftsverkehr zwischen den Verwendern von Allgemeinen Geschäftsbedingungen und Unternehmen finden. Diese Verordnungen bilden ein geschlossenes System für die Beurteilung der insoweit zwischen diesen Vertragspartnern bestehenden vertraglichen Rechtsbeziehungen.[121]

Gleiches gilt für die Regelung des Art. 27 des Proposal for a regulation on payment services. Die Europäische Kommission schlägt – unverändert wie unter der PSD II – vor, dass ausschließlich Kleinstunternehmen sowie kleine und mittlere Unternehmen über Art. 27 Abs. 3 des Proposal for a regulation on payment services in den Schutzbereich des Art. 27 Abs. 1 des Proposal for a regulation on payment services einbezogen werden können. Dieser Schutzbereich entsteht dadurch, dass abweichende Regelungen nach Art. 27 Abs. 1 des Proposal for a regulation on payment services nur für einen speziellen Adressatenkreis zulässig sind. Damit nimmt Art. 27 Abs. 1 und Abs. 3 des Proposal for a regulation on payment services eine negative Abgrenzung des Schutzbereichs für abweichende Regelungen vor. Außerhalb des Adressatenkreises von Art. 27 Abs. 1 und Abs. 3 des Proposal for a regulation on payment services erkennt die Europäische Kommission weder eine Vertragsimparität noch ein Schutzbedürfnis für Vertragspartner des Zahlungsdienstleisters.

Da weitere Kontrollmöglichkeiten im Proposal for a regulation on payment services nicht vorgesehen sind, scheiden damit aber auch weitergehende Kontrollmechanismen nationalen AGB-Rechts für den nicht als schutzwürdig aner-

121 Vgl. auch zur AGB-Bereichsausnahme für Finanzverträge nach § 310 Abs. 1a BGB *Wilhelm*, WM 2024, 1289 (1289 ff.).

kannten Adressatenkreis aus.[122] Die Regelungen des Proposal for a regulation on payment services stellen damit eine sektorale Kontrollbegrenzung gegenüber nationalen Regelungen der (Inhalts-)Kontrolle nach §§ 305 ff. BGB dar.

122 Vgl. hierzu ähnlich BeckOGK BGB/*Zahrte*, 1.12.2023, BGB § 675e Rn. 80.

F. Die Durchsetzung der Haftungsansprüche des Zahlungsdienstleisters gegen Ansprüche des Zahlungsdienstnutzers aus § 675u S. 2 BGB

Stehen sich Ansprüche des Zahlungsdienstnutzers aus § 675u S. 2 BGB und Ansprüche des Zahlungsdienstleisters aus § 675v BGB bzw. § 280 BGB gegenüber, so stellt sich regelmäßig die Frage eines verfahrensökonomischen Ausgleichs der wechselseitigen Ansprüche. Dieser wird durch Rechtsprechung[1] und Literatur[2] dadurch ermöglicht, dass der Zahlungsdienstleister den von ihm geltend gemachten Anspruch unmittelbar dem durch den Zahlungsdienstnutzer geltend gemachten Anspruch aus § 675u S. 2 BGB gegenüberstellen kann.[3] Damit soll eine Vorleistungspflicht des Zahlungsdienstleisters im Hinblick auf den Anspruch des Zahlungsdienstnutzers vermieden werden. Wäre der Zahlungsdienstleister verpflichtet, eine Vorleistung zu erbringen, so müsste er seinen behaupteten Anspruch gegenüber dem Zahlungsdienstnutzer im Nachgang geltend machen. Dies könnte zu einer nochmaligen Auseinandersetzung mit dem streitigen Sachverhalt und damit einem zusätzlichen (prozessualen) Aufwand führen, der die Durchsetzung des durch den Zahlungsdienstleister geltend gemachten Anspruchs nicht nur verzögern, sondern bei einem drohenden Vermögensverfall des Zahlungsdienstnutzers sogar gefährden kann. Insoweit hat der Zahlungsdienstleister in der Regel ein Interesse daran, dass die von ihm geltend gemachten Ansprüche im Zusammenhang mit dem durch den Zahlungsdienstnutzer geltend gemachten Anspruch aus § 675u S. 2 BGB behandelt werden.

Rechtsprechung und Literatur erkennen regelmäßig bei Auseinandersetzungen zwischen Zahlungsdienstleister und Zahlungsdienstnutzer im Zusammenhang mit dem Ausgleich wechselseitiger Ansprüche den unmittelbaren Ausgleich dieser Ansprüche an und lehnen damit eine Vorleistungspflicht des Zahlungsdienstleisters ab.[4] Verfahrensrechtlich greifen Rechtsprechung und Literatur auf anerkannte

---

1 Hierzu nur BGH BKR 2021, 240 (243).

2 Vgl. nur MüKoHGB/*Linardatos*, 4. Auflage, 2019, K, Online-Banking, Rn. 225; BeckOGK BGB/*M. Zimmermann*, 1.9.2022, BGB § 675u Rn. 51; *Fornasier*, AcP 212 (2012), 410 (436 f.); Staudinger/*Omlor*, 2020, § 675z Rn. 28; *Omlor*, jM 2014, 315 (317); *Zahrte*, BKR 2016, 315 (317).

3 Hierzu ausführlich in den folgenden Abschnitten zu den einzelnen Gegenrechten des Zahlungsdienstleisters.

4 Vgl. ausdrücklich BGH BKR 2021, 240 (243); vgl. auch BGH NJW 2012, 2422 (2423).; im Zusammenhang MüKoHGB/*Linardatos*, 5. Auflage, 2024, K, Online-Banking, Rn. 230; BeckOGK BGB/*M. Zimmermann*, 1.9.2022, BGB § 675u Rn. 51.

https://doi.org/10.1515/9783111653709-008

Instrumente des Zivilrechts in Form von Einwendungen und Einreden des Zahlungsdienstleisters zurück.

I. Einordnung der Ansprüche von Zahlungsdienstnutzer und Zahlungsdienstleister als Abwehr- und Angriffsansprüche

1. Qualifikation der Ansprüche des Zahlungsdienstnutzers nach § 675u S. 2 BGB

Der durch den Zahlungsdienstnutzer geltend gemachte Anspruch nach § 675u S. 2 BGB ist als eigenständiges Angriffsmittel gegen den durch den Zahlungsdienstleister geltend gemachten Aufwendungsersatzanspruch einzuordnen. Es handelt sich aber nicht um ein Verteidigungsmittel des Zahlungsdienstnutzers gegen den Aufwendungsersatzanspruch des Zahlungsdienstleisters. Dies ergibt sich daraus, dass der Anspruch des § 675u S. 2 BGB der Abwehr des dem Zahlungsdienstleister nicht zustehenden, aber bereits geltend gemachten Aufwendungsersatzanspruchs dient. Die Einordnung der Ansprüche nach § 675u S. 2 BGB als Verteidigungsmittel gegen einen Aufwendungsersatzanspruch des Zahlungsdienstleisters würde nur dann in Betracht kommen, wenn dem Zahlungsdienstleister rechtlich ein Aufwendungsersatzanspruch zustehen würde, den der Zahlungsdienstnutzer nur durch die Geltendmachung des Anspruchs aus § 675u S. 2 BGB abwehren könnte. Dies ist aber gerade nicht der Fall. Dies folgt daraus, dass der Zahlungsdienstleister bereits nach §§ 675j Abs. 1, 675c, 670 BGB im Falle fehlender Autorisierung eines Zahlungsvorgangs durch den Zahlungsdienstnutzer nicht Inhaber eines Aufwendungsersatzanspruchs gegen den Zahlungsdienstnutzer ist. Liegt nämlich keine Autorisierung vor, so ist die Belastung des Zahlungsdienstnutzers ohne Rechtsgrund erfolgt. Da dem Zahlungsdienstleister kein Aufwendungsersatzanspruch zusteht, muss der Zahlungsdienstnutzer sich auch nicht gegen den durch den Zahlungsdienstleister unberechtigterweise zu Lasten des Zahlungsdienstnutzers durchgesetzten Anspruch verteidigen. § 675u S. 2 BGB dient insoweit allein der Durchsetzung der bestehenden Rechtsposition des Zahlungsdienstnutzers in Fällen nicht autorisierter Zahlungsvorgänge, wenn sich der Zahlungsdienstleister weigert, den vor Geltendmachung und Durchsetzung des Aufwendungsersatzanspruchs maßgeblichen status quo ante wiederherzustellen.

2. Qualifikation der Gegenansprüche des Zahlungsdienstleisters gegen Ansprüche des Zahlungsdienstnutzers aus § 675u S. 2 BGB

Die durch den Zahlungsdienstleister geltend gemachten Gegenansprüche können dagegen – abhängig von deren Zielrichtung – als Verteidigungs-, aber auch als Angriffsmittel eingeordnet werden. Diese Einordnung richtet sich danach, ob der Zahlungsdienstleister den von ihm geltend gemachten Anspruch allein als Abwehr gegen die durch den Zahlungsdienstnutzer geltend gemachten Ansprüche nach § 675u S. 2 BGB berücksichtigt sehen will oder er aber – unabhängig von der formellen und materiellen Berechtigung des Anspruchs des Zahlungsdienstnutzers aus § 675u S. 2 BGB – den ihm etwa zustehenden (Gegen-)Anspruch gegenüber dem Zahlungsdienstnutzer durchsetzen will. Letzteres wird immer dann vorliegen, wenn der Anspruch des Zahlungsdienstleisters auf einem Sachverhalt gründet, in dem der Schaden des Zahlungsdienstleisters in keinem sachlichen oder rechtlichen Zusammenhang mit dem durch den Zahlungsdienstnutzer geltend gemachten Anspruch aus § 675u S. 2 BGB steht.

Die Geltendmachung der Ansprüche des Zahlungsdienstleisters als Angriffsmittel kann in derartigen Fällen zwar anlässlich der Geltendmachung der Ansprüche des Zahlungsdienstnutzers nach § 675u S. 2 BGB erfolgen, jedoch aufgrund autonomer Sachverhaltsentwicklung und Schadensentstehung beim Zahlungsdienstleister durch diesen auch unabhängig und selbständig gegenüber dem Zahlungsdienstnutzer geltend gemacht werden.

Die Geltendmachung der Ansprüche des Zahlungsdienstleisters als Verteidigungsmittel setzt insoweit immer eine durch den Zahlungsdienstnutzer geltend gemachte Hauptforderung des Zahlungsdienstnutzers voraus, da nur in einem derartigen Fall ein Schaden des Zahlungsdienstleisters entstehen kann. Für die Geltendmachung von Ansprüchen des Zahlungsdienstleisters als Angriffsmittel dagegen ist eine Hauptforderung des Zahlungsdienstnutzers nach § 675u S. 2 BGB nicht zwingend erforderlich.

II. Die Gegenrechte des Zahlungsdienstleisters als unmittelbare Abwehransprüche gegen die Ansprüche des Zahlungsdienstnutzers aus § 675u S. 2 BGB

Die rechtliche Bewertung, ob Gegenansprüche des Zahlungsdienstleisters unmittelbar gegenüber dem Anspruch des Zahlungsdienstnutzers aus § 675u S. 2 BGB in Form von Einwendungen oder Einreden zuzulassen oder abzulehnen sind, hat für die Erledigung der Auseinandersetzung zwischen Zahlungsdienstnutzer und Zahlungsdienstleister und damit der Herstellung von Rechtsfrieden Bedeutung. Dies spricht für die gleichzeitige Behandlung und Erledigung der Ansprüche des Zahlungsdienstleisters und Zahlungsdienstnutzers im wechselseitigen Austausch.

Demgegenüber steht aber wohl regelmäßig das Interesse des Zahlungsdienstnutzers an einer schnellen Restitution des status quo ante vor Ausführung des nach seinen Angaben nicht autorisierten Zahlungsauftrags. Insoweit ist er sicher immer daran interessiert, dass die durch den Zahlungsdienstleister geltend gemachten Gegenansprüche unabhängig von den durch ihn geltend gemachten Ansprüchen nach § 675u S. 2 BGB behandelt werden, ohne dass es zu einer gegebenenfalls langwierigen Auseinandersetzung über die Berechtigung der geltend gemachten Gegenansprüche des Zahlungsdienstleisters kommt.

Literatur[5] und Rechtsprechung[6] erkennen die unmittelbare Geltendmachung der Gegenansprüche des Zahlungsdienstleisters als dessen Abwehransprüche gegen Ansprüche des Zahlungsdienstnutzers aus § 675u S. 2 BGB auf Basis unterschiedlicher Anspruchsgrundlagen weit überwiegend an. Eine Untersuchung der maßgeblichen Voraussetzungen und Zulässigkeit der unmittelbaren Geltendmachung und Durchsetzung der (Gegen-)Ansprüche des Zahlungsdienstleisters gegen Ansprüche des Zahlungsdienstnutzers aus § 675u S. 2 BGB steht bislang noch aus.[7] Die Zulässigkeit der Berücksichtigung von Einwendungen und Einreden des Zahlungsdienstleisters gegen Ansprüche des Zahlungsdienstnutzers aus § 675u S. 2 BGB soll daher im Folgenden näher untersucht werden.

1. Die Auffassung der Literatur

a) Anerkennung der unmittelbaren Geltendmachung von Gegenansprüchen des Zahlungsdienstleisters

Die weit überwiegende Auffassung in der Literatur erkennt die Zulässigkeit der unmittelbaren Geltendmachung von Gegenansprüchen des Zahlungsdienstleisters

5 *Spindler/Zahrte*, BKR 2014, 265 (269); *Büchel/Kuznetsova*, CRP 2018, 122 (125, 126); MüKoHGB/*Linardatos*, 4. Auflage, 2019, K. Online-Banking, Rn. 225; BeckOGK BGB/*M. Zimmermann*, 1.9.2022, BGB § 675u Rn. 51; *Fornasier*, AcP 212 (2012), 410 (436 f.); Staudinger/*Omlor*, 2020, § 675z Rn. 28; *Omlor*, jM 2014, 315 (317).

6 Vgl. nur BGH BKR 2021, 240 (243); BGH NJW 2012, 2422 (2423).

7 Vgl. hierzu beschreibend beispielsweise *Fornasier*, AcP 212 (2012), 410 (436 f.); Staudinger/*Omlor*, 2020, § 675z Rn. 28; *Omlor*, jM 2014, 315 (317); *Zahrte*, BKR 2016, 315 (317); BeckOGK BGB/*M. Zimmermann*, 1.9.2022, BGB § 675u Rn. 51; ausführlich Staudinger/*Omlor*, 2020, § 675u Rn. 33 unter Verweis auf Staudinger/*Omlor* (2016) Vor B 102 zu §§ 244–248); ebenso Staudinger/*Omlor* (2021) Vor B 102 zu §§ 244–248.

als Verteidigungsmittel gegen Ansprüche des Zahlungsdienstnutzers nach § 675u S. 2 BGB an.[8] Die wirksame Begründung und Geltendmachung eines Gegenanspruchs des Zahlungsdienstleisters schließe die Durchsetzung des Anspruchs des Zahlungsdienstnutzers aus § 675u S. 2 BGB ganz oder teilweise aus.[9] Es gebe keinen Grundsatz, dass der Anspruch des Zahlungsdienstnutzers vorrangig zu erfüllen sei.[10] Zur Begründung wird im Wesentlichen entweder auf die Möglichkeit der Aufrechnung der Ansprüche des Zahlungsdienstleisters gegen die Ansprüche des Zahlungsdienstnutzers aus § 675u S. 2 BGB oder auf die mögliche Geltendmachung der Einrede des § 242 BGB (dolo agit qui petit quod statim redditurus est) verwiesen.[11]

Die Anerkennung dieser Einwendungen des Zahlungsdienstleisters verletze nicht die europäischen Vorgaben der PSD.[12] Trotz des vollharmonisierenden Charakters der Zahlungsdiensterichtlinie(n) folge daraus nicht, dass das mitgliedstaatliche Recht der Bank keine anderen Einwendungen einräumen dürfe. Dieses Ergebnis werde durch Erwägungsgrund 31 PSD (bzw. Art. 70 PSD II) bestätigt. Zu Erwägungsgrund 31 PSD wird darauf verwiesen, dass dieser Erwägungsgrund für die Anwendbarkeit der Verjährungsregeln auf das einzelstaatliche Recht verweise. Dieser Grundsatz, nämlich dass die Einrede der Verjährung nach nationalem Recht anwendbar sei, sei auch auf andere Einwendungen und Einreden übertragbar.[13] Erwägungsgrund 70 PSD II greife diesen Grundsatz ebenfalls auf und führe im identischen Regelungszusammenhang zu Erwägungsgrund 31 PSD aus, dass der Zahlungsdienstnutzer ihm zustehende Ansprüche innerhalb der nationalen Einschränkungen geltend machen können solle.[14] Ein Ausschluss anderer Gegenrechte würde eine auf keinen Sachgrund gestützte Differenzierung zwischen verschiedenen Einwendungen oder Einreden darstellen.[15]

Zum Teil wird verfahrensrechtlich zur Frage der unmittelbaren Geltendmachung von Einreden und Einwendungen des Zahlungsdienstleisters sowohl auf die

---

8 Vgl. hierzu *Spindler/Zahrte*, BKR 2014, 265 (269); *Büchel/Kuznetsova*, CRP 2018, 122 (125, 126); MüKoHGB/*Linardatos*, 5. Auflage, 2024, K. Online-Banking Rn. 230; BeckOGK BGB/*M. Zimmermann*, 1.9. 2022, BGB § 675u Rn. 51; *Fornasier*, AcP 212 (2012), 410 (436 f.); Staudinger/*Omlor*, 2020, § 675z Rn. 28; *Omlor*, jM 2014, 315 (317); *Zahrte*, BKR 2016, 315 (317); *Piekenbrock*, WM 2015, 797 (802).

9 Vgl. z. B. *Fornasier*, AcP 212 (2012), 410 (436 f.).

10 BeckOK BGB/*Schmalenbach*, 66. Ed. 1.5.2023, BGB § 675u Rn. 14.

11 Z. B. *Fornasier*, AcP 212 (2012), 410 (436); MüKoHGB/*Linardatos*, 5. Auflage, 2024, K, Online-Banking, Rn. 230.

12 BGH BKR 2021, 240 (243); z. B. *Fornasier*, AcP 212 (2012), 410 (436); Argumentation bezogen auf die PSD.

13 *Fornasier*, AcP 212 (2012), 410 (436); BeckOGK BGB/*M. Zimmermann*, 15.6.2022, BGB § 675u Rn. 51.

14 BeckOGK BGB/*M. Zimmermann*, 15.6.2022, BGB § 675u Rn. 51; *Fornasier*, AcP 212 (2012), 410 (436).

15 BeckOGK BGB/*M. Zimmermann*, 1.9.2022, BGB § 675u Rn. 51; *Fornasier*, AcP 212 (2012), 410 (436).

Anwendbarkeit des § 273 BGB[16], als auch auf die Berechtigung des Zahlungsdienstleisters verwiesen, die geltend gemachten Ansprüche unmittelbar in das Kontokorrentkonto des Zahlungsdienstnutzers einzustellen oder auf die Berücksichtigung eines Mitverschuldens i. S. d. § 254 BGB verwiesen[17].

b) Ablehnung der unmittelbaren Geltendmachung von Gegenansprüchen des Zahlungsdienstleisters

Einzelne Vertreter der Literatur lehnen die Geltendmachung und Durchsetzung von Gegenansprüchen des Zahlungsdienstleisters im unmittelbaren Zusammenhang mit der Geltendmachung des Anspruchs des Zahlungsdienstnutzers nach § 675u S. 2 BGB ab.[18] Der Zahlungsdienstleister habe zunächst den Anspruch des Zahlungsdienstnutzers nach § 675u S. 2 BGB zu erfüllen. Erst im Anschluss sei der Zahlungsdienstleister dann berechtigt, seine Gegenansprüche geltend zu machen.[19]

Weitere Stellungnahmen finden sich im Zusammenhang mit der Geltung der PSD. Zum Teil wurde in der Geltendmachung von Gegenansprüchen des Zahlungsdienstleisters ein Widerspruch zum Merkmal der Unverzüglichkeit in § 675u S. 2 BGB gesehen.[20] § 675u BGB sperre stets einen Anspruch des Zahlungsdienstleisters gegen den Zahlungsdienstnutzer, wenn der Zahlungsdienstnutzer den Zahlungsvorgang nicht autorisiert habe.[21] Nach dem Wortlaut des § 675u S. 2 BGB müsse die Bank eine Belastung des Kontos des Zahlungsdienstnutzers unverzüglich wieder rückgängig machen. Die Bank belaste zunächst das Konto des Zahlungsdienstnutzers und transferiere erst im Anschluss daran den Geldbetrag auf das Konto des Gläubigers.[22] Bei einem nicht autorisierten Zahlungsvorgang komme deshalb immer der Anspruch des Zahlungsdienstnutzers auf Erstattung des Zah-

---

16 BeckOGK BGB/*M. Zimmermann*, 1.1.2023, BGB § 675u Rn. 50.

17 Grüneberg/*Grüneberg*, 83. Auflage, 2024, § 254 Rn. 14.

18 BeckOK BGB/*Wendehorst*, 62. Ed. 1.5.2022, BGB § 812 Rn. 210; Langenbucher/Bliesener/Spindler/*Herresthal*, 3. Auflage, 2020, Kap. 3 § 675u Rn. 18; *Dieckmann*, WM 2015, 14 (17); BeckOGK BGB/*M. Zimmermann*, 1.9.2022, BGB § 675u Rn. 51.; hierzu auch MüKoBGB/*Casper*, 6. Auflage, 2012, § 675u Rn. 22, 24.

19 BeckOK BGB/*Wendehorst*, 62. Ed. 1.5.2022, BGB § 812 Rn. 210; Langenbucher/Bliesener/Spindler/*Herresthal*, 3. Auflage, 2020, Kap. 3 § 675u Rn. 18; *Dieckmann*, WM 2015, 14 (17); hierzu auch MüKoBGB/*Casper*, 6. Auflage, 2012, § 675u Rn. 24, § 675u Rn. 22; BeckOGK BGB/*M. Zimmermann*, 1.9.2022, BGB § 675u Rn. 51.

20 *Dieckmann*, WM 2015, 14 (16) im Zusammenhang mit Ansprüchen des Zahlungsdienstleisters aus §§ 812, 818 Abs. 2 BGB.

21 *Dieckmann*, WM 2015, 14 (15); *Winkelhaus*, BKR 2010, 441 (449); vgl. aber auch Langenbucher/Bliesener/Spindler/*Langenbucher*, 3. Auflage, 2020, Kap. 4 BGB § 675u Rn. 19; Grüneberg/*Grüneberg*, 83. Auflage, 2024, § 812 Rn. 107.

22 *Dieckmann*, WM 2015, 14 (15).

lungsbetrags zum Tragen. Wenn nun die Bank gleichzeitig einen Gegenanspruch hätte, könnte sie die unverzügliche Kontoberichtigung bzw. die Rückerstattung i.S.d. § 675u S. 2 BGB verweigern (§§ 389, 273, 242 BGB).[23] Der Anspruch des Zahlungsdienstnutzers aus § 675u S. 2 BGB auf unverzügliche Rückbuchung liefe ins Leere.[24]

Unter Geltung der PSD wurde zudem darauf verwiesen, dass die Umsetzung des Art. 60 Abs. 1 PSD durch § 675u S. 2 BGB a.F. dazu diene, das Risiko eines nicht autorisierten Zahlungsvorgangs dem Zahlungsdienstleister des Zahlungsdienstnutzers zuzuweisen.[25] Die Vorschrift verfolge mit Satz 1 den Zweck, den vermeintlichen Zahlungsdienstnutzer weitgehend aus der Abwicklung der missbräuchlichen Zahlung herauszuhalten. Soweit dies nicht möglich sei, solle ihm ein Erstattungsanspruch allein aufgrund der fehlenden Autorisierung gewährt werden. Dieser dürfe nicht mit anderen Ansprüchen, zum Beispiel nach § 675v BGB (a.F.), verknüpft werden.[26]

Herresthal verweist unter Geltung der PSD II im Zusammenhang mit der Beurteilung der Berechtigung des Anspruchs des Zahlungsdienstnutzers nach § 675u S. 2 BGB bei zwar weisungswidriger, aber mit Zweckerfüllungswirkung erfolgter Ausführung des Auftrags darauf, dass dem Zahlungsdienstleister gegen den Anspruch des Zahlungsdienstnutzers aus § 675u S. 2 BGB ausnahmsweise eine Einrede aus § 242 BGB zustehe.[27] Zudem sei eine Einrede aus § 273 BGB möglich.[28] Richtigerweise habe der Zahlungsdienstleister die Valuta der nicht autorisierten Zahlung (unmittelbar) wieder gutzuschreiben. Dies bedeute, das „Zahlungskonto wieder auf den Stand“[29] zu bringen. Er könne sodann seinen Schadensersatzanspruch, der vielfach im Abfluss der Valuta bestehen werde, separat in das Kontokorrent einstellen.[30]

---

23 *Dieckmann*, WM 2015, 14 (17) unter Hinweis auf *Belling/Belling*, JZ 2010, 708 (711); *Fornasier*, AcP 212 (2012), 410 (436).

24 *Dieckmann*, WM 2015, 14 (17); *Belling/Belling*, JZ 2010, 708 (711); *Bartels*, WM 2010, 1828 (1833); BeckOK BGB/*Wendehorst*, 63. Ed. 1.8.2022, BGB § 812 Rn. 210; BeckOGK BGB/*M. Zimmermann*, 1.9. 2022, BGB § 675u Rn. 51; LG Hannover BKR 2011, 348 (349).

25 MüKoBGB/*Casper*, 6. Auflage, 2012, § 675u Rn. 24, § 675u Rn. 22.

26 MüKoBGB/*Casper*, 6. Auflage, 2012, § 675u Rn. 24, § 675u Rn. 22.

27 Langenbucher/Bliesener/Spindler/*Herresthal*, 3. Auflage, 2020, Kap. 3 § 675u Rn. 18; auch Ellenberger/Bunte/*Maihold*, 6. Auflage, 2022, § 32 Rn. 52.

28 Langenbucher/Bliesener/Spindler/*Herresthal*, 3. Auflage, 2020, Kap. 3 § 675u Rn. 18; vgl. auch MüKoHGB/*Herresthal*, 5. Auflage, 2024, B. Überweisungsverkehr Rn. 314.

29 Langenbucher/Bliesener/Spindler/*Herresthal*, 3. Auflage, 2020, Kap. 3 § 675u Rn. 18; vgl. auch OLG Stuttgart, NJW-RR 2023, 1024 (1025).

30 Langenbucher/Bliesener/Spindler/*Herresthal*, 3. Auflage, 2020, Kap. 3 § 675u Rn. 18; vgl. auch MüKoHGB/*Herresthal*, 5. Auflage, 2024, B. Überweisungsverkehr Rn. 314.

2. Die Auffassung der Rechtsprechung

Die Rechtsprechung bejaht durchgängig die Zulässigkeit der unmittelbaren wechselseitigen Geltendmachung der Ansprüche des Zahlungsdienstleisters und des Zahlungsdienstnutzers.[31] Der BGH hob in einer Entscheidung noch unter Geltung der PSD die Zulässigkeit des unmittelbaren Ausgleichs der wechselseitigen Ansprüche von Zahlungsdienstleister und Zahlungsdienstnutzer hervor.[32] Die Rechtsprechung verwies und verweist sowohl unter Geltung der PSD als auch der PSD II überwiegend auf die Möglichkeit der Aufrechnung[33] der wechselseitigen Ansprüche von Zahlungsdienstleister und Zahlungsdienstnutzer oder auf die Grundsätze von Treu und Glauben[34] nach § 242 BGB.

Der Zahlungsdienstleister sei im Verhältnis zum Zahlungsdienstnutzer bei ihm zustehenden Gegenansprüchen nicht vorleistungspflichtig und habe daher nicht zunächst den Anspruch des Zahlungsdienstnutzers aus § 675u S. 2 BGB zu erfüllen.[35] Das Unionsrecht stehe diesem Ergebnis nicht entgegen. Es sei grundsätzlich zulässig, dass die nationalen Gerichte eine Bestimmung des innerstaatlichen Rechts anwendeten, um zu prüfen, ob ein sich aus einer unionsrechtlichen Bestimmung ergebendes Recht missbräuchlich ausgeübt werde, sofern die Wirksamkeit und einheitliche Anwendung des Unionsrechts nicht beeinträchtigt werde.[36]

Zur Anwendbarkeit des § 242 BGB betonte der BGH, dass die PSD keine entgegenstehenden Vorgaben zu Einwendungen und Einreden des Zahlungsdienstleisters enthalte. Erwägungsgrund 31 PSD verweise zudem auf die Verjährungsregeln des einzelstaatlichen Rechts. Ein Ausschluss anderer Gegenrechte stelle eine auf keinen Sachgrund gestützte Differenzierung zwischen verschiedenen Einwendungen oder Einreden dar.[37] Schließlich habe Art. 61 PSD selbst eine von Art. 60 PSD abweichende Haftung des Zahlungsdienstnutzers für nicht autorisierte Zahlungsvorgänge angeordnet, ohne eine etwaige Vorleistungspflicht des Zahlungsdienstleisters für Ansprüche aus Art. 60 PSD vorzusehen.[38] Damit stehe dem Zahlungsdienstleister

---

31 Vgl. nur beispielhaft BGH BKR 2021, 240 (243); OLG Celle, BKR 2021, 114 (117); AG Köln BeckRS 2014, 5268; OLG München BKR 2012, 476 (477); LG Düsseldorf BeckRS 2015, 05137; OLG Karlsruhe, BeckRS 2022, 15638; LG Berlin NJW-RR 2011, 352 (352); LG Essen WM 2015, 2098 (2100); LG Berlin NJW-RR 2011, 352 (352); BGH NJW 2004, 3623 (3623).

32 BGH BKR 2021, 240 (243); vgl. auch BGH NJW 2012, 2422 (2423).

33 Z. B. BGH NJW 2012, 2422 (2423); OLG Frankfurt BeckRS 2023, 42385.

34 BGH BKR 2021, 240 (243).

35 BGH BKR 2021, 240 (243).

36 BGH BKR 2021, 240 (243) unter Verweis auf EuGH, C-367/96, „Kefalas u. a.", Slg. 1998, 2843 Rn. 21; *Wendehorst*, GPR 2015, 55 (56 ff.).

37 BGH BKR 2021, 240 (243) unter Verweis auf BeckOGK BGB/*Zimmermann*, 1.8.2020, § 675u Rn. 51.

38 BGH BKR 2021, 240 (243).

aufgrund dieses Grundsatzes auch die Befugnis zur (unmittelbaren) Geltendmachung eigener Gegenforderungen gegenüber dem Zahlungsdienstnutzer zu.[39]

3. Zwischenergebnis

Eine ausführliche Auseinandersetzung mit der Frage der verfahrensrechtlichen Zulässigkeit der unmittelbaren Geltendmachung von Gegenrechten des Zahlungsdienstleisters gegen Ansprüche des Zahlungsdienstnutzers nach § 675u S. 2 BGB hat bislang noch nicht stattgefunden. Ansatzweise hat sich der BGH in einer Entscheidung unter Geltung der PSD mit dieser Fragestellung befasst.[40] Hierbei hat er indessen nur die Frage behandelt, ob der Geltendmachung der Einrede des § 242 BGB rechtliche Hindernisse entgegenstehen könnten.[41] Im Folgenden sollen daher die verfahrensrechtlichen Voraussetzungen der Geltendmachung der Gegenansprüche des Zahlungsdienstleisters gegenüber den Ansprüchen des Zahlungsdienstnutzers nach § 675u S. 2 BGB grundlegend untersucht werden.

III. Die Einwendungen und Einreden des Zahlungsdienstleisters im Einzelnen

Literatur und Rechtsprechung greifen im Rahmen der Beurteilung der Zulässigkeit der Durchsetzung von Verteidigungsmitteln des Zahlungsdienstleisters gegen Ansprüche des Zahlungsdienstnutzers aus § 675u S. 2 BGB regelmäßig auf anerkannte Institute des Zivilrechts zurück. Hierbei handelt es sich im Wesentlichen um das Zurückbehaltungsrecht nach § 273 BGB, das Recht des Zahlungsdienstleisters zur Aufrechnung mit Gegenansprüchen aus §§ 387 ff. BGB sowie die Geltendmachung von Gegenrechten des Zahlungsdienstleisters nach § 242 BGB. Vereinzelt erkennen Rechtsprechung und die Literatur auch die Möglichkeit an, dass der Zahlungsdienstleister ihm zustehende Gegenansprüche ohne Geltendmachung von Rechten nach §§ 242, 273, 387 ff. BGB in das Konto in laufender Rechnung des Zahlungsdienstnutzers einstellt oder sie verweisen auf die analoge Anwendung des § 254 BGB.

---

39 BGH BKR 2021, 240 (243); vgl. auch BeckOK BGB/*Schmalenbach*, 69. Ed. 1. 2. 2024, BGB § 675u Rn. 14.

40 BGH BKR 2021, 240 (243).

41 BGH BKR 2021, 240 (243); ob bzw. inwieweit die durch den BGH getroffene rechtliche Bewertung zutreffend ist, soll im folgenden Abschnitt ebenfalls untersucht werden.

1. Zurückbehaltungsrechte nach § 273 BGB

Im Rahmen der Diskussion der Geltendmachung von Ansprüchen des Zahlungsdienstleisters gegen den Anspruch des Zahlungsdienstnutzers aus § 675u S. 2 BGB wird vereinzelt auf ein dem Zahlungsdienstleister gegen diesen Anspruch aus § 675u S. 2 BGB zustehendes Zurückbehaltungsrecht nach § 273 BGB verwiesen.[42] Nähere Ausführungen zu den Voraussetzungen und der Durchsetzung des Zurückbehaltungsrechts nach § 273 BGB finden sich indessen weder in Rechtsprechung noch Literatur.

2. Aufrechnung nach §§ 387 ff. BGB

Die herrschende Auffassung in Literatur[43] und Rechtsprechung[44] sieht in der Aufrechnung nach §§ 387 ff. BGB die wesentliche Möglichkeit des Zahlungsdienstleis-

42 Ohne Begründung Langenbucher/Bliesener/Spindler/*Herresthal*, 3. Auflage, 2020, Kap. 3 § 675u Rn. 18; BeckOGK BGB/*M. Zimmermann*, 1.9.2022, BGB § 675u Rn. 50; *Fornasier*, AcP 212 (2012) 410 (436); *Belling/Belling*, JZ 2010, 708 (710); *Piekenbrock*, WM 2015, 797 (802) unter Hinweis auf Soergel/*Werner*, 13. Auflage, 2012, § 675u Rn. 6: „*in diese Richtung kann man die Ausführungen von Werner, Werner, in: Soergel, BGB, 13. Aufl. 2012, § 675u Rdn. 6 deuten, wonach § 675u Satz 2 BGB den Schadensersatzansprüchen nicht vorgeht.*" Bei näherer Betrachtung der Ausführungen von *Werner* erscheint es indessen fraglich, ob *Werner* tatsächlich mit seinen Ausführungen den Fall beschreibt, in dem der Zahlungsdienstleister aufgrund eigener Ansprüche gegenüber dem Anspruch aus § 675u S. 2 BGB ein Zurückbehaltungsrecht nach § 273 BGB geltend machen können soll. *Werner* führt nämlich aus, dass die Regelung des § 675u S. 2 BGB den bereicherungsrechtlichen Ansprüchen gemäß §§ 812 ff. BGB sowie der Geschäftsführung ohne Auftrag gemäß §§ 677 ff. BGB vorgehe, nicht aber Ersatzansprüchen auf Erstattung von (Folge-)Schäden, sofern der Zahlungsdienstleister im Zusammenhang mit der Kontobelastung seine Pflichten aus dem Zahlungsdienstevertrag verletzt habe (BGH WM 2009, 958).Ersichtlich beschreibt *Werner* hierbei die Rechte des Zahlungsdienstnutzers gegenüber dem Zahlungsdienstleister, nicht aber des Zahlungsdienstleisters gegenüber dem Zahlungsdienstnutzer; *Chen*, Die Haftungsverteilung bei der nichtautorisierten Überweisung und Kreditkartenzahlung aus rechtsvergleichender Sicht , 2020, S. 67.

43 Vgl. nur *Spindler/Zahrte*, BKR 2014, 265 (269); *Büchel/Kuznetsova*, CRP 2018, 122 (125, 126); MüKoHGB/*Linardatos*, 4. Auflage, 2019, K. Online-Banking Rn. 225; BeckOGK BGB/*M. Zimmermann*, 1.9. 2022, BGB § 675u Rn. 51; *Fornasier*, AcP 212 (2012), 410 (436 f.); Staudinger/*Omlor*, 2020, § 675z Rn. 28; *Omlor*, jM 2014, 315 (317); *Zahrte*, BKR 2016, 315 (317); Grundmann, S. 486, Rn. 407; *Piekenbrock*, WM 2015, 797 (802); v. Westphalen/Thüsing/Pamp/*Feldhusen*, 48. EL, 2022, Kreditkartenvertrag Rn. 181; MüKoHGB/*Häuser*, 4. Auflage, 2019, B. Überweisungsverkehr Rn. 177; a.A. aber nunmehr *Omlor*, RdZ 2021, 59 (60).

44 BGH WM 2001, 1605 (1607); BGH WM 2012, 983 (984); AG Bonn, BKR 2014, 304 (305); OLG Celle, BKR 2021, 114 (117); OLG München BKR 2012, 476 (477); LG Düsseldorf BeckRS 2015, 05137; AG Köln BKR 2014, 307 f.; AG Düsseldorf BeckRS 2015, 05032; LG Landshut BeckRS 2011, 20294; AG Krefeld BKR 2012,

ters, die ihm zustehenden Ansprüche gegen den Zahlungsdienstnutzer zur Abwehr der Ansprüche des Zahlungsdienstnutzers nach § 675u S. 2 BGB einzusetzen.[45]

Eine Prüfung, ob sämtliche tatbestandlichen Voraussetzungen für eine Aufrechnung der Ansprüche des Zahlungsdienstleisters gegen die Ansprüche des Zahlungsdienstnutzers aus § 675u S. 2 BGB vorliegen, lässt sich nach den Ausführungen in Entscheidungsgründen der maßgeblichen Urteile bzw. den Stellungnahmen der Vertreter der Literatur regelmäßig nicht feststellen.[46]

3. Grundsatz von Treu und Glauben

Einwände gegen die Inanspruchnahme durch den Zahlungsdienstnutzer kann der Zahlungsdienstleister nach ständiger Rechtsprechung und überwiegender Auffassung der Literatur auch unter Berufung auf die Grundsätze des § 242 BGB erheben.[47] Diese Abwehrmöglichkeit des Zahlungsdienstleisters hat der BGH in seiner

---

480 (483); OLG München MMR 2013, 163 (164); LG Berlin MMR 2012, 229 (229); LG Landshut BeckRS 2011, 20294; LG Saarbrücken BeckRS 2022, 14866; LG Köln BKR 2020, 310 (311); AG Berlin NJW-RR 2010, 407 (410); LG Saarbrücken BeckRS 2022, 36155; unklar LG Mannheim MMR 2008, 765 (765); offen gelassen LG Nürnberg-Fürth WM 2021, 1444 (1446).

45 Z. B. BGH BKR 2021, 240 (243) zur Zulässigkeit der Geltendmachung von Einwendungen und Einreden nach § 242 BGB, auch unter unionsrechtlichen Gesichtspunkten.

46 AG Bonn BKR 2014, 304 (305); OLG Celle BKR 2021, 114 (117); LG Köln BKR 2020, 310 (311); OLG München BKR 2012, 476 (477); BGH NJW 2012, 2422 (2423); LG Düsseldorf BeckRS 2015, 05137; AG Köln BKR 2014, 307 (307 f.); AG Düsseldorf BeckRS 2015, 05032; LG Landshut BeckRS 2011, 20294; AG Krefeld BKR 2012, 480 (482); LG Berlin MMR 2012, 229 (229); offengelassen LG Nürnberg-Fürth WM 2021, 1444 (1446 ff.); OLG Koblenz WM 1984, 206 (208); BGH WM 1985, 511 (511); LG Saarbrücken BeckRS 2022, 14866 Rn. 14; *Spindler/Zahrte*, BKR 2014, 265 (269); *Büchel/Kuznetsova*, CRP 2018, 122 (125, 126); MüKoHGB/*Linardatos*, 4. Auflage, 2019, K. Online-Banking Rn. 225; *Fornasier*, AcP 212 (2012), 410 (436 f.); Staudinger/*Omlor*, 2020, § 675z Rn. 28; *Omlor*, jM 2014, 315 (317); *Zahrte*, BKR 2016, 315 (317); BeckOGK BGB/*Zimmermann*, 15.06.2022, § 675u Rn 51; MüKoHGB/*Häuser*, 4. Auflage, 2019, B. Überweisungsverkehr Rn. 177; MüKoHGB/*Herresthal*, 5. Auflage, 2024, B. Überweisungsverkehr Rn. 383, 384; *Chen*, Die Haftungsverteilung bei der nichtautorisierten Überweisung und Kreditkartenzahlung aus rechtsvergleichender Sicht, 2020, S. 67; *Erfurth*, WM 2006, 2198 (2200 ff.); v. Westphalen/Thüsing/Pamp/*Feldhusen*, 48. EL, 2022, Kreditkartenvertrag Rn. 181; vgl. aber BGH BKR 2021, 240 (243) zur Zulässigkeit der Geltendmachung von Einwendungen und Einreden nach § 242 BGB unter unionsrechtlichen Gesichtspunkten; a.A. aber nunmehr *Omlor*, RdZ 2021, 59 (60).

47 BGH BKR 2021, 240 (243); OLG Karlsruhe, BeckRS 2022, 15638; OLG Celle BKR 2021, 114 (116); Ellenberger/Findeisen/Nobbe/Böger/*Nobbe*, 3. Auflage, 2020, § 675u Rn. 53; *Zahrte*, BKR 2016, 315 (317); *Schulteis*, GWR 2015, 433 (433): Zustimmung zur Entscheidung des OLG Hamm, dass einem Anspruch des Klägers aus § 675u S. 1 BGB der Einwand der unzulässigen Rechtsausübung gemäß § 242 BGB entgegenstehe; *Piekenbrock*, WM 2015, 797 (802); a.A. *Dieckmann*, WM 2015, 14 (17).

Entscheidung vom 17.11.2020 ausdrücklich bestätigt.[48] Begründet wird der Einwand des Zahlungsdienstleisters gegen die Inanspruchnahme des Zahlungsdienstnutzers im Wesentlichen unter Heranziehung der Grundsätze der unzulässigen Rechtsausübung[49] mit dem Einwand dolo agit qui petit quod statim redditurus est.[50] Unionsrechtliche Grundsätze stünden dem nicht entgegen.[51] Insbesondere enthielte die Zahlungsdiensterichtlinie „keine der Anwendung des § 242 BGB entgegenstehenden Vorgaben zu Einwendungen und Einreden des Zahlungsdienstleisters".[52] Zum Teil wird zur Begründung der Geltendmachung der Gegenansprüche auch auf die sogenannte Arglisteinrede nach § 242 BGB verwiesen.[53] Auch die Literatur erkennt auf Grundlage des § 242 BGB an, dass der Zahlungsdienstleister unter spezifischen Voraussetzungen eigene Ansprüche den Ansprüchen des Zahlungsdienstnutzers nach § 675u S. 2 BGB entgegenhalten kann.[54]

Vereinzelt wird aber selbst die Heranziehung der zum Rechtsmissbrauch, der dolo-agit-Einrede oder Arglisteinwand entwickelten Grundsätze des § 242 BGB für nicht erforderlich gehalten. § 675u und § 675v BGB stünden nach der Konzeption der PSD II nach dieser Auffassung „in einem Regel/Ausnahmeverhältnis".[55] Der Grundsatz der Haftung des Zahlungsdienstleisters für nicht autorisierte Zahlungsvorgänge werde in bestimmten Fällen durch die Haftung des Zahlungsdienstnutzers

---

48 BGH BKR 2021, 240 (243).

49 *Zahrte*, BKR 2022, 69 (76); BGH BKR 2021, 240 (240); OLG Celle BKR 2021, 114 (116); z.B. ausdrücklich OLG Hamm BeckRS 2015, 11360 Rn. 2.

50 AG Köln NJW -RR 2015, 888 (889); LG Köln BKR 2016, 350 (351); OLG Celle BKR 2021, 114 (117) mit ausdrücklichem Hinweis auf die Auffassung von *Omlor*, dass die Aufrechnung zulässig ist: *„Auch wenn die unmittelbare Anwendung des § 254 BGB auf den verschuldensunabhängigen Erstattungsanspruch aus § 675u BGB fraglich erscheint, kann ein eigenes (Mit-)Verschulden des Kunden diesem Anspruch entgegengehalten werden, wenn dem Zahlungsdienstleister seinerseits ein Schadensersatzanspruch insb. aus § 675v BGB zusteht, mit dem – wie hier von der Beklagten hilfsweise geltend gemacht – die Aufrechnung erklärt werden kann (so Staudinger/Omlor a.a.O.) bzw. über den Einwand der unzulässigen Rechtsausübung (§ 242 BGB) geltend gemacht werden kann…"*; OLG Hamm BeckRS 2015, 11360; LG Essen WM 2015, 2098 (2099); BGH NJW 1994, 3344 (3345); BGH, NJW 1968, 37 (38) unter Hinweis auf RG Bankarchiv 28, 258. AG Frankfurt am Main, 32 C 3377/15 (72); OLG Frankfurt NJW-RR 2007, 198 (198); LG Stuttgart, WM 2014, 1814 (1818); *Fornasier*, AcP 212 (2012), 410 (436 f.); *Schulteis*, GWR 2015, 433 (433); Ellenberger/Findeisen/Nobbe/Böger/*Nobbe*, 3. Auflage, 2020, § 675u Rn. 53; *Zahrte*, BKR 2016, 315 (317); *Piekenbrock*, WM 2015, 797 (802); vgl. auch *Gierke*, Der Entwurf eines bürgerlichen Gesetzbuches und das deutsche Recht, 1889, S. 167; a.A. *Dieckmann*, WM 2015, 14 (17).

51 BGH ZBB 2021, 139 (139 ff.).

52 BKR 2021, 240 (243).

53 OLG Hamm BeckRS 2015, 11360; LG Essen WM 2015, 2098 (2099).

54 Z.B. Ellenberger/Findeisen/Nobbe/Böger/*Nobbe*, 3. Auflage, 2020, § 675u Rn. 53; *Zahrte*, BKR 2016, 315 (317); *Piekenbrock*, WM 2015, 797 (802); *Fornasier*, AcP 212 (2012), 410 (436 f.).

55 BeckOK BGB/*Schmalenbach*, 62. Ed. 1.5.2022, BGB § 675u Rn. 14 ohne Begründung aber unter Verweis auf *Foerster*, BKR 2021, 240 (247).

für nicht autorisierte Zahlungsvorgänge verdrängt.[56] Die Umsetzung der Zahlungsdiensterichtlinien sei an dieser Stelle wenig glücklich, wenn dort die Haftung des Zahlungsdienstleisters gemäß § 675u BGB und die Haftung des Zahlungsdienstnutzers gemäß § 675v BGB nebeneinanderstünden, ohne das Regel-Ausnahme- bzw. Stufen-Verhältnis der Haftung zum Ausdruck zu bringen.[57] So würde in Art. 61 Abs. 1 PSD (ebenso Art. 74 Abs. 1 PSD II) die Haftung des Zahlungsdienstnutzers damit eingeleitet, dass dieser „abweichend von Art. 60 der Zahlungsdiensterichtlinie“ hafte, soweit aus Art. 61 PSD (und Art. 74 PSD II) etwas anderes folge.[58] Auch wenn die Formulierung der PSD hier ebenfalls wenig glücklich sei, werde von Art. 61 PSD sowie Art. 74 PSD II vorgegeben, dass die Haftung des Zahlungsdienstleisters für einen nicht autorisierten Zahlungsvorgang aus Art. 60 PSD und Art. 73 PSD II entfalle, soweit der Zahlungsdienstnutzer für diesen aus Art. 61 PSD und Art. 74 PSD II hafte. Dieses von den Art. 60f. PSD und Art. 73f. PSD II vollharmonisierend vorgegebene Verhältnis für die Haftung des Zahlungsdienstleisters und des Zahlungsdienstnutzers komme in § 675u und § 675v BGB „allenfalls unzureichend zum Ausdruck“.[59] Die Unwucht werde dadurch verstärkt, dass § 675v BGB die einschränkende Überschrift „Haftung des Zahlers bei missbräuchlicher Nutzung eines Zahlungsinstruments“ trage.[60] Art. 74 PSD II gestalte die „Haftung des Zahlungsdienstnutzers für nicht autorisierte Zahlungsvorgänge“ im Allgemeinen sehr viel weiter.[61]

4. Einstellen des Gegenanspruchs in das Kontokorrentkonto des Zahlungsdienstnutzers

Als weitere Alternative einer Geltendmachung von Gegenrechten des Zahlungsdienstleisters gegenüber dem Anspruch des Zahlungsdienstnutzers aus § 675u S. 2 BGB wird diskutiert, dass der Zahlungsdienstleister aufgrund des eigenen Anspruchs den Anspruch des Kunden nicht auf dessen Konto gutschreibt[62] oder den Schadensersatzanspruch in das Konto in laufender Rechnung des Zahlungsdienst-

56 *Foerster*, BKR 2021, 240 (246, 247).

57 *Foerster*, BKR 2021, 240 (246, 247).

58 Hier fehlt offensichtlich der Bezug zu Art. 73 PSD II sowie der diesbezügliche Verweis auf die französische Sprachfassung des Art. 74 PSD II: *„Par dérogation à l'article 73,...“*.

59 *Foerster*, BKR 2021, 240 (247).

60 *Foerster*, BKR 2021, 240 (247).

61 *Foerster*, BKR 2021, 240 (247).

62 *Piekenbrock*, WM 2015, 797 (802).

nutzers als eigenen Anspruch einstellt.[63] Ob eine Forderung in das Kontokorrent einzustellen ist, richte sich nach der den Geschäftsbeziehungen zugrunde liegenden Vereinbarung der Vertragsparteien, d. h. hier dem Zahlungsdiensterahmenvertrag.[64] Diese auch teilweise durch die Rechtsprechung[65] angewandte Rechtskonstruktion soll damit eine Erklärung der Aufrechnung offenbar obsolet machen.[66] Insoweit greifen Vertreter dieser Auffassung in diesem Zusammenhang wohl auf den Rechtsgedanken des Stornorechts nach Nr. 8 Abs. 1 und Abs. 2 der Allgemeinen Geschäftsbedingungen der Banken zurück. Danach ist der Zahlungsdienstleister berechtigt, unter den dort genannten Voraussetzungen Berichtigungsbuchungen in das Kontokorrentkonto des Zahlungsdienstnutzers/Kunden der Bank einzustellen. Zudem wird auch unter Berufung auf den Grundsatz von Treu und Glauben die Berechtigung anerkannt, dass der Zahlungsdienstleister bei Bestehen eines Gegenanspruchs die Gutschrift des durch den Zahlungsdienstnutzers geltend gemachten Anspruchs verweigern könne.[67]

5. Die Berücksichtigung des Mitverschuldens des Zahlungsdienstnutzers an der Schadensentstehung gemäß § 254 BGB (analog)

Vereinzelt wird vertreten, dass die Anwendung der rechtshindernden Einwendung nach § 254 BGB (analog) zu einer Kürzung des Anspruchs des Zahlungsdienstnutzers aus § 675u S. 2 BGB führe.[68] Dies sei geboten, wenn ein Mitverschulden des

---

63 *Piekenbrock*, WM 2015, 797 (802); BGH BKR 2004, 493 (494); hierzu auch Langenbucher/Bliesener/Spindler/*Herresthal*, 3. Auflage, 2020, Kap. 3 § 675u Rn. 18 unter Verweis auf BGH WM 2004, 2309, wobei nicht abschließend klar wird, ob *Herresthal* die Berechtigung des Zahlungsdienstleisters, den Gegenanspruch des Zahlungsdienstleisters in das Kontokorrent einzustellen, unabhängig von §§ 273, 242 BGB anerkennen will; LG Essen WM 2015, 2098 (2100); LG Berlin NJW-RR 2011, 352 (352); BGH NJW 2004, 3623 (3623); OLG Düsseldorf BKR 2008, 41 (41); KG MMR 2011, 338 (338); BGH WM 2009, 2309 (2310); offengelassen OLG Dresden BeckRS 2014, 5445.

64 Vgl. auch BGH NJW 1982, 2193 (2195); so schon RGZ 136, 178 (179, 180).

65 Vgl. LG Essen WM 2015, 2098 (2100); LG Berlin NJW-RR 2011, 352 (352); BGH NJW 2004, 3623 (3623); OLG Düsseldorf BKR 2008, 41 (41); KG MMR 2011, 338 (338); BGH WM 2009, 2309 (2310); offen gelassen OLG Dresden BeckRS 2014, 5445.

66 LG Berlin NJW-RR 2011, 352 (352); a.A. aber *Dieckmann*, WM 2015, 14 (17).

67 LG Köln BKR 2016, 350 (351); AG Köln NJW-RR 2015, 888 (889); Ellenberger/Findeisen/Nobbe/Böger/*Nobbe*, 3. Auflage, 2020, § 675u Rn. 53; *Zahrte*, BKR 2016, 315 (317); *Piekenbrock*, WM 2015, 797 (802); a.A. *Dieckmann*, WM 2015, 14 (17).

68 OLG Frankfurt/M. BeckRS 2015, 9135, Rn. 48, 49; auch LG Düsseldorf BKR 2019, 154 (155); Grüneberg/*Grüneberg*, 81. Auflage, 2022, § 254 Rn. 14; vgl. auch MüKoHGB/*Häuser*, 4. Auflage, 2019, B. Überweisungsverkehr Rn. 375 f.; MüKoHGB/*Herresthal*, 5. Auflage, 2024, B. Überweisungsverkehr

Zahlungsdienstnutzers an der Schadensentstehung vorliege.[69] § 254 BGB gelte zunächst gegenüber allen Schadensersatzansprüchen, gleichgültig auf welchem Rechtsgrund sie beruhten.[70] Im Übrigen sei § 254 BGB analog anzuwenden, wenn in sonstigen Fällen beiderseitiges Verschulden oder Verursachung gegeneinander abzuwägen seien.[71] Dies gelte z. B. bei fehlgegangenen Überweisungs- oder Auszahlungsaufträgen, wenn den Auftraggeber ein Mitverschulden treffe.[72] § 254 BGB liege der allgemeine Rechtsgedanke zugrunde, dass der Geschädigte für jeden Schaden mitverantwortlich ist, bei dessen Entstehen er in zurechenbarer Weise mitgewirkt habe. Den Geschädigten treffe ein Mitverschulden, wenn er diejenige Sorgfalt außer Acht lasse, die jedem ordentlichen und verständigen Menschen obliege, um sich vor Schaden zu bewahren (sogenanntes Verschulden gegen sich selbst).[73]

Vertreter der Auffassung einer analogen Anwendung des § 254 BGB beschränken damit den Erstattungsanspruch des Zahlungsdienstnutzers aus § 675u S. 2 BGB nicht durch Anwendung eines etwaigen Anspruchs des Zahlungsdienstleisters aus §§ 675v, 273, 242 BGB im Wege der Geltendmachung einer Einwendung oder Einrede, sondern stattdessen durch unmittelbare Kürzung des Anspruchs des Zahlungsdienstnutzers aus § 675u S. 2 BGB im Wege der Berücksichtigung individueller Verschuldensanteile an der Schadensentstehung nach § 254 BGB analog.[74]

Rn. 314; ablehnend zur direkten Anwendung, die analoge Anwendung aber nicht erörternd z. B. BeckOGK BGB/*Köndgen*, 1.4.2023, BGB § 675y Rn. 49.

69 OLG Frankfurt/M. BeckRS 2015, 9135, Rn. 48, 49; vgl. hierzu auch zu § 675y BGB MüKoHGB/*Häuser*, 4. Auflage, 2019, B. Überweisungsverkehr Rn. 375 f.; MüKoHGB/*Herresthal*, 5. Auflage, 2024, B. Überweisungsverkehr Rn. 314; BeckOK BGB/*Schmalenbach*, 63. Ed. 1.8.2022, BGB § 675y Rn. 4; Baumbach/Hefermehl/Casper/*Casper*, 24. Auflage, 2020, E. Recht des Zahlungsverkehrs, Rn. 458; MüKoBGB/*Zetzsche*, 8. Auflage, 2020, § 675y Rn. 17; *Einsele*, WM 2015, 1125 (1126, 1128); BeckOGK BGB/*Köndgen*, 15. 8. 2022, BGB § 675y Rn. 49; *Hadding*, WM 2014, 2065 (2068 f.); BeckOK BGB/*Schmalenbach*, 63. Ed. 1.8.2022, BGB § 675y Rn. 4; *Grundmann*, WM 2009, 1109 (1115); Langenbucher/Bliesener/Spindler/*Herresthal*, 3. Auflage, 2020, Kap. 3 § 675y Rn. 18.

70 OLG Frankfurt/M. BeckRS 2015, 9135, Rn. 49.

71 OLG Frankfurt/M. BeckRS 2015, 9135, Rn. 49.

72 OLG Frankfurt/M. BeckRS 2015, 9135, Rn. 49.

73 OLG Frankfurt BeckRS 2015, 9135, Rn. 49 unter Verweis auf BGH NJW 2001, 149; Palandt/*Grüneberg*, 73. Auflage, 2014, § 254 Rn. 3.

74 OLG Frankfurt/M. BeckRS 2015, 9135, Rn. 48, 49; offen gelassen OLG Celle BKR 2021, 114 (117); Grüneberg/*Grüneberg*, 83. Auflage, 2024, § 254 Rn. 14, wobei nicht abschließend deutlich wird, ob *Grüneberg* die unmittelbare oder analoge Anwendung des § 254 BGB für zulässig hält: *„Schuldhaft i. S. d. § 254 BGB handelt, wer sein Konto und seine Kontoauszüge nicht überwacht (BGH NJW 68, 742, LG Lübeck WM 93, 1131)…"*.

IV. Die Tatbestandsvoraussetzungen der Einwendungen und Einreden des Zahlungsdienstleisters im Einzelnen

1. Grundsatz

Sind bereits Stellungnahmen von Literatur und Rechtsprechung, mit denen die Durchsetzung von Gegenansprüchen des Zahlungsdienstleisters aufgrund der Institute der § 242 BGB, § 273 BGB, §§ 387 ff. BGB oder auch aus der die Geltendmachung eines Stornorechts des Zahlungsdienstleisters aus Nr. 8 AGB–Banken begründet wird, nur vereinzelt zu finden, so fehlt die Auseinandersetzung mit den Voraussetzungen zur Durchsetzung dieser Gegenrechte nahezu vollständig. Vielmehr setzen sowohl Rechtsprechung als auch Literatur nahezu ohne weitere Prüfung einhellig voraus, dass die Tatbestandvoraussetzungen dieser Einwendungen und Einreden erfüllt sind. Die Befassung von Rechtsprechung und Literatur zur Anwendbarkeit der Gegenrechte des Zahlungsdienstleisters ist überwiegend feststellender Natur. Im Folgenden soll daher zunächst aufgezeigt werden, ob und in welchem Umfang auf Grundlage der Tatbestandsvoraussetzungen der durch Rechtsprechung und Literatur angewandten Einwendungen und Einreden die Abwehr der durch den Zahlungsdienstnutzer geltend gemachten Ansprüche des § 675u S. 2 BGB ermöglicht oder ausgeschlossen wird.

a) Zurückbehaltungsrecht nach § 273 BGB

Mit dem Zurückbehaltungsrecht aus § 273 BGB soll der Zahlungsdienstleister den gegen ihn gerichteten Anspruch aus § 675u S. 2 BGB abwehren können, soweit ihm Gegensprüche gegen den Zahlungsdienstnutzer zustehen.[75] Inhaltlich ist der Erstattungsanspruch des Zahlungsdienstnutzers nach § 675u S. 2 BGB entweder auf Rückgewähr eines durch den Zahlungsdienstnutzer geleisteten Barbetrags oder aber auf eine Korrektur des durch den Zahlungsdienstleister im Konto gebuchten Aufwendungsersatzanspruchs gerichtet. Im Ergebnis geht es dem Zahlungsdienstnutzer um Wiederherstellung des ohne den durch den Zahlungsdienstleister geltend gemachten Aufwendungsersatzanspruch ursprünglichen status quo-ante des Zahlungsdienstnutzers.[76] Erhebt der Zahlungsdienstleister Schadensersatzansprüche nach §§ 675v, 280 BGB gegenüber den durch den Zahlungsdienstnutzer geltend

---

75 MüKoBGB/*Zetzsche*, 8. Auflage, 2020, § 675u Rn. 5; Langenbucher/Bliesener/Spindler/*Herresthal*, 3. Auflage, 2020, Kap. 3 § 675u Rn. 18.

76 Hierzu MüKoBGB/*Zetzsche*, 8. Auflage, 2020, § 675u Rn. 5, der insoweit von dem Ziel einer Stornobuchung spricht; ob es sich hierbei aber tatsächlich um das Ziel des Zahlungsdienstnutzers handelt, eine Stornobuchung zu erzielen, erscheint in diesem Zusammenhang eher fraglich.

gemachten Ansprüchen aus § 675u S. 2 BGB, so zielen diese Schadensersatzansprüche des Zahlungsdienstleisters grundsätzlich darauf ab, den trotz fehlender Autorisierung gegenüber dem Zahlungsdienstnutzer geltend gemachten und bereits zu seinen Lasten durchgesetzten Aufwendungsersatzanspruch (wirtschaftlich) zu erhalten.

Das Ziel der Einrede aus § 273 BGB liegt somit aber in der Herbeiführung eines endgültigen Rechtszustands im Verhältnis zum Zahlungsdienstnutzer. Mit der Geltendmachung des Zurückbehaltungsrechts nach § 273 BGB strebt der Zahlungsdienstleister also an, dass der dem Zahlungsdienstnutzer nach § 675u S. 2 BGB dem Grunde nach zustehende Anspruch auf Restitution dauerhaft und endgültig gegenüber dem Zahlungsdienstleister nicht durchgesetzt werden kann.

Das Zurückbehaltungsrecht nach § 273 Abs. 1 BGB ist aber lediglich darauf gerichtet, dem Berechtigten eine aufschiebende Einrede gegen den ihm gegenüber geltend gemachten Anspruch zu verschaffen.[77] Das Zurückbehaltungsrecht nach § 273 BGB dient insoweit also als vorläufiges Sicherungsmittel zur Durchsetzung eines eigenen Gegenanspruchs. Damit hat es nach § 274 Abs. 1 BGB auch ausschließlich das Ziel und die Wirkung, den Schuldner zur Leistung an den Gläubiger Zug um Zug gegen Empfang der ihm gebührenden Gegenleistung zu veranlassen.[78]

Ein Zurückbehaltungsrecht nach § 273 BGB kommt damit aber nach Treu und Glauben gemäß § 242 BGB gerade nicht in Fällen zur Anwendung, wenn mit der Geltendmachung eine abschließende Regelung der Rechtsbeziehungen beabsichtigt ist und damit die Durchsetzung der „für sich genommenen unbestrittenen Hauptforderung auf unabsehbare Zeit verhindert" würde.[79]

Die Zulässigkeit der Anwendung eines Zurückbehaltungsrechts nach § 273 BGB zur Abwendung eines Anspruchs des Zahlungsdienstnutzers nach § 675u S. 2 BGB erfordert daher, dass entgegen dem Grundsatz der nur vorläufigen Sicherung eines Anspruchs nach § 273 BGB im Rahmen der Auseinandersetzung über die Durchsetzung eines Anspruchs aus § 675u S. 2 BGB die Anwendung des § 273 BGB auch auf Herbeiführung einer dauernden Einrede zur Erzielung endgültiger Rechtswirkun-

77 OLG Nürnberg, WM 2014, 2364 (2365); hierzu auch *Barta*, EWiR 2015, 267 (267 f.).

78 OLG Nürnberg, WM 2014, 2364 (2365); a.A. *Maier*, VuR 2015, 407 (409).

79 OLG Nürnberg WM 2014, 2364 (2365); bestätigt durch BGH XI ZR 486/14 (nicht veröffentlicht; zitiert nach *Maier*, VuR 2015, 407 in Fußnote 1; der Beschluss, mit dem das OLG die Berufung des Darlehensnehmers im streitigen Fall gemäß § 522 Abs. 2 BGB zurückgewiesen hat, erwuchs in Rechtskraft, nachdem der BGH die Nichtzulassungsbeschwerde zurückgewiesen hat (mit nicht begründetem und nicht veröffentlichtem Beschluss vom 14.07.2015, BGH XI ZR 486/14)); Grüneberg/*Grüneberg*, 83. Auflage, 2024, § 273 Rn. 17; BGH NJW 2000, 948 (949); Staudinger/*Bittner*, Neubearb. 2004, § 273 Rn. 103; RGZ 152, 71 (74); MüKoBGB/*Krüger*, 9. Auflage, 2022, § 273 Rn. 72; a.A. *Maier*, VuR 2015, 407 (408 ff.).

gen zulässig ist. Für die Anerkennung derartiger Rechtswirkungen des § 273 BGB ist aber weder Anlass noch ein Bedürfnis zu erkennen, da nach dem Bürgerlichen Gesetzbuch zur Herbeiführung endgültigen Rechtsfriedens in vergleichbaren Konstellationen ausdrückliche rechtliche Regelungen durch den Gesetzgeber vorgesehen sind.[80] Insoweit scheidet auch die analoge Anwendung des § 273 BGB mangels einer Regelungslücke aus.

Damit scheidet sowohl die direkte als auch die analoge Anwendung des Zurückbehaltungsrechts nach § 273 BGB zur Durchsetzung der Ansprüche des Zahlungsdienstleisters gegenüber den Ansprüchen des Zahlungsdienstnutzers nach § 675u S. 2 BGB aus.[81]

b) Aufrechnung nach § 387 ff. BGB

Die herrschende Auffassung in Literatur und auch die weit überwiegende Rechtsprechung erkennt ohne tiefergehende[82] Diskussion die Möglichkeit der Aufrechnung von Schadensersatzansprüchen des Zahlungsdienstleisters gegenüber den Ansprüchen des Zahlungsdienstnutzers aus § 675u S. 2 BGB an.[83]

---

80 Z. B. § 387 BGB.

81 Vgl. auch *Belling/Belling*, JZ 2010, 708 (710, 711).

82 Z. B. Staudinger/*Omlor*, 2020, § 675u Rn. 33: *Omlor* verweist ausdrücklich darauf, dass ein Erstattungsanspruch nach § 389 BGB ausgeschlossen sein könne, sofern ein Schadensersatzanspruch des Zahlungsdienstleisters aus § 675v BGB entgegenstehe. Da es nicht an der erforderlichen Gleichartigkeit fehle, könne der Zahlungsdienstleister aufrechnen. Die Gleichartigkeit der Geldforderung folge daraus, dass es sich bei § 675u S. 2–5 BGB um eine besondere Ausprägung des Herausgabeanspruchs aus § 667 handele (Verweis auf Staudinger/*Omlor* (2016) Vor B 102 zu § 244–248); a.A. aber neuerdings *Omlor*, RdZ 2021, 59 (60) in Kurzanmerkung zu BGH XI ZR 294/19 unter Hinweis auf fehlende Gleichartigkeit, aber ohne nähere Begründung.

83 LG Lübeck BeckRS 2024, 9; LG Heilbronn, BKR 2023, 766 (767); OLG Frankfurt BeckRS 2023, 42385; BGH NJW 2012, 2422 (2423); OLG München BKR 2012, 475 (476); OLG Koblenz FamRZ 2013, 69 (70); BGH WM 2001, 1605 (1607); AG Bonn, BKR 2014, 304 (305); BGH BKR 2021, 240 (243); OLG Celle BKR 2021, 114 (117) unter Verweis auf Staudinger/*Omlor*, 2020, § 675u Rn. 33; LG Köln BeckRS 2019, 23960; *Fornasier*, AcP 212 (2012), 410 (436); OLG München BKR 2012, 476 (477); AG München WM 2018, 2021 (2022); LG Düsseldorf BeckRS 2015, 05137; AG Düsseldorf BeckRS 2015, 05032; LG Landshut BeckRS 2011, 20294; OLG München MMR 2013, 163 (164); LG Berlin MMR 2012, 229 (229); LG Nürnberg-Fürth WM 2021, 1444 (1444 ff.); OLG Koblenz WM 1984, 206 (208); LG Saarbrücken BeckRS 2022, 14866 Rn. 14; AG Köln BeckRS 2014, 5268; LG Köln BKR 2020, 310 (311); AG Berlin NJW-RR 2010, 407 (410); LG Berlin NJW-RR 2012, 570 (570); *Spindler/Zahrte*, BKR 2014, 265 (269); *Büchel/Kuznetsova*, CRP 2018, 122 (125, 126); MüKoHGB/*Linardatos*, 5. Auflage, 2024, K. Online-Banking Rn. 230; MüKoHGB/*Häuser*, 4. Auflage, 2019, B. Überweisungsverkehr Rn. 177; MüKoHGB/*Herresthal*, 5. Auflage, 2024, B. Überweisungsverkehr Rn. 383, 384; *Fornasier*, AcP 212 (2012), 410 (436); a.A. neuerdings *Omlor*, RdZ 2021, 59 (60) unter Hinweis auf fehlende Gleichartigkeit, aber ohne nähere Begründung; a.A. nunmehr auch OLG Dresden, BeckRS 2022, 47273 unter Verweis auf fehlende Gleichartigkeit, aber ebenso wie Omlor, RdZ

Analysiert man jedoch die sich gegenüberstehenden Ansprüche des Zahlungsdienstnutzers aus § 675u S. 2 BGB und den zur Aufrechnung gestellten Anspruch des Zahlungsdienstleisters auf Schadensersatz gegenüber dem Zahlungsdienstnutzer, so erschließt sich nicht ohne Weiteres, dass alle Voraussetzungen der Anwendbarkeit des § 387 BGB erfüllt sind.

Grundvoraussetzung einer Aufrechnung nach § 387 BGB ist, dass sich zwei Personen einander Leistungen schulden, die ihrem Gegenstand nach gleichartig sind. Der Anspruch des Zahlungsdienstnutzers nach § 675u S. 2 BGB ist dem Grunde nach auf Wiederherstellung des Zustands gerichtet, der vor der Durchsetzung des durch den Zahlungsdienstleister geltend gemachten Anspruchs auf Ersatz der von ihm getätigten Aufwendungen bestand. Literatur und Rechtsprechung gehen jeweils – soweit ersichtlich – ohne weitere Diskussion davon aus, dass die Ansprüche des Zahlungsdienstnutzers aus § 675u S. 2 BGB und des Zahlungsdienstleisters auf Schadensersatz nach §§ 675v, 280 BGB gleichartig, nämlich jeweils auf Zahlung eines Geldbetrags, gerichtet sind. Ob eine solche Gleichartigkeit der Ansprüche von Zahlungsdienstleister und Zahlungsdienstnutzer hier in beiden Alternativen des § 675u S. 2 BGB gegeben ist, soll im Folgenden untersucht werden.

aa) Aufrechnung von Schadensersatzansprüchen des Zahlungsdienstleisters gegenüber dem Erstattungsanspruch des Zahlungsdienstnutzers nach § 675u S. 2 Hs. 1 BGB (Barabwicklung)

Art. 60 Abs. 1 PSD und Art. 73 Abs. 1 PSD II ordnen an, dass das Erlangte unverzüglich zurück zu gewähren ist.[84] § 675u S. 2 Hs. 1 BGB setzt hierbei Art. 73 Abs. 1 S. 1 PSD II um. Danach hat der Zahlungsdienstleister dem Zahlungsdienstnutzer den Zahlungsbetrag des nicht autorisierten Zahlungsvorgangs unverzüglich zu erstatten. Der Begriff der Erstattung ist zwar nicht definiert, erschließt sich jedoch aus den unterschiedlichen Alternativen in § 675u S. 2 1. und 2. Hs. BGB.

Hat der Zahlungsdienstnutzer dem Zahlungsdienstleister den durch ihn geltend gemachten Aufwendungsersatzanspruch in bar ausgeglichen, so findet die Rückabwicklung des Vorgangs in Form der Erstattung ebenfalls in bar statt. Sowohl der Anspruch des Zahlungsdienstnutzers auf Erstattung des Barbetrags, als auch der Anspruch des Zahlungsdienstleisters auf Schadensersatz ist jeweils auf einen Geldbetrag und damit auf eine identische Leistung gerichtet. Damit liegt Gleichartigkeit der zur Aufrechnung gestellten Ansprüche vor. Einer Aufrechnung stehen insoweit keine rechtlichen oder tatsächlichen Gründe unter dem Gesichtspunkt der

2021, 59 (60) ohne Begründung oder Auseinandersetzung mit BGH NJW 2012, 2422 (2423) oder der überwiegend abweichenden Rechtsprechung.

84 *Grundmann*, S. 586, Rn. 408.

Gleichartigkeit der Ansprüche entgegen. Eine Aufrechnung nach § 387 ff. BGB ist demnach hinsichtlich diesbezüglich bestehender gegenseitiger Ansprüche aufgrund deren Gleichartigkeit möglich und zulässig.

bb) Aufrechnung von Schadensersatzansprüchen des Zahlungsdienstleisters gegenüber dem Erstattungsanspruch des Zahlungsdienstnutzers nach § 675u S. 2 Hs. 2 BGB

Bei näherer Analyse erscheint eine derartige rechtliche Bewertung bei Geltendmachung des Anspruchs des Zahlungsdienstnutzers nach § 675u S. 2 Hs. 2 BGB nicht zweifelsfrei.[85] Nach § 675u S. 2 Hs. 2 BGB hat der Zahlungsdienstleister, sofern er seinen Aufwendungsersatzanspruch dem Zahlungskonto des Zahlungsdienstnutzers belastet hat, das betreffende Zahlungskonto wieder auf den Stand zu bringen, auf dem es sich ohne die Belastung durch den nicht autorisierten Zahlungsvorgang befunden hätte.

Der potenzielle Gegenanspruch des Zahlungsdienstleisters aus §§ 675v, 280 BGB ist als Schadensersatzanspruch auf die Zahlung eines Geldbetrags durch den Zahlungsdienstnutzer gerichtet. Art. 73 Abs. 1 PSD II und § 675u S. 2 Hs. 2 BGB sehen dagegen als Anspruch des Zahlungsdienstnutzers die Berichtigung seines Zahlungskontos vor, das mit dem Aufwendungsersatzanspruch des Zahlungsdienstleisters belastet bzw. auf dem eine diesbezügliche Buchung durchgeführt wurde. Es lässt sich daher nicht ohne Weiteres feststellen, dass die Ansprüche des Zahlungsdienstnutzers auf Kontoberichtigung und des Zahlungsdienstleisters auf Schadensersatz in Form eines Geldbetrags gleichartig sind.

(1) Die Entscheidung des Obersten Gerichtshofs Österreichs OGH 10Ob102/15w[86]

(a) Die Geltendmachung der Aufrechnung

Der Oberste Gerichtshof Österreichs hatte im Jahr 2016 unter dem maßgeblichen Zahlungsdienstegesetz Österreichs zu entscheiden, ob der Anspruch des Zah-

---

85 So neuerdings *Omlor*, RdZ 2021, 59 (60) unter Hinweis auf fehlende Gleichartigkeit entgegen Staudinger/*Omlor*, 2020, § 675u Rn. 33; ohne nähere Begründung so jetzt auch OLG Dresden BeckRS 2022, 47273 Rn. 64.

86 http://www.ris.bka.gv.at/Dokument.wxe?Abfrage=Justiz&DokumentNr.=JJT_20160315_OGH0002_0100OB00102_15W0000_000; *weitere angegebene Fundstellen Zak 2016/258 S 136 – Zak 2016,136 = jusIT 2016/51 S 109 (Janisch) - jusIT 2016,109 (Janisch) = ÖBA 2016,532/2229 – ÖBA 2016/2229 = Jus-Extra OGH-Z 6020 = AnwBl 2016,381 = EvBl 2016/111 S 779 (Kellner) – EvBl 2016,779 (Kellner) = ZIIR-Slg 2016/50 = ZIIR 2016,317 (Thiele) = ZFR 2016/257 S 555 – ZFR 2016,555 = RdW 2016/451 S 604 – RdW*

lungsdienstnutzers auf Berichtigung seines Kontos zu einem diesem Anspruch gegenüberstehenden Zahlungsanspruch des Zahlungsdienstleisters als gleichartig zu bewerten ist.

In dem seinerzeitigen Rechtsstreit weigerte sich die Beklagte, eine Zahlungsdienstleisterin, den durch die Kläger geltend gemachten Anspruch aus § 44 Abs. 1 ZaDiG[87] aus verschiedenen Rechtsgründen zu erfüllen.[88] Die von der Beklagten erklärte Aufrechnung hielten die Kläger für unzulässig und unwirksam. Die von der Beklagten vorgenommene Aufrechnung mit ihrem auf Geldzahlung gerichteten Schadenersatzanspruch nach § 44 Abs. 2 ZaDiG[89] gegen den nach § 44 Abs. 1 ZaDiG klageweise erhobenen Gutbuchungsanspruch sei aus mehrfachen Gründen unzulässig. Die Aufrechnung scheitere unter anderem an der mangelnden Gleichartigkeit der Forderungen der Klageparteien. Es stünden sich einander ein Handlungsanspruch, nämlich die Rückbuchung beziehungsweise Gutbuchung sowie ein auf Geld gerichteter Schadenersatzanspruch gegenüber.

Die Beklagte führte hierzu aus, dass nach § 44 Abs. 1 ZaDiG der Wille des Gesetzgebers dahin gehe, dass dem Kunden der durch eine missbräuchliche Verwendung der Zugangsdaten abgebuchte Betrag zu erstatten sei. Dem stehe aber der Anspruch des Kreditinstituts nach § 44 Abs. 2 ZaDiG gegenüber, nach dem der Kunde jedweden Nachteil zu ersetzen habe, sofern ihn ein Verschulden an der Ermöglichung des Missbrauchs treffe. Dieser Nachteil bestehe in der Erstattung des den Klägern durch die missbräuchlichen Buchungen entzogenen Geldbetrags nach

2016,604 = ZVR 2017/44 S 75 (Danzl, tabellarische Übersicht) – ZVR 2017,75 (Danzl, tabellarische Übersicht) = JBl 2017,316 (Dullinger) = SZ 2016/28 - Phishing III.

87 *„Haftung für nicht autorisierte Zahlungsvorgänge § 44 (1) Unbeschadet des § 36 Abs. 3 hat der Zahlungsdienstleister des Zahlungsdienstnutzers diesem im Falle eines nicht autorisierten Zahlungsvorganges den Betrag des nicht autorisierten Zahlungsvorganges unverzüglich zu erstatten und das belastete Konto wieder auf den Stand zu bringen, auf dem es sich ohne den nicht autorisierten Zahlungsvorgang befunden hätte. Darüber hinaus gehende Ansprüche des Zahlungsdienstnutzers aus Vertrag oder Gesetz werden dadurch nicht ausgeschlossen…“.*

88 BGBl. I Nr. 66/2009 aufgehoben durch BGBl. I Nr. 17/2018.

89 *„…(2) Beruhen nicht autorisierte Zahlungsvorgänge auf der missbräuchlichen Verwendung eines Zahlungsinstruments, so ist der Zahlungsdienstnutzer seinem Zahlungsdienstleister zum Ersatz des gesamten Schadens verpflichtet, der diesem infolge des nicht autorisierten Zahlungsvorganges entstanden ist, wenn er ihn in betrügerischer Absicht ermöglicht hat oder durch vorsätzliche oder grob fahrlässige Verletzung 1.einer oder mehrerer Pflichten gemäß § 36 oder 2.einer oder mehrerer vereinbarter Bedingungen für die Ausgabe und Nutzung des Zahlungsinstruments herbeigeführt hat. Wurden die in 1 und 2 genannten Pflichten und Bedingungen vom Zahlungsdienstnutzer nur leicht fahrlässig verletzt, so ist seine Haftung für den Schaden auf den Betrag von 150 Euro beschränkt. Bei einer allfälligen Aufteilung der Schadenstragung sind insbesondere die Art der personalisierten Sicherheitsmerkmale sowie die Umstände, unter denen der Verlust, Diebstahl oder die missbräuchliche Verwendung des Zahlungsinstruments stattgefunden hat, zu berücksichtigen…“.*

§ 44 Abs. 1 ZaDiG. Die Kläger hätten die unwiderrufliche Durchführung aller betrügerischen Überweisungen bei Beachtung der erforderlichen Sorgfalt rechtzeitig verhindern können. Es stünden somit zwei aufrechenbare Ansprüche einander gegenüber. Buchhalterisch müsste der nach § 44 Abs. 1 ZaDiG im Gesetz beschriebene Erstattungsanspruch durch eine Gutschrift auf dem Kundenkonto und eine korrespondierende Belastung auf einem Hauptbuchkonto des Kreditunternehmens abgewickelt werden. Inhaltlich handele es sich somit um einen Anspruch auf eine (Buchgeld-)Geldforderung gegenüber dem Kreditunternehmen. Mache das Kreditunternehmen als Zahlungsdienstleister einen Ersatzanspruch nach § 44 Abs. 2 ZaDiG gegenüber dem Kunden geltend, stünden demnach einander zwei für eine Aufrechnung taugliche gleichartige Forderungen i. S. d. § 1438 ABGB gegenüber.

Sowohl das Gericht erster Instanz als auch das Berufungsgericht erkannten die Aufrechnung der beklagten Zahlungsdienstleisterin als zulässig und wirksam an. Eine Aufrechnung der Ansprüche nach § 44 Abs. 1 und Abs. 2 ZaDiG sei möglich, weil sich sowohl der Erstattungsanspruch als auch der Schadenersatzanspruch unabhängig vom Schuldgrund auf Geld (im engeren oder weiteren Sinn) richteten und deshalb gleichartig seien. Das Berufungsgericht ließ die ordentliche Revision mit der Begründung zu, es bestehe keine Rechtsprechung des Obersten Gerichtshofs zum Verhältnis der Ansprüche nach § 44 Abs. 1 und Abs. 2 ZaDiG sowie zur Einschränkung des Verschuldensgrades nach § 44 Abs. 2 ZaDiG.

(b) Die rechtliche Bewertung des Obersten Gerichtshofs Österreichs OGH 10Ob102/15w[90]

Der Oberste Gerichtshof Österreichs bestätigte zur Frage der Zulässigkeit und Wirksamkeit der Aufrechnung im streitigen Fall zunächst, dass die geltend gemachte Klageforderung auf keine Geld- oder Buchgeldforderung gerichtet sei, sondern auf eine Handlung. Diese Handlung sei in der Berichtigung des Kontostands zu sehen. Der Kunde könne aus dem Titel des Schadenersatzes – von weitergehenden Schäden abgesehen – nur Naturalrestitution in Form der Stornierung der Belastungsbuchung, nicht aber einen Ausgleich durch Barauszahlung der abgebuchten Beträge fordern. Ein schadenersatzrechtlicher Anspruch auf Zahlung des

90 http://www.ris.bka.gv.at/Dokument.wxe?Abfrage=Justiz&DokumentNr.=JJT_20160315_OGH0002_0100OB00102_15W0000_000; weitere angegebene Fundstellen: *Zak 2016/258 S 136 – Zak 2016,136 = jusIT 2016/51 S 109 (Janisch) - jusIT 2016,109 (Janisch) = ÖBA 2016,532/2229 – ÖBA 2016/2229 = Jus-Extra OGH-Z 6020 = AnwBl 2016,381 = EvBl 2016/111 S 779 (Kellner) – EvBl 2016,779 (Kellner) = ZIIR-Slg 2016/50 = ZIIR 2016,317 (Thiele) = ZFR 2016/257 S 555 – ZFR 2016,555 = RdW 2016/451 S 604 – RdW 2016,604 = ZVR 2017/44 S 75 (Danzl, tabellarische Übersicht) – ZVR 2017,75 (Danzl, tabellarische Übersicht) = JBl 2017,316 (Dullinger) = SZ 2016/28 - Phishing III.*

zu Unrecht abgebuchten Betrags stehe dem Kunden nach ständiger Rechtsprechung nicht zu.[91]

Der Oberste Gerichtshof war aber weiter der Auffassung, dass die Kläger ihr Klagebegehren nicht nur allgemein auf Schadenersatz, sondern auch auf § 44 Abs. 1 ZaDiG stützten. Die Beantwortung der Frage, ob Forderungen gleichartig i. S. d. § 1438 ABGB[92] seien, richte sich nicht nach dem Rechtsgrund, sondern nach dem Gegenstand der Ansprüche bzw. ihrem Inhalt.[93] Inhaltlich folge aus § 44 Abs. 1 ZaDiG im Fall einer kontobezogenen Zahlung der Berichtigungsanspruch, im Fall einer nicht kontobezogenen Zahlung der Anspruch auf Erstattung des Betrags der nicht autorisierten Zahlung.[94] Der Berichtigungsanspruch nach § 44 Abs. 1 ZaDiG werde durch eine Gutschrift auf dem Kundenkonto und eine korrespondierende Belastung auf dem Hauptbuchkonto des Kreditunternehmens abgewickelt. Damit richte sich der Anspruch des Kunden auf eine Zahlung von Giralgeld. Nach der in § 3 Z 14 ZaDiG für den Bereich des Zahlungsdienstegesetzes enthaltenen Definition des Begriffs Geldbetrag, umfasse dieser Begriff neben Banknoten und Münzen auch Giralgeld und elektronisches Geld i. S. d. § 1 Abs. 1 E-GeldG 2010. Daraus sei abzuleiten, dass der Klageanspruch – soweit er auf § 44 Abs. 1 ZaDiG infolge einer nicht autorisierten kontobezogenen Zahlung gestützt sei – auf einen Geldbetrag i. S. d. § 3 Z 14 ZaDiG gerichtet sei. Die Aufrechnung mit einer – ebenfalls auf einen Geldbetrag i. S. d. § 3 Z 14 ZaDiG gerichteten – Schadenersatzforderung nach § 44 Abs. 2 ZaDiG scheitere somit nicht am Erfordernis der Gleichartigkeit.

Abschließend verwies der Oberste Gerichtshof noch darauf, dass auch in der deutschen Rechtsprechung die Möglichkeit einer Aufrechnung mit einem Schadenersatzanspruch des Zahlungsdienstleisters nach § 675v Abs. 2 BGB[95] (entspreche § 44 Abs. 2 ZaDiG) gegen einen Erstattungsanspruch des Zahlungsdienstnutzers aufgrund eines nicht autorisierten Zahlungsvorgangs nach § 675u BGB (entspreche § 44 Abs. 1 ZaDiG) bejaht werde.[96]

---

91 Unter Hinweis auf RIS-Justiz RS0045851 [T3].

92 § 1438 AGBG: *„Wenn Forderungen gegenseitig zusammentreffen, die richtig, gleichartig, und so beschaffen sind, daß eine Sache, die dem Einen als Gläubiger gebührt, von diesem auch als Schuldner dem Andern entrichtet werden kann; so entsteht, in so weit die Forderungen sich gegen einander ausgleichen, eine gegenseitige Aufhebung der Verbindlichkeiten (Compensation), welche schon für sich die gegenseitige Zahlung bewirket.“*

93 Unter Hinweis auf RIS-Justiz RS0033754; KBB/*Griss*, 4. Auflage, 2014, § 1440 Rn. 1 m.w.N.

94 http://www.ris.bka.gv.at/Dokument.wxe?Abfrage=Justiz&DokumentNr.=JJT_20160315_OGH0002_0100OB00102_15W0000_000.

95 § 675v Abs. 2 BGB a.F.

96 Unter Hinweis auf BGH 24.4.2012, AZ 17 U 3527/11; der Verweis ist indessen in doppelter Hinsicht formell unzutreffend: Die Entscheidung des BGH vom 24.4.2012 betrifft das Verfahren XI ZR 96/11 mit den Vorinstanzen des LG Düsseldorf und OLG Düsseldorf (BGH MMR 2012, 484); das in Bezug

Der BGH wiederum hatte in der vom Obersten Gerichtshof zitierten Entscheidung entschieden, dass dem Zahlungsdienstnutzer im streitigen Fall kein Anspruch auf Zahlung zustehe. In dem streitigen Fall, in dem es um die Berichtigung einer im Online-Banking durchgeführten Kontobelastung ging, stellte der BGH fest, dass ein Anspruch des Kunden der Bank auf Kontoberichtigung, falls er mangels eines Überweisungsauftrags des Zahlungsdienstnutzers überhaupt bestanden habe, jedenfalls durch die Aufrechnung des Zahlungsdienstleisters mit einem ihm in gleicher Höhe zustehenden Schadensersatzanspruch aus § 280 Abs. 1 BGB gemäß § 389 BGB erloschen sei.[97]

(2) Die Auffassung der Rechtsprechung in Deutschland

Dieser Entscheidung des BGH vom 24.4.2012 folgt auch die überwiegende Auffassung in der instanzgerichtlichen Rechtsprechung. Die Ansprüche des Zahlungsdienstleisters auf Schadensersatz und der Anspruch des Zahlungsdienstnutzers aus § 675u S. 2 Hs. 2 BGB werden als gleichartig angesehen und stehen sich in derartigen Fällen damit in aufrechenbarer Weise gegenüber.[98] Zum Teil verweisen die Instanzgerichte auch darauf, dass der Zahlungsdienstnutzer bei einem kreditorisch geführten Konto nicht nur Wiedergutschrift (Storno), sondern auch Zahlung fordern könne.[99] Zwar sei der Anspruch aus § 675u S. 2 BGB[100] bei der Belastung eines Zahlungskontos grundsätzlich auf Wertstellung in Höhe der nicht autorisierten

---

genommene Aktenzeichen 17 U 3527/11 betrifft ein Verfahren des OLG München (MMR 2013, 163); zutreffend verweist der öOGH aber inhaltlich auf die Entscheidung des BGH vom 24.4.2012, BGH NJW 2012, 2422 (2423), in der der BGH die Zulässigkeit der Aufrechnung der wechselseitigen Ansprüche des Zahlungsdienstleisters und Zahlungsdienstnutzers bejaht; hierzu auch *Schinkels*, LMK 10/2012, 337949, der zwar zutreffend auf den Anspruch des Zahlungsdienstnutzers auf Berichtigungsbuchung hinweist, mit dem BGH in der besprochenen Entscheidung aber die Aufrechnung ohne weitere Erörterung anerkennt.

97 BGH NJW 2012, 2422 (2423).

98 BGH NJW 2012, 2422 (2423); OLG Stuttgart NJW-RR 2023, 1024 (1025); OLG München BKR 2012, 475 (476); OLG Koblenz FamRZ 2013, 69 (70); BGH WM 2001, 1605 (1607); AG Bonn BKR 2014, 304 (305); OLG Celle BKR 2021, 114 (115); LG Köln BKR 2020, 310 (311); AG München WM 2018, 2021 (2022); LG Düsseldorf BeckRS 2015, 05137; AG Düsseldorf BeckRS 2015, 05032; LG Landshut BeckRS 2011, 20294; OLG München MMR 2013, 163 (164); LG Berlin MMR 2012, 229 (229); LG Nürnberg-Fürth WM 2021, 1444 (1444 ff.); OLG Koblenz WM 1984, 206 (208); LG Saarbrücken BeckRS 2022, 14866; AG Köln BeckRS 2014, 5268; AG Berlin NJW-RR 2010, 407 (410); LG Berlin NJW-RR 2012, 570 (570); a.A. aber OLG Dresden, BeckRS 2022, 47273 Rn. 64.

99 OLG Celle BKR 2021, 114 (115); OLG Frankfurt BKR 2017, 526 (527); vgl. auch MüKoBGB/*Zetzsche*, 8. Auflage, 2020, § 675u Rn. 23; Grüneberg/Grüneberg, 83. Auflage, 2024, § 675u Rn. 5.

100 Celle BKR 2021, 114 (115); gemeint ist hier wohl § 675u S. 2 Hs. 2 BGB.

Zahlung gerichtet.[101] Der Zahlungsdienstnutzer habe aber nicht nur dann einen Anspruch auf Auszahlung des zu Unrecht belasteten Betrages, wenn die Kontobeziehung zwischenzeitlich unter Ausgleich des Saldos aufgelöst worden ist, sondern auch, wenn das Konto ohne die Rückbuchung einen Habensaldo aufweise oder eine nicht ausgeschöpfte Kreditlinie bestehe.[102]

(3) Die Auffassung der Literatur

In der Literatur wird die Frage der Aufrechenbarkeit der Ansprüche des Zahlungsdienstleisters gegen die Ansprüche des Zahlungsdienstnutzers aus § 675u S. 2 Hs. 2 BGB nur vereinzelt angesprochen. Ausführlich befasste sich *Omlor* mit dieser Frage.[103] Die Aufrechenbarkeit von Geldforderungen mit Ansprüchen auf Herausgabe von Geld im konkreten Sinne hänge davon ab, „ob letztere wert- oder gegenstandbezogen seien".[104] Regelmäßig scheide eine Aufrechnung aus, da es sich bei gegenstandsbezogenen Herausgabeansprüchen (wie z.B. § 985 BGB) nicht um Geldschulden handele.[105] Eine Ausnahme bilde jedoch der gegenstandsbezogene Herausgabeanspruch des Auftraggebers gegen den Auftragnehmer (§ 667 BGB), der auch im besonderen Geschäftsbesorgungsrecht Anwendung finde (§ 675c Abs. 1 BGB).[106] Sei dieser Anspruch auf Geld gerichtet, so liege eine Gleichartigkeit mit

101 OLG Celle BKR 2021, 114 (115); vgl. a.A. aber OLG Dresden, BeckRS 2022, 47273 Rn. 64 unter Hinweis auf fehlende Gleichartigkeit der geltend gemachten Ansprüche, aber ohne Begründung; anders aber wiederum LG Chemnitz 6 O 550/21; LG Saarbrücken BeckRS 2022, 14866 Rn. 21 die Aufrechnung bejahend.

102 OLG Celle BKR 2021, 114 (115); OLG Frankfurt BKR 2017, 526 (527); Palandt/*Sprau*, 79. Auflage, 2020, § 675u Rn. 5; Ellenberger/Findeisen/Nobbe/*Nobbe*, 2. Auflage, 2013, § 675u Rn. 44; LG Darmstadt WM 2014, 2323 (2324); MüKoBGB/*Zetzsche*, 8. Auflage, 2020, § 675u Rn. 23 geht zunächst von der Durchführung des Buchungsvorgangs und dem dann ggf. folgenden Auszahlungsanspruch bei Bestehen eines Guthabensaldos oder einer Kreditlinie aus; vgl. auch BGH ZIP 2024, 996 (996 f.).

103 Staudinger/*Omlor*, 2020, § 675u Rn. 33, der von der Gleichartigkeit des Anspruchs des Zahlungsdienstnutzers aus § 675u S. 2 BGB und des Anspruchs des Zahlungsdienstleisters aus § 675v BGB ausgeht. Die Gleichartigkeit des Anspruchs aus § 675u S. 2 BGB zur Geldforderung folge daraus, dass es sich bei § 675u S. 2–5 BGB um eine besondere Ausprägung des Herausgabeanspruchs aus 667 BGB handele (Verweis auf Staudinger/*Omlor*, (2016) Vor B 102 zu §§ 244–248); ebenso Staudinger/*Omlor*, (2021) Vor B 102 zu §§ 244–248; der Zahlungsdienstleister könne aufrechnen und sei nicht auf den Einwand der unzulässigen Rechtsausübung („dolo agit", § 242 BGB) beschränkt; a.A. aber jetzt *Omlor*, RdZ 2021, 59 (60) Kurzanmerkung zu BGH XI ZR 294/19 unter Hinweis auf fehlende Gleichartigkeit, aber ohne nähere Diskussion und Auseinandersetzung mit der in Staudinger/*Omlor*, 2020, § 675u Rn. 33 vertretenen Auffassung; vgl. auch bejahend im Zusammenhang mit einem Kreditkartenvertrag v. Westphalen/Thüsing/Pamp/*Feldhusen*, 48. EL, 2022, Kreditkartenvertrag Rn. 181.

104 Staudinger/*Omlor*, (2021) Vor B 102 zu §§ 244–248.

105 Staudinger/*Omlor*, (2021) Vor B 102 zu §§ 244–248.

106 Staudinger/*Omlor*, (2021) Vor B 102 zu §§ 244–248.

einer Geldforderung vor.[107] Für den Anspruch des Zahlungsdienstnutzers aus § 675u S. 2 Hs. 2 BGB und den Anspruch des Zahlungsdienstleisters aus § 675v BGB bejahte *Omlor* dies bislang.[108]

(4) Zwischenergebnis

Sofern der Zahlungsdienstnutzer den durch den Zahlungsdienstleister geltend gemachten Anspruch auf Aufwendungsersatz in Form einer Barzahlung erfüllt hat, wäre ihm diese Leistung kongruent in gleicher Weise zu erstatten. Insoweit bestehen keine Bedenken gegen die Gleichartigkeit der dem Zahlungsdienstnutzer und dem Zahlungsdienstleister zustehenden Leistungen.

Würde man der Auffassung des Obersten Gerichtshofs Österreichs auch in der nationalen Rechtsanwendung folgen, so ergäbe sich auch für das deutsche Recht aus § 675u S. 2 Hs. 2 BGB ein Berichtigungsanspruch des Zahlungsdienstnutzers, der auf Gutschrift einer Buchgeldposition im Konto des Zahlungsdienstnutzers gerichtet ist. Geldbeträge sind nach Art. 4 Nr. 25 PSD II Bargeld, Buchgeld oder elektronisches Geld.[109] Mit dieser Begründung wäre die Gleichartigkeit der sich gegenüberstehenden Ansprüche von Zahlungsdienstleister und Zahlungsdienstnutzer anzuerkennen, da sowohl der Anspruch des Zahlungsdienstleisters auf Schadensersatz, als auch der Anspruch des Zahlungsdienstnutzers auf einen Geldbetrag gerichtet sind. Auf welcher Grundlage der BGH die Gleichartigkeit der Ansprüche der Bank und des Kunden in seiner Entscheidung vom 24.12.2012[110] anerkannt hat, lässt sich der Begründung der Entscheidung nicht entnehmen.[111]

107 Staudinger/*Omlor*, (2021) Vor B 102 zu §§ 244–248 unter Verweis auf BGH NJW 1993, 2041 (2042); BGH NJW 2005, 3709 (3710).

108 Staudinger/*Omlor*, 2020, § 675u Rn. 33 unter Verweis auf Staudinger/*Omlor*, (2016) Vor B 102 zu §§ 244–248; ebenso Staudinger/*Omlor*, (2021) Vor B 102 zu §§ 244–248; a.A. aber jetzt *Omlor*, RdZ 2021, 59 (60) Kurzanmerkung zu BGH XI ZR 294/19 unter Hinweis auf fehlende Gleichartigkeit, aber ohne Auseinandersetzung zu der bislang vertretenen Auffassung oder nähere Begründung; a.A. aber *Linardatos*, BKR 2023, 626 (634, 635): *Linardatos* verweist darauf, dass die Auffassung des OLG Dresden (BKR 2023, 626 ff.), dass ein Schadensersatzanspruch des Zahlungsdienstleisters nach § 675v Abs. 3 Nr. 2 b) BGB rechtstechnisch nicht per Aufrechnung dem Erstattungsanspruch nach § 675u S. 2 BGB entgegengesetzt werden könne, überraschend sei. Entgegen der Auffassung des OLG Dresden, dass die wechselseitigen Ansprüche nicht „gleichartig" seien, verweist *Linardatos* darauf, dass die herrschende Meinung demgegenüber „richtigerweise" eine Aufrechnungslage annehme (BGH NJW 2012, 2422 (2423); *Spindler/Zahrte*, BKR 2014, 265 (269); *Büchel/Kuznetsova*, CRP 2018, 122 (125 f.). *Linardatos* kritisiert im Folgenden, dass das OLG Dresden den „Notnagel" des § 242 BGB „bemühen" müsse.

109 Hierzu Schwennicke/Auerbach/*Schwennicke*, 4. Auflage, 2021, § 1 Rn. 21.

110 BGH NJW 2012, 2422 (2423).

(5) Eigene Stellungnahme

(a) Keine Gleichartigkeit des Anspruchs des Zahlungsdienstnutzers aus § 675u S. 2 Hs. 2 BGB und Schadensersatzanspruch des Zahlungsdienstleisters

Die von Rechtsprechung und Literatur vertretene Auffassung, dass es sich bei dem sich aus § 675u S. 2 Hs. 2 BGB ergebenden Anspruch auf Kontoberichtigung um einen geldwerten Anspruch handelt, berücksichtigt unzureichend sowohl die aus § 675u S. 2 Hs. 2 BGB folgende Rechtsnatur des Kontoberichtigungsanspruchs als auch die materiell-rechtlichen Grundlagen einer fehlerhaften Belastung des Zahlungskontos des Zahlungsdienstnutzers.

Stellt der Zahlungsdienstleister in das Konto des Zahlungsdienstnutzers eine Buchungsposition ein, die auf keiner rechtlichen Grundlage beruht, so handelt es sich um einen reinen Realakt ohne materielle Auswirkung.[112] Eine solche Belastungsbuchung ist daher tatsächlich fehlerhaft.[113] Da die Belastungsbuchung damit allein eine tatsächlich fehlerhafte Handlung darstellt, kann sie insoweit auch materiell(-rechtlich) nicht den Vermögensstand des Zahlungsdienstnutzers mindern.[114] Durch die Belastungsbuchung wird daher allein der Kontostand des Zahlungsdienstnutzers unrichtig dargestellt.[115] Der Zahlungsdienstnutzer kann daher auch nur verlangen, dass der Zahlungsdienstleister die fehlerhafte Belastungsbuchung (ebenfalls) durch eine deklaratorische Gegenbuchung mit einer dem Wertstellungszeitpunkt der Belastung entsprechenden Valutierung (§ 675u S. 2 BGB;

111 Zum Teil wird auch die Auffassung vertreten, dass § 675u BGB weder nach seinem Wortlaut noch nach seinem Zweck eine Pflicht zur artkongruenten Rückabwicklung, sondern nur zur Erstattung zu entnehmen sei; vgl. Langenbucher/Bliesener/Spindler/*Herresthal*, 3. Auflage, 2020, Kap. 3 § 675u Rn. 14; zum Aufrechnungsausschluss auch Grüneberg/*Grüneberg*, 83. Auflage, 2024, § 387 Rn. 10; Staudinger/*Gursky*, Neubearbeitung 2022, § 387 Rn. 99, 131; a.A. Erman/*Wagner*, 16. Auflage, 2020, § 387 Rn. 11 am Ende; a.A. aber BGH NJW 1978, 699 (699); vgl. auch KG BeckRS 2019, 3338 Rn. 31; Staudinger/*Gursky*, 2016, § 387 Rn. 94; Staudinger/*Gursky*, Neubearbeitung 2022, § 387 Rn. 99, 131.

112 MüKoHGB/*Häuser*, 4. Auflage, 2019, B. Überweisungsverkehr Rn. 343; MüKoHGB/*Herresthal*, 5. Auflage, 2024, B. Überweisungsverkehr Rn. 311; BGH NJW-RR 2013, 948 (949); BGH WM 2004, 1625 (1627); BGH NJW 2002, 1722 (1723); BGH WM 2001, 1605 (1606); *Placzek*, WM 2017, 1835 (1840); Grüneberg/*Grüneberg*, 83. Auflage, 2024, § 675f Rn. 34; *Nobbe*, WM 2012, Sonderbeilage Nr. 1, S. 8; *Foerster*, AcP 213 (2013), 409 (420): Das Vermögen des Zahlungsdienstnutzers (Überweisenden) sei durch die Belastungsbuchung wegen eines nicht autorisierten Zahlungsvorganges unmittelbar betroffen.

113 MüKoHGB/*Häuser*, 4. Auflage, 2019, B. Überweisungsverkehr Rn. 343; MüKoHGB/*Herresthal*, 5. Auflage, 2024, B. Überweisungsverkehr Rn. 311; BGH WM 2005, 2171 (2172); BGH WM 2017, 2306 (2307).

114 *Joost*, ZHR 153 (1989), 237 (239 ff.); BGH NJW 1988, 3149 (3153); BGH NJW 2001, 3183 (3183, 3184); BGH NJW 2001, 2629 (2630).

115 *Joost*, ZHR 153 (1989), 237 (239 ff.).

valutamäßige Belastungsbuchung) berichtigt.[116] Dem Zahlungsdienstleister obliegt demnach die Verpflichtung, das Konto auf den Stand zu bringen, auf dem es sich ohne die Belastungsbuchung wegen des unautorisiert ausgeführten Zahlungsauftrags befunden hätte.[117] Der Anspruch des Zahlungsdienstnutzers auf Wiedergutschrift bzw. Erstattung i. S. d. § 675u S. 2 Hs. 2 BGB ist somit seinem Inhalt nach lediglich auf die Korrektur des tatsächlichen Buchungsvorgangs gerichtet.[118] Die fehlerhafte Buchung vermag insoweit keine materiell-rechtliche Veränderung des Forderungsbestands im Rahmen des bankvertraglichen Verhältnisses zwischen dem Zahlungsdienstnutzer und dem Zahlungsdienstleister zu bewirken.[119] Der materiell-rechtlich begründete Vermögensstand des Zahlungsdienstnutzers bleibt bei einer unzulässigen Belastungsbuchung trotz der in den Kontounterlagen ausgewiesenen abweichenden Forderungs- oder Verpflichtungspositionen in unveränderter Höhe bestehen. Damit wirkt sich auch die Belastungsbuchung, die vermeintlich zu einem verminderten Kontostand des Zahlungsdienstnutzers führt, materiell nicht dahingehend aus, dass durch diese fehlerhafte Buchung oder den ausgewiesenen Kontostand konstitutiv eine Verpflichtung des Zahlungsdienstnutzers gegenüber der Bank begründet wird.[120]

Der Anspruch aus § 675u S. 2 Hs. 2 BGB kann damit auch nur auf die formelle Beseitigung des Ausweises der unzutreffenden Darstellung des materiell-rechtlich begründeten Kontostands gerichtet sein.[121] Da durch die unzutreffende Belastungsbuchung des Zahlungsdienstleisters keine Vermögensposition des Zahlungsdienstnutzers beeinträchtigt wurde, kann der Anspruch auf Erstattung i. S. d. Kontoberichtigungsanspruchs auch keinen geldwerten Charakter haben, der einem Anspruch auf Barzahlung gleichgesetzt werden könnte.[122] Dem steht auch nicht die

116 MüKoHGB/*Häuser*, 4. Auflage, 2019, B. Überweisungsverkehr Rn. 343; Hopt/*Hopt*, 41. Auflage, 2022, (7) Bankgeschäfte Rn. C54.

117 MüKoHGB/*Häuser*, 4. Auflage, 2019, B. Überweisungsverkehr Rn. 343; BGH WM 2017, 2306, (2307); BGH WM 2015, 1631 (1634).

118 MüKoHGB/*Häuser*, 4. Auflage, 2019, B. Überweisungsverkehr Rn. 343; BGH WM 2006, 548 (550); BGH WM 2004, 1625 (1627); BGH NJW 2002, 1722 (1723); BGH WM 2001, 1605 (1606); BGH WM 2001, 1515 (1516); *Placzek*, WM 2017, 1835 (1840, 1842); *Nobbe*, WM 2012, Sonderbeil. Nr. 1 S. 8.; hierzu auch BGH NJW 2001, 3183 (3184); BGH NJW 2001, 2629 (2630); a.A. MüKoBGB/*Zetzsche*, 8. Auflage, 2020, § 675u Rn. 19; BeckOGK BGB/*M. Zimmermann*, 15.6.2022, BGB § 675u Rn. 25; OLG Celle BKR 2021, 114 (115); OLG Frankfurt a. M. BeckRS 2017, 111149 Rn. 12.

119 BGH NJW 2001, 3183 (3183); BGH NJW 2001, 2629 (2630).

120 BGH NJW 2001, 3183 (3183); BGH NJW 1988, 3149 (3151).

121 BGH NJW 2001, 3183 (3183).

122 Vgl. BGH NJW 2001, 3183 (3184); BGH NJW 2001, 2629 (2630); BGH NJW 1988, 3149 (3151); hierzu auch bereits BGH NJW 1978, 699 (699); KG WM 2019, 1484 (1485); vgl. auch OGH 3 Ob196/04a (https://rdb.manz.at/document/ris.just.JJT_20041124_OGH0002_0030OB00196_04A0000_000?source=726462233230323130393236237269732e6a7573742e4a4a545f32303034303431365f4f4748303030325

Auffassung von *Omlor* entgegen, dass es sich bei dem Anspruch aus § 675u S. 2 BGB um eine besondere Ausprägung des Herausgabeanspruchs aus § 667 BGB handele.[123] *Omlor* begründet dies damit, dass der gegenstandsbezogene Herausgabeanspruch im Geschäftsbesorgungsrecht auf Geld gerichtet sei. Damit liege eine Gleichartigkeit der gegenseitigen Ansprüche aus § 675v BGB und § 675u S. 2 BGB vor. Beide Ansprüche seien danach auf Geld gerichtet.[124] *Omlor* überträgt insoweit den Gedanken der Gleichartigkeit des Herausgabeanspruchs von Geldzeichen nach § 985 BGB auf Geldschulden auch auf den Anspruch des Zahlungsdienstnutzers nach § 675u S. 2 Hs. 2 BGB.[125] Entgegen den Motiven[126] bestimme sich die Gleich-

f303031304f4230303037365f303449303030305f3030302352534c2331393239303032383733): *„Der Oberste Gerichtshof hat weiter zu 6 Ob 550/95 (= SZ 68/59 = ÖBA 1995, 900 [Klicka]) und zu 2 Ob 196/03 t (= ÖBA 2004, 474) deutlich gemacht, dass der durch vertragswidrige (Ab-)Buchung vom Girokonto des Bankkunden bewirkte Nachteil – mangels Behauptung weiterer Umstände – durch den entgegengesetzten Buchungsvorgang iSd gemäß § 1323 erster Satz ABGB herrschenden Prinzips der Naturalrestitution restlos ausgeglichen wird, weshalb auf schadenersatzrechtlicher Grundlage kein Anspruch auf Zahlung des zu Unrecht mit der Transaktion vom Konto der Gemeinschuldnerin abgebuchten Betrags besteht. Das vom Kläger erhobene Barauszahlungsbegehren erweist sich daher aus dem Blickwinkel des Schadenersatzrechts als unberechtigt.“*; so auch OGH Ob 6 Ob550/95: https://www.ris.bka.gv.at/Dokument.wxe?Abfrage=Justiz&DokumentNr.=JJT_19950323_OGH0002_0060OB00550_9500000_000: *„Mit dem Schadenersatzanspruch auf Naturalrestitution lasse sich zwar die Rückgängigmachung der falschen Buchung, nicht aber der Geldzahlungsanspruch begründen (Joost aaO 242). Auch der Bundesgerichtshof hat in einer – soweit überblickbar vereinzelt gebliebenen – Entscheidung in einem gleichgelagerten Fall einer unwirksamen Scheckeinlösung (nach Schecksperre) die Auffassung vertreten, daß die Bank nur zur Stornierung der Belastungsbuchung durch Gutschrift des belasteten Betrages mit gleicher Wertstellung verpflichtet sei. Bei fortbestehendem Giro- und Kontokorrentverhältnis bestehe kein Anspruch auf Auszahlung des Scheckbetrages, sondern nur der dem Kontokorrentverhältnis entsprechende Anspruch auf Gutschrift. Ein Schadenersatzanspruch könnte allenfalls in Betracht kommen, wenn der Scheckaussteller durch die unberechtigte Kontobelastung einen weitergehenden Schaden geltend machen könnte (WM 1988, 1325). Dieser Ansicht ist auch für den österreichischen Rechtsbereich zu folgen.“*

123 Staudinger/*Omlor*, 2020, § 675u Rn. 33 unter Verweis auf Staudinger/*Omlor*, (2016) Vor B 102 zu §§ 244–248; ebenso Staudinger/*Omlor*, (2021) Vor B 102 zu §§ 244–248; a.A. aber nunmehr *Omlor*, RdZ 2021, 59 (60); feststellend aber ohne nähere Begründung oder Auseinandersetzung der bislang vertretenen Auffassung unter Hinweis auf fehlende Gleichartigkeit.

124 Staudinger/*Omlor*, 2020, § 675u Rn. 33; Staudinger/*Omlor*, (2016/2021) Vor B 102 §§ 244–248; vgl. auch *Jungmann*, RdZ 2024, 62 (63), der der Auffassung ist, dass die Erfüllung des Anspruchs aus § 675u S. 2 BGB für den Zahlungsdienstleister in jedem Fall Aufwand sei. Und „zwar in jedem Fall, also auch bei „Gutschrift“, „Kontoberichtigung“ etc.. Mit anderen Worten: Er „zahlt“ an den Zahler „sowieso“ – so wie auch sonst Dritte an den Zahler zahlen, wenn sie diesem Geld auf das Konto überweisen, das zu Unrecht belastet wurde.“ Nach dieser Auffassung wäre auch der Kontoberichtigungsanspruch des Zahlungsdienstleisters mit einem Schadensersatzanspruch des Zahlungsdienstleisters gleichartig im Sinne der §§ 387 ff. BGB.

125 Vgl. hierzu Staudinger/*Omlor*, (2021) Vor B 102 zu §§ 244–248.

artigkeit wertend nach der Verkehrsanschauung. Für die Herausgabe von Geldzeichen nach § 985 BGB fehle es regelmäßig an einem durchgreifenden Unterschied zu einer Geldschuld.

Omlors Wertung steht jedoch entgegen, dass der Anspruch des Zahlungsdienstnutzers nach § 675u S. 2 Hs. 2 BGB weder nach der Verkehrsanschauung noch nach der Zielrichtung einen Geldwert verkörpert. So scheidet nämlich eine Abtretung des Anspruchs auf Berichtigung des Kontoguthabens aus.[127] Um im Rechtsverkehr eine geldwerte Forderung darzustellen, muss eine abgetretene (abtretbare) Forderung unmittelbar zu eigenen Zwecken wertmäßig einsetzbar sein. Dies ist bei Geldzeichen möglich, bei dem Anspruch nach § 675u S. 2 Hs. 2 BGB indessen nicht. Der Anspruch auf Berichtigung des Kontostands steht ausschließlich dem betreffenden Zahlungsdienstnutzer zu; eine Abtretung dieses Anspruchs an Dritte scheidet aufgrund einer in diesem Fall erfolgenden Inhaltsänderung des Anspruchs nach § 399 1. Alt. BGB aus.[128] Damit weist der Anspruch auf Berichtigung des Kontostands auch keinen verkehrsfähigen Geldwert auf.[129]

Die Gleichartigkeit des Anspruchs aus § 675u S. 2 Hs. 2 BGB mit dem Anspruch des Zahlungsdienstleisters auf Schadensersatz nach §§ 675v, 280 BGB ist daher nicht gegeben. Damit scheidet die Aufrechnung eines Schadensersatzanspruchs des Zahlungsdienstleisters nach §§ 675v, 280 BGB gegen den Anspruch des Zahlungsdienstnutzers aus § 675u S. 2 Hs. 2 BGB entgegen der herrschenden Meinung aus.

(b) Die Wertung des Art. 73 Abs. 1 PSD II

Für die Auslegung, dass im Fall des § 675u S. 2 Hs. 2 BGB der Anspruch des Zahlungsdienstnutzers auf einen geldwerten Anspruch gerichtet ist, gegen den der

---

126 Motive II, S. 105; „*Die nach dem bestehenden Rechte geltenden Beschränkungen der Zulässigkeit der Aufrechnung, welche auf einer Rücksichtnahme auf den Rechtsgrund gewisser Forderungen, auf den spezifischen Zweck und Karakter des betreffenden Schuldverhältnisses, beruhen, hat der Entwurf nicht aufgenommen; insbesondere nicht den Ausschluß oder die Beschränkung der Kompensation bei dem Hinterlegungsvertrage, bei der Gebrauchsleihe und beim Mandat, soweit nicht die Verpflichtung zur Herausgabe bestimmter Gegenstände der Gleichartigkeit der beiderseitigen Forderungen entgegensteht oder § 287…*“ ; auch RGZ 52, 303, 306; BGHZ 16, 124, 127.

127 BGH NJW 2001, 3190 (3192); BeckOGK BGB/*Lieder*, 1.9.2022, BGB § 399 Rn. 38.

128 BGH NJW 2001, 3190 (3192).

129 Damit kann der Auffassung von Staudinger/*Omlor*, 2020, § 675u Rn. 33, unter Verweis auf Staudinger/*Omlor*, (2016) Vor B 102 zu §§ 244–248, ebenso Staudinger/*Omlor*, (2021) Vor B 102 zu §§ 244–248, nicht gefolgt werden; auf welcher rechtlichen Begründung *Omlor*, RdZ 2021, 59 (60) seine Rechtsauffassung zur Gleichartigkeit des Kontoberichtigungsanspruchs mit dem Schadensersatzanspruch des Zahlungsdienstleisters (z. B. aus § 675v BGB) möglicherweise aufgegeben hat, lässt sich vor dem Hintergrund des Fehlens einer Begründung in seiner Anmerkung zu BGH XI ZR 294/19 nicht feststellen.

Zahlungsdienstleister mit einem eigenen Anspruch aufrechnen kann, ist spätestens nach dem Inkrafttreten von Art. 73 Abs. 1 S. 2 PSD II zudem kein Raum mehr. Art. 60 Abs. 1 PSD enthielt noch den Wortlaut, dass die Mitgliedstaaten unbeschadet des Art. 58 sicherstellen, dass im Falle eines nicht autorisierten Zahlungsvorgangs der Zahlungsdienstleister des Zahlungsdienstnutzers diesem den Betrag des nicht autorisierten Zahlungsvorgangs unverzüglich erstattet und gegebenenfalls das belastete Zahlungskonto wieder auf den Stand gebracht wird, auf dem es sich ohne den nicht autorisierten Zahlungsvorgang befunden hätte. Redaktionell bildete der europäische Gesetzgeber die unterschiedlichen Alternativen der Erstattungspflicht des Zahlungsdienstleisters in einem durchgehenden Satz ab. Hieraus ließ sich jedenfalls argumentieren, dass der europäische Gesetzgeber eine Erstattungsidentität in beiden Alternativen des Art. 60 Abs. 1 PSD festlegen wollte. § 675u S. 2 BGB a.F. setzte diese Formulierung wortlautidentisch um. Vor diesem Hintergrund wäre eine Auslegung möglich gewesen, dass die Erstattung des Zahlbetrags in bar und die Kontoberichtigung als gleichartige Leistungsverpflichtungen i. S. d. § 387 BGB anzusehen sind. Auf dieser Grundlage wäre auch eine Argumentation möglich gewesen, dass der europäische Gesetzgeber den formalen Berichtigungsanspruch des Zahlungsdienstnutzers aus § 675u S. 2 BGB a.F. mit einem Anspruch auf Leistung einer Geldzahlung gleichsetzen wollte und damit Gleichartigkeit i. S. d. § 387 BGB gegeben war.

Ob eine derartige Auslegung tatsächlich dem gesetzgeberischen Willen entsprochen hätte, kann indessen dahinstehen. Art. 73 Abs. 1 PSD II regelt nämlich die Erstattungspflicht in bar und die Wiederherstellung des vor dem nicht autorisierten Zahlungsvorgang bestehenden Kontostandes in zwei unterschiedlichen Sätzen. Während in Art. 73 Abs. 1 S. 1 PSD die Erstattung in bar geregelt ist, findet die Korrektur des Kontostands in Satz 2 von Art. 73 Abs. 1 PSD II seinen Niederschlag.[130] Mit dieser systematischen Trennung bringt der europäische Gesetzgeber nach Auffassung des Verfassers die strukturelle Differenzierung zwischen der Erstattung in bar und der Erstattung in Form der Wiederherstellung des Kontosaldos in Form eines reinen Buchungsvorgangs zum Ausdruck. Diese Änderung hat der nationale Gesetzgeber zwar in § 675u S. 2 BGB nicht nachvollzogen. Da für die Auslegung nationaler Vorschriften, die der Umsetzung der PSD II dienen, aber die Wertungen des europäischen Gesetzgebers zur PSD II zugrunde zu legen sind, ist die Trennung des Anspruchs auf Barauszahlung und Kontoberichtigung in Art. 73 Abs. 1 PSD II auch für die Auslegung des § 675u S. 2 BGB maßgeblich.

---

130 Der Zahlungsdienstleister des Zahlungsdienstnutzers bringt gegebenenfalls das belastete Zahlungskonto wieder auf den Stand, auf dem es sich ohne den nicht autorisierten Zahlungsvorgang befunden hätte.

Insoweit widerspricht die Auffassung, dass der Kontoberichtigungsanspruch des Zahlungsdienstnutzers mit einem geldwerten Anspruch auf Barzahlung (z. B. nach § 675u S. 2 Hs. 1 BGB) gleichgesetzt werden kann, auch der Wertung des Art. 73 Abs. 1 PSD II. Dieses Ergebnis bestätigt, dass eine Aufrechnung des Anspruchs des Zahlungsdienstleisters mit Schadensersatzansprüchen nach §§ 675v, 280 BGB gem. § 387 BGB gegen Ansprüche des Zahlungsdienstnutzers nach § 675u S. 2 BGB mangels Gleichartigkeit der Ansprüche ausscheidet.

(6) Ergebnis

Damit stellt sich der Anspruch des Zahlungsdienstnutzers aus § 675u S. 2 Hs. 2 BGB nicht als ein auf Leistung eines Geldbetrags gerichteter Schadensersatzanspruch dar, sondern als ein aus dem Zahlungsdiensterahmenvertrag resultierender Erfüllungsanspruch auf Korrektur des ausgewiesenen Kontostands.[131]

Damit schuldet der Zahlungsdienstleister gegenüber dem Zahlungsdienstnutzer bei Belastung dessen Kontos die Wiederherstellung des vor der nicht autorisierten Zahlung bestehenden Kontostandes und damit also allein die Rückgängigmachung des Buchungsvorgangs.[132] Dem stehen auch nicht die vom Obersten Gerichtshof Österreichs zitierten Entscheidungen des BGH[133] sowie des OLG München[134] entgegen. Diese Entscheidungen haben sich mit der Frage, ob die sich gegenüberstehenden Ansprüche des Zahlungsdienstnutzers und Zahlungsdienstleisters gleichartig sind, inhaltlich nicht befasst. Vielmehr sind die Gerichte offensichtlich, so wie wohl auch die Parteien, davon ausgegangen, dass an der Gleichartigkeit der Ansprüche keine Zweifel bestehen. Unter Zugrundelegung der Entscheidungen des BGH aus dem Jahr 1988[135] und 2001[136] wäre hierzu gleichwohl Anlass für eine kritische Auseinandersetzung gewesen.

---

131 Vgl. hierzu *Joost*, ZHR 153 (1989), 237 (241).

132 Vgl. auch BeckOGK BGB/*M. Zimmermann*, 15.6.2022, BGB § 675u Rn. 25; MüKoBGB/*Zetzsche*, 9. Auflage, 2023, § 675u Rn. 21; Staudinger/*Omlor*, 2020, § 675u Rn. 25; BeckOK BGB/*Schmalenbach*, 66. Ed. 1.5.2023, BGB § 675u Rn. 4; Soergel/*Werner*, 13. Auflage, 2012, § 675u Rn. 6; *Winkelhaus*, BKR 2010, 441 (445).

133 BGH MMR 2012, 484 (484).

134 OLG München MMR 2013, 163 (163 f.).

135 BGH NJW 1988, 3149 (3151).

136 BGH NJW 2001, 3183 (3184); BGH NJW 2001, 2629 (2630).

c) Einstellen des Schadensersatzanspruchs des Zahlungsdienstleisters in das Konto des Zahlungsdienstnutzers

Zum Teil gehen Rechtsprechung und Literatur von der Berechtigung des Zahlungsdienstleisters aus, den von ihm geltend gemachten Schadensersatzanspruch in das Kontokorrent des Zahlungsdienstnutzers einzustellen.[137] Nähere Ausführungen zur Rechtsgrundlage dieser Berechtigung des Zahlungsdienstleisters, den geltend gemachten Anspruch auf Schadensersatz in das Kontokorrent des Zahlungsdienstnutzers einzustellen, enthalten die diesbezüglichen Entscheidungen oder Stellungnahmen der Gerichte bzw. der Vertreter der Literatur indessen nicht. Haben Zahlungsdienstleister und Zahlungsdienstnutzer keine entsprechenden Vereinbarungen getroffen, dass der Zahlungsdienstleister durch ihn geltend gemachte Zahlungsansprüche in das Kontokorrent des Zahlungsdienstnutzers einstellen darf, so scheidet eine entsprechende Vorgehensweise im Wege der Selbsthilfe aus.[138]

Die Berechtigung zu einer derartigen Vorgehensweise muss sich nach den den Geschäftsbeziehungen zugrunde liegenden Vereinbarungen der Vertragsparteien richten. Relevant ist insoweit der in vorliegendem Sachverhalt maßgebliche Zahlungsdiensterahmenvertrag.[139]

Eine derartige Vorgehensweise kann jedoch überhaupt nur dann in Betracht kommen, wenn der Anspruch des Zahlungsdienstleisters unbestritten oder rechtskräftig festgestellt ist.[140] Befindet sich der Zahlungsdienstleister mit dem Zahlungsdienstnutzer indessen in einer Auseinandersetzung über die Berechtigung des Anspruchs aus § 675u S. 2 BGB und/oder die Berechtigung des Anspruchs des Zahlungsdienstleisters auf Schadensersatz, würde eine derartige Vorgehensweise im Ergebnis dazu führen, dass der Zahlungsdienstleister auf diesem Weg die Wertung des § 675u S. 2 BGB umgehen und den insoweit nicht bestehenden Aufwendungsersatzanspruch gegenüber dem Zahlungsdienstnutzer durchsetzen könnte. Damit aber würde gleichzeitig der Anforderung des § 675u BGB auf unverzügliche Erstattung nicht genügt. Daher kann der Zahlungsdienstleister Ansprüche nur dann in das Kontokorrent des Zahlungsdienstnutzers einstellen, wenn die Rechtsbeziehungen zwischen Zahlungsdienstnutzer und Zahlungsdienstleister hinsichtlich der Frage der Berechtigung der wechselseitigen Ansprüche abschlie-

---

137 *Piekenbrock*, WM 2015, 797 (802); LG Essen WM 2015, 2098 (2100); LG Berlin NJW-RR 2011, 352 (352); OLG Düsseldorf BKR 2008, 41 (41); KG MMR 2011, 338 (338); BGH WM 2004, 2309 (2310); offen gelassen OLG Dresden BeckRS 2014, 5445.

138 MüKoBGB/*Zetzsche*, 9. Auflage, 2023, § 675u Rn. 34.

139 BGH NJW 1982, 2193 (2194); hierzu auch bereits RGZ 136, 178 (179).

140 Zur Berechtigung der Kontobelastung durch den Zahlungsdienstleister grundsätzlich BGH WM 2004, 2309 (2310): KG MMR 2011, 338 (338); wohl auch OLG Zweibrücken MMR 2010, 346 (346); offen gelassen LG Nürnberg-Fürth WM 2021, 1144 (1146).

ßend einvernehmlich oder abschließend gerichtlich geklärt sind. Insoweit scheidet die Möglichkeit des Zahlungsdienstleisters aus, geltend gemachte Ansprüche auf Schadensersatz als Gegenrecht gegen den Anspruch des Zahlungsdienstnutzers bereits im Rahmen der Auseinandersetzung über die Berechtigung des Anspruchs des Zahlungsdienstleisters oder des Zahlungsdienstnutzers in das Kontokorrent des Zahlungsdienstnutzers einzustellen.

d) Das Stornorecht des Zahlungsdienstleisters nach Nr. 8 Abs. 1 und Abs. 2 der AGB-Banken?

Scheidet mangels einer Vereinbarung zwischen Zahlungsdienstleister und Zahlungsdienstnutzer die unmittelbare Belastung des Kontokorrentkontos des Zahlungsdienstnutzers mit einem Gegenanspruch des Zahlungsdienstleisters aus, so könnte gegebenenfalls Nr. 8 der Allgemeinen Geschäftsbedingungen der Banken als Rechtsgrundlage für die Belastung des Kontos des Zahlungsdienstnutzers mit dem durch den Zahlungsdienstleister geltend gemachten Schadensersatzanspruch dienen.[141] Nach Nr. 8 Abs. 1 und 2 der AGB-Banken ist der Zahlungsdienstleister berechtigt, fehlerhafte Gutschriften auf Kontokorrentkonten durch eine Belastungsbuchung rückgängig zu machen, soweit ihm ein Rückzahlungsanspruch gegen den Kunden zusteht (Stornobuchung).

Die Ermächtigung des Zahlungsdienstleisters, zu Lasten des Zahlungsdienstnutzers eine Belastungsbuchung in Höhe des Schadensersatzanspruchs auf dem Konto des Zahlungsdienstnutzers durchzuführen, könnte darin begründet sein, dass dem Zahlungsdienstleister aufgrund der geltend gemachten eigenen Schadensersatzansprüche bereits eine Anwartschaft auf einen Rückbuchungsanspruch gegenüber dem dem Kunden zustehenden Berichtigungsanspruch aus § 675u S. 2 Hs. 2 BGB zusteht. Der Anspruch des Zahlungsdienstnutzers aus § 675u S. 2 Hs. 2 BGB

---

141 Nr. 8 AGB Deutsche Bank, Fassung 6/2021 „*8. Storno- und Berichtigungsbuchungen der Bank*
(1) Vor Rechnungsabschluss
Fehlerhafte Gutschriften auf Kontokorrentkonten (zum Beispiel wegen einer falschen KontoNr.) darf die Bank bis zum nächsten Rechnungsabschluss durch eine Belastungsbuchung rückgängig machen soweit ihr ein Rückzahlungsanspruch gegen den Kunden zusteht (Stornobuchung); der Kunde kann in diesem Fall gegen die Belastungsbuchung nicht einwenden, dass er in Höhe der Gutschrift bereits verfügt hat.
(2) Nach Rechnungsabschluss
Stellt die Bank eine fehlerhafte Gutschrift erst nach einem Rechnungsabschluss fest und steht ihr ein Rückzahlungsanspruch gegen den Kunden zu, so wird sie in Höhe ihres Anspruchs sein Konto belasten (Berichtigungsbuchung). Erhebt der Kunde gegen die Berichtigungsbuchung Einwendungen, so wird die Bank den Betrag dem Konto wieder gutschreiben und ihren Rückzahlungsanspruch gesondert geltend machen.
(3)...“.

auf Erstattung des geltend gemachten Aufwendungsersatzanspruchs und damit Berichtigung des Kontostands könnte – soweit der Zahlungsdienstleister selbst berechtigterweise einen Schadensersatzanspruch geltend machen kann – dann als bevorstehende unberechtigte oder fehlerhafte Gutschrift des nicht autorisierten Zahlungsvorgangs gewertet werden. Da Nr. 8 AGB-Banken aber den Zahlungsdienstleister berechtigt, fehlerhafte Gutschriften auf dem Konto des Zahlungsdienstnutzers zu korrigieren, könnte im Fall berechtigterweise dem Zahlungsdienstleister zustehender Schadensersatzansprüche durchaus argumentiert werden, dass Nr. 8 AGB-Banken auch bei erkennbar bevorstehenden fehlerhaften Gutschriften bereits die Möglichkeit eröffnet, die durch den Zahlungsdienstnutzer geforderte Korrektur des Kontostands zu unterlassen oder aber gleichzeitig mit der durch den Zahlungsdienstnutzer geltend gemachten Berichtigungsbuchung einen Schadensersatzanspruch in das Kontokorrent des Zahlungsdienstnutzers einzustellen. Letztere Alternative hat dann formal die identische Wirkung wie die aufgrund der Geltendmachung des Schadensersatzanspruchs ganz oder teilweise unterbliebene Korrektur des Kontostands durch den Zahlungsdienstleister, lässt aber aufgrund der ausgewiesenen Korrektur- und Stornobuchungen die Einzelvorgänge nachvollziehen.

Eine derartige Argumentation überdehnt indessen die Grenzen der durch Nr. 8 Abs. 1 und Abs. 2 AGB-Banken zu erfassenden Sachverhalte. Nr. 8 AGB-Banken ist nicht darauf ausgerichtet, materielle Rechtswirkungen im Zusammenhang mit Auseinandersetzungen zwischen Zahlungsdienstnutzer und Zahlungsdienstleister zu erfassen oder zu regeln. Stattdessen soll Nr. 8 AGB-Banken der vereinfachten Korrektur von technischen Irrtümern in der Sphäre der Bank oder Mängel des Zahlungsvorgangs korrigieren.[142] Bei dem Ausgleich der wechselseitigen Ansprüche zwischen Zahlungsdienstleister und Zahlungsdienstnutzer geht es aber gerade nicht um die Korrekturen, für die Nr. 8 der AGB-Banken aufgrund technischer Fehler eine vereinfachte Korrektur ermöglichen soll. Vielmehr liegt der angestrebten Korrektur durch den Zahlungsdienstleister die Umsetzung eines materiell geltend gemachten und in der Regel streitigen Anspruchs zugrunde. Für derartige Sachverhalte ist aber Nr. 8 AGB-Banken nicht vorgesehen und kann daher auch nicht als Rechtsgrundlage für die Durchsetzung eines derartigen Schadensersatzanspruchs des Zahlungsdienstleisters herangezogen werden. Damit scheidet die Geltendmachung eines Schadensersatzanspruchs des Zahlungsdienstleisters im Wege der Korrektur des Saldos auf dem Konto des Zahlungsdienstnutzers nach Nr. 8 AGB-Banken aus.

142 *Chen*, Die Haftungsverteilung bei der nichtautorisierten Überweisung und Kreditkartenzahlung aus rechtsvergleichender Sicht, 2020, S. 78; Bunte/Zahrte/*Bunte*, 5. Auflage, 2019, 2. Teil Allgemeine Geschäftsbedingungen der Banken Rn. 148.

e) Geltendmachung von Gegenrechten aus § 242 BGB (dolo agit qui petit quod statim redditurus est)

Für die Geltendmachung der Ansprüche des Zahlungsdienstleisters auf Schadensersatz gegenüber den Ansprüchen des Zahlungsdienstnutzers aus § 675u S. 2 Hs. 2 BGB kommt grundsätzlich in Betracht, dass der Zahlungsdienstleister die Einrede des § 242 BGB auf Grundlage der Grundsätze dolo agit qui petit quod statim redditurus est erheben kann.[143] Da der Zahlungsdienstnutzer bei berechtigtem Anspruch des Zahlungsdienstleisters auf Schadensersatz die Kontoberichtigung oder erfolgte Zahlung unmittelbar nach Erfüllung durch den Zahlungsdienstleister wieder rückgängig machen müsste, könnte der Zahlungsdienstleister dem Grunde nach die Erfüllung unter Berufung auf die Einrede dolo agit qui petit quod statim redditurus est verweigern.[144]

f) § 254 BGB (analog)

Die Berücksichtigung eines Mitverschuldens des Zahlungsdienstnutzers an der Ausführung eines nicht autorisierten Zahlungsvorgangs scheidet im Rahmen des Ausgleichs der wechselseitigen Ansprüche von Zahlungsdienstleister und Zahlungsdienstnutzer aus.

aa) Mitverschulden des Zahlungsdienstnutzers nach § 254 BGB

Die Kürzung eines Anspruchs des Zahlungsdienstnutzers aus § 675u S. 2 BGB aufgrund der rechtshindernden Einwendung des § 254 BGB widerspricht der Regelungssystematik des § 675u BGB. § 254 BGB findet allein auf Schadensersatzansprüche Anwendung. Der Anspruch des Zahlungsdienstnutzers aus § 675u S. 2 BGB ist jedoch nicht auf Ersatz eines Schadens gerichtet, sondern stattdessen auf Rückgängigmachung eines durch den Zahlungsdienstleister geltend gemachten Aufwendungsersatzanspruchs. Die Rückgängigmachung erfolgt entweder durch Ausgleich des durch den Zahlungsdienstnutzer geleisteten Zahlbetrags in bar oder durch Berichtigung der Belastungsbuchung auf dem Konto des Zahlungsdienstnutzers. In beiden Fällen handelt es sich nicht um einen Schadensersatzanspruch. Damit ist für die Berücksichtigung eines Mitverschuldens im Rahmen der Erfüllung

---

143 BGH NJW 2021, 1458 (1460); LG Köln BKR 2016, 350 (351); *Fornasier*, AcP 212 (2012), 410 (436 f.); OLG Celle BKR 2021, 114 (116); OLG Hamm BeckRS 2015, 11360 Rn. 2; auch LG Essen WM 2015, 2098 (2099); BGH NJW 1994, 3344 (3345); AG Frankfurt am Main, 32 C 3377/15 (72), www.internet-law.de/wp-content/uploads/2016/04/AG_FFM_Urteil.pdf, S. 4; OLG Frankfurt NJW-RR 2007, 198 (198); LG Stuttgart WM 2014, 1814 (1818); gleiches gilt natürlich auch für den auf Barzahlung gerichteten Erstattungsanspruch des Zahlungsdienstnutzers gegenüber dem Anspruch des Zahlungsdienstleisters.

144 Vgl. z. B. OLG Dresden BeckRS 2023, 1018 Rn. 67; OLG Hamm BeckRS 2015, 11360 Rn. 2.

des Anspruchs aus § 675u S. 2 BGB kein Raum.[145] Eine direkte Anwendung des § 254 BGB scheidet daher aus.

bb) Mitverschulden des Zahlungsdienstnutzers nach § 254 BGB analog

Ebenfalls scheidet eine Kürzung des Anspruchs aus § 675u S. 2 BGB durch analoge Anwendung des § 254 BGB aus. § 675v BGB, ebenso wie gegebenenfalls weitere in Betracht kommende Schadensersatzansprüche des Zahlungsdienstleisters, stehen für die Berücksichtigung der Ansprüche des Zahlungsdienstleisters zur Verfügung. Insbesondere § 675v BGB regelt im Haftungssystem des Zahlungsdiensterechts Ansprüche des Zahlungsdienstleisters gegen den Zahlungsdienstnutzer, soweit dieser Bedingungen zur Nutzung von Zahlungsinstrumenten verletzt und insoweit ein Pflichtenverstoß des Zahlungsdienstnutzers vorliegt.[146] Damit schließt § 675v BGB die für eine analoge Anwendung des § 254 BGB erforderliche Regelungslücke. Eine Anwendung von § 254 BGB analog auf den durch den Zahlungsdienstnutzer geltend gemachten Anspruch aus § 675u S. 2 BGB scheidet damit selbst bei seinem Mitverschulden an der Ausführung eines nicht von ihm autorisierten Zahlungsvorgangs aus.[147]

2. Zwischenergebnis

Vorstehende Analyse hat gezeigt, dass bereits aufgrund fehlender Tatbestandsvoraussetzungen nicht für alle Einwendungen und Einreden des Zahlungsdienstleisters, die Rechtsprechung und Literatur zur Durchsetzung der durch den Zahlungsdienstleister geltend gemachten Schadensersatzansprüche anerkennen, der Anwendungsbereich eröffnet ist.

Die Einrede aus § 273 BGB gegenüber dem Anspruch aus § 675u S. 2 BGB scheidet für den Zahlungsdienstleister bereits deshalb aus, weil die diesbezügliche

145 Baumbach/Hefermehl/Casper/*Casper*, 24. Auflage, 2020, E. Recht des Zahlungsverkehrs, Rn. 458; MüKoBGB/*Zetzsche*, 8. Auflage, 2020, § 675y Rn. 17; *Einsele*, WM 2015, 1125 (1126, 1128); BeckOGK BGB/*Köndgen*, 15.8.2022, BGB § 675y Rn. 49; a.A. *Hadding*, WM 2014, 2065 (2068 f.); BeckOK BGB/*Schmalenbach*, 63. Ed. 1.8.2022, BGB § 675y Rn. 4; *Grundmann*, WM 2009, 1109 (1115); Langenbucher/Bliesener/Spindler/*Herresthal*, 3. Auflage, 2020, Kap. 3 § 675y Rn. 18–20; offen gelassen OLG Celle BKR 2021, 114 (116).

146 Hierzu ähnlich BeckOK BGB/*Schmalenbach*, 63. Ed. 1.8.2022, BGB § 675u Rn. 14 sowie *Foerster*, BKR 2021, 240 (247) zum fehlenden Bedürfnis der Anwendbarkeit des § 242 BGB im Verhältnis der §§ 675u BGB und 675v BGB.

147 In diesem Sinne im Rahmen des § 675z BGB wohl auch BeckOGK BGB/*Köndgen*, 15.8.2022, BGB § 675z Rn. 24.

Erhebung der Einrede auf die Herbeiführung eines endgültigen Rechtszustands gerichtet ist. § 273 BGB dient indessen nur der Leistungsverweigerung, bis eine korrespondierende Leistungspflicht des Anspruchsgegners herbeigeführt wird. Damit ist für die Anwendung des § 273 BGB kein Raum.

Eine Aufrechnung des Zahlungsdienstleisters nach §§ 387 ff. BGB mit eigenen Schadensersatzansprüchen gegen den Anspruch des Zahlungsdienstnutzers aus § 675u S. 2 BGB kommt nur in den Fällen in Betracht, in denen der Zahlungsdienstnutzer den vom Zahlungsdienstleister aufgrund des nicht autorisierten Zahlungsvorgangs geltend gemachten Aufwendungsersatzanspruch in bar erfüllt hat. Gleiches gilt, soweit der Aufwendungsersatzanspruch zwar dem Konto des Zahlungsdienstnutzers in Form einer Buchung belastet wurde, die Kontoverbindung aber zwischenzeitlich beendet wurde. Die Berechtigung des Zahlungsdienstnutzers, bei Beendigung des Kontos, dem der Zahlungsdienstleister den geltend gemachten Aufwendungsersatzanspruch belastet hat, Barzahlung verlangen zu dürfen, ergibt sich letztlich daraus, dass dem Zahlungsdienstnutzer nicht zugemutet werden kann, für die Rückabwicklung des Aufwendungsersatzanspruchs wieder ein Konto eröffnen zu müssen und dies dann im unmittelbaren Anschluss an den Buchungsvorgang wieder zu schließen. Der Zahlungsdienstleister wäre insoweit dann auch verpflichtet, den entsprechenden Betrag an den Zahlungsdienstnutzer ohne Berechnung von Gebühren und Kosten auszukehren. Die unmittelbare Auszahlung des Aufwendungsersatzanspruchs in einem derartigen Fall dient damit der Abkürzung des Leistungswegs.

Dies gilt auch, soweit der Zahlungsdienstnutzer trotz Beendigung des Kontos, auf dem die Belastungsbuchung erfolgte, noch weitere separate Konten bei dem Zahlungsdienstleister führt.[148] Der Erstattungsanspruch bezieht sich nämlich allein auf die kongruente Rückabwicklung des geltend gemachten Erstattungsanspruchs. Es kann dem Zahlungsdienstnutzer nicht zugemutet werden, dass er trotz Beendigung der relevanten Kontobeziehung Kontodispositionen auf anderen beim Zahlungsdienstleister geführten Konten dulden muss. Die Dispositionsbefugnis über diese Konten steht allein dem Zahlungsdienstnutzer zu.

In allen anderen Fällen, in denen der Zahlungsdienstleister seinen geltend gemachten Aufwendungsersatzanspruch in das Konto des Zahlungsdienstnutzers eingestellt hat und er gegen einen Anspruch des Zahlungsdienstnutzers aus § 675u S. 2 Hs. 2 BGB mit einem Anspruch aus §§ 675v, 280 BGB nach §§ 387 ff. BGB aufrechnen will, scheidet diese Aufrechnung mangels Gleichartigkeit des Anspruchs auf Kontoberichtigung nach § 675u S. 2 Hs. 2 BGB mit dem Anspruch des Zahlungsdienstleisters auf Schadensersatz in Form eines Geldbetrags aus.

148 A.A. Langenbucher/Bliesener/Spindler/*Herresthal*, 3. Auflage, 2020, Kap. 3 § 675u Rn. 14.

Nr. 8 AGB-Banken sieht allein ein Stornorecht der Bank bei fehlerhaften Gutschriften der Bank vor. Die Anwendbarkeit auf die Berichtigung eines Restitutionsanspruchs des Zahlungsdienstnutzers aus § 675u S. 2 BGB, weil dem Zahlungsdienstleister ein Gegenanspruch aus §§ 675v, 280 BGB zusteht, überdehnt den Anwendungsbereich der Nr. 8 der AGB-Banken. Nr. 8 AGB-Banken ist zur vereinfachten Bereinigung technisch ausgelöster Fehlbuchungen bzw. diesbezüglicher Korrekturen vorgesehen, nicht aber zur endgültigen Durchsetzung oder Abwehr von in der Regel streitigen wechselseitigen Ansprüchen.

Die Berücksichtigung eines Mitverschuldens des Zahlungsdienstnutzers bei der Bemessung des Anspruchs aus § 675u S. 2 BGB in direkter Anwendung des § 254 BGB scheidet aufgrund der Rechtsnatur des § 675u S. 2 BGB als reiner Restitutions- und nicht Schadensersatzanspruch aus. Für eine analoge Anwendung des § 254 BGB ist mangels Regelungslücke kein Raum.

Dem Grunde nach steht daher dem Zahlungsdienstleister auf Grundlage der rein zivilrechtlichen Anspruchsvoraussetzungen nationalen Rechts die Einrede nach § 242 BGB zu (dolo agit qui petit quod statim redditurus est).

3. Systematische Unzulässigkeit der Geltendmachung von Einwendungen und Einreden gegen den Anspruch des Zahlungsdienstnutzers aus § 675u S. 2 BGB

Vorstehende Analyse hat gezeigt, dass nur in Fällen des § 675u S. 2 Hs. 1 BGB die Tatbestandsvoraussetzungen der §§ 387 ff. BGB zur Durchsetzung der seitens des Zahlungsdienstleisters geltend gemachten Schadensersatzansprüche erfüllt sind. In Fällen des § 675u S. 2 Hs. 2 BGB, aber auch in Fällen des § 675u S. 2 Hs. 1 BGB kann der Zahlungsdienstleister auf Grundlage der Tatbestandsvoraussetzungen des § 242 BGB (dolo agit qui petit quod statim redditurus est) seine Gegenansprüche gegen die Ansprüche des Zahlungsdienstnutzers geltend machen.

Auch wenn die Tatbestandsvoraussetzungen der §§ 387 ff. BGB für den Fall der §§ 675u S. 2 Hs. 1, 242 BGB unter nationalem Recht dem Grunde nach die unmittelbare Geltendmachung der Schadensersatzansprüche des Zahlungsdienstleisters nach §§ 675v, 280 BGB nicht ausschließen, stellt sich jedoch die Frage, ob der Geltendmachung dieser Einwendungen und Einreden nicht die Wertungen der PSD II bzw. der Rechtsgedanke und die Systematik des § 675u S. 2 BGB entgegenstehen.[149]

149 Gleichermaßen gilt dies natürlich auch für die Vertreter der Auffassung, die eine Aufrechnung nach §§ 387 ff. BGB, 273 BGB bzw. dem Stornorecht nach Nr. 8 AGB-Banken entgegen der hier vertretenen Auffassung bejahen.

a) Schadenseintritt nach § 675v BGB

Gegen die unmittelbare Geltendmachung der Schadensersatzansprüche des Zahlungsdienstleisters gegen Ansprüche aus § 675u S. 2 BGB spricht zunächst der Wortlaut des § 675v Abs. 3 Hs. 1 BGB. § 675v Abs. 3 Hs. 1 BGB regelt, dass abweichend von den Absätzen 1 und 2 der Zahlungsdienstnutzer dem Zahlungsdienstleister zum Ersatz des gesamten Schadens unter den Voraussetzungen der darauffolgenden Regeltatbestände verpflichtet ist. Wenn aber der Zahlungsdienstnutzer zum Ersatz des Schadens verpflichtet ist, muss dieser bei dem Zahlungsdienstleister zunächst einmal eingetreten sein. Würde die Geltendmachung eines Gegenanspruchs aus §§ 675v, 280 BGB bereits die Durchsetzung eines Anspruchs aus § 675u S. 2 BGB ausschließen, könnte beim Zahlungsdienstleister gar kein Schaden i. S. d. § 675v Abs. 3 BGB entstehen. Für dieses Verständnis spricht auch die Formulierung in § 675v Abs. 1 Hs. 2 BGB, der ebenfalls vom Ersatz des entstandenen Schadens spricht (auch wenn dort die Ersatzpflicht auf 50,00 Euro begrenzt ist).

b) Die Wertung aus Art. 74 PSD II

Die Auslegung, dass die Berücksichtigung eines beim Zahlungsdienstleister eingetretenen Schadens die unmittelbare Abwehr eines Anspruchs des Zahlungsdienstnutzers nach § 675u S. 2 BGB ausschließt, entspricht auch dem Willen und der Wertung des europäischen Gesetzgebers für die PSD II. Art. 74 Abs. 1 S. 1 PSD II verpflichtet den Zahlungsdienstnutzer zunächst, Schäden des Zahlungsdienstleisters bis zu einem Betrag von 50,00 Euro zu tragen.[150] Auch hier setzt die Vorschrift damit zunächst einen Verlust bzw. eine Vermögensaufwendung des Zahlungsdienstleisters voraus, also einen erlittenen Schaden. Art. 74 Abs. 1 S. 3 PSD II formuliert im Hinblick auf den in § 675v Abs. 3 Hs. 1 BGB geregelten Ersatz von Schäden allerdings abweichend, dass der Zahlungsdienstnutzer alle <u>Verluste</u>[151] zu tragen habe, die in Verbindung mit nicht autorisierten Zahlungsvorgängen entstanden sind, wenn der Zahlungsdienstnutzer sie in betrügerischer Absicht oder durch vorsätzliche oder grob fahrlässige Verletzung einer oder mehrerer der Pflichten nach Art. 69 herbeigeführt hat. Der Vergleich des Wortlauts von Art. 74 Abs. 1 S. 1 und S. 3 PSD II in der englischen und französischen Sprachfassung bestätigt aber, dass der Begriff des Schadens in Art. 74 Abs. 1 S. 1 PSD II im Vergleich zum Begriff des Verlusts in Art. 74 Abs. 1 S. 3 PSD II keine inhaltlichen Unterschiede aufweist.[152]

---

150 Entsprechend in Art. 61 Abs. 1 und Abs. 2 PSD, die von „Schaden" bzw. „Schäden" sprechen.

151 Hervorhebung Verfasser.

152 Englische Sprachfassung:
Art. 74 Abs. 1 S. 1 PSD II:

Unter dem Begriff des Verlusts und des Schadens in Art. 74 Abs. 1 S. 1 und S. 3 PSD II ist zu verstehen, dass letztlich eine Vermögenseinbuße des Zahlungsdienstleisters eingetreten sein muss, die sich materiell auf seinen Vermögensbestand ausgewirkt hat und nicht lediglich droht. Dieses Ergebnis widerspricht der Annahme der Zulässigkeit der unmittelbaren Geltendmachung von Einwendungen und Einreden durch den Zahlungsdienstleister gegen den Anspruch des Zahlungsdienstnutzers aus § 675u S. 2 BGB. Könnte nämlich der Zahlungsdienstleister bereits die Rechtsfolge des § 675u S. 2 BGB mit der Geltendmachung der Gegenrechte unmittelbar abwehren, so könnte es nie zu einem Verlust des Zahlungsdienstleisters i. S. d. Art. 74 PSD II kommen.

Der Verlust i. S. d. Art. 74 PSD II tritt nämlich erst dann ein, wenn entweder die Erfüllung des durch den Zahlungsdienstnutzer geltend gemachten Anspruchs aus § 675u S. 2 Hs. 1 BGB durch den Zahlungsdienstleister erfolgt ist oder durch die Korrekturbuchung nach § 675u S. 2 Hs. 2 BGB der status quo ante vor der Buchung des durch den Zahlungsdienstleister geltend gemachten Aufwendungsersatzanspruchs wieder hergestellt ist.

Der für die Anwendung unter Art. 74 PSD II beim Zahlungsdienstleister erforderliche Eintritt des Verlusts bestätigt, dass auch der europäische Gesetzgeber davon ausgegangen ist, dass unter Berücksichtigung der ausdrücklich in der PSD II aufgeführten Ausnahmetatbestände[153] grundsätzlich zunächst der Anspruch des Zahlungsdienstnutzers auf Rückgängigmachung des nicht autorisierten Zahlungsvorgangs bzw. Korrektur des unzutreffend ausgewiesenen Kontostands zu erfüllen ist.

„By way of derogation from Article 73, the payer may be obliged to bear ***the losses*** *relating to any unauthorised payment transactions,...“*

Art. 74 Abs. 1 S. 3 PSD II:

„...The payer shall bear all of ***the losses*** *relating to any unauthorised payment transactions if they were incurred by the payer acting fraudulently or failing to fulfil one or more of the obligations set out in Article 69 with intent or gross negligence“.;*

Französische Sprachfassung:

Artikel 74 Abs. 1 S. 1 PSD II:

„...Par dérogation à l'article 73, le payeur peut être tenu de supporter, jusqu'à concurrence de 50 EUR, ***les pertes*** *liées à toute opération de paiement non autorisée consécutive à l'utilisation d'un instrument de paiement perdu ou volé ou au détournement d'un instrument de paiement...“.*

Art. 74 Abs. 1 S. 3 PSD II:

„...Le payeur supporte ***toutes les pertes*** *occasionnées par des opérations de paiement non autorisées si ces pertes résultent d'un agissement frauduleux de la part du payeur ou du fait qu'il n'a pas satisfait...“.*

153 Also z. B. in Fällen betrügerischer Absicht des Zahlungsdienstnutzers.

c) Unverzügliche Erstattung i. S. d. § 675u S. 2 BGB

Für einen Ausschluss der unmittelbaren Geltendmachung eines Ausgleichs- oder Schadensersatzanspruchs des Zahlungsdienstleisters spricht zudem der Regelungsgehalt des § 675u S. 2 BGB selbst. Dieser verpflichtet den Zahlungsdienstleister, dem Zahlungsdienstnutzer den Zahlungsbetrag unverzüglich zu erstatten und, sofern der Betrag einem Zahlungskonto belastet worden ist, dieses Zahlungskonto wieder auf den Stand zu bringen, auf dem es sich ohne die Belastung durch den nicht autorisierten Zahlungsvorgang befunden hätte.[154] Das Merkmal der Unverzüglichkeit wird im folgenden Satz noch einmal wiederholt. Auch wenn diese Wiederholung des Merkmals der Unverzüglichkeit keinen eigenständigen Regelungsgehalt gegenüber dem entsprechenden Merkmal im vorhergehenden Satz 2 des § 675u BGB beizumessen ist, so drückt der Gesetzgeber dennoch mit der Wiederholung die besondere Bedeutung dieses Merkmals im Rahmen der Abwicklung und Durchsetzung des Anspruchs des Zahlungsdienstnutzers aus § 675u S. 2 BGB aus.

Das Merkmal der Unverzüglichkeit wird hierbei nicht mehr zu bejahen sein, wenn der Zahlungsdienstleister berechtigt wäre, Gegenansprüche zu behaupten und die Wirksamkeit und Durchsetzbarkeit dieser Gegenansprüche zunächst geprüft und eine Auseinandersetzung über die Berechtigung der Durchsetzung der behaupteten Gegenansprüche des Zahlungsdienstleisters geführt werden müsste.[155] Eine Einschränkung der unverzüglichen Erstattung des Anspruchs des Zahlungsdienstnutzers aus § 675u S. 2 BGB hat der Gesetzgeber in § 675u S. 4 BGB für Fälle vorgesehen, in denen der Zahlungsdienstleister berechtigte Gründe für den Verdacht betrügerischen Verhaltens des Zahlungsdienstnutzers hat. Angesichts der hohen Anforderungen, die an die Mitteilung berechtigter Gründe des Verdachts des betrügerischen Verhaltens durch den Zahlungsdienstnutzer zu stellen sind, wird es nur in Ausnahmefällen zu einer Einschränkung der im Zusammenhang mit dem Begriff der unverzüglichen Erstattung nach § 675u S. 2 BGB verknüpften Maximalfrist kommen. Dies zeigt auch, dass sowohl der europäische als auch der nationale Gesetzgeber keine Verzögerung der Erfüllung des Anspruchs des Zahlungsdienstnutzers nach § 675u S. 2 BGB zulassen wollten, die nicht ausdrücklich in § 675u BGB geregelt ist.

d) Rechtsgedanke der Bürgschaft auf erstes Anfordern

Das Verhältnis zwischen § 675u S. 2 BGB und der Geltendmachung von Einwendungen und Einreden des Zahlungsdienstleisters auf Grundlage von Gegenan-

154 Ebenso natürlich Art. 73 PSD II.

155 *Belling/Belling*, JZ 2010, 708 (711); *Bartels*, WM 2010, 1828 (1833); LG Hannover BKR 2011, 348 (349).

sprüchen des Zahlungsdienstleisters ist insoweit mit den Grundsätzen zur Bürgschaft auf erstes Anfordern und Einwendungen des diesbezüglichen Bürgen gegen dessen Inanspruchnahme vergleichbar. Bei einer Bürgschaft auf erstes Anfordern verpflichtet sich der Bürge, unmittelbar auf Verlangen des Gläubigers der Bürgschaft Zahlung aus der Bürgschaft zu leisten (erstes Anfordern).[156] Der Bürge verzichtet damit für den Fall der Inanspruchnahme einstweilig auf Einreden aus dem Hauptschuldverhältnis gemäß §§ 768, 770, 771 BGB.[157] Bei einer Bürgschaft auf erstes Anfordern reicht es für die Inanspruchnahme des Bürgen aus, dass der Gläubiger den Bürgen zur Zahlung auffordert und hierzu erklärt, was als Voraussetzung der Zahlung auf erstes Anfordern in der Bürgschaft niedergelegt ist.[158] Der Zweck einer derartigen Bürgschaft ist – entgegen dem gesetzlichen Leitbild der Bürgschaft – dem Bürgschaftsgläubiger zunächst unter Verzicht auf jegliche Einreden aus der Hauptverpflichtung sofort liquide Mittel zu verschaffen, wenn der Bürgschaftsfall eingetreten ist oder der Gläubiger den Bürgschaftsfall für eingetreten hält.[159]

Ist demnach der Bürgschaftsfall nach dem Vortrag des Gläubigers eingetreten, hat die Zahlung aus der Bürgschaft selbst dann zu erfolgen, wenn ein materieller Bürgschaftsfall nicht gegeben ist. Allerdings gilt dies nur bis zur Zahlung. Danach kann der Bürge das Fehlen des materiellen Bürgschaftsfalls gegenüber dem Gläubiger im Wege eines Rückgewähranspruchs geltend machen.[160] Eine Zahlungsverweigerung besteht für den Bürgen unter einer Bürgschaft auf erstes Anfordern nur dann, wenn der Gläubiger offenkundig rechtsmissbräuchlich handelt. Damit sind neben Einwendungen, die die Begründetheit der Hauptschuld betreffen, auch „Streitigkeiten um Einzelpunkte der Bürgschaftsverpflichtung, etwa die Fragen, ob oder bis wann die Bürgschaft zeitlich begrenzt ist oder ob die Voraussetzungen der Einstandspflicht nachträglich entfallen sind“[161], nicht geeignet, die Zahlungspflicht des Bürgen abzuwenden.[162] Derartige Einwendungen muss der Bürge in einem etwaigen Rückforderungsprozess darlegen und beweisen.[163] Etwas anderes gilt nur, wenn die Einwendungen unstreitig sind oder sich aus der Bürgschaftsurkunde selbst ergeben (sogenannte liquide Beweismittel).[164] Der Bürge kann in derartigen Fällen auch den sogenannten Arglisteinwand erheben, da bereits bei Inanspruch-

156 MüKoBGB/*Habersack*, 8. Auflage, 2020, § 765 Rn. 106.
157 BGH NJW 1999, 55 (57).
158 BGH NJW 1998, 2280 (2281), BGH NJW 1997, 255 (255); BGH NJW 1994, 380 (381).
159 *Musielak*, JA 2015, 161 (165); *Oepen*, NJOZ 2009, 756 (759).
160 BGH NJW 1989, 1606 (1607); BGH WM 1984, 44 (45); BGH NJW 1979, 1500 (1500).
161 BGH NJW 2000, 1563 (1564).
162 BGH NJW 2000, 1563 (1564); ebenso BGH NJW-RR 1989, 1324 (1325).
163 BeckOGK BGB/*Madaus*, 1.4.2022, BGB § 765 Rn. 312.
164 BeckOGK BGB/*Madaus*, 1.4.2022, BGB § 765 Rn. 312.

nahme aus der Bürgschaft auf erstes Anfordern aufgrund der offensichtlich nicht gegebenen materiellen Verpflichtung aus der Bürgschaft zweifellos klar ist, dass das aus der Bürgschaft Geleistete im Rückforderungsprozess wieder an den Bürgen ausgekehrt werden müsste. Letztlich sind derartige Fälle indessen selten, da die Strapazierung des Arglisteinwands die Liquiditätsfunktion der Bürgschaft auf erstes Anfordern aushöhlen würde.[165]

Eine vergleichbare materielle Interessenlage bilden auch die Regelungen der § 675u S. 2 BGB ab. Der Gläubiger der Erstattungsansprüche aus § 675u S. 2 BGB soll bereits bei formeller Beanstandung, dass eine nicht autorisierte Zahlung ausgelöst wurde, von dem ihm gegenüber geltend gemachten Aufwendungsersatzanspruch befreit werden. Dies soll auch unverzüglich geschehen. Dies entspricht der Geltendmachung des Anspruchs des Gläubigers gegenüber dem Bürgen aus der Bürgschaft auf erstes Anfordern. In beiden Fällen soll der Anspruch des Anspruchsberechtigten bei Geltendmachung des Anspruchs unverzüglich erfüllt werden. Eine materielle Prüfung der Anspruchsberechtigung soll gerade nicht erfolgen. Der dem Bürgen allein zustehende Einwand eines Rechtsmissbrauchs, der zur berechtigten Verweigerung der Zahlung aus der Bürgschaft führen kann, entspricht der Anzeige des Zahlungsdienstleisters mit dem begründeten Inhalt bei der zuständigen Behörde (§ 675u S. 4 BGB). Nur in einem derartigen Fall soll der Zahlungsdienstleister nämlich berechtigt sein, die Erfüllung des Erstattungsanspruchs (zunächst) zu verweigern. Da die Aufklärung des Sachverhalts und die gebotene Darlegung der berechtigten Gründe, dass ein betrügerisches Verhalten des Zahlungsdienstnutzers vorliegt, in der Regel kaum innerhalb der in § 675u BGB festgelegten Frist erfüllt werden kann, wird die erfolgreiche Verweigerung des Zahlungsdienstleisters unter Berufung auf diese Vorschrift außergewöhnlichen Einzelfällen vorbehalten sein.[166] Damit führt die Berufung des Zahlungsdienstnutzers auf § 675u S. 2 BGB regelmäßig zur Erfüllung des durch den Zahlungsdienstnutzer geltend gemachten Anspruchs.[167] Gerade dies ist auch vom europäischen und nationalen Gesetzgeber gewollt.

Wäre der Zahlungsdienstleister daher berechtigt, seine Ansprüche aus § 675v BGB oder sonstige Schadensersatzansprüche der Erfüllung des Anspruchs aus § 675u S. 2 BGB entgegen zu setzen, so würde das Gebot der unverzüglichen Berichtigung des zu Lasten des Zahlungsdienstnutzers bereits umgesetzten Aufwendungsersatzanspruchs des Zahlungsdienstleisters, entgegen der Ratio des Art. 73

165 *Fischer*, WM 2005, 529 (536); BeckOGK BGB/*Madaus*, 1.4.2022, BGB § 765 Rn. 313.

166 Vgl. B., I., 2., b), aa) dieser Arbeit.

167 Weigert sich der Zahlungsdienstleister dennoch den Anspruch des Zahlungsdienstnutzers zu erfüllen, so wird ein gerichtliches „einstweiliges Verfügungsverfahren" regelmäßig Erfolg haben müssen.

Abs. 1 PSD II, entwertet. Ebenso wie bei der Bürgschaft auf erstes Anfordern gilt auch im Verhältnis des § 675u S. 2 BGB zu § 675v BGB und sonstigen Schadensersatzansprüchen des Zahlungsdienstleisters: Erst zahlen, dann prozessieren![168]

e) Verbot der Geltendmachung von Gegenrechten gegen den Anspruch aus § 675u S. 2 BGB aus der Natur des Rechtsverhältnisses

Hiervon ausgehend besteht ein Exklusivitätsverhältnis zwischen § 675u BGB und § 675v BGB bzw. sonstiger dem Zahlungsdienstleister zustehender Schadensersatzansprüche, soweit es um die einheitliche Geltendmachung der diesbezüglichen Einreden und Einwendungen geht. Hieraus folgt, dass die Geltendmachung der Gegenansprüche des Zahlungsdienstleisters nicht dazu führen kann, dass die Durchsetzung des durch den Zahlungsdienstnutzer geltend gemachten Anspruchs aus § 675u S. 2 BGB – mit Ausnahme der Fälle des betrügerischen Handelns – gehemmt oder vollständig vereitelt wird. Insoweit steht der Durchsetzung der Einwendungen und Einreden des Zahlungsdienstleisters auch der Einwand entgegen, dass die Natur des insoweit zwischen Zahlungsdienstnutzer und Zahlungsdienstleister bestehenden Rechtsverhältnisses eine Vorleistungspflicht des Zahlungsdienstleisters vorsieht.[169] Anerkanntermaßen kann nach Treu und Glauben gemäß § 242 BGB eine Aufrechnung zwischen zwei Parteien ausgeschlossen sein, wenn diese mit dem besonderen Inhalt der zwischen den Parteien begründeten Rechtsbeziehungen nicht vereinbar ist.[170] Ebenso ist im Rahmen des Auftragsrechts anerkannt, dass eine Aufrechnung ausgeschlossen sein kann, wenn der Auftraggeber bei der Erteilung des Auftrags mit der unverzüglichen Abführung des durch die Geschäftsführung Erlangten rechnen durfte.[171]

Dieser Rechtsgedanke findet auf Grundlage der Wertung des Art. 73 Abs. 1 PSD II auch im Verhältnis zwischen Zahlungsdienstleister und Zahlungsdienstnutzer Anwendung, soweit es um die Durchsetzung von Gegenansprüchen des Zahlungs-

168 Ähnlich *Dieckmann*, WM 2015, 14 (17) der unter Geltung der Zahlungsdiensterichtlinie darauf verweist, dass aufgrund des zwingenden Charakters des § 675u S. 2 BGB der Zahlungsdienstleister gehindert sei, ihm etwa zustehende Bereicherungsansprüche nach § 812 Abs. 1 S. 1, 1. Alt. BGB im Wege der Selbsthilfe gegenüber dem Zahlungsdienstnutzer durch Buchung auf dessen Konto durchzusetzen; zum Grundsatz „erst zahlen, dann prozessieren" u. a. *Mertins*, NJ 2012, 492 (492).

169 A.A. BGH BKR 2021, 240 (243).

170 BGH NJW 1957, 1759 (1760); BGH NJW 1991, 839 (840); BGH NJW 2011, 2351 (2354); BGH NJW 2020, 1364 (1365); BeckOGK BGB/*Skamel*, 1.4.2023, BGB § 387 Rn. 194; Grüneberg/*Grüneberg*, 83. Auflage, 2024, § 387 Rn. 15; BeckOK BGB/*Dennhardt*, 66. Ed. 1.5.2023, BGB § 387 Rn. 37; MüKoBGB/*Schlüter*, 9. Auflage, 2022, § 387 Rn. 60; OLG Düsseldorf NJW-RR 1999, 643 (643).

171 BGH NJW 1954, 1722 (1723); RGZ 160, 52 (60).

dienstleisters gegen den Anspruch des Zahlungsdienstnutzers aus § 675u S. 2 BGB geht.

Die Geltendmachung der Gegenrechte des Zahlungsdienstleisters widerspricht insoweit dem aufgrund des Rückforderungsrechts des Zahlungsdienstnutzers aus § 675u BGB zwischen Zahlungsdienstnutzer und Zahlungsdienstleister bestehenden – insoweit isolierten – Rechtsverhältnis, das allein auf Rückgängigmachung des durch den Zahlungsdienstleister geltend gemachten Aufwendungsersatzanspruchs gerichtet ist. Auch wenn die Gegenrechte des Zahlungsdienstleisters im Zusammenhang mit der Ausführung von Zahlungsdiensten stehen, so handelt es sich bei Schadensersatzansprüchen des Zahlungsdienstleisters bei der Verletzung von Pflichten aus dem Zahlungsdiensterahmenvertrag durch den Zahlungsdienstnutzer um sonstige Pflichten des Zahlungsdienstnutzers. Diese Schadensersatzpflichten des Zahlungsdienstnutzers stehen damit in keinem unmittelbaren und untrennbaren Zusammenhang mit der Rückabwicklung nach § 675u S. 2 BGB. Aufgrund der Auseinandersetzung zwischen Zahlungsdienstleister und Zahlungsdienstnutzer besteht lediglich ein innerer Zusammenhang zwischen dem Anspruch auf Rückabwicklung nach § 675u S. 2 BGB und dem Anspruch des Zahlungsdienstleisters auf Schadensersatz wegen der Verletzung von besonderen Sorgfaltspflichten.[172] Gleichwohl handelt es sich um unabhängige Ansprüche. Die Unabhängigkeit der wechselseitigen Ansprüche von Zahlungsdienstnutzer und Zahlungsdienstleister kommt hierbei bereits durch die strukturelle Aufteilung des Anspruchs des Zahlungsdienstnutzers in § 675u BGB und die separate Behandlung der Schadensersatzpflichten des Zahlungsdienstleisters in § 675v BGB zum Ausdruck.

Zahlungsdienstnutzer (und auch der Zahlungsdienstleister) gehen aufgrund der grundsätzlichen Entscheidung des europäischen Gesetzgebers im Zahlungsdiensterecht im Zusammenhang mit der Ausführung von Zahlungsdiensten davon aus, dass die Belastung des Zahlungsdienstnutzers mit einem Aufwendungsersatzanspruch nur dann erfolgen darf, soweit eine autorisierte Zahlungsanweisung des Zahlungsdienstnutzers und kein diesbezügliches rechtsmissbräuchliches Verhalten vorliegt. Der Zahlungsdienstnutzer kann und muss also damit rechnen (können), dass in den Fällen, in denen er den Zahlungsvorgang nicht autorisiert hat, die Rechtswirkungen des Aufwendungsersatzanspruchs, die sich allein auf die autorisierte Zahlung beziehen, nicht durch andere Ansprüche aufrechterhalten werden.[173] Ist der Vorgang damit nicht autorisiert, verlagert das Zahlungsdiensterecht das Risiko der wirtschaftlichen Belastung aus dem Zahlungsvorgang – auch wie-

172 In diesem Sinne BGH NJW 1954, 1722 (1724).
173 So aber BGH NJW 2021, 1458 (1460).

derum gegebenenfalls nur bis zur Widerlegung der beanstandeten Autorisierung durch den Zahlungsdienstnutzer – in die Risikosphäre des Zahlungsdienstleisters.

Diese zwingende Anordnung würde unterlaufen, wenn es dem Zahlungsdienstleister möglich wäre, mit Gegenansprüchen die Durchsetzung des originären Anspruchs des Zahlungsdienstnutzers aus § 675u S. 2 BGB vorübergehend oder vollständig zu vereiteln. Dem Zahlungsdienstnutzer kann es nämlich gerade daran gelegen sein, dass er aus spezifischen individuellen Gründen die Rückgängigmachung des durch den Zahlungsdienstleister geltend gemachten Aufwendungsersatzanspruchs zeitnah durchsetzt. Dies kann zum Beispiel der Fall sein, damit der Zahlungsdienstnutzer andere Verpflichtungen erfüllen kann, was ihm bei der Blockade des Anspruchs aus § 675u S. 2 BGB während der Prüfung der Berechtigung der Gegenansprüche des Zahlungsdienstleisters gegebenenfalls nicht oder nicht in vollem Umfang möglich wäre. Der Zahlungsdienstleister schränkt nämlich durch die Geltendmachung von Gegenansprüchen die Verfügungsmacht des Zahlungsdienstnutzers in Höhe des geltend gemachten Gegenanspruchs ein. Damit kann es zu Beeinträchtigungen des Zahlungsdienstnutzers in seiner wirtschaftlichen Verfügungsberechtigung über sein Zahlungskonto kommen und damit zu Nachteilen führen. Auch wenn derartige Nachteile bei späterer Feststellung, dass die geltend gemachten Gegenrechte nicht berechtigt waren, auszugleichen sind, kann dies aber dennoch zu Schäden führen, die gerade nachträglich nicht mehr ausgleichsfähig sind. Dies können z.B. erhebliche Reputationsschäden des Zahlungsdienstnutzers sein, die dadurch entstehen, dass er nicht fristgemäß fällige Leistungen gegenüber seinen sonstigen Gläubigern erfüllen kann. Der insoweit z. B. bei Geschäftspartnern des Zahlungsdienstnutzers ggf. entstehende Verlust der Vertrauenswürdigkeit des Zahlungsdienstnutzers ist kaum messbar und damit auch in der Regel wirtschaftlich durch den Zahlungsdienstleister nicht kompensierbar. In einem derartigen Fall können immaterielle Reputationsschäden zu erheblichen materiellen Schäden des Zahlungsdienstnutzers führen, die aber mangels Darlegungsmöglichkeit und Beweisbarkeit der Kausalität für z.B. entgangene zukünftige Geschäftsabschlüsse materiell nicht als Schaden beim Zahlungsdienstleister liquidierbar wären. Auch derartige Folgen sollen aber nach Auffassung des Verfassers durch die unverzügliche Erfüllung des Anspruchs aus § 675u S. 2 BGB verhindert werden.

Insoweit schließt das isoliert zwischen Zahlungsdienstleister und Zahlungsdienstnutzer bestehende Rückabwicklungsverhältnis aus § 675u S. 2 BGB nach Auffassung des Verfassers die unmittelbare Geltendmachung eines Gegenanspruchs aus der Natur des aus § 675u BGB folgenden Rechtsverhältnisses aus.

Hat der Zahlungsdienstleister Bedenken, dass er seine eigenen berechtigten Ansprüche zu einem späteren Zeitpunkt nicht mehr gegenüber dem Zahlungsdienstnutzer durchsetzen kann, so stehen ihm die relevanten prozessualen Möglichkeiten zur Sicherung seines behaupteten Anspruchs zur Verfügung. Dies kann insbesondere durch einen gerichtlichen Arrest erfolgen.[174]

f) Ausschluss sonstiger Einwendungen und Einreden des Zahlungsdienstleisters zur Abwehr des Anspruchs des Zahlungsdienstnutzers aus § 675u S. 2 BGB aufgrund der Regelungen der PSD II

aa) Grundsatz

Der Ausschluss von Einwendungen und Einreden des Zahlungsdienstleisters gegenüber dem Anspruch des Zahlungsdienstnutzers aus § 675u S. 2 BGB entspricht auch im Übrigen den Vorgaben der PSD II.

Rechtsprechung[175] und Vertreter der Literatur[176], die die Geltendmachung von Einwendungen und Einreden des Zahlungsdienstleisters gegen Ansprüche des Zahlungsdienstnutzers aus § 675u S. 2 BGB anerkennen, verweisen unter anderem darauf, dass die Anerkennung von Einwendungen des Zahlungsdienstleisters gegen die Geltendmachung eines Anspruchs des Zahlungsdienstnutzers aus § 675u S. 2 BGB die europäischen Vorgaben der PSD nicht verletze.[177] Trotz des vollharmonisierenden Charakters der PSD folge daraus nicht, dass das mitgliedstaatliche Recht dem Zahlungsdienstleister keine anderen Einwendungen einräumen dürfe.[178] Die PSD enthalte keine der Anwendung des § 242 BGB entgegenstehenden Vorgaben zu Einwendungen und Einreden des Zahlungsdienstleisters. Zum anderen verweisen die Vertreter dieser Auffassung auf Erwägungsgrund 31 PSD.[179] Aus dem Hinweis in Erwägungsgrund 31 PSD, dass die Anwendbarkeit der Verjährungsregeln in den nationalen Rechtsordnungen unberührt bleiben soll, ziehen sowohl die aktuelle Rechtsprechung als auch die diesbezüglichen Vertreter der Literatur den Schluss, dass nichts dagegen spreche, diesen Hinweis auf die Anwendbarkeit dieser einzelnen Einrede als allgemeinen Grundsatz auch auf andere Einwendungen oder Einreden nach nationalem Recht zu übertragen. Insoweit sehen die Vertreter dieser Auffassung in Erwägungsgrund 31 eine Programmbestimmung für das jeweilige einzelstaatliche Recht.[180] Gleichwohl erkennen die Vertreter dieser Auffassung, dass Erwägungsgrund 70 PSD II diesen Grundsatz abweichend von Erwägungsgrund

---

174 BGH NJW 1954, 1722 (1724).

175 Z. B. BGH BKR 2021, 240 (243).

176 Z. B. BeckOGK BGB/*M. Zimmermann*, 1.9.2022, BGB § 675u Rn. 51; *Fornasier*, AcP 212 (2012), 410 (436).

177 BKR 2021, 240 (243); *Fornasier*, AcP 212 (2012), 410 (436); Argumentation bezogen auf die PSD.

178 BGH BKR 2021, 240 (243).

179 BGH BKR 2021, 240 (243) unter Verweis auf BeckOGK BGB/*Zimmermann*, 1.8.2020, § 675u Rn. 51; *Fornasier*, AcP 212 (2012), 410 (436).; ebenso jetzt Erwägungsgrund 70 PSD II.

180 *Fornasier*, AcP 212 (2012), 410 (436); BeckOGK BGB/*M. Zimmermann*, 15.6.2022, BGB § 675u Rn. 51.

31 PSD formuliert. Erwägungsgrund 70 PSD II verweise allgemeiner auf nationale Einschränkungen.[181] Dieser allgemeiner gehaltene Verweis sei aber gleichbedeutend mit dem Hinweis auf die Verjährungsregelungen des Erwägungsgrunds 31 PSD.[182] Ein Ausschluss anderer Gegenrechte würde eine auf keinen Sachgrund gestützte Differenzierung zwischen verschiedenen Einwendungen oder Einreden darstellen.[183]

bb) Die Wertung des Erwägungsgrunds 70 PSD II zur Zulässigkeit von Einwendungen und Einreden des Zahlungsdienstleisters gegen Ansprüche des Zahlungsdienstnutzers aus § 675u S. 2 BGB

Vergleicht man den Wortlaut des Erwägungsgrunds 31 PSD mit dem Wortlaut des Erwägungsgrunds 70 PSD II, so wird unmittelbar deutlich, dass – selbst wenn man aus Erwägungsgrund 31 PSD die Zulässigkeit der Erhebung von Einwendungen und Einreden gegen Ansprüche aus § 675u S. 2 BGB zustimmen wollte – diese Argumentation nicht ohne Weiteres aus Erwägungsgrund 70 PSD II ableitbar ist.[184] Erwägungsgrund 31 PSD weist folgenden Wortlaut auf:

> *Um die Risiken oder Folgen von nicht autorisierten oder fehlerhaft ausgeführten Zahlungsvorgängen gering zu halten, sollte der Zahlungsdienstnutzer den Zahlungsdienstleister so bald wie möglich über Einwendungen gegen angeblich nicht autorisierte oder fehlerhaft ausgeführte Zahlungsvorgänge informieren, vorausgesetzt, der Zahlungsdienstleister hat seine Informationspflichten gemäß dieser Richtlinie erfüllt. Hält der Zahlungsdienstnutzer die Anzeigefrist ein,* ***so sollte er diese Ansprüche innerhalb der nach einzelstaatlichem Recht geltenden Verjährungszeiträume geltend machen können.***[185] *Diese Richtlinie sollte andere Ansprüche zwischen Zahlungsdienstnutzern und Zahlungsdienstleistern nicht berühren.*

Erwägungsgrund 70 PSD II hat dagegen folgenden Wortlaut:

> *Um die Risiken oder Folgen nicht autorisierter oder fehlerhaft ausgeführter Zahlungsvorgänge gering zu halten, sollte der Zahlungsdienstnutzer den Zahlungsdienstleister so bald wie möglich über Einwendungen gegen angeblich nicht autorisierte oder fehlerhaft ausgeführte Zahlungsvorgänge informieren, vorausgesetzt, der Zahlungsdienstleister hat seine Informationspflichten gemäß dieser Richtlinie erfüllt. Hält der Zahlungsdienstnutzer die Anzeigefrist ein,* ***so sollte er***

---

181 BeckOGK BGB/*M. Zimmermann*, 15.6.2022, BGB § 675u Rn. 51.

182 BeckOGK BGB/*M. Zimmermann*, 15.6.2022, BGB § 675u Rn. 51.

183 BeckOGK BGB/*M. Zimmermann*, 1.9.2022, BGB § 675u Rn. 51; vgl. auch BGH BKR 2021, 240 (243) unter Verweis auf BeckOGK BGB/*Zimmermann*, 1.8.2020, § 675u Rn. 51; *Fornasier*, AcP 212 (2012), 410 (436).

184 Vgl. hierzu auch die Wertung aus Art. 74 PSD II zum vorgreiflichen Schadens- bzw. Verlusteintritt beim Zahlungsdienstleister.

185 Hervorhebung Verfasser.

> ***diese Ansprüche innerhalb der nationalen Einschränkungen geltend machen können.***[186] *Diese Richtlinie sollte andere Ansprüche zwischen Zahlungsdienstnutzern und Zahlungsdienstleistern nicht berühren.*[187]

Unklar bleibt in diesem Zusammenhang aber nun, ob der europäische Gesetzgeber mit dieser Änderung des Wortlauts nur die sich unmittelbar aus Erwägungsgrund 31 ergebende Möglichkeit der Erhebung der Einrede der Verjährung fortschreiben wollte oder beabsichtigt hatte klarzustellen, dass weitere nach nationalen Vorschriften sich ergebende Einreden und Einwendungen Einfluss auf das Rechtsverhältnis zwischen Zahlungsdienstleister und Zahlungsdienstnutzer haben können. Gegen eine Erweiterung der konkret in Erwägungsgrund 70 PSD II angesprochenen Möglichkeit der Erhebung einer Einrede der Verjährung spricht die Formulierung „nationale Einschränkungen". Diese Formulierung deutet auf allgemeine nationale rechtliche Beschränkungen hin, nicht aber auf Einwendungen und Einreden, die durch den Zahlungsdienstleister erst erhoben werden müssen. Insofern spricht bereits der Wortlaut gegen die Auffassung, dass mit diesem Hinweis in Erwägungsgrund 70 PSD II eine Erweiterung oder Weiterentwicklung der in Erwägungsgrund 31 PSD angesprochenen Einrede der Verjährung durch den europäischen Gesetzgeber beabsichtigt gewesen ist.[188]

Der abweichende Wortlaut lässt den Schluss zu, dass der europäische Gesetzgeber gerade keine weiteren individuellen Einreden und Einwendungen zulassen wollte. Vielmehr deutet der Hinweis auf die sich aus nationalem Recht per se ergebenden Einschränkungen wie z. B. § 138 BGB hin. Eine derartige Wertung würde auch der dem Zahlungsdiensterecht immanenten Risikoverteilung zwischen Zah-

---

186 Hervorhebung Verfasser.

187 Erwägungsgrund 70 PSD II: „*...In order to reduce the risks and consequences of unauthorised or incorrectly executed payment transactions, the payment service user should inform the payment service provider as soon as possible about any contestations concerning allegedly unauthorised or incorrectly executed payment transactions, provided that the payment service provider has fulfilled its information obligations under this Directive. If the notification deadline is met by the payment service user, the payment service user should be able to pursue those claims subject to national limitation periods. This Directive should not affect other claims between payment service users and payment service providers.*", vgl. inhaltlich Erwägungsgrund 74 des Proposal for a regulation on payment services : „*...The payment service user should inform the payment service provider as soon as possible about any contestations concerning allegedly unauthorised, incorrectly executed payment transactions or authorised credit transfers where there was a malfunctioning of the matching verification service, provided that the payment service provider has fulfilled its information obligations. If the notification deadline has been met by the payment service user, the payment service user should be able to pursue those claims subject to national limitation periods. That should not affect other claims between payment service users and payment service providers.*"

188 A.A. BeckOGK BGB/*M. Zimmermann*, 1.9.2022, BGB § 675u Rn. 51.

lungsdienstleister und Zahlungsdienstnutzer entsprechen, nach der das Risiko der fehlenden Autorisierung ausgeführter Zahlungsaufträge grundsätzlich dem Zahlungsdienstleister zugewiesen ist.[189] Eine maßgebliche nationale Einschränkung, innerhalb der dem Zahlungsdienstnutzer die Durchsetzung seines Anspruchs aus § 675u S. 2 BGB nach dem Willen des europäischen Gesetzgebers verwehrt sein könnte, wäre in diesem Zusammenhang nach Auffassung des Verfassers wohl darin zu sehen, wenn sich die Geltendmachung des Anspruchs des Zahlungsdienstnutzers als sittenwidrig i.S.d. § 138 BGB oder arglistig i.S.d. § 852 BGB darstellen würde. Nach dieser Auslegung wären sonstige Einwendungen und Einreden des Zahlungsdienstleisters, die z.B. der prozessökonomischen Beendigung einer Auseinandersetzung zwischen Zahlungsdienstleister und Zahlungsdienstnutzer dienen sollen, ausgeschlossen.

Legt man indessen die englische und französische Sprachfassung des Erwägungsgrunds 70 PSD II zugrunde, so wird deutlich, dass der europäische Gesetzgeber keine Abweichung vom Wortlaut des Erwägungsgrunds 31 PSD vornehmen wollte.

Erwägungsgrund 31 (auszugsweise) PSD in englischer Sprachfassung lautet:

> *If the notification deadline is met by the payment service user, he should be able to pursue those claims* ***within the prescription periods pursuant to national law.***[190]

Erwägungsgrund 31 (auszugsweise) PSD in französischer Sprachfassung lautet:

> *Si l'utilisateur de services de paiement respecte le délai de notification, il devrait pouvoir faire valoir ces revendications* ***dans la limite des délais de prescription conformément au droit national.***

Erwägungsgrund 70 (auszugsweise) PSD II in englischer Sprachfassung lautet:

> *If the notification deadline is met by the payment service user, the payment service user should be able* ***to pursue those claims subject to national limitation periods.***

Erwägungsgrund 70 (auszugsweise) der PSD II in französischer Sprachfassung lautet:

> *Si l'utilisateur de services de paiement respecte le délai de notification, il devrait pouvoir faire valoir ces revendications* ***sous réserve des délais nationaux de prescription.***

---

189 Vgl. Erwägungsgrund 71 PSD II; Art. 73 PSD II.

190 Hervorhebungen in den folgenden Sprachfassungen durch Verfasser.

Die englischen und französischen Sprachfassungen des Erwägungsgrunds 70 PSD II wiederholen damit den in Erwägungsgrund 31 PSD enthaltenen Bezug ausschließlich zu Verjährungsregelungen. Die deutsche Fassung weicht insoweit in ihrem Wortlaut aus nicht nachvollziehbaren Gründen auf einen allgemeineren – im Ergebnis nicht eindeutigen – Wortlaut ab. Hintergründe für diese Abwandlung der deutschen Sprachfassung sind nicht erkennbar. Aufgrund der englischen und französischen Sprachfassungen lässt sich damit aber festhalten, dass der europäische Gesetzgeber mit Erwägungsgrund 70 PSD II wohl nicht vom materiellen Inhalt des Erwägungsgrunds 31 abweichen wollte.

cc) Erwägungsgrund 70 PSD II als Programmbestimmung zur Zulässigkeit der Erhebung von Einwendungen und Einreden gegen Ansprüche des Zahlungsdienstnutzers aus § 675u S. 2 BGB

(1) Die Auffassung von Literatur und Rechtsprechung zur Zulässigkeit von Einwendungen und Einreden nach Erwägungsgrund 70 PSD II

Weder die Vertreter der Literatur noch der BGH haben in ihren Ausführungen, dass Erwägungsgrund 31 PSD als allgemeiner Grundsatz zur Zulässigkeit der Geltendmachung von Einwendungen und Einreden des Zahlungsdienstleisters gegen Ansprüche des Zahlungsdienstnutzers aus § 675u S. 2 BGB gelte, näher begründet, worauf sich diese Auslegung stützt. Die Begründung beschränkt sich auf den Hinweis, dass die Zahlungsdiensterichtlinien keine Vorgaben zur Anwendbarkeit oder zum Ausschluss von § 242 BGB im Hinblick auf Einwendungen und Einreden des Zahlungsdienstleisters enthielten.[191] Zudem verweise Erwägungsgrund 31 PSD auf die Verjährungsregeln des einzelstaatlichen Rechts. Ein Ausschluss anderer Gegenrechte stelle eine auf keinen Sachgrund gestützte Differenzierung zwischen verschiedenen Einwendungen oder Einreden dar.[192] Die identische Argumentation findet sich für die Heranziehung des Erwägungsgrunds 70 PSD II.[193]

Der BGH verwies lediglich noch ergänzend darauf, dass Art. 61 PSD selbst eine von Art. 60 PSD „abweichende Haftung des Zahlungsdienstnutzers für nicht autorisierte Zahlungsvorgänge" anordne, ohne eine etwaige „Vorleistungspflicht" des Zahlungsdienstleisters für Ansprüche aus Art. 60 PSD vorzusehen.[194]

---

191 BGH BKR 2021, 240 (243); *Fornasier*, AcP 212 (2012), 410 (436 f.); BeckOGK BGB/*M. Zimmermann*, 1.9.2022, BGB § 675u Rn. 51.

192 BGH BKR 2021, 240 (243); *Fornasier*, AcP 212 (2012), 410 (436 f.); BeckOGK BGB/*M. Zimmermann*, 1.9.2022, BGB § 675u Rn. 51.

193 BeckOGK BGB/*M. Zimmermann*, 1.9.2022, BGB § 675u Rn. 51; vgl. auch BGH BKR 2021, 240 (243); *Fornasier*, AcP 212 (2012), 410 (436 f.).

194 BGH BKR 2021, 240 (243); vgl. hierzu F., IV., 3., g) dieser Arbeit.

(2) Sachlich gerechtfertigte Differenzierung zwischen der Einrede der Verjährung in Erwägungsgrund 70 PSD II und sonstigen Einwendungen und Einreden des Zahlungsdienstleisters

Dem Hinweis von Rechtsprechung und Literatur, dass sich für eine Differenzierung zwischen der in Erwägungsgrund 31 PSD (und 70 PSD II) erwähnten Einrede der Verjährung und sonstigen Einwendungen und Einreden des Zahlungsdienstleisters gegen Ansprüche des Zahlungsdienstnutzers kein Sachgrund erkennen ließe, fehlt jede Begründung. Zunächst ist festzuhalten, dass es für eine Differenzierung durch den europäischen Gesetzgeber zwischen der in Erwägungsgrund 31 PSD und 70 PSD II angesprochenen Einrede der Verjährung und anderen Einwendungen und Einreden keiner Begründung bedarf, wenn die Differenzierung zwischen den unterschiedlichen Formen dieser Einwendungen und Einreden bereits in der grundsätzlichen Ratio der Zahlungsdiensterichtlinien verankert ist. Der Sachgrund für eine Differenzierung zwischen der erwähnten Einrede der Verjährung und anderen Einwendungen und Einreden des Zahlungsdienstleisters ist hier in dem übergeordneten Ziel des europäischen Gesetzgebers zu sehen, dass der Zahlungsdienstnutzer bei nicht autorisierten Zahlungsvorgängen unverzüglich von dem ihn belastenden Aufwendungsersatzanspruch durch den Zahlungsdienstleister freigestellt werden soll. Insoweit bedurfte es keiner ausdrücklichen Differenzierung zwischen der Einrede der Verjährung und etwaigen sonstigen einem Zahlungsdienstleister zustehenden Einreden und Einwendungen. Mit der ausdrücklichen Erwähnung der Einrede der Verjährung und dem Verzicht auf die Erwähnung sonstiger Einreden und Einwendungen schließt der europäische Gesetzgeber gerade sonstige Einwendungen und Einreden des Zahlungsdienstleisters aus, die die unmittelbare Durchsetzung eines Anspruchs des Zahlungsdienstnutzers verhindern könnten. Dem Zahlungsdienstleister soll es nicht möglich sein, das mit § 675u S. 2 BGB angestrebte Ziel einer unverzüglichen Rückgängigmachung eines nicht autorisierten Zahlungsvorgangs durch die Geltendmachung von sonstigen Einreden und Einwendungen zu verhindern. Diese Ratio verdeutlicht die ausdrückliche Zulässigkeit der Einrede der Verjährung: Hiermit stellt der europäische Gesetzgeber klar, dass es nicht um die Klärung materiell-rechtlicher Fragestellungen geht, sondern allein, dass auf Grundlage der nach nationalen Vorschriften maßgeblichen Verjährungsregelungen ab einem definierten Zeitpunkt Rechtsfrieden eintreten soll. Da die Verjährung eines Anspruchs unabhängig von dessen zugrundeliegender materieller Berechtigung eintritt, bestätigt die ausdrückliche Erwähnung der Geltung nationaler Verjährungsregelungen den Ausschluss sonstiger Einwendungen und Einreden, die eine materiell-rechtliche Wirkung auf den Anspruch nach § 675u S. 2 BGB haben können.

dd) Abgrenzung zwischen anderen Ansprüchen und sonstigen Einwendungen und Einreden des Zahlungsdienstleisters im Erwägungsgrund 70 PSD II

Zudem weist der europäische Gesetzgeber sowohl in Erwägungsgrund 31 PSD als auch Erwägungsgrund 70 PSD II in deren letzten Satz darauf hin, dass die Richtlinie andere Ansprüche[195] zwischen Zahlungsdienstnutzern und Zahlungsdienstleistern nicht berühren solle. Ein Bezug zur verfahrensrechtlichen Geltendmachung der angesprochenen Ansprüche im Wege der Einwendung oder Einrede wird hierbei nicht hergestellt. Vielmehr stellen Erwägungsgrund 31 PSD und Erwägungsgrund 70 PSD II klar, dass allein die Geltendmachung und Durchsetzung anderer Ansprüche zwischen Zahlungsdienstleister und Zahlungsdienstnutzer möglich sein soll. Hätte der europäische Gesetzgeber beabsichtigt, dass der aus Art. 73 Abs. 1 PSD II ableitbare Anspruch des Zahlungsdienstnutzers durch den Zahlungsdienstleister dann nicht zu erfüllen ist, wenn dieser Gegenansprüche geltend machen kann, so hätte er nach Auffassung des Verfassers ein derartiges, von der grundsätzlichen Systematik der Risikoverteilung des Zahlungsdiensterechts abweichendes Ergebnis, ausdrücklich in Erwägungsgrund 31 PSD bzw. Erwägungsgrund 70 PSD II verankert. Der Hinweis des europäischen Gesetzgebers, dass andere Ansprüche zwischen Zahlungsdienstnutzer und Zahlungsdienstleister unberührt bleiben sollen, ist damit nach Auffassung des Verfassers materiell-rechtlich zu verstehen. Hieraus folgt, dass Ansprüche zwischen Zahlungsdienstleister und Zahlungsdienstnutzer sich unabhängig voneinander gegenüberstehen, und je für sich behandelt und durchgesetzt werden sollen.

Damit widerlegt auch der strukturelle Aufbau der Erwägungsgründe 31 PSD und 70 PSD II die Auslegung des BGH und der entsprechenden Literaturauffassung, dass sich aus der Erwähnung der Möglichkeit der Einrede der Verjährung ableiten lasse, dass dem Zahlungsdienstleister andere Einwendungen und Einreden zustehen müssten. Der strukturelle Aufbau der Erwägungsgründe spricht vielmehr für den gegenteiligen Schluss. Durch die ausdrückliche Nennung der Möglichkeit der Einrede der Verjährung wollte der europäische Gesetzgeber gerade andere Einwendungen und Einreden des Zahlungsdienstleisters ausschließen, die es diesem ermöglichen, die Durchsetzung des Anspruchs des Zahlungsdienstnutzers zu verhindern. Diese Auslegung wird durch das Fehlen jeglichen weiteren Hinweises in den Zahlungsdiensterichtlinien, dass Ansprüche des Zahlungsdienstnutzers aus verfahrensrechtlichen Gründen durch den Zahlungsdienstleister abgewehrt werden können, bestätigt.

195 Hervorhebung Verfasser.

g) Die materiell-rechtliche Bedeutung der Art. 60, 61 PSD

Gegen dieses Ergebnis spricht auch nicht die Auslegung des BGH, dass Art. 61 PSD selbst eine von Art. 60 PSD „abweichende Haftung des Zahlungsdienstnutzers für nicht autorisierte Zahlungsvorgänge“ anordnet, ohne eine etwaige Vorleistungspflicht des Zahlungsdienstleisters für Ansprüche aus Art. 60 PSD vorzusehen.[196] Art. 60 und 61 PSD behandelten allein die materiell-rechtlich zwischen Zahlungsdienstleister und Zahlungsdienstnutzer bestehenden Beziehungen, nicht aber deren verfahrensrechtliche Behandlung. Auch der Hinweis des BGH, dass die Vorschriften keine Regelung zu einer etwaigen Vorleistungspflicht enthalten, vermag keine andere Auslegung zu rechtfertigen. Vielmehr spricht die fehlende Erwähnung einer Vorleistungspflicht dafür, dass die Ansprüche sich unabhängig voneinander gegenüberstehen und durchzusetzen sind; nur, wenn der europäische Gesetzgeber beabsichtigt hätte, vom grundlegenden Konzept der Zahlungsdiensterichtlinie(n) abweichen zu wollen, dem Zahlungsdienstnutzer die unverzügliche Erfüllung des von ihm geltend gemachten Anspruchs durch die Durchsetzung einrede- oder einwendungshalber geltend gemachter Ansprüche des Zahlungsdienstleisters zu verwehren, wäre ein entsprechender Hinweis erforderlich gewesen. Gegen die Auffassung des BGH spricht unter Geltung der PSD II zudem, dass der europäische Gesetzgeber einen speziellen Fall, in dem der Zahlungsdienstleister den ihm gegenüber geltend gemachten Erstattungsanspruch des Zahlungsdienstnutzers vorläufig nicht erfüllen muss, sehr spezifisch geregelt hat. Sowohl in Erwägungsgrund 71 als auch in Art. 73 PSD II beschreibt der europäische Gesetzgeber einen Ausnahmefall, der zum Aufschub der Fälligkeit des Erstattungsanspruchs des Zahlungsdienstnutzers führen kann. Solche ausführlichen Erwägungen und Regelungen wären auch für den Fall zu erwarten gewesen, dass der europäische Gesetzgeber weitere Fälle hätte regeln wollen, die zum endgültigen rechtlichen oder wirtschaftlichen Untergang des Erstattungsanspruchs des Zahlungsdienstnutzers führen können. Derartige Regelungen enthält aber die PSD II nicht. Damit ist auf dieser Grundlage jedenfalls für die PSD II auch das Argument des BGH widerlegt, dass die fehlende Erwähnung einer Vorleistungspflicht in Art. 60, 61 PSD dafür spreche, dass Einwendungen und Einreden des Zahlungsdienstleisters gegen den Erstattungsanspruch des Zahlungsdienstnutzers zulässig sind.

---

196 BKR 2021, 240 (243); vgl. auch Art. 73, 74 PSD II.

h) Ausschluss sonstiger Einwendungen und Einreden des Zahlungsdienstleisters aufgrund des Gebots der vollständigen Harmonisierung gemäß Art. 107 PSD II

Auch der Hinweis des BGH darauf, dass die PSD[197] keine Vorgaben zur Anwendbarkeit oder dem Ausschluss von § 242 BGB im Hinblick auf Einwendungen und Einreden enthalte, bestätigt nicht deren Anwendbarkeit. Vielmehr lässt das Fehlen eines derartigen Hinweises in den Zahlungsdiensterichtlinien den Schluss zu, dass der europäische Gesetzgeber angesichts der in sämtlichen nationalen Rechtsordnungen in unterschiedlicher Weise ausgestalteten Billigkeitsvorschriften gerade davon absehen wollte, derartige nationale Regelungen im Zusammenhang mit Ansprüchen des Zahlungsdienstnutzers aus § 675u S. 2 BGB zu Gunsten des Zahlungsdienstleisters zuzulassen. Der Ausschluss der Geltendmachung von Einwendungen und Einreden über allgemeine Billigkeitsregelungen nationaler Gesetzgebung trägt dazu bei, sowohl das Normziel der Zahlungsdiensterichtlinien – nämlich primär der Schutz des Zahlungsdienstnutzers – als auch die Harmonisierung des Zahlungsdiensterechts zu gewährleisten. Für einen Ausschluss derartiger Billigkeitsvorschriften im Anwendungsbereich der Durchsetzung der Ansprüche des Zahlungsdienstnutzers gegenüber dem Zahlungsdienstleister streitet damit auch das ausdrückliche Gebot der vollständigen Harmonisierung in Art. 107 PSD II[198]. In diesen Vorschriften sind Ausnahmetatbestände, die nicht dem Gebot der vollständigen Harmonisierung unterliegen, für den Bereich des Zahlungsdiensterechts abschließend aufgeführt. Dies spricht für den Ausschluss sonstiger Einwendungen und Einreden, die der Durchsetzung der in den Normen des Zahlungsdiensterechts enthaltenen Anspruchs- oder Schutzvorschriften zu Gunsten des Zahlungsdienstnutzers widersprechen.[199]

i) Zwischenergebnis

Die Analyse des Erwägungsgrunds 31 PSD hat gezeigt, dass die besseren Argumente dafür sprechen, dass der europäische Gesetzgeber gerade nicht zulassen wollte, dass der Zahlungsdienstnutzer seinen Anspruch auf Restitution durch die unmittelbare Geltendmachung und Durchsetzung von Einwendungen und Einreden des Zahlungsdienstleisters – unbeschadet der Geltendmachung der Einrede der Ver-

197 Und auch die PSD II.

198 Ebenso in Art. 86 PSD.

199 Vgl. hierzu aber BeckOK BGB/*Schmalenbach*, 63. Ed. 1.8.2022, BGB § 675u Rn. 14, der darauf verweist, dass § 675u BGB und § 675v BGB nach der Konzeption der PSD II in einem Regel-/Ausnahmeverhältnis stehen, sodass es der Anwendung von § 242 BGB nicht bedürfe; vgl. auch *Foerster*, BKR 2021, 240 (247).

jährung – verliert. Dies gilt in gleichem Maße angesichts der Fortschreibung des materiellen Inhalts des Erwägungsgrunds 31 PSD für Erwägungsgrund 70 PSD II. Vielmehr lässt sich aus den maßgeblichen Regelungen der Zahlungsdiensterichtlinien und dem systematischen Zusammenhang ableiten, dass Zahlungsdienstleister und Zahlungsdienstnutzer die ihnen zustehenden Ansprüche unabhängig voneinander geltend machen und durchsetzen sollen.

4. Ergebnis

a) Keine unmittelbare Geltendmachung von Gegenansprüchen des Zahlungsdienstleisters

Die vorstehende Analyse hat aufgezeigt, dass der Zahlungsdienstleister unter Zugrundelegung der zivilrechtlichen Voraussetzungen des Bürgerlichen Gesetzbuches dem Grunde nach berechtigt sein kann, mit Gegenrechten aus §§ 675v, 280 BGB aufzurechnen, wenn der Zahlungsdienstnutzer den durch den Zahlungsdienstleister geltend gemachten Aufwendungsersatzanspruch in bar ausgeglichen hat und sodann Ansprüche nach § 675u S. 2 Hs. 1 BGB geltend macht. Eine Aufrechnung des Zahlungsdienstleisters mit Gegenansprüchen gegenüber dem Anspruch des Zahlungsdienstnutzers aus § 675u S. 2 Hs. 2 BGB scheidet bereits auf zivilrechtlicher Ebene mangels Gleichartigkeit des Kontoberichtigungsanspruchs nach § 675u S. 2 Hs. 2 BGB und den Schadensersatzansprüchen des Zahlungsdienstleisters aus §§ 675v, 280 BGB aus. Die Geltendmachung einer Einrede nach § 273 BGB scheidet auf zivilrechtlicher Ebene ebenfalls aus, da mit Erhebung der Einrede hier eine endgültige Regelung des streitigen Rechtsverhältnisses zwischen Zahlungsdienstleister und Zahlungsdienstnutzer angestrebt wird. Im Wesentlichen verbleibt dem Zahlungsdienstleister damit dem Grunde nach die Einrede aus § 242 BGB, insbesondere die dolo agit qui petit quod statim redditurus est Einrede.

Die nähere Betrachtung zeigt aber, dass selbst diese Möglichkeit dem Zahlungsdienstleister aufgrund des Eingreifens der Grundsätze des Verbots der Geltendmachung von Gegenrechten aus der Natur des Rechtsverhältnisses wie auch aufgrund der Wertungen des europäischen Gesetzgebers verwehrt ist. Diese Wertung ist darin zu sehen, dass der Zahlungsdienstleister in Fällen, in denen der Zahlungsdienstnutzer die Autorisierung eines Zahlungsvorgangs bestreitet, unverzüglich wieder den Rechts- und tatsächlichen Kontozustand des Zahlungsdienstnutzers herzustellen hat, wie er vor Belastung mit dem Aufwendungsersatzanspruch bestanden hat.

Zwar bewirkt diese Vorgehensweise, dass gegebenenfalls Zahlungsdienstnutzer und Zahlungsdienstleister sich in unterschiedlichen rechtlichen Auseinandersetzungen mit der Berechtigung der wechselseitig geltend gemachten Inanspruchnahmen beschäftigen müssen. Dieses der Prozessökonomie auf den ersten Blick entgegenstehende Vorgehen ist aber im Hinblick auf die Zielrichtung des Zahlungsdiensterechts hinzunehmen.[200]

b) Die Wertung der Europäischen Kommission und des Committee on Economic and Monetary Affairs im Zusammenhang mit Art. 56 des Proposal for a regulation on payment services

Auch die Europäische Kommission und das Committee on Economic and Monetary Affairs gehen nach der derzeitigen Fassung des Proposal for a regulation on payment services wohl davon aus, dass Ansprüche des Zahlungsdienstleisters nicht unmittelbar den Ansprüchen des Zahlungsdienstnutzers auf Restitution entgegengesetzt werden können und es einer gesonderten Regelung hierzu nicht bedarf. Der Bundesverband der Verbraucherzentralen und Verbraucherverbände[201] wies bereits in seiner Stellungnahme vom 28.6.2023[202] darauf hin, dass Art. 56 des Proposal for a regulation on payment services kein Aufrechnungsverbot vorsehe. Der Verbraucherverband war der Auffassung, dass zumindest eine Klarstellung dringend geboten sei. Die deutsche Rechtsprechung habe entschieden, dass die Bank dem Anspruch auf sofortige Wiedergutschrift einen Schadensersatzanspruch gegen den Verbraucher entgegensetzen könne, der auf grobe Fahrlässigkeit des Verbrauchers gestützt werden könne. Eigentlich sei aufgrund der Fassung der PSD II und des Proposal for a regulation on payment services klar, dass der Zahlungsdienstleister nur dann die Wiedergutschrift verweigern könne, wenn der begründete Verdacht auf betrügerisches Handeln des Zahlungsdienstnutzers bestehe. Da die Praxis der Gerichte dennoch Fortbestand habe, sollte eindeutig formuliert werden, dass die Zahlungsdienstleister dem Erstattungsanspruch des Zahlungsdienstnutzers nicht einen Schadensersatzanspruch wegen angeblich grober Fahrlässigkeit entgegenhalten dürfen, um so die Erstattung zu vermeiden.[203]

Der Gedanke, Art. 56 des Proposal for a regulation on payment services um ein ausdrückliches Aufrechnungsverbot des Zahlungsdienstleisters zu ergänzen, wurde

---

200 A.A. aber *Kirchner*, BKR 2023, 703 (708).

201 Bundesverband der Verbraucherzentralen und Verbraucherverbände – Verbraucherzentrale Bundesverband e.V.

202 Den Zahlungsverkehr sicherer machen; Stellungnahme des Verbraucherzentrale Bundesverbands (vzbv) zum Legislativvorschlag der Europäischen Kommission zur Überarbeitung der Zweiten Zahlungsdiensterichtlinie – Payment Services Regulation, Ziffer 8.

203 Der Bundesverband der Verbraucherzentralen und Verbraucherverbände schlug folgende Erweiterung des Art. 56 des Proposal for a regulation on payment services vor: „*Gegen die sich aus diesem Artikel ergebenden Ansprüche des Zahlers ist eine Aufrechnung nicht zulässig*“.

auch von einem Mitglied des Europäischen Parlaments aufgegriffen.[204] Im Vorschlag für eine Änderung des Art. 56 des Proposal for a regulation on payment services wurde vorgeschlagen, dass Art. 56 um einen Art. 56 Abs. 6 a ergänzt werden solle. Diese Ergänzung sollte die Möglichkeit der Aufrechnung des Zahlungsdienstleisters mit eigenen Ansprüchen gegen die Ansprüche des Zahlungsdienstnutzers auf Erstattung ausschließen.[205]

Der Vorschlag eines Aufrechnungsverbots des Zahlungsdienstleisters fand indessen keinen Eingang in den Gesetzesvorschlag des Committee on Economic and Monetary Affairs, der am 23.4.2024 dem Europäischen Parlament zur Beschlussfassung in der 1. Lesung vorgelegt wurde.[206] Hintergründe, warum das Committee on Economic and Monetary Affairs den Änderungsvorschlag zur Aufnahme eines Aufrechnungsverbots des Zahlungsdienstleisters nicht in den finalen Gesetzesvorschlag zur Beschlussfassung des Europäischen Parlaments aufgenommen hat, sind nicht ersichtlich. Es lässt indessen den Schluss zu, dass der Änderungsvorschlag durch das Committee on Economic and Monetary Affairs nicht für erforderlich angesehen wurde. Der Grundsatz, dass die Durchsetzung des Erstattungsanspruchs des Zahlungsdienstnutzers nicht durch einen Gegenanspruch vereitelt werden darf, gilt mangels anderweitiger Anhaltspunkte oder ausdrücklicher Regelungen im Proposal for a regulation on payment services auch bereits auf Grundlage der zukünftigen Verordnung zur Regelung der Rechtsbeziehungen zwischen Zahlungsdienstleister und Zahlungsdienstnutzer.[207]

Hätte der europäische Gesetzgeber befürchtet, dass der Proposal for a regulation on payment services nicht bereits aufgrund der vorgesehenen Regelungen

---

204 Claude Gruffat.

205 Amendment 341–569 (Committee on Economic and Monetary Affairs-European Parliament 2019–2024); Amendment NumAm 380 zu Art. 56-paragraph 6a (new): „*6a. Set -off against the payer'claims arising from this Article is not permitted.*"

206 Report on the proposal for a regulation of the European Parliament and of the Council on payment services in the internal market and amending Regulation (EU) No 1093/2010 vom 22.4.2024 (Draft European Parliament Legislative Resolution on the proposal for a regulation of the European Parliament and of the Council on payment services in the internal market and amending Regulation (EU) No 1093/2010 ((Ordinary legislative procedure: first reading)).; (COM(2023)0367 – C9-0217/2023 – 2023/0210(COD)) (https://www.europarl.europa.eu/doceo/document/A-9-2024-0052_EN.html).

207 Vgl. Erwägungsgrund 74 des Proposal for a regulation on payment services: „*...The payment service user should inform the payment service provider as soon as possible about any contestations concerning allegedly unauthorised, incorrectly executed payment transactions or authorised credit transfers where there was a malfunctioning of the matching verification service, provided that the payment service provider has fulfilled its information obligations. If the notification deadline has been met by the payment service user, the payment service user should be able to pursue those claims subject to national limitation periods. That should not affect other claims between payment service users and payment service providers...*".

(ebenso wie unter der PSD und PSD II) die unmittelbare Geltendmachung von Gegenrechten des Zahlungsdienstleisters ausschließen würde, so hätte er sicher die Anregung der Aufnahme eines umfassenden Ausschlusses von Gegenrechten des Zahlungsdienstleisters aufgenommen. Ein Aufrechnungsverbot allein hätte nämlich nicht den Ausschluss der sonstigen Gegenrechte bewirkt (insbesondere des § 242 BGB). Es ist auch nicht anzunehmen, dass der europäische Gesetzgeber schrankenlos die Anwendung nationaler Einwendungen und Einreden zur Verhinderung der Durchsetzung des Erstattungsanspruchs des Zahlungsdienstnutzers anerkennen will. Angesichts der Regelungstiefe des Proposal for a regulation on payment services wäre eine entsprechende Klarstellung zu erwarten gewesen, unter welchen Voraussetzungen die Einwendungen und Einreden des Zahlungsdienstleisters dazu führen können, dass der Erstattungsanspruch des Zahlungsdienstnutzers nicht durchsetzbar sein soll. Dies beweist sowohl Erwägungsgrund 77 des Proposal for a regulation on payment services als auch Art. 56 des Proposal for a regulation on payment services. Ebenso wie bereits Erwägungsgrund 71 PSD II und Artikel 73 PSD II legt der europäische Gesetzgeber hier spezifische Anforderungen fest, unter welchen Voraussetzungen der Zahlungsdienstleister den Anspruch des Zahlungsdienstnutzers auf Erstattung (zunächst) nicht erfüllen muss. Derartige Regelungen fehlen aber für die Geltendmachung sonstiger Einreden und Einwendungen des Zahlungsdienstleisters.

Der Verzicht auf die Aufnahme eines Aufrechnungsverbots lässt damit den Schluss zu, dass der europäische Gesetzgeber bereits den umfassenden Ausschluss von Gegenrechten des Zahlungsdienstleisters im Proposal for a regulation on payment services geregelt sieht. Gegen die Annahme, dass der europäische Gesetzgeber durch den Verzicht auf die Aufnahme eines Aufrechnungsverbots dem Zahlungsdienstleister die uneingeschränkte Möglichkeit der unmittelbaren Geltendmachung von Gegenrechten eröffnen wollte, sprechen die vorstehend dargestellten Wertungen des europäischen Gesetzgebers zu dieser Fragestellung unter der PSD II.[208] Es sind keine Anhaltspunkte erkennbar, dass der europäische Gesetzgeber den Art. 56, 60 sowie dem Erwägungsgrund 74 des Proposal for a regulation on payment services zur Frage der Zulässigkeit der unmittelbaren Geltendmachung von Gegenansprüchen einen von Art. 73, 74 sowie Erwägungsgrund 70 PSD II abweichenden Inhalt geben wollte.[209]

208 Vgl. F., IV., 3., f) dieser Arbeit.

209 Unabhängig von dem sich bereits aus nationalen zivilrechtlichen Grundsätzen ergebenden Ausschluss der unmittelbaren Geltendmachung von Gegenansprüchen des Zahlungsdienstleisters.

5. Prozessuale Behandlung

a) § 132 GVG

Der BGH hatte in seiner Entscheidung vom 17.11.2020[210] keine Veranlassung, die Rechtsfrage zur Zulässigkeit der Aufrechnung des Anspruchs aus § 675v BGB (oder sonstiger Schadensersatzansprüche) des Zahlungsdienstleisters gemäß § 132 GVG dem Großen Senat des BGH zur Entscheidung vorzulegen. Der in diesem Fall zur Entscheidung berufene Senat des BGH wandte sich in seiner Entscheidung nicht gegen die Entscheidungen und rechtliche Bewertung des II.[211] und VI. Senats[212] des BGH, die die Gleichartigkeit eines Zahlungsanspruch eines Bankkunden mit dem Anspruch auf Kontogutschrift verneinten.[213] Der XI. Senat[214] erkannte nämlich, dass der Zahlungsdienstleister nicht zunächst den Anspruch des Zahlungsdienstnutzers aus § 675u S. 2 BGB erfüllen müsse, bevor er einen eigenen Schadensersatzanspruch geltend machen könne. Bestehe ein Schadensersatzanspruch des Zahlungsdienstleisters, so könne dieser in Höhe des Anspruchs eine Gutschrift nach § 675u S. 2 BGB gemäß den Grundsätzen von Treu und Glauben verweigern.[215] Damit hat der BGH keine Entscheidung zur Frage der Möglichkeit der Aufrechnung eines Anspruchs des Zahlungsdienstleisters nach §§ 387, 675v, 280 BGB gegen den Anspruch des Zahlungsdienstnutzers aus § 675u S. 2 Hs. 2 getroffen.

b) Vorabentscheidungsverfahren nach Art. 267 AEUV

aa) Die Vorlagepflicht des BGH

Gleichwohl wäre die Frage der europarechtlichen Zulässigkeit der Geltendmachung und Durchsetzung der Ansprüche aus § 675v BGB a.F. (Art. 61 PSD) bzw. sonstiger Schadensersatzansprüche als Einwendung oder Einrede gegen den Anspruch aus § 675u S. 2 BGB a.F. (Art. 60 PSD) dem EuGH im Wege eines Vorabentscheidungsverfahrens zur Überprüfung vorzulegen gewesen. Dies folgt daraus, dass bereits

---

210 BGH BKR 2021, 240 (241 ff.).

211 BGH NJW 1988, 3149 (3151).

212 BGH NJW 2001, 3183 (3183); BGH NJW 2001, 2629 (2630).

213 Vgl. hierzu aber BGH WM 2012, 983 (984), der die Gleichartigkeit der gegenseitigen Ansprüche anerkannte; da der dort entscheidende XI. Senat des BGH urteilte, wäre eine Vorlage zum Großen Senat aufgrund des Widerspruchs der (beabsichtigten) Rechtsprechung zu den bisherigen Entscheidungen des II. und VI. Senats geboten gewesen.

214 BGH BKR 2021, 240 (243).

215 BGH BKR 2021, 240 (243); vgl. auch LG Köln BKR 2016, 350 (351); AG Köln NJW-RR 2015, 888 (889); Ellenberger/Findeisen/Nobbe/Böger/*Nobbe*, 3. Auflage, 2020, § 675u Rn. 53; *Zahrte*, BKR 2016, 315 (317); *Piekenbrock*, WM 2015, 797 (802); a.A. *Dieckmann*, WM 2015, 14 (17).

unter der PSD kein Raum für die Geltendmachung von sonstigen Einwendungen und Einreden des Zahlungsdienstleisters gegen die Erstattungsansprüche war.[216] Wie gezeigt sprechen unter der PSD II weitere Gründe gegen die Anerkennung derartiger Einwendungen und Einreden des Zahlungsdienstleisters. Beabsichtigt daher ein Gericht der bisherigen Rechtsauffassung zur Anerkennung von Einwendungen und Einreden des Zahlungsdienstleisters gegen den Erstattungsanspruch des Zahlungsdienstnutzers zu folgen, so verstößt es bei Zugrundelegung europarechtlicher Grundsätze gegen Art. 73 Abs. 1 PSD II.

bb) Vorlagepflicht und Vorlagerecht

Soweit Instanzgerichte oder der BGH zukünftig im Rahmen der Auseinandersetzung zwischen Zahlungsdienstleister und Zahlungsdienstnutzer Gegenansprüche des Zahlungsdienstleisters unmittelbar als Abwehransprüche gegen die Durchsetzung von Ansprüchen des Zahlungsdienstnutzers nach § 675u S. 2 BGB zulassen wollen, wären sie gehalten, eine Vorlage zum Vorabentscheidungsverfahren nach Art. 267 Abs. 1, Abs. 2 AEUV zu prüfen bzw. entsprechend Art. 267 Abs. 3 AEUV vorzunehmen.

216 Vgl. hierzu insbesondere die Ausführungen zur sachlich gerechtfertigten Differenzierung zwischen der Einrede der Verjährung und sonstigen Einwendungen und Einreden des Zahlungsdienstleisters (in F., IV., 3., f), cc), 2) dieser Arbeit).

G. Zusammenfassung und wesentliche Ergebnisse

I. Ausgangssituation

Auseinandersetzungen des Zahlungsdienstleisters und Zahlungsdienstnutzers über die im Zusammenhang mit der Ausführung nicht autorisierter Zahlungsaufträge be- und entstehenden Ansprüche vollziehen sich in der Regel auf Grundlage der Ansprüche nach § 675u S. 2 BGB auf Seiten des Zahlungsdienstnutzers sowie nach § 675v BGB auf Seiten des Zahlungsdienstleisters.

Mit der vorliegenden Arbeit wird das in diesem Zusammenhang zwischen Zahlungsdienstleister und Zahlungsdienstnutzer entstehende haftungsrechtliche Rechtsverhältnis aus der Blickrichtung des Zahlungsdienstleisters grundlegend analysiert.

Die Arbeit greift Themenstellungen auf, die erhebliche praktische Bedeutung für die Voraussetzungen, Rechtsfolgen und die Durchsetzbarkeit der diesbezüglichen wechselseitigen Ansprüche haben. Hierbei wird neben der grundlegenden Analyse der Themenstellungen auch nachgewiesen, dass die bisherige rechtliche Einordnung von Teilbereichen der (haftungsrechtlichen) Beziehungen zwischen Zahlungsdienstleister und Zahlungsdienstnutzer durch die herrschende Auffassung – sowohl auf europäischer als auch nationaler Ebene – einer Neubewertung bedarf.

II. Die Ansprüche von Zahlungsdienstnutzer und Zahlungsdienstleister nach §§ 675u, 675v BGB

1. Untersuchung ausgewählter Tatbestandsmerkmale des § 675u BGB

a) Die Anforderungen an die Anzeige des Zahlungsdienstnutzers eines nicht autorisierten Zahlungsvorgangs beim Zahlungsdienstleister

Zeigt der Zahlungsdienstnutzer dem Zahlungsdienstleister i.S.d. § 675u S. 3 BGB einen nicht autorisierten Zahlungsvorgang an, so hat der Zahlungsdienstleister dem Zahlungsdienstnutzer den Zahlungsbetrag unverzüglich zu erstatten und, sofern der Betrag einem Zahlungskonto belastet worden ist, dieses Zahlungskonto wieder auf den Stand zu bringen, auf dem es sich ohne die Belastung durch den nicht autorisierten Zahlungsvorgang befunden hätte. Deutet die Formulierung der Anzeige eines nicht autorisierten Zahlungsvorgangs in § 675u S. 3 BGB lediglich auf eine Information über einen nicht autorisierten Zahlungsvorgang hin, so zeigt die nähere Untersuchung dieser Regelung, dass an die Anzeige weitergehende Anfor-

https://doi.org/10.1515/9783111653709-009

derungen zu stellen sind. Der Zahlungsdienstnutzer hat die Anzeige dahingehend zu konkretisieren, dass er zum einen Grund und Höhe sowie die in diesem Zusammenhang ihm zur Verfügung stehenden weitergehenden Informationen zu diesem nicht autorisierten Zahlungsvorgang mitteilt. Zum anderen muss er über diese konkrete Information hinaus den Zahlungsdienstleister auffordern, den beanstandeten Zahlbetrag zu erstatten oder, sofern der Betrag einem Zahlungskonto belastet worden ist, dieses Zahlungskonto wieder auf den Stand zu bringen, auf dem es sich ohne die Belastung durch den nicht autorisierten Zahlungsvorgang befunden hätte. Der Zahlungsdienstnutzer ist damit gehalten, nach § 675u BGB die Rückgängigmachung des nicht autorisierten Zahlungsvorgangs nicht nur anzuzeigen, sondern den relevanten Anspruch im Sinne eines Einforderns geltend zu machen.

b) Der Grundsatz der Redlichkeit des Zahlungsdienstnutzers als Voraussetzung für die (wirtschaftliche) Durchsetzung seines Anspruchs aus § 675u S. 2 BGB

Das Zahlungsdiensterecht weist dem Zahlungsdienstleister grundsätzlich das Risiko der Ausführung nicht autorisierter Zahlungsvorgänge zu. Dieser Grundsatz findet dann seine Einschränkung, wenn der Zahlungsdienstnutzer sich nicht redlich verhält. Der Grundsatz der Redlichkeit findet zum einen Ausdruck in den Regelungen des § 675v BGB. § 675v BGB gewährt dem Zahlungsdienstleister dann einen Anspruch auf Ersatz eines ihm entstandenen Schadens aus der Ausführung des nicht autorisierten Zahlungsvorgangs, wenn der Zahlungsdienstnutzer entweder mit dem Zahlungsdienstleister vereinbarte zahlungsdienstrechtlich orientierte Bedingungen oder (Sorgfalts-)Pflichten nicht beachtet, die der Vermeidung der Durchführung eines nicht autorisierten Zahlungsvorgangs dienen sollen. Der dem Zahlungsdienstleister entstehende Schaden ist letztlich in dem aus der Erfüllung des durch den Zahlungsdienstnutzer geltend gemachten Anspruch aus § 675u S. 2 BGB zu sehen. Zum anderen findet der Grundsatz der Redlichkeit des Zahlungsdienstnutzers seinen Niederschlag auch in der Regelung des § 675v BGB, dass Ansprüche des Zahlungsdienstnutzers (wirtschaftlich) dann ausgeschlossen werden, wenn der Zahlungsdienstnutzer sich im Rahmen der Geltendmachung seiner Ansprüche nach § 675u S. 2 BGB betrügerisch verhält oder verhalten hat (z. B. § 675u S. 4 BGB).

Der Grundsatz der Redlichkeit des Zahlungsdienstnutzers ist auch bereits im Rahmen der Anspruchsvoraussetzungen des § 675u S. 2 BGB berücksichtigt. Hat der Zahlungsdienstleister einer zuständigen nationalen Behörde schriftlich berechtigte Gründe für einen Verdacht eines betrügerischen Verhaltens des Zahlungsdienstnutzers mitgeteilt, so wird die Fälligkeit des Anspruchs des Zahlungsdienstnutzers nach § 675u S. 2 BGB zunächst solange aufgeschoben, bis der Zahlungsdienstleister seine Verpflichtung aus § 675u S. 2 BGB unter dem Gesichtspunkt eines möglichen betrügerischen Verhaltens des Zahlungsdienstnutzers geprüft hat (§ 675u S. 4 BGB).

aa) Die berechtigten Gründe des Verdachts eines betrügerischen Verhaltens des Zahlungsdienstnutzers

Nach § 675u S. 3 BGB hat der Zahlungsdienstleister den Anspruch des Zahlungsdienstnutzers nach § 675u S. 2 BGB unverzüglich zu erfüllen. Dies gilt nach § 675u S. 4 BGB nur dann nicht, wenn der Zahlungsdienstleister einer zuständigen Behörde schriftlich berechtigte Gründe für einen Verdacht mitgeteilt hat, dass sich der Zahlungsdienstnutzer im Zusammenhang mit der Geltendmachung des Anspruchs nach § 675u S. 2 BGB betrügerisch verhalten hat. In diesem Fall wird die Fälligkeit des Anspruchs des Zahlungsdienstnutzers auf Restitution gegenüber dem Zahlungsdienstleister bis zur Klärung des Verdachts aufgeschoben.

Berechtigte Gründe i. S. d. § 675u S. 4 BGB liegen nur dann vor, wenn objektive und damit auch gleichzeitig nachweisbare Anhaltspunkte für ein betrügerisches Verhalten des Zahlungsdienstnutzers mitgeteilt werden. An die Nachweisbarkeit der berechtigten Gründe für den Verdacht des Zahlungsdienstleisters sind angesichts der Risikoverteilung im Zahlungsdiensterecht hohe Anforderungen zu stellen. Der bloße subjektive Verdacht des Zahlungsdienstleisters eines betrügerischen Verhaltens des Zahlungsdienstnutzers ist für den Maßstab der berechtigten Gründe ebenso wenig ausreichend wie der Umstand, dass ein betrügerisches Verhalten des Zahlungsdienstnutzers nicht ausgeschlossen werden kann.

bb) Die Mitteilung der berechtigten Gründe an die zuständige Behörde

Der Zahlungsdienstleister muss die berechtigten Gründe des Verdachts eines betrügerischen Verhaltens des Zahlungsdienstnutzers einer für die Strafverfolgung zuständigen Behörde schriftlich mitteilen. Die Mitteilung an eine Aufsichtsbehörde des Zahlungsdienstleisters erfüllt diese Anforderung nicht.

cc) Die Schriftlichkeit der Mitteilung der berechtigten Gründe an die zuständige Behörde

Der Verweis des § 675u S. 4 BGB auf die schriftliche Mitteilung berechtigter Gründe für ein betrügerisches Verhalten des Zahlungsdienstnutzers ist in Abgrenzung zur mündlichen Bekanntgabe zu verstehen. Die Regelungen des nationalen Zivilrechts zu den Formerfordernissen der Schriftform finden keine Anwendung.

2. Untersuchung ausgewählter Tatbestandsmerkmale des § 675v BGB und die Auswirkungen aufsichtsrechtlicher Normen auf dessen Inhaltsbestimmung und Auslegung

a) Die verschuldensunabhängige Haftung des § 675v Abs. 1 BGB in Höhe von 50,00 Euro

§ 675v Abs. 1 BGB sieht für den Fall der Ausführung eines nicht autorisierten Zahlungsauftrags eine verschuldensunabhängige Haftung des Zahlungsdienstnutzers gegenüber dem Zahlungsdienstleister vor. Diese verschuldensunabhängige Haftung soll dem Zahlungsdienstnutzer einen Anreiz geben, dass er alle Regelungen und Sorgfaltspflichten einhält, die sowohl der Vermeidung eines nicht autorisierten Zahlungsauftrags als auch gleichzeitig seiner vermögensmäßigen Beteiligung an der Ausführung eines derartigen nicht autorisierten Auftrags dienen. Diese Beteiligung des Zahlungsdienstnutzers ist in Höhe von maximal 50,00 Euro festgelegt. Dies gilt selbst dann, wenn es durch den mehrfachen Einsatz eines identischen Zahlungsinstruments zu mehreren Zahlungsvorgängen kommen sollte (sogenannte Gesamtschadensbetrachtung). Mit dieser Umsetzung in nationales Recht hat der nationale Gesetzgeber nicht den Vorgaben der entsprechenden Regelungen der europäischen Zahlungsdiensterichtlinien entsprochen. Da aufgrund des ausdrücklichen nationalen gesetzgeberischen Willens eine richtlinienkonforme Auslegung ausscheidet, muss dieses Ergebnis für das nationale Recht hingenommen werden. Es verbleibt nur die Pflicht, im Rahmen einer gesetzgeberischen Anpassung eine richtlinienkonforme Regelung in § 675v Abs. 1 BGB zu schaffen.

b) Die Enthaftungsmöglichkeit des Zahlungsdienstnutzers für Ansprüche nach § 675v Abs. 1 BGB aufgrund fehlender Bemerkbarkeit von (drohenden) Risikosituationen nach § 675v Abs. 2 Nr. 1 BGB

Von der Haftung nach § 675v Abs. 1 BGB kann sich der Zahlungsdienstnutzer nach § 675v Abs. 2 Nr. 1 BGB befreien, wenn es ihm nicht möglich gewesen ist, den Verlust, den Diebstahl, das Abhandenkommen oder die sonstige missbräuchliche Verwendung des Zahlungsinstruments vor einem nicht autorisierten Zahlungsvorgang zu bemerken. Eine Definition, wann oder unter welchen Umständen der Zahlungsdienstnutzer den Verlust, den Diebstahl, das Abhandenkommen oder die sonstige missbräuchliche Verwendung des Zahlungsinstrument hätte bemerken können, enthalten weder die maßgeblichen europäischen Normen noch die nationalen Vorschriften oder Gesetzesbegründungen. Die herrschende Auffassung in der Literatur geht davon aus, dass der Zeitpunkt des Bemerkens vor dem Zeitpunkt einer positiven Kenntnis der gefahrerhöhenden Umstände anzunehmen ist.

Während § 675v Abs. 2 Nr. 1 BGB die Enthaftung des Zahlungsdienstnutzers an das Bemerken einer drohenden Risikosituation knüpft, erfolgt nach § 675v Abs. 5 S. 1 BGB eine Enthaftung des Zahlungsdienstnutzers für Schäden des Zahlungsdienstleisters, die aus der Nutzung eines nach der Anzeige gemäß § 675l Abs. 1 S. 2 BGB verwendeten Zahlungsinstruments entstanden sind. Eine Anzeige nach § 675l Abs. 1 S. 2 BGB ist erst dann erforderlich, wenn der Zahlungsdienstnutzer Kenntnis von den in § 675l Abs. 1 S. 2 BGB relevanten Umständen hat. Die Kenntnis i. S. d. § 675l Abs. 1 S. 2 BGB setzt positives Wissen um den anzeigepflichtigen Vorgang voraus. Wäre die Auffassung der herrschenden Meinung der Literatur zutreffend, dass der Zeitpunkt des Bemerkens relevanter Umstände vor der Erlangung deren positiver Kenntnis liegt, würde dies eine Verschärfung der Pflichten des Zahlungsdienstnutzers nach sich ziehen, um die Enthaftung nach § 675v Abs. 2 Nr. 1 BGB zu erreichen.

In diesem Fall nämlich würde eine mögliche Verletzung einer Anzeigepflicht nach § 675v Abs. 2 Nr. 1 BGB zu einem früh(er)en Zeitpunkt einsetzen als nach § 675l Abs. 1 S. 2 BGB. Damit verkürzt sich der Zeitrahmen, in dem der Zahlungsdienstnutzer sich noch darauf berufen könnte, dass ihm die Sachverhaltsumstände, die zu einer Anzeigepflicht nach § 675v Abs. 2 Nr. 1 BGB führen, nicht bekannt (weil nicht bemerkbar) waren. Dies bedeutet im Ergebnis aber, dass auch die durch den europäischen und nationalen Gesetzgeber angestrebte Entlastungsmöglichkeit nach § 675v Abs. 2 Nr. 1 BGB deutlich entwertet würde. Für eine derartige Zielrichtung bei Einführung des § 675v Abs. 2 Nr. 1 BGB sind aber weder auf europäischer noch nationaler Gesetzgebungsebene Anhaltspunkte ersichtlich. Zudem ist keine materielle Berechtigung erkennbar, warum an die Merkmale des Bemerkens und der positiven Kenntnis nach § 675v Abs. 1 BGB durch § 675v Abs. 2 Nr. 1 BGB und §§ 675v Abs. 5, 675l BGB unterschiedliche Voraussetzungen geknüpft sein sollen.

Die Analyse der Entstehung und Neufassung des § 675l BGB nach der PSD II zeigt im Vergleich zur Einführung der Regelung des § 675v Abs. 2 Nr. 1 BGB, dass die Merkmale des Bemerkens und der positiven Kenntnis inhaltlich identisch zu bestimmen sind. Da die Auffassung der herrschenden Meinung zu einer Verschlechterung der vom Zahlungsdienstnutzer zu tragenden Risikoposition führt, spricht dies zudem für die in dieser Arbeit entwickelte Auslegung, dass das Merkmal des Bemerkens mit den inhaltlichen Anforderungen an die positive Kenntnis i. S. d. § 675l Abs. 1 S. 2 BGB gleichzusetzen ist.

c) Die Einführung der starken Kundenauthentifizierung nach § 55 ZAG und die Auswirkungen aufsichtsrechtlicher Anpassungen im Verhältnis zu § 675v Abs. 4 BGB

Mit der PSD II führte der europäische Gesetzgeber eine wesentliche Neuregelung der Authentifizierung des Zahlungsdienstnutzers im Zahlungsdiensterecht ein, nämlich die sogenannte starke Kundenauthentifizierung. Mit der starken Kundenauthentifizierung hat der europäische Gesetzgeber eine besondere, sichere Form eines Authentifizierungsvorgangs für einen zu erteilenden Zahlungsauftrag geschaffen. Die starke Kundenauthentifizierung ist hierbei als aufsichtsrechtliche Verpflichtung des Zahlungsdienstleisters ausgestaltet. Diese wurde im nationalen Recht damit auch im ZAG in § 55 umgesetzt.

Die aufsichtsrechtliche Norm des § 55 ZAG verschafft dem Zahlungsdienstnutzer keinen subjektiven Anspruch gegenüber dem Zahlungsdienstleister, dass dieser dem Zahlungsdienstnutzer zur Förderung der Sicherheit der Durchführung eines Zahlungsauftrags auch die Möglichkeit der starken Kundenauthentifizierung zur Verfügung stellt. Selbst wenn der Zahlungsdienstleister damit entgegen einer Forderung des Zahlungsdienstnutzers keine starke Kundenauthentifizierung zur Sicherung des Zahlungsvorgangs zur Verfügung stellt, kann der Zahlungsdienstnutzer seine Forderung nicht nach § 55 ZAG gegenüber dem Zahlungsdienstleister durchsetzen.

Um sicherzustellen, dass der Zahlungsdienstleister auch die aufsichtsrechtliche Anforderung des § 55 ZAG zum Nutzen des Zahlungsdienstnutzers zivilrechtlich umsetzt, hat der nationale Gesetzgeber den Weg einer Sanktionsregelung in § 675v Abs. 4 BGB gewählt. Danach verliert der Zahlungsdienstleister etwaige ihm zustehende Ansprüche aus § 675v BGB gegenüber dem Zahlungsdienstnutzer, wenn er für die Durchführung des Zahlungsauftrags vom Zahlungsdienstnutzer keine starke Kundenauthentifizierung verlangt.

Im Zusammenhang mit den Regelungen zur starken Kundenauthentifizierung hat der europäische Gesetzgeber aufsichtsrechtlich wirkende Erleichterungen für den Zahlungsdienstleister vorgesehen, wann dieser, ohne auf nationaler Ebene seine Pflichten aus § 55 ZAG zu verletzen, davon absehen kann, vom Zahlungsdienstnutzer eine starke Kundenauthentifizierung zu verlangen.

Derartige aufsichtsrechtliche Erleichterungen wirken indessen nicht im zivilrechtlichen Verhältnis zwischen Zahlungsdienstleister und Zahlungsdienstnutzer. Dies bedeutet, dass es auf aufsichtsrechtlicher und zivilrechtlicher Ebene zu einem Auseinanderfallen der Verpflichtungen des Zahlungsdienstleisters kommen kann. Selbst wenn der Zahlungsdienstleister damit nämlich aufsichtsrechtlich vom Erfordernis des Verlangens einer starken Kundenauthentifizierung freigestellt sein sollte, so verliert er in diesem Fall dennoch bei Verzicht auf die starke Kundenauthentifizierung im zivilrechtlichen Verhältnis zum Zahlungsdienstnutzer die diesem gegenüber gegebenenfalls bestehenden Haftungsansprüche nach § 675v Abs. 1 und Abs. 3 BGB. Dieses Ergebnis ist aufgrund der fehlenden Konnexität zwischen Aufsichtsrecht und Zivilrecht rechtlich geboten und im Übrigen auch sachgerecht. Eine Konnexität zwischen aufsichtsrechtlichen Erleichterungen und zivilrechtlich den Zahlungsdienstnutzer schützenden Regelungen könnte nämlich für den Zahlungsdienstnutzer zu nicht erkennbaren Verschiebungen der Risikosphären zu seinen Lasten führen. Da der Zahlungsdienstnutzer seine Entscheidung zur Wahrnehmung von zahlungsdiensterechtlichen Leistungen des Zahlungsdienstleisters aber auf Grundlage einer transparenten Risikoabwägung vornehmen muss, können Regelungen, die über das Aufsichtsrecht zwar nur mittelbar auf die Risikosphären zwischen Zahlungsdienstleister und Zahlungsdienstnutzer einwirken, unmittelbar aber die Risikoverteilung zwischen den Parteien beeinflussen würden, keinen Einfluss auf die gesetzlich angeordnete, zivilrechtliche Risikoverteilung zwischen Zahlungsdienstleister und Zahlungsdienstnutzer haben.

III. Die Bedeutung des Zahlungsinstruments für das Zahlungsdiensterecht

Die zahlungsdiensterechtlichen Regelungen der §§ 675c ff. BGB sind typisiert aufgebaut. Neben allgemeinen Vorschriften enthalten die §§ 675c ff. BGB spezielle Regelungstatbestände, deren Anwendung die Verwendung eines Zahlungsinstruments voraussetzt. Damit kommt der Bestimmung der Eigenschaften eines Zahlungsinstruments in der Definition des Zahlungsinstruments eine besondere Bedeutung zu. Nach Art. 4 Nr. 14 PSD II ist ein Zahlungsinstrument „jedes personalisierte Instrument und/oder jeder personalisierte Verfahrensablauf, das bzw. der zwischen dem Zahlungsdienstnutzer und dem Zahlungsdienstleister vereinbart wurde und zur Erteilung eines Zahlungsauftrags verwendet wird". § 1 Abs. 20 ZAG setzte Art. 4 Nr. 14 PSD II dahingehend um, dass ein Zahlungsinstrument „jedes personalisierte Instrument oder Verfahren" sei, „dessen Verwendung zwischen dem Zahlungsdienstnutzer und dem Zahlungsdienstleister vereinbart wurde und das zur Erteilung eines Zahlungsauftrags verwendet wird".

Nahezu unumstritten war unter Geltung der PSD, dass sowohl in den Fällen der Alternative des Instruments als auch in der Alternative des vereinbarten Verfahrens für die Existenz eines Zahlungsinstruments diesem konstitutiv personalisierte Sicherheitsmerkmale zugeordnet sein mussten. Diese personalisierten Sicherheitsmerkmale soll(t)en sicherstellen, dass nur der berechtigte Zahlungsdienstnutzer einen Zahlungsauftrag mit einem Zahlungsinstrument in Auftrag geben konnte. Die neuere Rechtsprechung sowohl auf europäischer als auch nationaler Ebene hat anerkannt, dass es durchaus anonymisierte Zahlungsverfahren geben kann, die die

Einordnung des Auftragsmediums als Zahlungsinstrument nicht ausschließen. Ungeklärt ist aber bis heute, ob dies auch für die Alternative des Instruments in der Definition des Zahlungsinstruments gilt. Durch die sprachliche Verknüpfung der Alternativen des Instruments mit der Personalisierung in Art. 4 Nr. 14 PSD II und § 1 Abs. 20 ZAG können an einer Übertragung der Grundsätze zu anonymisierten Verfahren als Zahlungsinstrument erhebliche Zweifel entstehen.

Aus der Einführung der starken Kundenauthentifizierung und den Grundsätzen der Entscheidungen des EuGH zu anonymisierten Verfahren als Zahlungsinstrument lässt sich aber ableiten, dass es für die Qualifikation eines Zahlungsinstruments nicht (mehr) auf die Konnexität zwischen Zahlungsinstrument und personalisierten Sicherheitsmerkmalen ankommen kann. Entscheidend ist allein die Möglichkeit, dass mit der Erteilung eines Zahlungsauftrags die Möglichkeit bestehen muss, dass der berechtigte Auftraggeber durch den Zahlungsdienstleister identifiziert und damit der erteilte Zahlungsauftrag individualisiert werden kann. Diese Möglichkeit schafft gerade die starke Kundenauthentifizierung. Damit kommt es zu einer Neubestimmung des Inhalts der Definition des Zahlungsinstruments. Danach stellt jedes Zahlungsauftragsmedium, bei dem die Möglichkeit der Individualisierbarkeit – insbesondere durch die starke Kundenauthentifizierung – besteht, ein Zahlungsinstrument dar. Auf das Vorhandensein personalisierter Sicherheitsmerkmale kommt es für die Einordnung eines Zahlungsauftragsmediums als Zahlungsinstrument – unabhängig von der Verwendung eines Verfahrens oder eines Instruments – nicht mehr an.

Eine derartige Neubestimmung der Definition des Zahlungsinstruments vermeidet Wertungswidersprüche, die bei einer gespaltenen Bestimmung der Eigenschaften der unterschiedlichen Alternativen des Art. 4 Nr. 14 PSD II, § 1 Abs. 20 ZAG entstehen. Die Anwendbarkeit spezifischer Regelungen des Zahlungsdiensterechts wären dann nämlich davon abhängig, welches Auftragsmedium der Zahlungsdienstnutzer – oder auch der nicht berechtigte Auftraggeber – verwendet. Insbesondere würde ein derartiges Ergebnis dem Ziel des europäischen Gesetzgebers widersprechen, ein einheitliches Zahlungsdiensterecht im europäischen Binnenmarkt zu etablieren.

Der derzeitige Entwurf eines Richtlinienvorschlags der Europäischen Kommission zur Änderung der PSD II[1] sieht unter anderem vor, dass die Definition des Zahlungsinstruments dahingehend geändert werden soll, dass das bisher in Art. 4 Nr. 14 PSD II im Verhältnis zum verkörperten (Zahlungs-)Instrument enthaltene

1 Proposal for directive 2023 geht zurück auf „*EBA, Opinion of the European Banking Authority on its technical advice on the review of Directive (EU) 2015/2366 on payment services in the internal market (PSD2), 23. 6. 2022, EBA/Op/2022/06*“; vgl. ebenso Proposal for a regulation on payment services.

Attribut „personalisiert“ durch „individualisiert“ ersetzt wird. Die derzeitige Fassung des Richtlinienvorschlags sieht aber weiterhin die Verknüpfung dieses neuen Attributs mit dem Instrument als Alternative des Zahlungsinstruments vor. Damit setzt der Richtlinienvorschlag der Europäischen Kommission die bisherige Struktur der Definition und damit die Unsicherheiten in der Bestimmung der Eigenschaften der unterschiedlichen Alternativen eines Zahlungsinstruments fort. Dieser Vorschlag ist damit – zumal allgemeingültige Erläuterungen der seitens der Europäischen Kommission mit diesem Vorschlag inhaltlich verbundenen Abgrenzung zum Attribut „personalisiert“ fehlen – nicht geeignet, die Zielrichtung einer nicht eingeschränkten technologischen Weiterentwicklung von Zahlungsinstrumenten zu unterstützen. Dies kann nur durch die Entkoppelung der Definition des Zahlungsinstruments von individualisierbaren oder personalisierbaren Elementen erfolgen. Die in dieser Arbeit entwickelte und abgeleitete Definition des Zahlungsinstruments sichert eine einheitliche Rechtsanwendung und fördert die Rechtssicherheit.

IV. Die Sperrwirkung des § 675v BGB gegenüber sonstigen Schadensersatzansprüchen des Zahlungsdienstleisters aus § 280 BGB

Die Spezialität des Zahlungsdiensterechts manifestiert sich im Gebot der vollständigen Harmonisierung nach Art. 107 PSD II. Art. 107 PSD II ordnet für den Zahlungsdienstleister auch den grundsätzlichen Vorrang der haftungsrechtlichen Vorschriften der PSD II gegenüber allgemeinen Haftungsvorschriften des Zivilrechts an. Bei den Ansprüchen des Zahlungsdienstleisters gegenüber dem Zahlungsdienstnutzer ist zwischen verschuldensunabhängigen Ansprüchen nach § 675v Abs. 1 BGB in Höhe von bis zu 50,00 Euro und betraglich nicht begrenzten, verschuldensabhängigen Ansprüchen nach § 675v Abs. 3 BGB zu trennen.

1. Die Sperrwirkung des § 675v BGB und das Gebot der vollständigen Harmonisierung des Art. 107 PSD II

a) Der Grundsatz der Spezialität der haftungsrechtlichen Vorschriften des Zahlungsdiensterechts

Das Verhältnis der verschuldensabhängigen Ansprüche des Zahlungsdienstleisters nach § 675v Abs. 3 BGB zur allgemeinen Schadensersatzregelung des § 280 BGB ist noch immer nicht abschließend geklärt. Die Untersuchungen dieser Arbeit kommen zum Ergebnis, dass die Ausführung eines Zahlungsauftrags sowohl unter Einsatz eines Zahlungsinstruments als auch ohne Nutzung eines Zahlungsinstruments die Anwendung allgemeiner (Schadens-)Ersatzansprüche aus dem allgemeinen Leistungsstörungs- oder Deliktsrecht nicht in jedem Fall ausschließt.

Die Geltendmachung und Durchsetzbarkeit allgemeiner Schadensersatzvorschriften des Zivilrechts neben den zahlungsdiensterechtlichen Haftungsansprüchen des Zahlungsdienstleisters scheidet nur dann aus, wenn derartige allgemeine zivilrechtliche Ansprüche mit den inhaltlichen Regelungen des § 675v Abs. 3 BGB konkurrieren. Verletzt der Zahlungsdienstnutzer indessen sonstige Pflichten, die er gegenüber dem Zahlungsdienstleister zu erfüllen hat, so sperrt § 675v BGB auf Grundlage des Gebots der vollständigen Harmonisierung des Art. 107 PSD II nicht die Anwendung des allgemeinen zivilrechtlichen Leistungsstörungsrechts. § 675v BGB enthält insoweit einen numerus clausus der von der Haftungsvorschrift des § 675v BGB sanktionierbaren Pflichtverletzungen des Zahlungsdienstnutzers. Damit kommt den Haftungsvorschriften des Zahlungsdiensterechts lediglich eine dort geregelte eingeschränkte Sperrwirkung gegenüber allgemeinen zivilrechtlichen (Ersatz-)Ansprüchen zu.

b) Die Auswirkungen des pflichtenorientierten Anwendungsbereichs des § 675v BGB auf § 675v Abs. 4 BGB

Die Anerkennung einer eingeschränkten Sperrwirkung der Haftungsvorschrift(en) des § 675v (Abs. 3) BGB, die allein konkurrierende zivilrechtliche Schadensersatzansprüche von der Anwendbarkeit durch den Zahlungsdienstleister ausschließt, wirkt sich auch im Rahmen der Sanktionsregel des § 675v Abs. 4 BGB aus. Nach § 675v Abs. 4 S. 1 Nr. 1 BGB verliert der Zahlungsdienstleister seine ihm nach § 675v Abs. 3 und Abs. 1 BGB gegebenenfalls gegen den Zahlungsdienstnutzer zustehenden Ansprüche grundsätzlich immer dann, wenn der Zahlungsdienstleister vom Zahlungsdienstnutzer nicht die Anwendung der starken Kundenauthentifizierung i. S. d. § 1 Abs. 24 ZAG verlangt.[2]

Da § 675v Abs. 4 S. 1 Nr. 1 BGB in einem derartigen Fall aber nur die Ansprüche aus § 675v Abs. 3 und Abs. 1 BGB ausschließt, kann der Zahlungsdienstleister trotz der unterbliebenen Anwendung der starken Kundenauthentifizierung weiterhin ihm etwa zustehende Ansprüche aus dem allgemeinen Leistungsstörungsrecht geltend machen, soweit dem Zahlungsdienstnutzer der Vorwurf der Verletzung sonstiger von ihm gegenüber dem Zahlungsdienstleister zu erfüllenden Pflichten zu machen ist.

2 Oder der Zahlungsempfänger oder sein Zahlungsdienstleister eine starke Kundenauthentifizierung i. S. d. § 1 Abs. 24 des ZAG nicht akzeptiert.

c) Die Anwendung der Haftungsprivilegierung des § 675v Abs. 3 BGB auf Schadensersatzansprüche des Zahlungsdienstleisters nach dem allgemeinen zivilrechtlichen Leistungsstörungsrecht

Kommt das allgemeine Leistungsstörungsrecht des Zivilrechts im Rahmen einer Auseinandersetzung zwischen Zahlungsdienstleister und Zahlungsdienstnutzer bei einem zahlungsdiensterechtlich geprägten Sachverhalt zur Anwendung, so findet die Haftungsprivilegierung des § 675v Abs. 3 BGB auf allgemeine zivilrechtliche Schadensersatzansprüche keine Anwendung. Nach § 675v Abs. 3 BGB haftet der Zahlungsdienstnutzer nämlich gegenüber dem Zahlungsdienstleister für Pflichtverletzungen aus § 675v Abs. 3 BGB nur, wenn die Verletzung der dort sanktionierten Pflichten vorsätzlich oder grob fahrlässig erfolgt ist. Eine Übertragung dieser Haftungsprivilegierung ist nicht zulässig.

Ebenso ist auch die analoge Anwendbarkeit dieser zahlungsdiensterechtlich geprägten Haftungsprivilegierung ausgeschlossen. Eine analoge Anwendung der Haftungsprivilegierung des § 675v Abs. 3 BGB scheidet mangels einer Regelungslücke aus. Für das allgemeine Leistungsstörungsrecht, ebenso wie für zahlungsdiensterechtliche Vorschriften, bestehen nämlich spezifische Regelungen zum Verschuldensmaßstab für Pflichtverletzungen. Damit können Haftungsregelungen des Zahlungsdiensterechts nicht im allgemeinen zivilrechtlichen Leistungsstörungsrecht zur Anwendung kommen.

2. Die Ablehnung der starken Kundenauthentifizierung durch den Zahlungsdienstnutzer

Lehnt der Zahlungsdienstnutzer die Anwendung der starken Kundenauthentifizierung ab, so können Zahlungsdienstleister und Zahlungsdienstnutzer – wenn dieser kein Verbraucher ist – zulässigerweise nach § 675e Abs. 4 BGB eine Vereinbarung treffen, dass trotz der Regelung des § 675v Abs. 4 BGB auch in einem derartigen Fall weiterhin die Regelungen der § 675v Abs. 1 und Abs. 3 BGB zur Anwendung kommen.

Etwas anders gilt – unter Berücksichtigung des § 675e Abs. 4 BGB – aber dann, wenn es sich bei dem Zahlungsdienstnutzer um einen Verbraucher handelt. In einem derartigen Verhältnis ist eine von § 675v BGB abweichende Vereinbarung zu Lasten des Zahlungsdienstnutzers weder zulässig noch wirksam.

Lehnt der Zahlungsdienstleister bei Weigerung des Zahlungsdienstnutzers als Verbraucher, eine starke Kundenauthentifizierung anzuwenden, die Durchführung des eingereichten Zahlungsauftrags ab, so ist der Zahlungsdienstleister dazu nur berechtigt, wenn er mit dem Zahlungsdienstnutzer vereinbart hat, dass die Ausführung des Zahlungsauftrags nur bei Anwendung der starken Kundenauthentifizierung geschuldet ist. Fehlt eine derartige Vereinbarung und lehnt der Zahlungsdienstleister in einem derartigen Fall die Durchführung des Zahlungsauftrags ab, so besteht dem Grunde nach das Risiko, dass sich der Zahlungsdienstleister gegenüber dem Zahlungsdienstnutzer für alle aus der Ablehnung der Ausführung des Zahlungsauftrags entstehenden (Verzögerungs- und/oder sonstigen) Schäden ersatzpflichtig macht. Lehnt der Zahlungsdienstnutzer die Durchführung der starken Kundenauthentifizierung trotz Angebots des Zahlungsdienstleisters ab und führt der Zahlungsdienstleister gleichwohl (etwa aufgrund entsprechender Verpflichtung nach dem geschlossenen Zahlungsdiensterahmenvertrag) Zahlungsaufträge auf dieser nicht gesicherten Grundlage durch, so droht ihm bei Ausführung eines nicht autorisierten Zahlungsauftrags dennoch der Verlust etwaiger Haftungsansprüche nach § 675v Abs. 1 und Abs. 3 BGB gemäß § 675v Abs. 4 BGB.

Ein derartiges Ergebnis widerspricht aber dem den Haftungsvorschriften des § 675v BGB zugrundeliegenden Prinzip, dass dem Zahlungsdienstnutzer nur dann Haftungsansprüche gegen den Zahlungsdienstleister zustehen sollen, soweit sich der Zahlungsdienstnutzer auch redlich verhält.

Beruft sich der Zahlungsdienstnutzer gegenüber dem Zahlungsdienstleister auf die Sanktionsregel des § 675v Abs. 4 BGB, obwohl er zuvor die Anwendung der starken Kundenauthentifizierung abgelehnt hat, stellt dies formal einen Fall des widersprüchlichen Verhaltens i. S. d. § 242 BGB, venire contra factum proprium, dar. Das widersprüchliche Verhalten des Zahlungsdienstnutzers ist in dieser Situation als Fall einer betrügerischen Absicht des Zahlungsdienstnutzers zu werten. Da § 675v Abs. 4 S. 2 BGB die Anwendung des § 675v Abs. 4 S. 1 Nr. 1 BGB[3] bei einer betrügerischen Absicht des Zahlungsdienstnutzers ausschließt, kann der Zahlungsdienstleister gegenüber dem Zahlungsdienstnutzer – trotz der unterbliebenen Anwendung der starken Kundenauthentifizierung – seine Ansprüche aus § 675v Abs. 1 und Abs. 3 BGB uneingeschränkt geltend machen.

3. Die Verletzung sonstiger Sorgfaltspflichten durch den Zahlungsdienstnutzer als Grundlage für Ansprüche des Zahlungsdienstleisters aus dem allgemeinen Leistungsstörungsrecht

a) Grundsatz

Die Anerkennung paralleler Schadensersatzansprüche des Zahlungsdienstleisters gegenüber dem Zahlungsdienstnutzer, wenn dieser sonstige Pflichten gegenüber

3 Ausschluss der Haftungsregelungen des § 675v Abs. 3 und Abs. 1 BGB bei unterbliebener Anwendung der starken Kundenauthentifizierung.

dem Zahlungsdienstleister verletzt hat, erweitert die Möglichkeiten des Zahlungsdienstleisters, Ansprüche des Zahlungsdienstnutzers aus § 675u S. 2 BGB auch dann (oder ergänzend) abzuwehren, wenn § 675v BGB dem Grunde nach durch Einsatz eines Zahlungsinstruments anwendbar ist. Eine ergänzende Anwendung allgemeiner, zivilrechtlicher Ansprüche aus dem allgemeinen Leistungsstörungsrecht gewinnt dann an Bedeutung, wenn Ansprüche nach § 675v BGB zwar dem Grunde nach bestehen, der Höhe nach aber nicht den geltend gemachten Anspruch aus § 675u S. 2 BGB vollumfänglich abwehren können. Gleiches gilt, wenn zwar § 675v Abs. 3 BGB dem Grunde nach Anwendung findet, aber keine Verletzung der von dieser Regelung erfassten Pflichten vorliegt. Dann kann ein Anspruch des Zahlungsdienstleisters aus allgemeinen zivilrechtlichen Grundsätzen – bei Verletzung sonstiger, nicht zahlungsdiensterechtlicher Pflichten – auch bei Ausführung eines nicht autorisierten Zahlungsvorgangs wirtschaftlich an die Stelle eines vom Zahlungsdienstleister unberechtigt geltend gemachten Aufwendungsersatzanspruchs treten. Damit hat die präzise Formulierung der sonstigen (Sorgfalts-)Pflichten des Zahlungsdienstnutzers eine besondere Bedeutung auch im Rahmen der Auseinandersetzung über Ansprüche der Parteien bei Ausführung nicht autorisierter Zahlungsvorgänge. Zu derartigen (sonstigen) Sorgfaltspflichten zählen insbesondere Informationspflichten des Zahlungsdienstnutzers gegenüber dem Zahlungsdienstleister. Diese Informationspflichten zielen im zahlungsdiensterechtlichen Umfeld auf die Mitteilung sämtlicher Umstände, die auf die drohende Veranlassung nicht autorisierter Zahlungsvorgänge deuten. Sie ermöglichen es dem Zahlungsdienstleister, präventive Maßnahmen zu ergreifen, damit es nicht zur Ausführung nicht autorisierter Zahlungsvorgänge kommt.

b) Die Pflicht zur Kontrolle von Mitteilungen des Zahlungsdienstleisters an den Zahlungsdienstnutzer als besondere Ausprägung der gegenüber dem Zahlungsdienstleister durch den Zahlungsdienstnutzer einzuhaltenden Sorgfaltspflichten

Allgemeine (Sorgfalts-)Pflichten zur Wahrung der Interessen des Vertragspartners prägen auch die Beziehungen zwischen Zahlungsdienstleister und Zahlungsdienstnutzer im Zusammenhang mit der Ausführung von Zahlungsvorgängen.

Zahlungsdienstleister und Zahlungsdienstnutzer sind sich wechselseitig auf Grund der zwischen Ihnen bestehenden Rechtsbeziehung zur Beachtung der im Verkehr erforderlichen Sorgfalt verpflichtet. Treu und Glauben erfordern es, dass beide Teile innerhalb dieser Rechts- und Geschäftsbeziehung alles vermeiden, wodurch die andere Vertragspartei geschädigt werden kann. Hierzu gehört auch die Pflicht des Zahlungsdienstnutzers, nach Maßgabe seiner Einsicht die Gefahren von Fälschung, Verfälschung und missbräuchlichen Manipulationen, die zur Auslösung von nicht autorisierten Zahlungsvorgängen führen (können), soweit wie möglich auszuschalten. Verletzt der Zahlungsdienstnutzer derartige ihm insoweit obliegende Sorgfaltspflichten, so ist er dem Zahlungsdienstleister für einen ihm hieraus entstehenden Schaden verantwortlich. Eine besondere Sorgfaltspflicht des Zahlungsdienstnutzers besteht darin, Mitteilungen des Zahlungsdienstleisters sowie Kontoauszüge zu kontrollieren oder sonstige Möglichkeiten der Kontrolle von Buchungsvorgängen zu nutzen. Insbesondere mit der Kontrolle seiner Buchungsunterlagen bzw. von Buchungsvorgängen kann der Zahlungsdienstnutzer den Zahlungsdienstleister vor (zukünftigen) Schäden bewahren, indem er dem Zahlungsdienstleister festgestellte Auffälligkeiten oder seiner Ansicht nach unrichtige Buchungsvorgänge meldet.

Da derartige Pflichten nicht im Zusammenhang mit der Ausgabe und Nutzung von Zahlungsbedingungen i. S. d. § 675v Abs. 3 BGB stehen, können derartige Verpflichtungen nur in separaten Bedingungen mit dem Zahlungsdienstnutzer wirksam vereinbart werden. Verletzt der Zahlungsdienstnutzer derartige Sorgfalts- und Kontrollpflichten, so können hieraus entstehende Schadensersatzansprüche des Zahlungsdienstleisters den nach § 675u S. 1 BGB entfallenen[4] Anspruch auf Aufwendungsersatz wirtschaftlich ersetzen.

4. Auswirkungen der Verletzung des Sachlichkeits-, Verhältnismäßigkeits- und Nicht-Benachteiligungsgebots von Bedingungen zur Ausgabe und Nutzung von Zahlungsinstrumenten nach § 675l Abs. 2 BGB

Bei der Vereinbarung von Ausgabe- und Nutzungsbedingungen für ein Zahlungsinstrument i. S. d. §§ 675v, 675l BGB ist besondere Sorgfalt auf die zu vereinbarenden Inhalte zu legen. Nimmt der Zahlungsdienstleister nämlich in derartige Bedingungen Pflichten auf, die nicht dem Regelungsziel der §§ 675v Abs. 3, 675l BGB entsprechen, so droht die Unwirksamkeit des gesamten Regelwerks, in das diese dann unzulässigerweise integrierten Bedingungen und Verpflichtungen aufgenommen sind. Dies folgt daraus, dass nach Art. 103 Abs. 1 PSD II die Mitgliedstaaten wirksame, angemessene und abschreckende Sanktionen bei Verstößen gegen Umsetzungsvorschriften vorzusehen haben.

---

4 Da dem Zahlungsdienstleister nur im Fall einer berechtigten Autorisierung eines Zahlungsauftrags ein Anspruch auf Aufwendungsersatz zusteht, dient § 675u S. 2 BGB allein der Durchsetzung des ohnehin bereits dem Zahlungsdienstnutzer zustehenden Anspruchs auf Wiederherstellung des status quo ante vor Ausführung des nicht autorisierten Zahlungsvorgangs durch den Zahlungsdienstleister (§§ 675j, 675c, 670 BGB).

Vereinbaren Zahlungsdienstleister und Zahlungsdienstnutzer Ausgabe- und Nutzungsbedingungen, so ordnet § 675l Abs. 2 BGB als Ausprägung des Art. 103 Abs. 1 PSD II an, dass derartige Bedingungen sachlich und verhältnismäßig sein müssen sowie nicht benachteiligend sein dürfen. Liegt ein Verstoß gegen diese Gebote des § 675l Abs. 2 BGB vor, sieht die Vorschrift als Rechtsfolge insoweit die Unwirksamkeit der diesbezüglichen Bedingungen vor. Regelungen, die somit nicht im Zusammenhang mit der Ausgabe und Nutzung eines Zahlungsinstruments stehen, sind damit – jedenfalls unter dem Gesichtspunkt der fehlenden Sachlichkeit – nach § 675l Abs. 2 BGB als unwirksam zu betrachten. Im Fall des Verstoßes gegen das Gebot des § 675l Abs. 2 BGB ist, entgegen der vermeintlich aus dem Wortlaut insoweit abzuleitenden Teilunwirksamkeit der diesbezüglichen einzelnen Regelung, das gesamte Regelwerk als unwirksam zu betrachten. Der mit der Regelung des § 675l Abs. 2 BGB angestrebte Präventivschutz vor unsachlichen, unverhältnismäßigen und benachteiligenden Ausgabe- und Nutzungsbedingungen kann nur dadurch erreicht werden, dass es dem Verwender derartiger Bedingungen unmöglich gemacht wird, die Wirksamkeits-Grenzen einzelner Regelungen dadurch zu testen, dass andere Regelungen der Nutzungsbedingungen von einer etwaigen Unwirksamkeit einzelner Regelungen unberührt bleiben. Die vom europäischen Gesetzgeber geforderte Abschreckungswirkung des Art. 103 PSD II würde mit einem derartigen eingeschränkten Sanktionsmodell nicht erfüllt. Insoweit bleibt als einzige – zur Umsetzung der Abschreckungsfunktion aus Art. 103 Abs. 1 PSD II ableitbare – Sanktionsform die Unwirksamkeit der gesamten Nutzungs- bzw. Ausgabebedingungen.

Als Beispiel für derartige unsachliche Nutzungsbedingungen sind hier Verpflichtungen des Zahlungsdienstnutzers anzusehen, die zur Durchführung des Online-Banking verwendete Hard- und Software auf dem aktuellen Stand zu halten und gegen feindliche Angriffe Dritter zu schützen verpflichten. Die Verpflichtung zum Schutz der eingesetzten Hard- und Software gegen feindliche Angriffe (z. B. durch Antivirensoftware oder Firewalls) ist keine zulässige Verpflichtung im Rahmen der Ausgabe und Nutzung von Zahlungsinstrumenten i. S. d. § 675l Abs. 2 BGB. Allgemeine Sicherheitsanforderungen an die IT-Infrastruktur des Zahlungsdienstnutzers sind nämlich keine Bedingungen, die die Nutzung von Zahlungsinstrumenten betreffen. Dies erschließt sich daraus, dass Sicherungssysteme für die IT-Infrastruktur des Zahlungsdienstnutzers gerade nicht zielgerichtet die Sicherheit der Nutzung von Zahlungsinstrumenten betreffen, sondern die IT-Infrastruktur des verwendeten Rechners des Nutzers insgesamt. Die Sicherung des Online-Banking durch Firewall oder Antivirenprogramme findet damit nur anlässlich der Einhaltung der sonstigen Sorgfaltspflichten des Zahlungsdienstnutzers beim Betreiben eines IT-Systems statt.

V. Die Inhaltskontrolle abweichender Regelungen nach § 675e Abs. 4 BGB im Hinblick auf § 675v BGB

§ 675e Abs. 4 BGB eröffnet Zahlungsdienstleister und Zahlungsdienstnutzer – wenn es sich bei diesem um keinen Verbraucher handelt – die Möglichkeit, zu vereinbaren, dass im Rahmen eines Zahlungsdiensterahmenvertrags unter anderem die Regelungen der §§ 675v bis 676 BGB ganz oder teilweise nicht anwendbar sein sollen. Hintergrund dieser Ausnahmeregelung für Nicht-Verbraucher ist nach Art. 53 PSD II, dass der europäische Gesetzgeber anerkennt, dass die Situation von Verbrauchern und Unternehmen nicht dieselbe ist. Daher sieht der europäische Gesetzgeber die Nicht-Verbraucher – in Erwägungsgrund 53 PSD II als Unternehmen bezeichnet – nicht im selben Umfang als schutzbedürftig an, wie dies nach seiner Auffassung bei Verbrauchern der Fall ist.

Vereinbaren Zahlungsdienstleister und Zahlungsdienstnutzer in der Eigenschaft als Nicht-Verbraucher in standardisierten Bedingungen (Allgemeine Geschäfts- oder Sonderbedingungen), dass die in § 675e Abs. 4 BGB genannten und spezifizierten Regelungen ganz oder teilweise nicht anwendbar sein sollen, kommt gleichwohl nach den nationalen Vorschriften des BGB die (Inhalts-)Kontrolle derartiger Vereinbarungen in Betracht.

Die ausdrückliche gesetzliche Ermächtigung zur Vereinbarung abweichender Regelungen i. S. d. § 675e Abs. 4 BGB, die auf die Umsetzung der Art. 31 Abs. 1, 51 Abs. 1 PSD bzw. Art. 61 Abs. 1 PSD II zurückgeht, könnte aber für eine Kontrollfreiheit in Bezug auf die Vorschriften der §§ 305 ff. BGB sprechen. Dies wäre der Fall, wenn es sich bei Art. 31 Abs. 1, 51 Abs. 1 PSD bzw. Art. 61 Abs. 1 PSD II, § 675e Abs. 4 BGB um sogenannte qualifizierte Erlaubnisnormen handeln würde bzw. gehandelt hat. Qualifizierte Erlaubnisnormen schaffen ein Sonderrechtsumfeld, dass aufgrund gesetzlicher Anordnung eine weitergehende Kontrolle nach §§ 305 ff. BGB dann ausschließt, wenn die aufgrund dieser gesetzlichen Regelung umgesetzten vertraglichen Vereinbarungen unmittelbar dem Inhalt dieser gesetzlichen Regelung entsprechen.

Voraussetzung für die Qualifikation einer gesetzlichen Regelung als qualifizierte Erlaubnisnorm ist aber, dass die gesetzliche Regelung einen spezifizierten Inhalt der vertraglich zu vereinbarenden Regelung vorgibt. Gerade dies ist aber in § 675e Abs. 4 BGB (bzw. in Art. 31 Abs. 1, 51 Abs. 1 PSD bzw. Art. 61 Abs. 1 PSD II) nicht der Fall. § 675e Abs. 4 BGB macht keine spezifischen Vorgaben, welchen Inhalt eine Regelung haben muss, mit der die ganze oder teilweise Anwendbarkeit der in § 675e Abs. 4 BGB genannten Vorschriften ganz oder teilweise ausgeschlossen werden kann. Daher schließen die Grundsätze für qualifizierte Erlaubnisnormen nicht die (Inhalts-)Kontrolle nach §§ 305 ff. BGB für derartige auf Grundlage des § 675e Abs. 4 BGB vereinbarte Regelungen aus.

Selbst wenn Art. 61 Abs. 1 PSD II und damit § 675e Abs. 4 BGB in der aktuellen Fassung nicht als qualifizierte Erlaubnisnorm(en) anzusehen sind, so steht aber das Vollharmonisierungsgebot des Art. 107 Abs. 1 PSD II i.V.m. Art. 61 Abs. 1 PSD II einer ergänzenden Kontrolle der unter Inanspruchnahme des § 675e Abs. 4 BGB getroffenen abweichenden Vereinbarungen nach §§ 305 ff. BGB entgegen. Sowohl systematisch aus den Erwägungsgründen der PSD II, als auch aus den Wertungen des nationalen Gesetzgebers im Rahmen der Umsetzung der Regelungen der PSD II, lässt sich ableiten, dass eine weitergehende (Inhalts-)Kontrolle von standardisierten Bedingungen nach § 675e Abs. 4 BGB weder vorgesehen noch zulässig ist. Damit scheidet eine diesbezügliche (Inhalts-)Kontrolle entgegen der Auffassung von Literatur und Rechtsprechung aus.

VI. Die Durchsetzung der Haftungsansprüche des Zahlungsdienstleisters gegen Ansprüche des Zahlungsdienstnutzers aus § 675u BGB

Stehen sich Ansprüche des Zahlungsdienstnutzers aus § 675u S. 2 BGB und Ansprüche des Zahlungsdienstleisters aus § 675v BGB bzw. § 280 BGB gegenüber, so stellt sich regelmäßig die Frage eines verfahrensökonomischen Ausgleichs dieser wechselseitigen Ansprüche. Einen derartigen verfahrensökonomischen Ausgleich gewährleisten Rechtsprechung und weit überwiegend die Literatur, indem sie die geltend gemachten Ansprüche von Zahlungsdienstleister und Zahlungsdienstnutzer unmittelbar gegenüberstellen. Insoweit kommt es wirtschaftlich nur zu einem Spitzenausgleich des für eine Partei der Auseinandersetzung verbleibenden Restanspruchs. Eine Vorleistungspflicht des Zahlungsdienstleisters auf den in der Regel zuerst durch den Zahlungsdienstnutzer geltend gemachten Anspruch aus § 675u S. 2 BGB kann durch die Anerkennung eines unmittelbaren Ausgleichs wechselseitiger Ansprüche von Zahlungsdienstleister und Zahlungsdienstnutzer vermieden werden.

Literatur und Rechtsprechung wenden zum unmittelbaren Ausgleich der wechselseitigen Ansprüche von Zahlungsdienstleister und Zahlungsdienstnutzer anerkannte Instrumente des Zivilrechts an. Hierbei handelt es sich im Wesentlichen um das Zurückbehaltungsrecht nach § 273 BGB, das Recht zur Aufrechnung nach §§ 387 ff. BGB sowie die Geltendmachung von Gegenrechten des Zahlungsdienstleisters nach § 242 BGB. Vereinzelt erkennen Rechtsprechung und die Literatur auch die Möglichkeit an, dass der Zahlungsdienstleister ihm zustehende Gegenansprüche ohne Geltendmachung von Rechten nach §§ 242, 273, 387 ff. BGB in das Konto in laufender Rechnung des Zahlungsdienstnutzers einstellt. Auch wird auf eine (analoge) Anwendung des § 254 BGB verwiesen, wenn den Zahlungsdienstnutzer ein Mitverschulden an der Ausführung eines nicht autorisierten Zahlungsvorgangs trifft. In Betracht kommt darüber hinaus die Anwendung eines im Rahmen der Allgemeinen Geschäftsbedingungen zwischen Zahlungsdienstleister und Zahlungsdienstnutzer vereinbarten Stornorechts des Zahlungsdienstleisters, mit dem dieser Fehlbuchungen auf dem Zahlungskonto des Zahlungsdienstnutzers korrigieren kann.

Die Untersuchung vorgenannter Instrumente zum unmittelbaren Ausgleich der wechselseitigen Ansprüche von Zahlungsdienstleister und Zahlungsdienstnutzer führt zum Ergebnis, dass entgegen der herrschenden Auffassung in Rechtsprechung und Literatur bereits überwiegend die Tatbestandvoraussetzungen für die Anwendung dieser Instrumente fehlen. Im Ergebnis verbleibt dem Zahlungsdienstleister dem Grunde nach im Wesentlichen die Einrede eines rechtsmissbräuchlichen Verhaltens des Zahlungsdienstnutzers, wenn dieser trotz bestehender Gegenrechte des Zahlungsdienstleisters den Anspruch aus § 675u S. 2 BGB zunächst in voller Höhe gegenüber dem Zahlungsdienstleister durchsetzen will. Der Zahlungsdienstnutzer müsste nämlich aufgrund der Gegenrechte des Zahlungsdienstleisters ganz oder teilweise wieder die vom Zahlungsdienstleister erhaltene Leistung an diesen zurückgewähren. Für diesen Fall ermöglicht das Zivilrecht nach den Grundsätzen von Treu und Glauben nach § 242 BGB dem Grunde nach die Leistungsverweigerung des Zahlungsdienstleisters durch die Erhebung einer Einrede in Höhe des ihm zustehenden Gegenanspruchs (dolo agit qui petit quod statim redditurus est). Bei näherer Analyse ist jedoch festzustellen, dass sowohl die in diesem Zusammenhang maßgeblichen Regelungen der PSD II als auch Grundsätze des nationalen Zivilrechts einem unmittelbaren, wechselseitigen Ausgleich der Ansprüche zwischen Zahlungsdienstleister und Zahlungsdienstnutzer entgegenstehen. Damit ist entgegen der weit überwiegenden Auffassung in Literatur und Rechtsprechung festzustellen, dass der Zahlungsdienstleister zunächst den Anspruch des Zahlungsdienstnutzers aus § 675u S. 2 BGB trotz seiner bestehenden Gegenansprüche (z. B. aus § 675v BGB) zu erfüllen hat. Erst im Anschluss an die Vorleistung kann der Zahlungsdienstleister dann seine ihm etwa nach §§ 675v, 280 BGB zustehenden Ansprüche gegenüber dem Zahlungsdienstnutzer durchsetzen. Auch wenn eine derartige Verfahrensweise eine mehrfache Befassung etwa anzurufender gerichtlicher Instanzen bewirken kann, so ist dieses Ergebnis aufgrund der Zielrichtung des § 675u BGB hinzunehmen. Die Wiederherstellung des status quo ante vor Ausführung des nicht autorisierten Zahlungsauftrags hat nach dem Willen des europäischen Gesetzgebers und des nationalen Gesetzgebers in jedem Fall Vorrang vor einer verfahrensrechtlichen Erleichterung des wirtschaftlichen Ausgleichs.

H. Ausblick

I. Das Ziel des Financial data access and payments package der Europäischen Kommission vom 28. 6. 2023

Am 28. Juni 2023 veröffentlichte die Europäische Kommission das sogenannte Financial data access and payments package. Die Europäische Kommission schlägt hier u. a. eine Neuordnung und Modernisierung der PSD II vor. Neben der Änderung der PSD II soll ergänzend eine Verordnung über Zahlungsdienste in Kraft treten. Mit dieser Neuordnung der bisher in der PSD II enthaltenen sowie der Einführung ergänzender Regelungen soll im Wesentlichen sichergestellt werden, dass der Zahlungsdienstnutzer in seiner Eigenschaft als Verbraucher weiterhin Zahlungsvorgänge im europäischen Binnenmarkt sicher und zuverlässig ausführen kann. Dies gilt insbesondere für elektronische Zahlungsvorgänge und diesbezügliche Transaktionen. Der Vorschlag der Europäischen Kommission setzt damit die Anstrengungen fort, die Entwicklungen des Zahlungsverkehrs im digitalen Umfeld zu fördern, gleichzeitig aber auch die Interessen der Zahlungsdienstnutzer – hier insbesondere der Verbraucher – zu schützen und den Wettbewerb im Binnenmarkt zu fördern.

Nach Angaben der Europäischen Kommission ist das Volumen elektronischer Zahlungsvorgänge in den letzten Jahren stark angestiegen. Der elektronische Zahlungsverkehr hatte 2021 einen Wert von 240 Billionen Euro erreicht. In 2017 überschritt dieses Volumen knapp einen Betrag von 184 Billionen Euro. Mit dem Anstieg des Volumens der elektronischen Zahlungsvorgänge ist aber auch die Zahl der missbräuchlichen Nutzungen von Zahlungsinstrumenten bzw. von nicht autorisierten Zahlungsvorgängen angestiegen. Mit dem Financial data access and payments package will die Europäische Kommission sicherstellen, dass angesichts der technologischen Entwicklungen die Erbringung von Zahlungsverkehrsdienstleistungen durch die Zahlungsdienstleister zweckmäßig, sicher und zukunftsorientiert ist. Insbesondere sollen die Zahlungsdienstleister in der Lage sein, sich an die stetige Transformation von der analogen zur digitalen Durchführung von Zahlungsvorgängen anzupassen und das bereits mit den Zahlungsdiensterichtlinien erreichte Sicherheitsniveau für den Zahlungsdienstnutzer nicht nur aufrecht zu erhalten, sondern angesichts der steigenden Anforderungen an Sicherheit und technische Abwicklung der Zahlungsvorgänge noch zu steigern.[1]

1 Vgl. zu vorstehenden Ausführungen die Stellungnahme der Europäischen Kommission https://finance.ec.europa.eu/publications/financial-data-access-and-payments-package_en.

https://doi.org/10.1515/9783111653709-010

Der Proposal for a regulation on payment services enthält einen großen Anteil der bislang in der PSD II enthaltenen zivilrechtlich wirkenden Regelungen. Durch die vorgeschlagene Ausgestaltung des Proposal for a regulation on payment services als europäische Verordnung beabsichtigt die Europäische Kommission, einen höheren Harmonisierungsgrad innerhalb der Mitgliedsstaaten zu erreichen. Damit sollen gleichzeitig Anwendungsdifferenzen durch unterschiedliche Auslegungen der Regelungen der PSD II zukünftig vermieden werden. Der Anwendungsbereich des Proposal for directive 2023 als Nachfolger der PSD II beschränkt sich im Wesentlichen auf die Zulassungsvoraussetzungen für Zahlungsdienstleister und deren Beaufsichtigung. Ziel des Proposal for directive 2023 ist zudem, die Regelungen für Zahlungsinstitute und E-Geld-Institute zu harmonisieren. Beide Institute werden künftig vom Begriff des Zahlungsinstituts erfasst.

II. Weiterer Verfahrensgang

Der Vorschlag der Europäischen Kommission wird verfahrensrechtlich nunmehr durch das Europäische Parlament und den Europäischen Rat geprüft. Ein konkreter Zeitplan zur Überprüfung der Vorschläge der Europäischen Kommission ist nicht veröffentlicht. Nach gegenwärtigen Einschätzungen der Interessenverbände könnten finale Fassungen der Rechtsakte Mitte des Jahres 2025 vorliegen. Da den Mitgliedsstaaten nach den Erfahrungen in vergleichbaren Verfahren eine Übergangsfrist von ca. 18 Monaten eingeräumt wird, liegt das Inkrafttreten der Verordnung, die auf dem Proposal for a regulation on payment services beruht, zum Ende des Jahres 2026 nahe.[2] Dieser Zeitplan erscheint aufgrund des bisherigen Verlaufs des Gesetzgebungsverfahrens realistisch. Den ursprünglich vorgetragenen Bedenken gegen den Wechsel der zivilrechtlichen Regelungen von der PSD II in eine Verordnung wurde nicht Rechnung getragen.[3]

---

2 Vgl. aber hierzu S. 11 der Stellungnahme der Deutschen Kreditwirtschaft „Comments on the European Commission's legislative proposals of 28 June 2023 to revise the Second Payment Services Directive" vom 25. Oktober 2023 (https://ec.europa.eu/info/law/better-regulation/have-your-say/initiatives/13904-Zahlungsdienste-Uberarbeitung-der-EU-Vorschriften-Richtlinie-/F3440810_de*):* „*...With regard to the requirements for the planned implementation periods (Article 112 PSR), the German banking industry believes that appropriate implementation periods are fundamentally necessary. These should be based on the experiences gained from the implementation of PSD2 and should therefore generally be at least 24 months instead of 18 months. Supplementary implementations with comprehensive IT related effects, such as the proposed requirements under Articles 50 and 57 PSR, require an implementation period of at least 36 months in our opinion...*".

3 Vgl. hierzu Seite 3 der Stellungnahme der Deutschen Kreditwirtschaft „Comments on the European Commission's legislative proposals of 28 June 2023 to revise the Second Payment Services

III. Bewertung der Regelungen des Proposal for a regulation on payment services sowie des Proposal for directive 2023 für die haftungsrechtlichen Beziehungen zwischen Zahlungsdienstleister und Zahlungsdienstnutzer

Die vorgesehene Neuregelung der haftungsrechtlichen Beziehungen zwischen Zahlungsdienstleister und Zahlungsdienstnutzer durch die Vorschläge der Europäischen Kommission wird nach dem bisherigen Verlauf des Gesetzgebungsverfahren keine Klärung der in dieser Arbeit aufgezeigten Problemstellungen leisten. Betrachtet man die Entwürfe der durch die Europäische Kommission vorgeschlagenen Regelungen zu den wechselseitigen Haftungsansprüchen zwischen Zahlungsdienstleister und Zahlungsdienstnutzer, so wiederholen die Entwurfsvorschläge nahezu wortlautidentisch oder inhaltsgleich die entsprechenden Regelungen der PSD II. Gleiches gilt für weitere Regelungen, wie z.B. die Möglichkeit, bestimmte Regelungen mit Zahlungsdienstnutzern abzubedingen, die keine Verbraucher sind.[4] Auch werden Erwägungsgründe der PSD II, die z.B. das Verhältnis zahlungsdiensterechtlicher Vorschriften zu nationalen Vorschriften betreffen, wie beispielsweise die Möglichkeit der Geltendmachung weitergehender nationaler Ansprüche, ohne Änderung aus der PSD II in den Proposal for a regulation on payment services übernommen.[5]

Da sich weder der Proposal for a regulation on payment services noch die dem Europäischen Parlament zur ersten Lesung[6] vorgelegte Änderungsfassung des

Directive" vom 25. Oktober 2023 (https://ec.europa.eu/info/law/better-regulation/have-your-say/initiatives/13904-Zahlungsdienste-Uberarbeitung-der-EU-Vorschriften-Richtlinie-/F3440810_de): „*...For reasons of legal certainty, the change to the EU regulation and the resulting extensive deletion of the provisions in sections 675c et seqq. BGB must not be allowed to render legal literature and case law obsolete with a stroke of the pen. Therefore, the current legal basis in the form of a EU directive covering all scope areas comprehensively and conclusively should be retained...*".

4 Art. 61 PSD II vs. Art. 27 des Proposal for regulation on payment services.

5 Erwägungsgrund 70 S. 2 und S. 3 PSD II: „*If the notification deadline is met by the payment service user, the payment service user should be able to pursue those claims subject to national limitation periods. This directive should not affect other claims between payment service users and payment service providers.*" vs. Erwägungsgrund 74 S. 2 und S. 3 des Proposal for a regulation on payment services: „*If the notification deadline has been met by the payment service user, the payment service user should be able to pursue those claims subject to national limitation periods. That should not affect other claims between payment service users and payment service providers.*"

6 Report on the proposal for a regulation of the European Parliament and of the Council on payment services in the internal market and amending Regulation (EU) No 1093/2010 vom 22.4.2024 (Draft European Parliament Legislative Resolution on the proposal for a regulation of the European Parliament and of the Council on payment services in the internal market and amending Regulation

Proposal for a regulation on payment services mit den in dieser Arbeit behandelten Themenstellungen befasst, ist nicht von weitergehenden Anpassungen durch den Rat oder das Europäische Parlament im fortschreitenden Gesetzgebungsprozess auszugehen. Somit setzen sich die in dieser Arbeit aufgezeigten Unsicherheiten und Auslegungsprobleme auch nach Inkrafttreten der entsprechenden Verordnung fort. Da die grundsätzlichen haftungsrechtlichen Regelungen des Proposal for a regulation on payment services den diesbezüglichen Regelungen der PSD II entsprechen, ist hierin der Wille der Europäischen Kommission und des Europäischen Parlaments im derzeitigen Arbeitsstand zu erkennen, dass die Grundsätze zu den Haftungsregeln der PSD II auch im neuen Rechtsakt der vorgesehenen Verordnung Anwendung finden sollen.[7] Damit sind die im Rahmen dieser Arbeit aufgrund der Regelungen der PSD II erarbeiteten Ergebnisse auch auf die entsprechenden Regelungen des Proposal for a regulation on payment services übertragbar und können zu deren Auslegung herangezogen werden.

IV. Stellungnahme zum Proposal for a regulation on payment services und dem Proposal for directive 2023

Eine ausführliche inhaltliche Stellungnahme zum Proposal for a regulation on payment services und dem Proposal for directive 2023 im Rahmen dieser Arbeit schließt der Entwurfsstand beider Vorschläge der Europäischen Kommission aus. Es ist zu berücksichtigen, dass weitergehende inhaltliche Bewertungen für das nationale Recht auch die Regelungen der nationalen Sprachfassungen zu berücksichtigen haben. Die Vorschriften des Unionsrechts sind nämlich im Lichte aller Sprachfassungen einheitlich auszulegen und anzuwenden.[8] Auch wenn die Vorschriften des Unionsrechts nach der Systematik und dem Zweck des jeweiligen Merkmals und der betreffenden Regelung auszulegen sind, so kann eine verbind-

---

(EU) No 1093/2010 ((Ordinary legislative procedure: first reading)).; (COM(2023)0367 – C9-0217/2023 – 2023/0210(COD)) (https://www.europarl.europa.eu/doceo/document/A-9-2024-0052_EN.html).

7 Diese Wertung wird auch durch die Stellungnahme der EBA in Randnummer 281 der Opinion of the European Banking Authority on its technical advice on the review of Directive (EU) 2015/2366 on payment services in the internal market vom 23. Juni 2022 bestätigt. Dort verwies nämlich die EBA darauf, dass die Haftungsregelungen der PSD II sich dem Grunde nach gut bewährt haben und damit diese Regelungen keiner signifikanten Änderung bedürften: „...*281. Articles 73 and 74 of PSD2 mainly regulate the distribution of liability between the PSU and the PSP, as well as between different PSPs. Overall, the EBA is of the view that the liability regime has worked well and does not need to be changed significantly.*"

8 EuGH EuZW 2014, 464 (465); Generalanwalt beim EuGH (Wathelet). Schlussantrag vom 24.10.2013; BeckRS 2013, 82051 Rn. 51.

liche Auslegung ohne die erfolgte endgültige Transformation in sämtliche Sprachfassungen der Mitgliedsstaaten zu diesem Zeitpunkt nicht erfolgen. Vergleicht man die (wohl nur als vorläufig anzusehende) deutsche Sprachfassung des ursprünglich in englischer Sprache vorgelegten Ausgangsentwurfs des Proposal for a regulation on payment services und des Proposal for directive 2023, so wird deutlich, dass sowohl für die Beurteilung durch das Europäische Parlament und des Rats der Europäischen Union als auch insbesondere für die endgültig zu beschließende Fassung der vorgesehenen Verordnung und Richtlinie noch erheblicher Nachbesserungs- und Korrekturbedarf für die deutsche Sprachfassung besteht. Die im Rahmen dieser Arbeit relevante deutsche Sprachfassung des Proposal for a regulation on payment services weicht teilweise trotz der unverändert übernommenen Formulierungen von Regelungen und Vorschriften der PSD II in der englischen Sprachfassung von dieser ab. Bei diesen Abweichungen ist aber nicht erkennbar, aus welchem Grund sich die deutsche Sprachfassung von der englischen Sprachfassung unterscheidet. Die sprachlichen Unterschiede sind hierbei nicht nur redaktioneller Natur, sondern lösen auch unmittelbar unterschiedliche Rechtsfolgen aus. Dies kann z. B. an der deutschen Sprachfassung des Art. 56 Abs. 1 des Proposal for a regulation on payment services nachgewiesen werden. Die englische Sprachfassung des Art. 56 Abs. 1 des Proposal for a regulation on payment services ist in ihrer wesentlichen Kernaussage mit der englischen Sprachfassung des Art. 73 Abs. 1 PSD II identisch. In beiden Regelungen formuliert der europäische Gesetzgeber:

> *...in any event no later than by the end of the following businessday, after noting or being notified of the unauthorised transaction....*

Die deutsche Sprachfassung des Art. 73 Abs. 1 S. 1 PSD II beschreibt den Prozess der Kenntniserlangung des Zahlungsdienstleisters und die sich hieran anschließende Rückgewährsverpflichtung mit der Formulierung:

> *...auf jeden Fall spätestens bis zum Ende des folgenden Geschäftstags, nachdem er von dem Zahlungsvorgang* ***Kenntnis erhalten***[9] *hat oder dieser ihm angezeigt wurde.*

Die deutsche Sprachfassung des Art. 56 Abs. 1 des Proposal for a regulation on payment services übersetzt die englische Fassung des Art. 56 Abs. 1 des Proposal for a regulation on payment services dagegen abweichend:

9 Hervorhebung Verfasser.

*...in jeden[10] Fall jedoch spätestens zum Ende des folgenden Geschäftstages, nachdem er den nicht autorisierten Zahlungsvorgang **festgestellt**[11] hat oder dieser ihm angezeigt wurde.*

Es bleibt unklar, ob mit dieser sprachlichen Abweichung hier für die deutsche Sprachfassung des Art. 56 Abs. 1 des Proposal for a regulation on payment services abweichende Grundsätze für den Prozess der Kenntniserlangung gefordert werden sollen.

Ein weiteres Beispiel für eine sich aus dem veränderten Wortlaut der deutschen Sprachfassung des Proposal for a regulation on payment services ergebende materielle Abweichung findet sich ebenfalls in Art. 56 Abs. 1 des Proposal for a regulation on payment services. Die englische Sprachfassung des Art. 56 Abs. 1 des Proposal for a regulation on payment services und des Art. 73 Abs. 1 PSD II formulieren identisch: „...refund the payer the amount of the unauthorised payment transaction immediately...". Während die deutsche Sprachfassung des Art. 73 Abs. 1 der PSD II diese Formulierung mit „...diesem den Betrag des nicht autorisierten Zahlungsvorgangs unverzüglich ... erstattet" übersetzt, formuliert die deutsche Sprachfassung des Art. 56 Abs. 1 des Proposal for a regulation on payment services ohne ersichtlichen Grund abweichend. Hier regelt die Vorschrift in der deutschen Sprachfassung, dass der Zahlungsdienstleister dem Zahlungsdienstnutzer den „... Betrag des nicht autorisierten Zahlungsvorgangs sofort..." erstattet. Damit verschärft die deutsche Sprachfassung des Art. 56 Abs. 1 des Proposal for a regulation on payment services die dem Zahlungsdienstleister obliegende Pflicht, obwohl die englische Sprachfassung des Art. 56 Abs. 1 des Proposal for a regulation on payment services auch insoweit keine inhaltliche Abweichung von der Regelung des Art. 73 Abs. 1 PSD II vorsieht. Weitere Beispiele lassen sich in der Verordnung feststellen.[12]

Auch wenn die Auslegung der deutschen Sprachfassung der zukünftigen Verordnung anhand der ursprünglichen englischen Sprachfassung erfolgen kann und sich hieraus Anhaltspunkte für eine etwaige Identität oder Abweichung des inhaltlichen Umfangs der entsprechenden Regelungen der Verordnung mit den korrespondierenden Regelungen der PSD II ergeben können, so ist jedoch zu fordern, dass die neuen Regelungen der Verordnung bereits ihrem Wortlaut nach zweifelsfrei ihren Inhalt- und Regelungsgehalt erkennen lassen. Dies insbesondere dann, wenn offensichtlich nach der englischen Ursprungsfassung des Proposal for a regulation on payment services keine abweichende Regelung beabsichtigt ist. Aus Gründen der Rechtsklarheit und Rechtssicherheit ist es zwingend erforderlich, dass

---

10 Redaktionsversehen; richtigerweise müsste es „...in jedem..." heißen.

11 Hervorhebung Verfasser.

12 Auf teilweise abweichende Sprachfassungen weist der Verfasser beispielhaft im Rahmen der Arbeit bei den entsprechenden Darstellungen hin.

die deutschen Sprachfassungen des Proposal for a regulation on payment services und des Proposal for directive 2023 für die zu verabschiedenden Fassungen grundlegend überarbeitet werden und dort, wo inhaltliche Übereinstimmungen mit Regelungen der PSD II bestehen, auch die deutschen Sprachfassungen identisch sind. Unterbleibt eine derartige Qualitätssicherung und sprachliche Anpassung bzw. Vereinheitlichung von Regelungen der zukünftigen Verordnung bzw. Richtlinie mit entsprechenden – dann abgelösten – Regelungen der PSD II, so drohen zusätzliche Rechtsunsicherheiten allein durch sprachlich bedingte Unklarheiten. Da die Gerichte sich für die Entscheidung streitiger Sachverhalte zunächst an der deutschen Sprachfassung der zukünftigen Verordnung und Richtlinie orientieren werden, können die derzeitigen deutschen Sprachfassungen weitere – vermeidbare – Auslegungsprobleme einzelner Regelungen der zukünftigen Verordnung und Richtlinie auslösen.

Die Bewertungen und Ergebnisse dieser Arbeit werden neben der Klärung der haftungsrechtlichen Verhältnisse auf Grundlage des Rechtsstands bis zur Umsetzung der Entwürfe der Europäischen Kommission zur Neuordnung des Zahlungsdiensterechts auch nach Umsetzung des Proposal for a regulation on payment services für die danach erfolgende rechtliche Beurteilung der haftungsrechtlichen Beziehungen zwischen Zahlungsdienstleister und Zahlungsdienstnutzer weitgehend Geltung haben. Da nach derzeitigem Stand die haftungsrechtlichen Vorschriften der Regelungen der PSD II nahezu unverändert – ebenso wie wesentliche Wertungen aus den Erwägungsgründen – in den Proposal for a regulation on payment services übernommen werden sollen, stellen sich die identischen Auslegungsprobleme wie unter Geltung der Regelungen der PSD II. Damit sind die in dieser Arbeit erzielten Ergebnisse auch auf Grundlage einer entweder wortlautidentischen oder inhaltsgleichen Umsetzung[13] der entsprechenden Regelungen in die endgültige Fassung des Proposal for a regulation on payment services für deren Verständnis und Auslegung übertragbar. Für die Entscheidungsfindung der Instanzgerichte und des BGH können daher die Ergebnisse dieser Arbeit auch nach Inkrafttreten der finalen Fassung des Proposal for a regulation on payment services einen Beitrag leisten. Da die haftungsrechtlichen Vorschriften der zukünftigen Verordnung im Wesentlichen den Regelungen der PSD II entsprechen, werden indessen auch die durch Rechtsprechung und Lehre hierzu entwickelten Grundsätze weiter Relevanz haben. Insoweit sind die Bedenken der Deutschen Kreditwirtschaft, dass mit Inkrafttreten der Verordnung die durch Rechtsprechung und Lehre

13 Vgl. hierzu Art. 58, 60 des Proposal for a regulation on payment services im Verhältnis zu Art. 73, 74 PSD II.

entwickelten Grundsätze mit einem Federstrich obsolet würden, nicht gerechtfertigt.[14]

14 Vgl. hierzu Seite 3 der Stellungnahme der Deutschen Kreditwirtschaft „Comments on the European Commission's legislative proposals of 28 June 2023 to revise the Second Payment Services Directive" vom 25. Oktober 2023 (https://ec.europa.eu/info/law/better-regulation/have-your-say/initiatives/13904-Zahlungsdienste-Uberarbeitung-der-EU-Vorschriften-Richtlinie-/F3440810_de): „*...For reasons of legal certainty, the change to the EU regulation and the resulting extensive deletion of the provisions in sections 675c et seqq. BGB must not be allowed to render legal literature and case law obsolete with a stroke of the pen. Therefore, the current legal basis in the form of a EU directive covering all scope areas comprehensively and conclusively should be retained...*".

Glossar[1]

Authentifizierung	ein Verfahren, mit dessen Hilfe der Zahlungsdienstleister die Identität eines Zahlungsdienstnutzers oder die berechtigte Verwendung eines bestimmten Zahlungsinstruments, einschließlich der Verwendung der personalisierten Sicherheitsmerkmale des Nutzers, überprüfen kann.
Personalisierte Sicherheitsmerkmale	personalisierte Merkmale, die der Zahlungsdienstleister einem Zahlungsdienstnutzer zum Zwecke der Authentifizierung bereitstellt.
Starke Kundenauthentifizierung	eine Authentifizierung unter Heranziehung von mindestens zwei Elementen der Kategorien Wissen (etwas, das nur der Nutzer weiß), Besitz (etwas, das nur der Nutzer besitzt) oder Inhärenz (etwas, das der Nutzer ist), die insofern voneinander unabhängig sind, als die Nichterfüllung eines Kriteriums die Zuverlässigkeit der anderen nicht in Frage stellt, und die so konzipiert ist, dass die Vertraulichkeit der Authentifizierungsdaten geschützt ist.[2]
Zahlungsauftrag	ein Auftrag, den ein Zahler oder Zahlungsempfänger seinem Zahlungsdienstleister zur Ausführung eines Zahlungsvorgangs erteilt.
Zahlungsauthentifizierungsinstrument	jedes personalisierte Instrument oder Verfahren, das zwischen dem Zahlungsdienstenutzer und dem Zahlungsdienstleister für die Erteilung von Zahlungsaufträgen vereinbart wird und das vom Zahlungsdienstenutzer eingesetzt wird, um einen Zahlungsauftrag zu erteilen. Solche Instrumente oder Verfahren sind u. a. Telefonbanking mit Passwort, Zahlungskarten mit dazugehörigen personalisierten Sicherheitsmerkmalen, wie persönliche Identifikationsnummer (PIN), Transaktionsnummer (TAN) oder elektronische Signatur, sowie Kreditkarten mit Rahmenkreditabrede. Der Begriff Zahlungsauthentifizierungsinstrument (§ 1 II Nr. 4 ZAG a.F.) wurde von der Zweiten Zahlungsdiensterichtlinie nicht mehr übernommen – stattdessen wird der Begriff Zahlungsinstrument benutzt (§ 1 XX ZAG).[3]
Zahlungsdienste	eine oder mehrere der in Anhang I[4] aufgeführten gewerblichen Tätigkeiten.[5]

1 Definitionen ohne Verweis entsprechen den Begriffsbestimmungen von Art. 4 PSD II.

2 Vgl. auch *Gesmann-Nuissl*, Gabler Wirtschaftslexikon, https://www.gabler-banklexikon.de/definition/kundenauthentifizierung-starke-100098/version-375182.

3 *Waschbusch/Gesmann-Nuissl*, Gabler Wirtschaftslexikon, https://www.gabler-banklexikon.de/definition/zahlungsauthentifizierungsinstrument-des-zag-70874/version-376779.

4 Der PSD II.

5 Vgl. auch *Waschbusch/Gesmann-Nuissl/Gramlich*, Gabler Wirtschaftslexikon, https://www.gabler-banklexikon.de/definition/zahlungsdienste-des-zag-70841/version-374782.

https://doi.org/10.1515/9783111653709-011

Zahlungsdienstleister – eine Stelle im Sinne des Artikels 1 Absatz 1 oder eine natürliche oder juristische Personen, für die die Ausnahme gemäß Artikel 32 oder 33 gilt.[6]

Zahlungsdienstnutzer – eine natürliche oder juristische Person, die einen Zahlungsdienst als Zahler oder Zahlungsempfänger oder in beiden Eigenschaften in Anspruch nimmt.

Zahlungsdiensterahmenvertrag – Beim Zahlungsdiensterahmenvertrag verpflichtet sich der Zahlungsdienstleister nach § 675f II BGB dazu, für den Zahlungsdienstnutzer einzelne und aufeinander folgende Zahlungsvorgänge auszuführen sowie ggf. für den Zahlungsdienstnutzer ein auf dessen Namen oder die Namen mehrerer Zahlungsdienstnutzer lautendes Zahlungskonto zu führen. Im Gegensatz zum Einzelzahlungsvertrag, der einen einzelnen Zahlungsvorgang zum Inhalt hat, umfasst der Zahlungsdiensterahmenvertrag, wie bereits der Name andeutet, als Rahmenvertrag die Ausführung mehrerer Zahlungsvorgänge, z. B. durch Zahlungsauftrag. Der ehemalige Girovertrag ist heute ein Fall des Zahlungsdienstrahmenvertrags.[7]

Zahlungsinstrument – jedes personalisierte Instrument und/oder jeden personalisierten Verfahrensablauf, das bzw. der zwischen dem Zahlungsdienstnutzer und dem Zahlungsdienstleister vereinbart wurde und zur Erteilung eines Zahlungsauftrags verwendet wird.

Zahlungsvorgang – die bzw. den vom Zahler, im Namen des Zahlers oder vom Zahlungsempfänger ausgelöste(n) Bereitstellung, Transfer oder Abhebung eines Geldbetrags, unabhängig von etwaigen zugrunde liegenden Verpflichtungen im Verhältnis zwischen Zahler und Zahlungsempfänger.

---

6 Die in Bezug genommenen Artikel des Glossars ohne Quellenangabe sind solche der PSD II; vgl. auch *Gramlich/Gesmann-Nuissl*, Gabler Wirtschaftslexikon, https://www.gabler-banklexikon.de/definition/zahlungsdienstleister-70607/version-376781.

7 *Stöfen*, Gabler Wirtschaftslexikon, https://wirtschaftslexikon.gabler.de/definition/zahlungsdiensterahmenvertrag-53455/version-276544.

Literaturverzeichnis

Bamberger, Heinz Georg/*Roth*, Herbert/(Hrsg.): Beck'scher Online-Kommentar BGB, 36. Edition, Stand: 01.08.2015, München.

Bamberger, Heinz Georg/*Roth*, Herbert/(Hrsg.): Beck'scher Online-Kommentar BGB, 33. Edition, Stand: 01.11.2014, München.

Bamberger, Heinz Georg/*Roth*, Herbert/(Hrsg.): Beck'scher Online-Kommentar BGB, 32. Edition, Stand: 01.08.2014, München.

Bamberger, Heinz Georg/*Roth*, Herbert/*Hau*, Wolfgang/*Poseck*, Roman/(Hrsg.): Beck'scher Online-Kommentar BGB, 45. Edition, Stand: 01.03.2018, München.

Baumbach, Adolf/*Hefermehl*, Wolfgang/*Casper*, Matthias: Wechselgesetz, Scheckgesetz, Recht des Zahlungsverkehrs, 24. Auflage, München 2020.

Baumbach Adolf/*Hopt*, Klaus J./(Hrsg.): Handelsgesetzbuch mit GmbH & Co., Handelsklauseln, Bank- und Kapitalmarktrecht, Transportrecht (ohne Seerecht), 40. Auflage, München 2021.

Baumbach Adolf/*Hopt*, Klaus J./(Hrsg.): Handelsgesetzbuch mit GmbH & Co., Handelsklauseln, Bank- und Kapitalmarktrecht, Transportrecht (ohne Seerecht), 38. Auflage, München 2018.

Barta, Sebastian: Kein Leistungsverweigerungsrecht des Kreditnehmers zur wirtschaftlichen Durchsetzung eines verjährten Schadensersatzanspruchs wegen Aufklärungspflichtverletzung der Bank, in: EWiR 2015, S. 267 – 268.

Bartels, Florian: Zur bereicherungsrechtlichen Rückabwicklung von Überweisungen nach Umsetzung der Zahlungsdiensterichtlinie, in: WM 2010, S. 1828 – 1833.

Behnke, Alexander/*Schäffter*, Markus: IT-Entscheider in der Haftung, in: DSB 2002, Nr. 7/8, S. 10 – 11.

Belling, Detlev W./*Belling*, Johannes: Zahlungsdiensterecht und Bereicherungsausgleich bei nicht autorisierten Zahlungsvorgängen, in: JZ 2010, S. 708 – 711.

Bender, Jens: Aktuelle Entwicklung der Haftung bei Phishing – Zugleich Besprechung der Urteile LG Köln WM 2008, 354 und AG Wiesloch WM 2008, 1648 -, in: WM 2008, S. 2049 – 2059.

Bitter, Georg: Problemschwerpunkte des neuen Zahlungsdiensterechts – Teil II – Kreditkartenzahlung und allgemeine Prinzipien, in: WM 2010, S. 1773 – 1782.

Bitter, Georg: Bankpraxis zwischen Recht und Wirtschaft – Bankentgelte, Kreditkartenverfahren und weitergeleiteter Auftrag in juristisch-ökonomischer Betrachtung –, in: ZBB 2007, S. 237 – 332.

Borges, Georg: Haftung für Identitätsmissbrauch im Online-Banking, in: NJW 2012, S. 2385 – 2389.

Böcking, Hans-Joachim/*Gros*, Marius/*Oser*, Peter/*Scheffler*, Eberhard/*Thormann*, Bettina/(Hrsg.): Beck'sches Handbuch der Rechnungslegung, Band 1, München, Stand: Juli 2023, 70. Ergänzungslieferung.

Buck-Heeb, Petra: Aufsichts- und zivilrechtliche Normen im Bank- und Kapitalmarktrecht: einheitliche oder gespaltene Auslegung?, in: WM 2020, S. 157 – 164.

Bunte, Hermann-Josef/*Zahrte*, Kai: AGB-Banken, AGB-Sparkassen, Sonderbedingungen, 5. Auflage, München 2019.

Bunte, Hermann-Josef: AGB-Banken, AGB-Sparkassen, Sonderbedingungen, 4. Auflage, München 2015.

Büchel, Andreas/*Kuznetsova*, Alisa: Der Erstattungsanspruch bei nicht autorisierten Zahlungsvorgängen, in: CRP 2018, S. 122 – 127.

Bülow, Peter: Der Verbraucher als Arbeitnehmer im europäischen Zahlungsverkehrsraum, in: WM 2017, S. 457 – 460.

Canaris, Claus-Wilhelm: Wandlungen des Schuldvertragsrechts – Tendenzen zu seiner „Materialisierung", in: AcP 200 (2000), S. 273 – 364.

https://doi.org/10.1515/9783111653709-012

Casper, Matthias: Gestaltungs- und Regelungsspielräume für Vertragsanpassungen von Bankverträgen nach der Postbank-Entscheidung – ein Fall für den Gesetzgeber?, in: ZIP 2021, S. 2361 – 2373.

Casper, Matthias: Zahlungen ohne Einsatz einer starken Kundenauthentifizierung und der Haftungsausschluss nach § 675v Abs. 4 BGB – neues Ungemach an der Schnittstelle von Aufsichtsrecht und Bürgerlichem Recht?, in: *Grundmann*, Stefan/*Merkt*, Hanno/*Mülbert*, Peter O./ (Hrsg.): Festschrift für Klaus J. Hopt zum 80. Geburtstag am 24. August 2020, Berlin 2020, S. 117 – 130

Casper, Matthias/*Pfeifle*, Teresa: Missbrauch der Kreditkarte im Präsenz- und Mail-Order-Verfahren nach neuem Recht, in: WM 2009, S. 2343 – 2350.

Casper, Matthias/*Reich*, Bastian: Haftung bei einem qualifizierten Phishing mit weiteren Elementen des Social Engineering, in: ZBB 2023, S. 133 – 196.

Casper, Matthias/*Terlau*, Matthias (Hrsg.): ZAG (ZAG), 3. Auflage, München 2023.

Casper, Matthias/*Terlau*, Matthias (Hrsg.): ZAG (ZAG), 2. Auflage, München 2020.

Casper, Matthias/*Terlau*, Matthias (Hrsg.): ZAG (ZAG), 1. Auflage, München 2014.

Chen, Lijing: Die Haftungsverteilung bei der nichtautorisierten Überweisung und Kreditkartenzahlung aus rechtsvergleichender Sicht, Berlin 2020.

Conreder, Christian/*Okonska*, Magdalena: EBA/Op/2022/06 – ein erster Ausblick auf die PSD III, in: RdZ 2023, S. 12 – 17.

Conreder, Christian/*Hausemann*, Fabian: Der Kommissionsentwurf zur 3. Zahlungsdienste-RL und Zahlungsdienste-VO – Revolution oder Evolution im Zahlungsdiensteaufsichtsrecht?, in: BKR 2023, S. 729 – 734.

Danwerth, Christopher: Das Finanztransfergeschäft als Zahlungsdienst, Tübingen 2017.

Danwerth, Christopher: Mobile Payment – Innovation des Zahlungsverkehrs oder unkalkulierbares Risiko?, in: ZBB 2015, S. 119 – 136.

Derleder, Peter/*Knops*, Kai-Oliver/*Bamberger*, Heinz Georg/ (Hrsg.): Deutsches und europäisches Bank- und Kapitalmarktrecht, Band 1, 3. Auflage, Berlin/Heidelberg 2017.

Dieckmann, Andreas: Die SEPA-Überweisung: eine unterschätzte Gefahr für Banken – Zum Rückforderungsanspruch der Bank bei einer Fehlüberweisung -, in: WM 2015, S. 14 – 22.

Drescher, Ingo/*Fleischer*, Holger/*Schmidt*, Karsten/(Hrsg.): Münchener Kommentar zum Handelsgesetzbuch, Band 6, 5. Auflage, München 2024.

Drescher, Ingo/*Fleischer*, Holger/*Schmidt*, Karsten/(Hrsg.): Münchener Kommentar zum Handelsgesetzbuch, Band 6, 4. Auflage, München 2019.

Ebenroth, Carsten Thomas/*Boujong*, Karlheinz/*Joost*, Detlev/Strohn, Lutz/(Hrsg.): Handelsgesetzbuch, Band 2, §§ 343 – 475 h, Transportrecht, Bank- und Börsenrecht, 4. Auflage, München 2020.

Ebenroth, Carsten Thomas/*Boujong*, Karlheinz/*Joost*, Detlev/Strohn, Lutz/(Hrsg.): Handelsgesetzbuch, Band 2, §§ 343 – 475 h, Transportrecht, Bank- und Börsenrecht, 3. Auflage, München 2015.

Edelmann, Hervé: Haftungsgrundsätze im Zahlungsdiensterecht bei CEO-Fraud, in: https://www.fch-gruppe.de/Beitrag/1344/haftungsgrundsaetze-im-zahlungsdiensterecht-bei-ceo-fraud, Beitrag in FCH-Gruppe, BeitragsNr. 1344, Heidelberg 2019.

Einsele, Dorothee: Beweislast für die Autorisierung von Zahlungen; Verhältnis von § 675v BGB (a.F.) zu § 11 Abs. 4 AGB-Banken; Voraussetzungen an Rechnungsabschluss, in: WuB 2022, S. 417 – 420.

Einsele, Dorothee: Der Erstattungsanspruch des Zahlers, in: WM 2015, S. 1125 – 1135.

Einsele, Dorothee: Die Rechtsstellung von Unternehmern im Zahlungsverkehr, in: ZIP 2011, S. 1741 – 1751.

Ellenberger, Jürgen/*Bunte*, Hermann-Josef/(Hrsg.): Bankrechts-Handbuch, Band 1, 6. Auflage, München 2022.

Ellenberger, Jürgen/*Findeisen*, Michael/*Nobbe*, Gerd/*Böger*, Ole/(Hrsg.): Kommentar zum Zahlungsverkehrsrecht, Praxiskommentar zum Zivil- und Aufsichtsrecht des Zahlungsverkehrs, 3. Auflage, Heidelberg 2020.

Ellenberger, Jürgen/*Findeisen*, Michael/*Nobbe*, Gerd/(Hrsg.): Kommentar zum Zahlungsverkehrsrecht, Praxiskommentar zum Zivil- und Aufsichtsrecht des Zahlungsverkehrs, 2. Auflage, Heidelberg 2013.

Engel, Friedrich-Wilhelm: Produzentenhaftung für Software, in: CR 1986, S. 702 – 708.

Entwurf eines Handelsgesetzbuches für die Preußischen Staaten, Zweiter Theil Nebst Motiven, Berlin 1857.

Erfurth, René: Haftung für Missbrauch von Legitimationsdaten durch Dritte beim Online-Banking, in: WM 2006, S. 2198 – 2207.

Erman, Walter Alexander (Hrsg.): Kommentar zum Bürgerlichen Gesetzbuch, Band 1, 17. Auflage, Köln 2023.

Erman, Walter Alexander (Hrsg.): Kommentar zum Bürgerlichen Gesetzbuch, Band 1, 16. Auflage, Köln 2020.

Erman, Walter Alexander (Hrsg.): Kommentar zum Bürgerlichen Gesetzbuch, Band 1, 15. Auflage, Köln 2017.

Feldhusen, Claire Anna: Zustimmungsfiktionen in den AGB-Banken und AGB-Sparkassen im Spannungsfeld zwischen Praktikabilität und Vertragsfreiheit – Teil I –, in: WM 2020, S. 397 – 403.

Feldhusen, Claire Anna: Zustimmungsfiktionen in den AGB-Banken und AGB-Sparkassen im Spannungsfeld zwischen Praktikabilität und Vertragsfreiheit – Teil II –, in: WM 2020, S. 441 – 449.

Fischer, Gero: Schutz vor missbräuchlicher Nutzung der Bürgschaft auf erstes Anfordern, in: WM 2005, S. 529 – 536.

Foerster, Max: BGH, 17. 11. 2020 – XI ZR 294/19: Haftung bei gefälschter Faxanweisung (m. Anm. Foerster), in: BKR 2021, S. 240 – 248.

Foerster, Max: Nicht autorisierte Zahlungsvorgänge und Ausschlussfrist des § 676b Abs. 2 BGB – Ausgleich in Anweisungsfällen, in: AcP (213) 2013, S. 405 – 442.

Fornasier, Matteo: Die Inhaltskontrolle von Entgeltklauseln im Lichte des europäischen Zahlungsdiensterechts, WM 2013, S. 205 – 211.

Fornasier, Matteo: Der Bereicherungsausgleich bei Fehlüberweisungen und das europäische Recht der Zahlungsdienste, in: AcP 212 (2012), S. 410 – 452.

Franck, Jens-Uwe/*Massari*, Philipp: Die Zahlungsdiensterichtlinie: Günstigere und schnellere Zahlungen durch besseres Vertragsrecht?, in: WM 2009, S. 1117 – 1128.

Frey, Peter: BGH – KontoNr. ist kein personalisiertes Sicherheitsmerkmal, in: RdZ 2023, S. 59 – 60.

van Gelder, Alfons: Phisher, Pharmer & Co. – Angriffe und Haftung beim Online-Banking – aus der Praxis eines Ombudsmannes, in: *Habersack*, Mathias/*Joeres*, Hans-Ulrich/*Krämer*, Achim/(Hrsg.): Entwicklungslinien im Bank- und Kapitalmarktrecht – Festschrift für Gerd Nobbe, Köln 2009, S. 55 – 74.

Gesmann-Nuissl, Dagmar: Kundenauthentifizierung (starke), in: https://www.gabler-banklexikon.de/definition/kundenauthentifizierung-starke-100098/version-375182, 11. 03. 2020.

Gierke, Otto: Der Entwurf eines bürgerlichen Gesetzbuchs und das deutsche Recht, Leipzig 1889.

Glos, Alexander/*Hildner*, Alicia: PSD III kommt – eine Revolution des Zahlungsdiensterechts, in: RdZ 2023, S. 184 – 191.

Gorny, Peter: Kategorien von Softwarefehlern, in: CR 1986, S. 673 – 677.

Göbel, Karin Margarethe: Geldbörse im Smartphone – vertragliche Rahmenbedingungen für das kartenbasierte Mobile Payment im stationären Handel, in: RdZ 2021, S. 27 – 34.

Gramlich, Ludwig/*Gesmann-Nuissl*, Dagmar: Zahlungsdienstleister, in: https://www.gabler-banklexikon.de/definition/zahlungsdienstleister-70607/version-376781, 06.04.2020.

Grigoleit, Hans Christoph: Vertragsänderung durch Erklärungsfiktion, in: ÖBA 2020, S. 460–472.

Grundmann, Stefan (Hrsg.): Bankvertragsrecht, Band 1, Berlin/Boston 2020.

Grundmann, Stefan: Das neue Recht des Zahlungsverkehrs Teil I (*) – Grundsatzüberlegungen und Überweisungsrecht, in: WM 2009, S. 1109–1117.

Grundmann, Stefan: Das neue Recht des Zahlungsverkehrs – Teil II – Lastschrift, Kartenzahlung und Ausblick, in WM 2009, S. 1157–1164.

Grüneberg, Christian (Hrsg.): Bürgerliches Gesetzbuch, 83. Auflage, München 2024.

Grüneberg, Christian (Hrsg.): Bürgerliches Gesetzbuch, 82. Auflage, München 2023.

Grüneberg, Christian (Hrsg.): Bürgerliches Gesetzbuch, 81. Auflage, München 2022.

Grüneberg, Christian: AGB Kontrolle im unternehmerischen Geschäftsverkehr, in: ZHR 187 (2023), S. 429–437.

Grüneberg, Christian: Die Rechtsprechung des BGH zur Klauselkontrolle von Entgelten für Zahlungsdienste, in: BKR 2020, S. 365–373.

Gsell, Beate/*Krüger*, Wolfgang/*Lorenz*, Stephan/*Reymann*, Christoph/(Hrsg.): beck-online.GROSSKOMMENTAR, BGB, Stand: 15.07.2024, München.

Gsell, Beate/*Krüger*, Wolfgang/*Lorenz*, Stephan/*Reymann*, Christoph/(Hrsg.): beck-online.GROSSKOMMENTAR, BGB, Stand: 01.12.2023, München.

Gsell, Beate/*Krüger*, Wolfgang/*Lorenz*, Stephan/*Reymann*, Christoph/(Hrsg.): beck-online.GROSSKOMMENTAR, BGB, Stand: 01.11.2023, München.

Gsell, Beate/*Krüger*, Wolfgang/*Lorenz*, Stephan/*Reymann*, Christoph/(Hrsg.): beck-online.GROSSKOMMENTAR, BGB, Stand: 01. 06.2023, München.

Gsell, Beate/*Krüger*, Wolfgang/*Lorenz*, Stephan/*Reymann*, Christoph/(Hrsg.): beck-online.GROSSKOMMENTAR, BGB, Stand: 01.04.2023, München.

Gsell, Beate/*Krüger*, Wolfgang/*Lorenz*, Stephan/*Reymann*, Christoph/(Hrsg.): beck-online.GROSSKOMMENTAR, BGB, Stand: 01.03.2023, München.

Gsell, Beate/*Krüger*, Wolfgang/*Lorenz*, Stephan/*Reymann*, Christoph/(Hrsg.): beck-online.GROSSKOMMENTAR, BGB, Stand: 01.01.2023, München.

Gsell, Beate/*Krüger*, Wolfgang/*Lorenz*, Stephan/*Reymann*, Christoph/(Hrsg.): beck-online.GROSSKOMMENTAR, BGB, Stand: 01.12.2022, München.

Gsell, Beate/*Krüger*, Wolfgang/*Lorenz*, Stephan/*Reymann*, Christoph/(Hrsg.): beck-online.GROSSKOMMENTAR, BGB, Stand: 01.09.2022, München.

Gsell, Beate/*Krüger*, Wolfgang/*Lorenz*, Stephan/*Reymann*, Christoph/(Hrsg.): beck-online.GROSSKOMMENTAR, BGB, Stand: 15.08.2022, München.

Gsell, Beate/*Krüger*, Wolfgang/*Lorenz*, Stephan/*Reymann*, Christoph/(Hrsg.): beck-online.GROSSKOMMENTAR, BGB, Stand: 01.08.2022, München.

Gsell, Beate/*Krüger*, Wolfgang/*Lorenz*, Stephan/*Reymann*, Christoph/(Hrsg.): beck-online.GROSSKOMMENTAR, BGB, Stand: 01.07.2022, München

Gsell, Beate/*Krüger*, Wolfgang/*Lorenz*, Stephan/*Reymann*, Christoph/(Hrsg.): beck-online.GROSSKOMMENTAR, BGB, Stand: 15.06.2022, München.

Gsell, Beate/*Krüger*, Wolfgang/*Lorenz*, Stephan/*Reymann*, Christoph/(Hrsg.): beck-online.GROSSKOMMENTAR, BGB, Stand: 01.06.2022, München

Gsell, Beate/*Krüger*, Wolfgang/*Lorenz*, Stephan/*Reymann*, Christoph/(Hrsg.): beck-online.GROSSKOMMENTAR, BGB, Stand: 01.04.2022, München

Gsell, Beate/*Krüger*, Wolfgang/*Lorenz*, Stephan/*Reymann*, Christoph/(Hrsg.): beck-online.GROSSKOMMENTAR, BGB, Stand: 01.12.2021, München.

Gsell, Beate/*Krüger*, Wolfgang/*Lorenz*, Stephan/*Reymann*, Christoph/(Hrsg.): beck-online.GROSSKOMMENTAR, BGB, Stand: 01.10.2021, München.

Gsell, Beate/*Krüger*, Wolfgang/*Lorenz*, Stephan/*Reymann*, Christoph/(Hrsg.): beck-online.GROSSKOMMENTAR, BGB, Stand: 01.01.2021, München.

Gsell, Beate/*Krüger*, Wolfgang/*Lorenz*, Stephan/*Reymann*, Christoph/(Hrsg.): beck-online.GROSSKOMMENTAR, BGB, Stand: 01.08.2020, München.

Gsell, Beate/*Krüger*, Wolfgang/*Lorenz*, Stephan/*Reymann*, Christoph/(Hrsg.): beck-online.GROSSKOMMENTAR, BGB, Stand: 01.10.2019, München.

Gsell, Beate/*Krüger*, Wolfgang/*Lorenz*, Stephan/*Reymann*, Christoph/(Hrsg.): beck-online.GROSSKOMMENTAR, BGB, Stand: 01.10.2017, München.

Gsell, Beate/*Krüger*, Wolfgang/*Lorenz*, Stephan/*Reymann*, Christoph/(Hrsg.): beck-online.GROSSKOMMENTAR, BGB, Stand: 01.08.2017, München.

Gsell, Beate/*Schellhase*, Hans Martin: Vollharmonisiertes Verbraucherkreditrecht – Ein Vorbild für die weitere europäische Angleichung des Verbrauchervertragsrechts?, in: JZ 2009, S. 20–29.

Habersack, Mathias, AGB-Rechtskonformität des Mechanismus zur Änderung der AGB der Kreditwirtschaft, in: BKR 2020, S. 53–60.

Hau, Wolfgang/*Poseck*, Roman/(Hrsg.): Beck'scher Online-Kommentar BGB, 69. Edition, Stand: 01.02.2024, München.

Hau, Wolfgang/*Poseck*, Roman/(Hrsg.): Beck'scher Online-Kommentar BGB, 66. Edition, Stand: 01.05.2023, München.

Hau, Wolfgang/*Poseck*, Roman/(Hrsg.): Beck'scher Online-Kommentar BGB, 65. Edition, Stand: 01.02.2023, München.

Hau, Wolfgang/*Poseck*, Roman/(Hrsg.): Beck'scher Online-Kommentar BGB, 63. Edition, Stand: 01.08.2022, München.

Hau, Wolfgang/*Poseck*, Roman/(Hrsg.): Beck'scher Online-Kommentar BGB, 62. Edition, Stand: 01.05.2022, München.

Hau, Wolfgang/*Poseck*, Roman/(Hrsg.): Beck'scher Online-Kommentar BGB, 61. Edition, Stand: 01.02.2022, München.

Hau, Wolfgang/*Poseck*, Roman/(Hrsg.): Beck'scher Online-Kommentar BGB, 56. Edition, Stand: 01.11.2020, München.

Hau, Wolfgang/*Poseck*, Roman/(Hrsg.): Beck'scher Online-Kommentar BGB, 55. Edition, Stand: 01.08.2020, München.

Hadding, Walther: Zur verspäteten Ausführung eines Überweisungsauftrags oder eines Lastschriftmandats – Herrn Vorsitzenden Richter am Bundesgerichtshof a.D. Ulrich Wiechers zum 1. November 2014 –, in: WM 2014, S. 2065–2070.

Hadding, Walther: Zur Abgrenzung von Unterrichtung, Aufklärung, Auskunft, Beratung und Empfehlung als Inhalt bankrechtlicher Pflichten, in: *Horn*, Norbert/*Lwowski*, Hans-Jürgen/*Nobbe*, Gerd/(Hrsg.): Bankrecht – Schwerpunkte und Perspektiven: Festschrift für Herbert Schimansky, Köln 1999, S. 67–83.

Hagebölling, Clemens/*Linardatos*, Dimitrios: Untersagung der Entgelterhebung durch Mobilfunkbetreiber für die Nutzung eines Zahlungsinstruments, Anm. zu EuGH, Urteil vom 9.4.2014 (C-616/11 – T-Mobile Austria), in: EuZW 2014, S. 464–469.

Herresthal, Carsten: Zur Haftung des Zahlers im Falle der Ausführung eines Zahlungsvorgangs aufgrund einer gefälschten Faxanweisung durch den Zahlungsdienstleister, in: EWiR 2021, S. 97 – 98.

Herresthal, Carsten: Die unionsrechtlichen Vorgaben zur Sanktionierung eines Verstoßes gegen die Kreditwürdigkeitsprüfung, Anmerkung zum Urteil des EuGH v. 27. 3. 2014 – C-565/12 (LCL Le Crédit Lyonnais SA/Fesih Kalhan), in: EuZW 2014, S. 497 – 500.

Heussen, Benno: Neue Entlastungsmöglichkeiten für Hersteller, in: CR 2004, S. 1 – 10.

Hoffmann, Jochen: Kundenhaftung unter der Neufassung der Zahlungsdiensterichtlinie, in: VuR 2016, S. 243 – 254.

Hoffmann, Jochen/*Rastegar*, Jinnus: Kontaktlose Zahlungen im Privatrecht, in: WM 2021, S. 957 – 966.

Hofmann, Christian: Das neue Haftungsrecht im Zahlungsverkehr, in: BKR 2018, S. 62 – 69.

Hofmann, Christian: Haftung im Zahlungsverkehr, in: BKR 2014, S. 105 – 112.

Hofmann, Christian: Die Pflicht zur Bewertung der Kreditwürdigkeit, in: NJW 2010, S. 1782 – 1786.

Hopt, Klaus: Handelsgesetzbuch mit GmbH & Co., Handelsklauseln, Bank- und Kapitalmarktrecht, Transportrecht (ohne Seerecht), 43. Auflage, 2024.

Hopt, Klaus: Handelsgesetzbuch mit GmbH & Co., Handelsklauseln, Bank- und Kapitalmarktrecht, Transportrecht (ohne Seerecht), 42. Auflage, 2023.

Hopt, Klaus: Handelsgesetzbuch mit GmbH & Co., Handelsklauseln, Bank- und Kapitalmarktrecht, Transportrecht (ohne Seerecht), 41. Auflage, 2022.

Horn, Norbert: Die richterliche Kontrolle von Entgeltklauseln nach dem AGB-Gesetz am Beispiel der Kreditwirtschaft, in: WM 1997, Sonder-Beilage 1, S. 1 – 23.

Hossenfelder, Martin: Zu den Sorgfaltspflichten des Bankkunden im Lichte des neuen Zahlungsdiensterechts, in: CR 2009, S. 790 – 794.

Jauernig, Othmar (Hrsg.): Bürgerliches Gesetzbuch, 18. Auflage, München 2021.

Joost, Detlev: Die Verteilung des Risikos von Scheckfälschungen, in: ZHR 153 (1989), S. 237 – 269.

Jungmann, Carsten: Das zahlungsdiensterechtliche Regelungsregime für „Proximity Payments" – Initiierung, Autorisierung und Risiken kontaktloser (kartenbasierter oder mobiler) Nahzahlungen, in: WM 2021, S. 557 – 573.

Jungmann, Carsten: Das System von Haftung beim missbräuchlichen Kreditkarteneinsatz ohne starke Kundenauthentifizierung, in: ZBB 2020, S. 1 – 9.

Jungmann, Carsten: OLG München: Preisgabe eines Freischaltcodes am Telefon als grob fahrlässige Verletzung zahlungsdienstrechtlicher Pflichten, RdZ 2024, S.62 – 63

Kilian, Wolfgang: Vertragsgestaltung und Mängelhaftung bei Computersoftware, in: CR 1986, S. 187 – 196.

Kirchner, Maik: Die Verteilung von Haftungsrisiken bei Zahlungsvorgängen unter Einsatz von Debitkarten – Ein Überblick, in: BKR 2023, S. 703 – 710.

Klanten, Thomas: Neuvereinbarung von AGB nach der Postbank-Entscheidung des BGH, in: BKR 2022, S. 211 – 217.

Knops, Kai-Oliver: Der Verbraucherkredit zwischen Privatautonomie und Vollharmonisierung, in: Die zivilrechtliche Umsetzung der Zahlungsdiensterichtlinie – Finanzmarktkrise und Umsetzung der Verbraucherkreditrichtlinie – Bankrechtstag 2009, Berlin/New York 2010, S. 195 – 232.

Koch, Matthias: Missbrauch von Zahlungsauthentifizierungsinstrumenten, Haftungsverteilung zwischen Zahlungsdienstleister und Zahlungsdienstnutzer, Baden-Baden 2012.

Koch, Robert: Haftung für die Weiterverbreitung von Viren durch E-Mails, NJW 2004, S. 801 – 807.

Koziol, Helmut/*Bydlinski*, Peter/*Bollenberger*, Raimund: Kurzkommentar zum ABGB (KBB), 4. Auflage, Wien 2014.

Kropf, Christian: Abkehr vom Veranlasserprinzip seitens des BGH beim bereicherungsrechtlichen Ausgleich im Überweisungsverkehr, in: WM 2016, S. 67 – 72.

Kropf, Christian/*Habl*, Rouben: Aktuelle Entwicklungen zur Zulässigkeit von Bankentgelten, in: BKR 2014, S. 145 – 150.

Kümpel, Siegfried/*Mülbert*, Peter O./*Früh*, Andreas/*Seyfried*, Thorsten/ (Hrsg.): Bankrecht und Kapitalmarktrecht, 5. Auflage, Köln 2019.

Lammeyer, Philipp/*Singbartl*, Jan: Zur Unwirksamkeit einer Klausel zur Geltendmachung von Bearbeitungsentgelten bei Darlehen an Unternehmen (m. Anm. Servais), in: BKR 2017, S. 453 – 463.

Langenbucher, Katja/*Bliesener*, Dirk H./*Spindler*, Gerald/(Hrsg.): Bankrechts-Kommentar, 3. Auflage, München 2020.

Langenbucher, Katja/*Bliesener*, Dirk H./*Spindler*, Gerald/(Hrsg.): Bankrechts-Kommentar, 2. Auflage, München 2016.

Leible, Stefan/*Wildemann*, Andree: Kommentar zu BGH, Urteil v. 04. 03. 2004 – III ZR 96/03, in: K&R 2004, S. 288 – 290.

Libertus, Michael: Zivilrechtliche Haftung und strafrechtliche Verantwortlichkeit bei unbeabsichtigter Verbreitung von Computerviren, in: MMR 2005, S. 507 – 512.

Liesecke, Rudolf: Das Bankguthaben in Gesetzgebung und Rechtsprechung, in: WM 1975, S. 238 – 248.

Linardatos, Dimitrios: Unautorisierter Zahlungsvorgang bei ChipTAN-Verfahren (m. Anm. Linardatos), in: BKR 2023, S. 626 – 636.

Linardatos, Dimitrios: Haftungsverteilung bei einem gefälschten Überweisungsträger, Anm. zu OLG Celle, Hinweisbeschl. vom 17.11. 2020 – 3 U 122/20 (LG Lüneburg), ZIP 2021, 242, in: EWiR 2021, S. 131 – 132.

Linardatos, Dimitrios: Kontaktloses Zahlen im Zahlungsdiensterecht, in: BKR 2021, S. 665 – 675.

Linardatos, Dimitrios: Bereicherungsrechtliche Rückabwicklung einer nicht autorisierten Überweisung, Anm. zu LG Berlin, Urteil vom 16. 12. 2014 – 10 S 8/14, in: WuB 2015, S. 246 – 251.

Linardatos, Dimitrios: Die Rechtsscheinhaftung im Zahlungsdiensterecht – Zugleich eine Anm. zu LG Darmstadt, Urt. v. 28. 8. 2014 – 28 O 36/14, in: BKR 2015, S. 96 – 100.

Linardatos, Dimitrios: Der Kommissionsvorschlag für eine Zahlungsdiensterichtlinie II – Ein Überblick zu den haftungsrechtlichen Reformvorhaben, in: WM 2014, S. 300 – 306.

Linardatos, Dimitrios: Das Haftungssystem im bargeldlosen Zahlungsverkehr nach Umsetzung der Zahlungsdiensterichtlinie, Baden-Baden 2013.

Linardatos, Dimitrios: Zur Haftung bei unautorisierter Bargeldabhebung an Geldautomaten, Anm. zu OLG Düsseldorf, Urteil vom 6. 7. 2012 – I-17 U 79/11, in: EWiR 20/2013 § 675w BGB 1/2012, S. 657 – 658.

Lu, Yen-Pin: Die Risikoverteilung im bargeldlosen Zahlungsverkehr bei Fehlen eines Zahlungsauftrags im deutschen und im taiwanesischen Recht, Frankfurt 2016.

Lurger, Brigitta/*Koch*, Bernhard: Geschäftsbedingungen, nach denen die Haftung für Schäden durch Abhebung oder Zahlvorgänge, die ein Fremder mit der NFC-Funktion einer Bankkarte vornimmt, ausgenommen sind, sind unwirksam, sofern der Bankkunde den Verlust seiner Karte bei der Bank zuvor angezeigt hat, in: ÖBA 2021, S. 123 – 134.

Maier, Arne: § 215 BGB und die verjährte „dolo agit“-Einrede, in: VuR 2015, S. 407 – 411.

Mäsch, Gerald: Schuldrecht AT: Unzulässige Zustimmungsfiktion in Banken-AGB, in: JuS 2021, S. 1184 – 1186.

Mertins, Wolfgang, Die Bürgschaft auf erstes Anfordern, in: NJ 2012, S. 492 – 497.

Musielak, Hans-Joachim: Bürgschaft, in: JA 2015, S. 161 – 169.

Müller, Gerd: Zur Wende in der höchstrichterlichen Rechtsprechung zum Bereicherungsausgleich bei fehlerhaften Banküberweisungen – Eine kritische Anmerkung zu den Urteilen des XI. Zivilsenats des BGH vom 2. und 16. 6. 2015 = WM 2015, 1458 und WM 2015, 1631 -, in: WM 2016, S. 809 – 815.

Nobbe, Gerd: Die neuere Rechtsprechung des Bundesgerichtshofs zum Überweisungsverkehr, in: WM 2012, Sonderbeilage 1, S. 1 – 24.

Oechsler, Jürgen: Die Haftung nach § 675v BGB im kreditkartengestützten Mailorderverfahren, in: WM 2010, S. 1381 – 1387.

Oepen, Klaus: Auf erstes Anfordern versprochene Bürgschaften und Garantien, in: NJOZ 2009, S. 756 – 777.

Omlor, Sebastian: AGB-Änderungsmechanismus im Zahlungsdiensterecht, in: NJW 2021, S. 2243 – 2248.

Omlor, Sebastian: Haftung des Zahlers bei gefälschter Faxanweisung (Besprechung von BGH, Urteil vom 17. 11. 2020 – XI ZR 294/19), in: RdZ 2021, S. 59 – 60.

Omlor, Sebastian: Haftung bei NFC-Zahlungen, in: RdZ 2021, S. 180 – 187.

Omlor, Sebastian: Starke Kundenauthentifizierung zwischen BGB, ZAG und RTS, in: RdZ 2020, S. 20 – 27.

Omlor, Sebastian: Online-Banking unter Geltung der Zweiten Zahlungsdiensterichtlinie (PSD II), in: BKR 2019, S. 105 – 113.

Omlor, Sebastian: Zahlungsdiensteaufsichtsrecht im zivilrechtlichen Pflichtengefüge, in: WM 2018, S. 57 – 64.

Omlor, Sebastian: SEPA-Zahlungsdienste und Bereicherungsausgleich im Mehrpersonenverhältnis – maximale Harmonisierung oder harmonische Autonomie?, in: jM 2014, S. 315 – 320.

Omlor, Sebastian: Zahlungsauftrag, Zahlungsinstrument, Zahlungsauthentifizierungsinstrument und personalisiertes Sicherheitsmerkmal – eine begriffliche Quadratur des Kreises? (Anmerkung zu EuGH, Urteil vom 9. 4. 2014 – RS. C-616/11 – T-Mobile Austria), in: GPR 2014, S. 282 – 284.

Palandt, Otto (Hrsg.): Bürgerliches Gesetzbuch, 79. Auflage, München 2020.

Palandt, Otto (Hrsg.): Bürgerliches Gesetzbuch, 78. Auflage, München 2019.

Palandt, Otto (Hrsg.): Bürgerliches Gesetzbuch, 76. Auflage, München 2017.

Palandt, Otto (Hrsg.): Bürgerliches Gesetzbuch, 74. Auflage, München 2015.

Palandt, Otto (Hrsg.): Bürgerliches Gesetzbuch, 73. Auflage, München 2014.

Palandt, Otto (Hrsg.): Bürgerliches Gesetzbuch, 71. Auflage, München 2012.

Pfeiffer, Thomas: Preis- und Vertragsanpassungen in Zahlungsverkehrsverträgen – Nützliche Rationalisierung oder einseitige Vertragsgestaltung?, in: RdZ 2022, S. 18 – 25.

Pfeiffer, Thomas: Richtlinienkonforme Auslegung im Zivilrecht, in: StudZR 2004, S. 171 – 194.

Piekenbrock, Andreas: Beweislast für Autorisierung eines Zahlungsvorgangs außerhalb des Anwendungsbereichs des § 675w BGB bei Zahlungsdienstleister, in: EWiR 2024, S. 1370 – 1371.

Piekenbrock, Andreas: Anmerkung zu: EuGH, Urt. v. 9. 4. 2014 – C-616/11, in: WuB 2015, S. 302 – 306.

Piekenbrock, Andreas: Das Recht der Zahlungsdienste zwischen Unions- und nationalem Recht (*), in: WM 2015, S. 797 – 804.

Piekenbrock, Andreas/*Rodi*, Daniel, Aktuelle Fragen der AGB Kontrolle im Zahlungsverkehr von Unternehmen, RdZ 2020, 172 – 179.

Placzek, Thomas: Die Verjährung von Ansprüchen des Kontoinhabers aufgrund rechtsgrundloser Belastungsbuchungen, WM 2017, S. 1835 – 1846.

Placzek, Thomas: Neues zur Zulässigkeit eines Bearbeitungsentgelts in Verbraucherkreditverträgen?, in: WM 2011, S. 1066 – 1072.

Poelzig, Dörte: Die „gespaltene Auslegung“ von Verhaltensnormen im Straf-, Aufsichts- und Zivilrecht oder wer gibt den Ton an?, in: ZBB 2019, S. 1 – 10.

Raue, Benjamin: Haftung für unsichere Software, in NJW 2017, S. 1841 – 1846.

Reymann, Christoph: Das Recht der Zahlungsdienste – Eine Zwischenbilanz auf dem Weg zur SEPA, in: DStR 2011, S. 1959 – 1965.

Richrath, Jochen: Autorisierung von Zahlungen; Beweislast; Mitwirkungspflichten des Kunden, in: WuB 2024, S. 286 – 289.

Riehm, Thomas: Die überschießende Umsetzung vollharmonisierender EG-Richtlinien im Privatrecht, in: JZ 2006, S. 1035 – 1045.

Rodi, Daniel: Zur Unwirksamkeit formularmäßiger Zustimmungsfiktionen im Bankrecht– Zugleich Besprechung von BGH, Urt. v. 27.4.2021 = WM 2021, 1128 – – Teil I (Die Entscheidung und ihre Vorgeschichte) –, in: WM 2021, S. 1310 – 1315.

Rodi, Daniel: Keine Haftungserleichterung für Bank beim kontaktlosen Zahlen („DenizBank"), in: EWiR 2020, S. 737 – 738.

Rott, Peter: Verbraucherschutz durch Prüfung der Kreditwürdigkeit, in: EWS 2014, S. 201 – 204.

Rühl, Wolfgang: Weitreichende Änderungen im Verbraucherdarlehensrecht und Recht der Zahlungsdienste, in: DStR 2009, S. 2256 – 2263.

Säcker, Franz Jürgen/*Rixecker*, Roland/*Oetker*, Hartmut/*Limperg*, Bettina/(Hrsg.): Münchener Kommentar zum Bürgerlichen Gesetzbuch, Band 6, §§ 631 – 704, 9. Auflage, München 2023.

Säcker, Franz Jürgen/*Rixecker*, Roland/*Oetker*, Hartmut/*Limperg*, Bettina/(Hrsg.): Münchener Kommentar zum Bürgerlichen Gesetzbuch, Band 6, §§ 631 – 704, 8. Auflage, München 2020.

Säcker, Franz Jürgen/*Rixecker*, Roland/*Oetker*, Hartmut/*Limperg*, Bettina/(Hrsg.): Münchener Kommentar zum Bürgerlichen Gesetzbuch, Band 5/2, Schuldrecht, Besonderer Teil III/2, 7. Auflage, München 2017.

Säcker, Franz Jürgen/*Rixecker*, Roland/*Oetker*, Hartmut/*Limperg*, Bettina/(Hrsg.): Münchener Kommentar zum Bürgerlichen Gesetzbuch, Band 4, §§ 611 – 704, 6. Auflage, München 2012.

Säcker, Franz Jürgen/*Rixecker*, Roland/*Oetker*, Hartmut/*Limperg*, Bettina/(Hrsg.): Münchener Kommentar zum Bürgerlichen Gesetzbuch, Band 2, §§ 241 – 432, 5. Auflage, München 2007.

Schäfer, Frank A./*Omlor*, Sebastian/*Mimberg*, Jörg: Zahlungsdiensteaufsichtsgesetz, 1. Auflage, München 2021.

Scheibengruber, Christian: Unzulässige AGB-Klauseln in den neuen Bedingungen für Zahlungskarten und Onlinebanking, in: NJOZ 2010, S. 1366 – 1371.

Scheibengruber, Christian: Zur Zulässigkeit und Sinnhaftigkeit der Verlagerung des Missbrauchsrisikos bei Zahlungsdiensten auf die Nutzer – Ein Beitrag zur Analyse der Umsetzung der Zahlungsdiensterichtlinie in das BGB und die AGB der Banken, in: BKR 2010, S. 15 – 23.

Schimansky, Herbert/*Bunte* Hermann-Josef/*Lwowski* Hans-Jürgen (Hrsg.): Bankrechts-Handbuch, 5. Auflage, München 2017.

Schimansky, Herbert/*Bunte* Hermann-Josef/*Lwowski* Hans-Jürgen (Hrsg.): Bankrechts-Handbuch, 4. Auflage, München 2011.

Schinkels, Boris: Online-Banking und sorgfaltswidrige TAN-Preisgabe bei Pharming-Angriff, in: LMK 10/ 2012, 337949 (beckonline).

Schleehauf, Sebastian: Haftung des Zahlers bei Ausführung eines Zahlungsvorgangs durch den Zahlungsdienstleister aufgrund einer gefälschten Faxanweisung, in: GWR 2021, S. 125 – 125.

Schlegelberger, Franz: Handelsgesetzbuch Kommentar, Band IV, §§ 343 – 372, 5. Auflage, München 1976.

Schmalenbach, Philipp: Die Digitalisierung des Zahlungswesens: Innovative Bezahlverfahren im Lichte des novellierten Zahlungsdiensterechts, Berlin 2019.

Schmidbauer, Franz: Schadenersatz wegen Viren, Haftet der unmittelbare Versender, wenn der Virenproduzent nicht zu finden ist?, in: http://www.i4j.at/news/aktuell36.htm, Wien 2003.

Schmidt-Kessel, Martin/*Rank*, Alisa: Änderung von Zahlungsdiensterahmenverträgen – Neues zum Mehrebenenproblem der Kollision von EU-Richtlinien, in: GPR 2018, S. 266 – 272.

Schneider, Jochen/*Günther*, Andreas: Haftung für Computerviren, in: CR 1997, S. 389 – 396.

Schneider, Matthias: Die rechtsgeschäftliche Haftung für den Accountmissbrauch im Internet, Berlin 2015.

Schulteis, Thomas: Für nicht autorisierte Überweisung nach Preisgabe von PIN oder Kontodaten gemäß E-Mail-Aufforderung kann der Kunde keine Erstattung verlangen, in: GWR 2015, S. 433 – 433.

Schulte am Hülse, Ulrich/*Klabunde*, Sebastian: Abgreifen von Bankzugangsdaten im Onlinebanking – Vorgehensweise der Täter und neue zivilrechtliche Haftungsfragen des BGB, in: MMR 2010, S. 84 – 90.

Schulze, Reiner/*Dörner*, Heinrich/*Ebert*, Ina/*Hoeren*, Thomas/*Kemper*, Rainer/*Saenger*, Ingo/*Schreiber*, Klaus/*Schulte-Nölke*, Hans/*Staudinger*, Ansgar/(Autoren): Bürgerliches Gesetzbuch, Handkommentar, 6. Auflage, Baden-Baden 2009.

Schürnbrand, Jan: Die Richtlinie über Wohnimmobilienkreditverträge für Verbraucher, in: ZBB 2014, S. 168 – 178.

Schwennicke, Andreas/*Auerbach*, Dirk: Kreditwesengesetz (KWG) mit ZAG (ZAG), 4. Auflage, München 2021.

Servais, Kilian: Zur Unwirksamkeit einer Klausel zur Geltendmachung von Bearbeitungsentgelten bei Darlehen an Unternehmen (m. Anmerkung Servais), in: BKR 2017, S. 453 – 462.

Servatius, Wolfgang: Aufklärungspflichten und verantwortungsvolle Kreditvergabe, in: ZfIR 2015, S. 178 – 189.

Soergel, Hans-Theodor: Kommentar zum Bürgerlichen Gesetzbuch, Band 10, Schuldrecht 8, §§ 652 – 704, 13. Auflage, Stuttgart 2012.

Soergel, Hans-Theodor: Kommentar zum Bürgerlichen Gesetzbuch, Band 1, Allgemeiner Teil 1, §§ 1 – 103, 13. Auflage, Stuttgart 2000.

Sorg, Benjamin: Die zivilrechtliche Haftung im bargeldlosen Zahlungsverkehr, Berlin 2015.

Spindler, Gerald: Internet-Banking und Haftungsverteilung zwischen Bank und Kunden, in: *Habersack*, Mathias/*Joeres*, Hans-Ulrich/*Krämer*, Achim/(Hrsg.): Entwicklungslinien im Bank- und Kapitalmarktrecht – Festschrift für Gerd Nobbe, Köln 2009, S. 215 – 236.

Spindler, Gerald: Verantwortlichkeiten von IT-Herstellern, Nutzern und Intermediären, in: https://www.bsi.bund.de/SharedDocs/Downloads/DE/BSI/Publikationen/Studien/ITSicherheitUndRecht/Gutachten_pdf.pdf?__blob=publicationFile&v=2, Studie im Auftrag des BSI, Göttingen 2007.

Spindler, Gerald: BGH, 4. 3. 2004 – III ZR 96/03. Zum Schutz vor sog. „Dialern“, in JZ 2004, S. 1124 – 1132.

Spindler Gerald/*Zahrte*, Kai: Zum Entwurf für eine Überarbeitung der Zahlungsdiensterichtlinie – PSD II, in: BKR 2014, S. 265 – 271.

Spitzer, Albert: Gesetz zur Umsetzung der Zweiten Zahlungsdiensterichtlinie, in: MDR 2018, S. 561 – 568.

Sprau, Hartwig: Die Haftung bei fehlerhaften Zahlungsvorgängen – Anmerkungen aus der Sicht eines unbefangenen Kommentators, in: Die Umsetzung der Zahlungsdiensterichtlinie – Finanzmarktkrise und Umsetzung der Verbraucherkreditrichtlinie – Bankrechtstag 2009, Berlin/New York 2010, S. 107 – 129.

Staub, Hermann: Handelsgesetzbuch, Großkommentar, Dritter Band, 3. Teil, Bankvertragsrecht, 2. Bearbeitung, 3. Auflage, Berlin/New York 1981.

Staudinger, Julius von (Hrsg.): Kommentar zum Bürgerlichen Gesetzbuch, Buch 2, §§ 362 – 396, Berlin 2022.

Staudinger, Julius von (Hrsg.): Kommentar zum Bürgerlichen Gesetzbuch, Buch 2, §§ 244 – 248, Berlin 2021.

Staudinger, Julius von (Hrsg.): Kommentar zum Bürgerlichen Gesetzbuch, Buch 2, §§ 249 – 254, Berlin 2021.

Staudinger, Julius von (Hrsg.): Kommentar zum Bürgerlichen Gesetzbuch, Buch 2, §§ 675c–676c, Berlin 2020.

Staudinger, Julius von (Hrsg.): Kommentar zum Bürgerlichen Gesetzbuch, Buch 2, §§ 244 – 248, Berlin 2016.

Staudinger, Julius von (Hrsg.): Kommentar zum Bürgerlichen Gesetzbuch, Buch 2, §§ 675c–676c, Berlin 2012.

Staudinger, Julius von (Hrsg.): Kommentar zum Bürgerlichen Gesetzbuch, Buch 2, §§ 255 – 304, Berlin 2004.

Stöfen, Malte: Zahlungsdiensterahmenvertrag, in: https://wirtschaftslexikon.gabler.de/definition/zahlungsdiensterahmenvertrag-53455/version-276544, 19. 02. 2018.

Sun, Xinkuan: Risikoverteilung beim Missbrauch von Zahlungsinstrumenten in Deutschland und der VR China, Berlin, Bern, Bruxelles, New York, Oxford, Warszawa, Wien, 2021.

Terlau, Matthias: Die zweite Zahlungsdiensterichtlinie – zwischen technischer Innovation und Ausdehnung des Aufsichtsrechts, in: ZBB 2016, S. 122 – 137.

Tita, Rolf-Thomas: „Umfang und Grenzen der Softwareversicherung nach Kl. 028 zu den ABE Teil (I) und Teil (II)“, in: VW 2001, S. 1781 – 1785.

Ulmer, Peter/*Brandner*, Hans Erich/*Hensen*, Horst-Diether/(Hrsg.): AGB-Recht, Kommentar zu den §§ 305 – 310 BGB und zum UKlaG, 13. Auflage, Köln 2022.

Ulmer, Peter/*Brandner*, Hans Erich/*Hensen*, Horst-Diether/(Hrsg.): AGB-Recht, Kommentar zu den §§ 305 – 310 BGB und zum UKlaG, 12. Auflage, Köln 2016.

Vogel, Hans-Gert: AGB-Klauseln zur Änderung von Bankverträgen nach der „Postbank-Entscheidung“ des BGH, in: ZBB 2021, S. 312 – 326.

Walker, Wolf-Dietrich: Haftungsprivilegierungen, in: JuS 2015, S. 865 – 874.

Waschbusch, Gerd/*Gesmann-Nuissl*, Dagmar: Zahlungsauthentifizierungsinstrument i.S. des ZAG, in: https://www.gabler-banklexikon.de/definition/zahlungsauthentifizierungsinstrument-des-zag-70874/version-376779, 06. 04. 2020.

Waschbusch, Gerd/*Gesmann-Nuissl*, Dagmar/*Gramlich*, Ludwig: Zahlungsdienste i.S. des ZAG, in: https://www.gabler-banklexikon.de/definition/zahlungsdienste-des-zag-70841/version-374782, 05. 03. 2020.

Wendehorst, Christiane: Ist das neue Verbraucherrecht noch zu retten? Zur möglichen Grundrechtswidrigkeit der Verbraucherrechterichtlinie, in: GPR 2015, S. 55 – 66.

v. Westphalen, Friedrich: Haftung des Zahlers für Ausführung eines Zahlungsvorgangs wegen gefälschter Faxanweisung (hier: Außerachtlassung des Vier-Augen-Prinzips – CEO-Fraud) (m. Anm. Graf von Westphalen), in: BB 2021, S. 272 – 276.

v. Westphalen, Friedrich: EuGH, 11. 11. 2020 – C-287/19 – DenizBank: Kontaktlose Kleinbetragszahlung unter Verwendung einer multifunktionalen Bankkarte (m. Anm. Graf von Westphalen), in: BB 2020, S. 2898 – 2900.

v. Westphalen, Friedrich/*Thüsing*, Gregor/*Pamp*, Rüdiger/(Hrsg.): Vertragsrecht und AGB-Klauselwerke, 48. Ergänzungslieferung, München 2022.

v. Westphalen, Friedrich/*Thüsing*, Gregor/(Hrsg.): Vertragsrecht und AGB-Klauselwerke, 45. Ergänzungslieferung, München 2020.

Werner, Stefan: Beweislast für die Autorisierung eines Zahlungsauftrags mittels Zahlungsinstrument, in: juris PraxisReporte 2024, Anmerkung 1.

Werner, Stefan: OLG Karlsruhe: Zur Darlegungs- und Beweislast nach § 675w BGB (Urteil vom 12.04.2022, 17 U 823/20), in: RdZ 2023, S. 63 – 64.

Werner, Stefan: Missbrauchs- und Betrugsbekämpfung in den Entwürfen zu PSD III und PSR, in: RdZ 2023, 192 – 199.

Werner, Stefan: Wesentliche Änderungen des Rechts der Zahlungsdienste durch Umsetzung der Zweiten EU-Zahlungsdiensterichtlinie in deutsches Recht, in: WM 2018, S. 449 – 455.

Werner, Stefan: Neue Möglichkeiten für Zahlungsdienstnutzer im Recht der Zahlungsdienste nach Umsetzung der PSD II, in: ZBB 2017, S. 345 – 354.

Wertenbruch, Johannes: Kein Verbrauchsgüterkauf bei Vorspiegeln der Unternehmereigenschaft durch den Käufer, in: LMK 2005, S. 49 – 50.

Wilhelm, Alexander: Zwischen Meilenstein und Bärendienst: Die AGB-Bereichsausnahme für Finanzverträge nach § 310 Abs. 1a BGB n.F., in: WM 2024, S. 1289 – 1297.

Winkelhaus, Jan-Dirk: Der Bereicherungsausgleich im Lichte des neuen Zahlungsdiensterechtes, in: BKR 2010, S. 441 – 449.

Zahrte, Kai: Aktuelle Entwicklungen im Zahlungsdiensterecht 2021 – 2022, in: BKR 2023, S. 146 – 153.

Zahrte, Kai: Aktuelle Entwicklungen im Zahlungsdiensterecht 2020 – 2021, in: BKR 2022, S. 69 – 78.

Zahrte, Kai: Begriff des Zahlungsinstruments und Haftungsverteilung beim CEO-Fraud, in ZBB 2021, S. 131 – 139.

Zahrte, Kai: Haftungsverteilung im Zahlungsdiensterecht beim CEO-Fraud, in: BKR 2019, S. 126 – 131.

Zahrte, Kai: Neuerungen im Zahlungsdiensterecht, in: NJW 2018, S. 337 – 341.

Zahrte, Kai: Angriffe auf das Onlinebanking im Jahr 2016 – Zugleich eine Besprechung von LG Köln (Az. 30 O 330/14) und OLG Köln (Az. 13 U 223/15), in: BKR 2016, S. 315 – 320.

Zimmermann, Martin: Anscheinsbeweis bei mobilen Zahlungen, in: RdZ 2022, S. 34 – 41.

www.ingramcontent.com/pod-product-compliance
Lightning Source LLC
LaVergne TN
LVHW010654300926
849161LV00005B/1121